U0924220

厦门法学文库

2018年卷

厦门市法学会◎编

厦门大学出版社
XIAMEN UNIVERSITY PRESS
国家一级出版社
全国百佳图书出版单位

目录
contents

法律研究

法治纵横

司法实践

智慧政法

社会治理

法律服务

两岸司法

法律研究

论我国审判独立与媒体监督的冲突与平衡

陈荣锋 *

审判独立是现代法治的发展趋势，而媒体的监督一方面推动审判活动公开透明化，纠正审判不公，有益于司法公开与公正；另一方面形成舆论压力，干预审判活动，让本应独立的庭审过多受到庭外因素的负面影响。本文通过分析审判独立与媒体监督的内涵，肯定媒体监督带来的积极影响，同时探究二者的矛盾及冲突原因，提出我国应制定新闻法、加强网络执法等措施，以促进审判独立与媒体监督之间形成良好的互动机制，共同朝着维护司法公正的方向努力。

一、审判独立与媒体监督的内涵

1. 审判独立

审判独立，是现代法治国家普遍承认和确立的基本法律准则之一。我国宪法、三大诉讼法及人民法院组织法都对审判独立有明确规定："人民法院依照法律独立行使审判权，不受行政机关、社会团体和个人干涉。"审判独立的内涵根据主流观点可以分为三方面：对外独立、内部独立以及精神独立。对外独立强调法院相对于行政机关、社会团体、个人等审判权以外的世俗权力与观念的独立，不受庭外因素的影响；内部独立则是法院的上下级之间、部门与部门之间、法官个体之间在各自的管辖和权限范围内保持独立；精神独立是指法官公正无偏私，摈弃杂念不受干扰，唯法律至上的职业操守与价值追求。正是这三方面独立的存在，共同构成了维护法律得以公正施行的屏障。

2. 媒体监督

媒体监督，是指报纸、刊物、广播、电视等大众传媒对各种违法犯罪、渎职腐败行为所进行的揭露、报道、评论或抨击，其具有速度快、范围广、影响大的特点。媒体监督是现代传媒条件下舆论监督的主要表现形式，本质上是新闻媒体运用传媒手段依法行使的一种权利。媒体监督权的宪法渊源来自宪法中规定的人民主权、言论自由权和批评建议权，是宪法中公民基本权利的延伸，是一种有效的社会监督方式。

二、媒体监督对审判活动的积极影响

阳光是最好的防腐剂，正如著名法学家贝卡利亚说的那样："审判应当公开，犯罪的证据应当公开，以便使或许是社会唯一制约手段的舆论能够约束强力和欲望。"因此，对于媒体的报道监督，法院应当看到其带来的积极影响：

1. 推动审判活动公开透明化

一直以来，在"重实体轻程序"的司法观念影响下，与公开审判制度相配套的程序公

* 陈荣锋，厦门市集美区人民检察院。

开问题及相应保障制度并不完善。一个案件往往是级级上报，层层审批，外界无从得知审判进程，这样的审判活动及其产生的结果，不仅给了权力寻租的空间，容易造成司法腐败，还带给群众不良的观感，对法院产生畏惧、不信任之感。媒体的监督则很好地架起了法院和群众沟通的桥梁，揭开了审判活动神秘的面纱，也缓和了审判活动信息不对称的冲突。

2. 监督审判全过程，纠正审判不公正

我国正处于转型期间，案件的数量激增，类型驳杂，与之相对的是法制不够完善，因此审判不公难以完全避免。在内蒙古呼格吉勒图案、福建陈夏影案等令人痛心的冤假错案中，媒体的监督对这些案件的沉冤得雪起到了极大的推动作用。媒体的监督是社会监督中最为重要的一环，能够有效减少、避免审判不公的出现。

3. 宣传法治精神，普及法律知识

加强舆论引导，形成弘扬法治的社会风气是全面实行依法治国的必然要求。媒体通过对具体案件的聚焦报道，吸引和带动人民群众关注和思考，如《今日说法》《庭审纪实》等法治节目，在播报具体案件的同时也充分发挥了法治宣传作用，证明了媒体可以作为普法释法的良好平台。

三、媒体监督与审判独立的冲突

（一）媒体监督对审判活动的负面影响

托克维尔在《论美国的民主》一书中指出："舆论的力量是一切力量中最难驾驭的力量，因为无法说清它的界限，而且界限以内的危险，也总是不亚于界限以外的危险。"对于媒体监督这把双刃剑，一旦使用不好，对审判活动造成的危害也是显而易见的。

1. 侵犯法院独立自主性，干预审判活动进程

媒体在价值判断、事实认定、时效理解等方面与法院秉持的标准不同，难免出现报道的误解。有的报道是缺乏法律知识作出的善意误判，有的报道却是利益驱使，为了抹黑而抹黑，这都给法院办案造成了很多庭外声音的干扰。而且一旦形成舆论关注，上级和行政机关势必过问，原本按部就班的审判进程也会横生枝节，这也是造成"先定后审""审判分离"现象的一部分原因。

2. 误导舆论形成伪民意，增添法官办案压力

不当的媒体报道拿着民意的鸡毛当令箭，很多带有倾向性和情绪性的意见被包装成所谓"民意"，众口铄金之下颇有些当初雅典公民大会的意味。可是媒体并不具备审判权，所谓的媒体审判并不能在法律上找到依据，若是由着伪民意横冲直撞，置法官的专业意见于不顾，才是对法律最大的亵渎。

3. 损害法律权威，破坏法治建设

舆论的巨大力量在当下显露无遗，有人戏谑道"上诉不如上访，上访不如上网"，这说法还得到了众多的支持拥护。但这句笑谈背后折射的思维方式值得深思。个人有诉求时不去通过正常合法的申诉机制表达，却寄希望于媒体将其广而告之，形成舆论压力倒逼政府作为，可能你成全了自己的私利，牺牲的却是社会的公义，这样的想法和做法无疑是对法治建设的巨大破坏。

4. 对诉讼参与人造成不良影响

媒体的不当报道往往"未审先判"，以当事人的品行操守为评判标准，不遗余力地挖掘当事人的过往经历信息，给当事人在内的诉讼参与人带来道德审判的舆论压力，严重时更是掀起人肉搜索的网络暴力。此类不当报道不仅侵犯诉讼参与人的隐私权，还可能泄露审判机密，给被告人、犯罪嫌疑人串供翻供的机会。

（二）冲突的原因分析

为何媒体监督与审判独立会有摩擦和冲突？究其原因，主要有以下两方面：

1. 司法理念和道德观念的不同

审判工作需要以专业的法律知识和有证据支持的法律事实作为支撑，而媒体和大众却是基于道德观念和人之常情作出判断。法律是最低限度的道德，是经过概括提炼后的公平正义，强调权利与义务的统一，制定的行为规章是每个人都需要遵守的。而道德以义务为本位，代表着对美好品质的更高追求，并且道德观因人而异，不同的评判标准必然带来摩擦。

2. 权力与权利的碰撞和冲突

根据权力制约理论，任何权力不受制约都有滥用的风险。媒体对审判活动的监督是人民权力制约公权力的有效途径，但这种监督也不是无界限无限制的。我国现行司法体制下，司法公开的程度还有待提升，尤其对于矛盾尖锐、问题敏感、情节复杂的案件，媒体往往得不到全面准确的信息而只能表面监督，而法院、法官在办案与舆论的双重压力下，也会对媒体报道产生抵触情绪。在这样的对立面上，双方不可避免地会发生冲突。

四、平衡机制的探索

要想消弭审判独立与媒体监督的矛盾冲突，法院与媒体都应提升各自的自律性和包容度，才能携手走出一条共治共管的和谐之路。

（一）关于司法层面的建议

1. 制定新闻法，提供法律保障

我国历史上对言论控制极为严厉，从秦朝的"偶语弃市"，到宋朝的"谤讪弃市"，再到清朝的"文字狱"，清末还有专门的新闻出版法律，如《大清印刷物专律》（1906）、《大清报律》（1908），然而在我国法治快速发展的现今却没有一部统领性的法律能够引以为圭臬，不得不说是亟须填补的法律空白。因此，我国的当务之急是制定新闻法，来明确界定媒体监督的界限，厘清司法公开的范围，这是调解二者冲突的前提条件。制定新闻法应着重规范以下两方面：

一方面是规范审判过程，审前审后及庭审过程中的要求不尽相同，要注重对诉讼参与人的权利保护。审前程序中，应及时公布调查结论和调查的程序进展情况，尽到审判公开的义务；庭审过程中，要划分审判公开与不公开进行的案件，规定审判不公开的操作流程；审后则是规定媒体报道不能煽动对抗审判结果的执行，即便有诉求也应通过合理渠道表达。

另一方面是界定审判秘密，限制信息释放，做到"最大限度地公开"。在现今以涉及国家安全、个人隐私和未成年人犯罪三大类为司法公开例外的基础上，进一步细致规定公检法实践中不宜公开的内容与标准，如合议庭、审判委员会讨论案件情况、涉密的证据材料、执行死刑情况和刑事司法统计数字等。处理好“公开”与“例外”的关系，才能把司法公开更好地落到实处，而媒体监督也不虞有违规报道的风险。

2. 适当监管信息传播，加强网络执法

网络舆论虽然是民意表达的一个窗口，但也需要守窗人的存在让这个窗口规范发展。不只是司法部门，党政机关、网络平台乃至全社会，都需要参与到监管工作中来，多措并举，共同发力。2015 年，我国的网络警察部门从幕后走向台前，建立了网警常态化公开巡查执法机制，这便是政府加强网络执法的应有之举。网警的 24 小时巡查执法，除了筛查各种违法犯罪信息和有害信息，惩戒散播不良言行的用户，更重要的在于发挥教育、震慑作用，肃清网络风气。但监管的实施标准应适度，操作规则要量化细化，在达到监管目的的同时也要体现出对公民权利的保护。

3. 转变消极应对心态，创新司法公开方式

堵而抑之，不如疏而导之。在互联网时代，法院对新闻媒体的态度必须从消极敷衍到积极应对转变。长期以来，由于审判工作的被动性和封闭性，绝大多数法官只是埋首卷宗，缺乏主动沟通和舆论应对意识，一有负面新闻，不是封口删文就是拖延回复。现实表明，这类消极的应对并不能解决问题，反而逼着传媒站到法院的对立面上，民众对法院的不信任感和负面情绪与日俱增。正所谓打铁还需自身硬，法院要提升自身的公信力，就必须朝着重视舆论场的方向努力，及时回应社会关切。法院要加强对新媒体的运用，创新司法公开方式，打造司法信息公开的新平台，发布信息更为迅速主动，拓宽司法公开途径，让受众面更广，变信息的单向灌输为双向沟通，积极引导群众参与，拉近距离。

（二）关于媒体层面的建议

1. 加强媒体自律，尊重理解司法

正如习总书记对新闻媒体寄语道：“新闻媒体要加强对执法司法工作的监督，但对执法司法部门的正确行动，要予以支持，加强解疑释惑，进行理性引导。”新闻工作者要明确自身的工作使命，坚守职业道德操守，做报道、写评论要以客观事实为基础，不能随意歪曲事实，误导民众。事关审判活动的报道，媒体可以从以下几方面加强自律：行业协会牵头制定司法报道行业规范，树立自律标准相互监督共同遵守；媒体应当组织新闻工作者不定期开展法律学习活动，提高自身法律素养；在条件允许的情况下，媒体可以开设法律编辑部或聘请法律顾问，对司法报道类的稿件事先审核。如此一来，媒体在报道司法活动时才能有的放矢，坚持正面报道为主，激浊扬清，传播正能量，进一步正确有效地引导舆论监督，同时也能更好地发挥媒体的社会责任和时代使命。

2. 开办优秀法制节目，树立传媒行业标杆

火车跑得快，全凭车头带。法制节目作为新闻传媒的一个重要阵地，需要鲜明的旗帜引领。前文提及的《今日说法》就是法制节目中的火车头，节目通过播报典型违法犯罪案件和事例，邀请法学教授专家对案件做专业的点评，向观众普及法律知识，传递正确的法律价值观，也起到了警示防范作用。我们还需要更多类似的优秀法治节目，作为法制宣传的排头尖兵，尊重新闻传播规律，创造更多人民群众喜闻乐见的内容和形式，提

供更多有思想、有温度、有品质的新闻和信息，宣传法治文化，弘扬法治精神。

3. 公众理性看待，不盲从不传讹

任何一场舆论的发酵都离不开公众的围观，现如今自媒体如此兴盛，每个公民都可能成为舆论风暴的中心。既是传播者也是记录者的我们，必须提高信息甄别能力，学会独立判断，不人云亦云，偏听偏信，也不断章取义，造谣传谣。对审判独立、司法实践，我们要理解和支持；对司法不公、渎职腐败，我们要警惕和声讨。做一个有良知的公民，发正义之声，行正义之事，尽自己的努力推动社会主义法治体系的建设，维护司法的公平正义。

审判独立与媒体监督存在共同的理想目标——维护司法公正，这是实现两者的和谐共赢的基础，一方面要肯定媒体监督的积极作用，鼓励其激浊扬清，弘扬法治精神；另一方面要抑制不当舆论的负面影响，提倡适度管控，促进良好互动。随着司法改革和媒体发展的进一步深入，笔者相信审判独立与媒体监督能够在固守其本位的基础上，加深理解，互相促进，形成良好的互动机制。

捕后轻刑率局限性及实证分析

严洪华　纪骥欣 *

捕后轻刑率指捕后判轻刑数占逮捕数的比值，一般来说捕后判轻刑包括判处管制、拘役、单处附加刑、免于刑事处罚，特定情况下还包括判处有期徒刑缓刑的情形。逮捕为最严厉的强制措施，过高的捕后轻刑率反映逮捕措施的适用超出了必要性，逮捕条件掌控失当，偏离了刑事诉讼程序“尊重和保障人权”的价值取向。由此，捕后轻刑率是基层院检察院建设侦监监督工作考核中严格把握的重要指标。笔者所在的 X 市 J 院近年来捕后轻刑率居高不下，成为提高审捕案件质量亟待解决的问题。但与此同时，J 院近两年来的不捕率都超过 35.00%，分别为 38.69%、40.37%，审捕工作呈现不捕率、捕后判轻刑比率双高的矛盾特性。本文以 J 院审捕案件数据为基础，分析捕后轻刑率在评价审捕工作质量上的局限性、高捕后判轻刑比率存在的原因及提出降低基层院捕后轻刑率的几点建议。

一、捕后判轻刑率评价审捕案件质量的局限性

（一）时间错位性

目前 X 地区基层院检察院建设侦监监督工作考核中捕后轻刑率的计算方法为某时段捕后判轻刑人数占同时段逮捕人数的比值，例如 2017 年的捕后轻刑率为 2017 年生效的判决中判处轻刑案件人数和 2017 年审结案件中逮捕人数的比值。由于刑事诉讼具有时序性，刑事案件从检察机关批准或决定逮捕到审判机关作出生效判决的过程，可能经历侦查、审查起诉、一审、二审甚至再审等几个阶段，短则数月，长则数年。2017 年判决生效的案件可能是当年度审结的逮捕案件，也有可能是 2016 年度或之前年度审结的逮捕案件。由此可见，这种捕后轻刑率的计算方法实际上具有时间错位性，未能直接体现某一时段批捕案件的实际处理结果，因此也未能有效地反映出某一时段审捕案件的办理质量。

另外一种计算方法以某一时段批捕案件生效判决中判处轻刑的人数和该时段批准（决定）逮捕人数比值作为捕后轻刑率。笔者认为在这种计算方法中，相互对比的判轻刑案件包含于逮捕案件之中，能够一一对应，因此得出的比率在评价某一时段审捕案件质量上相对较为直观、科学。

* 严洪华、纪骥欣，厦门市集美区人民检察院。

（二）评价能力的不确定性

修改后的《刑事诉讼法》第79条[①]将逮捕条件区分为一般逮捕条件、径行逮捕条件和违反取保候审、监视居住规定转捕条件。

这三种逮捕条件中，一般逮捕、径行逮捕类型对行为有“可能判处有期徒刑以上”或“十年有期徒刑以上”的刑罚要求。违反取保候审、监视居住规定转捕案件仅考察违反取保候审、监视居住规定的行为性质，即犯罪嫌疑人、被告人社会危险性变化程度。其中取保候审转捕案件中包括只可能判处管制、拘役或者独立适用附加刑的轻刑案件，典型如危险驾驶案件，此罪的最高法定刑仅为拘役，达不到一般逮捕和径行逮捕对可能判处刑罚的要求。捕后轻刑率从逻辑上说仅对一般逮捕和径行逮捕类型的审捕案件具有意义，判轻刑的取保候审转捕案件数量占比越大，捕后判轻刑比率就会随之升高，对整体逮捕案件质量的评价必然失真失准。

（三）X市基层院考核将缓刑有期徒刑纳入捕后轻刑计算当中，不甚合理

普遍来说基层院小微案件占比大，判处有期徒刑缓刑的案件数量相对较多，捕后轻刑率也相应抬高。对于是否将判处缓刑有期徒刑计入轻刑存在争议。一种观点认为缓刑不是独立的刑种，而是量刑制度或执行制度。判处有期徒刑缓刑说明案件本身已经达到了有期徒刑的量刑标准，符合一般逮捕“可能判处有期徒刑”的条件，审捕案件质量没有缺陷。另一种观点认为，适用缓刑需要符合“犯罪情节较轻”“有悔罪表现”“没有再犯罪的危险”“对所居住社区没有重大不良影响”等条件[②]，具备上述条件很大程度上说明了在审捕阶段对于社会危险性方面把握不当。

笔者认为缓刑适用的条件中“没有再犯罪的危险”是实质条件，犯罪情节较轻和悔罪表现为判断再犯罪可能的必备要素，累犯和犯罪集团的首要分子是否定要素。裁决“没有再犯罪的危险”与审查“可能实施新的犯罪”的社会危险性在考察的内容上确有一致性。

---

① 《中华人民共和国刑事诉讼法》第79条 对有证据证明有犯罪事实，可能判处徒刑以上刑罚的犯罪嫌疑人、被告人，采取取保候审尚不足以防止发生下列社会危险性的，应当予以逮捕：

（一）可能实施新的犯罪的；

（二）有危害国家安全、公共安全或者社会秩序的现实危险的；

（三）可能毁灭、伪造证据，干扰证人作证或者串供的；

（四）可能对被害人、举报人、控告人实施打击报复的；

（五）企图自杀或者逃跑的。

对有证据证明有犯罪事实，可能判处十年有期徒刑以上刑罚的，或者有证据证明有犯罪事实，可能判处徒刑以上刑罚，曾经故意犯罪或者身份不明的，应当予以逮捕。

被取保候审、监视居住的犯罪嫌疑人、被告人违反取保候审、监视居住规定，情节严重的，可以予以逮捕。

② 《中华人民共和国刑法》第72条 对于被判处拘役、三年以下有期徒刑的犯罪分子，同时符合下列条件的，可以宣告缓刑，对其中不满十八周岁的人、怀孕的妇女和已满七十五周岁的人，应当宣告缓刑：

（一）犯罪情节较轻；

（二）有悔罪表现；

（三）没有再犯罪的危险；

（四）宣告缓刑对所居住社区没有重大不良影响。

……

但个案在具备一般逮捕条件中的另外四种社会危险性要求和径行逮捕条件中“可能判处有期徒刑以上刑罚，曾经故意犯罪或者身份不明的”的情形下也可能符合缓刑适用条件。并且在审查逮捕阶段，事实证据尚有可能变化，为保障刑事诉讼的顺利进行，一般会从严把握社会危险性，积极防御诉讼风险。审判阶段事实证据基本稳定，考察的导向、标准与审查逮捕阶段有所不同。判处有期徒刑缓刑并不意味着逮捕措施失当，应将有期徒刑缓刑排除于捕后轻刑的计算当中。

二、捕后轻刑案件数据分析

尽管当前捕后轻刑率在评价逮捕案件质量方面存在标准争议及局限性，但对轻刑案件进行数据实证分析，深剖其构成与成因，对准确预判案件判轻刑可能性，确保逮捕措施的合理必要性具有启发意义。

（一）总体情况

2017 年，J 院的捕后判轻刑比率为 31.77%，人数 183 人，其中捕后判处拘役的人数为 100 人，占捕后判轻刑人数的 54.64%；免于刑事处罚 4 人，占 2.19%；判处有期徒刑缓刑 79 人，占 43.17%。

就判处罪名来说，判处拘役与判处有期徒刑缓刑案件构成差距较大：判处拘役案件中人数占比最大的为盗窃案件（63%），其次为危险驾驶（8%）、走私、贩卖、运输、制造毒品（8%）、故意伤害（6%）、寻衅滋事（5%）。判处有期徒刑缓刑主要是聚众斗殴（22 人，占有期徒刑缓刑案件的 27.84%）、开设赌场（19 人，24.05%）、寻衅滋事（13 人，16.46%）、故意伤害（10 人，12.66%）、交通肇事（6 人，7.60%）。

轻刑案件存在几个主要特点：一是故意伤害、寻衅滋事、聚众斗殴、交通肇事类造成被害人人身损害案件在审查逮捕阶段基本上未赔偿、未和解，捕后证据事实发生变化；二是聚众斗殴、开设赌场类案件参与人数较多，审查逮捕阶段多存在未如实供述及同案犯在逃的情况，逮捕多为防止干扰证人作证、串供或逃跑的社会危险性；三是盗窃案件多为小额案件，犯罪嫌疑人多数是具有前科劣迹或多次盗窃的惯犯惯偷，逮捕多为防止实施新犯罪的社会危险性。

（二）高捕后轻刑率成因

1. 小微案件多发，各部门认识差异

一方面，J 区管辖片区大半为半城镇化的城乡接合部，外来务工者等流动人口较多，是辖区内小微案件、流窜作案案件多发的主要原因；摩托车、电动车等交通工具使用范围广，J 区还管辖 X 市三桥一遂等重要干道，交通肇事、危险驾驶等案件数量较大。公安机关在办案时注重侦办效率，开展“小案快打”活动，为便于后续侦查需要、防止犯罪嫌疑人逃跑，多依赖逮捕措施，报捕案件数量大，质量难以得到保障。另一方面，J 区法院自 2016 年 7 月以来开展认罪认罚从宽制度试点，在侦查阶段至开庭审理阶段自愿如实供述罪行或认罪的，可以减少基准刑的 10%~30%。犯罪嫌疑人即使在审捕阶段未认罪认罚，捕后在审查起诉阶段及开庭审理时认罪认罚，也可从宽量刑。大量如盗窃、故意伤害（轻伤）等法定刑包括有期徒刑、拘役或管制的小微案件，适用认罪认罚从宽制度后，判处刑期可从有期徒刑降至拘役或管制，案件总体量刑水平下降，造成捕后判拘役案件比例增加。这是审捕案件呈现不捕率、捕后轻刑率双高的背景。公检法各部门的业务指标导向不同，个案的法律适用标准、证据规格及处理尺度也存在认识差异，是高捕后轻刑率的直接原因之一。

2. 承办人对办案风险、诉讼风险多抱谨慎态度

J 区刑事案件中小微型案件比重较大，有些案件即使案情较轻，根据法院的量刑标准明知会判处有期徒刑以下刑罚，但考虑维护稳定、保障后续诉讼需要或由于某些客观条件，往往不得不逮捕。

（1）对于造成伤亡，被害人及亲属情绪激动的故意伤害、寻衅滋事案件，或其他案情敏感易引发舆情关注、具有恶劣社会影响的涉众型暴力犯罪案件，承办人除了对案件事实证据进行审查外，多考虑社会影响。对犯罪嫌疑人未赔偿、未和解，采取其他强制措施可能导致被害人及家属不满、闹访，公众舆论争论的案件，只要构罪，多偏向于采取逮捕措施。

（2）某些案件可能判轻刑但确有逮捕必要，主要包括以下几种情况：一是聚众斗殴、开设赌场、寻衅滋事等共同犯罪案件，如存在同案犯在逃，或犯罪嫌疑人未如实供述的情况，即使犯罪嫌疑人、被告人可认定为从犯或有其他从轻情节，但为防止干扰、串供，不得不采取逮捕强制措施。

二是流窜作案、多次作案或具有前科的盗窃案件、电信诈骗案件。对于盗窃案件，盗窃前科和“多次”的情节根据不同规定可作为构罪情节、量刑情节和社会危险性情节被多次评价，即使个案涉案金额较低，可能判处刑罚较轻，也被认为有逮捕必要。例如根据最高人民法院、最高人民检察院《关于办理盗窃刑事案件适用法律若干问题的解释》第 2 条的规定，有盗窃前科或 1 年内曾因盗窃受过行政处罚的，“数额较大”标准可按照所在地区执行的数额标准的 50% 确定，根据地区相关规定，J 区标准的 50% 为 1500 元，构罪金额标准较低。而盗窃前科这情节一方面可能作为构成累犯的从重情节，同时可作为径行逮捕条件或一般逮捕“可能实施新的犯罪”社会危险性条件。对于诈骗犯罪也是如此。J 区电信网络诈骗多发，且多数为多次小额型诈骗犯罪，侦办工作复杂烦琐，常有被害人身份难以查清或拒绝配合的情况，耗时较长。即使报捕时涉案金额仅达到构罪标准（人民币 3000 元[①]），为防止犯罪嫌疑人毁灭证据、串供、实施新的犯罪等社会危险性，保证侦查工作正常开展，不得不捕。

另外，只可能判处有期徒刑以下刑罚的违反取保候审规定转捕案件，主要为危险驾驶案件。

（3）案件事实证据发生变化。例如捕后出现积极赔偿、取得被害人谅解等从轻、减轻情节。比较突出的是捕后刑事和解，主要出现在故意伤害、交通肇事案件中。在逮捕

---

① 最高人民法院、最高人民检察院、公安部《关于办理电信网络诈骗等刑事案件适用法律若干问题的意见》：

二、依法严惩电信网络诈骗犯罪

（一）根据《最高人民法院、最高人民检察院关于办理诈骗刑事案件具体应用法律若干问题的解释》第1条的规定，利用电信网络技术手段实施诈骗，诈骗公私财物价值3000元以上、3万元以上、50万元以上的，应当分别认定为《中华人民共和国刑法》第266条规定的“数额较大”“数额巨大”“数额特别巨大”。

两年内多次实施电信网络诈骗未经处理，诈骗数额累计计算构成犯罪的，应当依法定罪处罚。

前未和解而捕后双方和解，显然会造成量刑变轻，此类事实证据发生变化较难避免。

三、降低捕后轻刑率的几点建议

（一）加强各部门沟通协作

加强各单位沟通，建立常态化沟通机制，促进“大三长、小三长”联席会议常态化。结合本地区区情及司法实践，对证据规格、法律适用、量刑标准等问题参照相关法律规定，通过探讨形成共识。检察机关通过两项监督及日常办案沟通，加强对公安机关的办案指导，督促公安机关提高报捕案件质量。检察机关承办人强化对逮捕必要性的审查。对于犯罪事实清楚、证据充分、明显不可能判处实际徒刑以上刑罚的案件，建议办案单位直接移送审查起诉。

加强捕诉衔接，检察机关审捕案件承办人应加强与公诉部门沟通，相互支持、配合，有意识地学习、把握量刑建议标准，提高量刑预判能力，提高对逮捕案件量刑意见的准确把控水平。另外，加强部门之间的业务交流、案件讨论，避免出现逮捕案件量刑意见偏低的情况。

（二）加强主要案件类案分析、梳理，全面理解、综合把握逮捕条件

对于盗窃、聚众斗殴等占捕后轻刑比例较大的多发案件，应深入研判，准确理解和区分构罪标准、量刑标准、逮捕条件。对于存在前科劣迹或多次犯罪的案件，对逮捕必要性要综合把握，防止只要构罪就简单机械地将此类情节作为犯罪嫌疑人具备社会危险性的充分条件而进行逮捕的情形出现，同时综合其他情节，并对“可能判处有期徒刑”刑罚条件从严把关，对主要案件判处有期徒刑以上刑罚标准进行细化。

（三）转变执法观念，实现审捕案件法律效果与社会效果的平衡

基层检察院实行检察官员额制后，不捕权限下放，承办人个人承担的风险、压力陡增。此时更应强调责任意识，避免谈访色变，严格把好事实证据关，做好风险评估预警，改变构罪即捕、未和解即捕等简单粗暴的办案方式。

失衡的裁量权：量刑明显不当的司法认定*

——以115件危险驾驶改判案件为切入点

陈芳序**

2015年4月30日，网购24支仿真枪的刘大蔚因犯走私武器罪，被一审法院判处无期徒刑。2016年8月25日，福建高级人民法院驳回刘大蔚上诉，认为原审量刑适当；同年10月18日，福建高级人民法院作出再审决定，以量刑明显不当为由启动再审。一个多月的时间内，从“量刑适当”到“量刑不当”，福建高级人民法院的态度发生惊人逆转，也让“量刑不当”问题再次引发人们的关注。

一、样本说明

量刑不当，是人民法院通过上诉审或审判监督程序进行改判的理由之一，[①] 在理论研究中，更多学者倾向于用量刑失衡一词来描述法官量刑裁量权行使不当的结果。一般认为，量刑不当是指刑罚虽在法律规定的幅度内，但是明显与被告人应当承担的刑事责任不相适应。也有学者提出不同看法，认为量刑不当案件是指一审判决在法定刑幅度之外判处刑罚和在法定刑幅度内裁量刑罚轻重失当的案件。[②] 笔者认为，超越法定量刑幅度或者刑种的刑罚，违背了以“法律为准绳”这一量刑基本准则，已经超出“不当量刑”的范围，是错误的量刑，而造成该问题的原因多基于法律适用或事实认定错误，因此本文所论述的量刑不当，仅限于在法定幅度内的量刑失当。

量刑不当的根源，在于法官在量刑时被赋予了一定的自由裁量权，与其他权力一样，自由裁量权也存在不当行使的问题。法官自由裁量权是刑事法制的锁头，同时也是违法擅断、破坏刑事法制的钥匙，这个锁头和钥匙都拿在裁判官的手里。[③] 广东省高级人民法院课题组“统一二审改判标准”的调研报告数据显示，因量刑不当导致被改判的案件数量占36%以上。[④] 实务中基于量刑不当而提出抗诉在抗诉案中占相当大的比例。[⑤] 当前对量刑不当的研究多限于理论探讨，少有学者对司法实践中的相关案例进行整理归纳，进而对量刑不当的司法认定问题进行讨论。鉴于笔者研究能力所限，拟选取危险驾驶改判案件作为本文研究基础，希望借此揭开量刑明显不当司法认定的神秘面纱。

---

* 本文获第30届全国副省级城市法治论坛优秀论文一等奖。

** 陈芳序，厦门市海沧区人民法院。

① 《中华人民共和国刑事诉讼法》第225条第1款及《最高人民法院关于适用〈中华人民共和国刑事诉讼法〉的解释》第389条规定。

② 缪思山、李秀东：《谈二审程序中处理量刑不当案件存在的问题及解决途径》，载《河北法学》1989年第4期。

③ 甘雨沛、何鹏：《外国刑法学》（上），北京大学出版社1984年版，第587页。

④ 李发文：《刑事第二审改判制度研究》，南昌大学硕士研究生学位论文2014年，第16页。

⑤ 廖青：《检察院就“量刑畸轻”抗诉解析》，载《民主与法制时报》2013年6月3日。

笔者以“量刑不当”和“危险驾驶”作为筛选条件在中国裁判文书网进行搜索，共获得 245 个样本。[①] 通过梳理发现，法院虽评判原判量刑不当，但缘由有别：一是因适用法律错误而致量刑不当，共 111 件；二是因事实认定错误而致量刑不当，共 9 件；三是因出现新事实、证据而致量刑不当，共 7 件；四是因罪名认定错误而致量刑不当，共 1 件。法院直接因量刑不当而改判的案件共有 115 件，这 115 件危险驾驶改判案件即本文研究对象。

根据立案时间分布，全国范围内适用量刑不当这一缘由进行改判的危险驾驶案件呈逐年攀升态势，从 2013 年的 1 件上升到 2017 年的 57 件，尤其是当危险驾驶犯罪纳入量刑规范化改革后，量刑不当问题并没有因此消弭，反而在 2017 年快速增长，增长幅度高达 119%。（见图 1）

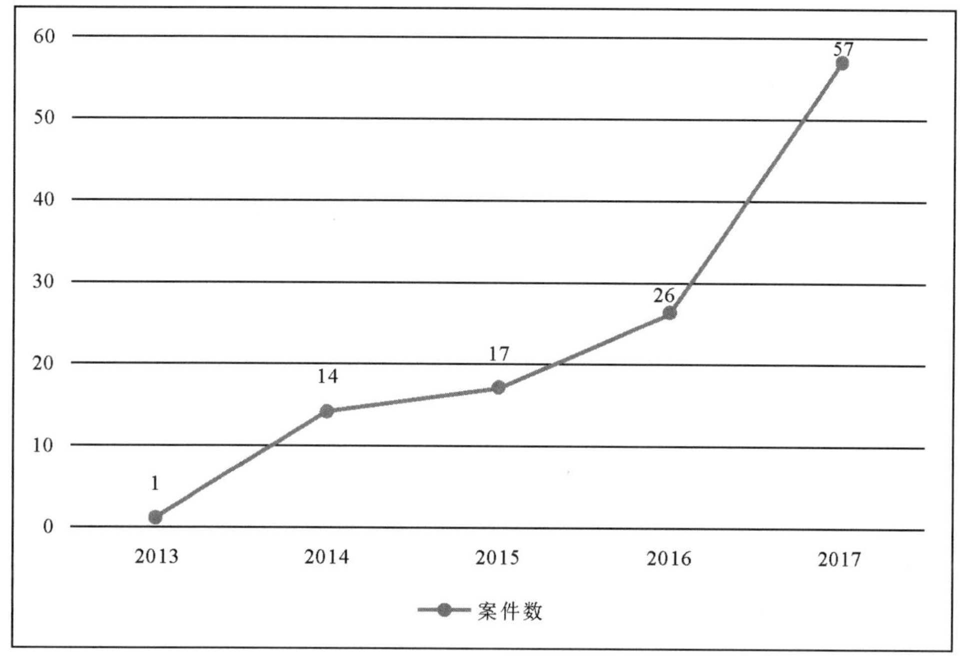

图1

根据案件归属分布，各地法院在认定量刑不当上态度不一，有些省份相对积极地运用量刑不当来纠正裁量权不当行使。例如，河南省的改判案件有 39 件，占总数的 33.9%；而部分省份法院慎用甚至不用量刑不当来改变原判，基本上对变更原审量刑保持一种审慎的态度。（见图 2）

① 搜索日期为2018年4月2日，搜索到刑事案件259件，其中14件案件重复，不予计入。

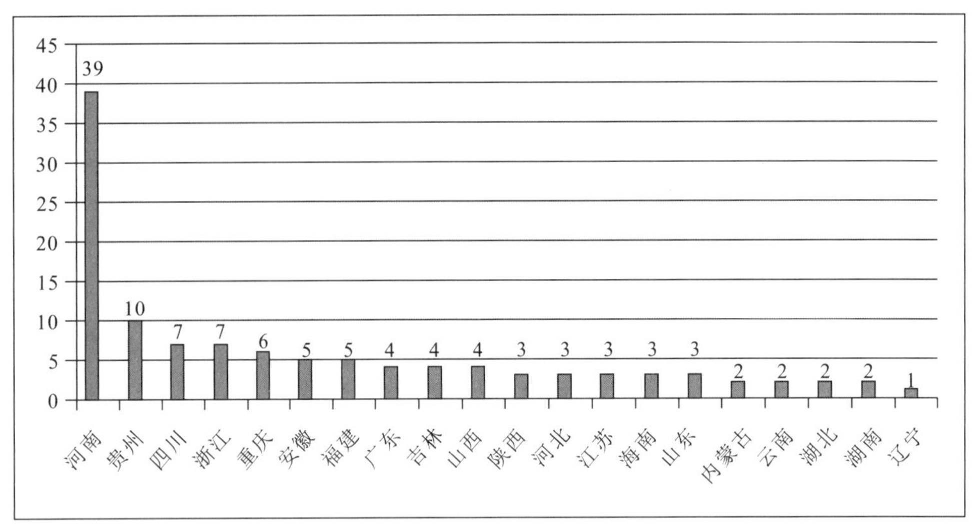

图2

根据审判程序划分，其中 112 件是二审改判案件，3 件是通过审判监督程序改判，其中二审改判案件中有 40 件是因检察机关抗诉，70 件是因被告人上诉，上、抗诉同时提起的则有 2 件。可见，司法实践中检察机关对适用“量刑不当”来纠正不合理量刑保持了一种较为积极的态度。

二、量刑不当的表现形式

笔者通过对样本进行分析，发现认定危险驾驶犯罪量刑不当主要有两种情形，既有独立适用一种情形进行认定，即单一式，共计 75 件；也有复合适用 2~3 种情形进行认定，即组合式，共计 40 件。

（一）单一式

1. 主刑畸轻畸重

主刑畸轻畸重指的是主刑的判处与被告人的刑罚明显不符、与其应承担的刑事责任极不相称。这类型案件共计 18 件，其中主刑畸轻、畸重各 9 件。在畸轻类案件中，检察机关多在抗诉意见中直接言明量刑畸轻，如“原判适用刑罚明显不当，量刑畸轻”“原判量刑畸轻，确有错误”“量刑偏轻，应依法改判”等。部分检察机关会提出二审量刑建议，如“一审量刑过轻，建议对被告人在拘役二个月以上予以量刑”[①]，通常法院会采纳其意见，认定原审量刑不当。但也有法院不采纳检察机关意见，作出改判决定，如在常占生危险驾驶一案中[②]，抗诉意见认为，常占生具有多种从重处罚情节，不适用对其判处缓刑。法院最终认定，对被告人适用缓刑并无明显错误，但量刑不当，在不撤销缓刑的前提下，提高主刑幅度。在畸重类案件中，部分法院列明了量刑畸重的原因，如被告人预缴罚金、原判量刑未对被告人依法从轻处罚等，但部分法院仅在判词中表明量刑不当或

① 详见：河南省新乡市中级人民法院（2015）新中刑一终字第164号刑事判决书。
② 详见：河南省南阳市中级人民法院（2017）豫13刑终663号刑事判决书。

依据原审量刑情节，直接认定对被告人可酌情从轻处罚。

2. 缓刑适用失当

缓刑的公正适用是法院刑事审判公正的重要体现，尤其是基层法院审判公正和社会正义的重要体现。[①]缓刑适用失当指判决确定的刑罚执行方式不当，法官对刑罚执行方式的选择权也是量刑裁量权的组成部分。危险驾驶作为轻刑案件，能否适用缓刑往往是被告人关注的焦点，甚至比主刑判罚时间长短更受到被告人的关注。根据统计，缓刑适用失当案件数量最多，共计 35 件。其中因抗诉而撤销缓刑的共 7 件，因上诉而适用缓刑的 28 件。

3. 罚金判罚失衡

罚金刑属于附加刑的一种。在危险驾驶犯罪中，罚金刑应与主刑并科，在实践中其判罚不当同样会被司法认定为量刑不当。我国的罚金刑分为多个种类，有确定上下限度的限额型罚金，有依据犯罪金额确定倍比的比例型罚金，也有无具体数额规定的无限型罚金，根据危险驾驶罪的条文，其罚金刑属于无限型罚金。罚金刑的确定一般根据犯罪的危害程度、具体情节、被告人的认罪态度、缴纳能力、再犯可能性等多方面综合判断，同时罚金刑也受地区经济条件的制约。从收集的样本看，数额从 1000 到 3 万元不等，各地判罚的跨度相对较大，在 115 件改判案件中，因罚金判罚失衡而改判的案件仅 2 件。

4. 处置措施不当

我国《刑法》第 37 条规定，对于犯罪情节轻微不需要判处刑罚的，可以免予刑事处罚，即只宣告被告人有罪但不予刑事处罚，这一条款又被称为“免刑条款”。免予刑事处罚实质上是一种处置措施，实践中如果该项处置措施适用不当，也被认定为量刑不当。根据统计，该类型案件共计 20 件，其中通过上诉、审判监督程序而改判适用免予刑事处罚的分别为 15 件、1 件，通过抗诉、审判监督程序而改判撤销免予刑事处罚的分别为 3 件、1 件。

（二）组合式

1. 主刑畸轻畸重 + 罚金判罚失衡

在收集的样本中，笔者发现相较于对于主刑畸轻畸重的案件，司法实践更倾向同时变更主刑和罚金刑，因此主刑畸轻畸重 + 罚金判罚失衡这类组合式量刑不当的情形比单一式的主刑畸轻畸重量刑不当情形数量多，共计 32 件。其中有 29 件因上诉而致主刑和罚金刑同时减少，2 件因抗诉主刑和罚金刑同时增加，1 件因抗诉主刑和罚金刑逆向变更。

2. 缓刑适用失当 + 罚金判罚失衡

此类案件共计 3 件，2 件因被告人上诉而适用缓刑，均由四川省巴中市中级人民法院作出，在杨某某危险驾驶案[②]和钟某某危险驾驶案[③]中，上诉人均提出适用缓刑的上诉意见，法院认定上诉人均因酒驾被例行检查查获，犯罪情节轻微；同时取保候审期间，未发现有违法行为，没有再犯罪的危险，又具备社区矫正的条件，因此采纳了适用缓刑的意见。但是认为附加刑量刑不当，降低罚金数额。1 件因为检察机关抗诉而撤销缓刑，法院认为综合考虑被告人犯罪情节，可以在判处实体刑的范围内对被告人予以从轻处罚，

---

① 姚秀权、肖波：《试论缓刑适用的规范化》，载《量刑研究（第二卷）》，法律出版社 2015年版，第180~181页。

② 详见：四川省巴中市中级人民法院（2016）川19刑终5号刑事判决书。

③ 详见：四川省巴中市中级人民法院（2015）巴州刑初字第380号刑事判决书。

维持主刑拘役2个月，撤销其缓刑3个月的适用，并同时降低罚金数额。[①]

3. 缓刑适用失当＋主刑畸轻畸重

此类案件共计3件，其中2件为撤销缓刑，并降低主刑幅度，一件由河南省焦作市中级人民法院作出裁判，法院认为被告人无驾驶资格，醉酒后驾驶无牌照的二轮摩托车发生交通事故，依法应从重处罚，原判对其适用缓刑不当，因此撤销其缓刑，并同时降低主刑幅度。[②]另一件由安徽省六安市中级人民法院作出裁判，法院认为被告人犯危险驾驶罪情节严重，依法不应适用缓刑，但在法定最高刑予以量刑，显然不当，应予以纠正，法院在撤销被告人缓刑的同时，将原判主刑幅度降低。[③]还有一件为撤销缓刑，增加主刑幅度，由贵州省安顺市中级人民法院再审作出裁判，法院认定被告人犯罪情节不轻，对其不应适用缓刑，并将其主刑从最低的拘役1个月调整至拘役2个月。[④]

4. 缓刑适用失当＋主刑畸轻畸重＋罚金判罚失衡

此类案件共计2件[⑤]，均因抗诉而被撤销缓刑，同时主刑和罚金刑幅度同时减低。两起案件均在主刑上给予顶格处罚，并同时给予缓刑6个月的考验期，法院最终认定缓刑适用不当，撤销缓刑的同时，不仅将主刑幅度减低，同时降低了罚金数额。

三、量刑不当的司法裁量逻辑及考量要素

（一）裁量逻辑：两步分析法

多数法院对于量刑不当的案件裁量都遵循了两个基本步骤，笔者以李小刚危险驾驶案[⑥]为例进行说明。李小刚因酒后驾驶小型轿车，被民警拦查。经检测，其血醇浓度为185.08mg/100ml，系醉酒驾驶机动车。一审法院西安市莲湖区人民法院判决李小刚犯危险驾驶罪，判处拘役2个月，并处罚金人民币6000元。宣判后，李小刚上诉，希望二审法院判处缓刑。

陕西省西安市中级人民法院根据在案证据，认定李小刚酒后驾驶机动车的事实清楚、正确，即确认被告人的行为属于犯罪行为，属于刑法调整的范畴，这是判断量刑不当的前提。

接着法院审查一审判决的合法性，审查的问题通常有两个，一是法律适用，二是审判程序。法律适用错误包括但不限于：行为性质、罪名认定有误，混淆罪与非罪、此罪与彼罪；法定的从轻、减轻、免除刑罚或者从重、加重处罚情节认定有误；遗漏或多引法律条文，引用失效、未生效法条；违背法律溯及力引用法条；刑罚超出法律规定的种类、幅度等。审判程序是程序正义的保证，是刑事判决合法性的重要保障，不论是事实认定、采纳证据，还是划分责任、形成判决，无不需要合乎法定程序。在本案中，未出现需要纠正枉法裁判的程序，故二审法院认定本案程序合法，并且根据案件查明的事实，

① 详见：河南省周口市中级人民法院（2017）豫16刑终205号刑事判决书。

② 详见：河南省焦作市中级人民法院（2017）豫08刑终252号刑事判决书。

③ 详见：安徽省六安市中级人民法院（2016）皖15刑终130号刑事判决书。

④ 详见：贵州省安顺市中级人民法院（2016）黔04刑再12号刑事判决书。

⑤ 详见：辽宁省葫芦岛市中级人民法院（2017)辽14刑终97号刑事判决书、河南省南阳市中级人民法院（2017）豫13刑终608号刑事判决书。

⑥ 详见：陕西省西安市中级人民法院（2017）陕01刑终799号刑事判决书。

认定被告人的行为已构成危险驾驶罪，依法应予惩处，一审法院在定罪及量刑情节认定等方面没有错误，故认定原判适用法律正确。在这一步骤中，二审法院虽然只是简单地以“认定事实和适用法律正确，程序合法”来描述一审判决的合法性，但其实质是在确认原判量刑裁量权的形式合法性，即量刑是依据正确的定罪和程序作出且未超出法定的种类和幅度。

确认形式合法性后，法院继续第二步审查，这一步骤也是认定量刑不当的关键步骤。法院经查认为上诉人李小刚犯罪情节较轻，自愿认罪，有悔罪表现，已缴纳罚金，经其所在辖区司法行政机关调查，其具有社区矫正条件，故对该上诉理由予以采纳，据此得出“唯量刑不当”的结论，并改判李小刚适用缓刑。在第二步骤中，二审法院实际上是在审查原审判决结果是否做到实质公正，是否在情理上能被接受和认可，本质上是对量刑实质合理性的审查。如果量刑结果只符合形式合法性，却不具备实质合理性，很难获得公众的认同感，亦不符合“让人民群众在每一个司法案件中感受到公平正义”的精神。

（二）考量要素

1. 刑法原则

一是刑法惩罚、教育与挽救相结合原则。惩罚、教育与挽救相结合原则要求刑罚不仅是作为惩罚犯罪的手段，还起到教育、改造罪犯的功用，刑罚惩罚和教育改造作用应并举，在实现惩罚犯罪行为的同时，积极帮助罪犯从善。例如在杨茂松危险驾驶案[①]中，法院结合上诉人杨茂松的个人工作表现及家庭具体情况，系初犯、偶犯的事实，为体现刑法惩罚、教育与挽救相结合的原则，认定原判量刑偏重。

二是罪责刑相适应原则。根据《中华人民共和国刑法》第 5 条的规定：“刑罚的轻重，应当与犯罪分子所犯罪行和承担的刑事责任相适应。”罪责刑相适应原则也是刑法的基本原则之一，其要求刑罚的轻重应当与犯罪分子所犯罪行以及人身危险性相适应。例如在何某某危险驾驶案[②]中，法院认为原判量刑时虽已考虑上述情节，但所判处刑罚与其应当承担的刑事责任仍不相适应，与同类型案件比较量刑不均衡，应予纠正。

三是刑法谦抑性原则。刑法的谦抑性，表现为如果适用其他法律能抑制违法行为时，就不要动用刑法，将其认定为犯罪，如果适用较轻的刑罚能达到抑制犯罪行为时，就不要选择较重的刑罚进行惩罚，实质上是对刑罚惩戒范围和强度的限缩。例如在赵某某危险驾驶案[③]中，法院认定对其判处缓刑对所居住的社区没有重大不良影响，且更符合刑罚的人道性和刑法谦抑性原则，原审判决对上诉人判处实刑，量刑不当。

2. 相关因素

一是特殊情节。在刘国龙危险驾驶[④]与田举库危险驾驶案[⑤]中，法院认定为对案件中案发时间、被告人本身受伤尚需康复治疗、事故责任划分等特殊情节缺少应有的考虑，而被认定为量刑不当。

---

① 详见：云南省丽江市中级人民法院（2017）云07刑终52号刑事判决书。
② 详见：河北省承德市中级人民法院（2017）冀08刑终326号刑事判决书。
③ 详见：广东省深圳市中级人民法院（2014）深中法刑一终字第1181号刑事判决书。
④ 详见：吉林省辽源市中级人民法院（2017）吉04刑终95号刑事判决书。
⑤ 详见：吉林省辽源市中级人民法院（2017）吉04刑终91号刑事判决书。

二是社会危害性。在张天斌危险驾驶案[①]中，法院认定本次醉酒驾车又发生了交通事故，但张天斌在醉酒后安排他人帮忙驾驶机动车，一定程度上注意到了安全驾驶义务，案发时张天斌在停车场倒车，行驶距离较短，社会危害性相对较小。

三是同期同类案件。在何某某危险驾驶案[②]中，法院认为原判量刑与同类型案件比较量刑不均衡，应予纠正。在林子龙危险驾驶案[③]中，抗诉机关提出在量刑上与其他从重处罚情节的危险驾驶案量刑相比较明显畸轻，最终法院采纳了该意见，认定原判量刑不当。

四是重复评价。在王某某危险驾驶案[④]中，法院认定对于被告人抗拒、阻碍公安机关依法检查的行为，公安机关已予以行政处罚并执行，在本案量刑中不应予以重复评价。因此，认定原判量刑不当。

五是个人及家庭情况。在王尊甫危险驾驶案[⑤]中，法院考虑到被告人身为教师，多年教书育人；在杨平危险驾驶案[⑥]中，考虑到被告人系贵阳市线务站职工，让其接受深刻教训的同时，不影响其正常的工作和生活。

四、明显不当标准的司法考量

（一）“明显”问题的司法定性＋定量标准

量刑自由裁量权，是指法官在法律规定的范围内，对业已定罪的犯罪分子是否判处刑罚以及判处什么样的刑罚的酌情裁量权。[⑦]量刑裁量权是从公正角度出发，保障个案量刑公平，避免在实现一般正义的时候丧失了个别正义。因此，赋予刑事法官必要的自由裁量权，不仅是司法审判活动的需要，也是确保司法公正的重要前提。而二审或再审法院也必须尊重原审判决必要的裁量限度，即如果量刑仅轻微偏离合理限度，应尊重原审法官的权力，认定量刑适当并予以支持。只有在量刑明显超出一定限度，适用原量刑会带来极度不公正的后果的情况下，才能通过二审或审判监督程序进行纠正。

根据“以定性分析为基础，结合定量分析”的量刑方法，缓刑、免刑案件被认为难以进行量化分析，宜采用定性分析法量刑，而有期徒刑、拘役案件是能够进行量化分析的，可以引入定量分析的方法量刑。[⑧]在探寻明显不当标准时，也应基于定性＋定量角度分析。对可量化的主刑和罚金刑标准采取定量标准，对于难以量化的免刑和缓刑标准采取定性标准。

如何确定“明显”不当标准，即不当达至何种程度才是需变更的量刑？笔者着重从判决变更的结果出发，来探寻在司法实务中达到何种差异幅度会被认为是量刑不当。

① 详见：四川省南充市中级人民法院（2017）川13刑终72号刑事判决书。

② 详见：河北省承德市中级人民法院（2017）冀08刑终326号刑事判决书。

③ 详见：福建省福州市中级人民法院（2017）闽01刑终1314号刑事判决书。

④ 详见：四川省绵阳市中级人民法院（2017）川07刑终453号刑事判决书。

⑤ 详见：河南省南阳市中级人民法院（2017）豫13刑终474号刑事判决书。

⑥ 详见：贵州省贵阳市中级人民法院（2017）黔01刑终382号刑事判决书。

⑦ 屈学武：《量刑自由裁量权论述》，载《中国刑事法杂志》1999年第6期。

⑧ 参见陈学勇：《“以定性分析为基础，结合定量分析”的量刑方法》，载《量刑研究（第二卷）》，法律出版社2015年版，第294页。

（二）定性标准

1. 免刑不当

在16件改判为免予刑事处罚的案件中，有50%的案件原判主刑仅为最低的拘役一个月，其中62.5%的被告人予以缓刑处理，甚至有1件拘役1个月，缓刑2个月，并处罚金人民币1000元的最轻量刑案件被改判。可见即使给予被告人最低刑罚，只要法院认为被告人情节轻微应当被免刑，原审量刑结果就会认定为“明显”不当。（见表1）

表1

序号	原判结果	改判结果
1	拘役1个月，缓刑3个月，并处罚金人民币2000元	免予刑事处罚
2	拘役1个月，缓刑2个月，并处罚金人民币2000元	
3	拘役1个月，缓刑2个月，并处罚金人民币2000元	
4	拘役1个月，缓刑2个月，并处罚金人民币1000元	
5	拘役1个月，缓刑2个月，并处罚金人民币10000元	
6	拘役1个月，并处罚金人民币3000元	
7	拘役1个月，并处罚金人民币2000元	
8	拘役1个月，并处罚金人民币1000元	
9	拘役4个月，缓刑5个月，并处罚金人民币2000元	
10	拘役3个月，缓刑6个月，并处罚金人民币13000元	
11	拘役2个月15日，并处罚金人民币3000元	
12	拘役2个月，缓刑4个月，并处罚金人民币5000元	
13	拘役2个月，并处罚金人民币6000元	
14	拘役2个月，并处罚金人民币4000元	
15	拘役2个月，并处罚金人民币4000元	
16	拘役2个月，并处罚金人民币1000元	

在4件改判为给予刑事处罚的案件中，法院分别给予被告人2~3个月的拘役、1000~7000元不等的罚金处罚，其中有3名被告人被判处缓刑。（见表2）

表2

序号	原判结果	改判结果
1	免予刑事处罚	拘役2个月，缓刑3个月，并处罚金人民币7000元
2		拘役3个月，缓刑3个月，并处罚金人民币2000元
3		拘役3个月，缓刑6个月，并处罚金人民币2000元
4		拘役3个月，并处罚金人民币1000元

对比分析两组数据，笔者发现法院改判免刑的标准比改判给予刑罚的标准更为宽松，这种奇妙的“反差”也侧面体现出“有利于被告人”的原则。

2. 缓刑不当

根据学者研究，“醉驾”的缓刑适用还比较混乱，缓刑期限的确定随意性较大，不能体现出缓刑期限与主刑、酌定量刑情节的关系。[①] 虽然实践中因缓刑适用不当而被认定为量刑不当进而改判案件的比例不低，但是通过改判结果分析，无法看出在认定不当过程中法院的衡量标准，无论是改判撤销、改判适用，抑或适用缓刑期限长短都依赖于法官的自由裁量。其主要原因可能在于目前各地对是否适用缓刑没有出台明确的标准，即使有些地方给予原则上不处缓刑的条件，但是范围小、条件少，造成缓刑判罚尚处于标准未明的模糊地带，因此只要法官是出于审判公正的考量，认为缓刑适用不当，就可判定原判量刑“明显”不当进而改判。

（三）定量标准

法官在改判量刑不当的刑罚时，会确定一个自己认为合理的刑罚，这个合理的结果最终表现为法院判决的结果，法官通过对原审的判决结果与认为合理的结果进行衡量，最终确定量刑是否不适当。因而，问题就转化为如何确定“明显”标准的幅度。

1. 主刑不当

为了显示案件中法官改判案件时对主刑进行变动的规律，笔者对所有涉及主刑变动改判案件的变动幅度（主刑变动前后的差值与原判主刑的比值）进行了梳理，同时考虑到主刑变动幅度的非固定性（改判幅度在一定程度上存在不确定性），出于更准确地衡量主刑变动幅度的规律考虑，笔者绘制了累计分布概率图，横坐标代表了主刑变动的幅度，纵坐标代表了该主刑变动幅度内的改判案件所占的比例。由此绘制出案件的累计分布曲线，曲线某点的曲率大小代表了某主刑变动幅度下的案件出现概率高低。

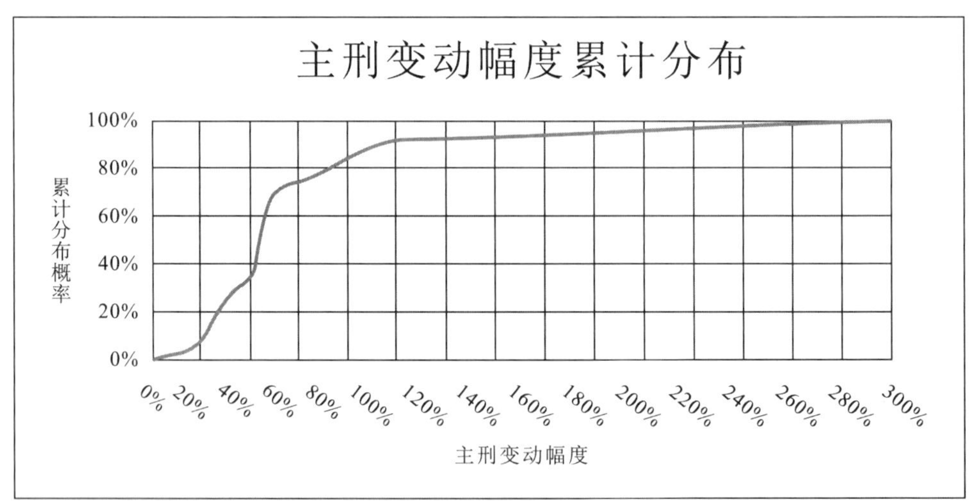

从上图看，可以较为明确地看出该曲线基本具有S形曲线的特征，即起始部分幅度均较为平缓，中间部分较为陡峭，也符合审判实践的具体情况。当原判主刑和预期合理主刑之间差距微小（主刑变动幅度小），法官就可能考虑此幅度不具有认定量刑不当的“显著性”，慎用改判权力更改审判结果，因而此种情况出现概率小；相反，当原判主刑和预期合理主刑之间差距巨大（主刑变动幅度大），基于对原审法官基本素质和能力的信

① 陈远平、关超：《“醉驾”入刑之罪刑均衡研究——以“醉驾”入刑司法解释之条文设计为视角》，载《建设公平正义社会与刑事法律适用问题研究——全国法院第24届学术讨论会获奖论文集》（下册），人民法院出版社2012年，第1158页。

赖（一个合格法官不会作出极度不合理的判决），二审或再审法官就可能更需要考虑案件是否存在误判风险，如事实认定、法律适用错误，甚至枉法裁判，因而此种情况概率同样较小。

从概率分布情况看，前后两个拐点（曲率变化较大的点）出现在16%左右和50%左右，即大部分法院认为主刑如果变动幅度在16%~50%之内，可以被认定为明显不当。

2. 罚金不当

根据上述理论对罚金变动幅度进行分析，可以看到前后两个拐点出现在25%左右和85%左右，即大部分法院认为罚金如果变动幅度在25%~85%之内，可以被认定为明显不当。（见图4）

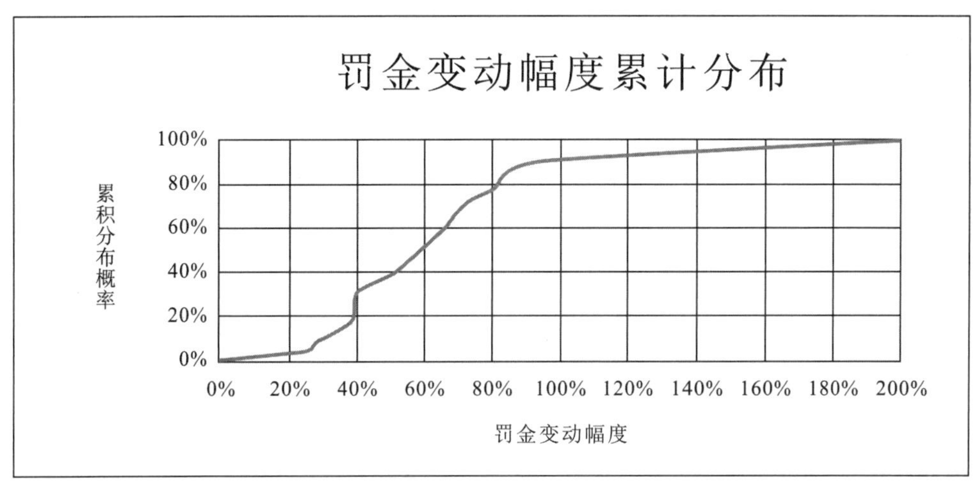

图4

根据以上分析，法院在认定可量化刑罚不当时，定量标准存在差异，涉及人身自由罚的主刑量刑上，司法定量标准较为严苛；而涉及财产罚的罚金刑量刑上，司法定量标准相对宽松，二者的量化标准差距最高可达30%。也就是说，如果人身自由罚偏离合理结果50%时，可能会被认定为明显不当；而财产罚偏离合理结果85%时，可能才会被认定为明显不当。

五、刑法学视野中量刑裁量权的检视

量刑不当实质考量法官量刑裁量权的适度问题，适度是指法官所实施的裁量行为必须符合理性的要求，而不是凭直觉的、任意的和随机的。适度行使是对自由裁量权合法行使的有力补充。[①] 目前，量刑规范化试点工作稳步推进，多种案件类型的量刑问题已进行适度规范，但量刑不当案件数量仍居高不下，侧面反映出量刑裁量权的合理性行使问题迫切需要理论界和实务界的关注。

通过对量刑不当不同情形的对比，笔者发现明显不当在认定中可能存在定性+定量两种衡量标准，定性标准基本上仰赖于法官的自由裁量权，基本上无可参考的依据，评价原审“量刑不当”在某种程度上是对原审量刑裁量权进行再一次标准模糊的裁量。定量标准中，虽能摸索出一些规律，但标准尚未清晰，且各地把握的尺度仍相差甚远。此外，

① 沈志先:《法官自由裁量精义（第2版）》，法律出版社2014年版，第27页。

作为案件改判的重要理由之一，裁判文书对量刑不当说理方面也稍显薄弱，有时甚至语焉不详，有理由不足之嫌。

对危险驾驶改判案例的整理和归纳，虽无法明晰法院对量刑明显不当认定的全面貌，但仍呈现了若干法院认定过程中关注的问题。法院认定逻辑和考量因素是其判断原审判决量刑合理性的重要问题，定性+定量标准是划分轻微不合理和明显不适当的特殊标尺，也是最终确定量刑的关键环节。然而，遗憾的是，笔者无法抽象出法院具体精确的裁量基准。笔者限于智识、能力所困，只选取了一种犯罪进行研究，研究基础的深度和广度都十分有限，本文的研究无法直接破解法院在认定量刑不当问题中的困境，但对案例的梳理和归纳或能为量刑裁量权合理性审查的进一步研究作铺垫，希望在未来的研究中，能够借助大数据分析，从丰富多彩的司法实践中深挖量刑不当背后的规律，更好地为认定量刑不当提供相对明确的指向性意见。

审查逮捕诉讼化转型的出路

张光旭＊

伴随着司法体制改革的推进，人民检察院原有“三级审”的审查批准逮捕模式[①]逐渐转变为检察官决定模式，部分地区的检察官在审查案件时根据当地检察机关办案要求实行对犯罪嫌疑人的“每人每案必讯”制度，并开展公开审查、审查逮捕听证等审查逮捕诉讼化转型实践探索，审查逮捕机制已由传统的行政审批开始向司法审查转化。最高人民检察院在《“十三五”时期检察工作发展规划纲要》中指出“围绕审查逮捕向司法审查转型，探索建立诉讼式机制”[②]的发展方向，但在实践中各地检察机关对于审查逮捕诉讼化转型工作的理解不一，本文对如何推进审查逮捕诉讼化转型工作提出一些思路。

一、审查逮捕诉讼化转型的依据

审查逮捕诉讼化转型工作在理论界有多种不同的看法，有观点认为可以直接借鉴域外国家以法院为审查主体的司法审查制度；也有观点认为应保持现有的检察机关审查逮捕的体制，构建控辩对抗的听证审查模式[③]。然而，从我国的司法实践出发，根据《中华人民共和国宪法》的规定，我国公民的批准或决定逮捕权归属于人民检察院[④]。我国于1998年签署的联合国《公民权利和政治权利国际公约》中也对逮捕程序作出了要求[⑤]，规定了公民被逮捕时所应当遵循的基本司法程序。《公民权利和政治权利国际公约》中规定了“其他经法律授权行使司法权力的官员”有权进行逮捕的司法审查工作，其核心在于逮捕的决定者应当为司法官员，而非行政官员，行使司法行为要求决定者具有独立而中立的特征。因此，在我国现有的法律框架下，检察机关行使逮捕权是中国特色司法制度的必然要求，能够有效防止法院因行使逮捕职能而站在控方立场，影响审判的中立性，甚至出现“一错到底”的危险局面[⑥]。2012年修改的《中华人民共和国刑事诉讼法》增加了在

＊ 张光旭，厦门市湖里区人民检察院。

① 《人民检察院刑事诉讼规则（试行）》第4条：“人民检察院办理刑事案件，由检察人员承办，办案部门负责人审核，检察长或者检察委员会决定。”

② 戴佳、徐日丹：《“十三五”时期检察工作发展规划纲要发布》，载《检察日报》2016年9月2日。

③ 陈卫东：《逮捕程序司法化三题》，载《人民检察》2016年第21期。

④ 《中华人民共和国宪法》第37条第2款：“任何公民，非经人民检察院批准或者决定或者人民法院决定，并由公安机关执行，不受逮捕。”

⑤ 《公民权利和政治权利国际公约》第9条第1款规定：“人人有权享有人身自由和安全。任何人不得加以任意逮捕或拘禁。除非依照法律所确定的根据和程序，任何人不得被剥夺自由。”第3款规定：“任何因刑事指控被逮捕或拘禁的人，应被迅速带见审判官或其他经法律授权行使司法权力的官员，并有权在合理的时间内受审判或被释放。等候审批的人受监禁不应作为一般规则，但可规定释放时应保证在司法程序的任何其他阶段出席审判，并在必要时报到听候执行判决。”

⑥ 孙谦：《司法改革背景下逮捕的若干问题研究》，载《中国法学》2017年第3期。

审查批捕环节讯问犯罪嫌疑人，询问诉讼参与人及听取辩护律师的意见的程序[①]，其内核在于要求检察官在审查批捕过程中做到兼听，改变原有的以侦查为中心的审查逮捕模式，站在一个中立的司法者角度对案件进行审查。但具体如何实施讯问、询问，如何听取律师意见，《中华人民共和国刑事诉讼法》第 86 条并未明确作出规定，审查逮捕诉讼化转型实质上为该条文的具体化。

二、审查逮捕诉讼化转型的域外借鉴

在国外，逮捕仅仅是一种嫌疑人到案的强制措施，相当于我国公安机关实施的拘传行为，不同义于我国的逮捕。因此，审查逮捕诉讼化需要借鉴的实则是国外在未决羁押上的审查程序。尽管各国在未决羁押的制度设计上有所区别，但一般模式为警察或检察官实施逮捕之后，在法定期限内将嫌疑人移送至司法官员处审查，司法官员通过讯问或者召开羁押庭，听取侦查人员、诉讼参与人的意见或辩论，就嫌疑人的羁押理由与羁押必要性进行审查，最终作出裁决。对于司法官员是采取讯问嫌疑人还是采取开庭审理的方式，不同国家有不同做法，如德国及日本的刑事诉讼法主要采取讯问嫌疑人式，而英国与美国的刑事诉讼法律则以召开羁押庭的方式进行审查。

德国刑事诉讼法律规定，司法警察在根据逮捕令逮捕犯罪嫌疑人后，应当毫不迟延地向负责管辖的法院解交。解交后，法院应当毫不迟延地，至迟在次日对犯罪嫌疑人就指控事项予以讯问。讯问时，应当告知犯罪嫌疑人对其不利的情况，告诉其有权对指控作出陈述或者对案件保持缄默，并给予犯罪嫌疑人就消除嫌疑、逮捕理由等提出辩解的机会[②]。

日本刑事诉讼法律规定，申请逮捕的检察官必须将犯罪嫌疑人带到法官面前，法官通过审查检察官提供的资料以及对犯罪嫌疑人的逮捕询问判断嫌疑人是否需要逮捕，如果法官对案情存在疑问，可进行“事实调查”（通过会见关系人、索取证据物品等），对案情进行进一步了解[③]。另外，日本法官就羁押问题所作的逮捕询问是单独进行的，是在检察官、司法警察都不到场的情况下进行的讯问，不具备开庭的形式[④]。

英国警察与刑事证据法规定，警察如果需要继续羁押犯罪嫌疑人的，需要向治安法院申请“继续羁押令”。法院在收到犯罪报告书及犯罪嫌疑人已到场准备接受听审的情况下，还要保证犯罪嫌疑人有充分的辩护权，有权获得法院指定的律师代表为其辩护。听审由两位或两位以上的非公开座席法庭的治安法官组成，嫌疑人及其辩护人与警察双方分别发表意见，对是否需要继续羁押进行辩论，最终由法院进行裁决。[⑤]

美国治安法官在嫌疑人“初次到庭”之前或开始时，会进行“格斯坦审查”，即审查嫌疑人被逮捕是不是符合法律规范的，如果发现不符合法律规范，治安法官会指令起诉

① 《中华人民共和国刑事诉讼法》第 86 条：“人民检察院审查批准逮捕，可以讯问犯罪嫌疑人；有下列情形之一的，应当讯问犯罪嫌疑人：（一）对是否符合逮捕条件有疑问的；（二）犯罪嫌疑人要求向检察人员当面陈述的；（三）侦查活动可能有重大违法行为的。人民检察院审查批准逮捕，可以询问证人等诉讼参与人，听取辩护律师的意见；辩护律师提出要求的，应当听取辩护律师的意见。”

② 孙谦主编：《刑事强制措施》，中国检察出版社 2017 年版，第 174~175 页。

③ ［日］松尾浩也：《日本刑事诉讼法》，丁相顺、张凌译，中国人民大学出版社 2005 年版，第 108~109 页。

④ 陈瑞华，《问题与主义之间》；中国人民大学出版社 2008 年版，第 136 页。

⑤ 孙谦主编，《刑事强制措施》：中国检察出版社 2017 年版，第 472~475 页。

方立即出示更多信息或立即释放被逮捕人。一旦提起控告，被告人必须在规定时间内被迅速带至治安法庭，即“初次到庭”。首先，治安法官确认被告人身份并告知其被起诉的罪名，告知其享有的诉讼权利，要求被告人进行有罪或无罪答辩。对于一般的轻罪案件，治安法官可以直接审判，因为在“初次到庭”时，执行逮捕的警察和任何证人都可以参加。而对于需要进行预审或大陪审团审查的重罪案件，警察、检察官与被告人律师会出席听审，治安法官可就嫌疑人是否具有保释条件要求控辩双方辩论，作出嫌疑人是否可保释的裁决[①]。

虽然德国与日本主要采取讯问嫌疑人的方式进行审查，法律也不排除类似于英美的开庭审查羁押的模式。德国刑事诉讼法规定了嫌疑人在待审羁押期间可以随时申请法院审查是否应当撤销逮捕令，法院在对此申请进行审查时，应当通知检察院、犯罪嫌疑人和辩护人进行言词审理，并在言词审理结束后宣布裁决[②]。日本则规定了被羁押被告人、被告人的辩护人、法定代理人、保佐人、配偶、直系亲属、兄弟姐妹或其他利害关系人享有请求将羁押理由在公开法庭上告知的权利，一旦申请人提出申请，法官就要开庭告知，检察官或者被告人、辩护人及其他请求人可以陈述意见或经审判长同意提出书面意见[③]。

综上，德日两国与英美两国在讯问犯罪嫌疑人上的规定相对一致，对犯罪嫌疑人作出羁押决定都要求讯问犯罪嫌疑人，听取犯罪嫌疑人的意见。但在是否需要开庭审查、律师及其他诉讼参与人是否参与审查羁押过程的问题上，通过比较可以发现英美两国相对皆要求开庭审查并要求律师到庭，警察、证人可以到庭，而德国和日本只有在对羁押决定的犯罪嫌疑人救济制度中要求通过开庭的形式进行审查，日本规定律师需要到庭参与审查，而伴随着人权保障意识的提升，德国在近年的改革中也规定了羁押阶段需要律师参与，并要求为未聘请律师的犯罪嫌疑人指定辩护律师[④]。

三、审查逮捕诉讼化转型的实践经验

2012年《中华人民共和国刑事诉讼法》修改后，在最高人民检察院的指导下，各地逐步开展审查逮捕诉讼化转型工作，多以类似开庭审查的模式进行，以某省检察机关为例，开展审查逮捕诉讼化工作以来，该省检察机关共采用诉讼化审查模式办理审查逮捕案件220件，经审查作出批捕决定143人，不捕194人，不捕比率77.9%。该省各级检察机关在探索诉讼化审查模式上，基本采取开庭审查的模式，重点审查对犯罪嫌疑人羁押必要性问题，审查时间多在1个小时左右。各地检察机关在办理开展审查逮捕诉讼化转型具体工作中没有统一的标准，但存在一定的共性，主要针对以下几个方面：一是在案件范围上，各地主要审查的案件类型为轻刑案件，主要对事实清楚、证据确实、社会危险性存在争议的问题开展公开审查，有地区还规定了对黑恶势力犯罪与严重影响社会治安的案件不适用诉讼化审查。二是在参与人员上，一般到场的有侦查人员、辩护律师，有条件的地区通过远程视频讯问的方式让嫌疑人参与，部分案件听取了被害人一方、嫌

---

① 伟恩·R.拉费弗、杰罗德·H.伊思雷尔、南西·J.金：《刑事诉讼法》，卞建林、沙丽金等.译，中国政法大学出版社2003年版，第16~20页。

② 孙谦主编：《刑事强制措施》，北京：中国检察出版社2017年版，第176~177页。

③ 孙谦主编：《刑事强制措施》，北京：中国检察出版社2017年版，第63~64页。

④ 金晓丹：《德国刑事法律制度的新发展》，载《人民法院报》2011年12月23日。

疑人所在社区居委会的意见，部分案件邀请了人大代表等观摩旁听。三是在审查场所上，有的地区设立在专门的司法办案区，有的地区设立在看守所提审室，也有的地区选择在嫌疑人居住地、犯罪发生地的村居社区。四是在程序的启动上，各地都规定了依职权启动，也赋予了相关人员依申请启动的权利，实践中各地一般以依职权启动为主，以依申请启动为辅。

在开展审查逮捕诉讼化转型工作的过程中，部分在案证据存在瑕疵的案件诉讼化审查亦取得了较好的成效，如某院在办理一起涉嫌生产、销售有毒有害食品案件时，承办人在案物证缺失的情况下，召集食品监管部门、食品安全专家、人大代表、行政执法部门、代理律师等各界人士共同召开了案件公开审查会议，由食药专家对涉案的有毒有害物质作分析介绍，一同探讨本案的社会危险性问题，最终该院对犯罪嫌疑人作出逮捕决定，有效促进司法公信力的提升。但对于诉讼化审查案件选择的把握上，部分检察机关未能充分考虑公开审查的特殊性，如某院在办理一起交通肇事的公开审查案件时，因犯罪嫌疑人未能与被害人达成和解协议，导致被害人在公开审查案件过程中做出过激行为，不利于矛盾的化解。因此在审查逮捕诉讼化转型过程中，对于如何选择案件以及人员的参与等方面问题，需要检察机关进一步思考。

四、审查逮捕诉讼化转型的程序构建

笔者认为审查逮捕诉讼化转型的工作核心在于改变原有行政审批式的审查逮捕工作模式，增强检察官在审查逮捕环节司法审查的亲历性，提升审查逮捕工作的司法属性，从而提高审查逮捕的案件质量，实现法律的公平正义。为提升审查逮捕诉讼化转型的司法属性，在审查逮捕的程序设计上应当体现司法审查要素。

（一）审查模式的选择

德国、日本采取的讯问犯罪嫌疑人式的羁押审查模式与英国、美国采取的开庭审查模式，目前检察机关的审查逮捕诉讼化转型中都有所借鉴。虽然各地借鉴的更多以开庭审查模式作为审查逮捕诉讼化转型的重点，但是如果对每一件审查逮捕案件都采取开庭审查模式，长达1小时的审查时间对司法资源的耗费过多。因此，笔者认为将日本的羁押审查模式与美国的羁押审查模式相结合较为适宜，即在检察官办理审查逮捕案件时，通过书面审查和讯问犯罪嫌疑人，判断是否需要进行事实调查，分别听取侦查人员、辩护人等诉讼参与人意见进行审查，当检察官认为有必要举行集中听证审查时，再邀请相关人员参与听证进行审查。通过采取“听取意见式审查”和“听证式审查”实现诉讼化转型案件的繁简分流，保证司法效率与公正的平衡。

（二）犯罪嫌疑人及其辩护律师的参与

《中华人民共和国刑事诉讼法》第86条规定了审查逮捕过程中讯问犯罪嫌疑人的相关规定，要实现审查逮捕诉讼化转型，犯罪嫌疑人的参与是该环节的关键所在，应当实现对在押犯罪嫌疑人的“每人每案必讯”制度，但在听证环节是否需要犯罪嫌疑人参与，根据我国目前的司法实践，如在该地区实现远程提审或嫌疑人提解制度等配套机制允许的情况下，犯罪嫌疑人参与听证是必要的。在律师的参与方面，辩护律师是代表犯罪嫌疑人一方对抗侦查一方的重要参与者，由于目前我国审查逮捕环节的犯罪嫌疑人委托辩护律师率仍处于较低水平，多数犯罪嫌疑人没有聘请律师或委托法律援助律师为其辩护，而听证审查中律师的角色是不可或缺的，如何针对没有辩护人的犯罪嫌疑人进行听证审查，值班律师制度的开展起了关键的作用。根据 2017 年 8 月 8 日最高人民法院、最高人民检察院、公安部、国家安全部、司法部发布的《关于开展法律援助值班律师工作的意见》要求，要在看守所派驻值班律师，为没有辩护人的犯罪嫌疑人提供法律帮助。为开展诉讼化转型与值班律师制度的对接工作，可以通过制定与看守所、司法局等相关部门的对接制度，通知值班律师为犯罪嫌疑人提供法律帮助，提交律师意见并参与案件审查工作。

（三）侦查人员及其他人员的参与

笔者认为侦查人员到场参与听取意见式审查或听证审查皆需由具体案件而定，对于事实清楚、证据确实但逮捕必要性材料欠缺的案件，侦查人员可以到场或提交书面材料进行举证；对于证据方面存在疑问的案件，侦查人员应当到场或提交书面材料，如不到场则可能承担不利的后果。听取意见式审查不排斥单独听取被害人意见，而在听证审查中被害人的参与以必要为限，如需要通过确认被害人意愿判断是否具有逮捕必要的案件可以适当吸纳被害人及其代理人参与。听取意见式审查与听证审查还可吸纳有专门知识的人，听取其对涉及案件鉴定、社会危害性等方面的意见，如涉及知识产权、价格鉴定等方面专业性较强的问题时，这利于检察官对全案证据的把握与逮捕必要性的判断。对于需要考察嫌疑人社会危险性方面证据的，可以邀请嫌疑人的亲属、所在单位同事等关系人进行举证，听取其意见或邀请参加听证。适当邀请人大代表、政协委员等参与，对于事实清楚、证据确实、社会影响重大的案件，可以邀请人大代表、政协委员等旁听但不需要发表意见。

（四）审查案件的范围

目前实践中开展诉讼化转型的案件范围主要为事实清楚、证据确实但逮捕必要性存在争议的轻刑案件，甚至有地区还规定了不适用诉讼化审查的案件范围。笔者认为，除法律规定的涉及保密的审查逮捕案件外，不应当限缩开展诉讼化转型的案件范围，或者仅仅将证据充分但逮捕必要性存在争议的案件作为审查案件的范围，应当将所有案件甚至是存在非法取证嫌疑的案件都纳入可开展诉讼化转型的案件范围。对于可能存在非法取证嫌疑的案件进行听证审查不可避免地会涉及侦查保密原则的问题，但目前学者的观点认为侦查保密并非绝对原则，欧盟通过的被追诉人信息知悉权指令中已经明确要求欧盟成员国在决定羁押时应当事先告知辩方所有的侦查证据与材料，且审查逮捕程序是司法审查程序，应当奉行司法原则而非侦查的程序原则[①]。也有观点认为可以采取变通的手段以实现侦查保密原则，在听证审查时如涉及事实证据调查，可根据侦查机关意见，要求犯罪嫌疑人、辩护律师及其他人员暂时退出听证，将听证审查转变为单方调查的结构[②]。当然，通过听取意见式审查的方式，不影响侦查保密原则，在检察官难以把握是否会触犯侦查保密的情况下，建议对需要进行事实调查、非法证据排除的案件采取听取意见式审查较为妥当。

---

① 陈卫东:《逮捕程序司法化三题》，载《人民检察》2016 年第 21 期。

② 万毅:《审查逮捕程序诉讼化改革的背景与框架》，载《人民检察》2017年第10期。

（五）开展审查的场所

听取意见式审查的场所可选择检察院专门的司法办案区、看守所讯问室等专门讯问场所，也可选择在相对独立封闭的其他场所，听取意见式审查的场所相对灵活，需要保证听取意见时的保密性。听证式审查应当注意场所的特殊性，在检察机关内部办案区设立专门的听证审查室，具备与法院庭审相类似的同步录音录像设备，有条件的地区可以在听证审查室配备远程提讯设备，方便犯罪嫌疑人参与听证。

（六）审查的形式

听取意见式审查模式的架构对原有的审查逮捕办案模式影响较小，检察官需对听取的意见按照规范做好相应的询问笔录，并在《审查逮捕意见书》中体现。而听证式审查模式势必耗费检察官较多的精力，且进行听证式审查时对于听证案件的全过程进行同步录音录像和书面记录，可适当简化《审查逮捕意见书》及原有的部分审查逮捕流程，提高司法效率。原有的“三级审”制度下，检察官受制度影响办理公开审查时较少当场作出决定，随着司法责任制的落实，有权限的检察官应当在听证式审查结束时当场作出决定，对案件进行释法说理工作，有效提高司法公信力。

（七）认罪认罚从宽制度与审查逮捕诉讼化转型的对接

最新公布的《中华人民共和国刑事诉讼法修正案（草案）》将认罪认罚情况纳入了审查逮捕环节社会危险性审查的考虑因素[①]，对于符合认罪认罚条件的犯罪嫌疑人，可以在辩护律师或值班律师参与的情况下开展听取意见式审查，或根据具体案情开展听审式审查。开展审查后，由检察官决定并在律师见证下与犯罪嫌疑人签署具结书，作出审查逮捕决定，并可建议侦查机关快速移送审查起诉，提升司法效率。

① 《中华人民共和国刑事诉讼法修正案（草案）》将第79条改为第81条，增加一款，作为第2款：“批准或者决定逮捕，应当将犯罪嫌疑人、被告人涉嫌犯罪的性质、情节，认罪认罚情况，对所居住社区的影响等情况，作为是否可能发生社会危险性的考虑因素。对于不致发生社会危险性的犯罪嫌疑人、被告人，可以取保候审或者监视居住。”

基于检察视域的认罪认罚从宽制度自愿性问题探究

苏旭辉*

“认罪认罚从宽制度”作为一个正式的概念被提出来，是在2014年中国共产党的十八届四中全会通过的《中共中央关于全面推进依法治国若干重大问题的决定》中。在“优化司法职权配置”这一部分，首次提出了“完善刑事诉讼中认罪认罚从宽制度”。紧接着在2016年，与认罪认罚从宽制度相关的“决定”和“办法”出台，明确了认罪认罚从宽制度的基本概念和基本原则，并为认罪认罚从宽制度的落实指明了试点方向和思路。认罪认罚从宽制度对于刑事案件的繁简分流、兼顾司法公正与司法效率具有重大的意义。各地区也对这项制度落地推行进行了不少的探索，积累经验的同时也总结出一些矛盾和问题，为认罪认罚从宽制度的完善添砖加瓦。其中，犯罪嫌疑人、被告人的自愿认罪认罚，是该制度能够适用的前提。因此，自愿性就显得尤为重要。本文将从检察视角出发，立足于我国现行司法体制，结合相关法律规定与检察实务，对自愿性问题进行探究。

一、认罪认罚从宽的概述

认罪认罚从宽制度可以切分为三个关键词，分别为“认罪”、“认罚”和“从宽”。有文章曾指出，目前我国的认罪认罚是以检察官为主导的从宽模式，这与英美法系中以美国为代表的辩诉交易制度和大陆法系中以德国为代表的认罪协商制度有着明显的不同。故在我国的司法实践中不可避免地需要由检察官在对犯罪嫌疑人、被告人适用认罪认罚从宽制度之前，对该制度进行简单而又准确的解释。基层检察院往往会先将制度的具体内容以书面的形式呈现给犯罪嫌疑人、被告人，如“认罪认罚从宽制度告知书”，在其阅读的同时，检察官也会对犯罪嫌疑人的不解之处作出解释。那么，何为“认罪”？“认罚”又是指什么？“从宽”的尺度如何？犯罪嫌疑人势必要在清楚上述概念的情况下，才能自愿地认罪认罚，即认罪认罚是出于其真实的意思表示，是自愿的而非被强迫的，更不是为了获得从宽的好处而“虚假”地说出“我认罪”。

对于“认罪”，上文提到的“办法”中更多强调的是“自愿如实供述”与“无异议”。而“认罚”则是指，犯罪嫌疑人、被告人同意检察机关提出的量刑建议、其自愿签署认罪认罚具结书。量刑建议在这里具体包括判处的刑罚种类与幅度，以及刑罚的执行方式。至于“从宽”，笔者认为最直接的且是犯罪嫌疑人、被告人最关心最关注的应为量刑上的从轻考量，以及优先考虑对其适用速裁程序与简易程序。该制度最终的落脚点，亦即追诉方与被追诉方共同追求的结果，就是“从宽”。对此，有学者认为认罪认罚从宽制度，应当在制度层面上，促进刑法对于“从宽处罚”之零散规定的统一，也应当基于刑事案件

* 苏旭辉，厦门市集美区人民检察院。

“繁简分流”之功能，在刑事诉讼程序上，赋予“从宽”新的程序方面的价值。在实体法上，我国《刑法》第67条之相关内容被认为是创设认罪认罚从宽制度的立法依据，同时也是“从宽处罚”的直接法律依据。

二、认罪认罚的自愿性

（一）自愿性项下的“自愿性标准”

犯罪嫌疑人、被告人的认罪认罚的自愿性，是适用认罪认罚从宽制度的前提，也是构建该项制度的核心。认罪认罚从宽制度下的“认罪”，意味着犯罪嫌疑人、被告人对自己被指控犯罪事实是没有异议的，对自己所犯的罪行是自愿地、如实地进行供述。笔者认为这里包含了“自愿性”中的正面部分和反面部分。因为这里提到的“供述”，应是承认与叙述，而不只是单纯的，特别是形式上的认罪宣告。这样的好处在于：犯罪嫌疑人、被告人主动供述其犯罪事实和检察人员听取其辩解，更能反映出犯罪嫌疑人、被告人的主观上的悔罪态度。这是正面部分，即从犯罪嫌疑人、被告人角度出发的“自愿性”。而在一个刑事案件的审查起诉阶段，主要存在两方：追诉方即检察机关，与被追诉方即犯罪嫌疑人、被告人。那么，追诉方是否也存在“自愿性”的问题呢？答案是肯定的，即检方不存在客观上对于嫌疑人的强迫认罪。我国的《刑事诉讼法》及相关的司法解释均有体现这样的精神，在法律层面作出了严格的规定。例如，我国《刑事诉讼法》第50条中关于严禁刑讯逼供和以非法方法收集证据的列举规定，可以视作在反面为犯罪嫌疑人、被告人认罪认罚自愿性设立了客观的判定标准，即追诉方若以刑讯逼供的方式强迫被追诉方自证其罪，或者使用其他非法方法（如疲劳审讯、引诱等）收集证据，均应被视作非法证据进行排除。综上，认罪认罚的自愿性应该包括两方面：一方面是被追诉方的自愿主动认罪；另一方面是追诉方不得以强迫、引诱等非法方法使被追诉方认罪。

（二）自愿性项下的“明知性标准”

此外，自愿性中还应当包含“明知性标准”。明知性标准在“认罚”环节具有突出的意义。如前所述，犯罪嫌疑人、被告人需要对检察机关指控自己的罪名以及量刑建议有明确的了解，才能进行认罪认罚的具结。这就意味着，在犯罪嫌疑人、被告人同意适用认罪认罚从宽制度并且签字具结之时，其就必须清楚自己所犯罪行为何，以及自己的刑罚执行种类及幅度。在司法实践中，嫌疑人往往会在公安机关侦查阶段讯问之时就知道自己所涉嫌的罪名，并且在其认罪的情况下，一般对于所涉罪名是没有异议的。这里无外乎以下两种情况：一种是嫌疑人非常清楚自己的犯罪行为在刑法上属于何种罪名，如醉酒后驾车，且血液中乙醇含量大于80 mg/100 ml，属于危险驾驶罪。另一种情况是嫌疑人可能是法盲，根本就不知道自己已经涉嫌犯罪，如私下坐庄卖六合彩，非法获利数额较大，已构成非法经营罪。此时就需要公安机关或者检察机关对犯罪嫌疑人进行法律上的解释说明，而被追诉方在追诉方释明之后往往也会进一步地知悉、认可。量刑建议是在检察机关审查起诉阶段中，在犯罪嫌疑人同意的情况下，对其适用认罪认罚从宽制度，犯罪嫌疑人在签字具结时会知道的刑罚种类与执行幅度。例如，在认罪认罚具结书中，“拘役X个月至Y个月，并处罚金”的量刑建议。而在此时，检察人员就需要尽到告知义务，向被追诉方简要解释该等量刑建议是如何得出的。对于所适用的程序，在认罪认罚从宽的情形下，检察机关会更多地建议审判机关适用速裁程序或者简易程序，这就意味着程序法上权利的减少，多数情况下即放弃适用普通程序。被追诉方只有在全面知晓自己罪名为何以及量刑建议具体内容和所选司法庭审程序的情况下，权衡认罪认罚的结果与法院审判的结果之后，才能自愿作出是否接受认罪认罚从宽制度的决定，与追诉方达成认罪协议。可以说，"明知性标准"是自愿性的前提，必不可少。

综上，自愿性与明知性是适用认罪认罚从宽制度的前提和重要组成部分，既开启了适用认罪认罚从宽制度的大门，又作为一个重要因素贯穿于刑事诉讼程序的始终，这是法律赋予当事人的权利，是我国的司法体制充分保障犯罪嫌疑人、被告人人权的重要体现，也是法治社会进程上的亮点和催化剂。

三、认罪认罚自愿性的保障

既然自愿性作为打开认罪认罚从宽制度的大门，那么我们该如何来保障犯罪嫌疑人、被告人对于适用该制度的自愿性呢？笔者认为，主要包含以下几个方面：完善被追诉方的知悉权，保障被追诉方获得律师帮助的权利，被追诉方撤回权行使的可能性。

（一）完善被追诉方的知悉权

首先，如前所述，犯罪嫌疑人、被告人需要对自身所涉罪名、量刑建议以及可能适用的法庭庭审程序有较为清楚的认知，才能对是否认罪认罚作出决定。换言之，被追诉方的知悉权需要得到较好的行使才能保证真正"知悉"。但不可否认的是，在司法实践中，存在较大比例的犯罪嫌疑人、被告人对法律知识知之甚少，甚至是一无所知。因此，在这种情况下，就需要追诉方，即检察人员作出相应的讲解、解释。例如，解释认罪认罚的具体内涵、嫌疑人构成该罪的原因、从宽的幅度以及强调适用该制度需完全出于本人自愿等，来使被追诉方对该制度有较为明确的认知。

（二）保障被追诉方获得律师帮助的权利

除了检察官可对认罪认罚从宽制度作出释明以外，还有法律援助中心派驻检察院的值班律师可以提供法律帮助：回答当事人有关个人案情、法律适用以及"认罪认罚"的相关问题。这样在被追诉方的知悉权方面，就有了检察官与值班律师的双重保障。而在保障被追诉方获得律师帮助的权利中，这里的律师主要指的是值班律师。"办法"中也有相应的规定。值班律师往往具有较为丰富的诉讼经验和专业知识，可以较好地弥补被追诉方在法律专业知识和心态上的不足，帮助被追诉方在认罪认罚中与追诉方平等协商，并且作出明智、自愿的选择。还有，值班律师能够对被追诉方是否适用认罪认罚从宽制度，和认罪认罚后的利弊得失给予指导和解释说明，这样亦从侧面更完善了被追诉方的知悉权。由于控辩双方天然的立场对立，引入值班律师保障被追诉方权利的制度，也能倒逼检察机关更加认真细致地做好审查起诉工作，避免强迫、引诱嫌疑人适用认罪认罚从宽制度的情形出现，从另一方面也起到了监督检察机关的作用。而这种做法也能使犯罪嫌疑人、被告人听取更多的意见，更好地帮助自己作出决定。值得一提的是，这里的值班律师在性质上，应该更倾向于属于法律帮助者而非辩护律师，因其并没有调查取证权与阅卷权，因为调查取证权与阅卷权正是我国《刑事诉讼法》赋予辩护律师的重要且独特的权利。我国目前由于缺乏广泛的强制辩护的律师资源和立法基础，因此，建立并完善值班律师的帮助制度，是符合诉讼经济原则的，也是现如今能够保证认罪认罚从宽制度高效运行的首选。

（三）被追诉方撤回权的行使

在认罪认罚从宽制度中，如果说检察官的释明与值班律师的帮助是从外部为被追诉方提供权利保障的话，那么撤回权的行使也应作为保障犯罪嫌疑人、被告人自愿认罪认罚的措施之一。往往这会成为一项救济性权利，并且是一项直接从嫌疑人角度出发的“内部”权利。所谓撤回权，顾名思义，是指犯罪嫌疑人、被告人有充分、正当的理由或者认为自己无罪时，在适当的时候，有申请撤回其之前与追诉方已经签订的认罪认罚协议的权利。

撤回权的行使，有时候意味着程序上的流转：因为被追诉方撤回认罪认罚的具结之后，追诉方有可能因此放弃原先已经计划建议适用的速裁程序或者简易程序，而重新选择适用普通程序进行案件的办理。此时的追诉方需要认识到：之前所做的工作并没有“白费”，不能因此而产生“抵触情绪”——拒绝或者消极对待被追诉方行使撤回权的行为，或者仅依此便认定被追诉方的认罪态度不够良好。相反，追诉方必须重新审阅查看所有的公诉材料，在这种程序转换的阶段，可以申请延长审查起诉期限或者侦查机关的补充侦查等，来确保其指控的犯罪，能够达到“犯罪事实清楚，证据确实、充分”的法定证明标准。因此，有学者指出，无论是从与刑事司法中的真实主义互相协调的角度，还是从保障被追诉方权利的角度，被追诉方的程序处分权都应当得到公正而正确的行使。

但是，作为一项权利，撤回权的行使同样不可以“任性”，这里需要有更明确、更具体的法律法规的规定来对撤回权的行使作出一定的限制，比如说撤回权行使的时间截止点、撤回权行使的次数、撤回权的行使需要正当且充足的理由等，以此来降低甚至是排除撤回权被被追诉方滥用的可能性。这些都需要我们的法律工作者在实践中一边探索一边总结。

结语

认罪认罚从宽制度是富有中国特色的司法实践制度。自愿性作为认罪认罚从宽制度的核心和前提，是开启大门的钥匙。自愿性项下的自愿性标准与明知性标准，在“认罪”和“认罚”环节有着各自的鲜明作用。同时二者又相辅相成，共同为自愿性立下了基本的“红线”要求，倒逼检察人员在适用认罪认罚从宽制度时必须严格遵守，在该标准下完成制度的适用，方达适用之效果并能较好实现立法者设置该制度时的初衷与精神。在保障制度实施方面，司法工作者本身既要做好适用该制度的释明工作，还要引入诸如值班律师的外部辅助、帮助机制，也要积极探索被追诉方撤回权的行使，在立法上更进一步、在实务中边工作边总结，才能更好地实施这项制度。

监察活动中被调查人员合法权益保障的实务探析

庄瑶琳 *

在监察权的行使过程中，应始终坚持以监察机关为中心，厘清被调查人员、辩护人、监察机关的关系问题。被调查人员和辩护人基本处于一个点，行使辩护权，只是自行辩护和委托辩护有所不同，但其最终目的都是保障被调查人员的合法权益。通过监察权和辩护权的权力分配，寻找平衡点。也即在保障监察权充分行使的基础上，逐步引入辩护权参与其中，强化对被调查人员的合法权益保障，以下将对实务中被调查人员合法权益保障进行探讨。

1. 引入律师参与职务犯罪调查制度。有权获得辩护原则也是我国宪法规定的一项刑事诉讼原则，从外国法治和域外法治可以看出，大多数的国家和地区都把犯罪嫌疑人和被告人获得辩护权视为最基本的诉讼权利，因此应允许律师参与职务犯罪调查。对于律师介入的程序设计，首先，应该在《中华人民共和国监察法》（以下简称《监察法》）中参考《中华人民共和国刑事诉讼法》（以下简称《刑事诉讼法》）的相关规定，规定被调查人在受到监察委员会第一次讯问或者采取留置措施之日起有权委托律师作为辩护人。其次，应该规定，有权聘请律师的权利和没有能力聘请律师时免费获得法律援助的权利。这两项权利已经在《刑事诉讼法》上明确规定。《刑事诉讼法》第 41 条明确规定了有权委托律师作为辩护人，第 34 条规定了获得法律援助的情形。这两条可以为《监察法》所借鉴。同时鉴于调查权的特殊性，因其也对违纪行为进行调查，那么要进行区别，在调查过程中，违纪行为调查不介入，一旦涉及职务违法、犯罪行为的调查即享有辩护权。因为从《监察法》内容看监察措施的适用是无差别地适用于职务违法行为和职务犯罪行为的。当然这可能会给监察机关留下自由裁量权，因此要将违纪调查和违法犯罪调查程序进行区别，并一定程度上进行剥离，以便更好地确定辩护权告知和介入的时间节点。再者，律师介入后权利的行使。（1）会见的权利。会见的权利在于可以建立与行动不自由的被调查人与其亲属联系的唯一纽带。在这种情况下，一方面有利于律师了解案情，为后续的辩护奠定基础；另一方面可以代替家属了解被调查人的基本情况。同时，律师进入调查阶段，正如前文所述，无疑是从一个法律人的视角对调查环节进行监督，可以有效地防止刑讯逼供等行为，可以对被调查人的合法权益进行保护，从而达到人权保障的目的。当然对于会见的程序要求，目前《最高人民法院关于适用〈中华人民共和国刑事诉讼法〉的解释》规定辩护律师持证件要求会见在押犯嫌的，看守所至迟不得超过 48 小时就要安排会见。但是职务犯罪调查取证毕竟有其特殊性，也比较困难，《刑事诉讼法》对于特别重大贿赂案件，也就是犯罪金额在 50 万元以上、有重大影响或者涉及国家重大利益的案件，律师要会见时需要通过侦查机关批准。因此可以借鉴《刑事诉讼法》的规定，批准的权力转隶于监察委，对于特别重大案件经过监察机关批准可以会见。会见的过程，因

* 庄瑶琳，同安区委政法委。

为笔者主张留置在监察机关专门执行场所执行，因此律师在会见过程中，可以有监察委人员在场，但必须是在“看得见、听不见”的情况下进行。会见允许，那么通信自然也可以参照进行。（2）代理申诉、控告。律师与被调查人员见面或者通信后，得知调查过程存在违法行为并获得相关线索，可以代替被调查人向有关机关进行控告、申诉，这样有利于减损不当行使监察权对被调查人员造成的伤害。（3）申请变更强制措施。当然，要变更措施为取保候审的前提条件是，《监察法》设定了可以允许被调查人员在符合一定的条件下申请取保候审。下文将论述在留置的基础上增加取保候审等措施，在此前提下讨论辩护权行使的界限才有意义。在符合条件的情况下，如监察机关违反规定启动留置权，剥夺被调查人员的人身自由，则应允许律师提出变更、解除强制措施的权利。

2. 留置场所的设定和规范。《监察法》规定留置场所的设置和管理按照国家规定进行。有学者建议，将看守所确定为留置行使的唯一合法场所。其主要理由是看守所作为第三方，接受公安机关领导，更加具有独立性，可以有效地保障被关押人员的利益，且其管理规范，有利于节约监察机关看管被调查人员所投入的人力、物力。同时，被调查人可以及时获得值班律师的帮助。[①] 笔者不赞成此种意见，留置的场所还是设在监察机关专门的执行场所为宜。理由如下：一是延续传统惯例。正如前文所述，纪委原本就有自己专门调查的场所，且投入了一定的人力物力、形成了办案习惯，如果直接摒弃，会造成人力、物力的浪费。同时检察机关职务犯罪调查过程中，在正式逮捕前的询问、讯问等也是在检察机关自己的办案中心进行，在与纪委配合提前介入时，也是按照纪委的习惯，在特定的场所进行。在原有的办案场所留置，不会造成已有资源的浪费。二是有利于保障人权。留置时尚未确定被调查人员违法违纪的事实是否属实，案件未清楚，证据不充分，这时候就留置于看守所，会对被调查人的声誉造成一定的影响。即便之后被解除了留置措施，证实被调查人是清白的，但是在看守所的污点是无法抹去的。而且完全可以在查明事实报捕后，经检察机关决定逮捕，再按照《刑事诉讼法》规定移送看守所。因此，此阶段中被调查人不宜被当作罪犯进行对待。三是看守所的管理一直存在争议。就目前，看守所的定位、职能和管理一直存在争议，看守所目前的警力、物力等资源均非常有限，很多看守所处于超负荷羁押状态，人满为患，压力大，不可能将职务犯罪被调查人员进行分类关押，这样对于被调查人——这时候尚无法定论为是不是“罪犯”而言，如果贸然进行关押，还会面临在看守所罪犯交叉感染等风险。此外，看守所介入，无异于对监察机关的监察活动进行监督，而目前从权力的架构而言，并未提到看守所对监察委员会进行监督的权力。四是借鉴有益的经验。香港廉政公署进行询问调查的场所，也是专门的场所，有着健全的保护设施，对于调查人员和被调查人员而言，都是一种对隐私的保护，虽然在一定程度上会对被调查人员的声誉有所减损，但不会有太大的负面影响，因为其毕竟是专门的留置执行场所。[②]

基于上述理由，笔者认为应该在监察机关专门的留置场所进行，而且要加强规范化建设，进行留置执行监督。进行监督的方式主要有两个：一是进行同步录音录像。为了保证留置过程被调查人员基本权利的保护，可以在专门的留置场所设置全方位的监控摄像，这方面可以参考检察机关的做法，在自己的办案中心，全方位无死角进行监控，实现被调查人员，被询问、讯问人员进入办案场所，即处于监控覆盖之下。同时中心强化

① 陈光中、姜丹：《关于〈监察法〉（草案）的八点修改意见》，载《比较法研究》2017年第6期。

② 秦国伟：《监察委员会留置权执行场所的选择》，载《法制博览》2017年第9期。

硬件投入，如墙体进行软包、环境保持一定的温度和湿度、建立应急医疗设施等，以保障被调查人员的权益，防止办案事故的发生，同时也防止调查人员采取有损被调查人员身心健康的手段开展工作，推动留置措施遵循法治程序。二是允许律师介入。可允许律师提前介入，提供一些法律服务，如提供咨询、法律援助等。这些具体权利的界定上文已详细论述，在此不赘述。通过律师介入，对留置场所留置过程进行一定的监督，最大限度地保障人权。

3. 增设取保候审、监视居住等监察措施。《监察法》只规定了留置这一项限制人身自由的监察措施，难以应对复杂的情况；同时对于不同体质，或者身体有特殊状况的被调查人而言，也没办法做到区别对待，不利于人权保障。因此在留置措施之外，建议要增加取保候审、监视居住。首先，留置权针对四种情形，均可以实施，而无论其情节轻重与否，最终被判处的刑期是否相同，均可以实施最长为 6 个月的留置措施。这样未免存在打击面过大的问题。其次，在实践中，可能存在被调查对象不适宜留置的情形。比如说有严重的疾病不适合留置，如果留置会带来很多问题，如还需要提供医疗保障等，在这种情形下，就可以规定增加取保候审和监视居住等措施。这种例外情形，完全可以参照《刑事诉讼法》的规定，被调查人员患有严重疾病或生活不能自理，妇女怀孕或哺乳期，可办理取保候审。同理可以参照《刑事诉讼法》，规定监视居住的情形，以适应不同的情形。

4. 构建被调查对象合法权益受到侵犯时的立体化救济模式。《监察法》第 60 条规定，监察机关及其工作人员侵犯了被调查对象的合法权益时，被调查人及其近亲属有权向该机关申诉，对处理不服的，可以向上一级监察机关申请复查。第 67 条规定，监察机关及其工作人员侵犯被调查人合法权益造成损害的，依法给予国家赔偿。对于权利受到侵犯的救济问题，笔者认为，应当建立救济程序，该程序包括：行政复议特殊程序、行政诉讼和国家赔偿，也可以向检察机关进行控告和举报。首先，《中华人民共和国监察法（草案）》第七章规定的方式可以理解为行政复议特殊程序，类似于行政复议，但是监察委不是行政机关，因此称为特殊程序，规定较为详尽，在此不论。其次，被调查对象对于被监察机关采取留置、扣押、查封等强制措施，或者作出严厉的行政处分决定，应将其行为赋予广义行政行为的性质，此时允许其向法院提起行政诉讼，以维护其合法权益，这在理论上是能够成立的，实践中也是可以操作的，同时也体现了司法救济的精神。再次，检察机关可以对监察活动进行监督，也即被调查人员可以申请启动监督程序，向检察机关进行控告和举报，检察机关依法启动监督程序，确有违法行为的，由检察机关通知监察机关予以纠正，构成犯罪的，还应当追究相应的刑事责任。最后，对于国家赔偿问题，应当修改《中华人民共和国国家赔偿法》，将监察机关纳入其范围，不能因为体制改革而牺牲当事人的基本权利，出现新的人权漏洞。对于赔偿的程序，属于行政行为的按照行政赔偿程序进行，刑事性行为适用刑事赔偿程序，而属于纪委的党内监督行为则不能适用。如此才能对被调查权人员形成全方位、立体的、无死角的权利救济模式，最大限度地保障人权。

关于侵犯公民个人信息罪入罪标准的理性思考

——以刑事司法谦抑性为视角

陈　姝*

一、公民个人信息保护刑事立法之态势

随着互联网和电子信息技术的发展，我国已快步迈入信息化社会。社会生产、生活模式都发生了全新的变革。信息化社会中，个人信息作为最基本的资源之一，被各行业收集、利用。但是，目前对个人信息的保护不论从制度上还是技术上，都与其获取、流通的便易性不相匹配，大量侵犯个人信息的违法犯罪由此滋生。2017 年 3 月，最高人民检察院联合公安部开展打击整治黑客攻击破坏和利用网络侵犯公民个人信息犯罪专项行动，仅 4 个月就侦破侵犯公民个人信息案件和黑客攻击破坏案件 1800 余起，抓获犯罪嫌疑人 4800 余名，查获各类公民个人信息 500 余亿条。[①] 从这冰山一角，足见侵犯公民个人信息犯罪的猖獗程度。

与此状况相适应，对公民个人信息保护层级最高的刑事保护，在立法上也表现出趋严之势。2009 年，《中华人民共和国刑法修正案（七）》增加出售、非法提供公民个人信息罪和非法获取公民个人信息罪两个罪名，将公民个人信息纳入刑法保护范围。2015 年，《中华人民共和国刑法修正案（九）》[以下简称《刑法修正案（九）》] 将上述两个罪名合并为侵犯公民个人信息罪，犯罪主体从特殊主体扩大为一般主体，完善法定刑配置。2017 年，《最高人民法院、最高人民检察院关于办理侵犯公民个人信息刑事案件适用法律若干问题的解释》（以下简称《解释》）进一步明确侵犯公民个人信息罪的定罪量刑标准及相关法律适用问题。

从案件量来看，2009 年 2 月至 2015 年 10 月，全国法院新收出售、非法提供公民个人信息和非法获取公民个人信息刑事案件 988 件，审结 969 件。2015 年 11 月至 2017 年 5 月，全国法院新收侵犯公民个人信息刑事案件 952 件，审结 814 件。2017 年 6 月至 2017 年 12 月，全国法院新收侵犯公民个人信息刑事案件 1146 件，审结 1043 件。[②]《刑法修正案（九）》实施一年半的案件量已经与之前 6 年多的案件量基本持平，而这样的案件量在《解释》施行后仅半年就被刷新。立法对侵犯公民个人信息犯罪的惩治力度、惩治手段的不断升级，从案件量上可见一斑。

从个案对比来看，以最高人民法院 2017 年 5 月发布的侵犯公民个人信息犯罪典型案

---

* 陈姝，厦门市中级人民法院。

① 公安部：《打击整治黑客攻击破坏和网络侵犯公民个人信息犯罪专项行动取得阶段性战果》，载 http://www.gov.cn/xinwen/2017-07/18/content_5211559.htm，访问日期：2018年5月11日。

② 喻海松：《侵犯公民个人信息罪的司法适用态势与争议焦点探析》，载《法律适用》2018年第7期。

例中的邵保明等侵犯公民个人信息案为例。邵保明等人利用微信朋友圈向他人购买非法获取的公民个人信息后加价出售牟利。法院生效判决认为其行为构成侵犯公民个人信息罪。[①] 该案审理时间在《刑法修正案（九）》实施之后。而在此之前，由于出售、非法提供公民个人信息罪的犯罪主体被限制为国家机关或者金融、电信、交通、教育、医疗等单位的工作人员，按照此标准，上述案例中的被告人主体不适格。再以最高人民法院 2017 年 5 月发布的侵犯公民个人信息犯罪典型案例中的韩世杰、旷源鸿、韩文华等侵犯公民个人信息案为例：韩世杰、旷源鸿、韩文华利用非法获取的征信查询 ID 号、密码和同案犯李冲等人提供的银行专用网络，非法查询公民个人银行征信信息共计 8 万余条，并出售给他人。法院生效判决认为韩世杰等人违反国家有关规定，非法获取公民个人信息出售牟利，情节严重，以侵犯公民个人信息罪判处韩世杰有期徒刑一年六个月，旷源鸿有期徒刑一年三个月，韩文华处有期徒刑一年二个月，并分别并处相应罚金。[②] 该案审理时间在《解释》颁布以前。《解释》实施后，非法获取、出售征信信息五十条以上即为"情节严重"，达到此数量标准十倍以上为"情节特别严重"，按照此标准，上述案例中的被告人量刑上应处三年以上七年以下有期徒刑，并处罚金。从个案审理上也可见立法对侵犯公民个人信息犯罪惩治的从严态势。

二、对公民个人信息保护刑事立法之反思

（一）公民个人信息保护刑事立法对刑法谦抑性的突破

当前，随着社会的高速转型，作为社会治理手段之一的刑事立法也进入活跃期。《刑法修正案（九）》及之后的司法解释对侵犯公民个人信息罪的规定，正是立法者基于信息化时代个人信息被非法利用的现状和对信息社会基本资源和构建基础被破坏导致社会系统风险的隐忧作出的应激反应。

个人信息被非法利用的猖獗和相关非法产业链的快速扩张，其原因是多方面的，包括对信息安全保护的顶层设计缺乏，信息安全技术存在缺陷，信息安全管理、监督缺位，公民信息安全意识不强，各类机构过度收集信息，等等。在此个人信息保护现状下，行为人要获取个人信息是非常容易的，在利益驱使下，很容易作出侵犯他人个人信息的行为。正如有研究者所指出的，犯罪是由社会环境因素和个人因素多方决定的，刑事立法和刑事司法要时刻保持克制、理性和审慎。[③] 在避免个人信息被侵犯的社会环境因素尚未得到明显改善的情况下，刑事立法明显趋严，存在对行为人个人因素作用扩大化，对个人自律性要求过高，刑罚和主观恶性、社会危害性不相匹配之虞。当年许霆案备受诟病，"槽点"就是在金融机构管理不力的情况下，将风险的避免加诸个人的自我约束和对恶念的抑制之上。

刑法的谦抑性是刑事立法的基本原则。"刑法是一种不得已的恶。不得已的恶只能不得已而用之。"[④]"竭力把刑罚强制限制在最小的范围之内并且不断寻求减少使用它的机会，

① 最高人民法院：《邵保明等侵犯公民个人信息案》，载 https://www.chinacourt.org/article/detail/2017/05/id/2852390.shtml，访问日期：2018年6月2日。

② 最高人民法院：《韩世杰、旷源鸿、韩文华等侵犯公民个人信息案》，载 https://www.chinacourt.org/article/detail/2017/05/id/2852393.shtml，访问日期：2018年6月2日。

③ 万选才：《刑法谦抑的司法实现》，武汉大学2012年博士学位论文，第1页。

④ 陈兴良：《刑法的价值构造》，中国人民大学出版社2017年版，题记。

而不是增加强制的机会并且把它当作挽救一切道德败坏的药方。”① 在抑制个人信息被侵犯的其他法律尚未健全的情况下，刑事立法强势介入且逐步趋严，恰恰是对刑法谦抑性的突破。刑法之所以要谦抑，原因除了刑法的最终保障性、诱发犯罪因素多样性和刑法的局限性外，从法经济学角度考虑，刑法过度扩张也会导致司法资源错配，使有限的资源不能充分投入到改良社会土壤的“治本”之法中。信息的快速流通是信息化社会正常运转的基础。刑法的过度扩张在保护个人信息的场域可能面临的问题就是，是否会挤压人们的正常行权空间，使高度依赖信息供给的行业动辄得咎，从而阻碍社会的改革创新和发展。例如，互联网企业、共享经济属性的企业等截取和利用公民个人信息，特别是高敏感度信息的行为是否会受到刑事处罚？

（二）公民个人信息保护刑事立法对刑法后置性的突破

刑法的后置性是与谦抑性相关的一个概念。当某一行为不能用民事、行政措施加以制裁或用民事、行政措施不足以制裁时，才能求诸刑事制裁。② 刑法不能被作为可以免除其他手段的简便方法加以使用，具有最后制裁性。③ 对公民个人信息保护的刑事立法，表现出立法者在个人信息受侵犯这个问题的民事、行政解决机制缺位或无法取得立竿见影的效果，而这一问题又成为社会公众关注焦点时，意图釜底抽薪或回应公众即时需求，对治理方法作出的“情绪化”选择。

侵犯个人信息罪的发生往往会经历一个较长的过程，个人信息的泄露、流通、利用，每一阶段都本应受到多重社会控制措施的阻碍。如果在犯罪还没发生时，相关社会控制措施能够发挥应有的作用，犯罪就可能得到预防。用资源动用巨大的刑法来为其他成本更低的社会控制措施的失效买单，是极不经济的。在运用刑法之前，能否用其他法律规范对侵犯公民个人信息的行为加以规制呢？通过完善行政立法，强调信息管理部门的权力和义务；完善民事立法，强化个人信息使用方的保密义务；加强信息依赖型行业的自律管理；对相关信息技术的使用予以规范等等，都是规制之法。在其他规制之法还没有用尽的情况下，刑法介入且日益趋严，会影响市民社会通过私法手段解决问题和在利益博弈中使问题部分自然消解，也会放纵管理者的不作为，更造成刑事司法资源的不堪重负。侵犯公民个人信息刑事案件量在以《刑法修正案（九）》和《解释》出台为界的两次跨越式飙升，给司法机关造成的压力显而易见。

“法律的生命在于运用。”司法机关在实践中对法律的适用对立法的最终效果影响巨大。刑法的谦抑性既体现在刑事立法中也体现在刑事司法中。在既定立法背景下，刑法的谦抑性原则可在司法谦抑中得以贯彻。

三、对侵犯公民个人信息罪入罪标准之理性反思

从《刑法修正案（九）》对侵犯公民个人信息罪的表述来看，该罪的入罪标准主要考量的关键点有以下几个：一是行为所针对的信息是否应纳入刑法保护范围；二是行为所违反的前置性规定，是否属于刑法所指“国家有关规定”范围；三是行为的危害性，是否

① ［英］威廉·葛德文：《政治正义论》（下卷），何慕李译，商务印书馆1980年版，第141页。

② ［意］杜里奥·帕多瓦尼：《意大利刑法学原理》，陈忠林译，法律出版社 1998年版，第 3页。

③ ［法］卡斯东·斯特法尼等：《法国刑法总则讲义》，罗结珍译，中国政法大学出版社1998年版，第34页。

达到刑法评价尺度中的“情节严重”程度。《解释》对这几个标准进行了进一步明确规定。但在当今信息技术环境下，秉持刑法谦抑性原则，司法者有必要对以上几个判断相关行为是否构成侵犯公民个人信息罪的关键点作出理性的反思。

（一）刑法所保护的公民个人信息范围的限缩

从《解释》对公民个人信息内涵和外延的界定来看，首先，刑法保护的公民个人信息与信息主体要有密切相关性。它包括表现信息主体社会属性和自然情况的信息，还包括反映信息主体某种状态的信息。其次，刑法保护的公民个人信息要具有对信息主体的高辨识性、高指向性。“能够单独或者与其他信息结合识别特定自然人身份或者反映特定自然人活动情况”中的“特定”，要求信息必须能够直接或间接地指向具体的个人。“只有当信息能对具体个人之利益产生影响时才具有保护的价值。”①

但是，随着信息技术的迅猛发展，尤其是大数据技术的广泛运用，如果教条地遵循上述界定，刑法所保护的公民个人信息范围将日益扩张，导致刑法惩处的行为泛化，违背刑法的谦抑性。这是因为：第一，随着大数据技术的进步，对信息进行分析、转化、定向的技术日益完善，很多与信息主体不具有密切相关性的信息，如饮食习惯、阅读习惯、兴趣爱好、出行方式、人际交往模式等等，都可能被分析、转化成与信息主体具有密切相关性的信息和能够反映信息主体活动情况的信息。第二，随着信息系统化处理能力的不断增强，很多原本很难借以识别信息主体身份的信息，也可能在经过复杂的关联性分析后对信息主体身份具有相当高的识别率，从而进入刑法保护的范围。

因此，司法者在办理案件的时候，要根据具体情况合理适用法律，通过司法的能动性体现刑事司法的谦抑性。需考虑的因素至少包括以下几方面：

1. 个人信息所处的状态

个人信息所处的状态以及此状态背后所体现的信息主体的自由意志，是司法者在判断行为是否入罪时应考虑到的问题。如果个人信息处于公开的、可被任何人以非专业的技术手段轻易获取的状态，而且该信息处于此种状态符合信息主体的意志，是权利人自由处分的结果，那么此信息即使满足《解释》所界定的公民个人信息的范围，获取、出售、提供该信息的行为也不能入罪，此即被害人同意出罪原则。法益持有者的意志与法益不可分离，虽然其个人信息的公开可能导致其权益被侵害甚至陷入其他犯罪的泥沼，但“保障个人自由应当是刑法领域所有政策和规范目标设定的初衷和归宿”。被害人选择对自己不利益的自由应当得到法秩序的认可。②

2. 行为人对信息的转化能力

由于《解释》规定了“与其他信息结合”这一间接识别标准，这就涉及结合程度的问题，即与其他信息何种程度的结合能使该个人信息具有刑法上的可保护性。如果某一信息不能直接与其他信息结合，而要经过数次转化，或者需要与多项其他信息结合才具有指向性，不应该被纳入刑法保护的范围，否则保护的范围过于宽泛。但是，不同的行为人由于掌握和使用的技术手段不同，对相同信息的控制和处理能力也差距甚远。同一信息，在掌握较高信息分析和转化技术的行为人手中可以成为具有高指向性的信息，在不掌握该技术的人手中可能就只是不具有指向性的边缘信息。司法者应结合行为人的个体

① 刘明：《界定个人信息范围需增加考量因素》，载《检察日报》2017年8月29日第3版。

② 方军：《被害人同意：根据、定位与界限》，载《当代法学》2015年第5期。

情况来考量其侵犯的个人信息是否应纳入刑法保护范围，从而判断行为是否构罪。

3. 信息主体的身份

信息主体的身份也应该作为界定个人信息刑法保护范围的一个考虑因素。以明星、网红为例，其身份的特殊性决定了对其个人信息要区别对待。其一，其职业特性决定了其个人信息的公开程度高、更容易被获取。其二，公众对其个人信息保持兴趣，符合其对其职业的预期，获得了交换利益，对其个人信息的保护应该较普通人有所克减。其三，其个人信息的“被侵害”有时是为了增加曝光度主动追求或默示同意的，受保护程度应该降低。对这类主体，受刑法保护的个人信息应较普通人有所限缩，侵犯其个人信息的入罪门槛应予提高。

（二）“国家有关规定”范围的限缩

《刑法修正案（九）》除了将非法获取公民个人信息罪和出售、非法提供公民个人信息罪合并为侵犯公民个人信息罪外，还将原来的入罪前提“违反国家规定”修改为“违反国家有关规定”，使侵犯公民个人信息罪成为我国刑法中唯一一个包含“违反国家有关规定”表述的罪名。① 为了解决实践中的适用难题，《解释》对“国家有关规定”的范围作了明确划定，包括法律、行政法规和部门规章。突破《刑法》第96条关于“违反国家规定”内涵的规定，将判断入罪与否的前提和准据扩大到包含部门规章，显然是立法者在公民个人信息受侵害的严峻态势下抑制不住刑罚扩张的冲动所作的选择，目的正如有学者所指出的，避免出现处罚漏洞，使具有当罚性的行为免于绳之以法。② 但是，当罚却并非一定刑事处罚。司法解释的这种扩张，虽事出有因，但难免有破坏刑法秩序统一之嫌。

根据罪刑法定原则，定罪量刑只能以刑法的明文规定为依据。这里的“刑法”既包括刑法总则也包括刑法分则，且总则对分则有统领作用。我国《刑法》总则部分，在第96条明确规定，“违反国家规定是指违反全国人民代表大会及其常务委员会制定的法律和决定，国务院制定的行政法规、规定的行政措施、发布的决定和命令”，即违反法律和行政法规，并没有将部门规章包含其中。从通常的解释方法来看，“违反国家有关规定”范围应该小于“违反国家规定”，此处的“有关”，应为与侵犯公民个人信息有关，只是目前我国并没有关于公民个人信息保护的统一立法，无法表述为诸如“违反公民个人信息保护法的规定”等，才使用“有关规定”这一模糊表述。无论如何，将“国家有关规定”设置为一个范围大于“国家规定”的概念，都难以让人理解。《解释》的这种突破，造成了刑法总则和分则条文之间的矛盾，也破坏了刑法秩序的统一。侵犯公民个人信息罪并不当然地违背社会伦理，应属法定犯，对法定犯采用空白罪状方式来表达时，部分构成要件可委予其他法律法规来规范，但仅限于法律、行政法规。《刑法》第96条，正是为了阻却以低位阶规范性文件作为构罪要件，落实罪刑法定原则。③ 如果依《解释》扩大至部门规章，则出现了立法的倒退。

---

① 胡江：《侵犯公民个人信息罪中“违反国家有关规定”的限缩解释——兼对侵犯个人信息刑事案件法律适用司法解释第2条之质疑》，载《政治与法律》2017年第11期。

② 李谦：《侵犯公民个人信息罪的法解释学释义》，载《北京邮电大学学报（社会科学版）》2017年第1期。

③ 叶良芳：《法秩序统一性视域下“违反国家有关规定”的应然解释——〈关于办理侵犯公民个人信息刑事案件适用法律若干问题的解释〉第2条评析》，载《浙江社会科学》2017年第10期。

司法者在适用法律时，可以“通过解释来纠正这些缺陷”[①]，对《解释》的规定作限缩解释。将入罪与否的判断标准限定为违反法律和行政法规，但在《解释》仍有效力的情况下，将部门规章直接摒弃似有不妥，可以将其地位确定为：在法律、行政法规已有规定的情况下，部门规章如果对法律、行政法规的规定有所细化、明确条文含义，才可以与法律、行政法规一并作为判断行为人是否构成侵犯公民个人信息罪的标准，即不能单独作为判断构罪与否的标准。[②]

（三）“情节严重”情形的限缩

《解释》发布前，“情节严重”的具体认定标准不明确，导致司法实践中适用困难和同案不同判。《解释》从个人信息的类型、行为人的主观情况、侵犯的个人信息数量、违法所得、行为人的身份等角度，全方位对“情节严重”的情形作了明确规定，所列情形多达 10 种。然而规定越详细，未必越便利于司法者适用。如“知道或者应当知道他人利用公民个人信息实施犯罪”这一标准，要求司法者将对行为人的主观认识纳入反映客观不法事实[③]的要素中考量，是否会使裁判逻辑陷入混乱？更值得担忧的是，作为侵犯公民个人信息罪构成要素之一的“情节严重”范围过大可能导致刑罚泛化问题。《解释》所列各情形，至少有以下几种值得在适用时加以反思。

1. 将违法所得作为“情节严重”的考量对象

侵犯公民个人信息罪的客体，有学者认为是公民的隐私权，也有研究者认为是公民人格尊严和个人自由，[④]或者信息自决权[⑤]，等等。总的来说，该罪侵犯的客体是公民的人身权。对于经济犯罪，犯罪金额是定罪量刑的重要标准，[⑥]但对于非经济犯罪，套用犯罪金额标准则不能反映行为人侵害法益的真实程度，也不能将入罪门槛与行为人的恶性程度相对应。例如，非法出售 10 条住宿信息、通信记录等公民个人信息，违法所得 5000 元以上，就达到侵犯公民个人信息“情节严重”的标准而入罪；而非法出售 490 条住宿信息、通信记录等公民个人信息，违法所得不足 5000 元，则因不满足“情节严重”的标准而出罪，这显然失之偏颇。

2. 对特殊身份的行为人降低入罪标准

《刑法修正案（九）》将出售、非法提供公民个人信息罪和非法获取公民个人信息罪合二为一以后，取消了原来对出售、非法提供公民个人信息罪主体的限制，使侵犯公民个人信息罪成为不真正身份犯，特殊身份不影响定罪只影响量刑，是该罪从重处罚的情节。但《解释》规定，“将在履行职责或者提供服务过程中获得的公民个人信息出售或者提供给他人，数量或者数额达到第三项至第七项规定标准一半以上的”，就属于“情节严重”，这实际上降低了特殊身份的行为人入罪的门槛，也与《刑法修正案（九）》关于特殊身份

① ［德］魏德士：《法理学》，吴越、丁晓春译，法律出版社 2005 年版，第 310 页。

② 胡江：《侵犯公民个人信息罪中“违反国家有关规定”的限缩解释——兼对侵犯个人信息刑事案件法律适用司法解释第 2 条之质疑》，载《政治与法律》2017 年第 11 期。

③ 石聚航：《侵犯公民个人信息罪“情节严重”的法理重述》，载《法学研究》2018 年第 2 期。

④ 高富平、王文祥：《出售或提供公民个人信息入罪的边界——以侵犯公民个人信息罪所保护的法益为视角》，载《政治与法律》2017 年第 2 期。

⑤ 敬力嘉：《大数据环境下侵犯公民个人信息罪法益的应然转向》，载《法学评论》2018 年第 2 期。

⑥ 参见马克昌主编：《经济犯罪新论》，武汉大学出版社 1998 年版，第 18 页。

量刑上从重的规定相冲突，造成对特殊身份行为人惩罚的“双重加重”，在达到强调特殊身份行为人义务之目的的同时，也体现出刑罚的肆意扩张。[①]

3. 将行为人人身危险性要素作为入罪要素

当代刑法的主流理论通常在刑罚和对犯罪行为人实施矫正的场域讨论“人身危险性”，而不是在判断犯罪是否成立时考虑。《解释》将曾因侵犯公民个人信息受过刑事处罚或者两年内受过行政处罚，又非法获取、出售或者提供公民个人信息的情形认定为“情节严重”，实际上是在判断犯罪成立与否时就将反映人身危险性的内容纳入考量范围。[②] 这也体现出侵犯公民个人信息罪入罪范围的扩大化倾向。

在立法尚未修改、刑事司法严格遵守“罪刑法定”的情况下，司法者也并非无能为力。司法人员可以在自由裁量权范围内，对定罪标准从严掌握，对虽然符合侵犯公民个人信息罪构成要件，但情节轻微、危害不大的情况，应加以出罪的考虑，并可以通过发布典型案例引导刑事司法谦抑化。

四、公民个人信息刑事保护边界的重新划定

公民个人信息刑事保护的泛化，与我国目前尚未建立完整的个人信息保护体系不无关系。个人信息被称为“21 世纪最有价值的资源”[③]，但对其予以保护的立法仍呈“碎片化”，除《刑法》外，非刑罚性的保护规定散见于《宪法》《民法总则》《侵权责任法》《网络安全法》等法律和一些行政法规、部门规章乃至政策文件中，大部分采用比较原则性的表述，对权利的界定不明确，相互之间也缺乏统一、协调和衔接。只有完善公民个人信息的民事保护、行政保护，建立起个人信息保护的完整体系，出台理论界和实务界积极呼吁、立法者孜孜以求的统一的《个人信息保护法》，并在此统一的体系架构中明确对个人信息民事、行政、刑事保护的界限，才能使在对个人信息迫切的保护需求和滞后立法的矛盾之下形成的“过度刑法化”治理方式得到修正，使刑法保护的边界退缩至合理范围。

（一）个人信息的民事保护及民事救济与刑罚的边界

完善对个人信息的民事保护，从权利救济角度看主要可诉诸人格权请求权制度和侵权责任制度。人格权请求权即民事主体在其人格权受到妨害或有妨害之虞时，有权请求加害人排除妨害、消除危险，恢复人格权的圆满状态的权利。[④] 只要能证明对个人信息权的妨害行为具有违法性、可能发生或正在发生及因果关系，权利人即可主张，无须考虑行为人的主观过错和损害结果，且不受诉讼时效的限制。[⑤] 对个人信息的侵权责任制度则要求对个人信息侵权责任的构成、承担方式以及免责事由等作出设计。

个人信息被侵害后，采取民事救济抑或对行为人处以刑罚，此界别需要考虑以下几个因素：其一，行为人的主观状态。主要从行为人对其行为不法性的认知、对行为后果的积极态度、对行为手段隐蔽性的追求等方面考量。由于相对于刑法，民法的威慑力较

① 石聚航：《侵犯公民个人信息罪“情节严重”的法理重述》，载《法学研究》2018年第2期。
② 石聚航：《侵犯公民个人信息罪“情节严重”的法理重述》，载《法学研究》2018年第2期。
③ 杨咏婕：《个人信息的私法保护研究》，吉林大学2013年博士学位论文，第1页。
④ 王利明：《人格权法研究》，中国人民大学出版社2005年版，第250页。
⑤ 杨立新、袁雪石：《论人格权请求权》，载《法学研究》2003年第6期。

低，如果民法的否定性评价和民事责任的承担不能控制行为的发生，则需要借助刑法规制。其二，个人信息被侵害的受害人发现行为人和主张权利的可能性。[①] 如果采取民事救济，需受害人（权利人）能明确侵害其权利的具体行为人，但是若根据实际情形，此要求对受害人来说过于严苛，便构成刑法干预的依据。其三，如果交替站在行为人和权利人的角度，[②] 无法得出均衡各自立场的解决方法，而必须要采取“超额赔偿”的救济方式，则可纳入刑罚范围并对行为人提供证明标准、不得强迫自证其罪等程序性保护。[③]

（二）个人信息的行政保护及行政处罚与刑罚的边界

信息技术的突飞猛进，使各种机构对居民身份、社保、医疗、教育、征税情况、信用状况、犯罪记录等个人信息的收集变得迅速又便捷，“各种专业巨型数据库应运而生”[④]，推动了社会服务优化升级。但同时，行政管理机关对个人信息保护责任的缺失、个人信息管理制度的不健全，使不法者利用这些专业数据库大肆侵犯公民个人信息有了可乘之机。完善个人信息的行政保护制度，明确行政机关对个人信息的管理职责，一方面，可遏制侵犯个人信息的严峻形势；另一方面，行政保护发挥应有的作用，才可扭转刑法触角过分延伸之现状。

对侵犯个人信息的不法行为进行行政处罚抑或施以刑罚，界别的考量主要集中在情节、数额、后果等方面。在具体区分之时，以上因素不是截然分离的，而应当加以综合分析判断。[⑤] 另外，如果侵犯个人信息的行为只是对行政规范的违反而没有侵犯某种既有的实质利益，可以视为行政不法，对之加以行政处罚。而如果侵犯个人信息的行为造成实际的法益侵害，则可以考虑纳入刑罚范围。行政保护与刑事保护同属公法保护，行政违法行为构成与犯罪构成之间存在大量重叠，刑罚与行政处罚的区别不像民事救济那般一目了然，需要后续立法的精良设计。

---

① 杨春然：《刑法的边界研究》，西南政法大学2012年博士学位论文，第2~3页。
② 沃耘：《民事私力救济的边界及其制度重建》，载《中国法学》2013年第5期。
③ 杨春然：《刑法的边界研究》，西南政法大学2012年博士学位论文，第2页。
④ 孙平：《政府巨型数据库时代的公民隐私权保护》，载《法学》2007年第 7 期。
⑤ 陈兴良：《论行政处罚与刑罚处罚的关系》，载《中国法学》1992年第4期。

捕诉合一视野下的检察机关补充侦查制度

林楸璇*

我国刑事诉讼法明确赋予了检察机关补充侦查权，但是在司法实践过程中该权力的运行常常流于形式，使检察机关在审查起诉和出庭公诉环节常常面临多重困难。“捕诉合一”作为强化专业化建设的改革措施，是对以审判为中心的刑事诉讼制度改革的积极回应，在司法实务中，检警协作落实捕诉合一办案机制，将不断弥补侦查制度的缺陷。

一、补充侦查制度的概念及功能

为推动新时代中国特色社会主义检察制度的创新与完善，检察机关内设机构改革其职权已成为一种趋势，公平与效率作为刑事诉讼的两大重要价值目标，实行“捕诉合一”模式，能进一步提高刑事诉讼的效率，完善程序公正，实现实体公正。而在捕诉合一视野下，补充侦查制度作为特殊的制度，在国家的法律实务工作中更有着不可替代的作用。从审查批捕到审查起诉和法院的审判阶段，补充侦查的程序一直贯穿在刑事诉讼程序中的各个方面。

（一）补充侦查制度的概念

在我国，补充侦查制度是指人民检察院依照法定程序在审查批捕、审查起诉、出庭公诉的过程中，针对应当追究刑事责任的犯罪事实，但是目前尚处于事实不清、证据不足的情况下，将案件退回原侦查机关或者自身开展侦查活动，在原来侦查工作的基础上，进一步查清事实补充证据的诉讼活动。

我国《刑事诉讼法》第88条、第171条、第198条和第199条对补充侦查权在诉讼活动中的不同阶段进行了相应的规定，根据发生阶段的不同，可以将补充侦查分为审查逮捕阶段的补充侦查、审查起诉阶段的补充侦查和法庭审判阶段的补充侦查三种。

（二）补充侦查制度的功能

1. 监督侦查行为。在我国，宪法明确规定检察机关为我国的法律监督机关，其职责在于对侦查活动进行监督，在一定程度上合理地制约侦查权。刑事诉讼活动以追求每个案件的客观真实和实体的公正作为出发点，全面地查明案件的真实情况。它是一个循序渐进的过程，而在侦查阶段时间有限，一些疑难案子要在短时间内对其事实进行明确认定及证据进行完整采集是比较难的。因此，补充侦查制度能够缓解这一缺陷，减轻案件侦破的阻力，而检察机关作为补充侦查程序的启动主体，为了查明事实情况及证据体系，审查案件是否满足刑事诉讼法中对于逮捕和起诉的规定，从而以监督一方的形式来更好

* 林楸璇，厦门市集美区人民检察院。

地监督查明案件事实情况。

2. 保障人权。补充侦查程序有力保障人权，我国立法中关于补充侦查的次数及期限和启动的主体都具有法定性，次数和期限的限制约束了犯罪嫌疑人人身受到限制的时间，启动主体的限制，使决定权和执行权更好地相分离，在有限条件下最大化保障了人权。

3. 平衡刑事诉讼的目的。在“捕诉合一”的趋势下，公诉机关提前引导侦查方向，大大提高办案效率。在刑事诉讼活动中，公正和效率二者的协调并行意义非凡，实体上的公正是刑事诉讼追求的终极目的，但其仍需程序上的公正作为保障，而效率是程序公正的题中之意。检察机关启动补充侦查程序，进一步查清案件事实，从而作出提起公诉或者不起诉终结诉讼程序的决定，法律对于补充侦查权的行使次数和每次的期限都有相关的规定，表面上看延长了诉讼期限，对犯罪嫌疑人的人身自由有一定程度的约束，但是对事实真相的进一步查证，对事实不清证据不足的案件进行了深入的排查，更好地体现了刑事诉讼中公正的价值。其实质是免去了不必要的后续诉讼周期，更好地保障了人权，从而实现公正与效率的双赢。

二、我国补充侦查权的运行现状

我国《刑事诉讼法》经过多次修订，对于补充侦查制度已经不断地完善，但归根结底任何一项法律制度的建立，都必须有深厚的法理基础予以其合理性，否则难以避免质疑。我国补充侦查制度也难以避免这一问题，目前其在实际运行中仍存在许多问题。

（一）案件退回补充侦查率高，不注重退补质量

研究厦门市集美区人民检察院的相关数据，其自 2015 年 7 月至 2016 年 7 月，共受理案件 1070 件 1393 人，第一次退回补充侦查案件 159 件 331 人，所占比例为 14.9%、24.8%；第二次退回补充侦查 62 件 147 人，所占比例为 5.8%、10.6%。2016 年 7 月至 2017 年 7 月，共受理案件 1287 件 1624 人，第一次退回补充侦查案件 215 件 375 人，所占比例为 16.7%、23.1%；第二次退回补充侦查 73 件 165 人，所占比例为 5.7%、10.2%。2017 年 7 月至 2018 年 7 月，共受理案件 1525 件 1794 人，第一次退回补充侦查案件 236 件 378 人，所占比例为 15.5%、21.1%；第二次退回补充侦查 88 件 167 人，所占比例为 5.8%、9.3%。

补充侦查制度在诉讼程序中，处于一个程序倒流的状态，本不应作为一个“常态”化的程序而存在，但分析集美区人民检察院近 3 年的数据可见，退回检察机关补充侦查的案件数量较多，在审查起诉阶段第一次退回补充侦查的为 1/7 的案件，第二次退回补充侦的为 1/20 的案件，案件的退回补充侦查率尚处于一个较高的状态，且大部分案件以事实不清、证据不足作为理由退回侦查机关补充侦查。一次退回补充侦查后，又二次退回进行补充侦查，且二次退回补充侦查的案件占到了一次退回补充侦查案件的 1/3 以上，说明第一次退回补充侦查的案件，补侦完毕后并未达到检察机关的相应要求，侦查机关存在敷衍了事的情况，只是在原有证据的基础上再次核实，并未切实补充到更加有力的证据，补充侦查的质量大打折扣。这一居高不下的比例大大影响了结案的效率，在增加诉讼成本的同时也使犯罪嫌疑人的权益难以保障。

（二）诉讼阶段证明标准模糊

我国刑事诉讼法中明确规定在案件侦查阶段、审查起诉阶段、审判阶段中，“犯罪事实清楚，证据确实充分”是案件的统一证明标准，但是对于这一证明标准适用的主体及相应主体在刑事诉讼的不同阶段的职责各有不同。公安机关作为侦查阶段的主体，其收集的证据或许满足了侦查终结或者符合逮捕的条件，但是到了检察院的审查起诉阶段，却无法满足控方的起诉标准，难以符合审判机关所要求的可以作出公正判决的证据条件。而且检察机关还要考虑庭审中举证、质证的问题，两者对证明标准的要求难免有一定程度的差距。

（三）检警关系不协调

刑事诉讼法中明确规定，检察机关和侦查机关是分工协作、相互制约的关系，但在实务中，两者间的关系却时疏时近，处于一种矛盾的关系中。一方面，双方会为了各自的利益而显得过分“亲密”，有一些案件在侦查期限满后仍无法查清犯罪事实，公安机关常常会以让检察机关退回补充侦查的方式来变相延长期限已届满的侦查期限，以“合法”的方式来进行“合作”，侦查机关以此来对证据和事实方面的错误让自己有更长的时间来修复。而检察机关目前面临着越来越多的案件，为了给自己争取更加充足的办案时间，而以退回补充侦查的方式来为自己争取更长的办案时间，将案件形式上延长就成了常用的策略。三延两退后，一个案件的办理期限可长达六个月，若包括检察机关改变管辖的情况，审查起诉期限则更长。这其实是导致犯罪嫌疑人被超期羁押的一大诱因，因而在法庭审判阶段，审判人员在审判时为了防止超期羁押，在主观上可能避免重判犯罪嫌疑人。

另一方面，检察机关和侦查机关推诿扯皮的现象也时有发生。检察机关在受理审查起诉的案件时，认为事实、证据尚未达到其认定犯罪行为的标准，便将案件退回侦查机关补充侦查，而侦查机关则会认为标准过高，是在变相增加其工作量，常常随意敷衍了事，导致案件拖沓或仍然达不到起诉的标准。这两者间忽远忽近的“合作”关系，极大弱化了检察机关对侦查机关的司法审查，检警关系的不协调，导致补充侦查制度的运行显得形式化。

（四）缺乏相应的监督机制

公安机关和检察机关对补充侦查权使用的随意性和滥用性，很关键的一点就是检察机关对于补充侦查权的启动具有唯一的决定性，目前法律尚缺乏对于其启动权的相应约束条件。从内部条件看，检察机关一般是通过发纠正违法通知书和检察建议来监督侦查机关的行为，监督力度较弱。若侦查机关对退回补充侦查的案件敷衍了事，检察机关也没有其他可以实质性制约侦查机关行为的方式。从外部监督方式来看，在检察机关将案件退回补充侦查后，未追踪侦查机关对案件的补查情况，补充侦查后的结果仍然难以达到检察机关要求的证明标准，从而造成案件的拖延和无效侦查，侵害了犯罪嫌疑人的权利。

三、在捕诉合一的视野下重构我国的补充侦查制度

整个刑事诉讼程序以审判为中心，但是审前侦查的质量仍决定着诉讼程序能否继续进行，“捕诉合一”是对以审判为中心的刑事诉讼制度改革的积极回应，用以审判为中心的标准进行事实的认定和法律适用，督促侦查机关为审前分流和高质量审判打下基础。

（一）捕诉一线衔接，统一案件证据标准

建立“捕诉合一”的模式，将能够更好地使检察机关引导侦查的力度和深度，使公诉部门在案件发生之时，结合犯罪的构成要件及时要求侦查机关周密取证，全面掌握犯罪事实，综合分析，研判有效的定罪路径，由负责担当公诉职能的检察官决定是否逮捕，提供侦查的具体方法，保障侦查行为的规范性，提高侦查及审查起诉环节的工作效率，实现精准公诉，为之后的起诉审判打下坚实的基础，也能更及时发现和纠正侦查工作中出现的问题，促进侦查监督效果的成效。以一种更为连贯的证明标准来引导侦查机关补查证据，将更有利于提高办案质量。

同时制定和实施统一科学的刑事诉讼证据规则就显得格外重要，在侦查、起诉、审判的不同阶段，各司法机关根据具体犯罪行为的不同构成要件，对相关证据的收集、提取、采信等各个过程作出统一的规范，以便更好地对犯罪事实的认定作出证明，让犯罪行为的定罪量刑更加有据可循。

（二）规范补充侦查提纲，跟踪补充侦查进度

一方面，检察机关应该提高补充侦查提纲的质量，不仅应当按照庭审证据的要求列出详细的补充侦查提纲，列明需要补充的事项；同时还要对退回补充侦查的理由予以明确的说明，以及此次退回补充侦查所要达到的具体证明标准，以便更好地引导侦查机关重视收集证据的合法性和全面性。另一方面，在捕诉合一视野下，批捕阶段之时，承办人便会以审判的标准去引导侦查，在向公安机关提出详细的补充侦查提纲后，应该注重主动跟进，加强与侦查机关的沟通，以提高侦查的质量。

（三）重构检警关系

现阶段我国补充侦查制度中存在的许多问题，根源仍在于原检警关系的不协调，构建顺应我国司法实践的检警关系是解决根源问题的关键。但“捕诉合一”的工作模式，作为一种新型的司法责任制，其落实提高了办案的效率和办案质量，是检警合作的一种新模式，公诉机关的提早介入，能更好地推动案件的办理质量。

目前应当构建“检察引导侦查”的模式，通过检察机关对侦查活动提出指导性的意见来督促侦查机关更好地完成侦查活动。侦查机关长期作为侦查活动的主体，具备充足的侦查经验，而且具有人力和物力的双重资源，而检察机关人员具有较为深厚的法律理论修养，双方各自持有优势。检察机关在某些情况下提前介入案件的侦查活动，使案件的起诉标准更符合合法性、关联性、客观性的要求，来引导侦查机关更好地取证，对其进行规范性的引导，对证据初步进行非法证据的排除工作，并且将与案件无关联的证据排除在外，同时让侦查机关更好地补充具有关联性的证据，避免庭审过程中出现“孤证”，使案件有据可依，更好地实现司法资源利用效率的最大化。但是侦查机关也应根据合理的

分许对案件侦查工作的有力开展作出相关的决定。

（四）规范补充侦查制度的监督机制

捕诉合一的推行，符合我国的国情，我国已经构建起了公检法独立设置、互不隶属、独立行使职权的模式。这一新模式的推行，有利于加强对公安机关的监督，发挥检察监督职能。监督的实质意义就在于从第三者的立场去考察问题，检察机关作为宪法规定的监督机关，就应当把握好监督的尺度，既要善于监督也要避免越权行为。为了切实落实监督的效果，必须坚持动态性原则，把监督的时间向前延长，主动引导侦查机关对案件的侦查活动，同时切实监督侦查人员在补充侦查阶段是否细致地展开侦查活动，防止其应付了事。

对于补充侦查制度的实际运行，检察机关可以制定相应的运行程序，可以建立检察系统内部的监督部门，对于补充侦查的案件工作的具体运行情况采取抽查考评的方式，建立系统性的考核评估体系，针对考核中出现的违法滥用权力羁押犯罪嫌疑人的情况给予相应的处分，并切实落实办案责任制，对于由于侦查人员的个人工作问题而导致案件退回补充侦查后，最后仍以事实不清、证据不足而存疑不起诉的，应当依法追究侦查人员的个人责任，落实过错追究责任；而检察机关也应尽量减少无意义的退回补充侦查，提高办案效率，对于为了拖延时间而故意退回补充侦查的情况，也应追究检察人员的相关责任。

检察环节认罪认罚从宽制度下被追诉人权利保障制度探究

王弘毅 *

认罪认罚从宽制度，是我国为了优化司法资源配置，贯彻宽严相济的刑事司法理念，实现认罪与不认罪案件分流的一项刑事司法制度的创新实践。2016 年 11 月 16 日，《最高人民法院、最高人民检察院、公安部、国家安全部、司法部关于在部分地区开展刑事案件认罪认罚从宽制度试点工作的办法》(以下简称《认罪认罚试点办法》)的出台，标志着认罪认罚从宽试点工作在全国 18 个城市正式拉开序幕。认罪认罚从宽制度作为一种宽宥的刑事政策的制度体现，正式登上我国刑事司法实践的舞台。认罪认罚从宽制度的核心在于“程序从简，实体从宽”，提高司法效率、体现刑法宽宥性固然是其重要目标，但由于该制度基于被追诉人对获得正式审判权的自愿放弃，以换取优惠的司法处置，其权利保障边缘化的风险亦随之衍生。因此检察环节认罪认罚制度适用中被追诉人权利保障问题，是值得探究的课题。

一、认罪认罚从宽制度下被追诉人权利保障的现状及问题

(一) 被追诉人自愿性审查缺位

认罪认罚的自愿性是犯罪嫌疑人、被告人得以从宽量刑的基础。[①]“认罪”是指犯罪嫌疑人、被告人对于司法机关所指控的罪名没有异议，并承认及如实供述自己所犯罪行。“认罚”是指犯罪嫌疑人、被告人基于悔罪认罪心态自愿置于司法机关处罚之下。但就目前的司法实践来看，被追诉人自愿性审查困难重重。

1. 侦查阶段自愿性考察难。检察机关在适用认罪认罚从宽制度时，容易陷入“重形式、轻实质”的误区，往往疏于考察被追诉人在侦查阶段所作出的认罪认罚是否基于自愿。同时，由于侦查机关侦查手段的客观性、侦查方式的秘密性等原因，检察机关要完全获悉认罪认罚是否完全出于被追诉人自愿更是如关山阻隔。实践中，经常出现犯罪嫌疑人在侦查阶段并未自愿如实供述犯罪事实，但是侦查机关也组织其签署认罪认罚具结书和告知书，认定其自侦查阶段起认罪，对于这样“格式化”的“被自愿”认罪认罚适用操作，若检察机关不加以仔细审查难以发现。如此对制度适用不准确、不恰当的问题若到法庭庭审阶段才暴露，则会极大挫伤司法公正性和权威性。

---

* 王弘毅，厦门市集美区人民检察院。

① 《最高人民法院、最高人民检察院、公安部、国家安全部、司法部关于在部分地区开展刑事案件认罪认罚从宽制度试点工作的办法》第5条第1款规定：“办理认罪认罚案件，应当保障犯罪嫌疑人、被告人获得有效法律帮助，确保其了解认罪认罚的性质和法律后果，自愿认罪认罚。”

2.“非自愿”认罪认罚时有发生。由于对比被追诉人，检察机关具有公权力的天然优势，部分检察机关可能出现为片面追求办案效率，以获取从宽量刑为“诱饵”，诱导被追诉人认罪认罚。似乎只要签下“认罪认罚具结书”和“认罪认罚制度告知书”，就代表该被追诉人自愿认罪认罚，实践中许多被追诉人并不知道该制度究竟为何，但恐于检察机关的权威性和威慑力，便草草签字具结。如此流于形式的“非自愿”认罪认罚，虽在一定程度上能够粉饰办案成效，却面临效率与公正的博弈，所招致的后果必是与制度实行的根本目的逐渐背离、本末倒置。

（二）值班律师制度亟待完善

认罪认罚从宽制度意味着被追诉者在一定程度上放弃了审前对事实和量刑辩护的权利，以此换取“优惠”的司法处置，因此律师的介入意义重大。但是当前，我国的刑事辩护率低于30%，[①] 低辩护率的产生系因我国的犯罪嫌疑人、被告人的人身自由在一定程度上受到剥夺和限制、欠缺法律知识、自身经济困难等，通常不具备聘请辩护律师的条件。故《认罪认罚试点办法》明确了认罪认罚值班律师制度，[②] 能够有效帮助犯罪嫌疑人、被告人进行程序选择和“量刑协商”，降低适用认罪认罚制度可能冤枉无辜、侵犯人权的概率，强化对被追诉者的人权保障。但就现状看来，值班律师制度仍亟待完善。

1. 法律援助工作站设立工作未完善。一方面，法律援助工作站未实现全覆盖。截至2017年11月底，全国试点地区法律援助机构在看守所、法院、检察院设立法律援助工作站630个，其中设在看守所、法院的法律援助工作站覆盖率分别为97%和82%。[③] 虽有成效，但仍有部分看守所存在机构设置空缺问题。故而部分地区检察人员审讯在押犯罪嫌疑人时，需自行携带值班律师前往看守所，被追诉人与值班律师的会见通常简短粗糙、只走过场。值班律师的“分身乏术”不仅是一种司法资源的无端浪费，其所提供的法律帮助作用亦被弱化。另一方面，部分检察机关甚至在未有值班律师在场的情况下，促使犯罪嫌疑人、被告人认罪认罚，再采取让值班律师“倒签”“补签”的方式补全瑕疵。

2. 值班律师案件参与度有限。一方面，目前的认罪认罚制度下，值班律师宜被认定为“权利配置型”律师，即其虽在名义上行使与辩护人相同的辩护权，但是实质上仅对被追诉人提供程序选择、法律咨询、变更强制措施申请等初步援助，并未被依法赋予会见权、阅卷权等基本的辩护权利，对事实认定、证据情况、量刑情节等对犯罪嫌疑人、被告人的定罪量刑起到重要作用的内容均难以知悉。另一方面，值班律师通常仅在庭外为被追诉人提供法律援助，而不具有出庭辩护的权利，介入到法庭庭审程序中具有现实困难性。[④] 一直以来检察机关对量刑的主导权，极大地制约着值班律师就量刑部分帮助被追诉人与控方“协商”的功能。

---

① 王峰：《认罪认罚从宽试点或提高我国刑事辩护率》，载《21世纪经济报道》2016年第11期。

② 《最高人民法院、最高人民检察院、公安部、国家安全部、司法部关于在部分地区开展刑事案件认罪认罚从宽制度试点工作的办法》第5条第2款规定：“法律援助机构可以根据人民法院、看守所实际工作需要，通过设立法律援助工作站派驻值班律师，及时安排值班律师等形式提供法律援助。”

③ 参见周强：《关于在部分地区开展刑事案件认罪认罚从宽制度试点工作情况的中期报告》，最高人民法院网，网址 http://www.court.gov.cn/zixun-xiangqing-75122.html，2018年7月27日访问。

④ 李国宝：《认罪认罚自愿性保障制度研究——以聂树斌案等5个冤假错案为视角》，载《中国检察官》2017年第11期。

（三）检察人员职权有待规范

检察机关能够通过程序的启动和量刑的建议主导认罪认罚案件的分流，但必须要确保是在“案件事实清楚、证据确实充分”的前提下有效施行。[①] 这也就在一定程度上为检察人员设置了对被追诉人的诉讼关照义务。[②] 具体而言，检察人员需在选择适用认罪认罚制度时，履行对犯罪嫌疑人、被告人进行制度的释明、答疑、认罪认罚后果的告知等义务。但目前该部分义务的履行情况难免不尽如人意。

1. 制度推行形式化风险滋生。一方面，部分检察人员并未明确理解认罪认罚从宽制度的内核，无法根据案情的基本情况理性选择是否适用该制度，而是出于简化办案流程、缩短办案时长抑或是片面追求认罪认罚适用率等原因，把认罪认罚从宽制度的推行形式化、表面化，形成办案套路。此外，当前法律法规未对检察人员科以明确的告知义务，对其适用制度的合规性审查机制设置也暂时缺位，检察人员告知略显被动的现象亦普遍存在。另一方面，公诉人出庭认罪认罚案件可能存在走过场的现象。由于认罪认罚案件是提前将事实、罪名和量刑部分由审判环节提前到检察环节协商确定，认罪认罚案件的开庭尤其是速裁案件的诉讼程序实质上已经被简化，举证质证环节、发表公诉意见环节的省略，使得公诉人往往只是携带起诉书照本宣科，法庭辩论被彻底虚化。

2. 认罪认罚量刑标准尚待统一。检察机关具有对法院的量刑建议权，其量刑建议虽不具有终局力，但实务中法院在检察机关的量刑建议之外判处刑罚的情况十分鲜见。据统计，截至 2017 年 11 月底，全国试点城市适用认罪认罚从宽制度审结刑事案件 91121 件 103496 人，检察机关对认罪认罚案件依法提出从宽量刑建议的，法院对量刑建议的采纳率为 92.1%。[③] 因此认罪认罚从宽制度下，检察机关提出的量刑建议对于被追诉人最终的司法审判结果有重大影响。实践中从宽量刑的标准尚未统一，检察机关适用的量刑标准显现出不一致、不均衡的症结，使得审判机关亦难以统一处刑标准，难免有“看菜下饭”之嫌，亦可能出现有失偏颇、畸轻畸重等风险。

二、完善检察环节认罪认罚从宽制度下被追诉人权利保障的对策

（一）保障被追诉人认罪认罚的自愿性

其一，保障被追诉人的知情权。知情权是指犯罪嫌疑人、被告人有权在被国家法律追诉时，明确知悉、有效行使或处分自己的权利。认罪认罚从宽制度下，知情的标准主要可以认定为：一是被追诉人知道检察机关对其指控的罪名及拟适用的量刑范围；二是知道其认罪认罚的后果。首先，应对检察机关适用认罪认罚时科以告知的义务，尤其对所指控的罪名和量刑建议予以重点释明，确保被追诉人在明确知悉以上两点的前提下，基于自愿的原则签字具结，理性判断、自愿认罪。

其二，确保被追诉人获得法律援助的权利。对于有聘请辩护律师的犯罪嫌疑人、被告人，检察机关应充分保障辩护人在审查起诉阶段行使的阅卷权、会见权、讯问在场权

① 参见陈卫东：《认罪认罚从宽制度研究》，载《中国法学》2016 年第 2 期。

② 参见龙宗智：《刑事诉讼中检察官客观义务的内容和展开》，载《人民检察》2016 年第 21 期。

③ 参见中国日报网：《刑事案件认罪认罚从宽试点一年了，取得怎样的成效？》，网址 http://baijiahao.baidu.com/s?id=1587717348626929754&wfr=spider&for=pc，2018 年 7 月 26 日访问。

等合法的辩护权，确保辩护人能在审查全案的基础上，对被追诉人明释认罪认罚的罪名、量刑及后果，保障其自愿性。对于尚未聘请辩护人的犯罪嫌疑人、被告人，检察机关应督促值班律师积极对其进行制度解释、提供法律咨询，避免非自愿认罪发生。

其三，对审判机关科以自愿性审查义务。认罪认罚程序虽主要是由检察机关启动，但审判机关对认罪认罚案件具有最终裁判权。对法院科以审查认罪认罚自愿性的义务，可以主要从以下两个方面把握：一是审查被告人是否基于自愿认罪认罚；二是审查被告人是否知悉制度适用的后果，包括罪名、量刑、庭审程序等方面。审查形式建议以庭前会议的形式进行，以防止认罪认罚庭审程序的简化使得法官在开庭前已经形成心理预判，导致对自愿性的审查无法当庭查清。

（二）全面完善值班律师制度

其一，推进法律援助工作站设立全覆盖。严格落实《认罪认罚试点办法》规定的建立法律援助工作站制度，实现全国法律援助工作站全覆盖，确保每个看守所每周至少两个固定半天有值班律师在场，为在押犯罪嫌疑人、被告人提供法律援助。检察人员审讯尚未建立法律援助工作站的看守所的在押被追诉人时，值班律师应陪同检察人员前往，检察人员应为其预留单独的法律援助时间，保障其切实为被追诉人提供程序选择、法律咨询、强制措施变更等方面的法律帮助，而不是简单“陪着去”，机械“走过场”。

其二，丰富值班律师人员储备。目前认罪认罚值班律师一般系由所属地区司法局指派，所指派的律师专业水平、职业素养参差不齐。故提升值班律师准入门槛确有必要，应当从制度层面正式确立值班律师选拔任用机制，尤其是将专业、经验丰富的刑事辩护律师纳入值班律师团队，具体可以通过引入律师协会等自治组织，定期开展值班律师业务培训，加强值班律师对认罪认罚从宽制度的理解。此外，建立值班律师科学考评机制，通过良性竞争将专业素养高、业务能力强的值班律师选送至检察机关，避免出现值班律师“只出工，不出力”的现象。

其三，转变“权利配置型”值班律师为“强制辩护型”值班律师。[①] 首先，强化值班律师的法律性质。对于没有请辩护人的被追诉人，检察机关应当为其指派值班律师，切实赋予并保障值班律师的会见权、阅卷权等实质辩护权，使其准确把握被追诉人的犯罪事实、量刑情节、认罪态度等各方面内容，与检察机关进行合理、规范、切实的“量刑协商”，引导被追诉人做出理性的认罪选择。其次，赋予值班律师程序申请权。对于一些检察机关未适用但其认为应适用认罪认罚制度的案件，经犯罪嫌疑人、被告人的同意，值班律师可以向检察机关提出申请，检察机关应当受理并就是否予以采纳作出书面答复。

（三）规范检察机关职权

其一，规范检察人员职责。一方面，认罪认罚从宽制度主要是在审查起诉阶段，由承办检察人员审查、分析案件全部案卷材料，综合考虑犯罪嫌疑人、被告人的犯罪情节、悔罪态度等，选择适用与否。作为制度的启动主体，检察人员特别是员额检察官的作用至关重要，应积极推进检察人员通过全面学习理解，把握制度的核心要义和价值取向，发挥办案主观能动性，做到“求准”和“求快”相统一。另一方面，建议建立对检察人员的绩效考评机制。细化《认罪认罚试点办法》中关于检察官权利义务的具体规定，积极推

① 韩旭：《辩护律师在认罪认罚从宽制度中的有效参与》，载《南都学坛》2016年第6期。

进司法责任制落实和实现绩效考评机制的约束，避免认罪认罚的错用、滥用、误用，推进司法公正和办案效率提升双管齐下、并驾齐驱。

其二，保障检察机关与被追诉方之间平等对抗。我国目前的追诉机制决定了检察机关在案件审查过程中具有相对的自主性和主导权，若不给予被追诉方一定的抗辩权利，则会导致出现检察机关“一方拍板”的局面。“国家以平等的姿态与被告人协商，是以法律许可范围内的特定利益换取被告人的认罪，是认罪认罚从宽制度的重心。”[①] 因此在该制度的施行下，更应该推进检察方与被追诉方的平等“协商”。检察机关在适用时应尊重辩护人对于适用该制度的看法，听取值班律师的意见，在程序完备的前提下向犯罪嫌疑人、被告人告知及释明适用该制度的依据、后果，切实保障被追诉人的权利。

其三，统一检察机关量刑标准。认罪认罚从宽制度下，检察机关的量刑建议具有“类终局性”的作用，因而检察机关的量刑标准必须具有一定的稳定性和可预期性，避免量刑差异过大、标准不一、主观随意量刑的情况发生。具体而言，检察机关应在量刑的过程中做到同案同判、“对案下菜”，形成统一的量刑标准，做到稳定性和灵活性统一。对于同类型案件，应当确定一个量刑幅度，结合个案不同的犯罪事实和犯罪情节调整量刑建议结果；对于不同类型的案件，应当具体分析，通过提交检察官会议统一标准，灵活适用。统一量刑标准，既能够增加被追诉人内心对司法的确信度，又是增强司法公信力和法律公正力的有效举措。

结语

认罪认罚从宽制度的施行体现了我国司法改革的力度和决心，是一种提高办案效率、节约司法资源、与检察官员额制改革配套的创新司法实践；同时也体现了国家对犯罪嫌疑人、被告人的司法人文关怀，[②] 是对我国宽严相济的刑事司法政策的推动和贯彻。但制度的初生阶段必定会存在一些不尽如人意之处，因此检察机关作为兼具审查起诉和法律监督功能的重要角色，应当在检察环节充分履行职责，发现该制度可能尚存的有悖于公正理念的缺陷和漏洞，拾遗补阙，促使该制度正式成为司法改革浪潮下提高司法效率、实现实体和程序正义的利器，切实保障被追诉者的基本权利，使其认罪认罚“认得其所”“认有所值”，在个案中实现公平正义。

---

① 魏晓娜：《完善认罪认罚从宽制度：中国语境下的关键词展开》，载《法学研究》2016年第4期。

② 代娟：《检察环节认罪认罚从宽制度的难题克免》，载《中国检察官》2017年第6期。

行政执法证据在刑事诉讼中转换的三重法律思考

陈宇俊*

因为我国采取违法—犯罪的二元划分体制，所以根据危害社会程度的不同，违法行为被划分为行政违法与刑事犯罪两种。但是，这进一步导致司法实践中出现大量行刑交叉的案件。对于这类案件，我国相关法律文件虽然对行政执法与刑事司法的程序衔接作了初步规定，但并没有对两者的证据衔接问题作出规定。司法实践中，在破坏市场经济秩序犯罪等经济犯罪领域，有些案件会在经过行政违法的处置后才被发现可能涉嫌犯罪。此时，案件的处置程序就会面临一个现实的问题，即行政执法中获取的证据能否转换为刑事诉讼中的指控证据？如果不能转换，在事易时移、取证条件已被破坏的条件下该如何进行刑事证据的认定？如果能够转换，据以转换的理论依据源自何处？又应如何实现有效的转换和运用？

针对此，行政证据与刑事证据衔接的做法在实践中并不统一，有的因为对行政证据的慎用转换导致案件因证据不足而只按行政违法处理，有的则将行政证据予以转化，以严厉打击刑事犯罪，但是这严重影响了司法统一性。《中华人民共和国刑事诉讼法》（以下简称《刑事诉讼法》）第52条第2款规定："行政机关在行政执法和查办案件过程中收集的物证、书证、视听资料、电子数据等证据材料，在刑事诉讼中可以作为证据使用。"这一规定初步建立了行政证据与刑事证据的衔接机制，但是证据转化的理论与法规依据需要进一步明确，行政证据的类型化特性需要分析，同时要进一步规范证据转化的具体路径。

一、行政执法证据转化为刑事证据的理论依据

（一）行政执法证据与刑事证据转换的共性与差异基础

探讨证据问题，不能离开对证据基本理论的研究分析，更要明确行政执法证据转化为刑事证据的理论基础。证据，即证明案件事实或者与法律事务有关事实存在与否的根据，通常认为证据得以被采纳，是因为证据具有客观性标准、关联性标准和合法性标准等，无论是行政证据还是刑事证据，都具备作为证据的上述共同特征，这是二者得以转换的共性基础[①]。

同时，因为行政证据与刑事证据各自所处的领域及使命、目标的不同而存在很大的差异。这种差异既体现在形式上，也反映在实质上。从形式上看，行政证据是指行政主体在行使行政权的过程中收集，以确认行政法律事实所依据的事实和材料，其目的是为了查清案件事实，为自己作出的具体行政行为提供依据，所以程序一般要求当场性。在

* 陈宇俊，厦门市海沧区人民检察院。

① 肖宏武、李晓飞：《从行政证据到刑事证据转换的法律思考》，载《证据学论坛》2008年第14卷。

对证据审查时，行政机关有审查和认定证据的权力，因为“官对民”的抗辩机制，缺乏应有的公开透明度；刑事证据是由法律明确规定的享有刑事侦查权的侦查机关收集的，目的在于查清犯罪事实，抓获犯罪嫌疑人。刑事诉讼中，所有的证据都应该在法庭上公示，并由当事人进行质证，具有较高的公开、公正性。从实质上看，行政违法轻于刑事违法，行政法注重行政效率原则，所以证明对象是行政相对人违反行政法律的事实，其中集中于客观违法行为与后果，违法事实确凿并有法律依据即达到证明标准；而刑罚具有严厉性，所以刑事司法目的在于打击“主客观一致”的犯罪行为，除了重视客观因素，刑事证据内容还要求反映行为人的主观犯罪意图，证明对象上自然要求二者同时具备。刑事诉讼的证明标准在于案件事实清楚，证据确凿充分，刑事证据的证明标准必须客观真实反映案件事实，要求上明显要高于行政证据[①]。

共性与个性的矛盾的统一是证据转换的理论基础，表明了证据转换的可能性，也说明了转换的必要性。

（二）行政执法证据转化为刑事证据的法律依据

《刑事诉讼法》第 52 条第 2 款规定：“行政机关在行政执法和查办案件过程中收集的物证、书证、视听资料、电子数据等证据材料，在刑事诉讼中可以作为证据使用。”随后，《最高人民法院关于适用〈中华人民共和国刑事诉讼法〉的解释》以下简称(《刑事诉讼法解释》) 第 65 条进一步明确规定：“行政机关在行政执法和查办案件过程中收集的物证、书证、视听资料、电子数据等证据材料，在刑事诉讼中可以作为证据使用；经法庭查证属实，且收集程序符合有关法律、行政法规规定的，可以作为定案的根据根据。法律、行政法规规定行使国家行政管理职权的组织，在行政执法和查办案件过程中收集的证据材料，视为行政机关收集的证据材料。”《公安机关办理刑事案件程序规定》第 60 条与《人民检察院刑事诉讼规则》第 64 条也进一步明确规定了公安机关与检察机关在办理刑事案件时，行政执法过程中依法调取的证据可以根据证据的特性及法律规定转化为刑事诉讼证据使用[②]。

二、行政执法证据的种类及类型化分析

《中华人民共和国行政诉讼法》（以下简称《行政诉讼法》）第 33 条规定行政证据包

① 张彩荣、母光栋：《浅析行政执法与刑事司法衔接的证据转换》，载《中国检察官》2006年第12期。

② 《公安机关办理刑事案件程序规定》第60条：公安机关接受或者依法调取的行政机关在行政执法和查办案件过程中收集的物证、书证、视听资料、电子数据、检验报告、鉴定意见、勘验笔录、检查笔录等证据材料，可以作为证据使用。

《人民检察院刑事诉讼规则》第 64 条：行政机关在行政执法和查办案件过程中收集的物证、书证、视听资料、电子数据、证据材料，应当以该机关的名义移送，经人民检察院审查符合法定要求的，可以作为证据使用。行政机关在行政执法和查办案件过程中收集的鉴定意见、勘验笔录、检查笔录，经人民检察院审查符合法定要求的，可以作为证据使用。人民检察院办理直接受理立案侦查的案件，对于有关机关在行政执法和查办案件过程中收集的涉案人员供述或者相关人员的证言、陈述，应当重新收集；确有证据证实涉案人员或者相关人员因路途遥远、死亡、失踪或者丧失作证能力，无法重新收集，但供述、证言或者陈述的来源、收集程序合法，并有其他证据相印证，经人民检察院审查符合法定要求的，可以作为证据使用。

括：书证、物证、视听资料、电子数据、证人证言、当事人的陈述、鉴定意见、勘验笔录、现场笔录。可以看出，相比较于刑事诉讼八大证据种类，刑事诉讼中没有现场笔录的证据类型，它是行政执法中特有的，指的是行政机关在实施具体行政行为时，对有违法嫌疑的物品和场所进行检查，需要制作现场笔录，必要时，可采取拍照、录像的方式记录现场情况。那么如何正确认识现场笔录以及通过拍照、录像等方式形成的证据资料的性质，是准确适用新《刑事诉讼法》第52条第2款的前提。另外，在司法实践中，对行政执法机关就案件中的专门性问题委托有关机构作出的检验、检测、鉴定结果，究竟该视为鉴定结论还是书证，仍存在认识上的分歧。

（一）现场笔录及相应的照片、录像

现场笔录属于行政诉讼法规定的证据种类，刑事诉讼中并无此类证据。但既然刑事诉讼法承认了行政证据与刑事证据的差异性，就不应再过于拘泥于证据形式的限制。当现场笔录满足行政证据与刑事证据转化的条件时，就应当承认其作为刑事证据材料的资格。我国行政诉讼中的现场笔录包含现场检查笔录、现场勘验笔录、现场询问笔录、现场制作的录音录像资料等。对于现场检查笔录、现场勘验笔录、现场制作的录音录像资料等实物证据，可以分别以检查笔录、勘验笔录、视听资料等证据形式在刑事诉讼中使用，不能如同实践中统一认定为视听资料予以转化使用[①]。但对于现场询问笔录，虽然其具备笔录证据的特征，但实质是对证人证言、当事人陈述等言词证据的固定形式，属于言词证据的范畴，所以侦查机关应当进行重新收集。况且，现场询问笔录受人的主观因素影响较大，客观性较弱，允许其在刑事诉讼中使用可能诱发非法取证行为，侵犯被取证人的合法权利。

（二）行政机关出具的检验、鉴定、检测、检定等鉴定结论

行政执法证据在刑事诉讼转化的过程中，存在不少行政机关对专门性问题的检验、鉴定、检测结论。如对非法经营案件中对“假烟”“假酒”的鉴定，生产、销售假药案件中对“假药”的鉴定，办理伪造发票案件中对“发票真伪”的鉴定。上述结论的表现形式各异，有些表述为“检验报告”，有些表述为“鉴别检验报告”，有些则以“证明”或“函”的形式出现。对此有学者认为：行政机关根据法律法规针对相关物品作出判断、鉴别、确认以证明与案件有关的客观事实，出具并加盖公章形成书面材料，用书面记载的文字表达内容来证明该案件事实的，符合书证的要件，应视为书证。司法实践中，有人认为这些检验、鉴定、检测结论没有鉴定人的签名和盖章，出具这些结论的单位也没有司法鉴定机构的资格，因而不能归为鉴定意见，就以书证采纳。还有部分学者和实务人员认为：这些检验、鉴定、检测结论是对专门性问题的判断，需要专门的知识，具有特定性，与“鉴定意见”性质一致[②]。

行政机关对专门性问题的检验、鉴定、检测结论属于行政证据中的“鉴定意见”，其不同于刑事诉讼中的司法鉴定意见，但也绝不属于书证。书证是以特定的文字等符号直接表达的意思来证明案件事实的材料，形成于诉讼之外，并不是在诉讼过程中形成的，

---

① 宋维彬：《行政证据与刑事证据衔接机制研究》，载《法律适用》2014年第9期。

② 陈卫国、胡巧绒：《行政执法证据在刑事诉讼中的转换与运用——兼论新刑事诉讼法第五十二条第二款的适用》，载《犯罪研究》2013年第4期。

其在诉讼之前就客观存在，只是进入诉讼之后，为了证明某项事实而被发现、被提取，所以书证具有原始性与客观实在性。但行政机关对专门性问题的检验、鉴定、检测显然发生于诉讼过程中，其目的是为了对行政执法中的物证的复杂性问题进行鉴别，因此作出的判断与结论虽然是以书面的形式出现，以文字表达的方式传达意思，但它不具有书证的原始性特征，因而不能被归类为书证。在形式要件上，其又与刑事司法鉴定存在一定区别，即使本质上也是具有专门知识的人员对物证专门性问题的鉴定与识别，行政机关对专门性问题的检验、鉴定、检测结论属于行政执法领域内的“鉴定意见”。

因此，如果行政执法中出具检验、鉴定、检测等鉴定意见的机构和人员具有法定鉴定资质，并在司法行政部门登记注册，则其与刑事司法鉴定本身并无二致，自然可以在刑事诉讼中运用。如果出具鉴定意见的机构和人员并不具备法定鉴定资格，则需要转换为其他证据形式在刑事诉讼中运用。具体而言，如果需鉴定事项存在法定鉴定机构的，则由司法部门委托法定鉴定机构重新进行鉴定；如果需鉴定事项不存在法定鉴定机构的，则应当由专门人员对该事项以证人证言的方式作出识别与判断。这是对行政执法鉴定意见的合法性要求。

三、行政执法证据转化为刑事证据的规范路径

一般认为，《刑事诉讼法》第 52 条第 2 款明确了行政机关在行政执法中收集的物证、书证、视听资料和电子数据可以在刑事诉讼中作为证据使用，现场笔录与鉴定意见结论需要单独进行类型化分析与转化，而言词证据在理论上与实践中均不认为在刑事诉讼中可以作为证据使用。但是，为了防止行政证据与刑事证据衔接机制在司法实践中被滥用，避免相关风险发生，必须从以下两个方面予以规范衔接。

（一）严格审查标准，完善相关法律规则

我国刑事诉讼法建立了比较完善系统的非法证据排除规则，尤其是 2017 年《关于办理刑事案件严格排除非法证据若干问题的规定》的出台，对于约束侦查机关的取证行为，保障犯罪嫌疑人、被告人的合法权利具有重要意义，但行政证据与刑事证据的转化可能导致非法证据排除规则被架空。无论是按照法理还是我国相关法律的规定，行政机关收集证据的程序要求都比侦查机关收集证据的程序要求宽松得多。为了严格规制行政机关的取证行为，防止非法证据排除规则被架空，公安司法机关应当严格按照刑事诉讼法的标准审查行政证据。行政证据与刑事证据转化机制的建立只意味着刑事诉讼法承认了行政机关依法取得的实物证据与刑事证据在收集主体、程序上的差异性，而并不承认行政机关可以采用非法手段收集证据。以刑事诉讼法的标准审查行政证据，意味着如果行政证据是行政机关采用非法手段收集的，属于《刑事诉讼法》第 54 条规定的应当排除的情形，就不能用作认定案件事实的根据，而不能因为其是行政机关收集的，就作为例外，不适用非法证据排除规则。

（二）加强对辩护方权利的保护，避免侵害被告人合法权利

在刑事诉讼中，犯罪嫌疑人、被告人的权利受到的保护比行政活动中严密得多，在行政执法或查办案件过程中，被取证人并不享有辩护权，更无权委托辩护律师。有关机关在这种情况下收集的证据，如果依据证据转换机制在刑事诉讼中使用，可能侵犯犯罪

嫌疑人、被告人的合法权利。《刑事诉讼法》明确规定侦查人员在证据收集的合法性存在疑问时负有出庭说明情况的义务，这对于实现辩护方的质证权，规范侦查人员的取证行为具有重要意义。然而，我国刑事诉讼法并没有规定行政人员出庭说明情况的义务。参与取证过程的行政人员不出庭作证，被告方无法就证据的证据能力、证明力与行政人员进行对质，不但不利于规范行政人员的取证行为，更有损被告方的辩护防御权[①]。

故而，为了防止行政执法证据在刑事诉讼中的转化可能造成的对犯罪嫌疑人、被告人权利的侵犯，刑事诉讼法应当加强对辩护方权利的保护。这主要体现在两点：其一，赋予辩护方对行政证据在刑事诉讼中使用的异议权。由于犯罪嫌疑人、被告人在行政执法或查办案件阶段并不享有辩护权，无权对行政机关的非法取证行为进行申诉或者控告。为了弥补这一缺陷，刑事诉讼法应当赋予辩护方对行政证据在刑事诉讼中使用的异议权。其二，为了保障辩护方的防御权，实现辩护方与收集证据的行政人员的当庭质证，当行政机关移送的证据在取证程序的合法性上存在疑义时，有关行政人员应当出庭说明情况。行政人员出庭时的身份可以界定为《刑事诉讼法》第57条第2款规定的“有关侦查人员或者其他人员出庭说明情况”中的“其他人员”，因为行政人员在刑事诉讼中出庭是对证据收集的合法性进行说明，属于对行政程序合法性之证明在刑事诉讼中的延续，与侦查人员出庭具有相似性，所以将其界定为“其他人员”比较合适[②]。

惩罚犯罪与保障人权作为刑事诉讼的目的，二者应当各有侧重，不可偏废。从行政证据转化刑事证据的设立初衷来看，更多反映的是从快、从严追究刑责的思想，体现了惩罚犯罪的目的。但是，无论以何种方式实现行政执法各类证据在刑事诉讼中的转换与运用，都离不开行政程序证据规则与刑事诉讼证据规则自身的完善。如行政程序证据规则中应该增加对证据关联性、合法性的要求；刑事诉讼中司法鉴定制度的完善，明确鉴定事项、厘清鉴定机构，强化证人出庭作证制度，确立传闻证据排除规则等，这些都是行政执法证据与刑事诉讼证据有效衔接和转化的制度保障。

① 陈永生：《论辩护方当庭质证的权利》，载《法商研究》2005年第5期。

② 高通：《行政执法与刑事司法衔接中的证据转化——对新〈刑事诉讼法〉第52条第2款的分析》，载《证据科学》2012年第6期。

互联网金融变相非法吸收公众存款罪责任主体的认定

——以审查逮捕实践办案中存在的困惑为例

熊毅平 *

随着互联网的加速发展，大数据的运用及网络平台、快捷支付手段等的普及，传统银行理财的低回报等因素的影响，互联网金融逐渐渗透到了普通民众日常生活的方方面面，由此各类犯罪也随之产生，其中非法吸收公众存款罪因其类似口袋的罪名及较低的入罪标准，明显地呈现逐年高幅度上升的现象，该类案件数量的攀升与民间点对点借贷的盛行及线上股权投资平台的混乱密切相关，增加了刑事案件取证及办理的难度。该类案件除了在数据上明显上升外，案件的办理机构逐步从市级侦查部门及检察部门，向区级、县级基层侦查机关及检察机关转换，区级检察院侦查监督部门在未设立专门的金融办案组的情况下，审查逮捕七日短时间内审查该类案件，不仅面临案件定性、证据审查、责任认定等问题，在捕与不捕之间如何贯彻宽严相济刑事司法政策，也极大地考验着承办人的经验及水平。

一、互联网金融变相非法吸收公众存款案件的特点

互联网金融类的非法吸收公众存款的案件存在以下几个特点：一是吸纳资金的方式依赖于网络，受害面更广。该类非法吸收公众存款案件广泛地利用网络聊天工具发展会员，吸收资金的方式不局限于传统的现金交付或者银行转账，而是更多地依托便捷的扫码或者聊天工具转账支付，因而其发展客户的对象不再局限于推广会所能到达的区域，而是以区域性的推广会为支点，利用网络吸收全国各地的存款。二是利用金融衍生品，变相吸收公众存款。该类犯罪包含“P2P 网络借贷”，但“P2P 网络借贷”更类似于民间借贷，即便违法开展“自融”业务或者以资金池的形式开展运作①，其表面上仍是传统的借贷关系，而互联网金融类其他变相吸收公众存款的案件类型，则利用了我国对期货、股权等金融衍生品规范的不足及缺漏，以专业性交易平台为幌子，制造不能提现的理由，以吸收并占有公众存款。三是合法注册公司，迷惑性较强。该类变相性吸收公众存款的案件，往往以合法成立公司为基础，在公司内部、宣讲会对外及相关的宣传网页上，侧重宣传其公司的合法性，却回避其相关融资交易平台的私设性，或者甚至利用合法成立的平台，以非法的手段变相吸收公众存款。

上述特点与该类案办理的疑点密切相关，问题主要集中在主体责任的认定上：首先，

* 熊毅平，厦门市湖里区人民检察院。

① 刘宪权、金华捷：《P2P 网络集资行为刑法规制评析》，载《华东政法大学学报》2014年第5期。

因网络犯罪“一对多”的侵害方式，侵害对象具有不特定性的特点[①]，被害人众多，相应的客户部人员也有十几甚至数十人，这些人员是否均应当承担责任？其次，以合法设立的公司为背景，是应当认定为单位犯罪或者个人犯罪，在两种不同的情况下，如何认定责任人员？再次，因金融衍生品具有抽象性，参与者对其行为的违法性认识，应当以何标准界定以认定其明知该吸收公众存款的行为系非法？

二、实践办案中对责任主体认定的几点困惑及解决思路

侦查监督部门基层办案检察官在拿到案件之初，考虑的问题首先是定罪，而该类案件如前所述的特点及疑点，使得承办人在对定罪四要件进行斟酌之余，不免产生如下的困惑：

（一）抓或不抓，哪些人应当承担刑事责任？

互联网金融类非法吸收公众存款的特点之一是以正规成立的公司为对外宣传进行掩饰，因而该公司涉案人员包括全公司各个层级的人员：纵向而言，董事长、总经理、营业部负责人、客户经理等均参与到吸收存款的各个环节，如制定制度、参与宣讲会、广告宣传、发展会员、线上联络等；横向而言，行政主管、技术部门负责人及技术员、财务人员、会计等也不同程度地参与到公司的运营中，如后勤接待、集资平台的设立及后台管理、吸纳资金的管理、工资的发放等，是应当一网打尽还是有的放矢呢？笔者认为，此类案件应当在第一时间大刀阔斧地剔除单纯职务行为的人员，将有限的侦查精力及时间集中在应当承担刑事责任人员的相关证据的侦查固定上，主要应当进行以下几类区分：（1）区分是否单位犯罪，以认定主体责任。严格按照刑法上对单位犯罪的认定要求，如认定为单位犯罪，应当追究单位负责人及相关直接责任人员的责任，而其他的相关人员，则不应再纳入刑事追究的范畴。（2）区分工作性质，以排除刑事责任。针对事务型工作人员，如会计、平台技术人员、财务人员及普通的业务员等，如果系以正常招聘手段入职，主观上不明知该公司吸收公众存款行为的非法性，其工作仅是正常的劳务，系履行单位指派的职责，不应当认定为其主观上有非法吸收公众存款的故意。[②]

（二）知或不知，主观认定明知如何排除辩解？

如上所述，非法吸收公众存款罪的责任主体主要包括单位负责人、直接责任人员、主观明知非法吸收公众存款并起主导作用或者提供积极帮助的人员。即便对该类犯罪的主体缩限到如此小的范围，实践办案中，到案的犯罪嫌疑人往往对自己是否主观明知提出辩解，主要有以下几种辩解：一是辩解该公司运作是典型的“一言堂”，虽然身为公司高管，却无法作出最终的决策；二是辩解身处高管之位却仅是尽行政后勤之务，相关业务部门经理也仅是挂名为下面的业务经理分红，无实际获利；三是直接责任人员或者积极帮助者极力否认主观上不知该吸收存款的行为方式为“非法”。针对上述辩解，笔者认为应当从以下几点进行分析论证以排除或采信犯罪嫌疑人的主观辩解：（1）从犯罪嫌疑人的职务推断其是否主观明知集资手段“非法”。搜集证人证言及相关的书证证明犯罪嫌

① 于志刚：《网络犯罪与中国刑法应对》，载《中国社会科学》2010年第3期。

② 孙健非非法吸收公众存款案一审刑事判决书（2013）青刑初字第514号。

疑人在该公司中的职务及具体工作，如果是管理层人员，相关证据证明其参与公司的决策并起到关键作用，因管理人员的职务属性，其主观上对集资手段非法性的认识的证明标准应当低于普通的员工或者直接责任人员。（2）从犯罪嫌疑人的工作内容推断主观是否明知。上述所讲互联网金融类公司非法吸收公众存款会借助互联网及金融衍生品等相关手段以掩盖，因而该类案件的嫌疑人中相关的技术人员及金融衍生品业务规划人员，身为直接责任人员是否应当承担刑事责任，更应当侧重对主观明知的认定。对于技术人员而言，在相关互联网交易平台上进行违反常规或者篡改数据的操纵，应当认定为对“非法性”是明知的，而金融衍生品业务的规划人员，如果对该公司相关产品对外销售未获得相关部门审批或者未看到资金募集的相关文件，则应当认定为主观明知行为“非法”。

（三）捕或不捕，宽严相济政策怎么贯彻？

在实践中，公安机关为侦查方便，往往将涉嫌刑事犯罪的嫌疑人一同报捕，侦查监督科的办案人员除了遵循定罪标准，慎审犯罪嫌疑人辩解，更应当严把限制人身自由的条件。“宽严相济”首当其冲是“宽”字，随着审查逮捕诉讼化的发展及以审判为中心的主导思想的不断明确，“宽”字对逮捕阶段提出了更高的要求：一是要“兼听则明”，此类案件的犯罪嫌疑人往往早就委托好代理律师，在审查逮捕阶段第一时间便提出律师意见，提出取保候审的申请，办案人员应当站在中立的角度，全面地审查侦查机关要求逮捕的理由及律师提出取保候审的原因，根据案情综合判断犯罪嫌疑人的作用，以作出捕或不捕的决定，而不能一味地为支持侦查而付出限制犯罪嫌疑人的人身自由的代价；二是要求“宽以待人”，最高人民法院曾对非法吸收或者变相吸收公众存款类犯罪在有限的条件下作出“免予刑事处罚”及“不作为犯罪处理”的规定，主要是考虑到其筹集资金的去向、能否及时地清退及所造成的金融风险大小等[①]，这几点同样应当成为审查逮捕时的依据，在犯罪嫌疑人竭力劝说同案犯到案，极力返还吸收的资金，有证据证明是将相关资金用于正常经营活动等时，就应当考虑对犯罪嫌疑人处以无逮捕必要的措施，以有利于同案犯的到案及受害人损失的退还。

三、划定责任主体范围对办理相关案件的实践指导意义

随着互联网在全国的普及和金融衍生品种类的增多，民众手上闲余资金已不再单纯地以存入银行为最终流向，而是寻找最佳的投资渠道以获取最高的利益，而互联网所带来的负面影响及金融衍生品等对于百姓而言较晦涩的词汇，给犯罪分子以可乘之机，造成了民众大量资金去向不明及无法挽回。此种状态下，非法吸收公众存款罪作为类口袋罪名，在其适用上出现了相应的扩张[②]。在此种扩张的状态下，如果以非法吸收公众存款罪的原义去理解并适用于现实中绝大多数集资类犯罪，会使承办人出现客观条件不匹配、主体责任不明确及主观认定不清晰等困扰，而随着相关司法解释对该类犯罪客观形式的明确，对主体及主观的认定，才是实践办案中最大的困惑及疑难之处。主体责任的划定及厘清，对于基层检察院侦查监督科的承办人员，在面临案多人少时间短的矛盾及此类

---

① 刘宪权、金华捷：《P2P网络集资行为刑法规制评析》，载《华东政法大学学报》2014年第5期。
② 钱一一、谢军：《非法吸收公众存款罪适用扩大化及回归》，载《长白学刊》2017年第3期。

案件涉案人员多、卷宗册数多、被害人及证人众多等问题时，能够帮助其高效率地认定案件中主要人员的责任，如果有力地排除犯罪嫌疑人的辩解并合理地采取强制措施，具有重要的实践意义。

老年人长期照护制度的法社会学研究*

黄鸣鹤**

什么叫长期照护制度？长期照护制度，即长期照顾及护理制度之简称，长期照顾的对象，涵盖生活不能自理或不能完全自理之老年人、需要长期护理之病人、先天性失能的儿童或幼儿，或精神障碍无法自理之残障人士。在本文中，我们选择以老年人为研究对象。

长期照护制度之所以成为公共事务的重要议题，在于年龄化加速之社会大背景。随着后工业化时代的来临及人类寿命之延伸，老龄人口所占人口比例持续攀升，需要长期照护人口绝对数量迅猛增加，与之俱增的包括养老金支出、医费保险制度在相关人口开支项目上支出比例、社会财富之支出、国家公共财政预算、社会公益项目、家庭预算等诸多方面。

在学理上，长期照护制度之设计应遵循 5R 原则，即 right cost（合理的支出），right place（合适的地方），right provider（合适的服务提供者），right timing（适当的时间段），right level of services（恰如其需的服务水平）。其具体内容下一部分将结合制度规范展开阐述。正文部分将分为长期照护制度的资金来源、长期照护制度的实施模式、品质监测管理与评价、伦理议题四个部分，并结合中国大陆之外（含东西方各国及中国台湾地区的制度设计），进行比较研究，其间侧重中国台湾地区之制度设计及践行，在于两岸同文同种，传统更注重于村落聚居、家庭伦理、代际关爱、世代同堂，因更具文化同质性，与制度之设计参考，更具同理心及可参照性。

一、长期照护制度的分析

（一）长期照护制度的社会背景

长期照护制度的社会背景在于：国民平均寿命的延长；老龄人口、患有慢性病人口比例的增加；家庭无子或少子化现象；养老义务由家庭负担转为社会负担；女性就业率的提高；老年人独立生活的意愿尊重等，决定了对老年人、慢性病需长期照护对象的照护由主要由子女或同住家属负担转由专业医疗机构或专业照护人员负担。

国民平均寿命的延长，在于人类社会医疗科技的发展，特别是抗生素和疫苗的使用，使得病毒等长期困扰人类的生命杀手得以被遏制，同时还在于营养的改良及居住环境的改善。国民寿命的延长，但其同时也意味着养老及医疗保健费用的支出增长。

后工业化年代，适龄夫妇的育儿意愿减弱，低生育率造成家庭照顾人力的减少，再加上东亚社会传统上有“男主外女主内”的家庭分工，传统家庭中，妇女承担了“相夫教

---

* 本文获第30届全国副省级城市法治论坛优秀论文三等奖。

** 黄鸣鹤，厦门市中级人民法院。

子、照顾老人病人”的主要责任。随着社会发展和性别平等的观念变迁，众多女性走出家庭进入职场，成年子女因家庭收入的增长，对长期照护走向了购买服务的行为模式；同时，由于代际观念分歧、生活习惯、性格冲突（代沟）等诸多因素的存在，大部分年轻人不愿意与父母生活在同一屋檐下，老年人也因不愿意被嫌弃而宁愿选择单独生活，以上诸因素皆决定了长期照护的社会化、专业化趋势。

（二）长期照护制度的特质

1. 人性化。人生活的五个需求层次分别是：生存、交往、爱、受尊敬和自我实现。老年人或慢性病人、残障需照护人员的生活质量已悄如青年人或中壮年人，但这并不意味着被照护对象的需求标准只需维系在生存一阶段即可，老年人或更需要交往、爱与受尊敬，个别者“老骥伏枥，夕阳未晚”，故长期照护制度应以人为本，尽可能同时满足被照护对象的生理需求与心理需求。

2. 个别化。每一个被照护对象的情况都不尽一致，故应该因人制宜，量体裁衣，根据个人家庭情况、保险状况、财务情况、个人诉求，评估其现实需求，并充分考虑个案的自主性与自决权，提供个别化的照护方案。

3. 社区化。集约化的养老院不是每一个老人的最佳选择，长期照护的社区化、网络化、资源的集约化使用，在互联网时代是完全可能的。老年人居家养老，同时通过智慧家居与社区照护机构随时联系，形成社区化养老，使得老年人可以在自己熟悉的社区环境中接受照护，而无须集中照护。

4. 专业化。照护并不是简单的“穿衣吃饭”，专业化的照护包括生活起居、健康理疗、交通提供、外出陪护、心理关爱等，涉及家政、护理、医疗、心理学等方方面面的专业服务，专业化服务比专人服务（如家人陪护、保姆）更具专业性、更具资源整合和团队分工协作优势。

（三）长期照护制度的社会学分析

1. 代际公平。在人类社会生产力水平有限的时代，老年人或其他需要照顾的人群通常会被视为族群的负担而被无情抛弃①，但随着社会生产力的发展和文明的进化，对老年人群体的敬重，并从制度上保障他们“老有所养，老有所依”，不仅是一种代际公平，也是社会从生命血脉传承、财富继承、知识积累的角度，对前行者的尊重及对其所做出贡献的回报。

2. 社会公平。《中华人民共和国宪法》第45条规定“公民在年老、疾病或者丧失劳动能力的情况下，有获得国家和社会物质帮助的权利”。可以说，长期照护制度是以公民宪法权利为基础进行的制度设计，事关公民的基本生存权和社会公平。也就是说，老年人应当获得长期照护，即使其资产或其子女供养不足以支撑长期照护的支出，国家和社会也有义务提供基本和必要的照料，这部分支出，应由社会财富的公共统筹和二次分配负担。

3. 财富分配。古人养儿防老，现代制度设计，养老采取社会化模式。从表面上看，

① 在中西方故事中，都有老年人在年老力衰时，被儿孙抛弃荒山野外的故事，这是一种不道德的社会传统。或在饥荒或战乱时，孩子及老人最容易成为牺牲品，将老人选择自我牺牲以拯救族群褒扬为一种美德，但行为的背后，事实上是一种残酷或者说是不公义的行为。

老年人已经丧失劳动能力，养老所耗费之财富，是下一代年轻人的劳动所得，但究其实质，养老的资财所需，实质为受照护者年轻时劳动薪酬或资产收入的一部分，被提存统筹于社会养老基金池，或参加保险计划，或以储蓄、不动产的财产模式呈现，并非老年人压榨青年一代，赖其供养。另，就权利义务对等之民法原则，抚育与赡养是代际对等义务，并不是单向义务，而是双向相互的代际契约。

4. 就业提供。老年人不应该被视为社会之负累。人类社会发展至今，已经超过农耕文明生产力之局限，工业革命释放之生产力，使产能过剩致就业不足而非供给不足。故长期照护所创造之就业岗位，可降低失业人口比例。

二、长期照护制度的设计

（一）财源与财务管理

长期照护制度的产品以市场供给、受服务者持币购买为原则。对老年人的长期照护，分日常生活照顾与医疗照护，后者走的是医疗社会保障体系，若不区隔二者，则除易造成老年人滥用医疗保障体系[①]，给医疗保障制度造成财务结算压力外，也是医疗资源的不当浪费，同时对真正的患者形成事实不公。若将对老年人的日常照顾从医疗体系中剥离，另循他路，则可减少医疗体系负荷，同时让社会资源更优化配置。

长期照护制度的受惠对象，购买或订制所需购买力，通常的途径是：源于养老资产；政府在养老、医疗、失业、工伤、生育五大社会保险之外，另设一长期照护保险，由社保中心统一管理；鼓励商业保险公司创设长期照护商业保险，在险种设计上，以社会保障功能为主，盈利为辅，加之政府政策支持，税费优惠，或从公共政策施惠于投保人，购买份额在一定数额中免征个人收入调节税；试行以房养老，如不动产逆向抵押贷款制度；政府年度财政预算应安排部分资金，购买社会服务，保障低收入或其他优抚救济对象的长期照护支出；发行福利彩票，通过彩票公益金收入，制度安排长期照护专项基金使用规程；采用“爱心劳务储蓄”制度，即鼓励社会义工或慈善组织人员参与社区长期照护，建立劳务时间储蓄制，大致的运行原理如义务献血制度，爱心劳务时间可在提供者年老时提取自用，也可以转赠或指定他人使用，以弘扬社会互助之善良风气。

同时，与长期照护相关的基金，政府应视为非营利公益基金，享受各种法律规定之保护保障措施。因长期照护制度而设立的机构，若无营利行为，则应视为非营利法人进行管理；若虽有营利目的，亦可因其公益属性或政府鼓励行业，享受法律规定之税收减免及财政资金扶持、资助、补贴之种种优惠政策。

（二）财源保障之制度设计

1. 长期照护保险制度。世界上多个已经建立长期照护制度的国家，将保险作为资金

① 在施行全民健康医疗保障体系的国家或地区，伴生的令人头痛的问题是参保对象对权利的滥用。在中国台湾地区，全民健保的普及，在部分老年人群体中形成医院一族，即头疼脑热就上医院，要求检查或治疗，小病大医，或者将医院当成一休闲疗养之上优选择。这实质上是对优质医疗资源的（医生、护士、仪器、病床）的占用，而对于公立医院，由于医疗资源的不足，患者申请就医，采取的是预约排队原则，若占用行为过多，对真正急需诊疗的患者，则是一种生命健康权的不公平对待及生存机会的减少。

筹集手段，其要义在于，参保者风险之分摊、保费之共摊。人生诸多风险无所不在，参保者缴纳少量保费，即可在利益受损或合同约定事由发生时得到理赔，以减少人生遭遇无妄时的经济损失以应对刚性费用支出。实践中，多个国家将长期照护保险纳入社会基本保险系统组合，同时，鼓励商业保险公司开设商业保险作为补充。

2. 专用账户储蓄制度。意即鼓励个人在收入稳定时，未雨绸缪，控制消费，将资金存放在专门开设的银行账号，该账号储蓄资金[①]原则上只能用于照护情景发生时相关服务的购买。

3. 不动产逆向抵押制度。即我国目前部分城市试行的“以房养老”制度，该制度在国外施行已经比较成熟，且有多项配套制度技术支持。但国内目前签约数量有限，除观念因素外，配套制度缺位也是重要原因。比照域外普遍开征的遗产税，房产作为高价值财产，所需征税额较大，许多年轻人因无力缴税而放弃房产继承，故代际均较易接受“以房养老”。目前，美国、英国、法国多个国家已建立该制度多年，且运行有序，亚洲如中国香港、台湾地区[②]及新加坡已推行该制度，运行正常，说明该制度并不存在文化冲突或观念樊篱。

4. 照顾信托制度。信托是一种特殊的财产管理制度。委托人不自行管理财产，而将其委托给专业的理财公司或基金管理，委托人或其指定的受益人享受信托利益之制度。例如，老年人只有一智障儿子，担心往生后无人照料，即可建立信托基金，指定智障子为受益人，同时指定执行人作为其意志笃行者，购买智障子长照服务产品。若是，法律制度设计保障往生者安心，存世者有所养护而不受世人欺凌或利益受侵。

5. 工伤保险或侵权损害赔偿之照护给付。若受照护对象的失能事由因工伤或人身侵权而起，工伤赔偿金计算组成就有护理费用项目；在人身侵权损害赔偿之诉中，护理费也是法定项目。

三、长期照护的产品供给

（一）家庭照护与社会照护

长期照护分为家庭照护与社会照护，家庭照护即居家养老。老人与子女多代同堂，儿孙绕膝，享天伦之乐，东亚文明与欧洲文明气质迥异，东方人重家庭、重伦理，讲究等序；西方文明重契约、重人权，崇尚自由。故老年人照护，东亚多以家庭照护为主、社会照护为辅。家庭照护之优点在于亲人照护的贴心尽职，缺点在于家庭照护则意味着承担照护义务的人不能外出工作，居家照护上老下小，且因无稳定薪金收入，在家庭中的话语权不如有收入者，加之长期居家，交际圈狭窄，社会视野有限，负荷大而不能喘息，若处理不好，易引发心理疾病或家庭冲突。但正负相衡，家庭照护符合国人生活习

① 个人申请开设专门账号并将钱存入后，视同个人签订协议，同意将自己合法财产的一部分用途限制在未来购买照护服务用途上，原则上不可变更用途是因为该存款可能享受政府予以税收减免或利率补贴的优惠政策，但规定“原则上”意即出现某些可理解的理由，如个人因手术需要巨额治疗费用等，则可通过申请并经审核使用存款。

② 我国台湾地区于2013年决定试行“以房养老”计划，在试行作业规定中，由政府提供专项资金，委托金融机构与方案参与人签订协议，采取终身每月给付制，老人往生后房屋由金融机构回收后进入市场拍卖实现资金回流；同时，政府以财政预算安排、公益彩券收益作为政策推动的补助财源。

惯和伦理认知，国家政策层面应制定出台鼓励性措施，包括减税计划。比如个人收入调节税的征收，应以家庭而不是个人作为征收单位，多子女、家中有赡养、扶养人口，残障人员等，均应相对增加免征基数；优抚救济。通过补贴、补助、救济的方式，鼓励子女与老人共同生活；配套“喘息计划”①，让家庭照护者有所休息。

社会照护是长期照护未来的发展方向。随着社会无子化或少子化趋向与女性走出家庭进入职场，决定了家庭照护人力资源不足的现实困境。就劳动生产率而言，家庭成员照护多属“一对一”，而社会照护则可“一对多”或团队分工协作，特别是对尚有生活自理能力的老人，居家自理加适当必要的社会服务，足以实现照护目的。

（二）社会照护产品的特点

1. 专业服务。社会长期照护产品的最大优点在于服务的专业性。社会越发展，分工越细化。产品的设计提供，更细分定向消费者群体②。未来世代，一些针对老年人特点、以消费者舒适体验为目标的商品或服务产品将被设计、生产、使用。

2. 跨界复合。未来服务产品的特点，在于打破传统业界的限制，出现融合或复合型产品。以健康为例，旅游业与医疗业的融合，将推出医疗旅游的复合型产品，如带薪休假时，接受身体健康检查，并针对化验指标设计身体修养、修复方案，采用的方法并不是吃药，而是森林浴、药膳、音乐、运动、灵修等多种项目的组合，供消费者自选组合、拼盘定制。

3. 智慧家居。城市及家居的智慧化，使人类获得更大的解放与更舒适的生活，家庭电器的智慧化，使得通过互联网远程观察、照护成为可能。甚至，家政智能机器人的出现，可以在一定程度上完成人类保姆的工作。

4. 量身定制。照护方案应针对受照护对象量身定制。健康养护方案制定、照护依赖程度评估、照护方案设计、照护资源的使用及付费方式，都可以根据受照护对象的身体情况、个人意愿进行设计，并交付照护体系实施。

5. 系统集成。长期照护系统目前的问题是各种资源可能被分割在不同的体系中，资源的整合与以受照护对象为本形成了无缝衔接，资源、资讯、方案、行动计划得到整合，成为有效串联、有序运行的照护支持系统。

结语

当前，中国大陆已步入老年人社会，对“未富先老”“人口红利期的消逝”的担忧已经成为我们不得不面对并必须解决的现实问题，青年时代生育意愿的不足使得施政者发现，人口政策已然从计划生育的行政管制直接逆转为生育鼓励③，或很快进入即使

① “喘息服务”也称“帮手计划”，即对于家庭照护，阶段性由社会照护接替家庭照护人员，让其短时间休息、外出旅游，从长时间无休的家庭照护工作中暂时脱离，减缓疲劳，或学习新技能。

② 这种个性化需求也得到了生产技术发展的支持，如以前的产品所经历流程是设计、模型、批量生产、批发、销售等商业环节，互联网时代，单件生产的成本大幅下降，同时互联网使终端消费者与生产者的直接对话成为可能。

③ 从严格的计划生育政策到放宽到“单独二胎”到全面开放二胎，申请生育和实际生育二胎的数量仍然远少于计生部门的评估。更有调查数据表明，即使出台刺激生育的政策，不敢生、不想生、不能生的现实考量，决定了中国社会未来的生育率并不会有大幅上升。

鼓励措施的出台也无法有效刺激生育意愿的尴尬境地。但无论如何，随着人口老龄化时代无法避免地来临，宜借鉴域外经验，尽早制定应对老龄化的社会政策，通过政策的杠杆效应，培育老年人服务市场，吸引资金及技术人才的进入，不断提升服务品质。同时，兵马未动，粮草先行，通过制度设计，及早建造老年人长期照护的各类资金池，方是正道。

救助对象"袭警行为"入罪实践之刑法学检讨

——以酒后妨害公务现象为考察重点

黄连通 *

近年来，由于暴力袭击警察的事件频发，保护警察执法安全的呼声愈发高涨，暴力"袭警"行为也被呼吁需要单独增设罪名予以惩罚。自2003年开始，每年都有人大代表在两会期间提出应在刑法修正案中增设"袭警罪"，以期达到打击和震慑日益严重的"袭警"行为。直至2015年的"刑九修正案"中，虽然没有对袭警行为单独设罪，但在妨碍公务罪的规定中增加了对"袭警行为从重处罚"的内容，也算是对社会高呼的严厉打击"袭警"行为的一种回应。在这种严打"袭警"行为的大环境下，司法实践中似乎出现了一种"矫枉过正"的现象。尤其是在一些轻微暴力的"袭警行为"的处理上，本应该由行政处罚来解决，却都被上升到了刑事处罚的高度，实乃有违刑法的谦抑性精神。由于笔者身处基层检察院的一线部门，对于这种"矫枉过正"的现象，可谓感触颇深。在具体的司法实践中，往往是依靠某些会议纪要的精神来指导办案，以一种严打的"高压"态势来指导司法办案，导致了"袭警行为"的"低入罪门槛"，严重违反了刑法的谦抑性精神，这种现象值得作为"刑法学人"的我们反思与研究。

一、酒后妨害公务现象及其衍生的问题

（一）妨害公务的新现象：酒后袭警

在基层的司法办案中，妨害公务罪算是实践中比较常见的罪名，特别是"酒后袭警"型的案件时有发生。但是，在办理过众多此类案件后，笔者发现很多的"酒后袭警"型案件的犯罪嫌疑人对于民警的暴力行为可谓非常轻微，而根据内部的会议纪要精神，由于其有主动攻击的行为，即使未造成民警受伤，也可能会被刑事入罪。例如以下几个酒后"袭警"案例情形。（1）王某醉酒乘坐出租车后与司机发生口角，拒不支付车费，司机打电话报警，在警察到现场处理警情时，由于王某当时处于醉酒状态（俗称"断片"），并未配合警察的执法。在警察向其劝说时，王某伸出右手想要抓警察的脖子，但是由于伸手速度较慢，在刚要触及警察身体时，便被警察用手拨开，之后王某便立即被在场民警制服在地，最后王某被认定为涉嫌妨害公务罪，以无社会危险性不捕。（2）李某与朋友聚餐喝酒至凌晨，由于不胜酒力就喝醉了，之后便独自乘坐出租车回住处，到达小区门口下车后，便醉倒在小区门口。到了第二天早上，小区保安因无法叫醒李某，便打电话报警，在警察到现场处理警情时，由于李某当时仍处于醉酒状态，并未配合警察的执法，在警察向其劝说时，李某突然从地上站起来，用双手推了其中一位警察的胸部一下，导

* 黄连通，厦门市思明区检察院

致警察向后退了几步，并未摔倒，之后李某便被在场警察制服在地，最后李某被认定为涉嫌妨害公务罪，以无社会危险性不捕。对于这些案件的处理结果，笔者始终心有疑惑，不知道根据会议纪要精神所作出的处理结果是否为大众所接受？是否真正实现了刑法的功能？是否真正做到了惩罚犯罪与保障人权的统一？

（二）酒后袭警行为司法处理衍生的问题与困惑

1. 理论层面上的质疑

（1）轻微暴力入罪有违刑法谦抑性

刑法的谦抑性，是指刑法应依据一定的规则控制处罚范围与处罚程度，即凡是适用其他法律足以抑止某种违法行为、足以保护合法权益时，就不要将其规定为犯罪；凡是适用较轻的制裁方法足以抑止某种犯罪行为、足以保护合法权益时，就不要规定较重的制裁方法。[①] 在我国的法律体系中，对于妨碍人民警察执行职务的行为规定有行政处罚[②] 与刑事处罚[③]，在面对违反治安行为与犯罪行为存在竞合的问题时，我们应该如何判断实施何种予以处罚？根据我国《治安管理处罚法》第2条的规定："扰乱公共秩序，妨害公共安全，侵犯人身权利、财产权利，妨害社会管理，具有社会危害性，依照《中华人民共和国刑法》的规定构成犯罪的，依法追究刑事责任；尚不够刑事处罚的，由公安机关依照本法给予治安管理处罚。"可见，我国的治安管理处罚一直都是拦截违法行为步入犯罪深渊的首要堤坝。[④] 根据刑法的谦抑性原则，对于采取"轻微暴力"妨碍人民警察执行职务的行为，如果适用由治安管理处罚法就足以抑止某种违法行为、足以保护合法权益时，就不应该将其认定为犯罪，不该运用较重的刑罚来制裁。

（2）将救助对象作为袭警者不符合警察救助的本旨

根据我国《治安管理处罚法》的第1条的规定[⑤] 以及我国《人民警察法》第2条的规定[⑥]，人民警察的职责是保护公民的人身安全和合法权益，制止和预防违法犯罪活动。根据《治安管理处罚法》的规定，民警对于醉酒者应当对其采取保护性措施约束至酒醒。可见，醉酒者在法律上被视为被救助的对象，民警对其应该给予更多的救助与帮助，但在对醉酒者的救助上，由于实践中"袭警"行为的入罪门槛太低，只要醉酒者有轻微的暴力"袭警"行为就可能涉嫌妨害公务罪，导致很多的醉酒者沦为妨害公务罪的犯罪嫌疑人。这种司法实践做法使得醉酒者从"被救助者"沦为"被刑罚者"，也使得人民警察从

---

① 张明楷：《论刑法的谦抑性》，载《法商研究——中南政法学院学报》1995年第4期。

② 我国《治安管理处罚法》第50条规定："有下列行为之一的，处警告或者二百元以下罚款；情节严重的，处五日以上十日以下拘留，可以并处五百元以下罚款：……（二）阻碍国家机关工作人员依法执行职务的；……阻碍人民警察依法执行职务的，从重处罚。"

③ 我国《刑法》第277条规定："以暴力、威胁方法阻碍国家机关工作人员依法执行职务的，处三年以下有期徒刑、拘役、管制或者罚金。……暴力袭击正在依法执行职务的人民警察的，依照第一款的规定从重处罚。"

④ 郑新、高文英：《违反治安管理行为与犯罪行为衔接问题的立法完善》，载《中国人民公安大学学报（社会科学版）》2017年第6期。

⑤ 我国《治安管理处罚法》第1条规定："为维护社会治安秩序，保障公共安全，保护公民、法人和其他组织的合法权益，规范和保障公安机关及其人民警察依法履行治安管理职责，制定本法。"

⑥ 我国《人民警察法》第2条规定："人民警察的任务是维护国家安全，维护社会治安秩序，保护公民的人身安全、人身自由和合法财产，保护公共财产，预防、制止和惩治违法犯罪活动。"

“犯罪预防者”变成了“犯罪引发源”，这与法定的人民警察职能不太相符合，甚至是人民警察救助醉酒者职能的倒置。

2. 实践层面上的困惑

（1）酒后袭警欠缺妨害公务的故意

在许多的醉酒“袭警型”妨害公务案件中，在警察执法过程中，由于犯罪嫌疑人系处在生理上的醉酒状态，在情绪上表现较为激动、说话的音量上较为大声，容易使警察陷入一种醉酒者不配合警察执行公务的错觉，往往容易使警察将醉酒者的“轻微”暴力行为评价为对其执法行为的抗拒，并将其认为是暴力袭击正在依法执行职务的人民警察，阻碍人民警察依法执行职务，最后将其认定为涉嫌妨害公务罪。然而，在实践中，有些犯罪嫌疑人系出于感情纠葛、工作生活难关等原因借酒消愁，不料在其“醉酒”后出于情感的宣泄、本能的摆脱、反抗等原因，可能误伤了警察甚至没有伤及，最后却被套上了刑罚的枷锁。很多人在醉酒后实施的所谓“袭警行为”可能不是主观上故意要袭警，大多数人可能是在事出有因，且自我控制力又大大削弱的状态下作出轻微暴力、反抗行为，若将这些轻微暴力袭警行为直接上升到刑事处罚的高度，无论如何，对于当事人都是难以接受的一种结果。

（2）酒后袭警入罪混淆了行政违法与犯罪的界限

根据我国《治安管理处罚法》第 15 条的规定，对于醉酒的人违反治安管理的，应当给予处罚。醉酒的人在醉酒的状态中，对本人有危险或者对他人的人身、财产或者公共安全有威胁的，应当对其采取保护性措施约束至酒醒。由此可以看出，对于处于醉酒状态的人，我国法律是将其视为“被救助者”来看待的，要求警察对于醉酒状态的人采取的是保护性的措施使其免受伤害，在对醉酒的人进行醒酒的过程中也应该注意对其采取保护性的措施，而非将其视为潜在的犯罪分子而强暴地带离，缺乏执法的人性化，从而引发醉酒者的抵触与暴力反抗，最终使醉酒者沦落为妨害公务罪的犯罪嫌疑人。对于社会普通公众来说，和朋友聚餐喝酒几乎是每个人都会有的生活场景，偶尔喝醉也是在所难免的，人人都有可能成为一个醉酒者。公众对于醉酒者的角色定位，仍是希望其能够被视为“被救助者”来看待。然而，在司法实践中，很多的醉酒者却从“被救助者”沦为了“犯罪嫌疑人”，将本来可以定性为行政违法的情节直接认定为刑事违法，其实质是混淆了行政违法与犯罪的界限。这种做法，对于普通社会公众来说，是难以接受的，可能会使公众对执法机关和司法机关的执法与司法行为产生误解，甚至损害执法与司法的权威。试想一下，如果轻易地对醉酒者的轻微暴力行为入罪，那么作为普通大众的我们，是不是也都有可能成为下一个酒后袭警的犯罪分子？

二、酒后“袭警”行为与妨害公务行为的对比考察

（一）违法性的考察：不具有实质违法性

1. 妨害公务罪保护的法益：公务

犯罪的本质是法益侵害，刑法的目的是保护法益，那么在妨害公务罪中，特别是在“袭警”型妨害公务罪中，犯罪嫌疑人所侵害的法益（或者说该罪所保护的法益）为何变得至关重要，将直接影响侵害行为罪与非罪的定性。

在我国的刑法理论界，对于妨害公务罪所保护的法益，有以下几种观点：第一，妨害公务罪侵犯的客体（法益）[①] 是公安机关等国家机关的公务活动，这里的“公务”是指公安机关等国家机关依法执行职务的活动。[②] 第二，妨害公务罪所侵犯的是复杂客体，其主要客体为国家对社会的正常管理秩序，其次要客体为包括公安机关民警在内的国家机关工作人员的人身权利。[③] 第三，本罪侵害的法益为国家作用，而不是一般的社会秩序，也不是公务员的人身自由的权力本身。公务执行活动能够正常开展，是国家作用得到发挥的前提，法律对公务给予比个人事务更为严密的保护；[④] 由此，我们可以发现，是否应将“公安民警的人身权利”纳入本罪法益的保护范围存在着争议。同时对本罪保护法益认知的偏差也导致了司法实践中的许多问题。如在笔者所在地区的司法实践中，只要犯罪嫌疑人有主动攻击警察的行为，就可能涉嫌妨害公务罪，而无视该行为是否真正侵害公务行为的正常执行。在另一些地方的司法实践中，也存在将“民警的人身权利”视为妨害公务罪保护的法益的情形，如将民警轻微伤以上后果作为妨害公务罪成立与否的重要标准以及将被侵害民警是否获得民事赔偿作为刑事量刑的情节。[⑤] 但是，通过观察我国的刑法的体系，我们不难看出，妨害公务罪在我国刑法体系中是规定在刑法第六章“妨害社会管理秩序罪”的第一节“扰乱公共秩序罪”中，其侵害的法益应该是侵害公务的正常执行，从而扰乱社会公共秩序，而非公务人员的人身权利。对于上述“复杂客体说”的观点，有学者认为是混淆了行为对象与保护对象，妨害公务罪的行为对象和保护对象是不同的 [⑥]。妨害公务罪的行为对象虽然是包括公安机关民警在内的国家机关工作人员，但是，该罪所要保护的并非上述人员本身，而是通过上述人员来依法执行的公务，即保护公务的公正、顺利进行，这才是该罪的保护法益。[⑦] 对此，笔者认为，“袭警”型妨害公务罪所保护的法益应该是警察所执行的“公务”顺利开展，不应该将“警察的人身权利”纳入该罪的法益保护范围。若将“公务人员的人身权利”视为妨害公务罪的保护法益，有将此罪当作侵犯人身权利之嫌，与我国刑法的立法体系理念不符。

2. 警察“醒酒行为”公务属性的减弱

“公务”一词在现代汉语中解释为关于国家的事务，公家的事务。[⑧] 在德国《刑法》第113条第1项中，“公务”（Vollstreckungshandlung）[⑨] 的一般性判别标准是：为了在特定个

---

① 刑法所保护的对象，也即犯罪所侵犯的对象，在苏俄传统刑法学知识系统里被称为“犯罪客体”，是犯罪成立“四要件”中的一个；而在德日刑法学知识理论中，刑法所保护的对象被叫作“法益”。

② 高铭暄、马克昌主编：《刑法学》（第七版），北京大学出版社2016年版，第523页；张明楷：《刑法学》（第二版），法律出版社2003年版，第794页。

③ 王作富主编：《刑法分则实务研究》（中），中国方正出版社2010年版，第1153页；赵秉志：《刑法分则问题专论》，法律出版社2004年版，第416页。

④ 周光权：《刑法各论》（第三版），中国人民大学出版社2016年版，第336页。

⑤ 杨振强：《“袭警”类妨害公务案件分析——结合北京市S区近五年司法实践》，载《法制与社会》2014 年第11 期。

⑥ ［日］立石二六编著：《刑法各论30 讲》，成文堂2006年版 ，第296、301页。转引自郑泽善：《妨害公务罪研究》，载《兰州学刊》2013年第4期。

⑦ 郑泽善：《妨害公务罪研究》，载《兰州学刊》2013年第4期。

⑧ 参见《现代汉语词典》，商务印书馆2012年版，第452页。

⑨ Vollstreckungshandlung 直接对应于中文的翻译应该是“执行行为”，不过，在以讨论本罪为基础的情形下，执行的内容就是“公务”，从而，为了方便起见，直接将该字义译为“公务”。转引自林倍伸：《法治国家中的公务概念——简评四个狭义妨害公务罪判决》，载《法令月刊》2015第66卷第9期。

案事实中执行根据法律所赋予的权限或者在本罪中所具体规定的事项，而在必要情形下得行使强制力的行为，且该行为必须已经开始或者将立即开始尚未结束。德国实务与学说从帝国时期开始即以强制性可能作为公务概念最核心的特征。[①] 在我国台湾地区，也有以类似上述的理由将“公权色彩”作为公务的判断标准的学者。[②] 在我国学界，亦有将国家强制性作为公务行为的特征的学者。[③] 因此，笔者认为，公务行为应该是指拥有公务执法权的主体依法行使的职务行为，该公务行为以国家强制力为后盾，其权威性体现在公务行为的效力上。简而言之：“公务”就是依法执行职务的行为。而对于警察来说，其所依据的法律主要是指《刑法》《人民警察法》《治安管理处罚法》等法律法规，在刑法中，警察的主要职责是刑事侦查活动；在人民警察法中，警察的主要任务是维护国家安全，维护社会治安秩序，保护公民的人身安全、人身自由和合法财产，保护公共财产，预防、制止和惩治违法犯罪活动；在治安管理法中，警察的主要职责是治安管理，这些法律条文无不体现了警察公务行为的强制性特征。因此，警察的“公务行为”就是指有执法权或者被授权的警察（辅警）依法行使的具有强制力的职务行为。

而对于醉酒者的醒酒行为，我国《治安管理处罚法》的第15条中有明确规定，对处于醉酒状态的人，我国法律是将其视为“被救助者”来看待的，要求警察对于醉酒状态的人采取保护性的措施使其免受伤害。所以，警察在醒酒的执法活动中，其主要体现的是警察对于醉酒者的救助，而非预防、制止和惩治违法犯罪活动，警察的强制性特性并非那么明显。因此，在警察出警将醉酒者带去醒酒的公务行动中，其“公务”属性大大减弱，对于法益的侵害也应该被认为有所降低才对。

3. 酒后“袭警”行为：欠缺实质违法性

“袭警”型妨害公务罪所保护的法益应该是警察所执行的“公务”顺利开展，而警察的“公务行为”就是指有执法权或者被授权的警察（辅警）依法行使的具有强制力的职务行为，强制力是公务行为的重要特征。警察对于醉酒者的醒酒行为，主要是对其采取保护性的措施使其免受伤害，而非制止和惩治违法犯罪活动等强制性行为，在警察出警将醉酒者带去醒酒的公务行为中，警察行为的“公务”属性大大减弱，行为人醉酒后“袭警”导致警察“醒酒行为”受阻，其行为实质并非对妨害公务罪所保护法益的侵害，因此，从醒酒行为的公务属性角度来看，酒后“袭警”行为是欠缺实质违法性的。

（二）有责性：期待可能性降低

醉酒者在醉酒状态下，在警察执行公务的配合度上无法像常人一样，无法要求其像

---

① 林倍伸：《法治国家中的公务概念——简评四个狭义访害公务罪判决》，载《法令月刊》2015第66卷第9期。

② 甘添贵：《刑法上“公务”之内涵》，载《月旦法学杂志》1998年第43期；曾淑瑜：《妨害公务罪之保护客体是“公务员”，还是“公务”？》，载《台湾本土法学杂志》2007年第91期；黄惠婷：《妨害公务员执行职务之行为》，载《月旦法学》2008年第73期；陈子平：《刑法各论（下）》，2014年版，第618页；廖其伟：《刑法上职务行为之研究：以妨害公务罪为探讨核心》，台北大学法律学系2006年硕士论文，第79页以下、99页以下。转引自林倍伸：《法治国家中的公务概念——简评四个狭义妨害公务罪判决》，载《法令月刊》2015年第66卷第9期。

③ 闫宝、武宁：《妨害公务案件的审查起诉要点》，载《中国检察官》2016年第09期，总第252期；费翔：《妨害公务罪中“依法执行职务”的研究》，南京师范大学2017年硕士学位论文，第18页。

正常状态下的公民那样严格执行警察的指令，要求醉酒者在警察将其带去醒酒的过程中丝毫不可有轻微的暴力、反抗行为，从常理上看，期待可能性是有所降低的。因此，对于醉酒者“袭警”行为刑事有责性层面上应是有所斟酌的，需要在司法办案实践中予以考量。

期待可能性是属于三阶层犯罪构成体系中的有责性部分，是指根据行为时的具体情况，能够对行为人提出不实施违法行为而实施合法行为的意志期待。一般而言，行为人具有责任能力，具有故意或过失及违法性认识可能性，就可对其加以非难。但也不排除在极少数情况下，由于行为人行为时所处的情境异常，即便其认识到或者可能认识到符合构成要件的违法事实，却依然不能对其提出遵从法律规范、实施合法行为的意志期待，此时就不得对行为人加以非难。①

回归到本文的话题上，在实践中，有些犯罪嫌疑人系出于感情纠葛、工作生活难关等原因借酒消愁，在“醉酒”后出于情感的宣泄、本能的摆脱、反抗等原因，在警察将其带去醒酒的过程中无法和常人一样严格地配合警察执行公务，造成了对警察人身的误伤。况且，对于社会普通公众来说，和朋友聚餐喝酒几乎是每个人都会有的生活场景，偶尔喝醉也是在所难免的，人人都有可能成为一个醉酒者。公众对于醉酒者的角色定位，仍是希望其能够被视为“被救助者”来看待，从公众情感的角度出发，对于醉酒者所处的特殊生理状态，我们似乎很难要求其在警察对其醒酒过程中，跟常人一样理性地配合执法，在此期间醉酒者无论出于害怕、慌张、惊恐等何种原因抗拒警察将其带去醒酒而有轻微的暴力、反抗行为，都是为一般大众所接受的。因此，笔者认为，要求醉酒者在警察将其带去醒酒的过程中丝毫不可有轻微的暴力、反抗行为，在法律上其期待可能性是有所降低的。

三、酒后“袭警”行为入罪处理的深层机理

（一）护警吁求下的过度保护

暴力袭警事件的频发，对于“袭警”单独入罪的呼声愈发高涨，面对社会的强烈呼声，“刑九修正案”对此作出了妥协，在原有的妨害公务罪中增加了对“袭警行为从重处罚”的条款，由此引发了司法界对于“袭警”行为的高压态势，全国各地纷纷出台文件、政策，要求对于“袭警”行为给予严惩，甚至上升到了“零容忍”。以致在基层司法实践中出现了，只要犯罪嫌疑人有主动攻击警察的行为，即使未造成警察受伤的情形，也可能会被刑事入罪。这种以法定犯罪行为的完成作为既遂标志的犯罪，被称为“行为犯”。②对于“袭警”型妨害公务罪，坚持“行为犯”学说的观点主要集中于实务界人士。③但是，这种“行为犯”学说的入罪模式是不符合我国的实际国情的，我国采用的是二元处罚体制（行政罚—刑事罚）和单轨制立法模式（所有的刑事罚则都规定在刑法中），而一种违反规范的行为，常常根据其程度来决定是进行行政处罚还是作为犯罪动用刑罚，若是在

① 钱叶六：《期待可能性理论的引入及限定性适用》，载《法学研究》2015年第6期。

② 高铭暄、马克昌主编：《刑法学》，北京大学出版社、高等教育出版社2016年第7版，第149页。

③ 田宏杰：《妨害公务罪的司法适用》，载《国家检察官学院学报》2010年第5期；周道鸾、张军：《刑法罪名精释》，人民法院出版社2013 年版，第683 页。

刑事犯罪领域肯定行为犯的概念，会模糊行政罚与刑事罚的界限，极大萎缩行政处罚的空间。[①] 因此就很容易得出只要暴力袭警，无论暴力程度轻重，一律成立妨害公务罪的不合理结论，无限扩大妨害公务罪的打击范围，导致《治安管理处罚法》等相关规定的闲置。[②]

（二）风险社会背景下“危险犯”认定的不当扩大

“抽象危险犯”系立法者依照其生活经验大量观察，认为某类行为对于特定法益具有典型危险，而规定只要实施该行为就达到罪状所要求的危险状态的犯罪形态。[③] 对于“袭警”型妨害公务罪，“抽象危险犯”学说[④] 认为，只有暴力、威胁行为达到一般人认为足以妨害公务顺利执行的程度才可以认定成立妨害公务罪。[⑤]

抽象危险犯的立法是在行为对法益造成实害之前就进行处罚，因此，抽象危险犯的规定有利于保护法益，却不利于保障人权。正如张明楷教授所言：“刑法保护早期化轻视了刑法的自由保障机能其出发点是将公民视为危险源乃至敌人通过剥夺公民的自由实现社会的无害化。此外刑法保护早期化必然导致刑罚过重。……同理，如果实行刑法保护早期化那么就必然使刑罚的起点提前为了保持法定刑的整体相对均衡，就必然使实害犯的法定刑畸重。”[⑥] 因此，即便是为了化解社会风险的刑法也不能过于扩张其刑事可罚性的范围甚至突破罪刑法定主义、责任主义等法治刑法的底线。[⑦]

如最高人民法院、最高人民检察院、公安部《关于办理醉酒驾驶机动车刑事案件适用法律若干问题的意见》第 1 条规定：“在道路上驾驶机动车，血液酒精含量达到 80 毫克 /100 毫升以上的，属于醉酒驾驶机动车，依照刑法第 133 条之一第 1 款的规定，以危险驾驶罪定罪处罚。”根据这一司法解释，即便行为人血液中酒精含量达到 80 毫克 /100 毫升，但因其酒量很大，醉酒对其驾驶能力也没有丝毫影响时，也认定为犯罪的情形显失公正。当醉酒对行为人的驾驶能力没有丝毫影响时，醉驾行为并未威胁公共安全；驾驶者明知自己的行为不会造成危害后果且事实上也未发生任何危险的情况下，认定其行为构成犯罪有违罪责原则和刑法谦抑性。[⑧]

其实，在酒后轻微暴力“袭警”案件中也可能存在类似现象。如本文开头部分所讲述的案例 1 中的情形，在警察到现场处理警情时，由于王某当时处于醉酒状态（俗称“断片”），并未配合警察的执法，在警察向其劝说时，王某伸出右手想要抓警察的脖子，但是

① 付立庆：《行为犯概念否定论》，载《政法论坛》第 31 卷第 6 期。

② 何龙：《抽象危险犯视角下妨害公务罪的司法认定》，载《法律适用》2018 年第 2 期。

③ 林山田：《刑法通论（第十版）》，作者发行 2008 年版，第 253~254 页。

④ 张明楷：《刑法学》，法律出版社 2016 年版，第 1033 页；何龙：《抽象危险犯视角下妨害公务罪的司法认定》，载《法律适用》2018 年第 2 期，第 65 页。

⑤ 张明楷：《刑法学》，法律出版社 2016 年版，第 1033 页。

⑥ 张明楷：《“风险社会”若干刑法理论问题反思》，载《法商研究》2011 年第 5 期。

⑦ 陈兴良：《“风险刑法”与刑法风险——双重视角的考察》，载《法商研究》2011 年第 4 期。陈兴良教授认为我国目前面临的重要任务还是法治建设在刑法领域罪刑法定原则、责任原则这些基本原则都不可动摇。唯有如此才能对刑法在化解“风险社会”风险的同时可能带来的刑法风险予以有效化解。

⑧ 李婕：《限缩抑或分化：准抽象危险犯的构造与范围》，载《法学评论》（双月刊）2017 年第 3 期（总第 203 期）。

由于伸手速度较慢，在刚要触及警察身体时，便被警察用手拨开，之后王某便立即被在场民警制服在地。在此情形下，“抽象危险犯”学说认为，立法者依照其生活经验大量观察，用手去抓警察的脖子势必会导致警察的受伤，继而导致公务行为的顺利进行，因此就认为“用手抓警察脖子”的行为对于公务的顺利进行具有典型危险，从而认定王某构成“袭警”型妨害公务罪，此种做法，难免扩大处罚范围，是对特殊无罪情形的刑法归责。

四、现行法下酒后“袭警”行为罪罚处置的体系化梳理与完善

（一）醉酒状态下袭警行为的完全除罪

上文已经论述了“袭警”型妨害公务罪所保护的法益应该是警察“公务”行为的顺利开展，因而在判断行为人是否涉嫌妨害公务罪时，“公务”行为是否受到侵害是关键因素之一。在行为人处于完全醉酒状态下，警察出警将醉酒者带去醒酒的公务行动中，警察公务行动的“公务”属性大大减弱，行为人醉酒后轻微暴力“袭警”导致警察“醒酒行为”轻微受阻，其行为实质并非对妨害公务罪所保护法益的侵害，并不具有实质的违法性，并不适宜以妨害公务罪对其定罪论处。因此，在酒后“袭警”的具体案件处理中，要根据醉酒者的“袭警”行为影响警察公务活动开展的程度来具体考量醉酒者的行为定性，若在袭警者并非故意使自己陷入醉酒状态时，而“袭警”行为又是发生在警察对其进行醒酒的过程中，且其行为属于轻微暴力妨害警察执法活动，对于警察的执法活动虽造成了一些阻碍和麻烦，但是并不足以使警察的执法活动因此完全无法开展，对于该种情形下的“袭警”行为定性，应该将其排除在刑事犯罪之外较为妥当。在醉酒者酒后“袭警”的暴力情节相对轻微且不足以妨害警察顺利执行时，应该适当提高该行为的入罪门槛，司法实践中可将该轻微的暴力行为不认为是对“袭警”型妨害公务罪法益的侵害，据此将其排除在刑罚之外，对其给予行政处罚。

（二）普通酒后“袭警行为”入刑的限缩

1.“妨害公务”认定角度的转向：具体危险犯

对于“袭警”型妨害公务罪的犯罪形态学说，如采用“行为犯”学说，可能导致以“刑”代“行”的问题，是完全不可取的。但是，若采用“抽象危险犯”学说，又可能将对特殊情境下的无罪行为进行刑罚归责。究其原因，是由于“抽象危险犯”理论中的“抽象危险”不易界定，该理论一方面认为抽象的危险是法律依据人们的一般经验而拟制的危险，另一方面又认为仅根据行为的形式即可肯定抽象危险存在的说法自相矛盾。其实，在具体案件中，行为是否存在抽象的危险并非完全不需要作判断，而只是不需要作具体的判断，但仍然需要作一般性的判断。具体危险犯与抽象危险犯的区分是以对事实的抽象程度为标准的：具体危险犯中的危险，是“在司法上”以行为当时的具体情况为根据，认定行为具有发生侵害结果的可能性；抽象危险犯中的危险，是“在司法上”以行为本身的一般情况为根据或者说以一般的社会生活经验为根据，认定行为具有发生侵害结果的可能性。

司法实务中，在处理酒后“袭警”型妨害公务罪案件时，对于醉酒者的暴力“袭警”行为，需要判断其所使用的暴力是否会对本罪“法益”（警察的公务行为）造成危险，从

而来判断其是否对法益造成侵害，是否构成妨害公务罪。其中，对于“是否对法益造成危险”，抽象危险犯论认为，该危险是以行为本身的一般情况为根据或者说以一般的社会生活经验为根据，认定行为具有发生侵害结果的可能性。而具体危险犯论认为，该危险是以行为当时的具体情况为根据，认定行为具有发生侵害结果的可能性。举个例子，甲醉酒后倒至小区门口，小区保安打电话报警，警察到达现场后要带甲去醒酒，甲突然用双手推了一下警察的胸部，导致警察后退几步，后立即被警察制服在地。若根据抽象危险犯论，甲当时实施暴力推了警察，要不是警察身体健壮没有摔倒受伤，换作常人的话，警察可能已经摔倒受伤，势必造成警察无法执行公务，侵害了妨害公务罪的法益，应该将其入罪。然而如果根据具体危险犯理论，甲当时虽然实施了轻微暴力推了警察，但是根据行为当时的具体情况，甲相比于警察明显瘦弱很多，其实施的轻微暴力根本就不会对警察造成人身伤害，也不会导致警察公务的无法执行，对于本罪的法益没有造成侵害，不应对其进行刑事上的处罚。因此，在处理酒后“袭警”型妨害公务罪案件的司法实务中，应该从案发当时的实际情况来考虑“袭警”行为是否足以对警察公务行为的顺利开展进行妨害，若是该暴力在案发当时确实足以妨害警察的公务，则认定对于法益造成侵害；反之，则认定对于法益没有造成侵害。因此，采用“具体危险犯”理论有其合理性。

2. 警察伤害情形下的分类处置

一般情形下的酒后暴力“袭警”行为，行为人的暴力程度可能有所不同，应该区别对待。虽然“袭警”型妨害公务罪保护的法益是“公务”，行为人的暴力程度应该依据“公务”被妨害的程度来界定。但是，在大多数的情况下，暴力程度对于警察的公务的阻碍体现在对警察的人身伤害的程度上，这里当然要排除运用枪支、刀具等对警察造成的心理压迫从而直接妨害公务执行的情形。在一般情形下的酒后暴力“袭警”行为中，警察的人身伤害可以作为“袭警”行为暴力程度的一个参考，如在行为人的酒后轻微暴力行为仅造成警察的皮外伤，并未造成警察轻微伤以上的情形时，对于酒后“袭警”的当事人似乎还不需要动用刑法来处罚，对其进行一个《治安管理处罚法》上的拘留等行政处罚或许就能给当事人一定程度上的震慑与警醒。故，虽说完全以警察受伤害的程度来判断行为人是否构成妨害公务罪有失偏颇，但是，在酒后“袭警”的大多数情形下，警察人身是否受到伤害以及受伤害的程度确实也影响到了警察公务行为的顺利开展，那么，在具体考量酒后暴力“袭警”行为是否侵害妨害公务罪的法益时，警察的人身是否受伤害以及受伤害的程度可以作为一个重要的参考因素。这或许也是司法实务中有些地方将“民警轻微伤以上后果作为妨害公务罪成立与否的重要标准”的重要缘由。因此，笔者认为除运用枪支、刀具等对警察造成的心理压迫从而直接妨害公务执行等情形外，在大多数的酒后“袭警”行为中，在警察受轻微伤以上的情形下才考虑是否对于其进行刑事处罚，在警察受轻微伤以下甚至没有受伤的情形下，应慎重使用刑罚处置。当然，具体如何处置还是要根据具体案件的实际情况来判断暴力行为是否妨害了警察公务的顺利执行。

（三）酒后“袭警”行为入刑的刑事责任：责任减轻

在警察出警将醉酒者带去醒酒的公务行动中，不仅警察公务行动的“公务”属性大大减弱，对于法益的侵害也有所降低。而且要求醉酒者高配合度地服从警察执法的期待可能性降低。因此，对于醉酒者“袭警”行为刑事有责性需要在司法办案实践中予以考量，在判定酒后“袭警”行为入刑的刑事责任时，应该适当减轻救助对象“袭警”行为的刑事责任。

在酒后“袭警”行为可能承担刑事责任时，在醉酒者酒后“袭警”的暴力情节不太严重时，可以结合当时醉酒者的具体暴力行为是否严重妨害警察执行公务以及警察执法是否具有合法性与合理性、警察是否具有过错在先等因素予以综合考虑，适用我国《刑法》第37条[①]的规定，对醉酒者免除其刑事处罚，只给予其行政处罚，或者也可以根据案涉的情节（如事出有因等情节）在具体的量刑幅度下，适当地从轻、减轻刑事处罚，从而真正实现罪刑罚相适应原则。

① 《刑法》第37条：“对于犯罪情节轻微不需要判处刑罚的，可以免予刑事处罚，但是可以根据案件的不同情况，予以训诫或者责令具结悔过、赔礼道歉、赔偿损失，或者由主管部门予以行政处罚或者行政处分。”

加强对虚假诉讼检察监督的若干思考

蒋艺超 *

所谓虚假诉讼，是指当事人基于不合法的动机和意图，利用法律赋予的权利，以伪造的事实、证据提起诉讼，导致法院作出错误的判决和裁定，从而非法侵占或损害国家集体利益、第三人合法权益的行为。从司法实践上看，虚假诉讼的表现形式多样：有的表现为为了逃避履行支付义务而进行虚假诉讼，以转移财产或参与分配；有的表现为利用虚假证据或事实骗取人民法院判决、裁定或调解书，从而非法占有他人财物；还有的表现为离婚案件一方当事人为多分夫妻共同财产，采用诉讼诈骗的方式骗取人民法院判决、裁定、调解书，以转移夫妻共同财产，等等。这些行为严重损害了其他人的合法权益，极大地浪费了司法资源，侵蚀了人民法院的司法权威，严重妨害了正常的司法秩序。检察机关作为宪法所确认的法律监督机关，肩负着确保法律正确实施和维护司法公正的职责，对于虚假诉讼这种严重危害司法秩序的行为，应主动进行监督。《中华人民共和国民事诉讼法》第 14 条：人民检察院有权对民事诉讼实行法律监督。按照该法律规定，检察监督覆盖整个民事诉讼过程，监督对象自然包括虚假诉讼行为。

一、虚假诉讼检察监督案件的主要特点

1. 虚假诉讼串案、窝案特征明显。2012 年至 2014 年，检察机关办理的虚假诉讼监督案件中串案、窝案总数达 5355 件，占总办案数的 78.4%。虚假诉讼多藏匿于正常的民事诉讼活动中，操作手法隐蔽，原被告双方往往精心谋划、事先伪造好相关的证据材料才到人民法院提起诉讼。然而受限于调查核实权，人民法院一般就在案证据进行审查，只要原被告双方对于在案证据没有意见，一般不审查在案证据的真实性。虚假诉讼的隐蔽性导致窝案、串案频发，民事法官在审理案件过程中防不胜防。

2. 虚假诉讼发案领域相对集中。从案件涉及的类型上看，虚假诉讼主要集中分布在确认之诉、给付之诉以及形成之诉中，具体涉及的领域主要集中在民间借贷纠纷、房地产权属纠纷、离婚财产分配纠纷、求偿劳动报酬纠纷等几类中。尤其是民间借贷纠纷案件，因事实简单、证据要求低，除了伪造借条，银行交易明细也可以通过虚假转账后将款项返还的方式轻易获得，导致民间借贷成为虚假诉讼的“重灾区”。集中性还表现在案件的处理方式上，由于当事人事先已经恶意串通，所以双方往往利用自愿调解的原则通过调解方式结案。

3. 虚假诉讼极具隐秘性。由于虚假诉讼的行为人以诉讼当事人的名义参与民事诉讼，通过合法的诉讼形式来掩盖非法目的，骗取人民法院介入虚拟的犯罪事实，为纠纷的处理披上了合法的外衣。在民事案件的审结上，法官对民事诉讼的推进具有较大的主导作用，在证据采信、事实认定、实体裁判等方面，具有一定的自由裁量权；民事诉讼的当

* 蒋艺超，厦门市湖里区人民检察院。

事人对于程序和实体权利具有较大的自由处分权，甚至可以委托他人完成。上述制度设计的存在，导致虚假诉讼的非法意图很容易被调解、诉权处分等合法行为所掩盖。

二、虚假诉讼检察监督所面临的困境

1. 虚假诉讼线索发现难。虚假诉讼之所以难以发现既有案件自身的特殊性的原因，也和法院在民事案件办理过程中的现状和法律法规的缺失有关系。首先，由于大部分虚假诉讼案件都是双方恶意串通，在法庭审理期间双方配合默契，导致伪造的证据材料不易被察觉，极具隐蔽性，使得虚假诉讼不易被发现。其次，由于法官承担繁重的办案任务，而调解程序是快速审结案件的有利渠道，在双方具有较大调解意愿的情况下，法官为了尽快消化积存案件，会选择调解程序审结案件。法官在这个过程中很容易忽视审查当事人之间是否存在恶意串通的情况。

2. 虚假诉讼的调查取证难。《人民检察院民事诉讼监督规则（试行）》第66条第2款：人民检察院调查核实，不得采取限制人身自由和查封、扣押、冻结财产等强制性措施。虽然《人民检察院民事诉讼监督规则（试行）》赋予民事行政检察部门在办理民事案件中有向人民法院调取材料、询问双方当事人以及证人等权力，但是对于调查核实权的运用程序、调取证据效力的认定等均缺乏明确规定，使得调查核实权在运用中面临障碍。相关当事人对于检察机关的调查，就会寻找各种理由拒绝谈话、回避、委托代理人应付等。检察机关的调查非常依赖当事人的自愿配合，而缺乏其他的应对手段。

3. 虚假诉讼的惩处难。在预防虚假诉讼的联动机制上，目前司法机关各自为政，还没有建立有效的以防范、监督虚假诉讼为宗旨的联合工作机制。市场经济的参与者自觉从成本和收益的角度上来考虑，当违法成本低于违法收益时，各个社会成员都会在趋利避害的动力驱使下选择违法。在民事方面，民事诉讼法对于妨害民事诉讼行为虽然规定了惩处措施，但是实践当中给予的实质惩罚微乎其微，最重就是拘留15天。这样的惩处结果难以形成震慑力，故当事人进行虚假诉讼获得更大收益的动力十足。在刑事方面，虽然《中华人民共和国刑法修正案（九）》，增加了虚假诉讼罪，形成了一定的震慑力，但是从操作层面上看，人民法院是否将虚假诉讼线索移交公安机关、检察机关追究刑事责任的随意性较大，发现机制虚化可能导致刑法规定被虚置。而且法条仅仅规定"妨害司法秩序或者严重侵害他人合法权益的"构成虚假诉讼罪，但是对于入罪的标准没有具体规定，这会导致实践操作中刑罚不统一，入刑难，操作性不强。

三、强化虚假诉讼检察监督的建议和对策

1. 健全虚假诉讼线索查处机制。首先，在线索收集方面应该走"群众路线"，积极从举报件当中发现线索。由于虚假诉讼侵害受损的相对方，往往是不特定的第三方，积极收集这些人员反映的线索，肯定可以收到事半功倍的效果。检察机关也应该积极总结这些年来群众提供线索的虚假诉讼案件，让社会大众了解检察机关对虚假诉讼的监督职能，让当事人形成向检察机关寻求法律救济的意识，从而给检察机关开展诉讼监督提供良好的社会氛围，让更多群众愿意向检察机关提供线索，形成一个良性循环。其次，与公安机关、审判机关建立联动机制。检察机关可以将监督前移，与人民法院建立关于虚假诉讼的沟通机制。人民法院对经审查发现有虚假诉讼的重大嫌疑的案件，可以将案件线索

移送同级人民检察院，同时暂缓审理。检察机关对于虚假诉讼线索及时审查，将结果函告法院。对检察机关而言，通过监督机制前置，改变事后监督的缺陷，防范错案的发生。

2. 综合运用调查核实权。调查核实是检察机关履行民事法律监督职能的重要手段。在查处虚假诉讼案件线索时，检察机关应该注重案件证据的收集。一方面，加强相关办案人员的培训，重点强化调查核实的程序意识，行使法律赋予的职权，及时固定证据，为后续的监督提供有力的支撑。另一方面，借鉴以前自侦部门查办案件的经验。根据具体的案件情况，采取查询、向当事人及相关单位调取证据等措施，综合运用现有法律赋予的调查手段，以查清案件。

3. 内外协调打击虚假诉讼。虚假诉讼涉及公检法以及监察委等多个部门，也要加强外部协调工作。首先，尝试在虚假诉讼监督中引入“引导侦查”的概念。充分利用检察机关的法律监督职能，引导公安机关侦查，加强调查核实权和侦查权的衔接，开展“适时介入侦查、引导侦查取证、强化侦查监督”，改变虚假诉讼检察监督的“等靠要”困境。将参与虚假诉讼的相关当事人绳之以法，维护司法权威。其次，延伸检察职能，及时将涉及职务犯罪的虚假诉讼线索移送监察机关。在部分虚假诉讼案中，法官与当事人勾结参与虚假诉讼，多半案件都涉及贪污受贿、徇私舞弊、枉法裁判等违法行为，将这些不法之徒移送监察机关，有利于形成遏制虚假诉讼的震慑力。

法治纵横

厦门市建设“五大发展”示范市的法治保障

冯庆福 林应钦 何选良 *

党的十八届五中全会提出“创新、协调、绿色、开放、共享”的五大发展理念，是顺应时代潮流、把握发展机遇、厚植发展优势的战略抉择，集中反映了我们党对经济社会发展规律认识的深化，创造性地回答了党领导全国人民在新形势下要实现什么样的发展、如何实现发展的重大问题。厦门在创新、协调、绿色、开放、共享发展方面相对均衡，协同推进五大发展综合优势明显，有条件、有责任通过不懈努力，在全国发挥示范引领作用。厦门市提出建设“五大发展”示范市是厦门贯彻习近平总书记治国理政新理念新思想新战略、发挥经济特区服务全局作用的具体行动，更是培育发展新动能、推动发展再上新台阶的内在要求。

党的十八届五中全会同时提出，“要运用法治思维和法治方式推动发展”，以实现“加快建设法治经济和法治社会，把经济社会发展纳入法治轨道”的目标。法治与五大发展理念相互联系、相互促进，共同为经济社会的持续健康发展保驾护航。要充分认识法治对实现五大发展理念的重要推动作用，牢牢把握全面推进法治建设的正确方向，以法治思维和方式贯彻落实五大发展理念，确保五大发展理念得到强有力的法治保障。从厦门的发展实践来看，无论是创新、协调、绿色、开放还是共享发展，都离不开法治力量的推动，应按照党的十八大和十八届三中、四中、五中全会精神和市第十二次党代会精神的要求，从科学立法、严格执法、公正司法、全民守法方面推动法治厦门建设，为厦门建设“五大发展”示范市提供有力的法治保障。

一、发挥立法的引领和推动作用，为建设“五大发展”示范市提供立法保障

（一）鼓励创新发展方面的立法保障

地方立法要通过培养公平、开放、透明的市场环境，增强各类市场主体的创新动力，营造有利于创新发展的社会环境，强化创新的法治保障。

厦门市制定《厦门经济特区高新技术产业园区条例》，明确高新区的法律地位，支持高新区体制机制创新，完善人才政策、金融政策、创新创业扶持政策，确定高新区的准入范围和促进措施，明确高新区管理机构的管理职责。出台《厦门经济特区两岸新兴产业和现代服务业合作示范区条例》，支持示范区创新法定机构的管理机制和独立行使监督权的监督机构，鼓励开展新兴产业和现代服务业的创新业务。在《厦门市专利保护规定》的基础上修改制定《厦门经济特区专利促进与保护条例》，鼓励专利创造与运用，突出专利促进，侧重鼓励创新，加强专利保护与管理，加强资金保障，注重服务措施，加强专利

* 冯庆福、何选良，集美大学法学院法律系；林应钦，厦门市司法局。

行政保护。近年来制定的《厦门经济特区科学技术进步条例》《厦门经济特区促进民营科技企业发展条例》《厦门经济特区中小企业促进条例》《厦门经济特区商事登记条例》等有关法规都在促进科学技术进步、鼓励改革创新、激发市场活力、建设高素质的创新创业之城方面发挥了强有力的法治保障作用。

（二）推动协调发展方面的立法保障

为推动物质文明和精神文明协调发展，出台全国首部对社会文明建设和管理进行规范的地方性法规——《厦门经济特区促进社会文明若干规定》，在机制建设方面，明确对单位和个人实行文明行为记录制度，依法纳入厦门市社会信用信息共享平台；实行文明积分制度，将文明积分作为单位或者个人评先评优、获得政府各项优惠待遇的重要依据，规定了不文明行为所应承担的法律责任。出台《厦门经济特区多规合一管理若干规定》，将"多规合一"这项先行先试的改革通过立法形式加以巩固和提升，解决各种规划横向、纵向并行与交错的问题，利用信息化手段建立统一的空间规划体系，实现统筹发展，实现城市治理体系和治理能力现代化的制度安排。制定《厦门经济特区城市地下综合管廊管理办法》，以高起点规划、高规格实施创新"地下综合管廊建设"厦门模式，要求重视对老城区管廊的规划建设，统筹安排，全面规划，保障老城区管线改造和管廊建设的有序推进。

（三）落实绿色发展方面的立法保障

在推进生态文明建设的进程中必须重视法治，要利用法治的力量推进生态文明建设。厦门市充分地发挥自身的立法优势，出台了全国第二部、福建第一部关于生态文明建设的地方性法规——《厦门经济特区生态文明建设条例》，对涉及生态文明的方方面面进行了详尽的规定，特别是在划定生态控制线、实施最严格问责等方面打造了一个极具厦门特色的绿色立法范本。鉴于日趋严峻的生活垃圾问题，制定《厦门经济特区生活垃圾分类管理办法》，实行生活垃圾分类投放管理责任人制度，对分类投放、分类收集、运输、处理全过程全链条作出规定，鼓励垃圾处理与税收挂钩，制定促进措施，建立生活垃圾计量收费制度，鼓励净菜上市及就地处理。此外，迄今为止已制定出台《厦门市环境保护条例》《厦门市海洋环境保护若干规定》《厦门市无居民海岛保护与利用管理办法》《厦门市农业环境保护办法》《厦门经济特区水资源保护条例》《厦门市风景资源保护管理条例》等多项有关环境保护和资源利用的法规和规章，不断提升绿色立法的系统化、精细化水平，为生态文明建设、呵护高颜值的生态花园城市提供了良好的法制保障。

（四）促进开放发展方面的立法保障

依据全国人大常委会决定，2015 年 3 月厦门市人大常委会通过《关于在中国（福建）自由贸易试验区厦门片区暂时调整实施本市有关地方性法规规定的决定》，对《象屿保税区条例》《海沧台商投资区条例》以及《台湾同胞投资保障条例》等三部地方性法规中的有关外资企业和台资企业设立的行政审批进行了调整实施，改为备案管理，同时要求有关地方性法规与福建自贸总体方案、厦门片区实施方案有关规定不一致的，按照法定程序调整实施，对接全国人大常委的决定，保持国家法制的一致性，立法主动适应改革，使立法与改革相衔接，为自贸区在改革政府管理方式、创新监管模式等方面的先行先试提供了制度支撑。

制定《厦门经济特区促进中国（福建）自由贸易试验区厦门片区建设规定》，围绕国家战略，立足于深化两岸的经济合作，立足于体制机制的创新。在《中国（福建）自由贸易试验区条例》的框架下，结合厦门片区建设实际和发展需要，对管理体制、投资开放和贸易便利化、金融服务、两岸经贸合作、促进产业升级和“一带一路”倡议、法治环境等方面，进行了进一步的细化和完善。通过自贸区内地方立法的引领，让自贸区先行先试事项可以有合法性依据，规范自贸区的有序发展，营造法治化的营商环境，为国家层面的立法提供重要经验和参考。

制定《厦门经济特区两岸区域性金融服务中心建设促进条例》，对厦门市建设两岸区域性金融服务中心的政策进行全面梳理，为金融中心的建设提供基本制度支撑，推动两岸交流合作向更广范围、更大规模、更高层次迈进。

（五）实现共享发展方面的立法保障

在立法实践中，注重维护各利益群体不同的利益需求，既关注大多数人的共同利益，也要兼顾到弱势群体和小范围人群的利益诉求，尽量满足大多数人的实际需要。

修订《厦门经济特区法律援助条例》，降低法律援助门槛，扩大法律援助范围，新增工伤事故、交通事故、医疗事故、产品质量事故等五大事故造成人身伤害请求赔偿和见义勇为、家庭暴力侵害等事项，尽可能地涵盖弱势群体较常发生的法律纠纷；法律援助受援人不受地域限制，规定只要是申请事项依法在本市审理或处理的，符合条件的公民都可以申请法律援助；增加公证证明和司法鉴定作为法律援助的形式，使得弱势群体所享有的法律保障更加全面，特别是将司法鉴定法律援助正式列入地方法规，这在全国地方立法上是首创。

对于社会保障制度的立法保障也是落实共享发展的关键环节。厦门市顺应经济社会发展，修改了《厦门经济特区失业保险条例》《厦门经济特区职工基本养老保险条例》《厦门市最低生活保障办法》等地方性法规，稳步地提高了社会保障水平，使人民人人分享发展成果。修改《厦门市社会保障性住房管理条例》，将保障对象调整为本市低收入和中等偏下收入住房困难家庭，以更好地发挥社会保障性住房的民生保障功能。

二、推进依法行政，建设法治政府，为建设“五大发展”示范市提供法治保障

厦门市深入贯彻中央、省、市的决策部署以及中共中央、国务院《法治政府建设实施纲要（2015—2020年）》（以下简称“《纲要》”）精神，紧紧围绕建设“五大发展”示范市重大战略决策，扎实推进依法行政，着力打造法治政府，为建设“五大发展”示范市提供良好的法治保障。

（一）推动《纲要》贯彻落实，推进依法行政工作

抓住《纲要》颁布实施的有利契机，紧密结合厦门经济社会发展实际推进依法行政工作，加快法治政府建设。

一是制定、实施《厦门市法治政府建设实施方案》。该《实施方案》对“十三五”期间厦门市法治政府建设作出全面部署，明确了指导思想、工作目标和基本要求，对9个方面122项重点工作进行了任务分解和责任分工，将贯彻落实《纲要》的各项任务和措施逐一明确为可检验的成果形式，加强对具体责任单位的跟踪督办。

二是充分发挥典型示范的导向作用。开展依法行政示范单位创建活动，对被授予依法行政示范单位期满的单位进行复评，对开展依法行政工作情况进行考核验收。通过典型示范创建的导向作用，促进各区政府、市政府各部门不断提高依法行政意识，提升依法行政能力。

三是强化考核促进提升。加强对全市依法行政工作的指导，将依法行政绩效考核作为推进依法行政的有力抓手，以考核促问题整改、促工作落实。对各区政府、市政府各部门开展依法行政工作情况进行指标采集，重点完成推进依法行政情况、执法案卷评查量化考评，推动各区政府、市政府各部门抓好依法行政工作落实，将考核结果纳入市政府对各区政府、市政府各部门的绩效考核内容中。

（二）发挥政府立法引领作用

发挥政府立法的引领作用，不断提高政府立法质量，使立法有效服务于改革和经济发展需要，做到重大改革于法有据，打造法治化营商环境，为建设“五大发展”示范市提供法治保障。

一是突出重点领域制度建设。高质量完成全年立法工作，抓好深化改革、促进发展、保障民生等重点领域立法。坚持立改废释并举，推动立法决策与改革决策相衔接。

二是健全完善立法机制。积极推进政府立法规范化建设，完善立法项目征集论证、立法课题等制度。不断拓宽公众有序参与政府立法的渠道，提高立法透明度和公众参与度，做到所有法规、规章草案均公开向社会征求意见，均召开专家论证会，并对征求意见采纳情况进行反馈。对事关民生、影响重大的立法项目举行立法听证会，加强与社会公众的沟通，广泛凝聚社会共识。积极开展立法调研和立法后评估工作。

三是做好厦门自贸区建设制度保障。按照打造国际一流营商环境，创新可复制、可推广制度的目标，厦门市法制部门积极作为，及时会同市自贸区管委会，积极采取措施，全力推动我市自贸试验区立法工作。专门开展对涉及中国（福建）自由贸易试验区厦门片区的有关文件进行清理，印发《关于在中国（福建）自由贸易试验区厦门片区暂时调整有关市政府文件规定的通知》，对《厦门市关于外商投资项目审批权限的规定》等市政府有关规定在厦门片区予以暂时调整，为自贸易区有关体制机制创新消除制度障碍。

（三）推进严格规范公正文明执法，规范行政执法行为

按照建设职能科学、权责法定、执法严明、公开公正、廉洁高效、守法诚信的法治政府的目标要求，不断健全行政执法监督机制，规范行政执法行为，有力促进各执法机关严格规范公正文明执法。

一是加强行政执法监督检查。对重点法规规章的执行情况开展执法检查，召开行政相对人座谈会，公开征求各方面意见，全面掌握法规规章执行情况，督促整改措施落实。

二是全面提高行政执法队伍素质。加强行政执法人员资格管理，强化行政执法人员培训，组织法律知识考试，经考试合格才给予发放执法证件，有效提高行政执法队伍的整体素质。

三是着力规范行政权力运行。加强行政自由裁量标准和重大行政处理决定的动态监督工作。根据所依据的法律法规规章和职权变动情况，做好对建立行政裁量基准制度和重大行政处理决定情况的日常督促检查。对政府工作部门行政处罚自由裁量标准调整备案和重大行政处罚决定备案进行合法性审查。建立统一的网上行政执法平台，完成市级

平台改造升级建设，推动执法平台应用，提升行政执法工作信息化、规范化水平，推进行政权力公开透明运行。

四是推动和督促行政执法与刑事司法工作，健全完善“两法衔接”机制，加强“两法衔接”工作。对全市行政执法机关接入两法衔接信息共享平台工作进行部署，目前全市两级相关行政执法部门已按要求完成了平台接入工作，实现信息共享。

（四）加强规范性文件管理，推进依法科学民主决策

着力加强源头防范和把关，加强规范性文件管理工作，强化规范性文件备案审查，努力提升政府行政决策的科学化民主化法治化水平。

一是抓好制度清障。开展全市规范性文件清理工作，公布废止和宣布失效市政府文件，消除与现行法律法规不一致的规定，清除与厦门市当前经济社会发展不相适应的规范性文件。完善规范性文件有效期管理的长效机制，不断提升规范性文件管理水平。办理国家、省法律、法规、规章征求意见以及审查市政府出台的各类文件；受理市政府部门报送审查的规范性文件；受理各区政府报送备案审查的规范性文件；按规定向省政府和市人大常委会报备市政府规范性文件。

二是创新监督管理机制。出台《厦门市行政机关规范性文件异议审查规程》，明确公民、法人和其他组织对本市有关行政规范性文件的异议申请及有关审查程序，完善社会各方监督行政规范性文件制定行为的制度，进一步拓展对规范性文件的监督渠道。

（五）做好行政复议应诉工作，促发展保稳定

加强行政复议、行政应诉工作，注重行政调解，有效化解行政争议，有力维护群众合法权益、促进经济社会发展、保障社会和谐稳定。

一是不断增强行政复议公信力。依法办理行政复议应诉案件。行政复议案件数量持续增长，行政复议化解行政争议的法定主渠道作用进一步有效发挥，行政复议的公信力、影响力和权威性逐步增强。

二是切实加强行政应诉能力建设。面对《中华人民共和国行政诉讼法》实施后诉讼案件大幅增加的新情况，积极做好应诉工作，进一步完善行政应诉工作机制；草拟并提请市政府下发《关于深入推进依法行政加强和改进行政应诉工作的意见》。大力推动行政机关负责人出庭应诉制度；加强行政与司法的良性互动，建立联络员制度和信息沟通制度。

（六）完善政府法律顾问制度

为进一步规范法律顾问工作，厦门市委办市府办下发了《厦门市政府法律顾问工作规定》，明确推行政府法律顾问的工作目标、法律顾问构成及工作职责、聘任兼职法律顾问的程序和权利义务，以及开展政府法律顾问工作保障、考核、法律责任等内容。

三、公正司法，为厦门建设“五大发展”示范市提供司法保障

（一）落实司法体制改革，为公正司法奠定基础

厦门法院首批员额法官宣誓就职，标志着厦门司法体制改革试点工作取得了阶段性

成效。员额制改革作为配置司法人力资源、集中优秀法官资源至审判一线工作的重要制度，有助于实现法官队伍的正规化、专业化、职业化。厦门市两级法院依法履行审判职能，为贯彻落实“五大发展理念”，建设“五大发展”示范市营造良好的司法环境，提供有力的司法保障。

（二）完善知识产权“三合一”审理制度，助力创新发展

早在 2011 年，厦门市两级法院就率先展开知识产权刑事、民事、行政审判“三合一”的试点工作。厦门市两级法院的工作力度也不断增强，严格地保护公众合法权益，依法履行职责，全面加强知识产权审判工作，积极地服务创新发展，营造激励创新的市场竞争环境。在知识产权侵权案件中，以市场价值为依据，加大对侵权源头和恶意侵权、重复侵权行为的打击力度；明确划分知识产权民事侵权和刑事犯罪的界限及知识产权刑事证据审查认定标准等问题；与行政执法部门建立高效的日常沟通和信息共享机制，知识产权“三合一”审理为司法机关之间以及司法机关与行政机关之间的沟通协调提供了良好的平台。在相关案件中，鉴于知识产权案件的特殊性和对及时有效的司法救济措施的依赖，采取临时保护措施，固定证据，防止损害结果的进一步扩大；在审判人员充分掌握知识产权法律法规、司法政策和明确查清案件事实的情况下，缩短案件的审理周期，提高审判效率；与厦门市知识产权局共同出台《关于建立专利纠纷诉调衔接机制的意见》，引导当事人选择调解、仲裁等多元的纠纷解决方式解决各类知识产权纠纷，完善诉讼与非诉机制的有机衔接。

（三）积极探索生态审判机制，保障绿色发展

厦门市法院在司法保障绿色发展方面积极作为，牢固树立现代环境司法理念，严惩环境污染和生态破坏行为，依法平衡各方的利益冲突，处理好全局与部分利益、长期与短期利益之间的关系，为保护良好生态、实现绿色发展提供有力的司法保障。

厦门有多个法院，如同安区法院和翔安区法院已成立生态环境专门合议庭，集中审理涉及生态环境的民事、刑事、行政等案件。生态环境合议庭和“生态审判联络员”的设立提升了环境资源案件审判的专业化水平。由同安区法院倡议并牵头，与农林、环保等九个部门联合构建生态环境司法保护联动机制。厦门市中级人民法院积极展开对全市生态审判工作的统筹协调，加强对上级法院的工作汇报和对基层法院的引领指导，建立了实时化、全覆盖的生态信息网络，逐步形成全市生态审判工作的集中统筹态势，为生态审判要素集约化奠定了坚实的基础。厦门市中级人民法院还建立了生态保护司法与行政对接机制，与厦门市人民检察院、厦门市公安局及厦门市环保局联合签署了《关于建立办理环境违法犯罪案件协作联动机制的意见》，建立了联席会议机制、重大案件联动执法制度及信息共享机制等。探索建立生态恢复司法机制，尝试建立“补种复绿”新机制，对真诚悔罪且积极采取补救措施的被告人从轻处罚。完善专家参与审判辅助机制。引入专家陪审制度，邀请国土资源等相关领域人士担任合议庭陪审员参与案件审理，且聘请高校环境专家就专业问题进行论证、发表意见。健全生态司法多元化纠纷解决机制。扩大生态多元化调解范围，在林区设立林区法官制度，定期坐班，建立健全覆盖市、区、乡镇、村居的生态环境调解组织网络。

（四）为自贸区建设提供优质司法服务，力促开放发展

2015年8月，厦门市中级人民法院率先成立全国首个自贸案件审判庭。同年，全省首个自贸区法庭也落户湖里区法院。自贸区法庭的设立，是人民法院全面推进自贸区司法服务保障工作的体现。同年12月，厦门法院对外发布《自由贸易区案件审判工作指导意见（试行）》和《关于涉自由贸易区民商事案件集中管辖的实施办法（试行）》两个规范性文件，以“公正高效、平等保护、公开透明”的原则，积极探索和确立涉自贸区内商事纠纷的审判规则。2017的8月，厦门市中级人民法院出台《进一步助力打造国际一流营商环境的三年行动计划（2017—2019年）》，积极为打造国际一流营商环境提供司法保障。

（五）加强民生案件审判，保障共享发展

妥善解决社保纠纷等劳动争议案件，营造和谐稳定的社会环境。在劳动争议案件处理工作方面，早在2015年厦门市思明区法院便整合多方资源，成立全国首个专门审理劳动争议案件的专业法庭。厦门市中级人民法院发布《厦门市法院劳动争议案件审判白皮书》，分析全市法院受理劳动争议案件的特点和用人单位劳动管理中存在的突出问题，发布了典型案例，提出了规范管理、预防纠纷的建议。依托于实践经验的总结，厦门市法院应坚持以人为本、服务民生主线，注重提高审判质量，妥善处理纠纷，引导劳动者合法维权。尤其应当审理好社保纠纷，维护职工和离退休人员的合法利益，确保社会保障惠及所有人。为了着力改善和保障民生，营造稳定和谐的社会环境，对于涉及教育领域或者食品药品、环境污染等影响社会公共利益的案件，落实公益诉讼制度，充分运用司法手段保障和促进共享发展。

四、推动全民守法，为厦门建设“五大发展”示范市奠定良好的社会基础

（一）普法机制进一步健全，不断增强普法实效

为发挥法治宣传教育对全面建成小康社会、建设“五大发展”示范市的作用，近年来厦门市坚持“良好的法治实践就是最好的法治宣传教育”这一理念，进一步深化法治宣传教育和法治建设，不断创新法治宣传工作方式，推动法治宣传与依法治理同步部署、同步推动、同步落实，为厦门市建设“五大发展示”范市奠定良好的社会基础。抓住“领导干部”这一“关键少数”，出台加强领导干部学法用法工作意见。建立“干部在线学习网”等学法平台，开展任前廉政法规知识考试。落实“谁执法谁普法”责任制，使普法主体范围更广、普法对象更具针对性、普法内容更加专业。市依法治市办与全市40家主要执法部门签订了“谁执法谁普法”责任状，将普法工作纳入精神文明、绩效考核、综治考核之中，实现从“软任务”到“硬约束”的转变。

全面启动“七五”普法工作。根据《关于在全市公民中开展法治宣传教育的第七个五年规划（2016—2020年）》（以下简称“《规划》”），厦门市“七五”普法工作将立足厦门市实际，体现厦门特色。一是在普法内容方面，将厦门地方法规规章一并列入重点普法内容。二是在普法理念方面，注重发挥法治实践的宣传教育作用。十堂法治宣讲不如一个案件的公正判决，法治实践最具示范和引领作用，是法治宣传教育取得实效的最佳途径。三是在普法对象方面，将新厦门人纳入重点普法对象。来厦务工人员、港澳台同胞、外

国籍人员等新厦门人已成为厦门建设的重要力量，加强新厦门人法治宣传教育对厦门特区经济社会发展意义重大。四是在普法方式方面，强调采用多元渗透式普法，推动普法从“单向灌输”向“互动沟通”转变，从“文本宣传”向“思维塑造”转变。

新媒体成为普法主要载体，市级“两微一网”同时上线，市区两级形成新媒体普法矩阵，“两微一网”取得明显宣传效果。精准普法平台建设扎实推进。将“12348”法律热线定位为精准普法的重要途径，按照“多点介入、多点解答、多点推送、一体完成”的功能，改造升级“12348”法律热线，通过政府购买服务，建设增加固定律师座席，让专业律师接听解答，不仅大幅度提高了接听率，而且大大提高了咨询服务的效率和群众满意度。

加强法治文化建设，将法治宣传教育与城市文化建设紧密结合，建成全省规模最大的法治文化主题广场“集美法治文化苑”，广泛开展法治征文、法治书画赛等法治文化活动和各类法治主题宣传活动，将法的元素渗透进群众的日常生活中。在《厦门日报》副刊开设“日光岩”法治文化专刊，反映社会法治生活，弘扬法治观念，成为法治文化建设最为生动活泼、最接地气的实践形式。

（二）公共法律服务体系日趋完善，满足人民群众日益增长的法律需求

为满足广大人民群众日益增长的法律服务需求，厦门市全面深化落实全国司法体制改革，创新公共法律服务供给侧改革，创新公共法律服务供给体制机制，率先推进司法行政各项工作，积极整合一支由执业律师、人民调解员、公证员、司法鉴定员等组成的专业法律服务团队，为群众提供高效、便捷的法律服务。

厦门市强力推进公共法律服务体系建设，形成了“整体规划，公共法律服务体系实现长效化发展；科学配置，公共法律服务平台实现便民化服务；多元供给，公共法律服务产品实现精准化投放”的经验做法。制定《关于加快推进公共法律服务体系建设的意见》，加快推进公共法律服务实体平台、网络平台建设。坚持以公共法律服务体系建设为抓手，建设覆盖城乡社区、满足各领域各层次法律服务需求、体现公平正义价值追求的公共法律服务体系。

（三）完善法律援助制度，规范援助服务、提高法律援助质量

法律援助质量是法律援助的生命线。法律援助一直重视法律援助质量建设，多措并举提高办案质量，力争每一位受援人都能获得优质的法律援助服务。在福建省率先出台《厦门市法律援助服务规范》，以规范化建设为抓手，进一步提升服务质量。该《服务规范》从规范性引用文件、服务原则、组织、服务流程及要求、服务质量控制等方面规范法律援助工作，对法律援助整个服务流程的服务要求进行了明确，统一法律援助各个阶段每个步骤的服务标准，规定法律援助机构、工作人员和援助律师的工作规则，细化申请材料要求、审查工作时间、法律文书制作、案件承办要求等具体内容。同时，还规范案件办理全程监督、建立考核评估机制等案件监督方式，推动建立全方位的质量控制体系。不断加强法律援助队伍建设，成立法律援助志愿者队伍，出台福建省首个《法律援助志愿者管理办法》。不断推出各种便民服务措施，为群众提供更完善的法律服务，基本建成了横向到边、纵向到底的法律援助网络，推动法律援助服务向社会治理末端延伸，加强镇（街）等法律援助站的建设。

（四）加快法律服务业发展，提升服务能力和水平

经过几年的发展，厦门市法律服务业已具备一定的规模和区域辐射能力。截止到 2017 年，全市现有律所 151 家，业务收入总额持续增长。公证行业发展走在全省、全国前列。全省唯一一个合作制公证机构鹭江公证处创新推出的“公证云”在线办证平台、“知识产权公证保护平台”和“公证与诉讼协同创新中心”等三个全国首创，得到了 2017 年来闽来厦考察的中共中央政治局委员、中央政法委书记孟建柱的高度肯定。司法鉴定机构从无到有发展到现在的 18 家，业务范围扩展到 70 多个类别，鉴定业务和鉴定收入基本保持持续增长。厦门仲裁委员会发展快速，已成为区域性、国际化商事纠纷解决中心。在此基础上，提出打造具有厦门特色的高端法律服务业和法律服务集群，构建区域性法律服务中心，大力实施法律服务品牌战略，大力发展涉外法律服务业。

（五）基层民主法治建设效果显著

厦门市高度重视基层民主法治建设，以基层民主自治为核心、以“平安建设”为重点，以法律服务为保障，深入开展法治城市、法治区创建活动，市区两级全部获评“全国法治创建活动先进单位”，成为全国唯一一个市、区两级均荣获法治创建国家级先进的设区市，连续 8 年位居全省依法行政绩效考评首位。以创建民主法治示范村（社区）为载体，将法治宣传、法律服务、社区自治有机结合起来，引导社区居民积极投身法治建设，依法有序地参与社会治理。厦门市被评为“全国社区治理和服务创新试验区”，全市共有 8 个国家级、46 个省级、244 个市级“民主法治村（社区）”。同安区新民镇溪林村的微型“双向自治”社区治理模式获评“中国社区治理十大创新成果”。

（六）构建多元化纠纷解决机制的厦门样本

立法先行，2015 年出台的《厦门经济特区多元化纠纷解决机制促进条例》，成为全国首个完善多元化纠纷解决机制的地方性法规，在全国树立起多元化纠纷解决机制立法的标杆。在全国率先出台多元化纠纷解决机制发展规划，标志着厦门市已构建起“地方条例、实施意见、发展规划”相互配套、有机衔接的法规和制度体系。《规划》是贯彻、落实中央、省关于完善矛盾纠纷多元化解机制有关精神和《厦门经济特区多元化纠纷解决机制促进条例》的重要举措，明确了全面深化厦门市多元化纠纷解决机制建设的指导思想、基本原则、发展目标，着重从健全和完善多元化纠纷解决工作格局、丰富和创新多元化纠纷解决方式、建立和规范多元化纠纷解决工作平台、构建和细化多元化纠纷解决法治支撑，以及培养职业化专业化人才队伍、建立多层次多样化经费保障、营造多媒体公众化社会氛围等方面，对进一步建立全市系统科学的多元化纠纷解决体系，做实、做精、做强多元化纠纷解决机制的“厦门样本”提出了具体要求和规范。

培育行业性、专业性调解组织，整合基层力量和社会资源，实现矛盾纠纷解决“专业化”和“一站式”服务。建立了诉调对接、警民联调、检调对接等多种形式的衔接机制，实现了诉调对接工作制度化、规范化。在自贸区设立了“国际商事仲裁院”“厦门东南国际航运仲裁院”“国际商事调解中心”，构建了集仲裁、调解、专家评审、中立评估等方式为一体的多元化商事纠纷解决服务平台。

新时代社会治安防控体系建设研究

——以厦门市近几年的犯罪预防实践为视角 *

周东平　赖慧芸 **

2015 年 4 月，中共中央办公厅、国务院办公厅印发《关于加强社会治安防控体系建设的意见》，明确社会治安防控建设的目标是："形成党委领导、政府主导、综治协调、各部门齐抓共管、社会力量积极参与的社会治安防控体系建设工作格局，健全社会治安防控运行机制，编织社会治安防控网，提升社会治安防控体系建设法治化、社会化、信息化水平，增强社会治安整体防控能力，努力使影响公共安全的暴力恐怖犯罪、个人极端暴力犯罪等得到有效遏制，使影响群众安全感的多发性案件和公共安全事故得到有效防范，人民群众安全感和满意度明显提升，社会更加和谐有序。"① 由此可见，社会治安防控体系最终的落脚点在于提高群众的安全感，而预防犯罪 ② 的发生是必要且重要的途径。

为建设好和谐稳定的社会治安环境，厦门市政府早在几年前便以"最具安全感城市"为目标，从战略高度部署推进社会治安防控体系的建设。其中，对影响治安环境、群众安全感最深的犯罪问题予以高度重视，从宏观和微观层面采取一系列预防措施，并在实践中不断改进、完善和积累经验，以期实现有效的犯罪预防，完善社会治安防控体系，提高群众安全感。

一、厦门市近年来预防犯罪的主要措施

厦门市近几年预防犯罪的实践主要可以分为政府工作、社会环境改造以及市民教育三个方面。作为城市的建设者和服务的提供者，政府在犯罪预防实践中占据绝对重要的地位，是"领头羊"的角色；社会环境是城市活动的载体，城市建设很大程度上亦是对社会环境的建设；市民作为城市活动的主体，与周围环境良好互动，发挥积极的主观能动性，既能提高自身安全感，也能促进犯罪预防实践活动更顺利地开展。

（一）宏观把控以抑制犯罪意图形成

厦门市委、市政府高度重视建设"最具安全感城市"工作，早在本市第十二次党代

* 本文获第三十届副省级城市法治论坛二等奖。

** 周东平，厦门大学法学院教授、博士生导师；赖慧芸，厦门大学法学院硕士研究生。

① 新华社：中共中央办公厅、国务院办公厅印发《关于加强社会治安防控体系建设的意见》，[EB/OL].http://www.gov.cn/xinwen/2015-04/13/content_2846013.htm. 访问日期 2015 年 4 月 13 日。

② 犯罪：此处的犯罪系指犯罪学意义上的犯罪。犯罪学的研究目的在于通过预防和控制犯罪来达到维护社会秩序、增进社会和谐，故犯罪学的"犯罪"应从维护社会秩序这一角度来把握——不考虑政治因素和行为人的主观因素，而是透过具有社会危害性的行为的各种表现形式和发生领域，将其中应被恰当行为和措施予以预防和控制的行为予以归纳总结，将犯罪定义为社会上的有害行为。

会上就把它作为重要内容写入报告，成为部署推进当前和今后一个时期的一项重点工作。近年来，政府部门出台《关于加强新时期群防群治工作意见》《关于开展“互联网＋群防群治”工作指导意见》等文件，从制度、路径、保障等多方面支持犯罪预防政策的落实。政府部门从政策、制度层面对社会进行宏观组织、管理和指导，是典型的宏观社会预防，这种组织和管理在为国家政治、经济、文化等各项事业提供一个良好的发展环境的同时，也必然促使社会犯罪预防体系形成良好的循环。[①]

1. 优化顶层设计以改善整体环境。一是政府方面决策科学化、法制化，以及透明行政的努力，提升了社会治理的现代化能力和水平。如出台《厦门市重大事项社会稳定风险评估办法》《市人大常委会关于完善多元化纠纷解决机制的决定》《关于深化军地共建“平安厦门市”工作的意见》等文件，以法制、规则保障行政透明。同时，市委、市政府把综治工作作为各级领导班子和领导干部考核的重要内容，如与各区的书记、区长签订综治责任状，各级各部门也对综治责任逐级分解，压实属地责任、主体责任、协作责任和监管责任。二是合理规划城市布局，多角度优化市民生活环境。修订《厦门市城市规划管理技术规定》，合理布局城市功能区，倡导建立教育、医疗、交通等基础设施多元化于一体的社区；提倡同步发展，平衡岛内外建设，缩减岛内外差别，提高城市运行质量与群众生活水平；为外来人口聚集住宅区提供完善的基础服务，避免阶层固化而导致问题社区等弊病；修建多处城市公园、绿化步行道，整改脏乱差的环境死角，优化群众生活环境。

2. 强化民生服务以抑制犯罪根源。加强民生工程建设，努力提供优质公共服务，提升公共服务水平，并强化社会保障的其他措施。随着个体生活条件的不断改善，市民个人得以实现自我发展，一般就不会轻易作出收益低于成本的有害行为。如出台《厦门市保障社区公共服务设施用地若干意见》，加强惠民安民的民生保障体系建设，逐步实现基本公共服务由户籍人口向实有人口的全覆盖，建立流动人口“一站式”服务管理站175个。突出风险管控，建设公共安全管理平台，强化对风险隐患的发现、评估、监测、预警、控制、处置，平台运行以来，日均处理260多起。又如，完善公共网络平台和网格化管理，40多个部门联动，实现管理、预防、打击相结合。全市6个区、相关市直部门和供电、水务、燃气等63家单位对接，19个核心部门的公共安全数据实时采集汇总，初步实现风险大数据分析、资源一张图展示、治理问题协同化、应急处置数字化。同时，优化网格化服务管理模式，市、区、镇（街）、社区四级网格化平台信息共享，数据联通。

（二）优化社会环境以消除犯罪条件

金砖会议的筹备给厦门市带来基础设施和人文环境的巨大改善空间。基础设施的可供使用是一个城市对群众最基本的保证，基础设施的安全保障自是应有之义。在社会戾气渐重的当代社会，和谐友好的社会环境对社会治安至关重要。优化社会环境既能够提高犯罪难度和提升犯罪风险，亦可以减少挑衅和排除犯罪借口。

1. 加强硬环境建设以减少犯罪机会。城市的硬环境既包括建筑物、交通、电力等基础设施，也包括城市管理、区域功能等服务设施，是市民生活所依赖的物质环境。基础设施建设对于犯罪预防而言，更多地体现在通过提高犯罪难度、减少犯罪收益以及提升犯罪后被发现的风险上。主要措施包括：完善基础设施以加大犯罪难度，基础信息排查

① 张远煌主编：《犯罪学》，中国人民大学出版社2015年版，第261页。

以掌握犯罪防控重点，专项打击活动以减少严重犯罪等。

2. 推进软环境营造以抑制犯罪冲动。软环境多指人文社会环境，如公民素质、舆论环境、制度环境等。软环境的需求难以准确界定、定量分析，且对市民的影响是缓慢、渐进式的，因而易被忽视。软环境更多地体现在“制定、明确规则”上，确定守法成本最低，对于建设良好的治安环境同样具有重要的意义。主要措施包括：纠纷提前查处以减少人际冲突，通过信访工作包案有效处理积案旧案以及全面推进多元化纠纷解决方式等，最大限度减少矛盾冲突对抗和纠纷风险隐患；加强公权力机关改革以提高服务水平，通过深化司法制度改革、行政执法部门信息化建设，为群众提供高品质的公共服务，为营造一流营商环境提供法治保障。

（三）扩充社会力量以充实防控主体

群众作为城市活动的主体和犯罪行为的侵害目标，与犯罪行为紧密联系；犯罪人作为社会群体，在生活中被群众发现的可能性亦大于被公权力机关发现的可能性。[①] 在犯罪预防当中，群众的积极参与和自我管理、防范意识是不可缺少的因素；自我防范不仅要求管理好自己的生活和可能成为犯罪目标的物品，也要求提高法治意识，不做违反社会规范的事。

1. 建设区域内部犯罪预防力量。通过建立治安保障会指导居民开展自我防范工作，成立城市社区巡防中队、联防队伍、群防志愿者队伍，深化网格化服务管理，发挥“厦门市百姓”APP 平台功能等多种途径，共建社区善治格局。

2. 引导群众参与预防犯罪活动。通过开展宣传活动，利用电视报纸等传统媒体和微博、微信等新兴媒体进行平安宣传、安保排查宣传和法治宣传等安全宣传，提升平安知晓率，加强市民对所在城市的认同感，积极主动加入城市的监督和管理。实施《厦门市社会信用体系建设规划（2015—2020 年）》，出台《厦门市对重大失信当事方实施联合惩戒的管理办法》，鼓励市民遵规守纪、遵守契约，树立守法意识。

二、厦门市近年来犯罪预防实践的成果分析

能否切实有效地减少犯罪现象发生是犯罪预防实践的唯一标准，而多元化的社会背景要求犯罪预防措施有所创新，实现全方位、多层次的预防。

（一）犯罪预防实践的有效性评估

检验犯罪预防措施的有效性，犯罪行为减少的数据是最直观和有力的凭证。随着时代的发展，公民意识的提高，吸收社会群体力量参与社会治理是必然道路，治安防控体系的构建也需要更多的民间组织、个人力量加入。厦门市近年来采取的犯罪预防实践逐步从依靠公权力打击扩展到以社区和市民为主体共同预防，这一转变过程中的尝试对于我们建设共治、共享的社会具有参考价值。以下，笔者将从犯罪预防实践的整体效果和试点地区两部分，说明厦门市社会治安防控体系的有效性。

① 据外国某项调查，警察和犯罪少年接触过的281个案例中，78%是由于市民的电话通报才开始的，仅有22%是由警察的巡逻等活动发现的。具体参见周东平：《犯罪学新论》，厦门大学出版社2006年版，第60~61页。

1. 犯罪预防实效的整体性评价

厦门市近年来的犯罪预防实践有效地降低了犯罪行为的发生，一定程度上保障了群众的权益。从城市安全建设和群众安全体验的角度看，2017 年，市综治办对上半年全市社会治安进行调查和测评，截止到上半年结束，厦门市民的平安建设知晓率达 87.04%，比 2016 年年底上升了 8.06 个百分点，上升幅度最大；群众安全感率为 96.74%，比 2016 年年底上升了 3.56 个百分点；执法工作满意率为 96.54%，比 2016 年年底上升了 1.70 个百分点。其中，群众安全感率更是创五年以来新高。[①]

2018 年 1 月，厦门市公安局发布 2017 年 110 报警服务台数据。[②] 数据显示，2017 年，厦门市刑事类警情比降 42.75%，治安警情比降 2.3%。在全国率先成立的市反诈骗中心还利用“火眼”系统，精准拦阻正在实施的诈骗警情 1981 起，拦截封停各类诈骗电话 50892 个。截至 2018 年 5 月底，全市在电信诈骗方面共接报各类电信网络诈骗案件 2550 起，比同期（3138 起）下降 18.74%，财损 3971.6 万元，比同期 5197.1 万元下降 23.58%；共接报入室盗窃警情 1052 起，比去年同期（2230 起）下降 52.83%；道路交通事故死亡 85 人，比去年同期（119 人）下降 28.57%；共立案查处食品安全违法案件 178 件，同比下降 20.89%；发生生产安全事故 80 起、死亡 35 人，同比分别下降 14.9%、32.7%，未发生较大及以上生产安全事故，保护了居民的人身财产安全。春节期间，来厦游客量猛增，根据市公安局对外发布的数据，在游客人数同比增长 16.14% 的前提下，2018 年 2 月 15 日 0 时至 2 月 21 日 24 时，全市共接报刑事类警情 136 起，比降 58%，治安案件比降 6%，交通事故比降 8%，火灾比降 53%，足见厦门市犯罪预防实践取得了显著成果。

2. 特定地点的犯罪预防实效分析

厦门市犯罪预防重点区域有二，一是基础设施落后、人员构成复杂的城中村，二是人流量大、道路通畅的开放式旅游景点。地处环岛路沿线的曾厝垵文创村被誉为“中国最文艺的渔村”，它承接厦门大学、胡里山炮台、珍珠湾等景点，且属于开放式景点，是来厦游客的泄洪点，年均游客量可达 1400 万人次，旅游产值超过 15 亿元。然而，在城市化起步阶段，该地由于经济发展滞后、村容村貌老旧、基础设施落后，利益矛盾纠缠，犯罪现象不绝，是一个典型的治安难点村。因文创村具有代表性，同时也是厦门市创新治理的试点，因此笔者以其为考察地，实地参观并走访滨海街道办事处、曾厝垵边防派出所，以实务部门的活动计划、工作方式及成效具体说明厦门市犯罪预防的有效性。

曾厝垵作为厦门社区治理的成功范本，究其发展路径，主要体现在以下几个方面：一是帮助区域经济发展。在保持闽南地区特色村庄格局的前提下，对社区进行总体规划，并对基础设施进行提升改造，使村内的物理环境和人口承载能力得到大幅度提升，为居民发展旅游业提供极大助力。此外，思明区明晰社会治理定位，改变包揽一切的传统社会管理模式，减少对民宿客栈的发展制约，引导扶持促进文创产业发展，营造宽松包容的发展环境，使其作为曾厝垵特色文创村得到持续、快速发展，村民收入增长了近 10 倍。经济发展、居住环境改善、生活水平提高，日常生活有了保障，从根源上有力地控制了村民了的犯罪动机，使生活在村内的潜在犯罪人不必犯罪。二是构建区域软法自治。

① 记者吴俊鸿、通讯员王潇荥：《创五年新高！群众安全感率96.74%》，载《厦门日报》2017年7月13日第A2版。

② 《开锁2.2万起 厦门警方发布去年110报警服务台数据》，http://xinwen.eastday.com/a/180110072107381.html，访问日期：2018年1月10日。

随着景区的发展，民宿和商铺逐渐增加，外来人口涌入村内，在这个阶段如何协调村内业主和外来经营者之间的关系成为重要问题。由此，文创村在思明区政府的引导下成立代表业主的业主协会和代表经营者的文创会，以及决定涉及曾厝垵日常管理、发展方向等重大事项的曾厝垵公共议事理事会。同时，经过数十次征求意见，确立了凝聚着曾厝垵居民群众共识的《自治公约》以及《卫生公约》《诚信经营公约》等村规民约，作为社会自治组织可以长期持续有效运作的保证。文创村还建设有警民联调、人民调解和协会调解三个调解平台，多渠道化解矛盾纠纷，维护和谐稳定。三是推进区域内“三防”措施。为控制犯罪率，公安部门从物防、技防和人防三个方面对文创村进行犯罪预防并取得良好效果。人防方面，文创村拥有包括驻村民警、商户和业主在内的 40 人巡查队，队员在村内进行三班倒式巡逻，同时设有定点警务亭，以定点岗和巡逻岗两条线提高村内见警率；夜间加强对路口、村内宗祠庙宇等治安热点和消防敏感点的值班。由于村内有多处宗祠庙宇，传统节日时各种民俗活动使这些地方极易发生火情，文创村在街道办事处、消防主管部门的帮助下成立 12 人的消防队，配置专业灭火设备并对队员进行专业培训，保证火情能够在第一时间被发现并消除。物防方面，在文创村通向海边人流量大的通道设置防冲撞液压柱、拉开隔离栏，避免人群拥挤和大规模停滞造成安全隐患；改善街道照明、拆除违章搭建的雨棚、广告牌，扩大景区内的视野，提供邻里守望的条件，加强自然监视效果；全村 362 家民宿安装一键式报警装置，连接警务室终端，保证民宿安全；全村共安装监控摄像头 500 余个，网络终端同步接收数据，由视频巡查员全天候管理监看，强化正式监视。这些措施都有效地提升了潜在犯罪人的犯罪风险，从而降低了犯罪率。技防方面，典型代表是火眼系统——当各路高清监控摄像头匹配面部识别、步态分析和行为侦查等人造智能技术，便可以检测并报告犯罪行为或不寻常活动的发生。此外，派出所警务室终端系统储存着全市犯罪嫌疑人的视频截图，当疑似人员进入监控范围，终端会对其进行分析，明确其身份；一旦视频监控发现有前科记录的人员进入村内，便会对其发送警告信息，告诫其遵守规则。技术的进步对增加犯罪难度和提升犯罪风险意义重大。经过一系列的改造措施，文创村已经取得可防性案件数量下降、村内犯罪案件全破的成果，金砖会议以来更实现了刑事案件零发案率。

文创村积极倡导和推进社区共建、共治、共享，也具有代表性。除文创会和业主委员会这样的民间组织力量之外，区域内软法治理和纠纷调解的运用，使得村内常住居民之间、居民和派出所民警之间都保持着和谐关系。居民，尤其是外来经营者，因为对村内的活动有一定的发言权，其归属感更加强烈，不仅对民警的治安维护工作给予支持，如提供巡逻车电源以供警报器使用，而且主动加入义务巡查队，共同维护村内的治安环境。

尽管市场经济下的文创村内民事纠纷仍然存在，但作为试点地区已经取得良好成效，其吸收民间力量加入治安防控的工作方式和兼顾发展与安全的预防措施，对于城中村和开放式景点的犯罪预防都有参考价值。

（二）犯罪预防实践的创新性评估

为实现降低犯罪率、建成更有效的社会治安防控体系，厦门市在城市管理和建设中，紧跟时代步伐，及时创新工作机制，更好地将城市建设理论运用到治安防控实践中去，更好地贴近百姓，赢得群众的支持。

1. 整体协作以完善犯罪预防方式。 在面临现代越来越复杂的社会结构以及群众对安全感多元化需求的背景下，城市管理部门之间必须认识到孤立的工作方式已经无法适应建设安全城市的要求，以专业化的方式合作应对日益复杂的社会问题方为上策。例如把政府治理与社区治理、政府引导与居民自主有机结合起来，形成党政主导、群众参与、共治共享的社会治理新格局。又如医疗卫生系统联合公安派出机构和社区服务机构，对易肇事肇祸严重精神障碍患者进行必要的监控和行业预警，同时提供医疗服务。再如针对电信诈骗多发事态，厦门市公安局反诈骗中心联合通信运营商对正在诈骗的电话进行精准干预和阻截，防止境外改号、170开头的虚拟号码；联合移动公司数据，建立诈骗电话自动筛查预警系统，及时切断诈骗通话并回拨电话提醒劝诫。仅2016年7月到9月，就成功阻截电信诈骗455起。公安与互联网企业、银行、教育、宣传等部门联动的合作，使得在全国电信诈骗案件上升的情况下，厦门市的案发率不断下降，保障了在厦居民的财产安全。在判决执行方面，厦门市法院联合公安、检察、土房、民航等部门和行业应对执行僵局也取得了不俗的成绩。

2. 优化城市布局以营造难以犯罪的情境。英国财经杂志《经济学人》（*The Economist*）发表的《2017全球安全城市指数》（safe cities index 2017）[①]认为，保证城市规划当中有适量的步行道和绿化空间有助于提高市民的安全感。就犯罪预防方面来说，合理设计城市道路，增加非机动车道和人行道，分流机动车和行人，有利于减少交通事故；步行道的增加也可以为群众提供交流活动的场所，促进行人之间的友善关系，缓和人与人之间的陌生感和疏离感，减少居民之间的冲突，释放人际关系压力，进而调解心理，降低可能转化的暴力犯罪的概率。厦门市作为全国最美城市之一，在绿化方面的努力无须赘言；此外，城市管理部门改造多处破旧脏乱的街边站角，新建步行道和城市公园，不仅能够减少街道视野死角，而且为群众提供了休闲交往之处。

3. 加强数据研判以提高犯罪预警。因相关数据的敏感性、隐私性、庞大程度以及对信息技术基础和运行设备的高要求，大数据分析不是普通社会团体以及个人能够完成的任务。故在大数据时代，政府对数据的收集及有效使用，是其应具备的工作能力。政府应联通相关部门，收集影响社会稳定因素的关联信息，整合大数据平台，组织专业研判，有针对性地提前保护可能受伤害的群体，针对危险性极高的行业进行监管预防，有效防止大规模被害的出现，提高社会治安防控建设的信息化。

大数据运用方面，厦门市公安在2014年研发了“大数据情报实战平台”，整合全国和省、市级15大类64亿余条公安数据、1000亿条社会数据，三方数据在碰撞比对中又形成庞大的“数据池”。3年来，该平台助力研判破案3.16万起，抓获犯罪嫌疑人1.1万余名。[②]与此同步运行的还有厦门易肇事肇祸严重精神障碍患者信息管理系统、厦门市吸毒人员管控平台、反诈骗中心、金融风险防控预警平台等，成为百姓安全生活中离不开的平安智慧中心。

4. 信息共享以扩大预防主体力量。在“互联网+”的工作模式下，行政部门利用移动设备提高便民服务水平、提供最新最快的治安防控信息和开辟一条便捷、稳定的社会共建渠道。利用移动设备开展群防群治，以最便捷的方式把个人、社区、专业警力联系起

① The Economist.Safe Cities Index 2017，http://perspectives.eiu.com/infrastructure-cities/safe-cities-index-2017，访问日期2017年10月12日。

② 记者赵文明、通讯员厦公宣：《厦门警方打造最具安全感城市》，载《法制日报》2017年8月31日第1版。

来，鼓励百姓加入社会综合治理队伍，一定程度上缓解了警务人员不足的问题；[①] 各区法院利用微信平台进行网上普法、调解，有利于纠纷解决，维护平和安宁的社会环境。

2016 年 8 月，厦门市综治办和市公安局一同推出的集群防管理、信息采集、宣传学习、线索举报等多功能于一身的手机 APP“厦门百姓”正式上线，整合了 24 类专兼职群防群治力量，被广泛运用于社会巡防管控、治安要素信息采集、重点行业风险防范、重点人员服务管理等领域。[②] 在个人层面，通过 APP 获取治安现状、治安政策等信息，一定程度上减轻了因信息不对称造成的个体焦虑不安，同时也能明确规则，排除犯罪借口；另一方面，信息面的拓宽有助于提高自我保护意识，尤其通过承接 APP 的任务，参与社会建设，有利于深入了解政府的工作和理解政府对建设平安城市的决心，打通政府和个人互信互利的沟通渠道。百姓拥有最低限度的知情权，是政府与百姓保持和谐、互信、互利的重要保证。

三、犯罪预防实践中的不足及建议

现阶段厦门市犯罪预防是以政治、经济、法律、文化、教育等方式对社会进行综合治理为主，虽然政府的多项措施包含情境预防的运用，如部署高清监控摄像网络、BRT、地铁站点严格安检等，但情境预防犯罪理论还未得到充分利用。犯罪预防实务部门对犯罪的具体行为人和情境的双向互动考察也存在不足，更多大众化、日常化、便利化、低成本的犯罪预防措施没能得到有效实施和推广。

（一）犯罪预防实践中的不足

1. 预防范围的广度不足。破窗理论 [③] 告诉我们，街面脏乱、工地缺乏管理等都可能引发犯罪升级。社会失序行为和轻微犯罪如果没有及时得到处理，会使民众失去对警察工作的信心，既使潜在犯罪人更加无所忌惮，也促使民众怠于参与预防、打击犯罪活动，不积极配合警察工作。为避免这些负面的因素，政府部门需要适当投入人力、物力和资金，矫正社会失序行为，并在行政工作中引导工作人员关注这一领域。

2. 社区预防的关注相对欠缺。厦门市政府及各部门的一系列工作，虽然取得了良好效果，但总体而言，除“厦门百姓”信息平台的应用外，建设活动仍然停留在政府层面，虽出台了“群防群治”的政策，但社区更多是以基层服务组织为工作主力，而非以社区作为一个相对固定单位参与犯罪预防活动。同时，“厦门百姓”APP 平台更多的是调动个人参与社会管理的热情，较少考虑依托社区。

① 2012年，厦门市每万人配备警力数为9.25人，而福州城区为20.2人、漳州地区为21.8人、泉州地区为20.4人，福建省平均万人配备警力数为11.8人，全国15个副省级城市平均数为15.8人。可见，厦门市警务人数存在较大缺口。

② 马勋先、王潇荣、翁程贵：《“厦门百姓”APP 打造平安时尚朋友圈》，http://www.legaldaily.com.cn/zt/content/2016-10/20/content_6846798.htm?node=83747，访问日期2016年10月20日。

③ 破窗理论是美国犯罪学家威尔逊等人在1982年发表的题为《破窗——警察与社区安全》（“Broken Windows”：The Police and Neighborhood Safety）中提出的。意即对一个打破了的窗户置之不理，就会给周围的居民带来负面的社会心理学上的影响，结果导致整个街区的荒废。其实，破窗仅是一种比喻，是指低层次的、轻微的违法及扰乱公共秩序的行为，犹如“破窗”一样，如不及时制止，会演变成越来越严重的犯罪行为。

3. 预防主体的作用未充分发掘。政府尚未特别意识到人与物理环境的互动对于犯罪发生的影响，相关措施更注重的是投入设备或设置关卡，如增加照明、安检设备和监控设施，而对于在城市规划过程中加入犯罪预防观念尚有缺失，仅仅将城市作为一个生活的区域，没有考虑到日常生活与建筑之间的互动。在此问题上，可借鉴美国的防范环境设计论对城市环境进行微调，通过增强自然监视的便利性，实现一定程序的犯罪预防。此外，政府部门在安全宣传时，也应适当增加犯罪预防理论的普及，让群众在日常生活中可以关注周遭环境，在有条件的情况下改造物理环境，强化生活环境的抵抗性、领域性和监视性。[①]

4. 心理层面的干预措施欠缺。曾有学者对公交纵火类案件进行研究，得出的结论之一便是这类犯罪人或多或少是因为生活不如意导致心理障碍，在没有得到适当看护和疏导的情况下走向报复社会的极端。[②] 因此，对于精神方面的关注，不仅要关注已经表现出的精神障碍患者，也要重视对潜在心理障碍患者的心理疏导。在该方面，我国目前还没有完善的心理服务体系。同时，民众，尤其是年长人群，对心理疾病的认识还停留在较陈旧的观念中，认为这是耻于开口的"神经病"，讳疾忌医。因此，对于政府而言，无论是在建立完善的心理服务体系还是在心理健康宣传方面，都面临艰难道路和艰巨任务。

从以上实施的各类措施的整体情况来看，现有措施更多的是站在社会大环境下对安保维稳工作的宏观领导，对于具体职能部门如何执行，以及市民群体如何提高小社会层面的安全感，缺乏更详细、更具操作性的指导，即政府工作的着眼点更多地在于控制犯罪根源，使人不想、不用犯罪，而在消除犯罪情境，使人不能、不敢犯罪这一更直接具体的方面，仍可下功夫。

（二）对厦门市犯罪预防实践的完善建议

举世瞩目的"厦门会晤"的成功举办，是厦门市打造"最具安全感城市"的一次大检阅。但就2017年11月份"人民智库"公布的全国19个副省级及以上城市安全综合排名保持城市的安全性来看，厦门市排名第五，城市安全性还有提高空间。本文的上一章节亦对已有措施进行检视并总结其中不足。厦门市在建设"最具安全感城市"的过程中依旧存在短板，既有需要强化提升的领域，亦有需要补充建设的领域。

1. 坚持政府部门主导的宏观社会预防

我国的犯罪预防从整体而言还是以宏观角度切入，强调大局观念，提倡国家主导、围绕国家权力自上而下地构筑防控犯罪的体系，[③] 政府管理部门的科学管理和指导，是继续完善社会治安防控体系的必要保证。

（1）固化和提升公共安全预警预测机制

公共安全是一座城市对其民众负责的最基本要求，既包括日常安全的维护，也包括

① 抵抗性，是指面临犯罪时拒绝或反作用于犯罪人的力量，如强化窗户的物理性抗击力，使用双重门设计；领域性，是指打造让犯罪人从一开始就不愿意接近的地点、区域、环境，认识到难以从那儿入手实施犯罪，如采用围栏表明私人领域、步行道设置护栏防止飞车抢劫；监视性，是指犯罪人即使突破领域性而进入领域内，也能够追踪和掌握其行为，最终使犯罪人无法或不愿意接近犯罪对象，如减少和消除时空上的物理死角。具体参见周东平：《西方环境犯罪学：理论、实践及借鉴意义》，载《厦门大学学报》2014年第8期。

② 王玥：《公交车爆炸、纵火犯罪研究》，载《江西警察学院学报》2017年第4期。

③ 周东平：《西方环境犯罪学：理论、实践及借鉴意义》，载《厦门大学学报》2014年第3期。

突发事件的应对。

①继续创新城市公共安全管理工作机制。健全火灾防控、道路安全和生产责任机制，推进公共安全管理的平台化建设及其实战应用，落实民爆危险物品、快递物流业、民宿等重点行业的监管力度，并加快探索对无人机等新兴领域的监管机制。

②固化提升基础信息排查机制。将基础信息排查制度保障由临时性规章上升为地方性法规，明确各级各部门的信息采集责任，实现基础信息排查制度化、规范化，以达到排查队伍的专业性、工作方式的合理性以及信息使用的有效性。

③巩固提升应对各类突发事件的能力。健全突发事件应急管理组织体系，完善应急管理体制、修订完善应急预案体系、加强突发性事件预防和应急综合能力建设、提升应急管理信息化水平、加强各类专业应急队伍建设等，提高全社会危机管理和抗风险能力，及时快速处理突发事件，防止恐慌情绪扩散。

（2）巩固和提升社会治安打击整治机制

重点关注已经产生的可能破坏社会稳定秩序的因素，在不侵犯公民权利的情况下给予重点关注，防止不良行为升级，导致出现难以挽回的后果；一旦升级恶化，及时予以打击。

①持续加大对“两抢一盗”、电信诈骗等严重影响群众安全感的违法犯罪的打击整治力度。预防网络犯罪、食药安全等新型犯罪；加大对“城中村”、城乡接合部等社会治安重点区域和薄弱环节的整治行动；继续推进雪亮工程建设，科学合理设定建设规模、点位布局、网络架构和存储策略等，完善公共安全视频监控传输网络。深化环厦“护城河”建设，形成跨区跨市跨省的联排联管联治机制，建成立体化治安防控体系，信息共享，资源互通，抢占大数据时代预防犯罪高地。

②密切关注重点人员的活动信息。收集涉稳重点人员相关信息并汇总，通过城市公共安全平台建设的“全市涉稳重点人员管理系统”，实现重点人员管控的线上督办反馈。各区、市直相关部门之间保持数据联通，并与各大社会管理平台实现数据共享，多方位、多领域对涉稳重点人员进行实时管控。分类型和分区域开展涉稳重点人员的管控工作，明确管控主体，实现涉稳人员的就近管控、专业管控，且有效督促相关责任主体提高自身工作的积极性。根据对社会秩序的可能破坏程度将涉稳重点人员分级管控，能够更合理地分配人力物力资源，有针对性地制订管控计划，实现公共资源的有效配置。

③妥善处置信访突出问题。落实“一名包案领导、一个工作班子、一套化解方案、一份会办纪要、一套稳控措施”的“五个一”工作要求；在国家、省、市举办重大活动或其他敏感时节，推动涉及面广、化解难度大的“钉子案”“骨头案”的化解，以利于消除涉稳隐患；对信访积案和疑难事项可由相关领域专业人员和职业律师组成案情分析小组，进行专案评审，实现专业化解；加强群体性上访事件的应急处理能力，相关部门制定紧急事件应急预案，防止群体性事件扩大蔓延，引起民众恐慌，造成社会不安。

（3）着眼法律领域的纠纷化解机制

司法是人民权利保护的最后一道防线，然而，由于司法资源的有限以及民众维权意识的不断提高，仅仅依靠法院部门解决纠纷是不够的。多元化的分层社会环境中，政府部门更应该及时发现和解决社会冲突，寻求更多样化的冲突处理方式，建立有效的冲突化解机制。为实现社会主义法治化建设，应倡导各行业加入多元化纠纷解决机制的建设队伍中，实行由行业、企业、行政机关等专业部门提前组织的纠纷调解，既能发挥不同领域、不同行业的专业性，对症下药，又能减轻司法压力，有效配置司法资源，还能将矛盾冲突对双方的伤害降到最低限度。

①健全矛盾纠纷专业化调处机制。司法部门领导完善人民调解、行政调解、司法调解联动机制，推进征地拆迁、劳动争议、医患纠纷、交通事故、国际货代等行业性、专业性调委会建设。加强“诉调对接”机制建设，规范非诉讼调解协议司法确认机制。探索建立“诉调对接”、“警民联调”和“检调对接”的衔接机制。健全市、区、镇（街）、村（居）四级调解组织，加强区、镇（街）、村（居）三级矛盾纠纷大调解工作平台建设。司法部门还应完善普法宣传教育工作方式，定期组织法官、检察官、职业律师、基层法律服务工作者等专业法律人员对民众进行普法教育，解答纠纷多发领域的法律问题，普及法律常识，提高民众法治意识，使其对调解和诉讼这两种纠纷解决方式有更深入的了解，以便选择更适合自己的纠纷解决方式。矛盾纠纷早介入、早化解亦有利于正确处理人民内部矛盾，防止事态升级；避免个别因诉求得不到关注的群体采取非正常手段的需求解决方式，影响社会生活的有序状态。

②重点关注婚姻家庭和邻里纠纷。在日常生活中，除征地拆迁、劳动争议、医患纠纷等行业性纠纷外，婚姻家庭纠纷和邻里纠纷更加普遍。在婚姻家庭纠纷中，轻微纠纷其实是大多数，等到诉讼或媒体报道出来的都是非常严重的，损害后果已经出现并难以补救，因而从源头预防是必要之举。社区和调解组织应当重点关注意外事故家庭、单亲家庭、失业家庭等特殊结构的家庭，家庭成员的缺位极易造成心理问题，相较于普通家庭，产生矛盾纠纷的可能性更大。市公共安全管理平台要加大对婚姻家庭邻里报警信息的收集研判，对有扬言极端行为、可能引发恶性事件或报警次数累计达到一定次数的，平台要及时将纠纷信息推送到住所地派出所，并限时反馈工作进展，持续跟踪事态发展，防止事态恶化、朝着不可挽回的程度发展。对于婚姻家庭纠纷和邻里纠纷，扩大诉前调解和诉调对接的范围和比例，尽量避免双方的紧张冲突，影响居住场所的和谐和稳定秩序。对于家庭内部的暴力事件，专业人员应加大“人身安全保护令”的宣传力度，在家庭暴力出现之初便将其扼杀在摇篮中，既保护受害人，也防止加害人暴力升级。

2. 短板领域的预防工作建议

由于我国的刑事政策在犯罪预防的微观层面上缺乏具体的操作指导，而情境预防犯罪主张将犯罪预防转移到具体的实践当中，分析并消除有利于犯罪行为发生的环境，并将这些措施归纳升华为指导理论，构建宏观和微观、理论和实践之间的桥梁，可操作性强。因此，在建设社会良好治安环境的过程中，有必要充分发挥情境预防犯罪相关理念和技术手段的价值。在犯罪原因更加多元的今天，提倡多种犯罪预防手段并用，才能更有效地减少犯罪事件，降低犯罪率。

（1）关注政策和心理领域的犯罪预防

①推进社会管理领域的地方立法，有重点地进行社会管理保障制度建设。发挥地方立法权优势，加强重点领域立法，特别是旅游管理领域的立法，打造厦门市旅游城市新名片。拓展群众有序参与立法途径，制定完善社会管理的地方性法规和规章，促进社会管理工作更加法制化、规范化，从制度上保障群众的知情权、参与权、表达权和监督权，提高个体对政策信息等社会治理信息的知晓率和理解度，从而提高群众的社会主体意识，鼓励群众积极参与社会公共事务管理，减少社会失序行为的发生，共建共治共享平安和谐的社会环境。

②建立和完善心理干预机制，促进专业心理服务机构的规范发展。加强心理危机的提前干预，从心理障碍着手预防其进化为暴力犯罪者，提升健康社会心态。社区服务中心聘请专业的心理咨询师，为社区居民提供心理咨询服务；医疗卫生系统应将心理疏导、干预机制纳入其中，为需要帮助的人提供求助途径。在关注重点涉稳人群的行为的同时，也关注其心理健康，降低他们的危险等级。

（2）发挥情境预防在犯罪预防中的作用

除前文简单提及对环境进行微调，从居民与环境双向互动入手设计易于防范犯罪的生活空间外，政府还可以从以下几点考虑推进情境犯罪预防这一路径。

①借鉴新加坡[被英国财经杂志《经济学人》（*The Economist*）评为2017年世界安全城市中仅次于东京的第二名]“邻里警局”和“邻里警岗”制度，建立规范的社区警务模式。新加坡是城市国家，治理水平有目共睹。其辖区面积、人口规模、治安建设方面与厦门市有诸多相似之处，选取此例有较大说服力。良好的社区警务制度，可以视作警察与居民的互信互利、相互协作的成果。社区警务首先提高了社区的见警率，提升了犯罪难度；其次，警察的工作如能得到居民支持，提高社区安保，就可减少社区内犯罪；最后，居民也在协助警察工作的过程中，对社区更具有主体意识，在活动过程中自觉维护社区环境，建立起“小平安”元素；社区警务亦是群防群治建设中加强社区参与的重要途径。

②立足于社区居民参与社会共建，不断开发社区综治管理力量。认真贯彻落实福建省综治委《关于社区网格化服务管理规范建设的指导意见》，稳步推进区、街、社区三级网格化管理综合平台建设。推进基层综治信访维稳工作中心（站）规范化建设；提高社区网格员的专职化、专业化工作；定期开展入户访查，对辖区基础数据进行核实更新，确保基本要素全面掌控。加强社区治理体系建设，推动社会治理重心向基层下移，发挥社会组织作用，实现政府治理和社会调节、居民自治良性互动的目标。同时，可以参考英国政府的做法，将个人及社区可操作的、防止被害的方法总结并编撰成册，印制《预防被害有效指南》（政府相关机构的相关网页也提供查询），免费分送给全市居民家庭，提高个体的安全防范意识和技巧。

③编制城市安全风险白皮书，及时更新发布犯罪信息。在犯罪预防方面取得可证实的成功，可以帮助政府从公民那里获得信任。例如，新加坡的公共监控网络系统汇集成千上万的公共监控相机，根据政府报告，该系统自2012年成立以来共解决1000多起案件。总理官邸下的首席执行官杰奎琳·波赫表示：“这样的数据使得民众对公共监控网络的接受程度提高并抱有一定的热情。”[①] 从2013年美国“棱镜门”事件后，各国普通民众对于越来越多的监控摄像头产生抵触心理，担心自己的权利受到来自公权力机构的侵害，而适当公布建立监控系统后的犯罪数据，让群众知道这种措施的有效性，他们会更愿意让渡出一部分私权利来接受这种监控系统。同时，适当公开部分犯罪地图，引导民众加强对自身行为的预判力。对于厦门市这个旅游热点城市，通过合适的方式适度公开犯罪地图，也有助于提高游客的安全感。对于本地居民来说，可以通过犯罪地图了解日常生活中可能出现的治安问题，时刻保持警惕意识。

犯罪作为社会现象永远不会消失，只有不断完善预防措施，健全防控体系，才能降

---

① The Economist.Safe Cities Index 2017，http://perspectives.eiu.com/infrastructure-cities/safe-cities-index-2017，访问日期：2017年10月12日。

低犯罪带来的损失和伤害，才能使社会更加和谐有序。厦门市的犯罪预防实践以群众安全感为着眼点，以加强社会治安防控网建设、提高社会治安防控体系建设科技水平、完善社会治安防控运行机制、运用法治思维和法治方式推进社会治安防控体系建设、建立健全社会治安防控体系建设工作格局六大类指导思想为落脚点，构建社会治安防控体系，并在实践中不断检验和改进，以期建立全方位、多层次的立体化社会治安防控体系，打造国内“最具安全感城市”。

检察环节运用“枫桥经验”参与互联网金融治理路径探析

——以中国（福建）自由贸易试验区厦门片区为例

林丽玉*

一、“互联网+”背景下厦门自贸区金融改革的概况及特点①

近年来，随着金融业务与互联网的加速融合，一大批互联网金融产品和金融服务平台迅速发展壮大。根据中国人民银行发布的《中国金融稳定报告（2014）》，互联网金融是互联网与金融的结合，是借助互联网和移动通信技术实现资金融通、支付和信息中介功能的新兴金融模式。从本质上讲，互联网金融是利用大数据、云计算、社交网络和搜索引擎等互联网技术实现资金融通的一种新型金融服务模式。互联网金融业态主要包括互联网支付、P2P网络借贷、网络小额贷款、众筹股权融资、金融机构创新型互联网平台、基于互联网的基金销售等六类。

中国（福建）自由贸易试验区厦门片区（以下简称“厦门自贸区”）将“两岸区域性金融服务中心”作为重点建设项目，在总体方案中提出的91项试点任务清单中有1/3与金融改革有关，并将建立互联网金融平台作为一项重点工作。从具体的政策上看，主要包括以下几个方面：

（一）注重抓住对台特色，扩大海峡两岸金融合作。

厦门自贸区坚持贯彻“一带一路”等国家倡议，围绕立足两岸、服务全国、面向世界的战略要求，积极探索闽台经济合作新模式。例如，在对台小额贸易市场设立外币兑换机构、开展跨境人民币借款等业务，为区内台资法人金融机构在大陆设立分支机构开设绿色通道等更加便利、优惠、开放的对台金融市场开放措施等。

（二）注重拓展金融服务功能，促进便利化措施改革

这主要包括三个方面的内容：一是试行资本项目限额内可兑换改革。例如，建立与自贸区相适应的账户管理体系、构建宏观审慎管理框架下外债和资本流动管理体系，统一内外资企业外债政策、加快推进人民币资本项目可兑换等内容。二是扩大人民币跨境使用和探索投融资汇兑便利。例如，允许区内金融机构和企业赴境外发行人民币债券、

---

* 林丽玉 厦门市区湖里区人民检察院。

① 根据《中国（福建）自由贸易试验区总体方案》及《中国（福建）自由贸易试验区厦门片区实施方案》整理并参考厦门市金融工作办副主任丘筱文谈自贸区金融创新，东南网 http://xm.fjnet.cn/2015-04/26/content_16001257.htm.

向境外转让人民币资产、销售人民币理财产品，允许区内企业、银行从境外借入本外币资金等内容。三是实行外汇政策便利化措施。例如，简化自贸试验区内经常项目收结汇、购付汇单证审核、直接投资外汇登记下放银行办理等内容。

（三）注重金融业开放创新，促进发展现代化金融业

例如，探索设立单独领取牌照的专业金融托管服务机构，促进在厦建设第三方支付机构集聚地；探索金融机构（含准金融机构）向境外转让、销售人民币资产或理财产品等；支持中国台湾地区的银行向区内企业或项目发放跨境人民币贷款；允许符合条件的金融机构试点发行企业和个人大额可转让存单、推进巨灾保险机制建设等内容。

二、“互联网+”背景下厦门自贸区金融改革应当重点防范的犯罪风险

（一）洗钱犯罪风险

从国际经验看，预防洗钱犯罪是所有自由贸易区共同面临的重大课题。联合国毒品控制和防止罪案办公室的一项研究指出，一个可以被犯罪分子利用的理想的离岸金融中心必须具备多项特征，其中便包括以下几项：方便即时注册成立公司；出色的电子化沟通方式；对金融服务有高度的经济依赖性；地理位置的优势，方便与富有地区的商务往来。[①]鉴于此，厦门自贸区互联网金融改革所带来的洗钱风险不容小觑：一方面区内金融改革着力通过资本项目可自由兑换、利率市场化和外汇政策的便利化、简化行政程序等措施，为跨境资金自由流动提供便利的同时也为犯罪集团洗钱提供了便利。另一方面，洗钱犯罪本身专业程度很高、没有直接的个人受害人，区内境内外资金汇划和兑换的便利方便犯罪分子从境内迅速转移赃款至境外，而厦门自贸区成立不久，监管水平不高，无法追踪层次复杂的交易，尚未建立完善的大数据库，这些都将造成监管和打击的滞后性。从具体的金融创新政策来看，以厦门自贸区目前正在探索建设第三方支付机构集聚地为例，实践中第三方支付平台所隐含的洗钱风险点就包括：利用虚假交易、第三方支付机构积聚的数量可观的资金池、不记名的非法注资、网络病毒等因素进行洗钱[②]。

（二）非法集资犯罪风险

根据我国现行法律，“非法集资”并不是一个刑法上的具体罪名，它是“非法吸收公众存款罪”“集资诈骗罪”“非法经营罪”“擅自发行股票、公司、企业债权罪”以及“欺诈发行股票、债券罪”五个罪名的统称。其中，互联网金融可能触及的主要是前四种罪名。[③]截至2015年年底，检察机关突出办理惩治了互联网金融平台非法集资行为，起诉涉众型经济犯罪12791人，依法查处“e租宝”等重大非法集资平台，所涉及的投资人数

① Davis E.P. International financial Centers: An Induslrial- Analysis[R]. Lodon,1990:51 转引自童文俊：《上海自贸区离岸金融业务洗钱风险与对策分析》，载《海南金融》2014年第11期。

② 李涛、张伟：《第三方支付平台隐含的洗钱风险及防控对策》，载《中国人民公安大学学报（社会科学版）》2016年第1期。

③ 殷宪龙：《互联网金融之刑法探析》，载《法学杂志》2015年第12期。

约为 17.8 万人，涉及贷款余额约为 87.6 亿元。[①] 假借经济热点、承诺高额回报是非法吸收公众存款、集资诈骗犯罪分子惯用的伎俩。自贸区金融改革创新举措将在未来几年内成为一个新名词和新概念，极具吸引力，易使群众产生兴趣、放松警惕。同时厦门更面临着民营企业众多、整体的信用环境偏差的问题，在自贸区内创新互联网金融平台，针对第三方金融产品的推广或是开展各类金融业开放创新，也可能面临投资者进入门槛低，平台信用标准和信用体系未同步，中间账户资金沉淀，形成信贷资金池等现象，可能出现“庞氏骗局”等非法集资诈骗。

（三）其他诈骗类犯罪

一是利用盗取信息或网络病毒实施诈骗。在目前第三方支付广为运用而又存在安全性较差问题的背景下，不法分子可能利用大数据盗取、收买用户信息，或通过传播病毒、伪造钓鱼网站等引诱上当的方式，诱骗用户自己划转资金或盗取用户的账户密码划转资金。二是利用贷款实施诈骗，不法分子可能利用 P2P 网络借贷平台对借款人资质、信息真伪及资金使用，普遍缺乏有效的审核和跟踪监管机制、信用审核不严等漏洞，通过伪造个人信息等方式骗取借款，然后携款潜逃。三是利用线上交易实施诈骗。自贸区为跨境电商打造了重要的平台，但采用线上交易更容易诱发金融欺诈，可能在交易过程中出现恶意欺诈对方、骗取财物，实施诈骗或合同诈骗犯罪。

（四）公民个人信息泄露犯罪风险

一般情况下，由于互联网金融平台和相关金融机构具有安全保护措施，公民的个人信息较难泄漏。但也有部分从业人员将在履行职责或者提供服务的过程中获取的公民个人信息出售、非法提供给他人。同时部分网站存在极大安全漏洞，加上日常运营管理不到位，造成网站上较多客户信息泄露。在“互联网 + 金融”的模式下，公民个人信息对自身金融安全的影响正在加大。目前，全国由银行卡号码、手机号码泄露导致账户资金被转移的事件已发生多起。[②] 同时，中国互联网协会《中国网民权益保护调查报告 2016》显示，近一年的时间，国内 6.88 亿网民因垃圾短信、诈骗信息、个人信息泄露等造成的经济损失估算达 915 亿元。[③]

三、“互联网+”背景下检察环节参与互联网金融治理的困境

（一）刑事立法的滞后性为检察机关有效应对犯罪带来了困难

目前，我国刑法没有直接规定针对互联网金融犯罪的法律条款，对于涉嫌犯罪的互联网金融活动，主要是按照传统金融犯罪即破坏金融管理秩序罪和金融诈骗罪定罪处罚。

① 最高人民检察院检察长：《依法办理“e 租宝”非法集资案等重大案件》，载中商情报网 http://m.askci.com/finance/67801.html.

② 《金融 APP 线下推广惹争议 个人信息泄露是否危及资金安全？》，载人民网 http://legal.people.com.cn/n/2015/1020/c42510-27718158.html.

③ 《个人信息泄露有多严重？一年“盗”走网民 900 多亿元》，载新浪财经 http://finance.sina.com.cn/roll/2016-08-28/doc-ifxvixsh6783145.shtml?cre=financepagepc&mod=f&loc=1&r=9&doct=0&rfunc=69.

针对近年来非法集资比较严重的现象，最高人民法院、最高人民检察院、公安部先后单独或联合颁布《全国法院审理金融犯罪案件工作座谈会纪要》《关于经济犯罪案件追诉标准的规定》《关于审理非法集资刑事案件具体应用法律若干问题的解释》《关于非法集资刑事案件性质认定问题的通知》《关于办理非法集资刑事案件适用法律若干问题的意见》，这些纪要、规定、通知、解释和意见对法律适用中的疑难问题作出解释，成为处理互联网金融犯罪案件的重要依据。[①] 这一系列纪要、规定、通知、解释和意见的出台，表明我国正加紧对互联网金融的有效监管，但我国目前互联网金融立法总体上还是存在着缺失、滞后、法律层级低等问题。

（二）金融交易的复杂性为检察机关确定金融犯罪与金融创新的边界带来了困难

自贸区是金融创新、金融监管改革的前沿，必然带来对现有法律规制的适用与冲突，作为执法者，维护自贸区金融秩序稳定，既要落实严厉打击犯罪的刑事政策，同时更需谨慎追责，适当提高刑法对金融创新的适应性和包容性，避免阻碍金融创新与改革，给我国经济社会发展造成损失。在实践中，互联网金融犯罪往往打着金融创新的旗号，而金融交易的多样性，金融“混合案”的刑民交织，犯罪手段的不断翻新，金融创新产品法律性质的难以界定，都给对案件性质的准确判断和统一认定带来了极大的困难。

（三）金融监管的专业性为检察机关参与前端监控和犯罪预防带来了困难

自贸区内互联网金融犯罪由于其自身特殊性，要想取得良好的预防效果，将犯罪遏制在萌芽状态，仅仅依靠打击手段是远远不够的，主动、精准、有效的前端监控和犯罪预防就显得尤其重要。但是参与金融领域的前端监管和犯罪预防不仅需要扎实的法律专业知识与实践经验，更需要具有经济、金融行业规则与相关经济学知识背景的专业人才。然而在基层检察院中，大多数办案人员都是法律专业毕业，计算机网络技术和金融知识都比较匮乏，办案能力较弱。

（四）案件的敏感性为检察机关参与社会综合治理带来了困难

一是厦门自贸区本身的敏感性。厦门自贸区以“两岸经贸合作”为定位，2016年年初台湾地区领导人选举，民进党主席蔡英文的当选为两岸关系带来了负面效果，此时自贸区内发生的大型案件更容易受到关注，甚至成为媒体的炒作对象。如果处理不当，不仅会产生不好的示范效应，还可能会增加自贸区改革创新工作的阻力，更可能会对两岸的经贸交往产生影响，检察机关处理案件将承担更大压力。二是互联网金融案件的涉众性。以非法集资类犯罪为例，这类案件涉案金额大、波及人员多、影响范围广，严重侵害了人民群众的财产权益。此类案件利益关系复杂，经常出现受害人群体到公检法机关上访，讨说法、要赔偿等情况，检察机关在依法办案的同时，还需重点做好对受害人群释法说理、情绪安抚的工作。三是互联网金融犯罪的跨国趋势引发的追赃难。目前互联网金融犯罪呈现一种全球化的趋势，自贸区为跨境资金自由流动提供便利的政策也往往被犯罪人员所利用，犯罪人员在境内骗得财产后迅速通过网络转移出境，给案发后的追赃行动带来极大的困难，受害群众的经济损失往往得不到赔偿，很难做到“案结事了”，更加剧了案件的维稳压力。

---

① 吴文殡、张启飞:《论互联网金融创新刑法规制的路径选择——以非法集资类犯罪为视角》，载《中国检察官》2015年第8期。

（五）犯罪后果的超地域性为刑事管辖权的确定带来了困难

一是由于网络的虚拟性，行为人所在地、被害人所在地、行为发生地往往都是天差地别，甚至遍及全球。例如，当前许多互联网金融平台都是通过线上来完成信息填写、网上开户、交易结算等业务，这使得传统的“主要犯罪地”和“被告人所在地”刑事管辖原则受到挑战。二是网络犯罪的蔓延性或者是分散性使得犯罪结果遍布全国各地乃至世界各地，部分网络金融犯罪相关行为涉及人群数量极多，导致各地司法机关都有管辖权，从而产生管辖权争议。三是由于涉及人群众多，也显著增强了侦查取证以及保证证据链条完善的难度，无论由任一地的检察机关单独进行管辖，对全案的整体掌握都困难极大。

（六）犯罪手段的高科技化为证据的使用与采纳带来了困难

互联网金融犯罪案件中，电子证据已成为定罪的关键。然而电子证据本身具有抽象性、易删改性、易复制性等缺陷，在实践中只能通过程序性方式予以弥补。2014 年，最高人民法院 、最高人民检察院、公安部联合发布了《关于办理网络犯罪案件适用刑事诉讼程序若干问题的意见》，该意见规定了网络犯罪的类型、涉及网络的案件管辖、初查程序、异地取证程序、远程视频程序、电子证据固定程序等诉讼程序的相关问题。[①] 但基于互联网金融案件相比于一般的网络犯罪在电子数据方面存在着数据量更大、内容更复杂的问题，对于如何加强电子证据的使用与采纳、如何提高电子证据的证明力，从而符合刑事证据的唯一性和排他性的证据要求，更需要检察机关在实践中把握与完善。

四、检察环节运用“枫桥经验”参与互联网金融治理探析

20 世纪 60 年代初，浙江省诸暨市枫桥镇干部群众创造了“发动和依靠群众，坚持矛盾不上交，就地解决，实现捕人少，治安好”的“枫桥经验”。作为基层检察机关，大力弘扬“枫桥经验”，整合力量资源，用法治思维和法治方式化解矛盾纠纷。

（一）基于坚持刑法谦抑性的角度，多角度结合处理自贸区内互联网金融案件

自贸区建设初期需要检察机关淡化打击惩治理念，强化服务保障功能。要科学把握好依法惩治违法犯罪和全力支持改革的关系，从宽容谦抑的执法理念出发，严格把握办案尺度。[②] 针对互联网金融，刑法应当进行限缩性规制，摆正其作为社会最后一道防线的地位，有所为，有所不为。[③] 对于借助互联网金融创新为名行犯罪之实的，以及贪利性强、危害性大、金额巨大的金融犯罪，要坚决依法从重打击，但是对金融创新过程中因执行政策偏差而引发的犯罪，需要适当提高刑法对金融创新的适应性和包容性，多角度结合处理，适应和推动金融创新和发展。在具体实践中，可在法定框架内积极探索自贸区内互联网金融犯罪当事人和解刑事案件的宽缓处理方式，让双方达成赔偿协议，更好地维护被害人权益，实现减轻矛盾、矫正犯罪、化解纠纷、降低诉讼成本的多赢局面。

① 吴孟栓：《明晰诉讼程序，依法惩治网络犯罪》，载《检察日报》2014 年 7 月 7 日。

② 朱毅敏、吴加明：《探索建立与自贸区建设相匹配的检察工作模式》，载《人民检察》2014 年第 8 期。

③ 刘宪权：《论互联网金融刑法规制的“两面性”》，载《法学家》2014 年第 5 期。

（二）基于完善法律法规体系的角度，发挥检察机关的意见建议作用

银监会副主席阎庆民提出，对互联网金融的发展要营造一个环境，完善行业自律体系、IT和信用体系、合作监管体系以及法律法规体系。[①] 检察机关可以结合工作实际，对互联网金融与相关法律调整可能带来的刑事法律适用变化做及时研究，向上级机关提出意见建议，为上级检察机关规范金融犯罪的办理标准，确保所用法律的准确性和统一口径提供参考。例如，可跟踪自贸区金融改革进程，及时对金融改革可能带来的刑事法律适用变化进行研究，为上级检察机关出台明确的有操作性、指导性的意见，统一各类案件处理尺度提供参考。同时还可以建立金融法律政策研究机制，通过个案和类案研究，加强金融犯罪的情况分析、预测研究和经验总结，从而挖掘金融犯罪的规律、制度风险和管理漏洞，为金融监管部门决策提供服务，以进一步加强金融监管和金融法制建设。[②]

（三）基于完善前端监控的角度，建立健全自贸区内金融检察联动机制

加强与海关、工商、税务、金融等部门的联系，促进形成自贸区内金融检察联动机制。一是建立联络人和联席会议机制。指定专人作为日常联络人，通过提前介入、联席会议、日常沟通等方式，通力协作、积极配合，及时发现犯罪线索，提升防范打击效能，在制定行政创新举措过程中邀请司法机关人员参加，便于司法机关紧跟自贸区创新形势，及时采取预防犯罪措施。二是建立执法信息沟通与共享机制。建立完善信息共享平台实现司法机关与行政执法、金融监管、行业管理等部门的数据共享，及时通报金融违法犯罪的动态信息和典型案例，及时了解和掌握金融违法犯罪线索，便于形成合力共同打击犯罪。三是纠纷预警沟通、协调调查机制。对于重大、复杂、影响面广的重大犯罪，可及时通过联席会议平台，沟通信息，会商矛盾化解的适当方案，对于一些重大案件，还可以根据需要临时成立专门的工作领导小组，充分协调各部门和受害人之间的关系，对内统一思想与口径，对外协调做好减损工作，平息矛盾。四是行政执法和刑事司法衔接机制。各协作方发现超越执法范畴、涉嫌构成犯罪的活动及时移送司法机关，推动形成高效的打击犯罪的协作机制。

（四）基于强化犯罪预防的角度，充分发挥金融检察预防职能

一方面，通过宣传可震慑企图实施犯罪的相关行为者，提升网民的自我保护意识。例如，可举办相关的犯罪预防宣传进自贸区、进社区、进写字楼、进银行、进企业等活动，充分利用电视、报纸、网络等传统媒介和微博、微信等数字化宣教平台，揭露该类犯罪的欺骗手法、特点和鉴别方法，提高群众的防范意识和识别能力。另一方面，对在监督过程中发现的经济、金融监管部门违法行为，及时发放纠正违法通知书，及时堵塞漏洞，防止其向更严重的方向发展，并及时向党委、政府部门提供风险研判报告，加强社会管理，形成预防、管理合力。

（五）基于强化队伍建设的角度，大力培养金融检察专业人才

自贸区内金融案件本身专业性强、涉及面广、社会影响大，对司法队伍的专业化提

---

① 《互联网金融：应对法律实践的三个挑战》，载《金融时报》2014年7月25日。

② 樊蓉：《网络金融犯罪案件查办的难点与对策》，载《犯罪研究》2015年第3期。

出了较高的要求。自贸区检察室应由政治素质高、业务能力强、办案经验丰富的干警组成，提高查办金融案件的质量和效率。在具体实践过程中，还可通过多种方式培养金融检察专业人才：招录有经济、金融、经济法、计算机背景的毕业生充实金融检察人才；鼓励在职检察干警攻读相关专业的硕士、博士，改变原有单一的法学知识结构，培养复合型人才；由行政执法机关就主管专业领域对司法机关干警进行培训，促进司法人员对金融、财会、自贸区建设等有深入了解；上级检察机关加强对基层司法机关的指导监督，统一执法理念与法律认识。

民事多元化纠纷解决机制的实践与探索

——以 A 市 C 区人民法院为例

林　烨 *

一、基层法院出现“诉讼爆炸”的局面

以 C 区人民法院为例，2015 年立案登记制实施以来，C 区人民法院的收案量以年均超过 8% 的速度增长，至 2017 年 C 区人民法院的收案量已达 8704 件，一线员额法官人均年结案 200 余件。笔者认为，出现“诉讼爆炸”难题的主要原因有如下几方面：

（一）矛盾纠纷日益增加

经济社会转型升级，社会矛盾呈现出纠纷类型多样化、诉讼请求多元化的特点。同时因“诉讼全能主义”观念的扩张，一些担负解决纠纷职能的行政部门将司法程序作为兜底防线而怠于行使解纷职能，以用法律彻底解决为由，将民事纠纷推向了法院。自立案登记制推行以来的司法统计分析显示，从性质上看，民事纠纷数量占绝对主导地位，刑事案件与行政争议的发案量比重相对较小。民间借贷、买卖合同、机动车交通事故、物业合同、劳动争议等传统纠纷一直系位居法院民事受案量前五名的案由。

表 1　立案登记制推行以来 C 区法院（刑、行、民）收案量情况

案件类型	2014 年	2015 年	2016 年	2017 年
刑事案件	641 件	662 件	690 件	682 件
民事案件	3867 件	4248 件	4218 件	4366 件
行政案件	98 件	176 件	161 件	262 件

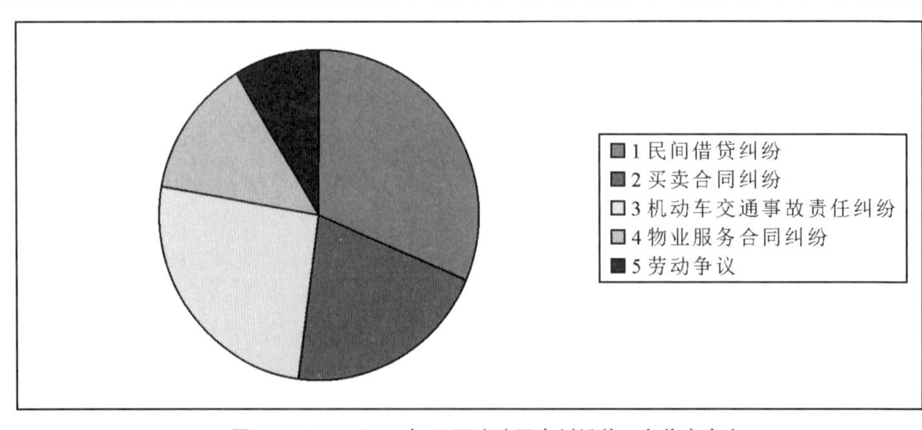

图 1　2015—2017 年 C 区法院民事纠纷前五名收案案由

* 林烨，厦门市海沧区人民法院。

（二）纠纷的分流渠道不明确

为适应类型多样化的社会矛盾，调解、仲裁、行政裁决、行政复议、诉讼等纠纷解决方式应运而生。然而现实生活中多数当事人对诉讼外的纠纷解决方式了解甚少，当纠纷发生时对于寻求哪个纠纷解决机构是茫然的，多数当事人理所当然地选择“一步到位”的诉讼途径。非诉讼纠纷解决途径看似不少，但缺乏前端分流标准设置，加之各纠纷解决机构之间未建立有效的分工合作关系，导致机制之间“各自为战”，处于独立运作状态，前端的纠纷处理结果不能为后续的其他纠纷解决方式提供有价值的参考，分流机制效果不佳导致法院门庭若市、非诉讼纠纷解决机构门可罗雀的现象。

（三）非诉讼纠纷解决机制缺乏法律权威

非诉讼机制中以人民调解、律师调解为例，人民调解委员会组织下所促成的调解协议因不具有法律赋予的强制执行力，存在调解协议得不到履行的风险，要切实履行调解协议还得付出时间、金钱成本重新诉诸法院。如此一来，当事人自然不愿大费周章地选择人民调解或律师调解。

二、民事纠纷多元化解决机制的思考

（一）民事纠纷多元化解决机制的必要性

1. 多元化社会的呼唤。首先，社会公众利益和需求的多元化。社会主义市场经济体制的背景下，社会结构分化必然导致社会阶层的多元化。构建多元化的纠纷解决思路，兼顾不同群体特殊利益的目标，实现法律效果与社会效果的统一，应建立一种刚性与灵活性并存的纠纷解决机制。其次，纠纷主体的多元化。民事纠纷除发生在公民之间外，还可能发生在公民与法人、非法人团体、其他组织之间。由于纠纷主体的身份、亲疏关系不同，纠纷解决机制也应进行差异化选择。通常，当事人之间的关系越近，越不适宜采用对抗性的诉讼方式。如家事纠纷应更倾向于使用注重情理的调解，通过调解方式解决纠纷，处理方式更加柔和，有利于当事人之间的情感交流、修复家庭关系。

2. 克服诉讼方式所固有的局限性。利用诉讼方式解决民事纠纷存在一定的局限性，如其难以达到刚性法律规则与柔性道德情理之间的衡平，难以克服程序公平与实体公正、法律真实与客观真实、公平与效益、确定性规则与解决特殊个案所需灵活性之间的矛盾。[①] 通过诉讼方式解决纠纷存在不彻底性，甚至会出现“一场官司十年仇”的局面。因为强硬、对抗式的诉讼方式容易摧毁纠纷主体之间维系的关系，难以实现案结事了后主体间的和谐。

（二）民事纠纷多元化解决机制的困境

1. 解纷机制的发展失衡。受司法万能主义观念[②]的影响，诉讼制度无论在硬件资源还是在专业解纷人员配备上均有着其他非诉讼解纷机制所无法比拟的优越性。相较之下，

① 沈恒斌：《多元化纠纷解决机制原理与实务》，厦门大学出版社2005年版，第395页。

② 范愉：《非诉讼纠纷解决机制研究》，中国政法大学出版社2000年版，第250~252页。

非诉讼纠纷解决机制因未得到社会公众寄予的厚望而未引起足够重视。例如有些解纷组织经费设置、人员配备不到位，导致一些解纷组织实际上处于虚置状态，造成人员流失、机制弱化的消极态势。

2. 未建立完善的调解人员管理办法，缺乏工作质效评估标准。有关于委托委派调解人员的岗位职责、人员聘用标准、工作方式、考核标准、聘用标准等方面的规定不够完善。例如，委托特邀调解人员的考核方面比较单一，主要侧重受委托委派调解案件数、调解成功率以及调解的履行率，而忽视了当事人对纠纷解决过程、对调解人员调解技巧和调解方式的满意程度、通过调解所达到的社会影响和效果以及投入与产出之比等方面的考虑。

3. 律师队伍参与调解的实践效果不佳。《关于开展律师调解试点工作的意见》[①]（以下简称"《意见》"）虽然规定经律师调解达成的协议，当事人可以向律师调解工作室所在地的基层人民法院申请确认其效力，人民法院应当依法确认调解协议效力。但最高人民法院颁布的《关于人民调解协议司法确认程序的若干规定》以及《中华人民共和国民事诉讼法》关于司法确认程序的规定，申请司法确认调解协议的双方当事人可以自调解协议生效之日起三十日内共同向调解组织所在地的基层人民法院或者人民法庭申请司法确认。《意见》对于调解协议作出后一方当事人怠于进行司法确认应否承担责任并无规定，甚至没有相应的惩戒措施。[②]其次，律师调解达成的协议存在不被法院确认的风险，一旦协议无法得到司法确认仍须进入诉讼程序，将极大地耗费当事人的经济、时间成本。

三、A市C区人民法院民事纠纷多元化解决机制的探索历程

2015年5月1日施行的《A市多元化纠纷解决机制促进条例》，作为全国第一部促进多元化纠纷解决机制建设的地方性法规，为A市多元化纠纷解决机制发展提供了重要依据。C区人民法院作为创建多元化纠纷解决机制的试点单位，紧扣多元化纠纷调解工作的总体要求，开创了一系列多元化纠纷解决机制的特色做法。

（一）主要做法及成效

1. 建设"两个中心"，一站式服务。2013年正式成立诉调对接中心，为使诉调衔接工作系统化、规范化，特在诉调对接中心下设立诉前调解室、行业调解室、人民调解室、网络调解室，由1名员额法官、6名特邀调解员、2名书记员专职负责诉前调解。C区人民法院秉持诉调对接平台与诉讼服务中心相结合的思路，将诉调对接中心作为诉调对接的核心平台，并将其融入集导诉、诉前引导调解、立案、保全、拍卖、鉴定等功能于一体的诉讼服务中心建设当中去，通过整合对接与服务功能，为群众提供诉调衔接、法律咨询、判后答疑、材料收转等"一站式"服务。据统计，2017年诉前调解团队办结案件767件，调解578件，撤诉152件，办案周期平均为0.5个月，案件主要类型为物业服务合同纠纷、机动车交通事故责任纠纷、离婚纠纷等。

2. 运用政府购买服务，创建"无讼社区"。借助C区政法委与C区正诚联调共治社工

① 最高人民法院、司法部：《关于开展律师调解试点工作的意见》。

② 曹雅静：《推动律师服务与调解相对接，助力多元解纷机制发挥优势》，载《人民法院报》2017年10月17日第3版。

中心（由律师及社会各界人士组成的赋有调解功能的社会组织）签订购买服务协议这一平台，开展一系列“无讼社区”创建工作：一是协助社区完成一定数量的司法确认案件。明确由该社工中心每年帮助 10 个重点社区完成一定量的司法确认案件。二是协助法院完成一定数量的委托委派调解案件。明确由该社工中心一年内必须接收一定数量的法院委托委派调解案件，并且调解成功率必须达到一定指标。三是定期对重点社区调解员进行业务指导、培训，规范“无讼社区”创建的资料收集建档工作。

3. 完善交通事故调处中心工作。由交通事故调处中心统一负责辖区内机动车交通事故责任纠纷的调处工作，实现交通事故案件在确定责任、保险理赔、调解等环节的有效对接。引入鉴定前置及保险公司入驻交通事故调处中心，同时在调处交通事故纠纷时邀请保险协会专家参与调解，提高调解成功率。2017 年 1 月至 11 月以来集中调处、审结涉机动车交通事故纠纷 356 件，涉及金额 930 余万元。

4. 建章立制，繁简分流。2016 年成立速裁组，开展“分调裁”改革工作。依照民事诉讼法的规定，将审理事实清楚、权利义务关系明确、争议不大，且标的额为福建省上年度就业人员年平均工资 30% 以下的简单民商事案件纳入“分、调、裁”案件的标准和范围内。2017 年，诉裁组及诉前调解团队共调解撤诉民商事案件 1180 件，占全院受理民商事案件总数的 26.95%。2017 年速裁团队办结案件 398 件，调解 56 件，撤诉 269 件，办案周期平均为 1.5 个月，案件主要类型为物业服务合同纠纷、买卖合同纠纷、劳务合同纠纷等。

5. 整合社会资源，建立多元化解团队。法院与 C 区交警、工商、商会、公安、人劳、卫生、妇联、保险协会等十余家行政机关、行业组织、人民调解组织联合搭建诉调对接关系。定期与区劳动局召开联席会议，实施劳动争议多方联动机制；与区工商局、区商会联合对辖区内的消费民生案件进行调解；联合妇联进行反家暴特殊人身安全保护机制的建设，积极尝试、探索让公安机关、妇联成为除法院外家暴证据固定的主体；对民政局的离婚调解协议进行司法确认无缝对接等创新机制，使矛盾纠纷得以“尽早发现、及时处置、巧妙化解”。

2018 年 3 月 30 日，C 区人民法院还与 C 区司法局签署 2018 年度合作框架协议，双方同意建立公证参与审判协作机制，实现公证参与调解、送达与执行。

（二）存在的问题

1. 公证参与审判协同机制仍处于摸索阶段。一是公证参与审判协作的经费来源及负担主体暂不明晰；二是哪几类纠纷可纳入协同服务范围尚未确定；三是公证员队伍能否适应调解、送达与执行工作仍有待考察。

2. 调解组织发挥的作用有限。调解员素质参差不齐且积极性不高，调解质量和效果欠佳，如调解协议的条款内容存有瑕疵而无法进行司法确认等，当事人选择由调解组织先行调解的意愿不强。

3. 缺乏减免诉讼费政策支持。通过法院诉调对接机制调解结案的案件仍收取案件受理费，缺乏费用减免的政策性倾斜，当事人无法感受到通过诉调对接中心调解结案较于诉讼的优越性。

四、民事纠纷多元化解决机制工作方向与展望

（一）法院内部解纷机制的完善与拓展

1. 确立民事案件“全程诉讼调解”模式。自案件在法院立案时起，直至判决时止，包括立案、送达、举证、审前、判前所有阶段均引导当事人进行调解。在对新收案件双方当事人送达法律文书时，向双方送达《调解意向书》《调解息诉建议书》，阐明调解优势。

2. 发挥诉讼费用的杠杆作用。[①] 为鼓励当事人通过多元化的纠纷解决机制化解矛盾，当事人自愿和解申请撤诉的，人民法院免收其诉讼费。当事人经法院主持达成调解的，可根据调解后的标的额计算诉讼费，并在全额诉讼费基础上减半收取。一方当事人无正当理由，且有明显恶意不参与调解，或导致调解不成的，法院可以根据具体情况对无过错方提出的赔偿合理的律师费用等正当要求予以支持。通过发挥诉讼费的杠杆作用，激发当事人利用非诉方式解决纠纷的积极性。

3. 人工智能助力多元化纠纷解决。以微信公众号、掌上诉讼服务中心等为线上载体，以安放在法院诉讼服务中心大厅为线下载体，开发法律问答机器人。[②] 法律问答机器人主要包含诉讼风险须知、案件信息查询、多元化纠纷调解三大模块的内容。研发前期，由各业务庭资深法官组成研发小组，对近年多发民间借贷纠纷、交通事故责任纠纷、物业服务合同纠纷、劳动争议、买卖合同五类纠纷所常见的法律问题进行分析，归纳整理形成思维导图，同时实现类案裁判案例的检索，以便当事人在诉前通过操作法律问答机器人，根据不同问答场景的选择，获取诉讼风险评估报告及纠纷解决方案建议，据此获取诉讼权益的预期，从而及时调整纠纷解决方式。

4. 深入开展远程网络调解。法院应进一步运用“互联网 +”思维，建立“C区微司法”微信公众号，开通矛盾纠纷调解网上预约功能，开辟“你点单我调解”的新模式，只要用微信关注“C区微司法”便可以网上申请调解，自行选择调解方式。调解方式包括电话调解、网上调解、微信群调解等，以当事人的意愿为准绳，自主选择。当事人只需在线申请，调解工作室工作人员进行线上审核，并根据案件的难易、复杂程度，合理安排调解员全程跟进调解。在线调解则是在互联网搭建在线调解平台，由在线调解员作为中立第三方主持调解，调解过程同步记录，便于当事人随时查阅信息。

（二）法院借助非审判资源解决纠纷

1. 律师调解队伍专业化，完善律师调解的法律规定。在法院诉讼服务中心、诉调对接中心设立律师调解工作室。笔者建议由中级人民法院、市司法局、市律师协会共同成立律师调解资质管理委员会，负责审核参与律师调解工作的律所和律师的资质。法院设置通过资质审核的律所及律师调解员名录，将参与调解的律师进行专业划分，优先匹配与其专业对口的矛盾纠纷类型，以达到更为有效的调解效果，同时纠纷双方当事人亦可通过合意在调解律师名录中选择律师主持调解。

健全律师参与调解的相关法律规定，将律师参与调解的权利与义务落到实处，赋予

① 最高人民法院、司法部：《关于开展律师调解试点工作的意见》。

② 张静、易凌波：《人工智能助推多元化纠纷解决机制的理念与路径》，载《人民法治》2017年第5期。

律师参与调解过程中适当的调查取证权利，明确司法确认的申请主体，在法院严格审查且当事人意思表示真实的情况下，可由一方当事人申请赋予调解协议，以避免过高的司法确认门槛对当事人实现权利造成阻碍。

2. 确定公证协同服务的范围。推广诉讼与公证协同服务的“C 区法院创新模式”，在法院诉讼服务中心设置公证处专用调解室，实行“定时定人定岗”机制，将入驻法院从事调解工作的公证人员聘请为特邀调解员纳入名册管理。结合公证处的特长和优势，将部分无争议的抚养费、赡养费、继承、财产分割的家事案件，归由公证机构负责诉前调解，成功调解后直接进入公证程序；对调解不成的案件经由公证机构梳理，将含有相关法律事实和争议的公证法律意见书移交法院。

3. 完善调解人员管理办法，提升调解队伍整体素质。建立完善的调解人员管理办法，将岗位职责、聘用标准、工作方式、工作内容、薪资待遇等细化成规范性文件，建立可行的工作绩效评估机制，统计委派调解案件数、调解成功率以及调解的履行率，综合考虑案件的复杂程度、标的大小、执行难度等因素。只有以工作绩效为依托，对调解活动进行评估，才能将多元化纠纷解决机制的优势最大化。法院定期派出具有丰富法律知识和调解经验的审判人员、聘请资深调解员，提取典型案例从调解程序、调解技巧、调解文书制作等方面对调解人员进行培训，保证调解队伍的高素质、专业化。

新时代检察工作研究——以认罪认罚制度为背景

吴昌辉*

前言

讲政治、顾大局、谋发展、重自强，以更强烈的政治责任感和历史使命感做好新时代检察工作，这是最高人民检察院检察长张军同志履新后第一次主持对新时代检察工作提出的新要求。该十二字总要求指明了检察工作在新起点上再出发的路径。新时代就要有新探索，检察机关的认罪认罚试点就是检察机关在新时代以办案为中心的一次新探索，截至目前该试点工作已取得了不俗的成绩与效果，如何更好地让认罪认罚制度服务于新时代检察工作，为人民群众向往的美好生活提供检察力量，是新时代检察工作永恒的课题。

一、认罪认罚制度中的检察工作概述

认罪认罚制度的必要性可以概括为“四个需要”。[①] 根据《关于在部分地区开展刑事案件认罪认罚从宽制度试点工作的办法》（以下简称“《办法》”），我们可以对认罪认罚制度得出以下理解：认罪即承认自己的罪行；认罚即同意接受处罚；认罪认罚的表现形式即具结书的签订；从宽，是在认罪、认罚的基础上对其从宽处理。检察机关作为法律监督机关，在其中的角色至关重要，检察职能能否有效、高效地发挥，关系着认罪认罚从宽制度能否有效实行。

（一）审查案件是否适用认罪认罚

检察机关在收到公安机关移送审查的案件以后，首先就是审查该案件是否适用认罪认罚从宽制度，根据《办法》第2条之规定的不适用认罪认罚的三种情形，[②] 究其原因，是因为前述三种情形如果适用认罪认罚制度，基于犯罪嫌疑人本身认知能力的限制，很难保证犯罪嫌疑人认罪认罚的自愿性；或者案件根本没有必要进入诉讼程序，故都不宜适用认罪认罚从宽制度。

从司法解释的具体规定来看，基本上除了上述三种案件以外的其他案件都可以适用认罪认罚从宽制度，包括涉恐、涉黑案件，因为在这些类型的案件中，犯罪嫌疑人也有

* 吴昌辉，集美区人民检察院。

① 参见：周强就开展刑事案件认罪认罚从宽制度试点工作作说明，四个需要包括：及时有效惩罚犯罪，维护社会稳定的需要；落实宽严相济刑事政策，加强人权司法保障的需要；优化司法资源配置，提升司法公正效率的需要；深化刑事诉讼制度改革，构建科学的刑事诉讼体系的需要，载《法制日报》，2016年8月30日。

② 根据办法，不适用认罪认罚从宽制度的情形包括：“犯罪嫌疑人、被告人是尚未完全丧失辨认或者控制自己行为能力的精神病人的；未成年犯罪嫌疑人、被告人的法定代理人、辩护人对未成年人认罪认罚有异议的；犯罪嫌疑人、被告人行为不构成犯罪的；其他不宜适用的情形。”

资格进行认罪认罚。因此，检察院在审查案件的时候，一般只需审查该案是否属于《办法》所规定的三种适用的案件类型即可。

（二）审查和保障认罪认罚的自愿性

从两个方面来审查犯罪嫌疑人的自愿性。一方面是综合审查侦查机关移送的证据材料，确定犯罪嫌疑人是否有犯罪，并在讯问犯罪嫌疑人的过程中通过告知其认罪认罚阶段的权利，在其明确认罪认罚情况下再次告知认罪认罚后可能产生的法律后果，让其明知、明智地自主选择是否适用认罪认罚制度，以确保认罪认罚的自愿性。

另一方面听取辩护律师的意见要主动、及时。试点的推行进一步增加了认罪认罚案件刑事辩护的需求量，特别是有必要加强法律援助律师的参与。认罪认罚案件中，律师无疑是参与案件的重要组成部分。该办法明确规定有必要确保犯罪嫌疑人在案件中获得法律援助（帮助）的权利，在犯罪嫌疑人没有辩护人的情况下，则由办案机关通知法律援助律师为其提供相关帮助，相关文件把该种律师称为值班律师。实际上，值班律师为犯罪嫌疑人提供的法律帮助是非常基础的、简单的，但对于相对弱势的犯罪嫌疑人而言无疑是至关重要的。

（三）提出量刑建议

根据《办法》规定，检察机关在提出量刑建议时应该审查全案证据，综合情节考虑，根据犯罪的具体情况，实行区别对待，做到该宽则宽，当严则严，宽严相济，罚当其罪。[①]

检察机关的承办人应积累认罪认罚案件中量刑建议的经验。试点中量刑建议的难点在于认罪认罚案件数量大且个案案情千差万别，相关司法解释又没有规定具体的量刑标准，这就要求检察人员对量刑工作在办案中进一步研究和掌握最高人民法院《量刑指导意见》，加强互相沟通，对把握不准的案件适时召开检察官会议等探讨学习，在办案实践中为量刑建议统一标准打下基础。另外利用好系统上案件智能分析来辅助量刑建议，保障规范性与准确性。与法院积极沟通，可以在认罪认罚案件中根据实际的司法实践情况制定一定的量刑标准，避免同案不同判的情形，这也是罪责刑相适应原则和公平正义原则在认罪认罚制度中的体现。

（四）适用简易、速裁程序

检察工作的一个重要部分就是决定适用简易程序和速裁程序审理认罪认罚案件。也就是《办法》中所规定的，具体判断标准为犯罪嫌疑人是否会被判处三年有期徒刑。该条规定的初衷是为了节约司法资源、提升办案效率与经济效益。从数据的角度来看，在我国社会经济快速稳定发展的大背景下，刑事案件判处三年或三年以下的案件比例约占总数的 70%，可能判处重罪的案件总量及其所占比例在持续下降，轻刑犯罪数量及占比大幅上升，该标准的规定符合现阶段案件构成发展的趋势。

检察院公诉部门根据量刑建议的参考，对认罪认罚案件中犯罪嫌疑人可能判处三年以上有期徒刑的建议适用简易程序。另外值得思考的问题是对于可能判处无期徒刑或者死刑的认罪认罚案件是否该适用程序从简，由于该类严重犯罪的诉讼程序强调的是诉讼公正特别是程序公正，因此，不能适用简易程序，但检察机关在作出量刑建议时对其可以予以从宽考虑。

---

① 根据《办法》，不适用认罪认罚从宽制度的情形包括：“犯罪嫌疑人、被告人是尚未完全丧失辨认或者控制自己行为能力的精神病人的；未成年犯罪嫌疑人、被告人的法定代理人、辩护人对未成年人认罪认罚有异议的；犯罪嫌疑人、被告人行为不构成犯罪的；其他不宜适用的情形。”

（五）认罪认罚制度试点以来存在的问题

证据标准问题。认罪认罚制度并不意味着侦查机关在收集证据时可以降低标准，为了避免将嫌疑人的认罪认罚作为定罪根据的主要依据，对于认罪认罚的案件，检察机关必须严格按照刑事诉讼法所规定的证据标准来审查，绝不能降格处理。认罪认罚中针对程序的，为了简化流程、提高效率而设计的，并不能作为实体上减轻侦查机关证明犯罪嫌疑人有罪的证明责任而存在。实践中如果过于重视犯罪嫌疑人认罪认罚的“口供”，则很有可能让侦查机关过于依赖而轻视证据的收集，甚至重蹈刑讯逼供的覆辙。因此明确证据标准对于保障人权意义重大。

认罪认罚的真实性。认罪认罚是否出于犯罪嫌疑人的真实意思表示，主要包括以下几个问题：（1）犯罪嫌疑人是否对自己的行为以及触犯的法律有着清晰的认识；（2）对认罪认罚制度中权利义务以及认罪认罚后可能发生的法律后果是否清楚；（3）作出认罪认罚意思表示是否自愿。前两者取决于犯罪人本身的法律素养和公检法有无充分告知嫌疑人其相关权利义务，为其提供必需的法律帮助。后者则是在各个认罪认罚阶段需要有执行机关和犯罪人以外的第三方介入。

如何兼顾数量与质量。从试点实践的情况来看，绝大多数认罪认罚案件还是轻刑案件，对于可能判处重刑的案件认罪认罚的比例还是微乎其微的，这就说明认罪认罚制度对可能判处三年以下的轻刑案件具有极大的倾向性。随着社会法制化的提升，犯罪嫌疑人权利越来越得到保障，在认罪认罚案件日益增多的同时，检察机关如何在日后认罪认罚常态化中间保证每个案件都得以公正的处理，如何提高案件的质量，而不是简单地走流量，则是现阶段检察机关应该思考的问题。

认罪认罚案件如何体现检察效率。诚然，认罪认罚制度确实有助于公检法在办理该类刑事案件过程中程序及实体上的简化，减轻了办案生理、心理压力。但是检察机关案多人少的问题并未得到根本性的解决。检察机关如何借助信息时代的力量，简化办案环节的设计，与公安、法院的有效沟通与建立常态化机制，自身检察资源的合理分配，都是新时代改革进行中应该重点思考的内容。

二、完善检察工作的补充建议

（一）少用慎用审前羁押措施

由于适用认罪认罚案件主要为危险驾驶、故意伤害、盗窃、交通肇事等轻微刑事案件，且在犯罪嫌疑人认罪认罚的基础上，犯罪嫌疑人的人身危险性降低，对该类犯罪的大部分犯罪嫌疑人采取取保候审不致发生社会危险性。因此，在检察院侦查监督部门审查批准逮捕阶段，如果犯罪嫌疑人确有认罪认罚表现，则可以作为审查批准逮捕的考虑因素，对其采取相对较轻的强制措施，如取保候审、监视居住等。对无社会危险性的，《办法》也规定了与犯罪嫌疑人相适应的强制措施。①

① 《最高人民法院、最高人民检察院、公安部、国家安全部、司法部关于在部分地区开展刑事案件认罪认罚从宽制度试点工作的办法》第6条：“人民法院、人民检察院、公安机关应当将犯罪嫌疑人、被告人认罪认罚作为其是否具有社会危害性的重要考虑因素，对于没有社会危险性的犯罪嫌疑人、被告人，应当取保候审、监视居住。”

认罪认罚从宽制度的初衷之一就是尊重和保障人权，尽快让犯罪嫌疑人悔罪并且回归社会，因此，根据犯罪嫌疑人在诉讼阶段的认罪认罚与否来考虑其社会危险性，以适用与其社会危险性相适应的强制措施是认罪认罚从宽制度中检察工作的应有之义，更好地保障犯罪嫌疑人的人权和更快促进其悔罪及回归社会。检察机关亦可尝试社会调查前置，对于可能被判处轻刑的犯罪嫌疑人，可与司法行政机关提前联系相关司法工作，缩短社会调查及居住地核实的工作周期，发挥非羁押强制措施的社会矫正、教育功能。

（二）实现派出所监督全覆盖

认罪认罚案件大部分由基层派出所进行侦查活动，因此对其的有效监督是保障认罪认罚案件侦查质量的必要保证，通过对派出所监督的全覆盖，检察院在此过程中对证据审查的标准不能降低，检察机关在办理认罪认罚案件中依旧要保证案件事实清楚、证据确实充分，排除合理怀疑，避免影响实体公正。

强化检察监督职能和构建新型良性互动检警关系，如厦门市集美区人民检察院与集美公安分局会签《关于开展对公安派出所刑事侦查活动监督工作实施方案》，并于2017年9月22日挂牌成立集美区人民检察院派驻辖区的9个公安派出所检察室，最先实现了辖区内驻派出所检察室的全覆盖，为提高刑事案件质量提供了良好的基础和平台。以此为基点，建立了常态化监督机制。同时成立3个办案巡查小组分别对接辖区内10个公安（边防）派出所，开展定期或不定期巡查的工作机制。巡查采取不同工作方式，如通过查阅受案立案记录、办案登记本、执法录音录像，检查工作台账，抽调排查特定类型案件等。以刑事拘留监督为切入点，着力强化对强制措施、羁押期限、讯问程序的监督，建立对限制人身自由的司法措施和侦查手段的监督制度。

（三）有效落实值班律师制度

认罪认罚应当建立在信息对称的基础上，在被追诉人对自身处境并不了解的情况下，难以保障其自愿理性地认罪认罚。[①] 在大部分案件中，犯罪嫌疑人对于认罪认罚制度的了解程度仅限于办案人员告知其认罪认罚可以从宽处罚，对于认罪认罚制度并没有一个清晰的认识。并且很多侦查人员乃至检察人员在讯问犯罪嫌疑人的时候对于犯罪嫌疑人的权利义务并未完全尽到告知义务，仅仅让其签字而已，犯罪嫌疑人本身并不完全知晓该制度的适用条件、程序以及后果。因而，值班律师制度的有效落实是保障被追诉人认罪认罚自愿性的一个重要基础。

检察院相关部门在办理案件过程中要落实好值班律师制度，实现刑事辩护在认罪认罚案件中的全覆盖，如设置检察院值班律师工作室，全面、及时地告知犯罪嫌疑人权利，同时保证律师的在场权，以确保认罪认罚的明知性、自愿性。

（四）简化形式减少办案环节

检察机关应该探索为认罪认罚案件承办人“减负”举措，减少该类案件的流转环节，简化流程与文书模板。有权机关可出台相关规定，用制度的形式将具体简化细则写明于制度，落实于实践，为认罪认罚案件办理提速给予制度保障。

---

① 参见韩旭：《辩护律师在认罪认罚从宽制度中的有效参与》，载《南都学坛》2016年第6期。

检察院案管部门可与公安机关侦查部门形成电子卷宗共享机制，公安承办人移送案件的同时应该及时将电子笔录拷贝移交案管部门，案管部门在收到公安部门移送的案件材料并登记以后，第一时间对公安移送的电子卷宗、无电子版的纸质卷宗进行扫描形成电子卷宗进行集中整合后及时打包共享侦监、公诉部门。侦监、公诉部门承办人利用该电子卷宗可以直接复制粘贴在审查报告中，使精力能够专注于案件的实质审查，不被枯燥的文书、证据材料摘录工作所累，极大提升承办人的工作效率。同时，在此机制上，当辩护律师阅卷时，检察机关亦可将相关电子卷宗一次性拷贝给律师阅卷，减少了陪同阅卷的工作负担，节省宝贵的办案时间与精力。

（五）检察资源合理分配提升效率

检察机关一直以来都存在案多人少的困境，酒驾入刑之后危险驾驶案件数量的上升趋势已成定局，总体案件数量逐年上涨，检察业务部门存在案多人少之困境情况。然而一直以来，全国政法机关编制占公务员编制总数的比例并不低，想通过简单地增加检察人员编制来解决这一燃眉之急并不现实。因此合理地分配检察资源，提升办案的效率是根除这一顽疾的必由之路。

针对认罪认罚制度试点以来的实践经验，多地认罪认罚案件数量基本达到甚至超过案件总数的80%，不认罪（疑难）案件的数量控制在20%。办案资源也应按照轻重的比例进行倒置分配，也就是80%的办案人员办理20%的疑难案件，20%的办案人员办理80%的认罪认罚案件，也就是遵循“两个二八”原则。这有助于解决案多人少的资源分配问题，提升检察机关办案的效率。更为重要的意义则在于，检察人员在办理这些疑难案件的过程中，积累了对于处理棘手的复杂案件的经验，为检察事业培养了更多的专才。

结语

以办案为中心，开展法律监督的新探索。无论是员额制的改革，还是认罪认罚制度试点工作的推进，抑或是将来可能实现“捕诉合一”的探索，都是检察机关在新时代为了给人民群众提供更为优质的检察产品而作出的探索与创新。检察机关要以只争朝夕的精神，不断创新办案方式方法，努力在新时代检察工作中交出让人民满意的答卷。

“四个特征”相互印证下的黑社会性质组织认定

——基于全国53个无罪判例的实证研究

李江南*

一、法律发展脉络

自1997年首次提出黑社会性质组织犯罪概念至今，我国法律在黑社会性质犯罪相关问题的认定上，经历了三个阶段。第一阶段是概念提出阶段，1997年，刑法修订时，首次在法律文本中出现了“黑社会性质组织”概念，它突出强调了黑社会性质组织的暴力性和犯罪活动的有组织性。不过当时对涉黑犯罪的认定标准相当模糊，其中如“称霸一方，为非作恶，欺压、残害群众，严重破坏经济、社会生活”的表述虽然形象生动，但在现实中难以准确认定。第二阶段是特征描述阶段，为了进一步明确黑社会性质组织认定条件，最高人民法院于2000年12月4日在《最高人民法院关于审理黑社会性质组织犯罪的案件具体应用法律若干问题的解释》中对黑社会性质组织作了明确具体的规定，列举了黑社会性质组织一般应具备的“组织特征”“经济特征”“非法控制特征”“保护伞特征”等。2002年4月28日，全国人大常委又作出了关于《中华人民共和国刑法》第294条第1款的解释，对黑恶势力犯罪具体特征又作出了界定，在立法解释中“保护伞特征”从必要条件变为选择性条件。2009年12月15日，最高人民法院、最高人民检察院、公安部联合下发的《办理黑社会性质组织犯罪案件座谈会纪要》(下文简称“《座谈纪要》”)再次对黑社会性质组织的构成特征进行了揭示。《刑法修正案(八)》的出台最终将黑社会性质组织的基本特征由立法解释提升为法律条文，明确黑社会性质的组织应当同时具备“四个特征”，即《关于〈中华人民共和国刑法〉第二百九十四条款的解释》中规定的“组织特征”“经济特征”“行为特征”和“非法控制特征”。但是，在各省司法实践中，由于没有明确“四个特征”间的关系，在黑社会性质组织认定上容易陷入盲人摸象的境地。第三阶段是司法实践统一阶段，针对各地打黑中遇到的不少黑社会性质组织特征不明显、认定标准不统一的问题，2015年9月17日最高人民法院印发了《全国部分法院审理黑社会性质组织犯罪案件工作座谈会纪要》(下文简称“《北海纪要》”)，其中，关于如何认识和认定黑社会性质组织的基本特征，仍是其主体和核心内容。在《北海纪要》中明确指出，“四个特征”中其他构成要素均已具备，仅在成员人数、经济实力规模方面未达到本纪要提出的一般性要求，但已较为接近，且在“非法控制特征”方面同时具有2009年《座谈纪要》相关规定中的多种情形，其中至少有一种情形已明显超出认定标准的，也可以认定为黑社会性质组织。2018年两高两部《关于办理黑恶势力犯罪案件若干问题的指导意见》(以下简称“《指导意见》”)再次强调“非法控制特征”，即在具体认定时，应根据立法本意，认真审查、分析黑社会性质组织“四个特征”相互间的内在联系，准确评价涉案犯罪组织所造成的社会危害，做到不枉不纵。《指导意见》中进一步

* 李江南，厦门市公安局。

明确在“组织特征”“经济特征”的认定上不宜设置具体标准，不能搞“一刀切”。

“特征”不等于“本质”，特征是事物外延的表现方式，如人类的特征有使用工具、直立行走、有喜怒哀乐的复杂情绪等，对这些特征割裂看待，人与猩猩如何区分？若依据“有23对人类特有染色体的具有生命的个体”这一本质，人与猩猩的区分一目了然。对黑社会性质组织的认定也是如此，黑社会与黑社会性质组织在量级上有区别，在本质上无不同，黑社会与黑社会性质组织的本质就是对抗现有社会秩序，企图在以刑罚等国家强制力为后盾的法律秩序中建立以暴力等犯罪手段为后盾的反社会秩序。通过法律发展脉络，我们可以清楚地看出，对黑社会性质组织的法律认定上，立法与司法实践逐渐由特征外延走向核心本质，逐步成熟。在具体认定标准上，更加注重黑社会性质组织实质，避免机械教条式的规定。尤其是《座谈纪要》与《指导意见》，进一步厘清了黑社会性质组织“四个特征”间的关系，强调对抗现有社会秩序是黑社会性质组织的本质。

二、无罪判例研究

在司法实践中有不少类似黑社会性质组织犯罪团伙，如恶势力、流氓团伙、暴力经营组织等，具有黑社会性质组织犯罪“四项特征”中的几项，但是由于达不到黑社会性质组织“非法控制特征”，在法律上不予认定。因此，研究以黑社会性质组织提起公诉、最后法院不予认定的案例，对廓清黑社会性质组织“四个特征”之间的关系、明确黑社会性质组织的刑法边界意义重大。本文选取53个以黑社会性质组织提起公诉，最后被法院认定被告人不构成组织、领导黑社会性质组织罪的案例（见表1）。53个案例来源于广强律师事务所网站，该网曾组织人力查阅中国裁判文书网，截至2017年9月11日，共获得法院认定被告人不构成组织、领导黑社会性质组织罪的案例53个。

表1

编号	省份	起诉罪名与宣判时间
1	黑龙江	白佳明等组织、领导、参加黑社会性质组织罪一案（2003-04-04）
2	浙江	晏友军等组织、领导、参加黑社会性质组织罪一案（2007-09-19）
3	河南	狄学峰等犯组织、领导黑社会性质组织罪一案（2008-03-06）
4	河南	郭春海、郭朝宾、解运景、袁现营犯组织、参加黑社会性质犯罪一案（2009-03-05）
5	河南	乔广龙等强迫交易、组织、领导黑社会性质组织罪一案（2009-07-29）
6	河南	丁东彦、薛玲华、薛艳华组织、领导黑社会性质组织罪一案（2009-11-06）
7	河南	马红伟组织、领导黑社会性质组织罪一案（2010-03-16）
8	河南	贺某某1组织、领导黑社会性质组织一案（2010-07-08）
9	河南	丁增刚、丁永歌、万义根、丁团伟、丁龙飞组织、领导、参加黑社会性质组织一案（2011-02-16）
10	河南	张德庆、史俊卫等人组织、领导黑社会性质组织罪一案（2011-03-10）
11	河南	邢广献等人组织、领导黑社会性质组织罪一案（2011-04-19）
12	河南	刘宝康、段卫民、张捍东、赵银光、李强、王大伟组织、领导、参加黑社会性质组织一案（2012-01-13）
13	湖南	廖××等组织、领导、参加黑社会性质组织一案（2012-03-05）

续表

编号	省份	起诉罪名与宣判时间
14	河南	陈某 1、张善强、张某某 3、姜某某、刘某某、王某某组织、领导、参加黑社会性质组织一案（2012-11-07）
15	河南	夏某某、李国强、郑某某、李某某、牛某某组织、领导黑社会性质组织罪一案（2012-11-09）
16	浙江	杨某甲组织、领导、参加黑社会性质组织罪一案（2013-04-18）
17	湖南	张 ×× 等 21 人组织领导参加黑社会性质组织罪一案（2013-06-25）
18	河南	宋某某 2、李某某 1、董某某、张某某组织、领导、参加黑社会性质组织罪一案（2012-07-20）
19	浙江	王甲等组织、领导、参加黑社会性质组织罪一案（2013-08-06）
20	河南	王某某 1 组织、领导、参加黑社会性质组织罪一案（2013-09-06）
21	河南	邓建锋（又名程要武）组织、领导、参加黑社会性质组织罪一案（2013-09-26）
22	河南	胡振铎、张全组织、领导、参加黑社会性质组织罪一案（2013-12-31）
23	河南	张朝东等组织、领导、参加黑社会性质组织罪一案（2013-12-31）
24	河南	杨某某 3 组织、领导、参加黑社会性质组织罪一案（2014-01-15）
25	河南	王某某、杨某某、张某某、詹某某组织、领导、参加黑社会性质组织罪一案（2014-01-17）
26	河南	覃和会等人组织、领导、参加黑社会性质组织罪一案（2014-01-24）
27	湖南	吴校辉等组织、领导、参加黑社会性质组织罪一案（2014-03-28）
28	江苏	滕甲、吴某甲等组织、领导、参加黑社会性质组织罪一案（2014-04-17）
29	河南	孔海昌等组织、领导、参加黑社会性质组织罪一案（2014-04-25）
30	浙江	曹明芳组织、领导、参加黑社会性质组织罪一案（2014-05-15）
31	河南	赵向辉等组织、领导、参加黑社会性质组织罪一案（2014-05-19）
32	福建	曾某、郑某等组织、领导、参加黑社会性质组织罪一案（2014-05-22）
33	河南	郭治杨、郭俊磊组织、领导、参加黑社会性质组织罪一案（2014-08-26）
34	河南	张朝东等组织、领导、参加黑社会性质组织罪一案（2014-09-05）
35	河南	安永涛等组织、领导、参加黑社会性质组织罪一案（2014-09-18）
36	河南	孙用昌等组织、领导、参加黑社会性质组织罪一案（2014-09-30）
37	浙江	雷小军等组织、领导、参加黑社会性质组织罪一案（2014-10-11）
38	河南	符某甲、刘某某、李某某、符某乙犯组织、领导、参加黑社会性质组织罪一案（2014-12-09）
39	河南	弓某某等组织、领导、参加黑社会性质组织罪一案（2015-02-11）
40	福建	蔡海音等组织、领导、参加黑社会性质组织罪一案（2015-03-27）
41	河南	董某某、李某某组织、领导、参加黑社会性质组织罪一案（2015-07-06）
42	福建	徐某甲犯组织、领导、参加黑社会性质组织罪一案（2015-07-30）
43	江苏	闻某甲等组织、领导、参加黑社会性质组织罪一案（2015-08-24）
44	江苏	郑雷、吴生伟等犯组织、领导、参加黑社会性质组织罪一案（2015-09-24）
45	湖北	童建华、唐志文组织、领导、参加黑社会性质组织罪一案（2015-11-20）
46	四川	张某甲、金某某、邓某某等组织、领导、参加黑社会性质组织罪一案（2015-12-08）

续表

编号	省份	起诉罪名与宣判时间
47	广东	文建峰与谢国秋组织、领导、参加黑社会性质组织罪一案（2015-12-25）
48	湖北	荣华刚、刘军虎等组织、领导、参加黑社会性质组织罪一案（2016-03-17）
49	安徽	张某甲、尚志贤、史宏兵、曾倩冰组织、领导、参加黑社会性质组织罪一案（2016-06-06）
50	山东	汪秀成、毕德颖等犯组织、领导、参加黑社会性质组织罪一案（2016-09-30）
51	广西	浦桂荣、王子维组织、领导、参加黑社会性质组织罪一案（2016-11-14）
52	吉林	孙宝国、孙宝东组织、领导、参加黑社会性质组织罪一案（2017-01-20）
53	河南	杨永恒、高林旺组织、领导、参加黑社会性质组织罪一案（2017-01-24）

以上53份判例，案件事实的证据均经庭审举证、质证等法庭调查程序查证属实，各被告人亦无异议，法院予以确认，但法院对检察机关公诉提出的黑社会性质组织罪名不予确认，根据黑社会性质组织的“四个特征”，不予确认的理由如下（见表2）：

表2

编　号	法院不予认定的原因			
	不符合组织特征	不符合经济特征	不符合行为特征	不符合非法控制特征
1	√	√		√
2	√			√
3	√	√		√
4	√		√	√
5	√		√	√
6	√	√	√	√
7	√			√
8	√	√	√	√
9	√			√
10	√			√
11	√	√		√
12	√	√		√
13	√			√
14	√	√	√	√
15	√	√	√	√
16	√			√
17	√			√
18	√	√	√	√
19	√			√
20	√	√	√	√
21	√	√	√	√

续表

编号	法院不予认定的原因			
	不符合组织特征	不符合经济特征	不符合行为特征	不符合非法控制特征
22	√	√	√	√
23	√	√	√	√
24	√	√	√	√
25	√	√	√	√
26	√	√		√
27	√	√		√
28	√	√	√	√
29	√	√	√	√
30	√	√	√	√
31	√	√		√
32	√	√	√	√
33	√	√		√
34	√	√		√
35	√	√	√	√
36	√	√	√	√
37	√	√	√	√
38	√	√	√	√
39	√	√	√	√
40	√	√		√
41	√	√		√
42	√	√	√	√
43	√	√	√	√
44	√	√	√	√
45	√	√		√
46	√	√		√
47	√	√	√	√
48	√	√		√
49	√	√	√	√
50	√	√	√	√
51			√	√
52	√	√	√	√
53	√	√	√	√
备注	"√"是指组织该项特征不符合			

通过对53个案例的分析，我们可以发现以下现象：一是控制性特征是认定黑社会性质组织的本质特征。53个案例中类似黑社会性质的组织满足“组织特征”“行为特征”“经济特征”中的一个或几个，但都没有达到“控制性特征”的认定标准，从而不被认定为黑社会性质组织。二是“组织特征”与“控制性特征”有很大的关联性。只要达不到“组织特征”的认定标准，就很难达到“控制性特征”的认定标准。在以上53个案例裁判文书的表述中只有浦桂荣案在“组织特征”的认定上与“控制性特征”没有明显的关联。三是“经济特征”“行为特征”附属于“组织特征”。例如在郑雷、吴生伟案中，把团伙的“经济特征”“行为特征”结合到“组织特征”中综合评判，因为经济收入不用于组织运行壮大，“行为特征”不代表组织意志，虽有完备的层级与结构，该团伙也没有被认定为黑社会性质组织。

对现象进一步总结可以得到以下结论：一是“非法控制性特征”是黑社会性质的本质特征。黑社会性质组织是与合法社会相对抗、挑战合法秩序的非法组织，不少恶势力团伙、暴力经营活动看似符合黑社会性质组织犯罪的“组织特征”“经济特征”“行为特征”，并且不少团伙为扩大影响还主动对外声称自己是“黑社会”，但因不符合“非法控制特征”，即尚未在社会上达到“非法控制和重大影响”“严重扰乱社会生活、经济秩序”的量级，从而没有被认定为黑社会性质组织。二是“组织特征”是黑社会性质组织的基础特征。组织结构对黑社会性质组织的发展有基础作用，达到“非法控制”特征这一标准，一般必须要求组织有明确层级、稳定的成员、成型的规模、具有约束的内部组织性、纪律性，才有进行高效、有组织的犯罪活动的可能。三是“经济特征”“行为特征”中的组织性是“控制特征”的外在表现。判断是否构成黑社会性质组织犯罪应该在非法控制这一前提下，将“经济特征”，“行为特征”与“组织特征”结合起来进行判断。一方面从“行为特征”入手，众多涉黑组织通过公司、企业或团体的形式进行洗白。研究其行为特征就是“黑社会”与“白社会”的关键因素。首先，看是否有暴力行为的存在；其次，看受害对象是否特定；最后，看暴力行为是否代表组织意志。另一方面从“经济特征”入手，获取经济利益之所以能成为黑社会性质组织的特征，是因为黑社会性质组织的经营活动要支撑组织运行壮大，从而攫取更大的经济利益。黑社会性质组织获利后常用以雇用打手、从事残害群众的暴力活动、收买国家工作人员对组织提供保护等。53个案例中不少案例存在联营体成员为维护联营体利益而伤害他人，对入狱成员提供经济补偿的情况，容易被认定为构成涉黑组织，但结合“组织特征”综合考察发现类似团伙达不到黑社会性质组织“经济特征”的认定标准：一是从投入方面看（这里“投入”资金是否合法所得在所不问），没有将主要所得用于支撑组织的运转、发展、壮大；二是从收入方面看（这里的“收入”一定要求有非法所得部分），主要收入不是通过组织的违法手段攫取。

三、“四个特征”相互印证下相关问题的认定

根据第一部分法律发展脉络，第二部分各省司法实践，结合立法本意，我们可以得到一种黑社会性质组织犯罪认定的方法：以“组织性”“控制性”为中心，“四个特征”在两个中心统领下互相印证，对黑社会性质组织进行认定。即便实践中许多黑社会性质组织为逃避打击，犯罪手段日趋隐秘，并非“四个特征”都很明显，但在把握好“四个特征”中“组织性”与“控制性”的前提下，可以很好地挖掘“四个特征”中的内在关系，确保不枉不纵。

（一）“组织性”的体现及相关问题的认定

“黑社会性质组织”由“黑社会性质”与“组织”两个概念组成。前者是定语，揭示刑法评价对象本质，后者是主语，表明刑法的评价对象。“四个特征”中的“经济特征”“行为特征”都要附属于“组织”之上，“控制特征”是对“组织”的本质评价。首先，“组织特征”与“经济特征”的关系。主要表现在，从组织的目的来看，当今的黑社会性质组织仍以获取巨额经济利益为终极目标，是否具有如此目的，是黑社会性质组织区别于其他有组织犯罪的关键所在。虽然以获取经济利益为目标不一定就是黑社会性质组织，但没有如此组织目的，就一定不是黑社会性质组织。此外，组织特征的“形成较稳定的犯罪组织”“人数较多”，也需要利用经济利益扩大犯罪组织规模，笼络犯罪组织成员，以支持该组织的活动。其次，“组织特征”与“行为特征”的关系。“行为特征”指“以暴力、威胁或者其他手段，有组织地多次进行违法犯罪活动，为非作恶，欺压、残害群众”。“行为特征”中有“有组织地多次进行违法犯罪活动”，必然要求有稳定严密的犯罪组织，这就与“组织特征”中“有明确的组织者、领导者，骨干成员基本固定”相契合。

组织层级的认定问题。在“组织特征”中要求有比较明确的层级和职责分工，一般有三级以上的划分，有明确的组织者、领导者，骨干成员基本固定。在现实司法实践中不少涉黑犯罪组织表面有去层级化的现象，甚至以企业、行会等合法登记组织为外衣，以血缘、地域为纽带，以“董事长”、“族长”“会长”这些社会称谓，代替“老大”“龙头”“军师”等江湖称谓，逃避打击。对于黑社会组织层级不明，成员身份与企业职务、宗族辈分上的重叠问题，要注意以上称谓在经济特征、行为特征上的体现，结合在多起犯罪活动中所起的作用、在经济分配上所处的地位，区分层级，综合判断。

组织纪律、制度的认定问题。在“组织特征”的认定中，不少省份在办理黑社会性质组织犯罪若干问题的意见中要求要有组织或成员认可的帮规、纪律或约定俗成的规矩。笔者认为要结合“控制性特征”对帮规、纪律进行认定。帮规、纪律出台的目的是为了确保组织头目对组织的绝对控制服从，体现领导权威，已达到与正常的社会秩序相对抗的目的。不少黑社会性质组织为保证组织战斗力规定“不准吸毒、不准迟到”等纪律规定，没有体现组织者对成员的控制力，对黑社会性质组织特征证明有限，不易作为组织纪律的相关认定内容。

组织成员的认定问题。组织、领导、参加黑社会性质组织在主观上是明确的故意，但由于黑社会性质组织犯罪的特殊性，根据罪过形式的相关理论，并不要求行为人主观上确知自己参加的是黑社会性质组织，只要行为人认识到社会危害性即可。在此基础上结合“行为特征”，区分涉黑组织成员与“站台摆场”人员。

经济利益支持犯罪组织的认定。在“经济特征”的认定上要求黑社会性质组织用经济利益支持犯罪组织活动，主要表现为将经济利益用于扩大犯罪组织规模，笼络犯罪组织成员。这里，经济来源在所不问，目前 90% 的黑社会性质组织都以经营组织为依托，经济来源有合法的部分，但是只要将经济来源投入到扩大犯罪组织规模，笼络犯罪组织成员，就符合黑社会性质组织的经济特征。另外，不少暴力经营组织对入狱成员提供经济补偿、对员工发放工资的情况，容易被认定为构成涉黑组织。这种情况要结合“组织特征”进行区分，看经济利益分配的目的是否为发展壮大组织。如果犯罪组织利用犯罪组织成员的爱好，组织吃喝赌博等消费行为煽动犯罪组织成员进行犯罪，对在体现组织意志的犯罪中表现突出的予以奖励、补偿，就可将经济分配行为认定为符合“经济特征”，否则，不能视为支持犯罪组织活动。

违法犯罪活动的有组织性认定问题。黑社会性质组织成员实施的违法犯罪活动包括多种情形，能否被认定为黑社会性质组织实施的犯罪，关键看犯罪活动是否体现了组织意志，领导者、组织者是否直接参与在所不问。例如，多名组织成员临时逞凶斗狠，打着组织的旗号，壮大组织的声威，虽然组织者、领导者并不知情，但此类在其默许或认可下的犯罪，也应该认定为组织罪行。

（二）“控制性”的体现及相关问题的认定

控制特征是黑社会性质犯罪的本质特征，其主要表现是通过实施违法犯罪活动，或者利用国家工作人员的包庇或纵容，称霸一方，在一定区域或者行业内，形成非法控制或者重大影响，严重破坏经济、社会生活秩序。但因“任何违法犯罪行为，都是在一定区域内实施的；凡是涉及经济、财产等方面的犯罪，都可谓在一定行业范围内实施的；许多犯罪都采取暴力、威胁手段；经济犯罪、财产犯罪乃至部分渎职犯罪，都破坏了经济秩序；一切犯罪都破坏了社会生活秩序”，虽然“控制特征”是黑社会性质组织的本质特征，但单纯看“控制特征”也不具有界分黑社会性质组织与其他犯罪组织的功能。因此，要结合“组织特征”“经济特征”“行为特征”进行综合认定。首先，“控制特征”与“组织特征”的关系。黑社会性质组织能够“称霸一方”，并“在一定区域或者行业内，形成非法控制或者重大影响，严重破坏经济、社会生活秩序”，需要“有组织地”“通过实施违法犯罪活动，或是利用国家工作人员的包庇或者纵容”形成。其次，“控制特征”与“经济特征”的关系。一方面，黑社会性质组织的“称霸一方，在一定区域或者行业内，形成非法控制或者重大影响，严重破坏经济、社会生活秩序”，是黑社会性质组织取得“经济利益”及“经济实力”的表现及后果。另一方面，黑社会性质组织通过其控制影响力垄断控制行业，进一步攫取经济利益，稳定壮大组织。两者相互促进，组织控制力越大，对经济秩序的破坏就越严重。最后，“控制特征”与“行为特征”的关系。主要表现在，其“称霸一方，在一定区域或者行业内，形成非法控制或者重大影响，严重破坏经济、社会生活秩序”，是“通过有组织的实施多次违法犯罪活动”而达到的。

1. 一定区域或行业形成非法控制或重大影响的认定。一定区域、一定行业不单纯是空间概念，要结合“经济特征”“行为特征”，根据对经济、社会秩序的影响破坏程度综合认定。一是通过有影响力的重大案件达成组织意志，使在一定的区域或行业内不特定或者多数的人产生心理恐惧，抑制他们的行为并形成非法控制。二是形成非正常的经济秩序，若为维护正常的经济秩序，垄断经营的地位是合法取得，那就不应认定形成非法控制。

2. 保护伞的问题。虽然刑法的司法解释与办案指导意见中删去了“保护伞”这一特征，但是“保护伞”现象可以成为认定组织具有重大影响的一个要素。不少黑社会组织为追求在一定区域或者行业内，形成非法控制或者重大影响，往往要利用国家工作人员的包庇或者纵容或自己寻求人大代表、政协委员、街道主任、村支书等头衔作为“护身符”。因此“保护伞”可以作为“控制特征”的重要参考依据。

3. 关于行为特征中“其他手段”的认定问题。近年来，黑社会性质组织为逃避打击，往往通过不明显的违法犯罪手段来实现非法控制的目的，手段呈多样性、低烈度、软暴力的现象。通过“软暴力”的手段达成犯罪目的，往往是借助之前组织“硬暴力”形成的

“威名”。因此，一些黑社会性质组织通过“软暴力”以达到“不战以屈人之兵”的目的，也是该组织形成非法控制的体现。通过软暴力来干扰、破坏正常的社会经济、生活秩序，在本质上也是黑社会性质组织实现非法控制行为的一种方式。

结语

近年来，黑社会性质组织规避法律的意识和逃避法律制裁的能力明显增强，不少黑社会性质组织在行为举动上刻意淡化“四个特征”的外在表现，光头文身大金链子“打打杀杀”的黑社会形象已成历史，通过“投身慈善”、基层选举来捞取红顶子身份以腐蚀政权，通过在群体性事件中推波助澜以挟持政权的非典型涉黑犯罪逐渐变为常态。因此在扫黑除恶专项斗争中，一定要深刻把握“四个特征”的本质，根据立法本意，围绕“组织特征”“控制特征”两大核心，挖掘“四个特征”相互间的内在联系，准确评价涉案犯罪组织所造成的社会危害。

电信网络诈骗犯罪防范治理实证研究

——以厦门市为例*

陈 鸿**

电信网络诈骗，是伴随着通信技术、银行金融技术的发展而出现的新型犯罪。在中国大陆出现仅短短十几年，却已发展成为当前严重危害人民群众财产安全的最突出犯罪类型。电信网络诈骗犯罪具有非接触性、跨区域性的显著特征，犯罪群体又具有典型的地域性色彩。全国绝大多数地区属于电信网络诈骗犯罪的“输入地”，在电信网络诈骗犯罪的治理问题上面临相同的形势和困难。同为“输入地”，厦门市在治理电信网络诈骗方面走在全国前列，创造了反诈骗经验的“厦门蓝本”，以厦门为对象开展的实证研究，对全国其他城市电信网络诈骗的治理工作，具有积极的借鉴意义。

一、厦门市电信网络诈骗犯罪概况

（一）电信网络诈骗犯罪的特点

电信网络诈骗犯罪，是指利用电信、互联网等技术，通过发送短信、拨打电话、植入木马等手段，诱骗（盗取）被害人资金汇（存）入其控制的银行账户，数额较大的行为。电信网络诈骗犯罪具有鲜明特点。

1. 非接触性。犯罪分子通过电话、互联网络、“伪基站”等渠道传送虚假信息，或骗取被害人信任，进而诱使被害人通过银行、第三方支付平台向诈骗账户转账；或暗中往被害人手机植入木马病毒，窃取各类验证码，借助第三方平台快捷支付功能非法占有被害人财产。犯罪分子在作案过程中不与被害人及其财物发生任何有形接触，作案后也只留下若干电话号码、互联网址、QQ号、微信号、银行卡、第三方支付平台账号等信息，“行骗于无形”。

2. 跨区域性。犯罪分子往往选择异地居民作为行骗目标，使用异地开户的通信号码、银行卡作案，甚至将设立虚假网站、拨打电话、提取赃款等各个环节分散设置在多个地区，利用空间距离和公安机关异地查询的种种不便，为侦查工作设置重重障碍，达到迟滞侦查步伐的目的。

3. 犯罪群体地域性。过去的十余年间，从电信网络诈骗发源地中国台湾地区走出的犯罪分子，将窝点开辟至东南亚、欧洲、非洲等数十个国家。电信网络诈骗犯罪的小投入、大产出、低风险，也使其在大陆地区迅速发展蔓延。此类犯罪手法主要依靠亲缘、地缘为纽带的社会关系进行传播，因此在全国范围形成若干个电信网络诈骗犯罪高危地区，如河北丰宁、福建新罗、江西余干、湖南双峰、广东电白、广西宾阳、海南儋州、福建安溪、河南上蔡、湖北孝昌等。台湾和大陆的上述高危地区，成为电信网络诈骗犯罪的主要“输出地”。

* 本文获第30届副省级城市法治论坛优秀论文一等奖。

** 陈鸿，厦门市公安局。

（二）厦门市电信网络诈骗犯罪简要发展历程

电信网络诈骗犯罪自 20 世纪 90 年代末起源于中国台湾地区，在台湾岛内肆虐一时，后因台湾地区警方打击力度的不断加大和台湾地区民众防骗能力的提高，诈骗集团将目光转向通信、金融环境快速改善的大陆地区。厦门经济特区与台湾地区仅一水之隔，语言、风俗、文化同根同脉，加上便捷高效的交通、通信、金融环境，成为诈骗集团的首选之地。自 2003 年起，诈骗集团在厦门纠集社会闲散人员设立窝点，以台湾地区居民、大陆居民为对象实施诈骗，之后开始向全国各地蔓延。与此同时，部分安溪籍不法人员受良好生活条件和便捷通信、金融环境的吸引，选择在与安溪接壤的厦门市设立窝点，面向全国群众实施电信网络诈骗。2009 年前后，随着打击力度的不断加大，台湾地区诈骗集团开始将窝点向东南亚、非洲等多个国家转移，而以安溪籍人员为主的大陆籍诈骗分子，则继续在厦门藏身设点，实施电信网络诈骗活动。同全国广大群众一样，自电信网络诈骗犯罪在大陆出现后，厦门市民便深受其害，幕后黑手就是台湾地区诈骗集团和大陆若干高危地区的不法人员。

（三）厦门市防范治理电信网络诈骗的探索历程

在持续保持高压严打态势的同时，厦门公安机关立足当时条件，积极探索电信网络诈骗的治理之策，不断进行各种尝试。第一，封堵诈骗“信息流”。通过各通信运营商，采取诈骗内容关键字过滤措施，屏蔽诈骗短信，或利用异常通话等特征发现群发诈骗短信的涉案号码，予以停机封堵；通过邮政部门，在区域中心局的核心中转环节拦截、查扣“刮刮卡”中奖诈骗信函，如 2006—2007 年间就通过厦门邮政中心局拦截“刮刮卡”中奖诈骗信函 150 余万封。第二，封堵诈骗“通信流”。通过各通信运营商的配合，对作案的本地号码采取停机封堵措施，并在本地群众拨打作案的异地号码时采用送“空号音”等手段，切断嫌疑人与潜在被害人的联系渠道，降低诈骗发案概率。第三，封堵诈骗“资金流”。早在 2005 年厦门市公安局就与厦门银监局联合发文，实现对厦门地区开户的涉案银行账户的紧急止付，成功拦截大批被骗资金。第四，率先成立反诈骗中心。在借鉴深圳公安机关成功经验的基础上，厦门市公安局在市委市政府的强力支持下，成立“厦门市反诈骗中心”，创新性地建立公安、银行进驻反诈骗中心合署办公机制，阿里巴巴集团也派安全专员进驻参与办公，大大优化接警、筛查、堵截、打击等各项处置流程，探索了反诈骗“厦门蓝本”，成为各地学习推广的典范。

二、厦门市治理电信网络诈骗犯罪工作举措

治理电信网络诈骗，光靠打击远远不够，还要多方调动社会资源共同参与。厦门市反诈骗中心成立后，在打击治理电信网络新型违法犯罪市际联席会议的框架下，厦门银监、通信管理部门和各银行、各运营商的配合运行机制实现了质的飞跃，采取一系列行之有效的措施，成效大大提升。

（一）主要工作措施

1. 宣传防范。宣传防范贯穿厦门市治理电信网络诈骗工作的始终。早期，除采取悬挂横幅标语、张贴宣传海报、发放防骗手册等手段外，厦门公安机关还组织文艺小分队

进社区、进企业、进学校表演防骗情景剧、开展专场宣讲演出，依托学校、银行、汽车销售企业向家长、储户、车主推送防骗宣传信息，时刻都在探索新途径、总结好经验。近几年，厦门公安机关树立“精确化宣传”理念，使宣传工作更具精准性、针对性，发挥宣传资源的最大效益。例如争取税务部门的配合，在财务人员培训过程中增加防骗课程，提高其识别应对“QQ冒充老板”类型诈骗的能力；争取医院、高校、民政等部门的配合，提前对孕产妇、大学生、残疾人等易受骗群体进行预警宣传，提升其识别应对“退还生育补贴”“网络代刷信誉”“发放残疾补贴”等类型诈骗的能力；争取快递企业的配合，在快递包裹上粘贴防骗温馨提示，提高客户防范识别“虚假网络购物”诈骗的能力。

2. 银行截流。在被骗资金流向诈骗分子的最终环节，厦门市公安机关也积极争取各家银行的配合，共同筑起“最后一道防线”。公安机关定期向银行网点工作人员通报近期电信网络诈骗警情动态，剖析高发类型诈骗的作案手法，银行工作人员在日常营业中实行规范劝阻“七步工作法”（一听、二看、三问、四提醒、五看账、六慎办、七报警），最大限度提醒群众，减少被骗概率。与此配套，公安机关出台专门文件，从厦门市公安局群众举报违法犯罪奖励基金中列支奖金，对成功劝阻、拦截、紧急止付被骗资金的银行工作人员进行奖励，银行也在绩效考核中对工作人员给予相应表彰激励，充分调动工作人员的防骗反骗积极性，实现切实守护客户资金安全的目标。

3. 技术反制。厦门市反诈骗中心成立后，在通信管理局以及各运营商的支持下，积极探索利用技术手段对电信网络诈骗实施反制。主要有以下几项措施：

（1）封堵通话异常的号码。目前“冒充网购客服”类型诈骗中，诈骗分子藏身福建省龙岩市新罗区，利用异地手机号码拨打诈骗电话。厦门市反诈骗中心在接到此类警情后，立即对涉案手机号码进行信号落地，一经发现在龙岩境内使用，迅速通报龙岩市反诈骗中心，由龙岩地区相应的通信运营商进行技术阻断。下一步，在福建省反诈骗中心的支持下，将密切关注在龙岩漫游使用的异地手机号码，一旦接到涉骗投诉举报或发现通话异常，立即予以技术封停。

（2）阻断异地入厦呼叫。某些针对厦门居民实施的特定类型诈骗（如“冒充领导”诈骗），其作案号码必定归属厦门地区，而此类诈骗的高危地区为广东茂名市电白区。据此规律，在厦门通信运营商的配合下进行技术监测，若发现开户后一经启用就在电白区漫游且通话量异常的号码，立即封停，有效阻止其继续作案。

（3）干预跨境异常通话。“冒充公检法查案”类型诈骗电话均从境外呼入，通过技术手段发现语音信令来自境外而来电显示却为国内固话号码的异常通话时，立即干预，必要时对通话进行技术阻断，及时致电被害人进行防骗提醒。此外，通过技术手段及时获取台湾地区诈骗集团伪造的“通缉令”，通过电话提醒、派员上门提醒当事人或其亲属的方式，减少潜在被害人上当受骗的概率。

4. 研判打击。近几年，厦门市公安机关在全国范围内率先实现专业侦查手段和各类公安业务数据的大整合，开发建立“情报实战平台”。厦门市公安局刑侦支队通过收集在厦活动的电信网络诈骗高危人员数据，依托“情报实战平台”，综合各类专业侦查手段，于2016年建立“专业研判机制”，实现对电信网络诈骗重点高危人员异常活动信息的掌控、分析，一经发现从事诈骗活动的嫌疑，立即组织跟进经营、打击。通过专业研判，厦门公安机关2016年共打掉本地电信网络诈骗窝点106个，抓获嫌疑人182名；2017年共打掉本地电信网络诈骗窝点190个，抓获嫌疑人378名。公安部五局对“专业研判机制”给予高度认可，将厦门市公安局确定为“公安部打击治理电信网络新型违法犯罪研判中心”，承担“国家队”任务，专门针对全国“冒充网购客服”类诈骗案件开展串并研判。

（二）数据分析

1. 发案数量变化。2007 年前后，电信网络诈骗犯罪进入迅猛发展时期，发案数逐年快速递增。从表 1 的数据可以看出，2007—2013 年间厦门市的电信网络诈骗案件逐年快速递增，上升势头迅猛，且上述案件除被害人在厦门外，作案窝点、提取赃款地均在异地，呈现“两头在外”的特点。2014 年起，厦门市改变考核评估刑事犯罪形势的思路，将考核指标由刑事案件发案数改为刑事警情数，从表 2 的数据可以看出，2015 年成立厦门市反诈骗中心后，电信网络诈骗警情开始得到有效遏制，电信诈骗警情降幅尤其明显。

表1 厦门市本地居民被骗的电信网络诈骗发案一览表

年份	2007 年	2008 年	2009 年	2010 年	2011 年	2012 年	2013 年	2014 年
电信诈骗	438	685	1148	1993	2572	3708	4075	3246
同比增幅	—	56.39%	67.59%	73.61%	29.05%	44.17%	9.90%	-20.34%
网络诈骗	109	223	1027	3147	3829	4805	6909	7400
同比增幅	—	104.59%	360.54%	206.43%	21.67%	25.49%	43.79%	7.11%
总发案数	547	908	2175	5140	6401	8513	10984	10646
同比增幅	—	66.00%	139.54%	136.32%	24.53%	32.99%	29.03%	-3.08%

来源：作者统计。

表 2 厦门市本地居民被骗的电信网络诈骗警情一览表

年份	电信诈骗警情	同比变动幅度	网络诈骗警情	同比变动幅度	总警情	同比变动幅度
2014 年	3504	—	6674	—	10178	—
2015 年	3739	+6.70%	6933	+3.88%	10672	+4.85%
2016 年	2428	-35.06%	6807	-1.82%	9235	-13.47%
2017 年	2096	-13.67%	5055	-25.74%	7151	-22.57%

来源：作者统计。

2. 清剿本地窝点数量。厦门市电信网络诈骗犯罪的另一个特点，就是犯罪群体的输入性。从表 3 的数据可以看出，2009—2016 年，每年厦门本地公安机关和全国各地公安机关在厦抓获的电信网络诈骗人员中，仅安溪籍人员就占了半数左右，比例一直在 50% 上下波动。需要说明的是，虽然受 2017 年“金砖国家领导人厦门会晤”重大活动安保挤压效应的影响，在厦行骗的安溪籍人员有所减少，但抓获人员中的外来人口仍有 343 名，占比高达 85.54%。

表 3 厦门市近年抓获安溪籍电信网络诈骗嫌疑人统计表

年份	2009 年	2010 年	2011 年	2012 年	2013 年	2014 年	2015 年	2016 年	2017 年
抓获总人数	144	240	240	320	459	340	387	462	401

续表

年份	2009年	2010年	2011年	2012年	2013年	2014年	2015年	2016年	2017年
安溪籍人员数	66	101	123	155	226	190	173	229	84
所占比例	45.83%	42.08%	51.25%	48.44%	49.24%	55.88%	44.70%	49.57%	20.95%

来源：作者统计

3. 外协接待数量。由于电信网络诈骗犯罪团伙都选择异地群众作为行骗目标，厦门公安机关往往无法获知有关案源线索，从而“由案到人”，循线追查、打击本地电信网络诈骗窝点。与之对应的，是全国各地公安机关纷纷派员来厦，要求协作侦查电信网络诈骗团伙。据不完全统计，2005年以来，厦门公安机关年均接待各地协查300余批次。2016年建立“专业研判机制”后，厦门公安机关致力探索“由人到案”的新模式，强力清剿本地电信网络诈骗窝点，取得显著成效。2016年共接待各地协查284批次，同比下降42.9%；2017年共接待各地协查167批次，同比下降41.2 %。

三、前景展望

当前，电信网络诈骗犯罪仍然猖獗，形势不容乐观。必须在现有基础上进一步探索完善相应工作措施，实现若干新的突破，才能在电信网络诈骗的防范治理上取得显著成效。在此，谨对未来的防范治理电信网络诈骗工作进行展望。

（一）进一步提升内部资源整合水平

一方面，根据公安部要求，在全国省、市两级公安机关全部建成实战化的反诈骗中心。结合实战以及综合运用各类社会资源的需要，将反诈骗中心设立在公安机关刑侦部门，110指挥情报中心、技侦、网侦部门和各大商业银行及电信、联通、移动三大电信运营商带着各自的资源和权限派员进驻，各司其职，合署办公，实现对本地警情的先期妥善处置，对突出类型诈骗警情的及时预警防范，对本地诈骗窝点的快速定点清除，对被骗资金的快速紧急止付、冻结。另一方面，依托集案件信息串并、线索研判、涉案资金止付、查询、冻结等功能于一体的新版“公安部电信诈骗案件侦办平台”，由各地公安机关及时录入涉案通信号码、网址、网络通信工具、银行卡等要素信息，自动实现全国范围内的案件串并，快速汇集有关某个诈骗团伙的各条线索；迅速查明涉案银行卡交易明细以及持卡嫌疑人的活动范围，为后续侦查指明方向；通过平台快速止付、冻结被骗资金，为被害人尽可能减少经济损失，并防止涉案银行卡被继续用于作案，造成更多危害。

（二）进一步强化深度研判打击能力

打击是形成有效震慑的最直接、最有力手段。各级公安机关进一步强化深度研判水平，提升发现窝点、循线打击的能力，强力挤压电信网络诈骗分子的生存空间。

1. 充分发挥研判中心职能，为全国提供情报支撑。2018年1月，公安部确定北京市公安局、上海市公安局、江苏省苏州市公安局、浙江省金华市公安局、温州市公安局、福建省厦门市公安局、广东省深圳市公安局、珠海市公安局为“公安部打击治理电信网络新型违法犯罪研判中心”，要求8个部级研判中心承担境内重大电信网络诈骗案件的集中研判和串并工作，承担境外电信网络诈骗案件的研判、侦查和取证工作，承担全国侦办电信网络诈骗案件的技术支撑工作。下一步，公安部可以考虑为8个研判中心开通部一级的业务资源权限，赋予各研判中心根据任务需要从周边地市抽调专业警力的权利，并为研判中心提供相应的经费保障，确保8个研判中心具备履行上述职能的工作条件，为全国打击电信网络诈骗犯罪提供充分的情报支撑。

2. 加强情报共享协作，交流线索落地打击。公安部通过出台相关措施，鼓励各地公安机关树立“全国反诈一盘棋”的整体思想，在日常工作中主动加强对新版“公安部电信诈骗案件侦办平台”案件信息的关注和梳理，从异地公安机关录入案件信息中寻找涉及本地电信网络诈骗窝点的线索，利用属地的资源优势开展研判、经营、打击。同时，各地公安机关在侦办本地发生的电信网络诈骗案件过程中，及时将发现的异地诈骗窝点线索通报窝点所在地公安机关，由所在地公安机关进一步跟进打击，力争使情报导侦发挥最大效益。

3. 深入推进重点地区打击工作。公安部已将河北丰宁、福建新罗、江西余干、湖南双峰、广东电白、广西宾阳、海南儋州等7个地区列为电信网络诈骗整治重点地区，并要求辽宁鞍山、安徽合肥、河南上蔡、湖北仙桃、四川德阳等5个新的地域性犯罪突出的地区要打早打小，主动整治，防止形成新的犯罪输出地。重点地区的党委政府要切实强化领导责任，全面落实综合治理措施，采取派驻工作队、集中清查重点村镇、摸排重点高危人员、落实窝点地案件主侦责任、落实本地涉骗在逃人员追捕责任等各种措施，持续保持高压严打力度，坚决围剿电信网络诈骗犯罪。

（三）积极构建全方位社会防控合力

各级反诈骗中心充分利用打击治理电信网络新型违法犯罪联席会议制度，联合通信管理、银监、人民银行等部门，按照部际联席会议第三次会议“凡是发生电信网络诈骗案件的，要倒查电信企业、银行、支付机构等企业单位责任落实情况，开展一案双查”的有关要求，认真开展倒查追责，倒逼电信企业、银行、支付机构等单位共同参与打击治理，共同破解问题瓶颈，形成全社会齐抓共管的良好局面。

1. 加强顶层设计和制度保障。引导各通信运营商、银行改变以往“先审批放权，再监管整治”的模式，在投放新产品、开发新业务之前要会同公安机关共同评估投放市场后可能带来的风险和漏洞，开展充分调研论证，并预先制定相应的防控预案。部际联席会议办公室推动通信管理部门，参照《中国人民银行关于加强支付结算管理防范电信网络新型违法犯罪有关事项的通知》（银发〔2016〕261号）、《中国人民银行办公厅 公安部办公厅关于建立电信网络新型违法犯罪买卖账户相关信息上报和移送机制的通知》（银办发〔2017〕109号）的文件精神，出台相应规范，探索对通信号码采取限制措施，如限制同一人员开户电话号码数量，对涉案通信号码开户人名下所有号码暂停服务，对出租、出借、出售通信号码、冒名开户等行为进行惩戒等；推动建立社会诚信体系，将开办“人头户”通信号码、银行卡的开户人员纳入“黑名单”，有效遏制开户人与实际使用人不一致的现象；推动最高人民法院、最高人民检察院、公安部等部门在《关于办理电信网络诈骗等刑事案件适用法律若干问题的意见》（法发〔2016〕32号）、《关于办理侵犯公民个人信息刑事案件适用法律若干问题的解释》（法释〔2017〕10号）、《关于办理扰乱无线电通讯管理秩序等刑事案件适用法律若干问题的解释》（法释〔2017〕11号）的基础上，尽快联合出台关于打击销售“非实名”电话卡或上网卡、非法运营通信线路等方面的司法解释或执法指导文件，为打击电信网络诈骗关联犯罪提供更加充分的法律保障。

2. 解决涉案银行账户、第三方支付账户和异地通信号码查询、封停的瓶颈。公安部积极与人民银行对接，提前谋划，在建立网络支付“网联模式”的过程中充分考虑第三方支付账户的查询需求，破解当前的“订单号”查询瓶颈，为实现涉案资金快速追踪、止付创造有利条件。同时，可参照“公安部电信诈骗案件侦办平台”中“接警止付”模块的建设思路，设置对接电信、联通、移动三大电信运营商、各虚拟运营商的模块，实现全国范围内通信数据信息的整合，使办案单位立足本地即可快速完成对涉案通信号码的查询、冻结、封停，大大提高研判打击和防控堵截效率。

3. 不断研究升级技术反制措施。实践中发现，诈骗分子为了规避反诈骗平台针对境外呼入诈骗语音电话的拦截规则，已经出现由原先虚拟改号为政法机关办公电话，转变成改号为普通群众手机号码的趋势；为了规避个人可在转账后24小时内撤销ATM柜员机交易的规则，出现诱骗被害人使用网银转账、手机银行转账、现金存款等方式交付被骗资金，减少使用柜员机的趋势。下一步，国家主管部门自上而下全力推动，由工信部牵头各大通信运营商，尽快实现对与我国公检法号码一致的境外改号电话予以全部拦截；由银监部门和人民银行共同牵头各银行、支付机构，尽快实现网上银行、手机银行转账后24小时内亦可撤销交易的操作。同时，上述主管部门要与公安机关密切联合互动，针对诈骗犯罪的最新动向、最新趋势展开实时研究，不断改进技术反制措施，力争“魔高一尺，道高一丈”，有效应对诈骗分子的各种伎俩。

（四）引入保险业务助力防范治理

近几年，多地保险公司已尝试推出家庭财产保险、网络游戏装备虚拟资产保险的业务，在防范侵财犯罪方面进行了有益尝试。下一步，保险公司、互联网浏览器服务商、政府三方可借鉴上述保险业务的思路，联合推出防骗保险业务。保险公司负责对使用指定互联网浏览器的网络操作承担保险责任；互联网浏览器服务商负责研发、升级浏览器，确保浏览器具备有效识别钓鱼网站、阻断木马远程操控、保障网购交易安全等功能，并按约定比例为用户分担部分保险金；政府相关部门对保险业务进行指导，向弱势群体提供投保补贴。用户投保此项业务后，须负担一定比例的投保金，须使用指定的浏览器进行上网操作，一旦被骗则由保险公司按合同约定进行理赔，可以有效减少用户被骗的经济损失。

浅析新常态下社会稳定风险预警防控机制的法律保障

洪文海 *

社会稳定风险预警是指通过对危机发生前的各种征兆，预测危机事件的发展趋势，预先进行风险预警，以便有效减少社会风险的一种机制。随着改革开放的逐步深入，人们对于法治、安全、公平等的需求日益强烈。党的十九大报告明确指出中国特色社会主义进入新时期，社会主要矛盾已经转化为人民日益增长的美好生活需要和不平衡不充分的发展之间的矛盾。厦门市作为沿海开放城市、国际性综合交通枢纽，在城市经济建设迈向高质量发展的同时，各类社会矛盾亦相伴而生。

笔者尝试分析了新常态下厦门市社会风险的成因、特征以及带来的挑战，并重点指出法律政策在风险预警防控中发挥的作用，以期能为厦门市社会稳定提供司法服务保障措施。

一、新常态的提出与社会风险的内涵

（一）新常态的提出

习总书记首次提出“新常态”是在2014年5月考察河南的过程中。习总书记指出：“中国发展仍处于重要战略机遇期，我们要增强信心，从当前中国经济发展的阶段性特征出发，适应新常态，保持战略上的平常心态。”

何谓“新常态”？笔者认为“新”与“旧”有别，就是不同于以往相对稳定的状态，表示我国已步入一个与过去30多年高速发展不同的新阶段。这一概念的提出，既是社会发展的新机遇，也对法律工作者研究一些社会风险问题，如网络犯罪、经济犯罪等新型犯罪，提出了新的挑战。

（二）社会风险的内涵

社会风险是当下社会无法避开的问题，且随着社会的发展，社会风险表现出多样性和复杂性的特点。学界在研究社会风险问题的时候，普遍认为存在狭义与广义之分。狭义的社会风险指的是某个社会领域存在的风险；广义的社会风险指的是政治、经济、文化等各个领域存在的风险。本文讨论的社会风险指的是广义的社会风险。同理，本文所讨论的也是广义的社会稳定风险预警，不仅包括对政治危机、经济危机、文化危机等的预警，还包括对妨害社会公共生活秩序和安全事件的预警。

* 洪文海，厦门市翔安区人民检察院。

二、厦门市面临的社会风险成因

对于厦门市社会风险存在的原因，诸多专家、学者普遍从社会风险产生的区域原因、社会风险的发展趋势等方面进行了讨论。笔者根据厦门发展的实际情况，结合普遍存在的社会现象，对比分析了其他主要城市的风险成因，力图找出厦门市社会风险成因，并重点提出了以下四个因素。

（一）经济增长过快带来的社会矛盾增多

厦门市积极实施"一带一路"倡议，紧抓建设厦门自贸片区等带来的新机遇，比其他城市更早迈入社会发展新常态。与此同时，各类社会矛盾频现。例如，房地产市场迎来新的调整，网络借贷行业遭遇新一轮洗盘，部分企业面临经营困难等消极事件增多，容易导致社会稳定受到多方面的威胁。债权债务纠纷、非法集资、金融诈骗等经济案件的数量比以往多，说明厦门市在经济转型升级的同时，各类矛盾开始对社会正常秩序发起了挑战。

（二）公共安全隐患引发的社会风险

厦门市作为国际性港口风景旅游城市，吸引了全国各地的人前往驻足，人群流动性不断增强。但是，新旧经济阶层之间的矛盾与利益冲突日益加剧，加上缺乏有效的社会风险预警防控机制，容易引发社会危机，导致盗窃、诈骗等财产性犯罪剧增，使得黑恶势力犯罪团伙、黑社会性质犯罪组织、恶势力集团等黑恶势力犯罪的打击陷入难以突破的困境。厦门市刑事案件虽然稳中有降，但是经济转型期引发的贫富差距拉大、价值多元化、文化差异性等社会问题，造成了某些案件恶性程度严重加剧，防范公共安全的压力明显增大。

（三）网络社会成为社会风险的策源地

厦门市信息化水平居全国前列，近年来手机用户、宽带用户、移动数据用户不断增加，所形成的网络社会管理难度凸显。微信、微博、QQ等网络平台，成为社会危机的温床，社会风险的放大镜。社会风险存在于我们生活的方方面面，一点点的问题都可能通过网络传播、炒作，发酵成无法逆转的群体性事件。电信网络诈骗、网络传销犯罪等利用信息网络实施的犯罪案件渐增，通过建立新常态下有效的风险预警防控机制，实现网络犯罪源头管控势在必行。

（四）收入差距拉大容易诱发社会风险

面对厦门偏高的房价收入比，再加上相对较高的物价水平、不断走高的房租成本，社会贫富差距逐渐拉大。人们的生活压力不断加大，又无法从当下不合理的分配机制中得到解脱，便将社会的不公平待遇转化为社会群体性事件、经济犯罪，从而对社会正常秩序发展造成了一定的损害。

三、厦门市预警防控机制的法律特征分析

对于厦门市社会风险发生后的预警防控机制存在的不足，诸多专家学者普遍从政府

治理、风险管理等方面进行了讨论。笔者尝试通过法律视角发现厦门市的预警防控机制的不足。

（一）应急法律体系不健全

这是各个城市普遍存在的问题。由于社会发展速度太快，人们对问题考虑不全，缺乏前瞻性。只有在出现社会风险之后才通过制定法律法规来约束人们的行为，表现为法律滞后性。当前，现行有关法律、行政法规和规范性文件，对于社会风险的分级并不一致。正如国家行政学院龚主任指出的，在制定的多种应急法规中，应该在高位阶法律框架之下，加强行政法规和其他规范性文件彼此之间的相互配套和衔接，形成统一的应急法律体系。

（二）跨越式联动的工作方式尚未完全建立

厦门市全市信息化水平领先全国，公、检、法更要实现执法管理能力和效率的区域跨越式提升，通过信息化技术手段加快各区部门协动的步伐，在社会风险萌芽早期就及时发现，尽早建立无间隔、不疏漏的联动工作方式。

（三）“互联网 + 法律”的预警机制布局缓慢

厦门市拥有广泛的信息经济产业基础，很多具有领先技术的高新技术企业与政府各部门取得了紧密的合作。例如，在金砖会议期间，通过人脸识别技术识别外来人口，让厦门市流动人口的排查工作取得了突破性进展；通过电子数据取证，为执法部门开展网络空间社会治理提供了便捷。但是，由于社会风险的复杂性，虽然“互联网 + 法律”的应用得到了市场肯定，但是全市性布局缓慢。

（四）现有法律法规无法适用网络社会

网络社会与现实社会存在差异，厦门市需要重构适用于网络社会的法律法规体系。目前，以互联网形式实施的新型犯罪层出不穷，网络社会中又存在诸多法律漏洞。例如，犯罪分子借助网络平台发布诈骗信息，利用网络支付工具转移赃款。“犯罪行为发生地”和“犯罪结果发生地”均与传统犯罪不同，容易引起管辖争议。相应法律法规若无相关规定，将致使网络纠纷出现后难以适用现有法律，给网络社会风险大开方便之门。

四、社会稳定风险预警防控机制法律保障建议

针对厦门市的社会风险形势，笔者对比分析了专家学者在研究城市建设的过程中提出的法律保障建议。虽然各个城市的改进措施可能是为特定城市的社会风险预警量身打造的，但是在城市建设中面临的许多问题存在共性，因此厦门市可以结合自身城市特征，吸收不同城市的法律保障措施加以修改运用，从中寻找符合厦门社会风险特征的解决方案。

（一）北京市、区、企业三级预警体系的法律保障

孙午生博士在《社会稳定预警管理制度研究》一书中特别将北京作为一个典型案例，

对社会稳定预警制度进行了探索与经验总结。

孙博士在文中指出，北京市的预案方面主要指“各区形成了有关部门按规定制定本辖区突发事件的社会稳定预警管理预案，而在企业层面上形成了依据相关法律、法规、规范性文件制定的本单位突发环境事件社会稳定预警管理预案，并需要定期组织演练”。可见，法律为企业在突发事件的处理上提供了坚实的保障。

他还指出，北京市社会稳定预警体系的改进措施要从七个方面展开。其中一点便是要加大监督管理力度，完善社会稳定预警管理的法律体系，将安全许可纳入法治轨道。由此可见，北京市着重于建设完善的预警机制法律体系，并设置了“安全许可”的门槛为社会稳定保驾护航。

（二）宁波市的风险多元化解机制

宁波市建立了利益协调机制，通过疏导、帮扶、危机处理等方式和保障、救助等手段，高度重视解决群众利益问题，协调各方利益，坚持维权与维稳统一，把依法处理和多元化解结合起来，完善社会矛盾排查预警和调处化解综合机制。可见，宁波市强调通过多种形式的法律调解将社会矛盾控制在社会可承受的范围内。

（三）“枫桥经验”将法律指标列入预警防控指标体系

“枫桥经验”作为政法界的一个经典案例，在着力预防化解的基础上，对预防化解方法进行了积极讨论，总结出了包括“部门协动、联合调处”在内的工作方法，将矛盾扼杀在萌芽阶段，为社会风险预警防控机制提供了生动的实践样本。有关学者在研究“枫桥经验”的时候，提出了将公安局、司法局的“刑事案件发案率”作为社会风险预警防控指标体系的警报指标之一，在19个指标中占10%的比重，用于防控社会风险。

（四）采用“宽严相济”的刑事政策防控社会风险

有的学者提出应充分运用现有的“宽严相济”刑事政策，为社会风险做最后的法律保障。在风险预防阶段，将宽严相济刑事政策与风险预警防控机制有效贯通，形成与其他风险预警防控措施的动态协调；在风险控制阶段，针对“可由其他社会调控措施处理”与“已经表现出了法益侵害的必然性”两种不同情况，分别通过刑事政策的“严”和“宽”两种张弛有度的手段，对刑事法律进行监督。

五、构建厦门市预警防控机制法律保障的对策思考

为了有效解决这些新矛盾，习总书记指出，“加强社会治理制度建设，完善党委领导、政府负责、社会协调、公众参与和法治保障的社会治理体制，提高社会治理的社会化、法治化、智能化和专业化水平”。其中，特别提到了法治保障的重要性。

笔者根据专家、学者的建议，以及工作、学习的经验，从法律正常保障社会稳定的出发点，主要提出了以下四点对策。

（一）完善预警防控的法律保障机制

众所周知，法律具有预防作用，通过法律的明示作用、执法效力和对违法行为惩罚力度的大小来达到法律目的，以警告人们违法必受罚。因此，建立一套完善的法律法规十分必要。

目前，我国已陆续出台了一系列法律法规，如《中华人民共和国消防法》《中华人民共和国传染病防治法》《中华人民共和国安全生产法》《突发公共卫生事件应急条例》《中华人民共和国防洪法》《中华人民共和国防震减灾法》《核电T核事故应急管理条例》《国家突发公共事件总体应急预案》等。

厦门市也陆续发布了《厦门市流动人口信息采集暂行办法》《厦门市房屋安全管理规定》《自贸片区构筑多元纠纷解决机制》等相关规定。但是对于当前比较严峻的社会风险问题尚未出台专门的政策或暂未根据时代特征进行补充完善。笔者建议应该根据当前社会风险成因、法律保障的缺陷，结合以往的预警防控经验，明确紧急管制措施规定、公民权利保障规定、各职能部门的权利义务等。例如，学习北京案例设置“安全许可”门槛，尽可能细化、完善相关法规、制度；在现有法律框架下，灵活运用“宽严相济”刑事政策防控社会风险。

（二）建立多元纠纷解决机制

“枫桥经验”最精华的部分在于“小事不出村、大事不出镇、矛盾不上交”的基本精神，并探索了“组织建设走在工作前，预测工作走在预防前，预防工作走在调节前，调节工作走在激化前”的“四前”工作法，构建了“预警在先，苗头问题早消化；教育在先，重点对象早转化；控制在先，敏感时期早防范；调解在先，矛盾纠纷早处理”的“四先四早”工作机制。

笔者建议厦门市可以学习宁波成功的案例，通过多种形式的法律调解将社会矛盾控制在社会可承受的范围内。通过设置司法专项小组，统筹协调司法部门，将调解、仲裁、行政裁决、行政复议、诉讼等有机衔接，推进基层人民调解、行政调解协调联动，警调、诉调、检调有机衔接，进一步完善多主体参与、多手段运用、多方式解决的已发调处化解矛盾纠纷的机制。

（三）逐步将“互联网＋法律”的预警机制覆盖全市

厦门市的信息化基础领先全国。作为国内电子数据取证领域领头企业、网络空间安全专家的厦门市美亚柏科信息技术股份有限公司，就致力于为执法部门实现“大数据打造无贼天下”的远大目标。厦门市“小兔开门”以大数据分析算法为公安机关、人口管理组织和广大社区APP用户提供了安全管理服务。

依托大数据技术、人工智能进一步研发符合厦门市发展实际的社会稳定风险预警防控机制，并将该项工作面向全市推广，相信会取得令人满意的成果。当前，由于人脸识别、指纹识别等技术成本高，导致厦门市岛外部分偏远地区、人迹罕至地区仍然处于预警防控的空白区，其实这些地方更容易吸引犯罪分子聚集，滋生违法犯罪行为。因此，建议厦门市普遍推广已经较为成熟的预警防控设备，做好信息采集工作，为广大市民的人身安全、财产安全支撑起坚固的保护伞。

总而言之，笔者从工作、学习中，分析总结了厦门市社会风险存在的几个原因，并立足于法律视角寻找法律保障在预警防控机制上理应发挥的作用，最后学习借鉴了其他省、市、区的成功案例，为厦门市的社会稳定风险预警防控机制提出了几点措施，希望能为厦门司法服务保障贡献一点微薄的力量。

浅论加强基层组织建设与“扫黑除恶”专项斗争的有机统一

肖 峰 许文华*

一、扫黑除恶专项行动的开展背景

2018年3月，福建省厦门市委巡察组进驻仅5天，社区书记吕某某、主任吕某涉黑双双落马，翔安区公安分局局长杨某某涉黑恶势力保护伞被查处。此外，2017年11月，山东省通报的七个扫黑除恶的典型案例中，济南耿某等人黑恶势力案件中有3名村支书2名村主任涉黑，引起了巨大的社会反响。2018年1月，中共中央、国务院发布了《关于开展扫黑除恶专项斗争的通知》(以下简称“《通知》”),《通知》指出黑恶势力蔓延到基层组织的严峻形势，强调了在扫黑除恶中加强基层组织建设的关键作用。人民日报、中纪委机关报等媒体也纷纷发文指出要将基层组织建设和“扫黑除恶”专项统一起来，彻底祛除基层黑恶势力这一毒瘤。从2017年各省公布的数据来看，基层的黑恶势力正在侵蚀着基层组织的治理结构，基层人民群众深受其害，不夸张地说，基层的黑恶势力正在动摇我国的社会根基。

二、基建与扫黑除恶有机统一的原因

党的十八大以来，党中央强力反腐败，查处了大量的“大老虎”，老百姓无不拍手称快，这也是民心所向，但是老百姓对身边的“蝇贪”“村霸”更为深恶痛绝。随着各地打击黑恶势力的力度不断增强，黑恶势力逐渐将活动范围转移到了社会基层。由于历史的原因，以及许多基层官员由于懒政、怠政或利益驱使，纵容基层的黑恶势力实施违法行为。从破获的涉黑案件来看，在社会基层发生的涉黑案件中，基层组织的官员往往不能逃脱干系。

(一)“村霸”出现的历史探究

回顾历史我们可以发现，改革开放、分田到户之后，20世纪八九十年代的村庄治理工作，主要有两件“大事”：收农业税、计划生育。这两件事都不容易。尤其是计划生育，在南方一些宗族势力强大的地区很难开展，经常遭到反抗，有时候村庄、乡镇里面为了开展工作就会默许甚至借助村里面比较强势的人，以完成任务。

我们知道，2003年之后农业税取消，2016年二胎政策全面放开，计生工作到现在也慢慢软化、开放，其实村干部的分内之事就少了很多。但之后的另一个趋势是征地拆迁

* 肖峰，集美区委；许文华，集美区人民检察院。

的兴起，很多城郊村利益变得很大。这件事当然也不好做；同样的逻辑，管理者不容易搞定的事情，一些灰色甚至黑色的势力就崛起了。比如拆迁公司，就混进了很多这样的势力。坦白讲，这股风气到现在也没有完全根除。但我们很容易看到，这种表面“秩序”的维持，其背后并不意味着良性秩序的出现，反而侵蚀了基层的合法秩序和执政基础，因此中央必须痛下杀手。

那么，为什么面临治理问题，合法的力量反而无法触及呢？

这就涉及另一个层面的问题：基层法治力量，尤其是警力布局的严重不足。我们知道传统的中国乡村依靠一些乡土规范为主对民众进行规范，所谓的村民自治组织原则常常经不起民事法律的支撑，随着基层原子化，乡土结构能起的作用式微，即使村子里有混混、恶霸出现，曾经有威望、管事儿的老人也不管，也管不了了。与此同时，合法的暴力体系（如警察），也没有足够的力量介入，难以及时有效地渗入农村进行管控。

笔者于2012年曾经到镇政府挂职锻炼，主要的工作就是拆迁工作，亲身经历告诉我们一个铁定的事实就是：搞拆迁，就是要依靠村庄里有实力的村书记、村主任的强硬支撑配合，否则就是事倍功半，进度缓慢。工作中经常接触基层派出所民警，知道他们是严重缺乏人手、完全忙不过来的。很多地方一个乡镇只有一个派出所，但人口可能有五六万甚至十万之多，派出所的正式编制甚至都不到5个人。乡村结构又不像城市那样紧凑，人口分布非常广，有时候一个山头就住几户人家，日常出警怎么能覆盖得到？跟其他国家相比，我们人均的正规警力相当少。因此，法律的力量、合法的暴力不足，也是黑恶势力趁机兴起的一个现实原因。

但说到底，无论是治理能力的弱化，还是基层法治力量的缺乏，其背后的深层次原因都是社会结构的变迁。社会结构在趋于松散、原子化、趋利化的同时，地方自我规范的能力并没有跟上。在传统良性约束力量缺乏的条件下，向“权钱”看齐就成了通行规则，一旦有利益出现，就很容易出现抢夺。这也就是为何会出现前述的“村霸”，以及“村霸”如何寻找保护伞的逻辑。

所以，“村霸”不一定是每一个村庄都存在的具体现象，但以小见大，其背后折射出的问题却是耐人寻味的：基层治理到底为何面临困境、为何失效？为何基层政权建设不够完善？

从学理上看，基层政权建设包含两个方面：一是基于基本社区（农村或城市）实现自我管理，也就是真正实现基层民主；二是需要一个高效、廉洁、有力的官僚行政体系。前者可以保证民众参与和监督公共事务的执行，然后与后者相结合，才能构成比较成熟的既有体现本地声音和利益诉求，又可以上下贯通的成熟基层政权体系。拿这个标准来看，现存的基层民主显然是不令人满意的。我们看到许多地方的基层选举在走过场，要么是大家漠不关心，要么是资源被强势势力甚至黑恶势力垄断，选谁不选谁，人民做不了主。

还有一些村，少数乡村新富走上政治前台，凭借较强的致富能力影响选民的投票意向，甚至还以承诺和捐赠的形式赢得多数选民的支持而当选，形成令人警惕的“富人治村”现象，“基层民主”变成了“基层选主”——普通村民只需要选一个主人，而无法进入基层治理，形成基层村庄的权力结构固化。

某种意义上，“富人治村”跟“恶人治村”的逻辑是相似的。富人可以用金钱手段来代替一些强制手段，甚至可能富人以前是恶人，但现在不需要暴力手段了，可以用金钱收买了。这种现象之所以值得警惕，是因为其表现出一种基层局部失控状态。我们的基层党组织不能只吸引能赚钱的人、强势的人让他们在经济上“带后富”，因为实际上根本带不起来，基层党员的政治性反而被过度的经济性稀释掉了。

（二）基层官员和黑恶势力利益勾结

近年来，随着我国城市化进程的快速发展，传统的农村经济也发生了翻天覆地的变化，城市发展不仅需要大量地征用土地，一些基层官员工作需要（主要是征地拆迁）长期和村干部接触，时间久了自然成为熟人，成为朋友，在经济利益面前也成了贪腐分子，在收受黑恶势力的贿赂后，不顾广大人民群众的利益，充当黑恶势力的“保护伞”，帮助其掩盖欺压群众、控制基层重要经济来源、开设黄赌毒场所等罪行。正是由于基层官员的保护，广大人民群众备受欺凌却只能忍气吞声，不仅让基层组织自治成为空谈，也挫伤了人民群众对党组织的信任，如果不及时进行打击，不仅会伤害广大人民群众的根本利益，也会有损中国共产党的政治威信。例如刚刚查处的山西闻喜县侯氏四兄弟黑恶势力，无恶不作，暴力敛财致人死亡，其背后保护伞竟然是该县公安局副局长景益民等17名民警，事件一曝光，引起轩然大波。

由于基层党组织建设涣散，党的领导力被弱化，许多基层官员不仅与黑恶势力进行利益交换，甚至直接参与到黑恶组织当中，并借此插手村支书、村主任的竞选，掌控基层组织“两委”，使得合法组织黑化，非法组织合法化。由于基层组织的自治性，基层官员本身就掌控着巨大的权力，如果基层官员同时掌握着黑恶势力组织，则会让基层成为其“独裁”的土壤。如果不打击基层黑恶势力，建立完善的基层治理体系，必然会影响到社会的公平、正义。

（三）基层官员消极对待扫黑与除恶

虽然一些官员并未参与黑恶势力的组织活动，也未进行权力寻租，但是因为畏惧黑恶势力的寻衅滋事或者畏惧上层充当“保护伞”的官员的施压，消极对待扫黑除恶行动，任由其对人民群众巧取豪夺，任由其窃取集体或者国家的财产。因此而怠政的基层官员不在少数，身为共产党员却将个人安危看得重于人民群众的根本利益，身为基层组织的官员却不能让百姓安居乐业，致使黑恶势力在被迫转移到偏远地区后还能做大，这样的危害不亚于利益勾结或参与黑社会活动。

三、基建与扫黑除恶有机统一的对策

扫黑“拍苍蝇”，除恶也反腐，从实践来看，发生在基层的涉黑案件往往牵扯到地方官员，在长期宽松的自治环境中，基层组织治理结构松散，党组织的存在形式化严重，若不及时重新建设基层组织而只进行扫黑除恶，则只能治标，无法治本。

（一）紧抓基层组织贪腐，打掉“保护伞”

基层组织尤其是农村地区官员的腐败收入主要依赖于控制该地区的主要经济来源，而实现控制的过程往往要依赖非法行为强行获取，因此，基层反腐与扫黑除恶关系密切，只有严厉打击基层的官员贪腐才能够让基层的黑恶势力暴露在阳光下。所以，打黑先打

“伞”，需要纪检、监察委首先紧抓基层反腐工作，避免腐败官员的姑息养奸。只有肃清基层贪腐问题时，公安部门才能够将涉黑人员绳之以法，还基层人民群众一片蓝天白云。虽然在扫黑除恶中强调打黑先打“伞”，但并不是必须先反腐才能扫黑，公安部门应当积极打击黑恶势力，破获案件要深挖背后的保护势力，让反腐为扫黑铺路，也让扫黑为反腐出力。

（二）强化基层党建工作，团结人民群众

基层党组织建设的落后让权力集中在基层组织官员手中，村主任的自治权力几乎让其掌控着全村的一切资源，缺少党组织管控的自治权力让基层官员难以自我约束，尤其是政治觉悟不高的基层官员，很容易被利益驱使，成为黑恶势力的保护伞甚至是黑恶势力的成员、组织者。中共中央的一贯宗旨都是依赖群众、深入群众，但是被架空的党组织很难给予人民群众公平、正义的社会环境，在黑恶势力猖獗的地区甚至让人民群众失去对党组织的信任。因此，在进行扫黑除恶专项活动中，建设基层组织的首要工作就是强化基层党组织建设工作，对党员进行严格要求，让基层自治的权力处于党组织的控制范围内，将解决涉黑腐败问题作为落实全面从严治党责任的重要内容，对产生的腐败、涉黑等苗头绝不姑息。只有这样才能够让党组织真正深入群众当中，服务人民群众，团结人民群众。

（三）完善基层治理模式，建立长效机制

不仅要完善基层党组织建设，还要完善基层的治理模式，避免基层公权力成为基层官员牟取非法利益的工具。完善基层治理模式，简单来说就是权力应当被分散和监督，充分激发人民群众参与公共事务的热情，让人民群众成为权力制约的监督者，以防权力被滥用；建立更合理的官员评价体系，在该体系下赋予基层党组织监督基层官员的权利，对于涉黑、贪腐的官员严惩不贷，并且定期对官员进行评价考核。由于基建与扫黑除恶的有机统一性，不断完善基层治理结构也就是完善长效机制的过程。基层组织缺少同等级人民代表大会的监督，也就让扫黑除恶长效机制缺少监督者与执行者。因此，需要基层党组织参与到完善基层治理模式的工作当中，承担起监督、评价、执行等职责，确保反贪扫黑长效机制的长期稳定。

基于防卫空间理论升级城市安全感

张星亮 *

随着城市化进程的加快，城市化犯罪问题、城市犯罪预防体系和措施也日益受到广泛关注。为预防和减少犯罪行为，相比于预防个体犯罪产生犯罪动机和预防重新犯罪，从犯罪的目标和条件方面限制犯罪，改变和减少有利于犯罪发生的条件则更为有效，对犯罪条件的状态及其与犯罪行为之关系是犯罪预防研究的重要思路。

当代的犯罪预防体系主要包括三个方面，即建立犯罪预防的三道防线：第一道防线——抑制犯罪动机，即针对犯罪赖以滋生的各种因素，采取综合的措施净化社会环境，抵制个体萌生犯罪动机；第二道防线——限制犯罪条件，即如果不能有效地抵制人的犯罪动机的生成，就应从犯罪目标和犯罪条件方面制造障碍，以达到限制和减少犯罪发生的目的；第三道防线——预防重新犯罪，即着眼于防止已经有过犯罪行为的人的重新犯罪行为，涉及惩罚、改造、矫治等诸多环节。① 在现代城市犯罪预防研究中，限制犯罪条件、减少犯罪目标和制造犯罪障碍的计划和执行显得更加重要，“防卫空间”理论及实践正是这种对策中的重要内容。

基于环境设计的犯罪预防(Crime Prevention Through Environmental Design，简称“CPTED”)关注广泛的城市规划和建筑设计问题，是在情境预防的理论和实践中发展起来的。CPTED的主要目标是要影响人们关于建筑环境的观念认识以及界定和使用公共空间的方式，目的是要研究如何通过提供客观上以及主观上都安全的建筑环境来实现对空间的正确使用，以及如何通过有形的和象征性的屏障和改变来形成有效的社会控制和监管机制，从而防止对空间的不当使用(如犯罪和违法行为)。

环境预防理论又被称为“防卫空间”思想，产生于20世纪70年代的美国，是指通过改变和保护环境，消除便于犯罪的条件，预防犯罪发生的一种理论。环境预防理论认为，现代城市环境给犯罪提供了机会，如人员结构复杂并且流动性大，使犯罪人容易混入其中；地面、地下交通发达，畅通无阻，便于犯罪人接近目标和逃脱；门窗不牢固、照明条件差等为犯罪人提供了方便。另外，大城市的建筑结构、造型及城市建设规划使个人向私生活隐退并孤立，居民彼此之间不相识，匿名化突出，导致社会联系削弱。这既不利于对犯罪行为的非正式控制，也增加了对犯罪的恐惧心理。既然城市环境中存在这些便于犯罪产生的因素，那么，改变这种环境就可能减少城市的犯罪发生数量。因此，环境预防理论提出，有必要通过环境设计，制造一种“防卫空间”，即在城市规划、建筑设计、旧城改造、社区氛围的营造等各个环节造成不利于犯罪、诱发犯罪行为的机会，预防犯罪的发生。②

---

* 张星亮，厦门海事法院。

① 公安部政治部：《犯罪学》，中国人民公安大学出版社1997年版。

② 康树华：《比较犯罪学》，北京大学出版社1994年版。

环境预防理论代表人奥斯卡·纽曼（Oscar Newman）在其著名的《防卫空间》一书中指出：为了能达到预防犯罪的效果，“防卫空间”应当符合四个条件：一是地区性，即某一区域的居民能够区分本区域的合法使用者和陌生人，从而产生一种自治气氛，对本区域实行控制，减少本区域的被害机会。二是可监视性，即该区域的合法使用者能够方便地观察到这一区域的日常活动，便于发现可疑行为并采取对策。三是外观要求，即这一区域的外观应当既不吸引犯罪人，也不与周围的社区隔离，不方便犯罪行为的实施。四是安全性，即这一区域应位于低犯罪率地区。某一区域如果具备了这四个条件，就意味着在这一区域内实施犯罪行为不易成功，并且要冒很大的风险，而区域内的合法居住者则能够在一定程度上预防被害。[①]“防卫空间”也即在居住环境中通过社会组织以有形方式实现自我防卫以阻止犯罪的一种模式。“防卫空间”这一术语能涵盖一系列的方法，如真实的和象征性的障碍物、界定清晰的强力影响的区域以及为监管提供更多的机会。以上方法结合起来就能打造出置于所有居民所控制之下的居住环境。

第一，地区性。地区性是“防卫空间”理论中的核心概念之一，其旨在建立和强化一定空间的正当使用者的业主权和所有权意识以及阻止非法使用者的意识。地区性要求明确和保持空间层次以及确保公共领域和私人领域之间的明确划分。通过使用者有形和象征性的屏障，可以将空间划分为四种类型：公共空间、半公共空间、半私人空间和私人空间。屏障能够包括公共领域和私人领域之间的篱笆和围墙、标识、植被或者某种形成过渡地带效果以提醒人们正从公共空间进入私人空间的外观变化。过渡地带使得居民和其他管理人员更容易注意到某个区域，而且使得他们更有正当理由阻止闯入该私人空间的人。

第二，可监视性。可监视性包括正式监管和非正式监管两种。监管的主要原理是通过提高在特定区域实施违法的发现机会来增加潜在违法者的感知风险。监管的目的是增加干预、逮捕和追诉潜在违法者的机会。控制犯罪的主体并不是刑事司法机关，而是广大社会民众和组织，有效的犯罪预防有赖于“夯实基础，群众参与”，犯罪控制应有的效力在某种程度上取决于被依靠参与犯罪控制过程的个人或群体，而不是刑事司法工作人员。[②]非正式监管既可以适用于内部空间，也可以适用于外部空间，涉及当个人在着手进行日常活动、走在路上、走向商店或者住宅的时候，能够存在清楚的视线从而邻近的住户能够看见。此外，还涉及在区域安装良好的灯光照明以及建设吸引人们出来活动的设施以增加人们利用户外空间开展活动的积极性，同时也吸引那些可以充当看守人的人们出来活动。正式监管旨在通过指派特定的第三方承担监管责任来提高保护和现场管理能力。此种情况下，监管职责就成为特定第三方的日常工作的组成部分。

第三，外观要求。外观要求包括安置旨在改善非正式监管的专门设施和生活设施。而且，在现场还可以增加一些有助于吸引普通群众的活动安排和相关设施。通常是指在区域建设包括住宅、休闲、娱乐和餐饮酒店等在内的综合设施。这样做的目的是使这些地区无论白天还是夜晚都有活动安排，从而使这些地区不至于荒凉化。此外，还应当给不同的居民群体提供适合他们的专属空间，并且通过对这些专属空间的适当设计和管理来促进对这些空间的使用，从而减少居民之间在空间使用方面的冲突。目的是为了使那

---

① 冯树梁：《中国预防犯罪方略》，法律出版社1994年版。

② ［德］汉斯·约阿希姆·施耐德：《国际范围内的被害人》，许章润等译，中国人民公安大学出版社1992年版。

些可以为犯罪预防做很多事情的人们不至于抛弃这些地区。此外，适当的活动支持措施还可以通过吸引空间地域的合法用户来改善该地区的形象。外观要求涉及应对有损安全形象的不文明行为和导致犯罪的苗头性行为，从而树立起该区域情况良好这一正面形象。

第四，安全性。安全性旨在对活动进行鼓励、限制或者引导，其目的是阻止潜在犯罪人进入目标区域。安全性包括正式控制、非正式控制以及机械设施控制。非正式控制主要是改变空间界定的自然特征，正式控制方法则是更有目的性和组织性的方法，而且像正式监管一样是由日常职能是阻止人们进入特定区域的第三方来实施的，机械设施控制方法主要是利用门和屏障的方法。

CPTED 需要在对问题进行深入分析的基础上得到启示和支撑，实地调查和安全审计方法已经用于帮助对问题的深入分析，这些基础性工作是必要的。CPTED 中进行实地调查的主要目的之一是要对影响一个地方的问题的种类有一个详细的了解。没有这种了解，就不可能制定和实施有效的 CPTED 项目。此外，实地调查对于帮助相关空间的用户和所有人弄清楚究竟需要做些什么来提高他们的安全感和对物理环境的认识这一问题，也是必要的。

任何 CPTED 实地调查中都必须考虑的两个主要问题是：环境的物理特征是否对地区实施 CPTED 的潜力产生了消极甚至是破坏性影响（如公共空间与私人空间之间的不合理划分会有损于可能的地盘意识）；事实上是否存在有助于促进 CPTED 且能够予以强化的环境特征（如是否存在能够改善当地的便利设施以及社会环境的基础设施）。

实施以 CPTED 为基础的预防项目并不一定要求对一个地区进行整体规模的重新设计。CPTED 既可以在预备规划阶段采用，也可以在问题出现时作为一种对环境进行改进的方法。实践工作中应该认识到，城市规划设计师和建筑师通常注重的是环境的美学效果而不是犯罪预防，这一事实是 CPTED 存在的基础和理由。事实上，许多建筑和城市规划在设计之初并没有考虑到犯罪预防。CPTED 的理念与许多当代的城市规划设计和建筑实践是一致的，这就意味着一方面在规划和设计阶段就采用 CPTED 原则是最佳的做法；同时另一方面，当出现犯罪问题时通常有可能对此前的建筑环境进行改进。

城市犯罪预防的硬件建设要求在城市规划、设计和建设的过程中将犯罪预防作为重要的功能和指标，使城市建筑、居民住宅具有抑制和预防犯罪的功能。加大交通的分流，降低交通枢纽的压力；增大城市公共空间的利用率，减缓人群的聚集；合理控制住宅区的规模，细分优化半公共和半私密空间界限；增大基础设施的绿化面积，合理运用景观绿化柔性分割；控制高层建筑的无序发展，贯通建筑之间的通道，扩大公共空间、楼梯间和走廊的通透化，消除视觉隐蔽区域；增强区域的智能监控与巡查。

城市犯罪预防还应当注重相应的软件建设。美国总统执法与司法委员会（President' s Commissionon Law Enforcementand Administration of Justice）发现，在许多城市中有 90% 的逮捕是巡警完成的。严重罪案的犯罪嫌疑人很少在作案时被当场逮捕，其所以被逮捕归案几乎都是由于被公民举报并认出其人。如此看来，完成逮捕最重要的因素是受害者或在犯罪现场的其他人能否认出嫌疑人。这些事实说明，警察的工作能否收效，全在于警察与社区的结合程度，而不在于是否采用新技术。警察与社区密切结合，才能对犯罪活动做出有效反应。[①] 制定和落实相关规范和措施，加大宣传和教育力度，提高城市居民的

① ［英］弗兰克·利什曼、巴里·洛夫迪、斯蒂芬·P. 萨维奇：《警务工作之核心问题》，吴开清等译，群众出版社 2000 年版。

犯罪预防的参与意识，积极参加社区群防群治，守望相助；加强警民合作，提高打击犯罪的反应速度。

犯罪是综合性的社会问题，城市规划不仅可以塑造良好的人居环境，也可以参与解决社会问题。通过合理的城市规划和环境预防可以预防城市犯罪，降低城市犯罪率，提高城市居民安全感。

构建未成年人犯罪预防体系探析

陈 弘[*]

从 1984 年我国上海市长宁区人民法院创建第一个少年法庭至今，我国少年司法制度已经走过了 30 多个年头。30 年来，我国的少年司法制度已越来越完善。2012 年《中华人民共和国刑事诉讼法》(以下简称“《刑事诉讼法》”) 的修改，对未成年人刑事案件诉讼程序进行了专章规定，对指定法律援助、社会调查、分开羁押、合适成年人到场、附条件不起诉的监督考察及犯罪记录封存等方面作出了规定。其中第 272 条规定检察机关应当对决定附条件不起诉的未成年犯罪嫌疑人进行监督考察。然而，对于附条件不起诉的未成年人犯罪嫌疑人如何进行考察、如何进行再犯罪的预防，并没有专门的细则予以规定。另外，笔者认为，对涉案未成年人进行考察帮教使其能够顺利回归社会非常重要，而对提高我国未成年人的法律意识以防止其实施犯罪，同样需要社会各界的关注以及司法各界的推动。本文中，笔者将对我国目前未成年人帮教制度的现状进行分析，并提出完善犯罪预防体系的对策建议。

一、未成年人帮教制度的意义

作为预防未成年人犯罪的重要组成部分，未成年人帮教制度是由司法机关主导，主要由公检法机关、司法局等对涉案未成年人采取适当的帮教措施，使其充分认识到错误所在、帮助其进行人格矫正，还能够进一步防止其重新犯罪，实现社会效益最大化。

1. 帮教的概念

何为“帮教”？从字面上来讲它包含着两层不同的含义。“帮”是指帮助、扶持，即从成长环境、学习、就业等方面，找出未成年人犯罪的根源，并研究出解决的方法；“教”是指教育，主要是从思想层面上来让未成年人从内心里认识到犯罪的危害性，并使其意识到自尊自爱及尊重他人的重要性，达到使其改过自新、重新做人的目的。

2. 帮教的时机

对于涉案未成年人的帮教，应该在案件立案时就启动，每一个环节都不应当被忽视。例如，我国《刑事诉讼法》对于未成年人刑事特别制度中规定的合适成年人制度，不但是为了在讯问时能保障未成年人的合法权益，还为了通过其父母、未成年人保护工作者的及时介入，让涉案未成年人能够尽早意识到自己的错误。再如，《人民检察院刑事诉讼规则 (试行)》要求办理未成年人案件的检察官应当具备心理知识以及应当根据案件的具体情况进行心理干预，则是期望通过心理干预来调整涉案未成年人的心理状态。在我国检察机关，每一个未检人在办理未成年人案件时，在浏览卷宗了解案情后，需要第一时间为其指定法律援助律师、联系其父母了解其成长经历、在讯问时尽可能得出案件背后的原因、未在押未成年人安排亲情会见、给可能存在心理问题的未成年人进行心理咨询、

* 陈弘，厦门市集美区人民检察院。

对符合条件的未成年人作附条件不起诉、联系社区走访学校等等。因此，将案件顺利起诉让涉案未成年人得到应有的判决并不是未检人的主要工作，通过案件诉讼过程中的帮教来挽救涉案未成年人，才是其最主要的努力方向。

二、我国未成年人帮教制度的现状

我国的少年司法工作虽然已经展开30余年，但是真正全国范围展开的少年司法工作则是在2012年我国《刑事诉讼法》修改之后。例如，全国各地检察机关依据我国《刑事诉讼法》《人民检察院刑事诉讼规则（试行）》的相关规定，成立了独立或专门的未成年检察部门，形成“捕、诉、监、防”一体化的办案机制，并开展社会调查、法律援助、亲情会见、案后帮教等各项工作，最大限度地保障未成年人的诉讼权利。然而，如何开展帮教工作，最大限度地保障涉案未成年人的权利，我国的司法机关仍在不断地摸索和完善中。

（一）开展情况

1. 附条件不起诉的考察帮教。附条件不起诉是我国《刑事诉讼法》在未成年人刑事特别程序中规定的一项重要制度，也是一项新制度。它是指检察机关根据未成年人犯罪事实、性质、主观状况、年龄及情节等因素综合考量，暂时作出不予提起公诉的决定，并设定一定期限的考察期，期满后根据考察情况，对其作出不起诉或起诉决定的一项制度。在该制度的适用过程中，附条件考察帮教是其中一个重要的组成部分，在决定作附条件不起诉时，检察机关应当对考察期间如何对犯罪未成年人进行帮教制定相应内容。在考察期间，如果犯罪未成年人履行了相应的义务，并遵守了一定规定，检察机关根据其约定作出不起诉的决定，反之则检察机关要对其提起诉讼。然而，由于附条件不起诉规定了只有在罪名、量刑均较轻的情况下才能作出，且在考察期间，承办检察官还需要做大量的案后工作，使得附条件不起诉在检察机关办理的未成年人案件中的比例相对较小。

以厦门市为例，2017年度厦门市检察机关共受理公安机关移送审查起诉的未成年人犯罪案件139件220人，经审查，提起公诉91件141人，不起诉24件40人（含附条件不起诉考验期满不起诉6人）。也就是说，附条件不起诉的人数仅占移送审查起诉人数的2.7%，若包含所有不起诉的人数，比例也仅在18%。

2. 各地检察机关的经验做法。为了更好地帮助涉案未成年人走出犯罪“阴影”，更好地融入社会，避免再次犯罪，各地检察机关采取了多种多样的措施。浙江省宁波市江北区检察院与江北区司法局“联合办学”，充分利用社区资源，通过社会化的教育、引导和帮助，开展以培养德行、学习知识、增强技能等为主要内容的监督管理活动，让在考察期的未成年人有了别样的人生感悟。广东省佛山市禅城区少检科从2009年以来，围绕涉罪未成年人的教育感化，创建并且推行涉罪未成年人帮教新模式“彩虹计划”，该计划实施以来，少检科先后与区团委、专业社工机构、心理咨询公司、职业技能培训机构等签订帮教计划，成立广东省检察机关首支支援服务队、广东省检察机关首家观护教育基地，以及便民服务站、未成年人矫治中心、彩虹劳作园地等，积极开展心理辅导、公益服务、技能培训、法制教育、劳动实践、亲子关系修复“六位一体”的帮教活动。截至2016年5月，“彩虹计划”共吸收涉罪未成年人104人，经过矫治考察，已作不起诉77人，其中

40 人重返学校，7 人考上大学，18 人被评为市级、区级优秀志愿者。

（二）存在的问题

1. 考察帮教制度只有原则性规定，尚未出台详细规定，缺乏可操作性。例如，确定为考察对象的未成年在校生，检察机关、学校、社区等如何相互配合，缺乏专业的帮教引导和法律约束力，有可能导致帮教流于形式，各部门之间相互推诿，达不到应有的法律效果。除了附条件不起诉的考察帮教制度，针对其他涉案未成年人的帮教制度同样未予以完善，这使得检察机关在摸索及帮教过程中遇到不小阻力。

2. 未检部门配套人员不足，办案压力大，政府机关配套措施不够。虽然全国各地大部分检察机关已成立单独的未检部门，但配备的人员不足，在与日俱增的办案压力之下，未检工作人员只能疲于办案，而无法更好地发挥主观能动性去创新工作思路。另外，各地政府机关未成年人保护机构对于涉案未成年人的帮教工作重视不够，未配备足够人手配合未检部门开展帮教工作，使得帮教工作在推动上存在困难。

3. 缺少专门的帮教机构。一个稳定、专业的帮教机构，可以从生活、心理、工作等多方面对涉案未成年人展开不同形式、有针对性的帮扶。然而，目前全国各地大多未成年人帮教基地是依赖于学校、社区和企业，绝大部分地区尚无专门性的帮教基地。仅仅依赖于学校、社区和企业，很难令帮教措施发挥实质性的作用。

4. 帮教措施单一。针对不同的未成年犯罪嫌疑人，应针对主体的不同特点采取不同形式、有针对性的帮教措施。然而，由于缺乏专门的帮教机构、帮教制度不健全等多种因素，各地检察机关在开展帮教工作时形式较为单一，未能形成专业化、系统化、多样化的帮教措施。

5. 针对涉案未成年人的社会调查流于形式。严格来说，有效的帮教措施，应以完整的社会调查为基础。只有从涉案未成年人的成长经历、生活环境、学习、工作等全方位进行调查了解，才能制定出准确的、完整的帮教措施。目前我国社会调查工作主要委托各地司法局进行调查，我国人口流动性大、司法局工作人员配备不足等多方面原因，使得作出的社会调查报告浮于表面，未能深入了解未成年人犯罪的根源。

6. 无监护人、无生活来源、无固定住所的“三无”人员，存在帮教困难的情况。全国各地的“三无”人员占涉罪未成年人的比重较高，然而“三无”人员由于流动性较大，往往无法对其进行有效的观护帮教，而只能采取判处实刑的做法。

三、构建完整的未成年人犯罪预防体系的对策

1. 完善立法，以立法形式确认未成年人犯罪预防体系

鉴于帮教制度的开展现状，加强帮教制度的规范化建设，以立法形式确认帮教制度并进一步建构未成年人犯罪预防体系应成为亟待解决的问题。建议立法将帮教制度内容具体化，从帮教内容、帮教方式等方面进行细化，使司法机关在运用该项制度时有章可循、有法可依，既能保证帮教措施的顺利开展，也可避免各部门之间出现踢皮球、互相推诿的情况。

2. 各部门之间明确责任，细化分工

首先，检察机关未检部门应先壮大自身队伍，配备足够的人员，作为帮教制度的监

督者和引导者，协同制定具有可操作性的帮教方案。其次，应将公安机关、社区等纳入帮教主体，参与到具体的帮教工作来，一同制定帮教方案，提高帮教的质量与效果。最后，政府应当从政策和资金等各方面给予充分的支持，如对参与帮教的工作人员予以专业的培训、考取心理咨询师资格等等。

3. 将帮教与社区矫正相结合，探索新路径

以中国香港地区为例，针对10~18周岁犯轻罪被警司警戒的青少年提出“社区支援服务计划”，即在特定的社区内，让执法部门（警方、法院）和社会服务（福利机构、辅导社工）结合，为犯罪青少年提供综合辅导和治疗。我国目前对缓刑人员的社区矫正制度正在逐步完善。以厦门市集美区为例，该区司法局与厦门曙光社会工作机构合作，将社区矫正工作中的帮教环节交给该社工组织负责，由该组织进行法制教育、心理咨询、社区服务等。社区作为涉案未成年人的经常居住地，能够直接监督与管理涉案未成年人的行为。因此，我们可以依托所在社区司法局的社区矫正机制，探索未成年人帮教制度的新路径。通过司法局的社区服务、法制教育等活动，对涉案未成年人进行行为矫治。同时，针对具有一定心理问题的涉案未成年人进行心理疏导，有助于帮教措施更好更顺利地展开，帮助其顺利回归社会。

4. 依托发展较为成熟的社工机构，提供专业化支持

目前，我国社会工作机构正在不断地发展当中，一些政府机关也在用购买相关社会工作机构服务的方式来开展工作。社会工作可以从以下几方面入手参与帮教：一是先对帮扶对象进行详细了解；二是对帮扶对象进行思想道德教育；三是通过开展人际关系指导、社区公益活动等提高帮扶对象的社会适应性；四是对帮扶对象进行心理健康辅导；五是对于符合社会救助条件的可以帮助其申请相关救助；六是通过职业技能培训，帮助帮扶对象就业、创业。

厦门市湖里区检察院已与社工组织开展合作，以个案为主，开展“自我更新计划”项目、“复原力计划”项目，有的放矢对涉罪青少年进行帮扶，并协作开展对“人户分离”的涉罪未成年在校生就地监管帮教。社工团队一对一的帮教模式、及时介入的心理干预以及未检部门工作人员的监督管理，都将促使帮教措施一步步完善。

5. 构建家庭、学校、社会多方联动帮教体系

55年前，浙江枫桥干部群众创造了“依靠群众就地化解矛盾”的“枫桥经验”；55年后，司法机关如何运用“枫桥经验”去预防犯罪呢？以沙县经验为例。沙县人民检察院与沙县小吃同业公会建立“启航未成年人观护基地”，对作附条件不起诉的未成年人安排其参加沙县小吃技能培训，经培训获得职业资格证书后，鼓励其创业。针对创业的涉案未成年人，该基地还充分利用沙县小吃同业公会小吃培训、人脉资源及遍布全国的店铺联络点，形成留守涉罪未成年人特色流动性帮教基地，开展异地帮教，帮助他们解决从业过程中遇到的实际困难。沙县检察院无疑是成功地借助了社会的力量，虽然沙县经验无法复制，但是各地检察机关未检部门仍可以借助家庭、学校以及社会多方面的力量，构建联动机制。例如，上海嘉定检察院成立了“新春学校未成年人社会观护基地”，安排自身教师作为观护人员一对一指导文化学习、技能培训、心理辅导及衣食起居，帮助涉案未成年人学习专业技能，使他们能够更好地融入社会。

另一方面，除了在帮教体系中形成联动，家庭、学校也应当从关注学生的行为、心理等方面对学生的表现进行提早干预。笔者曾经办理过一件令人非常痛心的案件。林某

自认为长期被同班同学进行“校园欺凌”（包括语言上，如取外号取笑；行为上，如推搡）而使其内心感到非常痛苦，其向班主任反映了多次，班主任并未引起重视，而只是当学生之间的一般打闹行为进行处理。家长因为双方矛盾被叫到学校之后也仅仅是对自己的孩子进行批评教育。没有人发现林某心理产生的变化，更不用说进行提前的心理干预，进而导致了林某产生偏激的思想，在上课期间手持一瓶硫酸从同学的头上倒下去，导致被害人重伤并毁容。这个案件的结果是林某因为故意伤害罪被判处八年有期徒刑，虽然其得到了应有的处罚，然而其大好的青春将在牢狱中度过，而被害人亦将长时间生活在痛苦当中。如果家长和学校能够及时发现、及时进行心理干预，也许这样的悲剧就可以避免。

每一个“校园欺凌”事件的背后，都或多或少地反映了家庭、学校的冷漠和缺位。对于加害者来说，一开始的小行为可能仅仅是为了内心的刺激，一旦没有被及时制止，将会迅速地发展，导致其实施犯罪行为。对于被害人来说，被欺负所产生的心理后果是不可预测的，有可能极大地影响其学习、生活，甚至导致其走上与加害者同样的道路。这也是我国近年来，各部门加大力度治理校园欺凌的重要原因。

6. 加大法制宣传

预防未成年人犯罪，最重要的是进行法制宣传，向家长们、孩子们、社会大众们传播法治的声音。这是我们每一个法律人义不容辞的责任。

2016 年 6 月 2 日，由最高人民检察院、教育部联合组织的为期三年的检察机关“法治进校园”全国巡讲活动启动。截止到 2017 年 6 月，全国巡讲团已在各省、自治区、直辖市和新疆生产建设兵团的 91 个城市开展巡讲 194 场次，覆盖 132 所中小学校和 19 万余名中小学生，发放法治宣传册 2.7 万册。各地检察机关、教育部门组建了 80 余支 2000 多人的省、市巡讲团，一年来巡讲 1.7 万余场，覆盖 1.8 万余所学校和 1780 万名中小学生。“法治进校园”活动有利于推动未成年人养成遵守法律的自觉意识和良好行为习惯，增强其自我保护、防范不法侵害的能力，同时有利于预防和减少未成年人犯罪。法治的声音，可以让孩子们知道哪里是法律的禁区；可以让他们在犯错前及时地悬崖勒马；更可以让法律成为每个孩子值得信赖的伙伴朋友，而不是最后一根救命稻草。如何有效地减少犯罪呢？那就是让法治的声音穿越时间，抵达犯罪的前面，让它在课堂上响起，让它在网络上传播，让它伴随着每一个法律人的谆谆教诲传遍所有孩子的心里。只有这样，法治的声音才会有正义的回响。

加强国有企业党建与公司法人治理结构适应机制

李 云*

一、问题提出背景

党的十九大报告提出新时代党的建设总要求，把党的政治建设摆在首位，对国有企业改革作出重大部署。党的十八大以来特别是全国国有企业党的建设工作会议，习近平总书记强调“坚持党对国有企业的领导是重大政治原则，必须一以贯之；建立现代企业制度是国有企业改革的方向，也必须一以贯之”，把加强党的领导和完善公司治理统一起来，建设中国特色现代国有企业制度。因此，在当前推进深化国有企业改革的进程中，国有企业党委会与公司法人治理结构的协调成为加强国企党建工作的一个新课题。

二、相关实践问题

根据相关法律规定，国有企业内部确立了“股东会、董事会、监事会、经理层”的公司法人治理结构，在外部建立了以国资委作为国有资产出资人代表的国资监管体制，加上传统的“党管干部”和“老三会”（党委会、职代会、工会）的政治监管，逐步形成了新老三会并存、出资人和政治监管共存的中国特色国有企业治理制度。在实践操作中有以下问题：

1. 新老三会并存的权利分配问题

《中华人民共和国公司法》对“三会一层”法人治理结构的职责权限进行了明确规定，而党委会及职代会的职责在新修订党章及《企业职工代表大会实施细则》中有所规定。新老三会的职责权限是否各有侧重？否则，可能出现各部门职责交叉、权力不明，导致机构虚置、内耗不断，甚至可能出现“内部人控制”的局面。

2. 企业党委会与董事会的协调配合问题

按照“双向进入、交叉任职”，党委董事、党委监事的双重身份如何协调？如果党委会的意图无法在董事会集体决策中得以贯彻，如何协调加强党的领导与公司经营发展的关系？

3. 出资人监管与党管干部的衔接问题

选择国有企业管理者是履行出资人职责机构的一项重要权利，也是一项重要职责。然而，在党管干部的框架下，组织部及企业党委会、国资委与企业董事会的管人用人权如何协调？

* 李云，厦门市人民政府国有资产监督管理委员会。

三、相关建议

（一）公司章程明确企业党委会在法人治理结构中的法定地位

习近平总书记在全国国有企业党的建设工作会议上指出："中国特色现代国有企业制度，'特'就特在把党的领导融入公司治理各环节，把企业党组织内嵌到公司治理结构之中，明确和落实党组织在公司法人治理结构中的法定地位，做到组织落实、干部到位、职责明确、监督严格。"从法律基础来看，《中华人民共和国宪法》《中华人民共和国公司法》等相关规定确认国有企业党组织的合法性，新修订党章明确"国有企业党委发挥领导作用，把方向、管大局、保落实，依照规定讨论和决定企业重大事项"。因此，企业党委会在公司法人治理结构中居于政治核心，必须把加强党的领导和完善公司治理统一起来，把党建工作总体要求写入公司章程，使企业党委会在企业治理中的法定地位得到落实，确保企业坚持改革发展的正确政治方向。

笔者认为，企业党委会遵循"参与决策、带头执行、保证监督"原则履行职责，形成公司决策权、经营权、监督权相互分离又相互制约的权力运行机制，即党委会发挥政治核心作用，董事会是经营决策中心，经理层是生产执行中心，监事会、职代会、工会按照章程履行监督职能和民主管理。

（二）规范企业党委会在法人治理结构中的运行机制

1. 党委内嵌公司治理结构

笔者认为，在《中华人民共和国公司法》确立的"三会一层"法人治理结构下，企业党委会不应成为三权之外的独立治理主体，否则，国有企业在"走出去"发展战略中，其治理结构可能受到质疑。但其作为政治核心，需要参与公司决策。因此，按照"双向进入、交叉任职"方式嵌入法人治理机构：党委书记和董事长由一人担任，党组织主要负责人通过法定程序进入董事会、监事会；董事会、监事会、经理层和工会中的党员负责人依照党章进入党委会，实现党委会对公司经营权的参与。为避免党委董事过多、党委会取代董事会，可以明确党委会主要负责人指党委书记、党委副书记，党委进入董事会人数不得超过董事会人数的一半。

2. 厘清党委会和各治理主体职权

笔者认为，党委会与各治理主体的职权应各有所侧重。例如在公司发展战略上，董事会根据市场变化科学民主决策，党委会根据党和国家方针政策把握方向、维护大局；在公司日常管理上，经理层依法行使职权，党委会提供强力支持和公司内部协调；在加强监督方面，强化内外监督和监事会监督，党委会发挥党内监督和职工民主监督，注重国企政治目标的把控和保证。

3. 党委会的行权履职方式

一是参与决策。"参与"而非"进行"决策，即向董事会提出意见和建议，通过党委董事依照《中华人民共和国公司法》及公司章程行使董事权力参与决策，党委会决策主要考虑的是是否符合党的路线方针政策和法律法规、符合广大职工的切身利益、符合科学民主决策程序；"集体参与"而非个人参与，即党委董事通过意见表达、主张反映党委会的集体意见，贯彻落实党组织意图实现；"重大事项"而非一般事务，即主要限于中其中央办公厅、国务院办公厅印发的《关于进一步推进国有企业贯彻落实“三重一大”决策制度的意见》规定的“重大决策事项、重要人事任免、重要项目安排和大额度资金使用”事项。

二是带头执行。它包括贯彻党的路线、方针、政策在企业贯彻执行；动员党员积极贯彻落实董事会决策，推动企业发展；参与重大问题决策；领导思想政治工作、精神文明建设和推动工会、共青团等群众组织支持“三会一层”依法行使职权。

三是保证监督。党委监事进入监事会履行监督职责；坚持“党要管党、从严治党”方针的企业党风廉政监督管理；纪检监督和企业内部监督（财务监督、审计监督）为主，职代会、工会配合监督。

（三）坚持党管干部和依法任免相结合的企业用人权

笔者认为，要明确党委会、国资委、企业在用人问题上的职权划分，避免权利重叠：党组织主要管“用人标准、用人方法、用人程序”，国资委和企业主要管“用什么人、怎么用”。也就是说，党组织坚持任人唯贤的干部路线、德才兼备的选拔标准、干部四化的建设方针，经集体研究向国资委推荐董事长、董事、总经理人选；负责组织对提名人员进行考察、提出任免意见及国企中层管理人员任免前考察；对公司管理人员的教育、培养、考核、后备队伍建设和党纪责任追究。国资委和企业按《中华人民共和国公司法》的相关规定依法任免。国有独资公司的董事会成员（除职工董事外）由国资委委派，董事长、副董事长由国资委指定，董事会聘任总经理和其他高级人员，再由总经理任免公司中层人员。

司法实践

“以审判为中心”对检察机关适用非法证据排除规则的新要求

李志勇　张　蕊*

推进以审判为中心的诉讼制度改革是我国司法体制改革的一项重大举措。在这项改革中，严格执行非法证据排除规则是关键领域，对于促进案件质量提高，切实防范冤假错案，深入推进改革具有十分重要的作用。而且作为刑事诉讼中间环节的检察机关，承担着对证据来源合法性的监督职责及对证据合法性的举证责任，更应当深入了解非法证据排除规则的内涵及适用规定，严把证据关，保证据以定罪量刑的证据经得起庭审的考验。

一、非法证据排除规则的产生与发展

随着刑事诉讼价值理论的不断发展，作为犯罪控制与人权保障这一对矛盾在刑事程序规则上的集中反映，美国判例法所确定的非法证据排除规则，已逐渐得到各国法学界的普遍认同，吸收同化构成本国证据制度的重要组成部分，成为人权保障这一价值指引下防止被告人权利遭受公权力迫害的有力屏障。

2010年5月30日最高人民法院、最高人民检察院、公安部、国家安全部和司法部对《关于办理刑事案件排除非法证据若干问题的规定》（以下简称《非法证据排除规定》）的联合发布，第一次明确了非法言词证据的内涵和外延，对审判阶段非法证据的排除程序作了详细规定，是我国非法证据排除规则发展的重大进步。2012年修正完成的新《刑事诉讼法》吸收了《非法证据排除规定》的部分内容，并在吸收的基础上就启动主体等方面进行了进一步的完善。2017年，最高人民法院、最高人民检察院、公安部、国家安全部、司法部联合下发执行《关于办理刑事案件严格排除非法证据若干问题的规定》（以下简称《严格排除非法证据的规定》），对非法证据的范围作出进一步明确的规定；同时，对于非法证据排除规则在司法实践中如何适用提出了更加明确的要求。

二、检察机关适用非法证据排除规则之困境

（一）程序公正观念虚化

第一，传统上对程序公正和人权保障重视程度不够，过多关注对犯罪分子的惩治打击，在对据以定罪量刑的证据审查上，往往着重于审查证据的真实性，忽视对证据取证合法性的审查。第二，办案考核压力和社会公众期待，都迫使公安机关把案件起诉率作为重要追求目标，而检察机关若严格适用非法证据排除规则，将使不捕、不诉率大大提

* 李志勇、张蕊，集美区人民检察院。

高，因此，在公检两家“重配合轻制约”的观念在很长的时期内占据优势的情形下，检察机关严格适用非法证据排除的理念难以在短时间内形成。第三，基层检察机关办案压力大，案多人少矛盾突出，检察人员精力过多放于案件办理流程上，对非法证据排除的最新规定学习不到位，重视程度不够，导致司法实践中运用能力欠缺。

（二）证据审查能力不足

传统的诉讼制度倾向于“以侦查为中心”，检察机关审查主要围绕“侦查卷宗”，具有继后性、案卷性和非同步性，而非法证据本身具有较强的隐蔽性，侦查机关将动态的侦查及证据收集过程集中体现在静态的侦查卷宗内，部分侦查人员为了案件能够顺利起诉，将侦查过程中违法取证或不规范取证的行为进行技术处理，给该证据披上了合法的外衣，提升了检察机关对非法证据的审查难度。而检察机关在有限的审查起诉期限内，基于对侦查机关的信任，往往主要以对卷宗的书面审查为主，在缺乏同步录音录像的情况下，对证据来源的合法性进行甄别的难度较大，尤其是涉及合法诱导性提问与诱供、引供等非法方法的辨别时，需要检察人员较高的法律判断能力。同时，检察人员流动性较大，新生代检察人员实务经验不足等问题，也是检察机关非法证据排除能力不足的原因。

（三）非法证据排除程序欠缺

《严格排除非法证据的规定》第 17 条规定“犯罪嫌疑人及其辩护人申请排除非法证据，并提供相关线索或者材料的，人民检察院应当调查核实”，然而通过什么方式进行调查核实并未明确。《人民检察院刑事诉讼规则》第 70 条对检察机关进行非法证据排除的方法作了规定，但大部分都是主观性的言词调查为主，虽然赋予检察机关对犯罪嫌疑人进行伤情检查或者鉴定的权利，但如何进行检查或鉴定并无章可循。在实践中，检察机关一般是通过公安机关的法医部门对犯罪嫌疑人的伤情进行鉴定，而公安机关为了掩饰自身违法行为，往往容易避重就轻，将伤情淡化或忽略处理。同时，若公安机关在调查过程中不愿配合，甚至是对抗的情况下，检察机关如何应对及是否能够进行追责无规可依。司法实践中，检察人员调取同步录音录像时，公安机关常以设备故障或视频被覆盖为由拒绝提供，使调查陷入困境。

（四）非法证据排除标准不明确

《非法证据排除规定》第 14 条、《中华人民共和国刑事诉讼法》第 54 条及《严格排除非法证据的规定》第 7 条都对瑕疵证据的处理作了规定，即对于物证、书证收集不符合法定程序，可能严重影响司法公正的，应当予以补正或者作出合理解释；不能补正或者作出合理解释的，对有关证据应当予以排除。然而，何为严重影响司法公正，并没有相关规定予以限制。同时，司法实践中缺乏对侦查机关瑕疵证据补正或作出合理解释的规范性规定，导致案件遇到瑕疵证据时，侦查人员与检察人员往往在瑕疵证据如何补正或如何解释方能做到合理和避免证据被排除方面产生分歧，导致部分非法取得的物证和书证在实践中未予排除。另一方面，瑕疵证据包含程序违法取得的证据以及“毒树之果”问题，该项规定对“毒树之果”是否排除未予以明确，这就导致司法实践中检察机关在办案时是否适用“毒树之果”规则存在较大争议。

三、“以审判为中心”背景下对检察机关应用非法证据排除规则的新要求

（一）在程序正当的框架内追求实体真实的目标

1. 树立打击犯罪与保障人权并重的现代司法理念。有效防范冤假错案的产生是“以审判为中心”的刑事诉讼制度改革的根本目的，而过度追求对犯罪的打击作为冤假错案产生的关键因素之一，也是此次改革必须解决的问题。因此，对于检察机关而言，一是要树立人权保障意识。刑事诉讼担负着惩罚犯罪和保障人权的双重功能，但是重打击犯罪而轻人权保障的传统理念仍占据主导，呼格吉勒图奸杀案、念斌投毒案、赵作海杀人案等冤假错案的发生很大程度上和人权保障理念缺失有关。检察官作为法律守护人，应秉持客观立场审查案件，努力发现并尊重事实真相，既追究犯罪，又要保障无辜者不受刑事追究[①]。二是要树立控辩平等意识。控诉方代表国家，具备充分的司法资源；而被告人作为个人，两者力量对比悬殊。[②]以审判为中心的诉讼制度改革正是要打破这一不平等性，强调控辩双方处于平等的地位，法官居中裁判。因此检察人员应当以更加平等的态度看待犯罪嫌疑人，在办案过程中给予犯罪嫌疑人更多的人文关怀，以教育挽救为主、惩罚打击为辅，为保障其诉讼权利创造条件。

2. 切实履行非法证据排除职能，维护程序正义。《严格排除非法证据的规定》的实施对检察机关履行非法证据排除职能提出了新的要求。具体而言，一是要严格落实权利义务告知制度。《严格排除非法证据的规定》第16条：“审查逮捕、审查起诉期间讯问犯罪嫌疑人，应当告知其有权申请排除非法证据，并告知诉讼权利和认罪的法律后果。”该规定第一次明确检察机关必须履行告知的职责。因此，检察人员应当在第一次讯问时将是否存在刑讯逼供等非法取证行为作为讯问的一个重要内容，同时告知犯罪嫌疑人有权提出排除非法证据的申请。二是要合理运用调查权。《严格排除非法证据的规定》第17条：“审查逮捕、审查起诉期间，犯罪嫌疑人及其辩护人申请排除非法证据，并提供相关线索或者材料的，人民检察院应当调查核实。调查结论应当书面告知犯罪嫌疑人及其辩护人。”该规定进一步明确检察机关调查及结果告知的职责。没有调查就没有发言权，只有对非法证据排除线索进行充分调查核实，去伪存真，检察人员才能形成内心确信，才能更好地把控庭审节奏和主动权，履行好追诉犯罪的职能。而且要让检察人员充分行使调查权，则须进一步细化调查程序，包括在司法改革背景下调查权的启动、调查手段及规则、调查期限计算等，让调查权的运用有章可循。

（二）在审查观念转变的同时提高非法证据甄别能力

1. 在综合审查基础上突出审查重点，提高审查效率。要在有限的审查起诉期间内做好非法证据排除工作，提高证据审查效率是必由之路。一是要善于在讯问中抓住非法证据排除线索，防止庭审被动排除情况。《严格排除非法证据的规定》第1条至第6条对于言词证据收集的非法方法作出了详细规定，明确“殴打、违法使用戒具、变相肉刑、非法拘禁、以暴力或者严重损害本人及其近亲属合法权益相威胁”等方法收集的言词证据均应排除，解决了实践中对“非法方法”认定不明的问题。然而作为犯罪嫌疑人，对于侦查机关使用

① 《检察环节非法证据排除的实践困境与应对》，载《山西省政法管理干部学院学报》2015年第4期。

② 冀德祥：《控辩平等论》，法律出版社2008年版。

戒具是否违法、拘禁是否非法等问题往往难以判断，就需要检察人员在讯问中注意讯问技巧和重点，及时发现非法证据排除线索，保证讯问笔录来源的合法性、内容的真实性。二是要突出审查重点，做到主次有别。在审查证据时，要对全案证据进行主次之分，重点审查能够直接影响定罪量刑的主要证据，在审查主要证据时，又要着重审查其中的客观证据，因为客观证据是不以人的意志为转移的，是在审判为中心背景下起诉指控犯罪最有力的保障。最后，还应在综合主要证据的情况下全面审查次要证据，善于从次要证据中发掘与主要证据的联系，让据以定罪量刑的证据能够形成完整的证据锁链。

2. 在证据实质要件审查基础上重视形式要件审查，防止“带病起诉”。在以审判为中心的诉讼制度下，对证据裁判规则的贯彻给检察机关证据审查能力带来了新挑战。在实践中，一些细微的证据瑕疵，如见证人未签名、犯罪嫌疑人未捺手印、视听资料未附相关提取材料等情况往往容易被检察人员忽视，部分检察人员认为瑕疵证据并不影响案件定罪量刑，本着多一事不如少一事的心态，放任不顾。然而，随着以审判为中心的诉讼制度的不断完善，庭审对抗性不断加强，对证据的裁判也提升到了新的高度。这就要求检察人员不仅要坚持对案件实质审查的重视，确保起诉的案件做到事实清楚、证据确实充分，更要提高对证据形式审查的要求，把侦查活动中存在的执法规范小问题当作影响审判工作顺利开展的大隐患来对待。对于笔录未签名捺印，书证出具机关未盖章、责任人未签名，物证收集来源材料不规范，鉴定意见未附鉴定机关的资质证书和鉴定人的资格证书，视听资料、电子证据未注明提取机关、来源、提取的方法等情况，及时与侦查机关沟通，要求补正或作出合理解释。

（三）在互相配合的基础上突出监督制约的职责

1. 完善检察引导侦查取证机制，加强侦查监督。以审判为中心背景下的侦诉关系应当以实现侦查程序依法进行为目的，逐步构建以庭审需求为导向的格局，充分发挥检察机关审前主导作用，促进侦查机关办案规范。一方面，建立重大复杂案件提前介入机制，由诉导侦，从而全面贯彻非法证据排除规则，引导侦查机关严格依法收集、固定、保存、审查、运用证据，坚决排除非法证据，为后续起诉指控犯罪打下坚实的基础。同时，检察机关要与公安机关进一步明确指导、介入侦查的案件范围、条件和具体程序，处理好介入与监督、引导侦查与分工负责的相互关系，避免引导侦查演化为替代侦查或联合侦查。另一方面，对于一般案件，要加强对侦查活动的动态监督，破除传统侦查卷宗的束缚，加强与侦查人员的沟通，充分听取被害人、证人、辩护人及相关诉讼参与人的意见。尤其是对犯罪嫌疑人存在拒不认罪或供述矛盾等情况的更要进行重点审查，对比审查起诉阶段与侦查阶段口供的反差之处，善于从侦查人员不合常理、逻辑矛盾的说明中发现非法取证线索。

2. 建立追责机制，提高监督的有效性。侦查是诉讼之源，亦是非法证据产生之源。以审判为中心的刑事诉讼改革，直接倒逼检察机关加强侦查监督。然而，现有的监督手段过于柔性，无法对相关人员作出实质性的制裁。在实践中，检察人员对于侦查活动中的违法行为提出口头或书面纠正意见后，公安机关仅出具书面回复，表示将加强执法规范，但时隔不久后同类型的违法行为又再次发生的情况屡见不鲜。为此，检察机关急需改变当前侦查监督不力、监督措施缺乏有效性的现象。一是要完善瑕疵证据补正说明机制。作为诉讼环节的“中间者”，在立法尚未明确的条件下，检察机关更应主动承担起瑕疵证据的补正引导作用，在实践基础上，明确需要补正或作出合理解释的瑕疵证据范围。同时，加强与公安机关的联系，共同制定瑕疵证据补正的相关规范，并设置合理的补正期限，使得补正的方式、治愈的标准和补正的具体程序都有法可依。二是适当增加制裁机制。任何监督若缺乏有效的制裁手段都将沦为空谈，在英美法系国家，非法证据的制裁机制包括排除规则、对非法取证人员的内部惩戒和民事赔偿责任的承担。检察机关与侦查机关可在吸收他国经验并充分考虑可信性的基础上，探索建立相应追责机制，如适当增加对违法侦查行为的内部惩戒机制、对犯罪嫌疑人造成人身损害后的民事赔偿责任机制、拒不配合或故意拖延检察机关调查的惩戒机制。由此以往，才能更有效地遏制非法取证行为。

"最具安全感城市目标下"扫黑除恶专项行动的开展与推进

李江南　张雅朝[*]

一、"最具安全感城市"目标下扫黑除恶专项斗争的价值与意义

所谓最具安全感城市是指城市保持一种动态均衡和协调发展，能为城市个体提供良好秩序、舒适生活空间和人身安全的城市社会共同体[①]。最具安全感城市战略的提出对厦门城市的发展意义重大，一座城市的安全决定着这座城市的兴衰与未来，市民最基本的安全感得不到保障，城市就失去了快速发展的前提。一方面，就城市个体而言，城市安全与个人发展切身相关。根据马斯洛需求理论，在满足第一层次的生理需求之后，安全成为最大的诉求，每个人都期待生活在有预料、有组织、有秩序的世界中，从而免受恐吓与混乱。另一方面，宏观而论，安全保障关系城市的未来。在城市中感受到安全，是一个至关重要的城市品质[②]。2011 年至今，根据中国社会科学院《中国城市基本公共服务力评价蓝皮书》公布的结果，厦门能在中国 38 个主要城市竞争力综合排名位居前列，与其在社会安全领域中的突出表现不无关系。

人民群众的安全感和满意度是对社会治安状况的直接感受和综合反映[③]。国内有代表性的社会治安评价指标体系主要是依据 1994 年公安部牵头设计的社会治安状况评价指标体系[④]，并在此基础上进一步完善的，如上海市的"社会治安综合治理指标体系"、南京市的"最安全城市评价指标体系"、深圳市的"平安指数模型"等[⑤]。在上述国内比较成熟的评价体系中，涉及黑恶势力性质的犯罪都是一项重要评价指标，无论是采用调查问卷法，还是 AHP 层次分析法，黑恶势力性质的犯罪惩治指标在人民群众安全感得分公式中均占有较大权重。因此，扫黑除恶对建设"最安全城市"意义重大。尤其是随着经济社会的高速发展和治安形势的变化，黑恶势力性质的犯罪有从建筑、运输、娱乐、废品回收等易于滋生的传统重点行业和领域向网络、金融、批发零售等行业扩散的趋势，不少黑恶势力染指民生领域。例如岛外新建楼盘"沙霸"问题突出，群众控告举报不断，屡见报端，

---

* 李江南、张雅朝，厦门市公安局。

① 罗钢：《安全城市战略背景下公共交通 反恐安检问题研究》载《广西警察学院学报》2018 年总 30 期。

② 盖尔：《人性化的城市》，中国建筑工业出版社 2010 年版，第 91 页。

③ 郭齐铭：《关于进一步提升群众　安全感和满意度的思考》载《公安研究》2013 年第 11 期。

④ 张真理，许传玺：《社会治安评价体系的两个基本问题》载《中国人民公安大学学报》社会科学版，2014 年第 1 期。

⑤ 邹湘江：《基于警情和群众满意度的社会治安"平安指数模型"的构建——以深圳市宝安区为例》，载《中国人民公安大学学报》2016 年第 1 期。

甚至还出现了一些披着互联网外衣的“校园贷”“套路贷”黑恶团伙，这些新动向值得我们警惕与关注。

二、黑恶势力犯罪的法律界定

1997年刑法修订时，在第六章“妨害社会管理秩序罪”中，规定“组织、领导和积极参加以暴力、威胁或者其他手段，有组织地进行违法犯罪活动，称霸一方，为非作恶，欺压、残害群众，严重破坏经济、社会生活秩序的黑社会性质的组织的，处三年以上十年以下有期徒刑；其他参加的，处三年以下有期徒刑、拘役、管制或者剥夺政治权利”。这里首次出现了“黑社会性质组织”概念，它突出强调了黑社会性质组织的暴力性和犯罪活动的有组织性。不过当时对涉黑犯罪的认定标准相当模糊，其中如“称霸一方，为非作恶，欺压、残害群众，严重破坏经济、社会生活”的表述在现实中难以准确认定。最高人民法院于2000年12月4日在《最高人民法院关于审理黑社会性质组织犯罪的案件具体应用法律若干问题的解释》中对黑社会性质组织作了明确的具体的规定，列举了黑社会性质的组织一般应具备的组织特征、经济特征、危害性特征、保护伞特征等四个基本特征。2002年4月28日，全国人大常委又作出了关于《中华人民共和国刑法》第294条第一款的解释，对黑恶势力犯罪具体特征又作出了界定，在立法解释中“保护伞特征”从必要条件变为选择性条件，即“黑社会性质的组织”应当同时具备以下特征：一是形成较稳定的犯罪组织，人数较多，有明确的组织者、领导者，骨干成员基本固定；二是有组织地通过违法犯罪活动或者其他手段获取经济利益，具有一定的经济实力，以支持该组织的活动；三是以暴力、威胁或者其他手段，有组织地多次进行违法犯罪活动，为非作恶，欺压、残害群众；四是通过实施违法犯罪活动，或者利用国家工作人员的包庇或者纵容，称霸一方，在一定区域或者行业内，形成非法控制或者重大影响，严重破坏经济、社会生活秩序。通过上述阐释，我们发现黑社会性质犯罪四个特征缺一不可，同时具备才能定性为黑社会性质组织犯罪。不能对各个特征作随意性、扩大性解释，更不能把一般的团伙犯罪、恶势力犯罪人为“升格”认定为涉黑犯罪，搞成“口袋罪”。

恶势力犯罪不是一个法律概念，我国刑法对“恶势力犯罪”也没有明确的定义。恶势力犯罪是一个描述性概念，是以往“犯罪团伙”的进一步发展，属于刑事政策性概念，根据一般的司法实践，恶势力犯罪是指以暴力、威胁、滋扰等手段，在相对固定区域或行业内为所欲为，横行一方，欺压百姓，扰乱公共秩序，为实施多种违法犯罪活动而组成的集团或团伙。一般有以下特征：一是团伙性，有固定的首要分子和骨干分子，有的内部结构较松散。二是作案区域相对固定。盘踞一方，大到几个乡镇、几个村庄、多个居民区或街区，小到一个村、一条街、一个厂区、一个市场。三是犯罪行为带有明显的公开性和暴力性。四是多次进行寻衅滋事、敲诈勒索、结伙斗殴、侮辱妇女、欺行霸市、强买强卖等扰乱公共秩序的违法犯罪活动，恣意欺压群众，扰乱当地经济、社会生活秩序，危害社会治安，群众反映强烈，深恶痛绝。根据恶势力犯罪常见的犯罪形式，公安部确定“九类涉恶犯罪”，包括强迫交易罪、聚众斗殴罪、寻衅滋事罪、敲诈勒索罪、非法拘禁罪、组织卖淫罪、强迫卖淫罪、开设赌场罪、故意毁坏财物罪。同过对比，可以发现，恶势力与黑社会性质组织之间存在着天然的联系，恶势力实际上能够算是黑社会性质组织的雏形，在组织、联系、犯罪内容上已经有了初级的态势。[①] 如果恶势力团伙不

① 汪力等编著：《有组织犯罪专题研究》，人民出版社2007年版，第79页。

能得到有力的打击与扼制，任其发展壮大后就很容易逐渐演变成黑社会性质组织，造成更大的危害。

三、厦门地区黑恶势力犯罪的特征及趋势

通过对厦门地区黑恶势力犯罪典型案例进行分析，发现厦门地区黑恶势力犯罪主要呈现以下特征。

一是黑恶犯罪团伙核心结构日趋严密。不少黑恶犯罪团伙采用公司制管理模式，团伙通过分层管理立规矩，分组管理定责任，制定帮规、奖惩制度等手段，形成了严格的管理制度。如林某东和唐某云团伙，该黑社会性质组织形成“双核”架构，分工明确，“老大”林某东，厦门人，从废品回收业发迹，积累一定资金后，涉足宾馆、娱乐城，开设纸厂、电子厂、酒店，成立两家民间投资公司放高利贷。“二哥”唐某云，四川省射洪县人，2003 年前后来厦门后在杏林一带聚集了一批以四川籍老乡为主的闲散人员，通过打架斗殴等违法犯罪行为，逐渐在当地形成势力。2008 年 4 月，唐某云结识林某东后决定投靠林某东，倚仗其经济实力和社会关系发展势力、获取经济利益。林某东为了攫取更多经济利益、称霸一方，遂同意与唐某云合作。从此形成了以林某东提供资金，唐某云及其手下充当打手的黑社会性质团伙。① 又如 2015 年度钟某伟案，该黑社会团伙组织等级分明，管理严格，并制定了相应的管理制度。“老大”钟某伟任董事长，手下有“三大得力助手”，即三个骨干，他们是团伙二号人物钟某明、三号人物钟某德、四号人物钟某滨。三个骨干下面还有多个“小弟”，包括余某、付某等“打架能手”，其中有些人极为凶残，如余某和付某都曾经在斗殴中致人死亡。这些人在团伙里有明确的头衔，有的是“股东”，有的是“高管”，每年都拿分红，一年分红多达数百万元②。

二是黑恶犯罪团伙外围结构日趋松散。不少黑恶组织头目为避人耳目，降低关注，除核心成员外，不再固化一般组织成员，往往采取“临时纠集、打完就散、按次结算”的模式。如某些“地下出警队”团伙，该团伙组织松散，组织者与成员之间、成员互相之间多数不认识，除组织者较为明确外，其他人员（打手）毫无层级关系，市场化特征明显，按其内部“行规”，“动手斗殴”一般每人每次 400~500 元，“站台摆场子”一般每人每次 200 元，现金次结。“出警”时有一定的习惯做法，但无明确的纪律帮规，接到“出警任务”后立即从四面八方集中到某地，一旦“风声较紧”，就会潜逃至其他地方，人员流动性较强。

三是犯罪手段日趋隐蔽，显性暴力向隐形暴力过渡。为逃避打击，不少黑恶犯罪组织采用言语威胁、电话滋扰恐吓、喷涂红漆、扔死狗死猫等“软暴力”“轻暴力”方式达到目的。有的黑恶犯罪则采取公司、企业等身份作为掩护。2014 年至 2017 年，厦门打掉的四起黑社会性质组织犯罪均以公司、企业等合法身份为掩护，控制相关市场。恶势力犯罪团伙也往往以咨询公司、金融公司的面目示人，以逃避打击，掩护犯罪。例如钟某伟黑社会性质组织团伙，通过组建公司，垄断了五缘湾 80% 以上的开发建设，包括湖边水库、明发五缘湾海景五星级酒店、恒安国际、万达商业广场、特房集团等项目的土石方运输，被评为“文明交通”共建单位。该团伙为博取名声，还“积极”投身慈善、公益

① 王镡：《“打黑除恶”的厦门经验》，载《民主法治报》2015 年 2 月 7 日。

② 《厦门警方攻坚16个月摧毁黑社会团伙 抓获29人》，载《海峡都市报》2016 年 12 月 1 日。

事业，逢年过节给村里60岁以上老人发钱，甚至一次豪掷200万元做慈善。

四是攫取经济利益模式更新升级。伴随着近年来岛内外一体化建设的跨越式发展，征地拆迁、工程建设、债务纠纷、经济纠纷等各种社会矛盾错综复杂，不少黑恶犯罪组织从建筑、运输、娱乐、废品回收等易于滋生的传统重点行业和领域向网络、金融、批发零售等行业扩散。例如2017年方某、张某雄“校园贷”恶势力团伙，专门成立了“鼎鸿公司”经营网络平台贷款中介。又如一些黑恶势力团伙控制区域啤酒、卤料销售，谋取暴利。

五是“村霸”、宗族恶势力犯罪常见多发。通过案例分析，发现有“村霸”的地区往往集中在城中村、城乡接合部等有较大拆迁利益，外来人口较多的地区。由于这类地区经济比较活跃，基层治理能力相对薄弱，容易成为黑恶势力犯罪滋生的温床。2018年年初公布的吕某凉、吕某草案就是如此，二人任同安区西柯镇吕厝社区党总支书记、居委会主任期间，幕后指使社会闲散人员多次采取卸沙堵门、场地静坐、强行进场等方式阻挠施工并抢占工地，致使承建方无法正常施工。之后两人以社区两委名义出面协调，胁迫承建方解除合同，并将土方、地材交由其指定的人员承接。①

六是本外籍交织，外来无业闲散人员为主体。对2014—2016年厦门市公安局翔安分局的数据进行分析，涉黑涉恶团伙成员主要以老乡、朋友或业缘关系纠合，本地籍纠集外地籍的占大多数。对抓获的人员进行分析，外地籍占多数，以江西、贵州、四川、湖南等省份居多，主要分布居住在岛内蔡塘、钟宅、枋湖、后埔、县后、洪文等岛内外来人口集中的区域。18~25岁的人员占90%以上，26岁以上的不到5%。97%的人员为初中以下文化程度，高中（含中专）的不到3%。90%的外省籍涉案人员系“外二代”，多数无固定职业，且15%的人员有盗窃、销赃和吸毒等违法犯罪前科。

七是恶势力团伙犯罪占多数。2013年至2017年，根据已经公布的案例，厦门市黑恶势力犯罪以黑社会性质组织犯罪被提起公诉的有4个，分别是2013年的林某东和唐某云案，2014年的洪某利案，2015年度的钟某伟案、陈某杰案。而2017年度打掉的涉恶团伙就有132个，两者比较可以发现厦门地区黑恶势力犯罪一般为恶势力团伙犯罪，具有黑社会性质组织的犯罪比较少，但是要警惕恶势力犯罪从小到大、从恶到黑逐步演化的过程。例如组织层级架构高达7层、涉案人数多达55人的“刘某腔传销犯罪集团”，就是由传销发展起来的黑恶犯罪团伙的典型。又如一些“校园贷”恶势力团伙，一开始利用受害学生的个人信息进行电信诈骗、骗领信用卡等犯罪，后来发展成集非法拘禁、敲诈勒索等多种犯罪于一身的黑恶势力团伙。

四、当前扫黑除恶专项斗争中存在的主要问题

厦门市以“平安厦门”为核心，持续推进扫黑除恶专项斗争，取得了良好的打击成效和社会效果，在扫黑除恶方面形成了引人瞩目的“厦门经验”，并在全国进行推广。但是其也存在一些全国面临的共性问题，主要表现在以下三个方面：

一是线索发现难。厦门地区黑恶犯罪团伙手段呈现软暴力、轻暴力的特征，有些黑恶团伙披着“合法外衣”，表现形式更具隐蔽性、欺骗性，这就给线索的收集带来了很大的难度。

① 《厦门市西柯镇吕厝社区书记、主任双双落马》，载《海峡导报》2018年3月27日。

二是案件侦办难。一方面，黑恶犯罪团伙呈现核心紧密、外围松散的结构特征，成员纵向之间单线联系，横向之间并不熟悉，这就造成在侦办过程中很难从单一案件进行拓展延伸，发现背后隐案，进而厘清掌握团伙的整体组织架构。另一方面，涉黑案件证据认定标准高，由于侦办能力的问题，在案件办理上存在法律认定标准、证据规格要求不一致的问题。

三是源头治理难。黑恶势力犯罪赖以生存的现实条件，有的是利用行业监管的漏洞，有的是由于基层治理法治力量的缺失。就厦门市的情况看，厦门市 2014 年共判决涉恶九类案件 332 件，2015 年共判决涉恶九类案件 440 件，2016 年共判决涉恶九类案件 523 件，2017 年共判决涉恶九类案件 431 件。涉恶犯罪高，黑恶团伙屡打不尽，也说明黑恶势力犯罪赖以滋生发展的土壤没有得到根本铲除。

五、关于打击黑恶势力犯罪的相关建议

黑恶势力的发展有其规律，有从小到大、从恶到黑逐步演化的过程。要想在“扫黑除恶”专项斗争中取得成效，必须要从基础建设、能力建设、工作保障、源头治理等方面入手，打防并举，消灭于萌芽，以免陷入年年打、年年有的怪圈。在此基础上严格规范执法，完善相关立法，为扫黑除恶专项斗争提供更加有力的法律保障，遏制黑恶势力的生长空间。

（一）加强基础建设，破解线索发现难题。根据厦门地区黑恶势力犯罪的特点，在打击工作中要注意从三个方面入手，加强线索的收集

一是关注重点领域的价格异常，加强重点行业监管。黑恶势力犯罪往往集中发生在准入门槛低、处以监管边缘地带的建筑、运输、娱乐、废品回收、批发销售等行业。安排人员围绕沙土、石料、农产蔬菜等价格和运输价格，加强横向对比分析，对比相邻市场、相邻工地同种产品价格的异同，查究价格异常背后是否存在欺行霸市、强买强卖的行为。深入调查一批所谓的“企业”“协会”“行会”，调查是否存有黑恶势力团伙以“行会”之名，行黑恶犯罪之实的情况存在。

二是跟踪研判重点人群的异常活动，加强信息采集。黑恶势力犯罪团伙成员往往有前科劣迹，针对这一特点要积极摸排重点人员的活动情况与现实表现，从活动轨迹、经济来源等方面收集信息。以民间讨债为例，现场民警要明确私力救济的合法边界，加强对民间讨债人员的信息采集，对经常出现在催讨现场的人员进行重点关注，登记相关信息。在此基础上建立黑恶势力犯罪数据库，根据收集的信息，动态更新重点关注人员情况，深入经营研判，从中掌握犯罪线索、犯罪规律及团伙组织架构，为案件侦破夯实前期基础。

三是深入走访排查，扩大信息来源。一方面，组织民警深入排查走访农贸市场、建筑工地、新开楼盘、娱乐场所、大排档等治安复杂场所，向路边商贩、建筑工人、服务人员等了解治安情况。另一方面，还要注意接收信访渠道反映的线索，从纷繁复杂的信息中排查获取价值线索，根据情节深入经营研判。

（二）提升专业能力，破解案件办理难题

首先，在案件侦办过程中要围绕着涉黑涉恶案件定罪量刑标准，从黑恶团伙的组织机构、非法犯罪活动分工情况，多方面、全方位固定证据，从单案到串案、从现案到隐案，进行全面梳理，准确把握黑恶犯罪团伙的人员情况和组织架构，为精准打击，定罪量刑夯实基础。在此基础上抽调专门力量组成“审讯攻坚队”，提高侦办队伍攻坚克难的能力。

其次，应始终坚持严格规范办案，不刻意“拔高”，对办理的涉黑涉恶案件，把握案件质量，依法办案，程序和实体并重，严格按照《中华人民共和国刑法》《中华人民共和国刑事诉讼法》及全国人大常委立法解释和最高人民法院有关司法解释中“打黑除恶”有关规定精神，结合福建省高级人民法院、省检察院、省公安厅《关于办理黑社会性质组织案件若干问题意见》的规定，准确定性，保证案件的质量。

最后，要加强工作保障，建立联动机制。加强公、检、法、信访、纪检部门的联动，配合形成合力，注意收集信访、纪检部门从腐败案件中发现的黑恶犯罪线索，对涉黑涉恶案件相互通报情况，统一观点和认识，形成打击合力，严打背后“保护伞”。同时对于涉黑涉恶案件，坚持检察院提前介入、引导侦查制度，及时固定证据，有效地保证案件质量，确保诉讼畅通。逐步建立扫黑除恶长效机制，确保扫黑除恶工作常态化、制度化。

（三）加强源头治理，铲除滋生土壤。

一是打击形成威慑。政法机关和各级政府要借助媒体力量，大力宣传扫黑除恶工作，通过审判一批，惩处一批，展示收缴违禁物品，揭露黑恶犯罪事实，张贴宣传海报，表明打击决心，定向形成威慑。在此基础上设置举报热线、开辟网上举报专栏，整合相关力量，在全社会引导健康向上的文化氛围，营造良好的社会环境。

二是加强基层治理。针对基层社区黑恶势力犯罪高发的情况，要进一步加强基层治理能力。首先，要确保基层民主的顺利实现。各级政府要加强对“两委”选举过程的监督，严格基层选举程序，杜绝“基层选主”情况出现，防止基于宗族、血缘为纽带黑恶势力向基层政权渗透。其次，要进一步加强基层行政能力建设。要盘活基层党组织优势，发挥街道及社区调委会、治保会的作用，积极化解矛盾，防止基层出现权力空白。最后，纪检监察部门要加强巡视监督。确保扶贫、农业、社会服务、拆迁补偿渠道顺畅，防止出现“威权”人物。

三是加强重点区域整治。公安机关要注意实时梳理打架斗殴、寻衅滋事、故意伤害等与黑恶势力犯罪直接相关的警情，对警情高发、治安环境复杂的区域进行集中整治。对岛内外来人口居住较为集中的区域加强管理，切实加强流动人口、失业人口、辍学青年的服务管理工作，加强法制教育，防止其被教唆、利用，走上违法犯罪道路。

（四）完善相关法律，加强打击力度

在文章第二部分对黑恶势力的法律界定中，我们可以发现恶势力犯罪与黑社会性质组织犯罪有一定的相似性，恶势力与黑社会性质组织之间存在着天然的联系，恶势力实际上算是黑社会性质组织的雏形，在组织、联系、犯罪内容上已经有了初级的态势。但是在对恶势力的惩处过程中，我国刑法并没有关于恶势力的统一惩罚标准。《中华人民共

和国刑法》第 294 条规定了组织、领导、参加黑社会性质组织罪，对组织、领导、参加黑社会性质组织的行为以犯罪论处。而我国刑法对于与黑社会性质组织犯罪有一定相似性的恶势力犯罪则没有针对性的立法，即组织、领导和积极参加恶势力的行为本身不以犯罪论处。对于恶势力团伙犯罪，按照罪刑法定原则只能根据《中华人民共和国刑法》第 25 条以其具体犯罪行为的一般共同犯罪来处罚，并且对于组织、领导和积极参加恶势力的行为人来说，只有当其具体犯了数罪并且符合数罪并罚原则的情况下才能进行数罪并罚。各地司法机关在对恶势力犯罪定罪处刑时一般的做法是对恶势力成员共同参加的具体犯罪以一般共同犯罪进行处罚，除此之外，不另对组织、领导和参加恶势力的行为进行处罚。这就削弱了对恶势力犯罪的打击力度。目前恶势力犯罪团伙屡打不尽，涉恶性犯罪屡见不鲜，并且“恶”转“黑”现象突出，恶势力相关刑事立法疏漏是其原因之一。因此，建议增改相关罪名，完善相关刑罚。一方面，根据恶势力犯罪的四个特征，比照组织、领导、参加黑社会性质组织犯罪的相关定义，增加组织、领导、参加恶势力罪，将其定义为组织、领导或者参加以暴力、威胁或者其他手段，扰乱当地经济、社会生活秩序的恶势力性质组织的行为。另一方面，在罪名增加的基础上，完善相关刑罚，即使在我国没有相应的罪名与恶势力进行对应的情况下，也可以从完善刑罚的角度，通过把恶势力犯罪作为一种法定量刑情节来实现刑罚制裁的必然性。

结语

黑恶势力是经济社会健康发展的毒瘤，是人民群众深恶痛绝的顽疾，扫黑除恶行动的成效如何，直接影响着人民群众的安全感和满意度，关系到建设“最具安全感城市”的成败。因此，一定要将扫黑除恶专项行动当成一项政治任务，深入推进，常抓不懈。当然，扫黑除恶专项行动也是一项长期性、复杂性、系统性的工程，涉及社会的方方面面，在案件办理过程中一定要注意严把案件质量，严格依法办案，程序和实体并重，让扫黑除恶专项行动经得起历史的考验，经得起人民的监督。

解决“执行难”视野下社区网格化管理平台的功能探索

——以厦门市海沧区海虹社区为调研样本

厦门市海沧区人民法院课题组*

近年来，如何化解“执行难”已成为法院乃至全社会重点关注的焦点。最高人民法院周强院长在2016年提出将用两年到三年的时间基本解决执行难问题，随后即着手通过各个渠道，联合社会各界积极探索解决执行难的措施，并将解决执行难问题的着力点放在“查人、控财”这个方面。通过两年来的努力，全国法院现已建成四级联动的执行查控体系，通过全国“总对总”、区域“点对点”实现了法院与银行、车辆管理部门、工商管理部门、矿产、国土资源、房产、船舶、证券乃至网络银行的信息化联动体系，大大提高了对被执行人的财产查控力度和效率。但对于查找被执行人，目前尚未有一套高效且全面的体系协助执行。

社区的网格化管理依托统一的城市管理，以数字化的平台，将城市管理辖区按照一定的标准划分成为单位网格。通过加强对单元网格的部件和事件的巡查，建立一种监督和处置互相分离的形式。社务网格化管理平台涵盖社区内人口信息、漏洞信息、房屋信息、治安信息、特殊人群信息、计划生育信息等数据模块，已逐渐形成了社区网格化管理中心（社区服务站），通过网格化平台对社区内的社情民意等问题进行处置。而这一平台所囊括的人员信息恰恰是法院查找被执行人的一个大数据库。

海沧法院课题组以厦门市海沧区海虹社区为调研样本，通过调研社区网格化数据库功能，探索社区网格化管理平台对法院解决执行难的司法协助功能。本文将分四个部分进行：第一部分分析查找被执行人的难点，界定查找被执行人所应当并可能依托的数据库以及可以建立的长效机制；第二部分对样本社区网格化管理平台进行调研和分析，对网格化社区所能提供的人员信息数据库和数据功能进行比较，探讨法院对接数据库查找被执行人的路径和模式；第三部分归纳社区网格化查找被执行人及司法协助可能产生的问题和障碍，探究其根源及症结所在，以找出解决方法；第四部分对社区网格化管理平台司法协助功能进行法理界定。分析当前社区司法协助的法律基础和缺失，探讨从地方立法途径确定社区司法协助的法律地位和义务，并对社区司法协助中存在的障碍进行调查和分析，提出解决办法。

一、“执行难”背景下查找被执行人之“难”

长期以来，“执行难”一直是困扰法院及债权人的问题。对于法院来说，执行不到位将直接影响生效法律文书的权威；对于债权人来说，胜诉后却无法实际取得债权，自身

* 课题组成员：曹发贵、吴靖峰、方珺，厦门市海沧区人民法院。

权益无法通过司法途径得到切实有效的保障。

对于“执行难”，目前较多的界定是分为广义“执行难”与狭义的“执行难”：“‘广义的执行难’是指生效的法律文书确定的义务经过强制执行程序没有实现的客观状态，包括被执行人具备执行条件而法院没有及时执行到位和被执行人不具备执行条件法院无法执行到位两种情形。其中，被执行人具备执行条件而法院没有及时执行到位，就是狭义的‘执行难’。”[①]界定执行难范畴的意义在于剔除出因客观原因制约导致执行不能的部分，从而将重点集中在解决有财产，但因各种原因无法执行到位的部分。在解决“执行难”的过程中，出现的问题因素复杂、多样。剔除掉因法院内部问题导致的未及时执行、拖延执行、乱执行等人为现象导致的执行难，从执行案件本身分析，根本上亟待解决的是两个大问题：一是查找财产，二是查找被执行人。查找财产方面，全国四级法院已经逐步形成日益完善的财产查控体系，此处不赘述。而查找被执行人方面，却存在较多的问题，且没有形成一套有效、便捷的体系，导致执行程序中因无法联系到被执行人而使执行效果大打折扣。

（一）执行程序查找被执行人的必要性和紧迫性

1. 送达执行法律文书：我国民事诉讼法的执行部分并未对执行法律文书的送达作出特别的规定，只在第七章第二节送达部分作了统一规定。民事诉讼法司法解释及执行的配套司法解释也并未对执行法律文书的送达有特别规定，故执行程序中法律文书的送达与审判期间的送达一致。但执行法律文书有其区别于民事法律文书的特殊性和重要性——告知被执行人法院开始行使强制执行权。法院强制执行权的起始在过去的很长一段时间内被认为是计算被执行人“拒执罪”[②]犯罪行为的开始时间，即被执行人必须在收到法院的执行通知书、告知书、执行裁定书等执行法律文书后采取隐匿、转移、损毁财产的行为才可能被认定为“拒执罪”。因此执行法律文书的送达非常重要，为提高执行效率，找到被执行人后直接送达，才是最有效的保障。2016 年 12 月 28 日，最高人民法院指导性案例 71 号《毛建文拒不执行判决、裁定案》中，对“拒执罪”犯罪行为发生时间作了如下的界定和解释：生效法律文书进入强制执行程序并不是构成拒不执行判决、裁定罪的要件和前提，毛建文拒不执行判决的行为应从相关民事判决于 2013 年 1 月 6 日发生法律效力时起算。目前实践操作中，全国各级法院执行局对“拒执罪”犯罪行为的起算时间也开始采用这种界定。但通知被执行人，案件已经进入执行程序，仍然是执行程序中最重要的一项措施。

2. 调查被执行人财产：虽然全国四级财产查控体系已经对接银行、证券、网络银行、房产、车辆、国土资源、矿产、工商信息、船舶等部门进行信息化查控，一定程度上解决了法院查找被执行人财产的问题，但也有很大一部分案件的财产无法通过查控系统查找，如小产权房、实际购买使用的车辆、实际经营的公司、个体工商户、被执行人征地拆迁情况、房屋出租收益等财产，以及是否有高消费行为。这些无法通过执行查控系统

① 刘贵祥：《以信息化为抓手，基本解决执行难》，载《中国审判》2016年第13期。

② “拒执罪”是“拒不执行判决、裁定”罪的简称，《中华人民共和国刑法修正案（九）》第39条规定，将《中华人民共和国刑法》第313条修改为：“对人民法院的判决、裁定有能力执行而拒不执行，情节严重的，处三年以下有期徒刑、拘役或者罚金；情节特别严重的，处三年以上七年以下有期徒刑，并处罚金。”

“单位犯前款罪的，对单位判处罚金，并对其直接负责的主管人员和其他直接责任人员，依照前款的规定处罚。”

调查到的财产，只有通过查找到被执行人，或者查找到被执行人的生活轨迹才能真正查清。尤其对以“隐匿财产”“下落不明”等方式逃避、规避执行行为的，通过查找被执行人的轨迹从而查找被执行人的财产更加重要。

3. 被执行人的财产报告制度：被执行人的财产报告制度一方面是法院调查财产的措施和手段，另一方面是将被执行人纳入失信被执行人名单的前提条件之一。《最高人民法院关于公布失信被执行人名单信息的若干规定》第1条规定：“被执行人具有履行能力而不履行生效法律文书确定的义务，并具有下列情形之一的，人民法院应当将其纳入失信被执行人名单，依法对其进行信用惩戒：……（三）违反财产报告制度的；……”且该规定第2条第3款同时规定：“人民法院决定将被执行人纳入失信被执行人名单的，应当制作决定书，决定书自作出之日起生效。决定书应当按照民事诉讼法规定的法律文书送达方式送达当事人。”因此财产报告制度也必须通过找到被执行人实现。与被执行人的财产报告制度相辅相成的，是执行人员随之而来的财产报告清单的核实和查明，这些都依赖于对被执行人行踪和轨迹的调查。

4. 规范终结本次执行程序的要求：《最高人民法院关于严格规范终结本次执行程序的规定（试行）》第1条第5项对终结本次执行程序的必要条件作了如下规定：“被执行人下落不明的，已依法予以查找；被执行人或者其他人妨害执行的，已依法采取罚款、拘留等强制措施，构成犯罪的，已依法启动刑事责任追究程序。”据此，执行案件需采取终结本次执行程序结案，必须已经采取了查找被执行人的措施。

5. 其他强制措施：除去上述三种关键节点需要查找被执行人外，执行程序中如评估、拍卖、变卖、以物抵债、腾房、不可替代履行行为的执行等都需查找被执行人。

（二）现有执行程序查找被执行人的方式及存在问题

1. 执行法官查找：案件进入执行程序后，执行法官一般通过几种方式查找被执行人：一是通过电话联系被执行人并传唤至法院约谈进行送达、调查等；二是通过向被执行人邮寄送达执行法律文书确定其地址；三是通过查明被执行人户籍所在地、登记的暂住地或送达地址确认书所在地现场查找。上述三种方式仅仅能解决一部分案件当事人的查找工作，有很大一部分被执行人无法通过上述方式找到。如被执行人拒接法院电话，拒收法院判决文书，未留存送达地址确认书，未实际居住在户籍所在地、登记的暂住地；更有一部分被执行人匿藏行踪，逃避执行。

2. 委托公安机关查找：虽然《最高人民法院、公安部关于建立快速查询信息共享及网络执行查控协作工作机制的意见》中对公安机关协助查控被执行人工作作出了规定，但该规定仅针对被告和被执行人的身份信息、出入境证件信息、车辆登记信息，被执行人旅店住宿信息，对被执行人的其他信息并不能全面提供。在该意见中，公安部协助网络查控的只能包括查找被执行人，但该被执行人被局限在“法院决定拘留的被执行人”，对其他需查找的被执行人则不作规定。

现有的条件下，为解决“查找被执行人”难的问题，我们不能仅仅局限于通过法院自身的力量去查找被执行人，也不能仅仅局限于依托公安机关现有的户籍登记信息查找被执行人，应当探索一套依托人口管理大数据库去抓取被执行人信息的方式。这一数据库就是网格化社区管理平台。

二、人口的网格化管理及其功能

（一）网格化及所能对司法协助提供的数据信息

1. 网格化界定："网格"是城市市政监管信息化所定义的基本管理单位，目的是为了实现小区域分块精确化管理。网格化管理的核心构件之一是网格单位的科学划分。目前各地主要采用万米单元网格划分法，即每个网格大约为 100 米 ×100 米范围，面积约为 1 万平方米，将整个管理区域划分为若干个边界清晰、无缝拼接的网格单元，各个单元互相连接，形成不规则边界线网格管理区域。①

2. 网格化管理的数据信息：网格化功能有许多，而就我们所立足的角度，我们更多地关注其所能实现的社区基础信息共享功能。基础数据的采集和日常化更新为社会事件的管理和社情民意的了解提供了必要的信息支撑，是网格化社会管理的一个重要内容。而网格化数据库则依靠各方面数据和信息的整合：一是分析常住人口、流动人口、境外人员、重点监控等基础数据；二是基于第一项的数据，挖掘关联的人员、组织、物品、房屋、地下空间等数据。这就是网格化管理平台所能够提供的数据信息。

（二）网格化样本：厦门市海沧区海虹社区网格化管理平台

社区网格化管理是当前我国基层社会治理的重要创新举措，也是厦门市创新城市社区建设和管理的重要举措和主要抓手。2012 年 3 月，厦门市在思明区鼓浪屿街道、湖里区康乐社区、海沧区海虹社区等 30 多个社区进行"社区网格化"管理试点。同年 8 月，市委办公厅、市政府办公厅印发《关于全面推进城市社区网格化建设的指导意见》（厦委办〔2012〕50 号，以下简称《指导意见》），将社区网格化作为加强城市管理能力建设的重要举措在厦门全面推行。②2014 年年底，厦门市已完成全市 403 个村居建成网格化服务管理信息平台，厦门网格化管理模式逐步在全省乃至全国推广。2014 年 5 月 4 日，全国住房和城乡建设部发布《关于印发〈智慧社区建设指南（试行）〉的通知》，将智慧城市正式界定为以人为基础，以信息化技术为支撑，以土地为载体的现代规划模式。当前，厦门社区网格化管理平台已走在全省乃至全国前列。在此基础上探索利用社区网格化管理数据库建立查找被执行人的平台具有可操作性。目前，厦门市海沧区已实现了全部社区（含村改居社区）的网格化改造和建设，形成了一套相对完善的信息采集体系。

1. 网格化管理数据库：以海虹社区为例，目前采用多套数据平台，其中较为重要的有四套数据平台：

（1）厦门市市民服务信息系统计生分系统：该数据系统是社区网格化管理的主业务系统，用于计划生育基础信息的采集和管理。该系统可分别管理社区内常住人口和流动人口，在人员身份号码准确的情况下，可以查询对象人员的生活轨迹，查询内容包括：户籍迁移信息、暂住地迁移信息、婚姻信息、工作单位、社保缴交信息、家庭成员情况等等。它是最早使用的社区人口管理平台，涵盖的人员信息也相对较全面。信息的采集

---

① 陶振：《城市网格化管理：运行架构、功能限度与优化路径——以上海为例》，载《青海社会科学》2015 年第 2 期。

② 方轻：《厦门市社区网格化管理运行现状与对策研究》，载《厦门特区党校学报》2015 年第 3 期（总第 143 期）。

通过网格员入户调查录入和公安机关人员基础信息库。

（2）厦门市就业业务综合管理平台：该数据系统同样也是网格化管理的主业务系统，用于管理社区人员的就业、失业、劳动保障等情况，也是较早使用的社区管理平台。通过该系统可以查找社区人员的就业部门与失业情况。

（3）网格化服务管理信息平台：该平台是网格化服务的配套管理平台，管理方式为以人查找信息，囊括了社区内人口的生活轨迹、就业情况等信息。该系统开发了手机终端与计算机终端，实现了网格员入户录入与计算机数据库同步的功能。

（4）厦门市公安局厦门市综治办的“互联网＋群防群治平台”：该平台是网格化服务的配套管理平台，管理方式为以楼栋找人和其他信息。该套系统是厦门市公安局与厦门市综治办为筹备2016年在厦门举办的“金砖会议”开发的社区基础排查管理平台，该平台同样开发了手机终端与计算机终端，实现时时信息同步，且该数据库连接公安机关人口信息数据库。通过该平台，可通过查询某楼栋的某户家庭人员情况、房产产权人、代管人（承租人或其他实际居住人员）、楼栋内注册的公司法人及公司内人员信息。在“金砖会议”筹备期间，该数据库所采集的信息量最大最全最新。

2. 社区网格化管理的其他口径：除了上述网格化数据库，社区所采集和管理的人员信息包括：儿童就学信息、劳动保障信息、低保信息、楼栋管理、物业管理信息、社区矫正信息、保障性商品房管理信息等等。社区网格化管理平台所能提供的信息能对法院查找被执行人、核实被执行人高消费情况、实际财产情况、隐匿财产情况进行查找及核实。并且随着社区大数据信息的迅速发展，网格化数据库将可能囊括收件地址、外卖收货地址、常规收件人员等精准的人员位置信息。这些数据信息，都能对法院执行工作和查人找物提供极大的帮助。

（三）社区网格化管理平台查找被执行人的功能设计

查找被执行人是我们提出搭建网格化管理司法协助平台的主要目的，我们设想通过两个“打通”连接法院与网格化社区，建立长效的机制实现法院查找被执行人的自主化、信息化和常规化。

1. 网格化管理系统对接执行指挥中心、执行查控系统：在社区网格化管理系统与执行查控系统之间搭建数据链接，实现对被执行人在网格化管理信息库内的信息抓取。在网格化管理系统与执行查控系统实现对接后，执行法官可以通过查控系统发送指令，抓取被执行人在网格化管理系统中所采集的人员基本信息、住址、婚姻情况、子女情况、就业情况、流动轨迹等信息，大大完善对被执行人实际生活处所的核查功能。

2. 专门人员的司法协助：社区与法院建立专门的司法协助渠道，作为对社区网格化管理的其他口径的专门协查方式。通过专人的司法协助，实现对被执行人社保缴交单位、公积金缴交单位、就业情况、子女教育情况、家庭户口情况、人口居住原因等信息的跟踪和确认，这样找到被执行人的概率将大大提高。

（四）查找被执行人功能的延伸

1. 搭建社区送达平台：首先，《中华人民共和国民事诉讼法》第86条规定：“受送达人或者他的同住成年家属拒绝接收诉讼文书的，送达人可以邀请有关基层组织或者所在单位的代表到场，说明情况，在送达回证上记明拒收事由和日期，由送达人、见证人签名或者盖章，把诉讼文书留在受送达人的住所；也可以把诉讼文书留在受送达人的住所，并采用拍照、录像等方式记录送达过程，即视为送达。”依照该法律规定，法院在送达时可邀请基层组织代表在场，作为留置送达的见证人。但在实践中，因社区的司法协助功能尚不健全，故并未形成长效机制，社区配合度不高。为了提高法院送达的效力，法院可以在社区搭建送达平台从而建立长效机制。其次，《最高人民法院关于适用〈中华人民共和国民事诉讼法〉的解释》第138条规定：“公告送达可以在法院的公告栏和受送达人住所地张贴公告，也可以在报纸、信息网络等媒体上刊登公告……”搭建社区送达平台，可以通过社区公告栏在被执行人的住所地网格社区进行张贴公告。这既符合民诉法司法解释关于在受送达人住所地张贴公告的规定，也可督促被执行人履行生效法律文书确定的义务。同时，这样也可通过公告的影响力对被执行人施加压力。

2. 搭建社区失信被执行人公布平台：《最高人民法院关于公布失信被执行人名单信息的若干规定》第5条第2款规定各级人民法院可以根据各地实际情况，将失信被执行人名单通过报纸、广播、电视、网络、法院公告栏等其他方式予以公布，并可以采取新闻发布会或者其他方式对本院及辖区法院实施失信被执行人名单制度的情况定期向社会公布。在网格化社区搭建失信公布平台，一方面有利于促进被执行人主动履行义务，另一方面有利于营造全社区联合打击失信被执行人的氛围。

3. 执行悬赏：社区的网格化将居民楼栋划分为小块网络有利于信息的综合采集，而同样的，在网格化的社区内，人与人、户与户之间的关联更深，能够提供执行线索的大概率人群也集中在相对了解的邻居之间。在实践中，执行法官在查找被执行人的同时，也经常通过邻里的侧面了解，摸查被执行人家庭的生活水平、生活来源、子女就读贵族学校、入住高端月子会所、建立子女脐血库、购买保险、境外旅游等情况。在网格化社区设立执行悬赏，对被执行人财产线索的调查有很大的促进作用。

三、社区网格化管理平台司法协助的难点和障碍

中国社会的当前现状依旧是乡土社会，海沧区作为典型的经历由农村走向城镇化建设，逐渐进入半城市化半城乡接合部的新城区，具有“现代化社区管理”和“传统乡村治理”的双重特点。在信息化管理推陈出新的情况下，传统乡村治理产生的弊端并未消失。

（一）“村改居”社区存在的弊端

1. 村委选举与地方保护：海沧区虽然已经实现了全部的村改居及社区网格化，但一部分“半城镇化”村改居社区的地方保护之风依旧严重。不仅仅是海沧，其他辖区也存在此类情况。对地方保护影响较大的原因之一就是村委选举。依托网格化平台查找被执行人或者其他司法协助功能，很大程度上依赖于基础自治组织的配合。数据平台的搭建尚且可以通过政府部门自上而下的贯彻和要求，通过系统与系统之间直接的数据采集，无须通过人为的沟通与协助。而执行法官与村改居社区网格员的协作程度则直接取决于村/居委会主任、书记是否答应。尤其当被执行人是村委亲朋好友的情况下，典型的同姓群居环境不允许村委向法院提供被执行人更多的去向线索或财产线索，因为这将直接导致他在下届村民选举中得票率下降。

2. 乡规民约的制约：乡村治理很大程度上依赖于乡规民约的制约，这同时也是村改

居社区典型的特点。当法院判决与乡规民约发生冲突时，村民对法院判决不认可的概率更高。此类案件的执行无法通过社区得到更多的线索，甚至在执行法官查找被执行人时，也会受到阻挠与村民邻里的隐瞒。

（二）社区司法协助功能的法律缺失

1. 社区协助执行的主体地位尚未确定：社区作为一个社会学概念在不同的角度有不同的含义。社会学家伯纳德和桑德斯在1968年出版的《国际社会科学百科全书》第3卷中，将社区的定义概括为三种：一是社区是居住于特定地区范围内的人口；二是社区是以地域为界并具有整合功能的社区系统；三是社区是具有地方性的自治自决的行动单位。在社会学家界定社区概念的同时提出了社区的行为层面的主体属性——自治自决。自治是居民的自我治理。我国宪法及组织法是这样界定社区居委会的：《中华人民共和国宪法》第111条规定："城市……按照居民居住地区设立的居委会……是基层群众自治组织。"《城市居委会组织法》第2条规定："居委会是居民自我管理、自我教育、自我服务的基层群众性自治组织。"故而，我们一直以来所认识的社区、社区居委会在法律属性上或者是组织属性上，是一种居民自治组织。在当前形态下的社区，其自身的主体地位以及功能已被忽视。

2. 相关协助执行的法律规范缺失：《中华人民共和国民事诉讼法》第86规定："受送达人或者他的同住成年家属拒绝接收诉讼文书的，送达人可以邀请有关基层组织或者所在单位的代表到场，说明情况，在送达回证上记明拒收事由和日期，由送达人、见证人签名或者盖章，把诉讼文书留在受送达人的住所；也可以把诉讼文书留在受送达人的住所，并采用拍照、录像等方式记录送达过程，即视为送达。"除此之外，并未发现其他的司法解释或法律法规对社区的司法协助义务有所规定。这直接导致：

（1）社区的司法协助主体地位不明确。社区并未被法律或相关解释赋予直接的司法协助义务。故在需要社区协助执行时，经常产生推脱、拒绝协助乃至通风报信等问题。

（2）社区网格化管理平台所掌握的人口信息被忽略。这个人口大数据一方面连接公安机关人口基础数据库，另一方面依托网格员入户采集、社区自治管理、居民事务办理等渠道获取。其信息采集虽然基于公安机关的人口数据库，但因社区网格管理的特性使其人员数据的信息量远远大于、广于公安机关人口基础数据库涵盖的信息量。

（三）法院尚未形成一套规范而高效的查找被执行人程序

1. 实践中法院执行调查权弱化：执行调查权是执行实施权的一种。执行实施权指法院在债务人不履行债务时，依照生效法律文书确定的义务采取相应的措施，迫使其履行义务的权利。它包括执行立案权、执行命令权、执行调查权、执行措施实施权、执行拍卖变卖权和统一管理权。执行实施权由人民法院行使，它不是处理双方的争议，而是依据已确定的内容进行办理。对于执行调查权，相关法律作了如下规定：

（1）搜查权：虽然《中华人民共和国民事诉讼法》第248条规定："被执行人不履行法律文书确定的义务，并隐匿财产的，人民法院有权发出搜查令，对被执行人及其住所或者财产隐匿地进行搜查。采取前款措施，由院长签发搜查令。"《最高人民法院关于人民法院执行工作若干问题的规定（试行）》第30条规定："被执行人拒绝按人民法院的要求提供其有关财产状况的证据材料的，人民法院可以按照民事诉讼法第224条[①]的规定进行搜查。”但实际操作中，行使搜查权的情况较少。

（2）财产调查权：《最高人民法院关于人民法院执行工作若干问题的规定（试行）》第28条规定：“……人民法院在执行中有权向被执行人、有关机关、社会团体、企业事业单位或公民个人，调查了解被执行人的财产状况，对调查所需的材料可以进行复制、抄录或拍照，但应当依法保密。”

上述规定对法院财产调查权作了较为明确的规定：一是被执行人的财产报告制度；二是法院依申请或依职权调查。然而调查权仅对财产的调查有较为明确的规定，对被执行人的调查，除去对被执行人住所的搜查权，对下落不明的被执行人的调查却无规定。也正是法院“对人”踪迹的调查权弱化，导致了法院找人、送达功能的弱化。

2. 法院内部查找被执行人的程序性规范文件缺失：法院内部并未对查找被执行人的方式、查找措施、协助义务人等进行明确的规范。对查找被执行人，唯一的协助执行单位是公安机关，法院本身没有查找被执行人的所能依据的数据库和体系。在当前我国被执行人诚信水平和法律意识普遍不高，被执行人隐匿财产、以下落不明方式逃避执行的情况广泛存在的背景下，查找被执行人的调查权和规范性程序尤为重要。

四、社区网格化管理平台司法协助法律与现实构架

（一）强化法院对被执行人的调查权

法院的执行调查权必须强化。但当前法律对执行调查权的规定尚有较多缺失。除去落实对被执行人的财产调查制度之外，我们应当考虑在法院调查权的基础上丰富对被执行人的调查。

1. 建立执行法官的情况搜集权。法国现行民事执行程序法为强化执行的实效，建立了检察官的执行情报搜集权制度。而在该制度建立之前的立法讨论阶段，曾经有两个方案：一是规定执行官作为收集有关情况的主体，直接享有收集债务人情况权；二是通过扩大执行法官权限，让执行法官行使收集债务人情况权。收集情况权涵盖的情报包括：债务人的现在住处和开户银行。在法国的情况收集权中，我们所关注的是对债务人现在住处的查明。实际上我们通过社区网格化管理平台查找被执行人的轨迹，一方面从侧面调查被执行人的财产情况，另一主要方面就是要查明被执行人的现在住所。对现在住所的查明，是法院对被执行人调查权的核心体现，通过查明现在住所可以进一步落实搜查制度、财产调查制度和被执行人的财产报告制度。赋予执行法官对被执行人情况的搜集，也是增强执行法官主动执行的能力。在现有的数据信息无法提供被执行人情况时，执行法官通过调查被执行人轨迹调查现在住所及隐匿的财产状况是解决执行难的有效保障。

2. 建立社区执行悬赏制度。在现有法律的基础上，建立第三人提供被执行人线索的举报奖励制度。将执行悬赏制度与公告执行相联系，使被执行人的财产状况、人员去向置于公众监督之下。将执行悬赏制度在网格化社区内落实，通过缩小线索提供人范围，

---

① 2012年全国人民代表大会常务委员会关于修改《中华人民共和国民事诉讼法》的决定将《中华人民共和国民事诉讼法》第242条修改为第248条。而《最高人民法院关于人民法院执行工作若干问题的规定（试行）》并未作相应修改。

提高举报的效力。依靠社区网格化信息共享，提高举报的概率。

（二）将网格化社区纳入协助执行人范畴

将网格化社区纳入司法协助义务人范畴是从根本上解决社区协助执行难的重点。

1. 界定社区司法协助的主体资格

相关法律规定基层自治组织具有见证法院送达的义务。而在社会管理已实现网格化的当下，基层自治组织的功能已经远远超过见证送达的能力，它所能提供的大数据将是法院查找被执行人的主要依据。赋予社区的协助执行主体资格，可以打开法院获取社区网格化管理平台信息的路径。

2. 建立社区协助法院执行的长效机制

（1）搭建法院查控网络与社区网格化管理平台的链接。可以通过建立法院查控终端与网格化管理平台终端的链接，实现对被执行人轨迹信息的抓取。目前较为可行的一种方式是实现电脑与电脑终端的链接，将社区网格化平台的两个主业务系统（计生系统、劳动保障系统）、两个辅助系统（网格化管理平台、群防群治平台）进行链接。若考虑到当前四套系统信息存在不对称，同时链接可操作性低，可以考虑直接链接计生系统。计生系统目前是社区网格化平台的基础数据库，不仅可以链接公安基础信息，还涵盖了就业、劳动保障、婚姻状况、生育状况以及网格员入户采集的信息。近期厦门市计划生育管理分系统已经在对接福建省计划生育分系统，也就是说，在不久的将来，计生系统可以实现全省人口的数据查询。该数据平台的调查方向是查找被执行人的信息，也就是以公民身份证号码找人员信息。它的保密功能在于它只能做到被执行人信息的抓取，而与案件无关的人员，执行法官无法查询详细信息。

另一种方式是对执行法官开放手机客户端查询权限。执行法官手机客户端（APP）对接群防群治平台，通过手机客户端，执行法官可以通过查找被执行人所提供的住址调查被执行人是否实际居住。它的保密功能在于执行法官必须打开手机定位在厦门才可以进行查询，离开厦门无法打开手机客户端。这对居民的信息有较好的保护作用。

（2）建立社区网格执行法官制度。在很长一段时间里，执行案件实行片区分案法：执行法官依照辖区划片分案包干。这有利于片区包干法官对社区的情况有详细的了解，类似于执行案件的网格化分案。但因一些原因，部分法院已经取消执行法官划片区分案。我们假设在执行法官依旧采用划片区分案的情况下，将片区法官划分到社区网格内，成为网格执行法官。该网格社区的调查、信息采集、与网格社区的沟通、司法协助由该网格执行法官负责。而网格社区也应当建立司法协助专门窗口，对接网格执行法官的调查，进行人员信息采集、送达、查找被执行人等司法协助工作。

3. 将社区纳入失信惩戒联动机制内

将社区纳入失信惩戒联动机制既是法院司法服务功能在社区的延伸，也是社区协助执行功能的体现。其可以采取自上而下推行的方式，通过法院直接对接市民政局，再由市民政局→区民政局（社区办）→街道→社区。经自上而下推行后，在社区搭建执行联动平台用于在社区内开展执行公告送达、执行悬赏、失信信息发布、执行案例宣传、法制宣传等一系列的司法协助、互助平台。在拓宽社区网格化平台司法协助功能的同时，兼顾司法的社会综合治理职能。在城市社区多元化治理的大背景下，通过已建成的社会管理模型，提高法院审理、执行案件的能力和效率。

结语

执行程序是整个司法程序的终章，对于民事执行案件当事人，执行结果是执行法官和当事人需要共同走完的最后一公里。如果因各种各样的内部或外在因素导致执行不能，那么无法完成的最后一公里将使生效法律文书成为一纸空文。近年来，随着社会各界及各级政府对法院工作、执行工作的重视，外部联动执行体系的不断完善，社会诚信体系也在日益健全。随着“互联网 +”和大数据时代的到来，每个人可能在大数据环境下无处藏身。法院执行工作和执行功能的不断完善，一方面取决于立法机关出台相关法律，弥补执行立法的漏洞，为执行工作提供法律上的支持和理论构建；另一方面，也取决于相关部门对民事执行工作的支持和认可。只有两者紧密地对接和联系，才有可能适应不断变化的执行新难题，拔除“执行难”的痼疾。

新时代背景下破解涉诉信访工作的困境与出路

——基于X市两级法院的实证考察*

许明茹**

一、困境：新时代背景下涉诉信访现状

涉诉信访是指诉讼案件当事人或利害关系人针对人民法院的司法活动进行的信访行为。通常采用来信来访、电话、电子邮件等方式，表达不服生效裁判、催促案件审理或执行或反映与诉讼有关的问题等言论。涉诉信访是我国经济社会发展进程中不可避免的社会问题，有着深刻的历史、文化和现实根源。不可否认，作为公民的一项民主权利和私权利救济，涉诉信访为公民参与社会管理、监督司法机关和维护自身合法权益，提供了一个必要的渠道。但随之而来的，重复访、集体访、闹访缠访，少数群众"信访不信法"甚至"弃法转访""以访压法"、法律程序终而不结等问题比较突出，给法院安保工作乃至社会安定带来了极大隐患，同时也严重损害了司法公信和司法权威。

2013年以来，X市两级法院积极推进涉法涉诉信访改革工作。各级院领导高度重视，成立涉法涉诉信访改革工作领导小组，严格落实院领导接访、每日中层轮值接访、远程视频接访等接访机制。信访渠道畅通了，各种重复访、无理访、过激访等涉诉信访问题日渐增多，随之而来的还有当地政法委、上级法院甚至信访局的各种转办件、交办件及督办件，要求审判人员限期化解、反馈处理情况等，严重困扰人民法院依法独立行使审判权。与此同时，为确保重大节日、重大活动顺利举办，法院系统常常打破常规，开展大规模、高强度涉诉信访案件稳控工作，正常职能分工和工作节奏往往被扰乱，严重困扰着一线办案法官。

（一）涉诉信访形式的特点

近三年，涉诉信访方式主要是来访、来信、网上信访及远程视频接访，其中大多数是来访和来信，网上信访略有增长，但运用远程视频接访的仅有少数。传统的来访形式，往往是通过现场造势、滞留办公场所等方式，企图"以访压法"。传统来信则多数是带有根深蒂固的"官本位"思想的老年人一信多投，向各级领导投寄信件，希望引起领导重视。网上信访则多为中年群体通过网上信访、互联网等形式，企图制造社会舆论压力。较传统信访的方式而言，网上信访可以让信访人跳出时间空间限制，为其提供更多便利，还能在一定程度上减少无理缠访、非法集访、闹访等现象，便于规范信访活动，规范信访的处理程序，值得广泛推广。

---

* 本文获第30届全国副省级城市法治论坛优秀论文三等奖。

** 许明茹，厦门市集美区人民法院。

（二）涉诉信访案件的案由特点[①]

通过对近三年来的涉诉信访案件案由进行详细统计，大概分为七类案由：借款类、合同类、人身伤害类、劳动争议类、房屋权益类、婚姻家庭类、其他类。从图 1 可看出，三年来信访案件所涉及案由的分布规律是一致的，借款类保持在高位，合同类与人身伤害类紧追其后，劳动争议类与房屋权益类并列，婚姻家庭类也较为稳定。前六类案件之所以比例较高，原因在于：一是此六类案件案源较多；二是此六类案件与公民衣食住行联系较为密切，涉及公民生命权、生存权、发展权，与公民的切身利益直接相关。

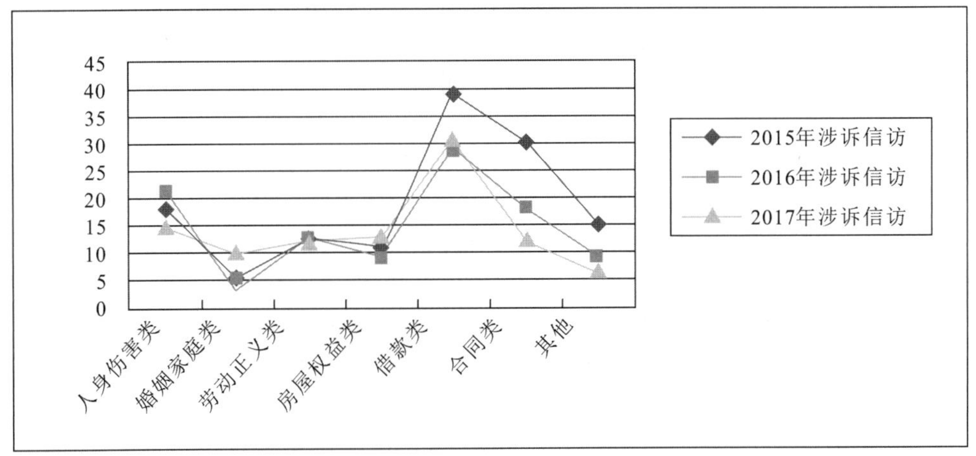

图 1 2015—2017 年涉诉信访的案件案由统计图

在案由分类的基础上，我们发现四类“骨头案”，涉诉信访化解工作推进难：一是历史遗留形成的案件。此类案件法院在认定事实、适用法律方面客观上存在一定的困难，如涉房屋所有权、房屋腾退、拆迁、公司改制等。二是特殊困难群体案件。尤其是在执行阶段，如重大死伤的交通事故受害人及家属，执行申请人赢了官司，却因被执行人确无财产可供执行成为一纸空文，极易引发闹访、缠访的可能。三是征地拆迁案件。在征地拆迁过程中，一方认为补偿费用过低、补偿款未到位等就开始走上行政信访，经引导后起诉到法院，经法院判决仍不服，从而引起涉诉信访。四是公司倒闭案件。除了工人讨薪案件，在普通合同纠纷中，也经常出现公司倒闭、法人出逃、转移隐匿财产等情况，造成执行工作被动，公司员工、债权人的受偿要求得不到满足，引发申请人对法院执行工作不满而造成群体性事件和涉法信访问题。

（三）涉诉信访人的特点

在信访工作中，信访工作人员经常面对形形色色的信访人和五花八门的信访诉求。通过随机抽取的一组数据来看，从涉诉信访主体来看，自然人信访的总数占 90%，法人组织信访的仅占 10%。其中自然人，男性信访人员占总数的 2/3 的比例。从信访人的年龄上看，“70 后”和“60 后”的信访人员不相上下，分别占总数的 29.9%、27.5%，“50 后”紧随其后，占总数的 22.5%，“80 后”及 1949 年以前出生的信访人分别占总数的 10.4%、9.4%，“90 后”目前极少。1949 年以前出生的信访人虽较少，但这类人员的信访化解工

① 其中，执行案件是以执行所依据的生效法律文书的案由来统计的。

作容易出现反复，更耗费工作人员的时间和精力。从信访人所属户籍地来看，本市市民占58%，本省外来人口占10%，外省务工人员占32%。其中，外省务工人员的户籍多数集中在四川省、安徽省、贵州省等地。关于信访人的受教育程度及职业情况，随机电话访问了100名信访人，其中文盲有15人、小学有35人、初中有29人、高中有6人、大专有10人、大学有5人。其中，他们所从事的职业大致有民营企业员工39人、无业29人、务农18人、个体户11人、退休人员2人、教师1人。

总结多年来的涉诉信访工作经验，将信访人按化解难易程度归为三类：

1. 倾诉型。主要集中在妇女及“80后”中年男性，有相对稳定的工作职业。这类人性情温和、讲道理，经工作人员耐心倾听和解释后，多数人能理解法院的难处，希望通过信访让院领导、法官关注其案件，尽可能满足自己的诉求，解决自身困难。其中，这类人也会存在少数伪善者，他们会通过与信访工作人员的交谈，对承办人、信访接待人员进行套话和私自录音录像，事后散播到媒体上，企图制造舆论压力。

2. 攻击型。主要集中在“60后”及“70后”的中年男性，部分人有饮酒，喜欢与朋友结伴来访。在信访接待中，他们容易把对对方当事人的情绪转嫁到法院，甚至是信访接待人员。他们性格无常，脾气暴躁，但在院领导面前表现较为温和。

3. 执着型。主要集中在“50后”老爷爷老太太及部分存在心理疾病的人员。接待时，这类人员多数时间是扮演“说”的角色，听不进去接访人员的意见，接待耗时长，极易反复，同时容易引发恶性事件，如滞留法院、打砸法院等闹访事件。

（四）涉诉信访案件的审理特点

涉诉信访案件的信访由于个案情况不同，信访原因也不同，但经过梳理，从审理源头上发现信访案件多数是以判决结案的，以调解和撤诉方式结案的并不多见。涉民商事审判的案件集中在发回重审及上诉的案件上，另外还有部分信访人法律认识上有偏差，对案件不服还在上诉期而不上诉，企图通过信访反映法官作风问题改变判决结果。而涉执行案件则多数是催促执行，要求法院加大执行力度，其中不少反映法官电话经常无法接听、认为法院执行不力、想了解相关案件的进展等问题。

二、分析：涉诉信访困境形成之路

从制度本身而言，涉诉信访除了宪法规定的基本权利以外，法院的信访受理权并没有正式的法律渊源。涉诉信访改革过程中，存在以下“四难”：一是缺少居中裁判机构，职责划分难。目前，法院和信访部门均依各自职权开展信访接待工作，因部分信访案件难以甄别属于涉诉信访还是普通信访，而为日后互相推卸责任留下不少隐患。二是缺少有效对接，信访维稳化解难。据统计，笔者所在基层法院涉诉信访案件不足当年结案数的1.5%，但这部分案件给法院工作所带来的压力远远超出了这个比例。为确保重大节日、重大活动顺利举办，法院系统常常打破常规，开展大规模、高强度涉诉信访案件稳控工作，正常职能分工和工作节奏往往被扰乱，使得法院面临巨大的信访化解和维稳工作压力。三是缺少应急处置手段，非正常访处置难。尽管信访秩序得到了有效控制，但是仍然存在不少无理缠访闹访、极端访、集体闹访等非正常访。因为司法资源、职权和手段较为有限，缺少相应配套机制，法院未能及时有效处置非正常访。四是逐级审核上报，信访终结难。根据《福建省人民法院关于人民法院涉诉信访案件终结办法的实施细则》采取逐级层报及最高人民法院备案同意的方式，基层法院上报信访案件终结效率低，容易导致案件积压，久拖不决，一旦有错漏材料发回补充，需重新逐级上报，程序耗时过长。一些信访事项终而不结、无限申诉，反复启动法律处理程序，是困扰政法机关的一个难题，耗费了大量司法资源和行政资源，也加重了信访人自身的负担。[①]

从法院方面，随着经济社会的不断发展，越来越多的矛盾纠纷以案件形式涌入法院，法院的办案压力越来越大。据统计，2017 年 X 市某区法院一线法官年均办案数为 250 件，平均 1 个工作日就要审结 1.25 个案件，少数法官办案高达 400 件。不可否认，法院队伍中存在部分干警的能力素质与当前审判服务的要求不相适应及“重判决轻调解”的观念。

从信访人方面，公民的法律意识、维权意识普遍增强，但由于自身对法律理解有偏差及根深蒂固的“官本位”思想，当他们的切身利益受到侵害或正当的利益得不到保障时，一方面会通过正常的诉讼途径来表达诉求，另一方面也习惯性地寄希望于通过行政手段解决问题。这也是导致涉诉信访问题增多的因素。

从社会层面，我们应正视涉诉信访存在多样性的社会原因，如社会诚信缺失、社会救济体制不完善、历史遗留问题等，在此就不再一一赘述。从笔者所在法院三年来的信访案件可以看出，当前社会诚信缺失问题是最为突出的社会原因，有近四成的涉执信访案件，是因被执行人转移、隐匿财产致使法院无法执行，信访人通过信访要求法院加大执法力度或给予救助的情形。

三、出路：破解涉诉信访问题的对策建议

解决涉诉信访问题，是一项涉及全局性的工作，单靠法院单打独斗是无法完成的。作为法院，唯一可做的就是在当前体制下如何坚持标本兼治，加以疏通疏导使之回归到正常规范的轨道上来，提出应对涉诉信访问题的对策，以期对社会主义法治和谐社会建议有所帮助。

（一）完善涉诉信访机制，建立合理的涉诉信访处理平台

1. 改变内部监督模式，设立涉法涉诉信访办公室。目前法院立案庭行使信访职责，也有一些设立专门的信访办，均难以打破内部监督的窠臼。由于缺乏中立的第三方评议机制，现行信访制度的“转一圈回到原承办单位”的处理机制，违背了解决纠纷的回避制度，从根源上就无法说服信访人。[②] 现行信访制度存在诸多弊端，建议各地方政法委设立专门的涉法涉诉信访办公室，从公检法等政法部门挑选出精通业务、工作能力强的干警，组成一个相对中立的涉法涉诉信访办公室，来处理来信来访群众反映的涉法涉诉问题。同时该办公室应根据回避原则分工处理信访案件，对疑难案件进行共同合议，建立涉法涉诉信访案件的联合处理机制。

2. 下放终结审批权限，完善涉诉信访终结制度。完善涉诉信访终结制度是处理好涉诉信访与司法权威的平衡点。如果涉诉信访案件经过一审、二审、再审复查等法律程序，

① 《全面推动涉法涉诉信访改革》，www.gjxfj.gov.cn <http://www.gjxfj.gov.cn/>，来源新华社。

② 席义祥：《关于完善涉法涉诉信访工作机制的思考》，载《经济与法》2013年第24期。

诉讼程序已经走完，却因终结程序过于严格无法终结，将大大地削弱司法权威。为此，建议尊重司法的运行规律，下放涉诉信访终结的审批权限，由省高级人民院行使部分审批权，将已经走完法律程序的案件，以“驳回申诉，即终结”的简易方式予以终结。

（二）加强源头预防，提升司法服务水平

1. 正确对待涉诉信访，处理好法律效果与社会效果的关系。全体干警在思想上提高对涉诉信访工作的认识，不排斥、不懈怠，通过涉诉信访工作使矛盾纠纷的化解达到法律效果与社会效果的统一。“在多样化和多元化的社会背景下，法律适用不再是田园诗般的静态逻辑推演，而必须加入多样化的社会价值的考量。”[①] 适用法律不仅是一种法律能力，更是一种人文关怀，还是一种提供公共产品的司法服务。解决涉诉信访问题，除了摆正思想认识，还要强化为民服务意识，用对待家人亲人的态度，想当事人之所想，急当事人之所急，让人民群众在每一个案件中都感受到公平正义。

2. 健全“大调解”格局，提高审判阶段调撤率和执行和解率。从立案、审判到执行，从法律政策到反映个案裁判不公、执行不力，涉及诸多源头性问题，仅靠法院难以彻底解决，所以要继续完善党委领导、政府主导、法院引导、各调解组织共同参与的“大调解”格局。特别是针对人身伤害类、劳动争议类、房屋权益类、婚姻家庭类等纠纷的审判执行，加强协作联调，结合民俗、乡土文化，妥善运用公序良俗、行业惯例等群众支持与接受的方式化解社会矛盾，争取案结事了人和。

3. 加强风险评估，加强对个案的分析研判。树立“全院、全程、全员”的三全意识，全面梳理排查，将案件矛盾纠纷排查工作贯穿于立案、审判、执行等各个环节，确保所有案件 100% 进行信访风险评估机制。对排查出的矛盾纠纷加大关注力度，对重大敏感案件进行分析研判，实行“谁办案，谁评估，谁负责”的方式，制定应急预案，及时采取措施予以疏导化解。

4. 切实改进审判作风，源头减少涉诉信访案件。一是加强审判人员为民服务意识教育和业务培训，严格落实信访责任倒查机制；二是加强案件流程和审判质量管理，加大案件质量评查力度，严格按照法定程序办案，坚持透明、公开、公正执法，减少“有理”上访的尴尬局面；三是积极破解执行难，与电力、水务、房管局等部门联合，加强对失信人员的联合惩戒，严厉打击拒执犯罪。

（三）积极探索化解涉诉信访问题的新举措

1. 运用心理疏导，在接访队伍中加入心理咨询师。化解涉法涉诉信访案件，不仅需要娴熟地运用法律知识解决其中法律症结，还需要关注信访人的心理问题。信访人走上信访道路，往往与其所受教育、遭遇等有很大关系，所以在涉诉信访队伍中加入心理咨询师，将心理咨询技术引入信访接待前期工作，通过接访交谈，与来访人“共情”，有针对性地进行疏导，调节信访人心理问题，让来访人正确认识自己，帮助他们打开心结，帮助化解信访问题。

2. 引入社会捐助，拓宽司法救助金资金来源。除了建立刑事被害人、涉诉信访、执行救助金外，还应设立涉诉信访专项资金，用于解决部分信访人的实际困难，安抚信访

---

① 孔祥俊：《法律效果与社会效果的统一》，载《法律适用》2005年第1期。

人的情绪，促进其息诉息访。为此，建议建立“财政拨款为主，社会捐助为辅”的涉诉信访专项资金，鼓励更多企业、组织、社会人士积极参与司法救助。

3. 引入公证程序，高效固定信访化解成果。在涉诉信访制度中，要发挥公证部门的作用，对一些集体访、恶意缠访的信访案件，可以将录音、录像等进行公证。引入公证程序将信访事件的处理过程及结果进行公证，固定信访相关程序和化解成果。

新时代城市社会治安防控体系建设问题初探

曹晓薇*

近年来，城市建设发展迅速，社会治安防控体系建设和社会治理问题也就应运而生，亟须我们探索一条防控体系建设道路，以应对现实的挑战。

一、社会治安防控体系的概念和特点

目前，各界学者对社会治安防控体系和社会治理的概念界定不一。笔者比较认同的是熊一心教授在论文中给出的定义：社会治安防控体系是指公安机关依据系统论，运用社会控制理论和系统工程方法，整合内部警力与社会资源，以社区警务为基础，以全时空巡逻防控为基本勤务方式，以刑侦防控为首要环节，形成统一指挥、互相配合、信息共享、协调运转，集打击、防范、管理、控制服务等多种功能于一体，能对社会治安实施综合控制的警务工作系统。①

社会治安防控体系具有整体性、多元性等特点。

（一）整体性

各级政府部门社会治安防控体系应该有大局观念、整体意识，应该树立“全国一盘棋”的思想。将原来各部门各自为战、资源分散、相对独立的各部门整合到一起，互相协调、互相补充、互相支持的防控体系，充分发挥各自的职能优势，全国形成一张治安防控的大网。

（二）多功能性

社会治安防控体系应该是集防范、管理、控制、打击等功能于一体的，从各方面、多角度、各部门对社会治安热点难点问题、新型问题等进行全方位的整治和管控，以提升社会安全度和群众满意率。

二、城市社会防控体系建设现状

一个城市社会治安的好坏一直是群众评价警察的“晴雨表”。近年来，全国各省市积极探索创新了科技引领、打防并举、线面交错、群防群治的立体化治安防控体系，使群众安全感稳步提升，社会治安满意率稳步提升。2015年4月，中办、国办就已经印发《关于加强社会治安防控体系建设的意见》，全方位提出社会治安防控体系建设具体措施。这标志着，中央关于深化平安建设、完善立体化社会治安防控体系的重大部署进一

* 曹晓薇，厦门市公安局。

① 熊一新：《关于社会治安防控体系建设若干问题的思考》，载《治安学论丛》2003年第7期。

步落到实处。厦门市按照“机制牵引、科技驱动、打防一体、共治共享”的思路，大力构建全市社会治安防控体系建设新格局，不断提升治安防控的精细化、信息化、立体化、社会化水平，全市治安态势持续向好，2015 年至 2017 年，刑事警情分别下降 4.81%、21.93%、42.79%。2018 年上半年，全市刑事警情发案率始终保持低位运行并持续下降，上半年全市刑事警情同比下降 43%，降幅居全省第一。2018 年以来，厦门市通过开展标准地址二维码管理基础排查工作，走街串巷；在打击民生小案上持续发力，频频刷新破案速度纪录；针对全国普遍高发的虚假信息诈骗警情，深入开展“心安”工程暨反诈骗心理防线创建工作。厦门市围绕打造最具安全感城市工作目标，以“五安工程”建设为契机，全力推进“平安厦门”建设，推进专项行动打击整治，不断夯实社会治安防控基石，最大限度地提升群众安全感和满意度。

三、城市治安防控体系存在的问题和不足

全国各地现有的治安防控体系各异，有些已经无法适应现有的治安新形势，有些只能勉强应对。随着社会环境的不断变化，也出现了一些无法适应现实需求的问题和不足，有待提升。

（一）巡逻力量素质参差不齐

受到警力不足等客观因素限制，基层所队的路面巡逻力量多为“民警 + 协警（或辅警）”的模式。警察队伍由于招考、培训等一系列制度、机制相对完善，民警的整体专业素质较高，但仍然存在一些年龄相对较大、工作积极性不高的情况。然而协警、辅警队伍，由于招录时对整体素质要求较低，且培训等机制相对不够完善，以致队员素质参差不齐，甚至出现个别人员想从工作中谋取私利的现象。综上，传统的巡逻模式从机制建设到人员配备方面均有待提升，否则难以适应现实环境。

（二）视频监控作用未能全面发挥

前几年全国各省市陆续投入资金建设视频监控，但很多监控设备并未被充分利用，后期维护工作跟不上，导致多数监控设备处于瘫痪或半瘫痪状态。遇到案件侦办需要等需要调取周边视频监控时，才发现监控设备无法正常使用。但过后又不投入资金、力量等进行维修、维护，导致恶性循环，周而复始。

（三）群防群治力量不足

由于人民群众思想意识相对薄弱，大部分人一直存在着事不关己、多一事不如少一事的思想态度，以致全国各省市群防群治力量严重不足。

（四）各部门配合不紧密

城市社会治安防控体系建设不只是公安一家的事情，是需要各相关部门紧密配合才能顺利开展的。体系建设过程中涉及一系列社会资源、行政职能的整合、互补等，但现如今各部门各自为政，所属的上级主管部门各异，配合不紧密甚至出现推诿扯皮的情况，以致体系建设不到位、推进不力等问题时有发生。这是一个亟待解决的问题。

（五）经费保障投入不足

近年来，各级政府在加强社会治安综合治理方面投入不少，但仍十分有限。要提升城市社会治安防控体系建设水平，经费投入还是远远不够，很难满足现有建设的需要。

四、城市社会治安防控体系建设的对策和建议

城市社会治安防控体系建设是一项长期的工作任务，要在工作中不断探索摸索，不但完善更新，才能适应日益变化的社会治安新形势。要努力以突出治安问题为导向，以体制机制创新为动力，以信息化为引领，以基础建设为支撑，构建一套能够适应现有形势发展的城市社会治安防控体系。

（一）建立规范的指挥协调机制

鉴于目前各部门之间配合不紧密的问题，亟待建立一组织协调机构牵头此项问题，可由党委部门一把手担任组长，各主要职能部门主官担任副组长，明确各自的责任分工。各部门领导要对所管辖范围工作实行领导责任制，把工作责任和协调配合责任落实到位，对不落实、配合不到位的单位要严肃追究领导责任。此外，要建立一套综合协调机制，包括指挥决策、协调配合、督导追责等内容。机制中要对各块内容进行细化，以提高实际操作性。

（二）建立完善的指挥研判机制

一是提升指挥调度能力。城市治安防控体系建设工作中，要加强对警情、警员等的动态管理，加强指挥调度工作，提升指挥调度能力。二是加强情报信息研判工作。要建立日研判、周会商、月调度机制，主动发现安全监管漏洞、治安黑点热点等，强化动态监控、精准研判、科学决策。

（三）提升巡逻防控效能

传统的巡逻模式多是由民警领队，数名辅警、协警配合组队在特殊时段、敏感地段巡逻，或是在人员密集场所维持社会秩序等。与此同时，警方应推进巡逻体制改革，打造点线面结合、人技网互动、全时空控制的社会面大的巡防新格局，加强网格化布警、动态化巡逻。要不断充实加强专职巡防队伍，建立市局、分局、派出所、社区四级城区巡防体系，由市局巡特警支队负责机场、车站、码头等重点部位，分局巡特警大队负责主次干道，派出所巡逻处警队员和群防群治力量负责居民小区、街头巷尾，治安卡口加强城市出入口和交通要道，交警和其他联勤联动力量补足漏洞，形成巡特警、派出所、其他警力和社会力量共同参与的“社会治安防控网”。

（四）提升视频监控能效

监控不仅要有，还要实现画面的高清化，年内计划重点单位和要害部位监控探头数字高清改造比例达到80%。重要交通节点及城市主干道、医院、广场在补齐视频监控点位的基础上全面升级人像抓拍、人脸识别功能，并提升大型商场、市场停车库和社会停车场、居民小区出入口的车牌识别装置安装率。推动视频监控向农村、背街小巷、老旧

小区等偏僻部位延伸。同时通过整合资源，接入人员密集场所、重点目标、治安重点单位以及娱乐场所、特种行业、危险品单位、物流寄递行业视频监控资源，企事业单位和市民自建视频监控逐步联网，提高社会面视频监控资源整体利用率。

（五）推广人脸识别运用

随着人脸识别技术的提升，案件侦办过程中取得了一定的成效。因此，在城市社会治安防控体系建设方面可大力推广人脸识别系统，以缓解社会治安综合治理工作中人力资源不足的情况，也能够很好地运用科技手段提升防控效能。例如 2018 年 5 月，厦门市公安局就利用地铁人脸识别系统发现一名网上追逃的在逃人员。人脸识别系统的推广运用，在一定程度上解决了警力不足的问题，用科技手段与人力防控形成互补，提升防控有效性。

（六）加强打防一体化建设

一是科学设点布控。目前要建设完善各级治安卡点，设立桥隧及快速路治安交通管控任务，构建布控拦截圈。大力推进“科技围村围楼”，在治安复杂的社区、城中村或居民住宅楼出入口，科学选点，布建人脸抓拍摄像机，接入人脸云平台，实现对“人”这一治安要素的综合智能分析和实时预警。二是加强重点人员管控。目前要制定完善各类重点人员管控流程，明确排查途径、撤列管条件和程序、具体管控及档案建设要求，出台评估标准，按照等级逐人进行评估定级。三是加强热点整治。目前要加强信息情报研判工作，及时发现捕捉治安复杂部位、案件多发区域，以调集精干力量进行围村、围楼等整治。要积极联合安监、市政、城管、工商、卫计委等部门，针对无证旅馆、黑油黑气、黑网吧等整治难题开展联合行动。

（七）大力推动社会共治

目前，全国各地普遍警力不足，而随着社会发展呈现出来的社会治安问题种类繁多，一是发挥“互联网 + 群防群治力量”。要充分发挥社会化群防群治力量的作用，织密社会治安治理的防护网，才能真正构筑一个安全稳定的社会环境。例如[illegible]开发利用已有的厦门市的百姓 APP 平台，在原有市民随手拍违章车辆信息上[illegible]上，逐步推广市民举报违法犯罪线索，甚至在做好保密工作的情[illegible]平台对涉黑涉恶等敏感线索进行举报，这样可以解决某些敏感[illegible]可能被泄露遭到打击报复而不敢拨打 110 举报等的担忧。同时，[illegible]调动市民群众参与社会治安防控的积极性，形成一种治安防控全民共[illegible]局面。二是做强部门联动。在 110 联动的基础上升级打造城市公共安全管理平[illegible]联动单位资源，实时对接专业系统，建立全市统一的公共安全数据库，依托平台深度开展大数据分析运用，智能预警、及时消除风险隐患。

（八）确保经费投入

各级党委政府要切实提高认识，加大经费投入，以确保城市社会治安防控体系建设，如现阶段紧锣密鼓进行的“雪亮工程”就需要投入大量资金以确保工程顺利进行。各项工程工作能够顺利进行，经费是其中一个最重要的保障。

检察机关开展国家司法救助工作的实践探索与分析

——以厦门市集美区检察院司法救助工作实务为视角*

彭明武　范艳利**

随着法治建设和法治改革的不断推进，我国的司法救助制度有了较为充分的发展和进步，各地检察机关在积极开展司法救助工作方面也进行了积极的探索和尝试，但实践中仍存在诸多问题，本文从基层检察机关开展司法救助工作的实践经验和做法着手，立足实务提出了完善检察机关司法救助工作的若干建议，希望能够对检察实践有所裨益。

一、建立司法救助制度的必要性与可行性

1. 建立司法救助制度是实现人权保障的基本要求。尊重和保障人权是我国宪法规定的基本原则之一，也是实现“以人为本”的刑事理念的重要体现。这里的“人”不仅包含了犯罪嫌疑人和被告人，也包含了直接受到犯罪行为侵害的被害人，还包含了因犯罪行为的实施而使生活受到影响的被害人的近亲属。若在刑事诉讼中只是着眼于犯罪行为给国家和社会带来的危害，而忽视犯罪行为给被害人及其近亲属造成的损害和对他们的保护，显然是对被害人及其近亲属等群体人权保障的忽视。

2. 建立司法救助制度符合恢复性司法的理念，有利于社会的和谐。一方面，恢复性司法理念高度重视被害人因犯罪行为所遭受的物质损害和精神损害的赔偿。对被害人的救助与补偿、被害人与被告人关系的修复、被害人重新开始正常生活以及犯罪行为人重新回归社会等问题都是恢复性司法所追求的目标。恢复性司法理念是现今刑事司法改革的方向，对刑事被害人进行司法救助，不仅有助于短时间内抚平被害人的身心创伤，也有助于帮助其尽快回复正常生活，从而消除其复仇情绪，防止犯罪行为的进一步发生；另一方面，通观我国目前的立法状况，事实上对被害人的保护还远远不够，通过司法救助制度来加强对被害人的保护显得尤为必要，通过及时地对被害人及其近亲属进行帮助，减少被害人对社会产生的抵触、仇视、报复等负面情绪，有助于社会的和谐与稳定。

3. 我国综合国力的增强是司法救助制度的物质保障。伴随国家财政收入的不断增长和改革成果的不断积累，国家有能力也有实力使得改革成果恩惠于民。在国家全面推进依法治国和全力推进法治建设的大背景下，司法救助制度有其充分发展的根基和土壤，为实施受害一方的保护提供了可靠的经济保障。特别是党的十九大会议中提出“必须始终把人民利益摆在至高无上的地位，让改革发展成果更多更惠及全体人民”。在综合国力不断增强的今天，向刑事案件被害人提供更多的实质性帮助也是社会发展和进步的必然结果。

---

* 本文获第30届副省级城市法治论坛二等奖。

** 彭明武、范艳利，厦门市集美区人民检察院。

4. 现行法律体系为司法救助制度提供法治空间，多年来的实践探索为司法救助制度提供了完善经验。我国《宪法》规定，公民的人身自由不受侵犯，公民“在年老、疾病或者丧失劳动能力的情况下，有从国家和社会获得物质帮助的权利”。此外，关于生命健康权等保护人权的规定在民法、刑法等基本法中也都可见。关于法律援助、司法救助等人权保障制度的成功建立与实施，为我国司法救助制度提供了宝贵的借鉴经验。而多年来，多个地方的公检法等司法机关针对刑事被害人救助、被害人近亲属救助等进行了诸多的实践和探索，都取得了良好的效果，并积累了丰富的实践经验。这为我国司法救助制度的立法和制度完善等奠定了充分的实践基础和借鉴意义。①

二、检察机关国家司法救助工作的发展与特点

开展国家司法救助是中国特色社会主义司法制度的内在要求，是改善民生、健全社会保障体系的重要组成部分，也是中国特色社会主义司法制度的内在要求。

（一）近年来检察机关司法救助工作的发展与现状

党的十八届三中全会《中共中央关于全面深化改革若干重大问题的决定》提出完善人权司法保障制度、健全国家司法救助制度。2014 年 1 月 17 日，在开展刑事被害人救助、涉法涉诉信访救助等工作实践基础上，中央政法委、财政部、最高人民法院、最高人民检察院、公安部、司法部制定了《关于建立完善国家司法救助制度的意见（试行）》（以下简称《六部委救助意见》），其规定国家司法救助的对象既包括刑事案件被害人或其近亲属、举报人、证人、鉴定人，又包括民事侵权案件当事人、涉法涉诉信访人，从而将救助工作从刑事被害人拓展到举报人、证人、鉴定人，民事侵权案件当事人和涉法涉诉信访人，由刑事领域拓展到民事领域、涉法涉诉信访领域。对刑事、民事案件中的当事人进行救助有了有力的制度支撑。《六部委救助意见》将开展国家司法救助提升到“改善民生、健全社会保障体系”层面，自此检察环节的刑事被害人救助正式转变为国家司法救助，实现了国家司法救助工作的常态化。② 国家司法救助制度对维护当事人合法权益、促进社会和谐稳定发挥了积极作用。

最高人民检察院又于 2016 年 7 月出台《人民检察院国家司法救助工作细则（试行）》（以下简称《救助工作细则》），进一步明确了检察机关国家司法救助的对象范围、方式标准、工作程序、资金保障管理和违法责任追究等，集中解决了一大批长期以来存在的具体操作问题，极大地提高了检察机关国家司法救助工作的规范化水平。

（二）检察机关国家司法救助工作的特点

1. 检察机关处于诉讼进行的中间阶段。司法救助是一项系统工程，无论是现行的文件及规定，还是司法实践，这项工作都需要公检法的合作。而检察机关处于侦查与审判的中间环节，相比公安机关、人民法院具有一定的优势。在公安机关的侦查阶段，案件

① 例如，广东省检察机关于2017年开展了“国家司法救助工作推进年”活动，全省检察机关全年共办理司法救助案件467件757人，发放救助金1613.9万元，分别是2016年的2.6倍、3.1倍和4.8倍，专项推进工作成效显著，充分彰显了检察机关的司法人文关怀。

② 尹伊君、马滔：《人民检察院国家司法救助工作细则（试行）的理解与适用》，载《人民检察》2016年第20期。

的事实一般尚未查清；而在案件事实基本成型后，公安机关一般会将案件第一时间移送至检察机关，这给公安机关开展救助带来一定困难。而且人民法院的审判程序处于整个诉讼过程的末端，人民法院了解案情事实相对滞后，如果等待审判阶段再行启动求助程序，则为时已晚，与司法救助的救急性原则有冲突。因此检察机关在诉讼中间阶段的优势意味着检察机关在整个司法救助体系中应当承担更为重要的责任和使命。

2. 检察机关的司法救助是立足于检察职能，在检察环节办案过程中开展，检察特色突出。检察机关是宪法规定的国家法律监督机关，兼具诉讼职能和监督职能，在诉讼中所处阶段和职能不同于公安机关、审判机关以及司法行政机关，参与多个诉讼环节，监督职能覆盖整个诉讼过程。[①]

3. 检察机关司法救助应当具备司法化、程序化，体现辅助性。检察机关在司法办案过程中开展司法救助，不同于社会救助，要体现司法的特点，完善工作程序，规范工作开展，实现工作规范化、程序化，特别注意防止将检察机关的司法救助诉讼化和信访化。同时检察机关的司法救助活动是结合司法办案活动采取的辅助性救济措施，体现党和政府的民生关怀，是人权司法保障的重要方面。但是其本质上仍是社会保障体系的一部分，不是国家赔偿，也不是国家代位进行民事赔偿，不取代社会保障。

三、检察机关国家司法救助工作的主要实践及问题

（一）厦门市集美区检察院开展司法救助工作的实践经验

2017年，集美区人民检察院成立司法救助领导小组，集中开展了以“特别的爱给特别的你”为主题的系列司法救助活动，由彭明武检察长亲任组长带头办理司法救助案件，共向8名刑事案件被害人发放司法救助金74万元，这也是厦门市检察机关在一年内办理案件最多、救助人数最多、发放金额最多的一次司法救助活动。每一起案件中的救助对象均对检察官的贴心和帮助、对国家司法救助政策表示衷心的感谢，赠送的多面锦旗也代表了群众的充分肯定，这也是推动检察工作的重要力量。在成功办理系列司法救助案件的基础上，集美区人民检察院对办案中好的经验做法进行了有效总结和提炼，出台了《国家司法救助工作实施细则》，还积极通过简报、信息、微信、网络、报纸等将相关做法进行对内对外宣传，不仅很好地展现了检察官良好的业务素质和执法为民的情怀，也进一步提升了检察机关执法办案的公信力和亲和力。

（二）从司法救助工作的实践中查找问题与不足

笔者通过对所在基层检察机关——集美区检察院控申部门2014年至2017年办理的司法救助案件统计，并对其中有指向意义的数据进行分析，试图查找和梳理基层检察机关开展司法救助工作遇到的困难与问题。

---

① 尹伊君、马滔：《人民检察院国家司法救助工作细则（试行）的理解与适用》，载《人民检察》2016年第20期。

表 1 2014—2017 年司法救助案件办理情况统计表

年份	救助案件数量	救助金额（万元）	涉及罪名
2014	0	0	无
2015	1	1	猥亵儿童
2016	1	8	交通肇事
2017	7	66	交通肇事、强奸、抢劫、故意杀人、故意伤害

1. 救助案件和救助金额分布不均衡。2014 年无救助案件，2015 年救助未成年被害人 1 件，2016 年救助 1 件，2017 年救助 7 件，其中 2017 年救助金额达 66 万元。自 2016 年 10 月最高人民检察院《救助工作细则》发布以来，检察机关开展司法救助工作力度明显加强，集美区检察院办理的 9 件救助案件中 7 起均是在 2016 年 10 月份以后，且救助金额高达 74 万元。

2. 资金来源和救助类型较集中。2014 年至 2017 年集美区检察院办理的 9 件司法救助案件共发放救助金 75 万元人民币，资金来源全部为区级财政拨款配套。从救助的案件类型看，主要集中在三类案件，分别为交通肇事类、故意杀人及伤害类、性侵类，其中又以交通肇事类、性侵类案件居多。以交通肇事类案件为例，其呈现出以下特点：（1）被救助的被害人及其近亲属绝大部分为低收入群体，在遇到事故后生活更加陷入困境。（2）肇事车辆为小型轿车、农用运输车等，存在无保险等情况，被告人赔偿能力低或拒绝履行赔偿责任，导致被害人及其家属得不到赔偿。

3. 以主动依职权告知当事人申请救助为主。从救助的启动方式来看，往往以检察机关主动依职权告知当事人提交申请为主。由于案件当事人往往并不知道可以申请司法救助，大多数需要办案检察官主动告知被害人或其亲属可以提出救助申请，并引导其按照程序提出正式的救助申请。检察机关通行的做法是在内部与业务部门建立通报联动机制，即控申部门在收到业务部门通报的案件后，初步认为符合救助条件，主动告知当事人可以申请救助。

4. 性侵类案件的救助仍有较大缺陷。2014 年至 2017 年，集美区检察院控申部门共办救助性侵类案件 2 件 2 人，其中涉及性侵未成年被害人案件 1 件，涉及性侵 60 岁以上老人被害人 1 件，对性侵案件的被害人救助主要着眼于被害人的精神损害以及人身伤害。从救助案例来看，被害人均系外来务工人员，均不同程度造成了被害人人身以及精神上的损害，且未获得任何精神损害赔偿。例如在一起性侵 1 名幼女的案件中，被告人张某是被害人的继父，案件发生后被害人母亲已与张某离婚，独自养育两名未成年女儿，家庭经济条件较差，能够维持正常的基本生活已属不易，根本无力承担受侵害幼女后续的心理疏导及康复费用。由于司法救助相关规定并没有明确针对精神损害赔偿法院不予支持的刑事案件是否予以救助，因此在实践中只能摸索开展相关工作。

5. 近期司法救助工作的成效显著。2014 年至 2016 年司法救助工作开展相对较少，但到了 2017 年无论是救助的案件数量还是救助金额都实现了大幅增长。主要有如下原因：

（1）2016 年 8 月最高人民检察院《救助工作细则》的出台，以正式法律文件的形式为司法救助工作提供了更为详细和具体的指引。根据该《救助工作细则》，集美区检察院成立了由检察长彭明武担任组长的司法救助工作领导小组，同时由侦监、公诉、控申等办案部门及纪检监察、刑侦等部门主要负责人担任小组成员，并结合基层检察工作实际制定了具体的《司法救助工作实施细则》。

（2）司法责任制改革的推进。通过严格落实检察长接待，由检察长、专职委员等带头接访，耐心倾听被害人诉求，及时发现救助线索，由入额院领导亲自办理司法救助案件，使得该项工作更受重视。

（3）考核发挥作用。笔者所在地区的省、市检察系统加大了对国家司法救助工作的考核和指导力度，特别是提高了基层院建设考核中对于办理司法救助工作的考核加分权重，进一步推动了基层检察机关开展救助工作的积极性。

（三）开展国家司法救助工作中遇到的困难及原因分析

1. 对国家司法救助工作的重要性和积极意义的认知仍有不足之处。从整体上来说，检察机关办理国家司法救助案件数量总量偏少，各地区开展相对不平衡，甚至有的区院全年只办理救助案件1件，甚至0件。究其原因主要是对国家司法救助工作的认知未能转变：部分检察机关片面地认为司法救助是化解信访矛盾的手段，进而将司法救助对象的范围限制在涉法涉诉信访群众，造成信访化趋势愈发严重。以上做法导致符合国家司法救助条件的当事人反而得不到救助，背离了司法救助制度的初衷，导致司法救助制度的公正性无法体现。特别是在司法救助的事例对外宣传中，存在部分检察人员对司法救助持消极、怀疑态度，从而错误地认为不宜对外公开宣传，担心司法救助知晓度提高后会引发当事人纷纷申请救助，同时担忧一旦放开救助的口子，会造成大量信访案件集中在检察环节。

2. 当事人对司法救助的知情权普及度不高，多依赖于控告申诉检察部门的主动摸排。实践中当事人往往不知道自己有申请国家司法救助的权利从而主动提出申请，缺乏知情权。尽管《六部委救助意见》《救助工作细则》等先后公布并实施，但在办案实践中多数当事人往往不知道自己有此权利，同时由于办案部门、办案人员对当事人是否符合救助条件的情况不了解或未予以考量，故未对符合救助条件的当事人告知或遗漏、疏于告知其有权提出救助申请，导致当事人不知道自己有申请国家司法救助的权利。当然也不排除个别办案部门、个别办案人员缺乏国家司法救助意识，存在认为这是办案工作之外的、多一事不如少一事的想法和惰性。因此，在实际操作过程中，仍以刑事控告申诉检察部门自行排摸案件、主动寻找符合救助条件的救助当事人和线索为主。

3. 司法救助工作现行运行机制在制度化、常态化方面仍有诸多不完善之处。由于开展司法救助工作的法律文件规范层级较低，造成实践中的该项工作开展不稳定、不平衡，主观随意性相对较大，普遍缺乏工作机制的常态化、制度化意识。如所在省、市级检察机关有出台司法救助工作相关实施细则，则该地区的司法救助工作成效相对较好，反之则成效有限。特别是多数地区司法救助资金的使用仍需由政法部门统一审批，导致该项工作的进展往往取决于与所在地区政法机关的沟通机制，如政法机关设置较烦琐的审批程序，势必会影响检察机关开展此项工作的积极性。这就导致司法救助工作的整体成效往往取决于领导的重视程度、与所在地政法机关的沟通是否顺畅等主观因素，无法形成常态化的运行机制。同时在检察机关内部，救助对象线索的收集与发现也较多地受制于主观性因素，如业务部门的配合程度等。

4. 实践中的司法救助工作的操作在规范性、具体性上有较多不足。具体体现为司法救助条件不明确、救助数额标准幅度较大、救助方式单一等。在具体的办案实践中是对所有的生活困难的刑事被害人及其近亲属给以救助，还是对生活困难加以限定在一定范围内，检察机关往往难以定夺。对个案确定具体的救助金额也缺乏较为统一的操作标准，救助金额的幅度相对较大，根据最高人民检察院《救助工作细则》第 9 条的规定：救助金以办理案件的人民检察院所在省、自治区、直辖市上一年度职工月平均工资为基准确定，一般不超过 36 个月的工资总额，实际上等于只规定了救助金的上限，具体实践中很难把握和操作，各地检察机关的做法也不一致。同时实践中的救助方式多以一次性的经济救助为主，虽然《六部委意见》《救助工作细则》均规定了应当多种救助方式，如宣传教育、法律援助、其他社会救助手段等共同使用，但实际操作中仍以支付救助金为主，其他救助手段需要不同部门、不同单位的相互配合，如精神抚慰、心理治疗、未成年人的帮扶等配套机制还不是很成熟，目前也仅限于极少数的个例，全面展开的难度相对较大。

5. 对未成年人开展司法救助的专业性、隐私性保护等仍有诸多不完善。在实践中，涉及性犯罪、未成年人救助案件，申请人往往有顾虑，担心接受救助后会不会造成隐私及个人信息被公开，特别是性侵类案件中的未成年的被害人。例如在集美区检察院办理的一起未成年人被性侵的救助案件中，检察官在主动告知被害人的母亲可以申请救助后，当事人对申请救助顾虑较大，虽然家庭已极为困难，但仍不倾向于提出申请，在多次劝说下才勉强同意提出救助申请。对此类的案件在救助时，如何能够有效保护未成年人的隐私及成长，相关规定仍有诸多不足，仍需要在实践中不断探索和完善。

四、完善路径——对检察机关开展国家司法救助工作的完善建议

针对前文所述的困难和问题，下面笔者有针对性地提出下一步检察机关国家司法救助工作完善的建议，希望能够对检察实践有所裨益。

1. 进一步落实好司法救助政策，转变认知思维，加大对司法救助工作的宣传力度。要加强宣传引导，提高社会各界对司法救助制度的正确认识，调动社会困难群体用法律手段解决矛盾纠纷的积极性。按照谁执法谁普法的要求，通过来访接待、法律咨询、检察微博、微信公众号等多种形式、多种平台加大宣传国家司法救助工作的力度。对救助案例进行广泛宣传和推广，使人民群众充分知悉国家司法救助工作，进一步扩大社会影响。同时完善检察机关办案环节中的被害人权利义务告知书，把司法救助作为一项诉讼权利告知当事人，让案件当事人充分了解司法救助工作的相关内容和程序，以保证自身合法权利的实现。

2. 提升救助意识，完善司法救助工作机制。推动完善检察机关各部门之间司法救助工作衔接机制，在控申部门与案件承办部门之间建立有效的协作机制，及时了解掌握案件情况及当事人信息，进一步加强沟通联系，形成并完善信息共享机制。案件承办部门直接接触案件，对案情一般都有较为深入、全面的了解，可以明确由公诉、未检等案件承办部门承办人重点关注赔偿能力不足的案件，关注其所经手办理案件中涉案当事人的民生问题，办案人员发现需要救助的当事人时，及时向控申部门通报，控申部门介入案件进行初步甄别，对符合救助条件的案件及时启动救助程序，解决当事人的燃眉之急，切实做好矛盾化解工作，确保案结事了。

3. 通过建立救助案件典型案例数据平台来规范和统一救助的标准。针对现行救助标准只有上限规定的现状，考虑到由于案件类别不同，甚至相似案件也千差万别，因此通过立法设定细致的救助标准不符合办案实际。但是随着救助工作的逐步深入开展，统一

救助标准势在必行，建议可以建立一定范围内的救助案例数据库，通过大数据方式对同一地区的救助案例进行汇总，可以由省、市级的政法机关牵头，建立公检法三家司法救助案例的数据库，有助于全省、全市司法系统统筹救助工作统一救助标准。同时可以通过建立司法救助案例文书的网上公开制度，加强对外宣传力度，依法及时公开救助依据、程序、流程、结果，杜绝暗箱操作，把司法救助案件放在阳光下，保证公正司法，提高司法公信力。

4. 探索对未成年被害人的多元化救助机制。针对未成年被害人的特点和实践，整合现有司法资源，向受侵害未成年被害人开展多元化、综合性的司法救助措施，主要有：一是建立未成年人救助案件“绿色通道”，简化工作流程，确保资金安全。在未成年人案件批捕、公诉阶段，对于符合救助条件的案件，控申部门可以提前介入，在全面审查的基础上加快案件办理速度。同时对于缺乏适格监护人或救助金非一次性发放的案件，建议在未成年人所在学校、居委会（村委会）等第三方机构设立救助金监管账户，监管救助金的发放和使用，检察机关做好定期回访和监督。二是建立性侵类案件救助记录封存制度，保护未成年人隐私。考虑到实践中大部分未成年人救助案件涉及性侵害，申请司法救助容易造成“二次伤害”，建议参考未成年人犯罪记录封存制度，对未成年人司法救助记录进行封存。三是建立司法救助与社会救助衔接机制，延伸救助触角。检察机关主动牵头，搭起司法救助与社会救助的桥梁，解决未成年人长期救助需求。例如借助民政、团委等党政部门及红十字会等社会团体的力量，安排心理咨询师定期回访，提供教育、职业技能培训或就业指导等，帮助未成年人走出物质和精神上的双重困境。

5. 有效推动检察机关与社会联动来共同推进司法救助工作。实践中，有个别地区的法院、检察院通过加强与社会相关部门联动，对救助对象采取了介绍就业机会、建议纳入社会保障等措施，取得了良好效果。建议检察机关进一步加强与企事业单位的沟通，将符合救助条件且具备一定劳动能力或劳动技能的救助申请人推荐给企事业单位，帮助申请人解决就业和生活收入问题。建立与社会保障部门的联动机制，对不能纳入司法救助范围或在司法救助后生活仍不能摆脱困境的救助申请人，及时建议民政部门对其进行社会救助，为申请人争取社会救助金或者将符合条件的救助申请人纳入低保、“五保户”范围。及时将符合救助条件的被害儿童或者被害人子女情况通报所在学校，由当地教育部门负责统筹协调解决失学儿童问题。通过以上措施将司法救助与社会救助相统一于司法救助体系，有效解决司法救助最后一公里的问题。

6. 细化司法救助工作的考核标准，多举措完善考核体系和指标，真正体现救助工作成效。对现有的基层院考核体系进行调整，转变过去笼统地将办理救助案件数量、支付救助款项金额作为考核项目的机械式做法，更多地将救助机制的完善、救助的司法效果与社会效果等纳入考核范围。针对业务部门参与救助工作主动性不高的现状，改变救助考核条款只考核控申部门的片面式做法，对业务部门主动开展救助、提供救助线索的予以奖励，倡导业务部门对司法救助线索及案件的主动发现机制、配合办理机制、生活特困刑事被害人信息通报共享平台等，发掘潜在救助案源、交流救助案例，有效调动控申部门、办案部门横向协作一体化的优势。

结语

“一头牵着百姓疾苦，一头系着司法关爱。”国家司法救助制度是检察机关密切联系广大人民群众的一个重要纽带。近年来，各地检察机关通过不断努力探索，通过司法救助保障了困难群众的切身权益和案件处理的实体公正，让人民群众切实感受到公平正义就在身边。但受主客观因素的影响，国家司法救助工作仍未完全取得理想中的效果，依然任重而道远。作为人民检察官，并不能满足于眼前的成绩止步不前，而是应当继续一如既往地努力探索、砥砺前行，力争让国家司法救助制度更加完善，实现“应助尽助”，让广大人民群众能够从检察机关的执法办案活动中有更强烈的获得感、幸福感、安全感。

浅议检察机关如何强化职能落实乡村振兴战略

施淮榆[①]

党的十九大报告高度重视“三农”工作，强调农业农村农民问题是关系国计民生的根本性问题，必须始终把解决好“三农”问题作为全党工作的重中之重，提出坚持农业农村优先发展，实施乡村振兴战略。检察机关作为国家法律的监督机关，在实施乡村振兴战略中具有其他部门不可替代的作用。本文拟从厦门市乡村发展现状入手，探讨检察机关如何强化检察职能更好地落实乡村振兴战略。

一、厦门市乡村现状及存在问题

1. 侵害广大农民利益的“微腐败”仍然存在。近年来，国家不断加大对农业农村的投入，各种惠农政策和项目让厦门市农民得到了真正的实惠，有了获得感和幸福感。然而，有一些“害群之马”竟然将黑手伸向了惠农项目的“钱袋子”，还有人借项目之名“吃拿卡要”严重侵害广大农民的利益。近年来厦门市农村“微腐败”的案例不断，如集美区人民法院积极关注生猪退养补偿领域的贪腐问题，一举突破集美区灌口镇兽医站防疫员林某某等3人共同贪污生猪退养补偿款案和相关工作人员受贿案3件3人；同安区人民法院发现五显镇军村建设无公害蔬菜大棚的补助款发放存在资金漏洞，查处该村两委成员集体虚报骗取大棚补助款的贪污窝案1件7人等。这样的“微腐败”会造成大危害，只有扫除“微腐败”，农村才能真正风清气正。

2. 村霸、农村非法宗教等黑恶势力危害平安乡村建设。当前我国农村干部由于历史传统的影响，宗族观念在农村社会一直根深蒂固，个别村干部依仗手中权力和宗族势力为非作歹，欺压乡民，成为当地“村匪”“屯霸”。“最牛村主任”河北定州泉邱二村的孟玲芬引发舆论关注，随后法院以寻衅滋事、敲诈勒索、职务侵占等罪名判处她有期徒刑20年。实际上在厦门市农村中，这样的村霸还是有一定数量的。例如同安潘涂村以林某某为首的村干部，以经济回报为诱饵，通过控制老人会的方式，利用宗亲势力煽动不明真相的村民聚众扰乱社会秩序，为自己谋取利益，制造了影响极为恶劣的潘涂“3· 17”“4· 25”事件，这类黑恶势力的存在严重影响了平安乡村的建设，危害了广大农民的利益。

3. 农民法律意识薄弱，法治素养有待提高。目前农村地区农民受教育程度普遍偏低，思想还比较保守，传统的小农意识根深蒂固，赌博、封建迷信等不良社会风气长期存在，有些人因为不懂法，即使触犯了法律也不自知，有些人虽然具有一定的法律意识，但是对法律知识了解不全面，对如何运用法律保护自身权利知之甚少。此外，村干部的法律素养普遍不高，不善于运用法律思考问题，解决村民问题的能力和手段不强，当“法律”与“人情”发生冲突时，往往选择“人情”。因此普法便成为遏制犯罪的重要手段，农民的法律意识和农村法制建设需要检察机关来服务。

---

① 施淮榆，同安区人民检察院。

4. 经济发展对农村生态资源造成破坏。一是农业废水、废气、废渣超标排放问题仍未根本解决，有些畜牧业生产者未建环保设施，随意排放废弃物，对水源、空气造成污染。二是化肥农药过量使用对土壤造成破坏，导致土壤酸化、土层变劣、有害物质残留超标等，对生态环境造成了严重破坏。三是矿产开采对自然资源造成破坏，矿山地质环境是生态环境中被破坏最严重的一个常见类型，厦门地区的矿山主要分布在同安区，废弃采石坑现象严重破坏了厦门市山区的生态环境。

5. 农村低收入者仍大量存在，农民收入有待提高等。由国家统计局厦门调查队公布的最新统计数据显示，2017 年厦门农村居民人年均可支配收入首次突破两万元，达到 20460 元，比上年同期增长 1575 元。城镇居民人均可支配收入首次突破 5 万元，达到 50019 元。虽然厦门市农民收入呈现增长态势，但是农民收入仍然较低，农村低收入者仍大量存在，远低于城镇居民人均收入。大量的农村低收入人群不仅影响乡村振兴战略的实施，还会成为潜在的社会不稳定因素，因此帮助农民通过正规途径发家致富，逐步缩小与城镇居民收入差异是当前农村工作的重点。

二、关于检察机关如何强化职能落实乡村振兴战略的几点建议

（一）严惩“微腐败”犯罪，保障乡村风清气正

要使各项支农惠农政策落到实处，使相关农用补贴真正为厦门市农民谋福利，肃清村干部队伍是重要的一环。一些基层组织负责人利用手中的权力谋取私利，甚至走上贪污、受贿等违法犯罪道路。尽管职务犯罪预防和侦查职能已划归监察委，但是职务犯罪案件的批捕起诉职能仍由检察机关行使。因此，在打击农村干部违法行为过程中，检察机关仍发挥着重要的职能作用。检察机关要加大对村干部职务犯罪的打击力度，深入推进预防工作，要严厉整治惠农补贴、集体资产管理、土地征收等领域侵害农民利益的不正之风和腐败问题。主管部门要加强农资监管，严把审批关，司法机关、纪检监察部门要深入村镇加强相应的职务犯罪预防宣传，对村干部要开展常规性教育培训，以案释法，警钟长鸣。此外，相关部门应引导村干部充分利用当前各项有利政策，通过合法途径发展经济、发家致富。

（二）打击农村黑恶势力，建设平安乡村

在 2018 年全国检察长会议上，最高人民检察院再次要求检察机关强化涉农检察工作，依法严厉打击危害农村稳定、破坏农业生产和侵害农民利益的犯罪，突出惩治横行乡里、欺压百姓的黑恶势力及充当保护伞的党员干部。检察机关加强涉农检察工作，认真组织开展扫黑除恶专项斗争。一是要充分发挥刑事监督职能，确保农村黑恶势力犯罪案件在诉讼的各个环节有序进行：要加强对涉农黑恶势力犯罪嫌疑人取保候审强制措施运用的监督；在公诉环节积极介入引导侦查，及时发现漏罪漏犯并启动追捕、追诉等工作；对法院定性不准，量刑不当，程序违法的案件，坚决予以抗诉纠正，确保司法公正；刑事执行监督部门要加大对在押农村黑恶势力犯罪嫌疑人、被告人的监管，从严监督对这类犯罪分子的减刑、假释、保外就医等敏感执法环节，依法严格审批。二是加强协调配合，形成打击合力。检察机关在办理农村黑恶势力犯罪案件中，要通过联席会议、信

息通报会等形式，主动加强与各政法部门之间的沟通联系，及时交流阶段性打击农村黑恶势力犯罪的工作经验，把好案件的事实关、证据关和法律关，确保办案质量和效果。三是依靠党委，积极查办农村黑恶势力“保护伞”案件。检察机关要加强与监察委的协作配合，深挖充当农村黑恶势力“保护伞”的职务犯罪案件。通过加大举报宣传力度，发动群众举报，在审查逮捕、审查起诉涉农黑恶势力犯罪案件中深挖“保护伞”职务犯罪线索，通过查办农村黑恶势力“保护伞”案件有力推进打击农村黑恶势力工作。

（三）加强普法力度，建设法治乡村

一是积极探索律师参与化解和代理涉法涉诉案件制度。积极参与创新乡村治理体系，有效引导信访案件及时导入法律程序予以解决。同时，落实检察官以案释法制度，引导群众从内心认同和维护法律权威，促进全民守法。二是实地调研走访，有针对性地开展普法工作。检察机关在开展普法工作前应当将群众反映的情况进行收集整理，组织检察干警结合办案实际，将与人民群众生活密切的法律知识，通过制作法治宣传展板、制作PPT、印发宣传单等形式，在特定的节日向特定群众宣传法律知识，如在三八妇女节宣讲《中华人民共和国反家庭暴力法》相关法律法规，在清明节来临之际宣传《中华人民共和国森林法》相关法律法规，等等，提升法治宣讲的针对性和实效性。三是引导农民参与社会治理，强化法律监督实效。检察机关要将开展法治宣讲作为强化法律监督的重要手段，通过法治宣讲，提升基层群众的法治意识，教育引导群众积极参与社会治理，参与到检察机关法律监督工作当中，强化法律监督实效，共同促进基层社会治理，服务乡村振兴发展战略。

（四）积极推行公益诉讼，建设美丽乡村

习近平总书记曾说，“绿水青山就是金山银山”。随着经济的发展，越来越多的企业、工厂走进乡村，经济的发展可能造成环境污染。为避免发展经济对生态环境和资源等进行的破坏，检察机关可以通过提起公益诉讼督促行政机关依法履职，促使破坏生态环境者承担赔偿责任和修复责任。建设“美丽乡村”，检察机关责无旁贷。一是要加大公益诉讼力度。针对在生态环境和资源保护、国有资产保护、国有土地使用权出让领域造成国家和社会公共利益受到侵害的案件，要依法提起公益诉讼。例如，同安区人民检察院民行部积极行动，主动作为，在矿山监管方面重点排查了被列为同安区地质灾害隐患点的鹭甲矿坑。通过对厦门市国土资源与房产管理局同安分局在监管厦门市鹭甲工贸有限公司履行矿山生态环境治理恢复义务中怠于履职行为的监督，不仅督促其对厦门市鹭甲工贸有限公司依法履行职责，而且促使其全面排查在全区矿山监管工作中是否存在其他不依法、不规范的问题，很好地起到了以点带面的监督效果。二是要继续开展环境资源和食品药品等领域专项立案监督工作，满足人民群众对蓝天碧水、舌尖上的安全等方面的需求和期盼。积极开展行政检察工作，促进涉农行政执法部门公正执法、依法行政。利用“两法衔接”平台，及时掌握行政机关执法动态及相关信息，主动调取行政机关所作行政处罚卷宗，了解行政机关执法难点和盲点，获取公益诉讼线索或督促履职线索，及时进行监督。三是要办理好各类危害环境资源犯罪案件，服务保障美丽乡村建设。检察机关在办理此类案件时不应局限案件本身，应当将更多精力投身到案外工作中。同安区人民检察院是厦门市首个成立生态检察部的区院，专门查办各类危害生态环境资源犯罪

案件，并致力于生态修复工作，如探索异地修复，运用检察建议参与生态环境综合治理，联合法院、公安、国土等部门制定《关于全面构建生态环境司法保护联动机制的实施方案》等。通过多渠道开展案外工作，推进美丽乡村建设。

（五）保护非公有制经济，建设富裕乡村

检察机关要深入开展“服务非公有制经济”等活动，不断挖掘检察工作和新经济组织的契合点。一是要强化对农村土地承包、适度规模经营等领域民事行政诉讼法律监督，防止侵害农村集体产权、侵犯农民利益。二是要定期深入企业，了解企业司法需求，帮助解决企业遇到的法律问题，特别是加大对厦门市一些重点项目提供法律服务。三是开通涉企涉农案件绿色通道。对案件快审快结，从优化发展环境、维护良好的市场经济秩序出发，正确把握政策法律界限，注意执法方式方法，防止因执法不当影响企业正常生产经营。四是通过精准定位基层检察室职能，将检力下沉到一线。有效监督乡镇派出所、法庭、行政执法单位，助力乡镇基层经济组织发展。

检察机关作为维护社会稳定的中坚力量，在推进乡村振兴战略过程中有义不容辞的义务和责任。相信在检察机关的助力下，我们的乡村一定可以生态宜居、乡风文明、治理有效、产业兴旺、生活富裕……人民更加幸福，环境更加优美，既是“金银山”又是“风景画”！

检察机关参与构建中小学欺凌和暴力社会化防治体系研究

陈丽娟*

未成年人司法保护事关国家和民族的未来，未成年人检察是检察机关不可或缺的重要业务，是我国未成年人司法的重要组成部分。近年来，校园欺凌和暴力事件时有发生，且有些事件情节恶劣，造成了不良社会影响，严重影响着青少年的健康成长。本文将以集美区人民检察院办理未成年人、在校大学生刑事案件和参与社会治理为视角，对目前校园欺凌和暴力案件的现状、产生原因进行阐述，提出对策防治学校欺凌和暴力，以期对司法实践工作有益，为未成年人健康安全成长护航。

一、涉校园欺凌和暴力工作总体情况

（一）总体办理情况

校园欺凌和暴力指同学间欺负弱小的行为，多发生在中小学，主要表现是欺负弱小的人，令受害者在心灵及肉体上感到痛苦，甚至影响人格发展。根据校园欺凌和暴力行为严重程度，可以分为违规违纪、违法行为和刑事犯罪。[①] 检察机关在办案中，以案件事实、证据和法律规定来认定校园欺凌和暴力行为是否构罪和定性。从近5年集美区人民检察院办理的涉及校园欺凌和暴力的案件来看，2012年以来，集美区人民检察院受理审查起诉的未成年人犯罪案件177件282人，受理猥亵儿童、强奸、聚众斗殴、故意伤害、非法拘禁等侵害未成年人的案件49件68人。

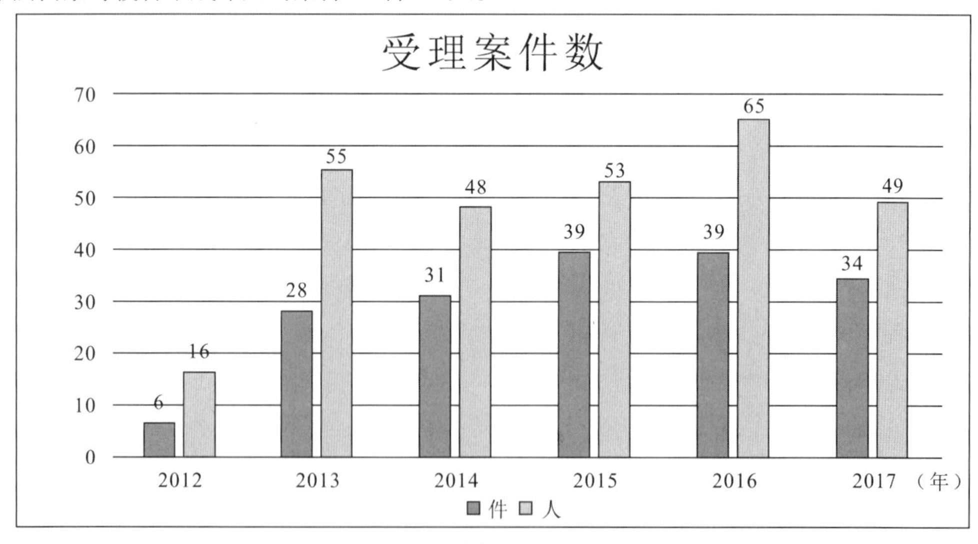

图1

* 陈丽娟，厦门市集美区检察院。

① 陈天亮：《浅议综合治理校园欺凌的若干原则》，载《中国司法》2017年第2期。

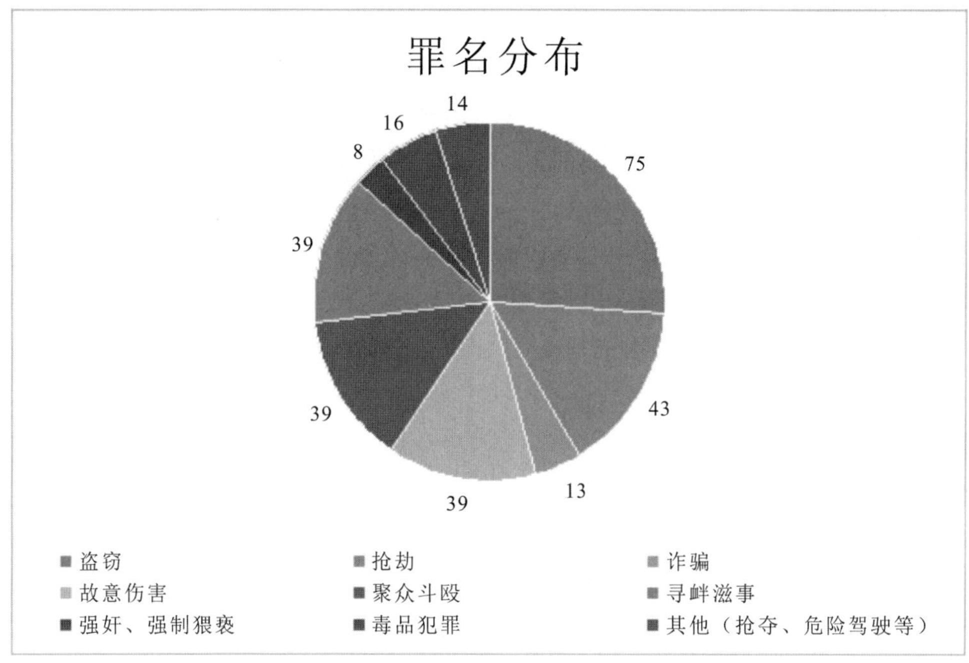

图2

（二）罪名分布情况

从涉案类型来看，校园欺凌和暴力涉及的罪名分布较为集中，主要为盗窃、抢劫、故意伤害、寻衅滋事、聚众斗殴等，伤害类和侵财类案比重较大，占比约76%；未成年人犯罪嫌疑人容留他人吸毒、贩卖毒品案数量总体呈上升趋势。作案手法上，作案动机的简单性和突发性明显，拉帮结派、恃强凌弱现象较为突出，二人以上结伙犯罪占比约36%。

（三）涉案人员情况

涉案主体以外来务工人员子女为主，约占比75%；性别以男性为主，女性占比3.9%；初中生在涉罪未成年人中占比较高，约59.6%；未成年人违法犯罪呈低龄化、暴力化趋势。

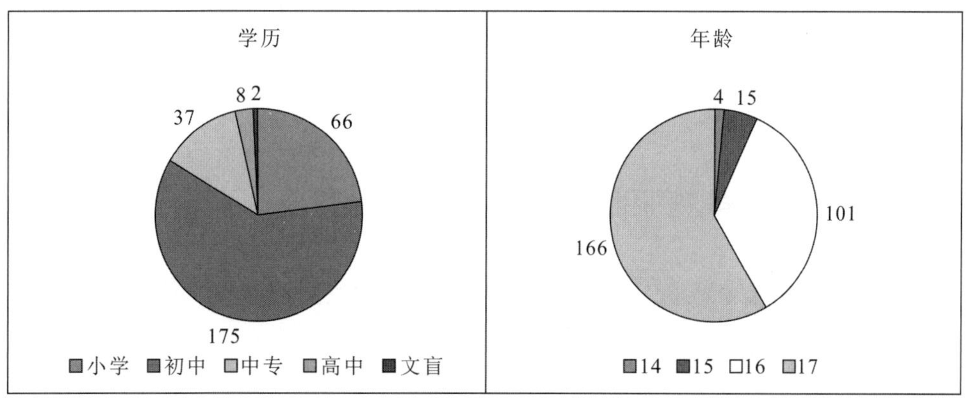

图3

二、校园欺凌产生的原因

一是部分家庭教育缺位监护缺失。涉案主体多为外来务工人员子女，有些家长忙于工作、娱乐或家务，无暇看管、接送孩子，平日对孩子管教不足，或只关心学习成绩方面，不重视心理方面，甚至不管不顾，任其发展，没有及时交流。有的孩子在家庭中没有感受到真正的尊重，得不到父母的关爱和积极评价，就会寻找各种小团体，采用各种极端的方法来显示自己的存在，寻找自己的尊严；有的孩子去发泄，有可能是为了显示不满。[①]校园欺凌最初的主观动机由此产生，所谓的问题学生开始厌学，不遵守学校纪律，进而对其他同学进行欺凌。

二是学校“管理不到位”。校园是传播知识与思想的前沿，校园是社会整体系统的有机组成单元，而未成年学生正处于成长的特殊时期，在体力上、智力上发育不成熟，认知能力、表达能力、辨别能力以及反抗能力较差，对行为后果的严重性认识不够，在日常生活中难免会受到各种不利因素直接或间接的影响。一方面，部分学校对青少年学生的法治教育只停留在知法即认知的初级层面，停留在照本宣科的层面，与生活实际相结合的程度较小，教育效果不明显。另一方面，在要求学校承担教书育人、预防暴力的责任的同时，却没有给他们强有力的管教学生的权力[②]，老师只能做学生的思想工作，甚至不敢黑下脸来批评教育，学校无权对学生施加行之有效的管理教育。

三是社会环境中不利因素的影响。未成年人的问题一定程度上是社会、家庭、学校以及网络环境问题的一个反映，当今是开放与多元的时代，置身于现代社会的每个个体都会受到社会大环境的影响，未成年学生在日常生活中难免会受到社会大环境中各种不利因素直接或间接的影响。网络安全技术管理上的漏洞为青少年网络犯罪行为的发生提供了可乘之机，部分青少年沉溺于富含暴力色彩的游戏中，不自觉地将游戏中虚拟场景同现实社会实际联系起来，不法分子利用网络世界的虚拟性，散播迷信、色情、暴力等不良信息，给青少年网络犯罪埋下了诱因。

四是缺乏专门的未成年人保护政府机构。日前，在多部门的努力下，如教育部门强化了对师德规范的要求，民政部门加强了对未成年人的救助，公安机关加大了对性侵和拐卖儿童等犯罪的打击，司法机关宽严相济办理未成年人违法犯罪及侵犯未成年人权益违法犯罪。我国未成年人保护的状况不断得到改善，但在“多龙治水”的情形下，仍有一些亟待解决的问题，部门之间存在相互推诿和救助不力的情况，在落实主体责任、健全制度措施、实施教育惩戒、形成工作合力等方面还存在薄弱环节，缺乏专门的未成年人保护政府机构，致使未成年人保护的相关法律法规难以落到实处。另外，对未成年人心理健康的保护，在具体操作中如何保护心理不受伤害，一旦受伤，如何干预，这类条款少之又少。

三、构建中小学欺凌和暴力社会化防治体系路径

（一）发挥法律监督职能，维护涉案未成年人的合法权益

一是通过社会调查，评估涉罪未成年人羁押必要性。通过提审讯问，会见家长，听

① 安琪：《校园欺凌问题的困境解构和法律破解》，载《中国青年研究》2017年第5期。

② 张志杰：《着力构建符合未成年人检察特点的一体化工作模式》，载《人民检察》2017年第2期。

取侦查人员、法定代理人、律师的意见等，加强与未成年人家长沟通，收集有关涉罪未成年人身份信息、个性特征、监护条件方面的情况，开展非羁押强制措施风险评估，评估对被调查对象实行帮教的可能性；在社会调查时将是否开展异地调查、是否扩大调查范围作为研究调查重点，提供更有针对性的背景资料；可探索合适的保证人制度，为外来涉罪未成年人适用非羁押措施创造条件。

二是适时提前介入，引导侦查。办理涉及未成年人案件应强化初始证据意识，适时提前介入，引导公安机关全面、合法收集证据。询问或讯问应尽量在法定代理人或合适成年人在场的情况下进行，一次到位。可借鉴香港特别行政区的“家居录影室”，设立未成年人案件专用询问场所，房间布置尽量柔和，营造温馨氛围，过程中节奏不宜过快，避免给未成年人造成更多压力。特别是在询问未成年人被害人，更应坚持一站式询问原则，减少对被害未成年人造成“二次伤害”。①

（二）参与社会治理，为未成年人擎起正义的保护伞

一是以检调对接为途径，积极促刑事和解。联合司法局即将开展未成年人案件刑事和解。在充分社会调查的基础上，实行和解优先；充分借助学校、村居、共青团等机构的作用，注意选准化解点，提高和解成功率，综合考虑依法作不起诉处理或提出合理量刑建议，同时也起到双向保护作用。

二是定期通报涉校案件情况和特点。帮助校方有针对性地加以防范；联合辖区相关职能单位开展校园周边环境及网吧整治，加强与综治、共青团、民政、关工委、妇联、学校、社区、企业等方面的联系配合，通过检察建议等方式帮助建章立制，消除安全隐患；督促公安机关加强对危害校园学生安全的违法犯罪活动的侦查力度，稳、准、狠地打击该类违法犯罪活动。

（三）开展法治宣传活动，加强青少年违法犯罪源头预防

一是常态化一般预防。以检察环节为中心，邀请家庭、学校、村居、社会共同参与，构建未成年人普法教育立体关护体系；以校园为阵地，选派法治综治副校长、青年志愿者、法制宣讲团，针对不同阶段的学生群体开展不同形式的法治教育，通过开设法治讲座、分发安全教育读本、举办模拟法庭、法治微剧、播放微电影等形式，利用微信公众平台“互联网 +”传播快、查阅方便等优势，紧随时下热点、创新表现形式，提升在校生对法律的接受度，增强法治宣传的亲民性和吸引力。

二是专项化重点预防。结合当前校园欺凌和暴力事件频发的问题，对办案中出现的多发性问题，特别是针对家庭暴力、校园暴力等违法犯罪开展专项预防，为在校涉案青少年及有不良行为倾向的重点青少年设置法治课程“套餐”，通过参观看守所、观摩庭审、交流座谈等开展违法犯罪警示教育。

（四）完善帮教模式，加强涉罪未成年人心理建设

实践中检察机关开展涉罪未成年人帮教时存在的角色扮演冲突、办案帮教难以兼顾、帮教专业水平不高的难题，积极探索，可向专业机构购买服务，为未成年犯罪嫌疑人、

① 郑蕾、施倩：《解析性侵未成年人犯罪案件证据审查》，载《人民检察》2017年第2期。

被害人及其家属进行心理治疗，根据涉罪未成年人产生行为偏差的主要原因对其进行分组疏导，结合个体差异、生活环境和预期目标，制订个性化的帮教方案。对帮教对象即时沟通、动态跟进、全程评估，通过全程情景化帮教疏导，帮助未成年人走出心理困境。建立企业就业帮教、学校技能帮教、社区公益帮教等帮教基地，建立多部门合作及司法借助社会力量的长效机制，帮助涉罪未成年人继续接受教育、重返校园，实现对涉罪未成年人教育、感化、挽救的无缝衔接。

（五）整合职能，构建专门机构防治校园欺凌和暴力

可成立未成年人专门保护机构，统一管理、协调落实未成年人保护相关工作，强化未成年人的保护、教育和福利服务。例如在英国，2007 年至 2010 年，儿童保护、教育与福利工作由内阁儿童、学校与家庭部负责，2010 年至今由教育部负责；在美国，联邦政府卫生与公共服务部设有儿童与家庭局，各州级政府设有专门的儿童保护服务机构；澳大利亚等国的中央政府和地方政府也设有专门的儿童保护与福利机构。[①] 我国民政部门可以借鉴这些已经有成熟运作模式的“他山之石”，为未成年人搭建起家庭之外的另一个实实在在的庇护所。

① 胡乐乐：《保护未成年人应设专门保护机构》，载《光明日报》2014年8月29日第2版。

社区矫正中的收监执行困境与解决路径

——基于 X 市 H 区的社区矫正工作实践

余 静*

社区矫正与监禁刑相比，社区服刑人员在活动范围和行为上具有更多的自由，这种非封闭性特征容易造成管束局限，决定了社区矫正需要监禁矫正作为后盾，才能保证刑罚执行的严肃性和威慑力。在社区矫正的过程中，若严重违反社区矫正的规定，则足以说明罪犯悔罪情况差，消极改造，社区矫正已不足以惩戒，须要动用更为严厉的改造手段。现阶段监禁矫正与社区矫正相衔接，既保证了矫正的系统性、完整性和连续性，也是社区矫正目的得以实现的必要条件。但从工作实践来看，社区矫正中的收监执行仍存在不少困难。本文主要探讨在社区矫正期间，社区服刑人员因严重违反监管规定被撤销缓刑、假释或暂予监外执行及暂予监外执行的情形消失后收监执行的困难和解决路径。

一、社区矫正中的收监执行困境

近年来，因严重违反社区矫正监管规定而被撤销非监禁刑的社区服刑人员数量随着人员基数的增大而呈现递增趋势，因此，实践中收监执行的问题也逐渐突显出来，总体呈现“提请难、裁决难、送交难、接收难”的“四难”特点。

（一）提请难：提请标准不明确

1. 目前社区矫正相关法律法规和规范性文件，对提请收监的标准，均规定得较为模糊，尤其是“情节严重”“严重违反”“仍不改正”等词语，内涵和外延都没有明确定义，因此在实际操作中，对类似违规行为的评判标准并不统一，有的司法行政机关会提请撤销非监禁刑，有的则不提请。例如《社区矫正实施办法》第 25 条规定“未按规定时间报到或者接受社区矫正期间脱离监管，超过一个月的”，其中对“报到”和“脱离监管”的认定标准，均无权威界定。因此司法行政机关在判断违规人员是否达到要提请撤销非监禁刑的程度时，往往靠人为主观性因素选择，难以作出客观一致性判断，缺乏法律执行的严肃性。

2. 被暂予监外执行的社区服刑人员，有很大比例是身体情况有异的人员，如患有特殊疾病、怀孕及哺乳期妇女。一方面是自身行政效率的原因，如对于因患疾病被保外就医的社区服刑人员，若社区矫正机构认为其病情已不符合暂予监外执行条件，需将该服刑人员提交的体检报告交与司法鉴定机构鉴定。但是司法鉴定机构对其收监执行病情鉴定的时间一般较长，往往鉴定结果还未出来，暂予监外执行期已届满。另一方面是法律法规存在可规避漏洞，在工作实践中，部分女性暂予监外执行人员利用怀孕、流产、哺乳等女性生理条件规避监禁的法律制裁，却没有法律法规对该类行为予以界定，甚至出现为避免监禁而不断妊娠、分娩、哺乳等钻法律空子的现象。《福建省社区矫正实施细则

* 余静，厦门市湖里区司法局。

（试行）》第 57 条规定：“保外就医的社区矫正人员应当每个月向司法所报告本人身体情况，每三个月向司法所提交病情复查情况。”但该条文却不适用于怀孕和处于哺乳期的暂予监外执行妇女，对她们如何进行有效监管尚为空白地带。此外，上述人员若严重违反社区矫正规定或屡次违规，社区矫正机构认为应当提请收监，却常因顾虑这些人员的身体条件“望而却步”，因为提请了裁决机关也不一定采纳收监建议，就算裁决了监所也不一定接收，使得“身体情况差”成为这些人屡屡挑战社区矫正监管规定的“免狱”金牌。

（二）裁决难：异地裁决不方便

根据现有规定，发生应当或可以撤销非监禁刑的情形后，司法行政机关应向原裁判人民法院提出撤销非监禁刑的建议。而社区矫正实行居住地监管原则，在工作实践中，原裁判人民法院与社区服刑人员居住地不在同一区、县的情况较多，司法行政机关须对外地原裁判人民法院提请撤销非监禁刑建议的弊端明显，一方面通过书信往来工作效率低下，特别是对于需要补充证明材料的案件，反复的书信往来延迟了裁决，一旦逾矫正期限，社区服刑人员被解除社区矫正，无论裁决结论如何都有损社区矫正威严。另一方面，原裁判人民法院在审查社区服刑人员在矫正期中的违规事实和证明材料时，很难进行异地查证。实践中，异地原裁判人民法院常以证明材料不客观为由，拒绝撤销非监禁刑，甚至直接不回应司法行政机关的提请建议，将其束之高阁。

（三）送交难：职权责任不统一

1.《社区矫正实施办法》第 27 条第 1 款规定：“人民法院裁定撤销缓刑、假释或者对暂予监外执行罪犯决定收监执行的，居住地县级司法行政机关应当及时将罪犯送交监狱或者看守所，公安机关予以协助。”在此办法中，司法行政机关是执行收监送交的责任单位，公安机关处于辅助地位。但《中华人民共和国监狱法》第 33 条规定：被人民法院撤销假释的，“由公安机关将罪犯送交监狱收监”。全国人大常委会关于《中华人民共和国刑事诉讼法》第 254 条第 5 款、第 257 条第 2 款的解释规定：“对人民法院决定暂予监外执行的罪犯，有刑诉法第二百五十七条第一款规定的情形，依法应当予以收监的，在人民法院做出决定后，由公安机关依照刑诉法第二百五十三条第二款的规定送交执行刑罚。”由此可见，《社区矫正实施办法》是当前社区矫正工作最主要的依据，但此规定和上位法及立法解释相冲突。从职权来看，司法行政机关无相应的押解权、抓捕权等刑事强制权，目前社区矫正用警也尚未普及，且在交付过程中如遇社区服刑人员反抗，司法行政机关工作人员的人身容易受到伤害，由司法行政机关作为送监责任主体，实则是职、责、权的分离。因职权责任不明确、不统一，在实践中的司法行政机关只能被动增加协调成本，尽力协调公安机关派警实施押解，司法行政工作人员与警察一同将社区服刑人员送交监所。

2. 最高人民法院、最高人民检察院、公安部、司法部《关于进一步加强社区矫正工作衔接配合管理的意见》第 20 条规定：“被裁定、决定收监执行的社区服刑人员在逃的，居住地社区矫正机构应当在收到裁定、决定后，立即通知居住地县级公安机关，由其负责实施追捕。”又规定“撤销缓刑、撤销假释裁定书和对暂予监外执行罪犯收监执行决定书，可以作为公安机关网上追逃依据。”但实践中，公安机关实施网上追逃，目前认可的法律文书只有刑事拘留证和逮捕证，其他法律文书不具有开展上网追逃的法律效力。因此，在实际工作中出现了脱管在逃的社区服刑人员，即使司法行政机关向同级公安机关发出

《网上追逃建议书》或《协查通知书》，公安机关也无法据此实施网上追逃，可能造成脱逃人员长期不能归案。

（四）接收难：监所设卡难接收

《关于进一步加强社区矫正工作衔接配合管理的意见》第17条规定：社区服刑人员"被决定收监执行的，应当本着就近、便利、安全的原则，送交其居住地所属的省（区、市）的看守所、监狱执行刑罚"。其确立了接收"就近原则"。但监所往往出于保护自身出发，不考虑收监理由、犯罪性质和社会危害性，而主要考虑待收监人的健康状况，在收监前均要对被执行对象进行体检，对于身体情况较差的人员，则不予接收。此外，《中华人民共和国看守所条例》第9条规定："看守所收押人犯，须凭送押机关持有的县级以上公安机关、国家安全机关签发的逮捕证、刑事拘留证或者县级以上公安机关、国家安全机关、监狱、劳动改造机关、人民法院、人民检察院追捕、押解人犯临时寄押的证明文书。没有上述凭证，或者凭证的记载与实际情况不符的，不予收押。"因此，仅有收监裁决法律文书的，看守所也常以此为由不予接收，造成待收监人员不能当日收押。

二、收监执行难的解决路径

为何出现收监执行"四难"，究其根源，在于社区矫正法律制度缺位太久，社区矫正机构只能运用较低等级的规范性文件指导刑罚执行工作，且这些规范性文件有时显得"繁杂有余、专业不足"，彼此冲突或与上位法相悖的情况时有发生，如此一来必然出现混乱的局面。因此，要从根本上解决社区矫正收监执行这个难题，首要的就是必须加快推进社区矫正立法进程。本文针对前述的社区矫正收监执行"四难"问题，从法律制度角度提出解决路径。

（一）明确收监标准

通过立法解释或司法解释的方式，明确规定社区矫正收监执行标准和相关证据规则。例如对"情节严重""严重违反""仍不改正""未按规定时间报到"及"脱离监管，超过一个月"等语句和概念的内涵、外延进行明确，同时建立合理的证据规则。对保外就医罪犯和连续怀孕哺乳的女性罪犯作出特别规定，明确这两类罪犯在何种情况下如何收监执行。例如对连续怀孕哺乳的女性罪犯，其生产完第二胎后再怀孕的，可以认定其为通过怀孕逃避监禁刑，应当予以收监。若当下不适合收监的，则应当从其生育的第二胎哺乳期完毕后暂时中止刑期，待本胎生产哺乳后即行收监，执行期为剩余刑期。另外，对保外就医人员的病情鉴定期限应予以限制，设定一个最长期限，避免鉴定机构久鉴不结。

（二）确定"就近裁决"原则

《关于进一步加强社区矫正工作衔接配合管理的意见》提出了就近收监原则，避免了过去异地执行的不便。笔者认为，对于异地法院判决的缓刑、假释、暂予监外执行社区服刑人员的收监裁决，也可借鉴就近原则，由与原裁判人民法院同级的社区服刑人员居住地法院进行裁决。如此一来，一方面可以缩短因司法行政机关与异地原裁判法院因地理距离造成的时间成本，节约司法资源；另一方面又可解决异地查证的难题，居住地同级法院方便就近查证、及时裁决。在作出收监执行的裁决后，居住地法院又能及时将法律文书送达居住地司法行政机关和居住地公安机关，同时抄送居住地人民检察院，保证收监程序顺畅、高效。

（三）规范执行主体

在当前职能分工情况下，将收监执行的送交主体确定为公安机关较为合适，司法行政机关予以配合。原因在于，我国法律赋予公安机关刑事强制权，且于在逃社区服刑人员追捕和待收监人员的押送方面也具备较为成熟的警力、物力，而司法行政机关并不具备上述条件。还应将收监裁决的法律文书纳入上网追逃的法律凭证范围，公安机关可以据此对脱管在逃的社区服刑人员实施网上追逃。此外，加快推进社区矫正配备警力，不失为建立社区矫正与监禁刑相互衔接、相互支撑联系的有效途径，通过配备相应的警察，赋予社区矫正机构强制执法权，由社区矫正警察负责对不服从管理、违反有关监督管理规定的社区服刑人员实施制止、惩戒、收监等强制措施，切实履行刑罚执行权，彰显刑罚执行的威严。

（四）确定“裁决必收”原则

首先，在执行“就近收监”原则的基础上，实行“裁决必收”原则，即一经裁决机关依法裁决收监执行，居住地看守所、监狱就必须接收，入监所的体检结果不能对抗裁决机关的裁决，仅作为罪犯的基本情况由监所存档。其次，检察机关应加强对社区矫正收监执行的法律监督，通过搭建信息共享平台、在社区矫正机构和监所设立检察工作室等方式，实现全程动态监督，如对该提请撤销非监禁刑而未提请、该裁决而未裁决、该追逃而未追逃、该交付而未交付、该接收而未接收的责任主体，检察机关应提出纠正意见、送达纠正违法通知书或发送检察建议书，直至追究有关单位或工作人员刑责。再次，可在监所开辟特殊关押区域，同时配备相应的医疗条件，专门用以收治、关押患有疾病或怀孕且被裁决收监的人员，避免应收监人员流入社会成为影响社会稳定的风险点。

智慧政法

推进厦门政法工作智能化建设的研究

厦门市委政法委课题组*

习近平总书记指出："科技创新，就像撬动地球的杠杆，总能创造令人意想不到的奇迹；要建立大数据辅助科学决策和社会治理的机制，推进政府管理和社会治理模式创新，实现政府决策科学化、社会治理精细化 、公共服务高效化。"近年来，以云计算、物联网、移动互联网、大数据、人工智能等为代表的新一代信息技术飞速发展，引发经济社会结构、生产生活方式颠覆性变革，带来了公共空间、公共利益、公共安全、公共治理的重构，也成为提升政法工作水平的"新引擎"。政法战线应如何把握机遇、迎接挑战、探索作为，打造和开辟政法工作现代化和跨越式发展的新动能、新境界？本课题以厦门特区政法智能化实践探索为视角，就推进政法工作智能化建设有关问题进行研究和探讨。

一、深化智能化建设是新时代提升政法工作现代化水平的必由之路

2018年年初，习近平总书记对政法工作作出重要指示，强调要深化智能化建设。中央政法委及时提出了"以全面深化改革、现代科技应用为动力，深入推进平安中国、法治中国和过硬队伍、智能化建设"的战略思路，明确"深化智能化建设，提高司法能力，要积极推进信息基础设施一体化，进一步提高智能化建设的层次和水平"。将智能化建设列为政法工作"四项基本建设"之一，摆上了重要工作日程。

厦门作为最早的改革开放前沿城市，是首批全国法治城市创建活动先进单位，曾荣获全国政法综治最高荣誉"长安杯"。近两年，以举办金砖会议为契机，厦门市政法智能化的硬件设施和软件系统获得了较大提升，并经过了金砖会议安保、维稳等工作的严格实战检验。既获得了中央及各级领导的肯定，也使我们体会到政法工作智能化的巨大优势和潜力，认识到大力开展政法智能化建设能极大地节约办案力量，提升工作质效。因此，推进厦门市政法工作智能化建设，以高新科技助力厦门市依法治理、纠纷解决、维护稳定、社会治安、便民服务等方面工作，迫在眉睫、大有可为、意义深远。

二、厦门推进政法工作智能化的探索实践与初步成效

近年来，厦门市委、市政府认真贯彻中央的决策部署，高站位推进政法智能化现代化建设。厦门市委政法委高度重视，科学规划，坚持"政法各部门业务性平台"和"政法系统跨部门共享协同平台"两手抓，取得了初步成效。

（一）不断优化政法各部门业务性平台功能

厦门市公、检、法、司各政法机关在各自的工作范围内，以各机关的垂直、"条条"

* 课题指导：李伟华；课题负责：姚新民、吴少鹰、陈挺华；课题执笔：吴旭阳、谢森福。

系统为主轴，结合地方实际，纵深推进各自部门的信息化、智能化建设。

1. 公安系统“智慧警务”建设。一是“公共安全管理平台”建设。建成全市统一的公共安全数据库，实现静态数据、实时数据双轨同步。创建风险要素图层叠加比对、敏感词汇智能搜索、重点人轨迹交叉提示等技战法，从多源、分散、碎片化数据碰撞中寻找关联性，增强决策科学性、靶向性。平台终端延伸至全市 54 家联动单位，建立可视化指令流转和闭环式督办反馈机制；推动风险治理由事后倒查向前端治理、事前预防转变。二是升级视频监控平台。大力推进“雪亮工程”，全面强化视频监控管、建、用、维工作。依托情报实战平台和大数据分析技术，构建起“指挥中心综合研判 + 部门警种专业研判”相结合的算法、研判体系。建立健全市三级指挥情报运行机制，情报指令可第一时间在基层一线落地，形成战果。三是创新精确警务技术。基于大数据和智能感知，构建“安防识别区”，实时动态获取违法犯罪嫌疑人员轨迹信息。依托移动警务通研发了“办案百度”“执法宝典”等 APP；并开通在线咨询，方便一线民警第一时间获取权威指导，并可对一线民警执法执勤工作进行后台管理监督。打造“后台 + 前端”“情报 + 行动”的警务运作模式。四是创新推出“厦门警方新媒体超市”。厦门“e 政务”便民服务站已建成了 50 个站点。借助公安部“互联网 + 可信身份认证技术”及多功能自助终端一体机，实现群众“家门口办事”“刷脸办事”“一趟不用跑”。在原来 50 余项公安业务外，网上可办理 28 项公安业务，极大缩短了业务办理等候时间。

2. 检察系统“智慧检务”建设。厦门市检察机关纵向建立起覆盖四级检察机关的“六大平台”，横向推进政法机关信息协同共享平台建设。所有检察业务门类案件的多个流程通过系统进行网上流转；系统适应司法体制改革实现自动分案，对执法办案业务全流程进行自动监控。两级院积极应用量刑对比、量刑建议和法律文书纠错等人工智能系统，提升案件的量刑精准度和法律文书质量。

3. 法院系统“智慧法院”建设。一是厦门中级人民法院“厦法 e 平台”。汇聚了两级法院历年所有数据，其他协同机构的相关数据，中国裁判文书网、互联网上的所需数据。通过模型构建，能够提供 17 类近百项直观、动态、实时的应用场景。平台以数据智能分析服务领导决策、服务法官办案全过程提高效率、服务当事人及时了解案件进展。二是建立全业务网上办理的信息化模式。依托全省法院审判管理平台，研发具有厦门法院自主知识产权的律师服务平台、阳光诉讼服务平台、思鹭电子送达平台、“点对点”执行查控平台等 10 余项业务系统在司法审判、司法便民中得到应用。

4. 司法行政系统信息化建设。厦门市司法局重点进行公共法律服务信息化建设；改造升级厦门市“12348”法律咨询平台，新增设了微信、APP 客户端、PC 端，实现了“多点介入、多点解答、多点推送、一体完成”的总体功能。在司法部、省厅、市政府开发部署的各类系统的基础上，自行开发了律师综合管理 SAAS 云系统、社区矫正信息化监管指挥平台、法律援助业务办理系统、司法鉴定业务管理平台等系统和法律服务 APP 等。

（二）积极构建政法系统跨部门共享协同平台

厦门市委政法委从 2015 年开始谋划政法系统跨部门共享协同平台建设。两年多来，厦门市委政法委坚持以习近平新时代中国特色社会主义思想为指导，把现代科技应用作为实现政法工作现代化的强大动能，加快政法信息化建设步伐，努力探索建设政法系统跨部门共享协同平台，提高执法办案的效率和打击犯罪、维护稳定、服务群众的质量水平。

1. 大力推动政法业务跨部门协同平台建设。一是公、检、法电子换押系统。通过网络化、电子化的方式进行换押，大量节约了警力，并有效防止隐性的超期羁押等情况发生。二是涉案款物管理系统。全面整合公检法三家的刑事诉讼涉案财物管理资源，研发“公检法一体化涉案财物管理平台”，实现了一码全程跟踪、一网多维监督、一键即时提醒、一地集中保管的创新管理模式和涉案财物流转无缝化。

2. 兼并式搭建智能化的厦门市政法信息共享平台。构建了统一基础数据库支撑、统一流转处置、多个专业领域分中心协同运作的政法工作信息化平台。该平台从2017年年底开始启动建设，包含数据汇聚、三实管理、雪亮工程、高危矛盾纠纷预警、大数据服务扫黑除恶、涉众型金融风险防范、综治考评、智慧小区等功能模块。平台建成后，市委政法委全面掌握了政法综治和平安建设的总体态势，极大提高了政法改革能力与依法打击能力，省委常委、政法委书记王洪祥高度评价和充分肯定了厦门政法信息共享平台建设，指示要总结提升并在全省推广。平台通过实时对接110警情、数字城管、阳光信访、厦门百姓、各区网格化平台等52个业务系统以及地理信息、视频监控、GPS定位等直观手段，全面汇聚公共安全基础数据库，在此基础上通过大数据分析，实现公共安全重点人、公共安全资源一张图展示、可视化管理和图层叠加分析。比较典型的应用，如高危矛盾纠纷预警调处。通过数据汇聚，把分散在各部门碎片化的矛盾纠纷进行智能聚类，通过“电脑+人脑”的方式，及时预警可能引发极端行为、危害社会稳定的高危矛盾纠纷。涉众型金融风险预警防控。通过大数据手段防控涉众型金融风险，建设涉众型金融风险防控模块，通过整合互联网、政务网、群众举报信息和高管人员背审四个方面的数据，摸清涉众型金融公司和产品的风险底数，以及各类涉重点治安管控系统，如“两类人员”监管帮扶系统、校园及周边治安综合治理和视频系统、群体访人员风险分析等。

3. 创新开发实战应用的“大数据+扫黑除恶”工作平台。截至目前，平台已经汇聚240多亿条数据，通过数据汇聚和线索分析，标签管理梳理涉黑涉恶线索打击相关犯罪。依托政法信息平台整合汇聚各类信息，建立了全市统一的涉黑涉恶事件池和数据库，在此基础上设计开发出“区域分析”“套路贷分析”“村（居）干部背景审查”等3个数据精确研判模块，极大地提升了办案效率。省扫黑办报全国扫黑办的经验材料中专门作了介绍。

4. 大力推进智能化便民服务平台。依托“家住厦门”微信公众号、“厦门百姓”APP、“i厦门”一站式惠民服务平台，整合了多个部门35个业务系统、249项应用，极大提升了政法业务的便民性。其中，“厦门百姓”APP经优化整合后，其功能从发动群众参与社会治安联防拓展到群众参与公共安全、市政管理、食品安全、环境保护等领域，平台日均登录2万多人次，使传统的群众工作在互联网时代焕发出新的生机。市委政法委牵头开发的“家住厦门”智慧小区平台具备业委会网上选举、小区事项网上投票、风险隐患网上填报、民生服务网上办理等功能，大大方便了群众参与社区自治，拟作为厦门明年参加数字中国峰会的推介项目。

三、短板不足以及需要协调的问题

厦门市政法信息化、智能化建设虽然取得了一些成绩和突破，但是还有大量的工作需要开展开拓，同时也存在诸多不足，需要针对性地加以解决。此外，有的工作也需要上级和相关部门给予更多指导支持和协调。

（一）跨部门业务协同受垂直系统限制较大

一方面由于厦门市的多数政法机关的权限有限，公检法等机关的信息系统建设以省级为主导，需要上级机关的许可或者统一部署，这导致不能够在厦门市范围内实现政法各机关系统的完全整合，各机关之间不能进行信息的完全互联、共享。

（二）跨部门信息孤岛依然存在

由于多头建设，不同业务系统之间经常在标准、制式上互不兼容，信息难以完全共享、合并；同样的信息和数据，在不同系统之间经常需要手工重复录入或者导入。公检法司等机构之间的平台没有总体联通，信息共享还不充分。此外，政法机关信息系统对外与社会其他力量形成合力尚且处于初步阶段，为社会提供便利和联通还有限。

（三）智能化技术水平有待提高

各类平台的多数应用还仅偏重于数据的汇集；真正智能化、大数据分析、大量节约人力的系统和软件开发不足，难以形成更高数据层面、维度和视野上的新分析能力、算法的突破。

（四）工作思维和队伍素质有待进一步提升

个别人员和部门因为习惯于传统工作模式，对于各类智能化系统的关注度不够，不愿主动适应使用。此外，政法机关因自身工作具有一定的特殊性、保密性，有的系统开发不够符合工作实际，导致可能增加额外工作量的情形，导致有的干警对智能化和互联互通工作的推进存在惰性，使平台未能充分发挥效用。

四、进一步推进政法工作智能化的对策和建议

（一）加强顶层设计，做好长远规划

努力落实中央和省委政法委的决策部署，高站位认识、高起点规划、高水平建设，在政法智能化领域进行大胆的观念更新，破除各类保守思维。在工作思路上，要坚持互联融合大方向，统一领导、统一规划，推动全市政法部门共同推动信息基础设施共建共享、互联互通、开放兼容，通过优化政法系统大数据共享应用服务平台，在更大范围、更广领域推动技术融合、业务融合、数据融合。在推进路径上，要通过共同研发、项目外包、购买服务等方式，加强与科技企业合作，引进原创性、前瞻性、颠覆性技术。通过一段时间的扎实工作，将政法工作智能化建设的蓝图落地为工作现实。

（二）紧扣实战需求，增进互联融合

继续探索推进厦门政法跨部门业务协同平台建设和应用。学习苏州等地政法智能化建设经验，在已有建设成果的基础上，积极争取上级支持，打通政法部门间网络壁垒、数据孤岛，打造跨越公检法司各部门的业务协同办案平台，实现政法系统各部门协同办案、数据共享、分析预判、科学决策、全程监督。

1. 建设厦门市政法工作大系统——厦门政法信息平台。在这个基本框架内建设各个政法机关的内部信息化、智能化系统，以资源整合共享为目标，进一步汇聚政法各单位的业务信息，综合大数据分析、研判刑事犯罪现状和趋势，重点实现跨部门应用融合，促进跨部门服务的创新，综合分析、研判刑事犯罪现状和趋势，有效预防和打击犯罪。

2. 推进以审判为中心的政法共享办案平台建设，提高政法机关协同办案信息化水平。实现涉案财物平台、刑事案件的网上换押在公检法单位信息流转、全市推广；实现实时数据交换，打通公安、检察、法院等部门与政法专网的“任督”二脉，提升电子卷宗、法律文书等网上流转效率；建设刑事案件证据规格审核校验系统，实现对侦查、起诉阶段证据校验；法律文书移送系统。

3. 以大数据、智能化创新建设为抓手，提升司法业务的智能化、便民化和公信力。建设“三大系统”：侦查活动监督大数据系统，实现司法办案全程留痕、实时预警、动态监控、强制整改，构筑管控风险“防火墙”；案件大数据智能分析系统，充分应用大数据技术，拓展快速检索、分析甄别、类案推送、趋势发现、预警预测、评估研判、辅助决策等智能服务，基本实现数据的深度挖掘、智能分析与研判，做到预测精准，为科学决策提供强有力支撑；全市公安、检察院使用电子智能笔录系统。平台便利化方面，重点实现远程提审、庭审模式，网上阅卷、网上督查和考评。同时必须明确，政法跨部门业务协同平台不替代各政法部门平台系统，只做跨部门数据、协同结果的汇全聚、融合和服务，全方位实现电子卷宗、法律文书等办案信息的及时、快速、全程网上流转、共享和留痕。

（三）围绕工作重点，优先攻关突破

政法信息化智能化建设在当下的重点之一，就是扫黑除恶、“雪亮工程”等工作，应针对此类重点工作，强化数据收集和整合，研发更多智能化模块和算法，以更好地解决问题，甚至提前预判问题。充分利用“雪亮工程”的信息数据采集和现场实时监控功能，大力推动“雪亮工程”与人像识别相结合，将“行为信息”与“行为人身份”进行实时比对，更好地为智能化研判提供支持，助力扫黑除恶、处理涉众型金融犯罪等工作。

（四）完善平台功能，提升用户体验

在平台的设计开发和细节落地方面要重点考虑两类人员的体验：一是各政法机关的一线办案、办事人员。他们直接从事为民众保驾护航、为民众提供服务的大量基础性工作。政法智能化的应用、细节、技术也要充分考虑他们的日常工作需要，有效节约一线政法人员精力。二是政法机关服务的人民群众。设计各类契合百姓生活的服务场景，进行信息化、智能化、便捷化服务。例如，挖掘利用海量案件资源，积极研发司法智能服务系统，为当事人提供诉讼风险分析、诉前调解建议、类案检索推送、诉讼结果预判等服务，引导当事人对裁判结果形成理性预期；推动家庭智能安防系统与社区服务系统、政法信息平台、报警平台互联互通，实现报警、求助自动化等。让前来办事的民众少走路、少花费，把以人为本真正落到实处。

（五）加大经费投入，强化综合保障

政法是保障国家和社会安定的重要基石，是国家制度和机器的核心组成部分。大力

推进政法智能化建设硬件、软件和系统建设，投建多个平台、深入一线的各类设备和人员装备，需要较大的经费投入，需要进行多方筹措，以充分经费的保障将政法智能化建设为先进、高效的系统，保障社会、经济的稳定和平安。同时，强化综合保障，坚持组织、技术、制度多举措并举建设政法智能化平台。建立组织保障，筹划设立相关工作机构或者研究机构，为领导决策提供智库建议，对外进行学习、交流，对内进行调研和方案设计。建立制度保障和制度约束，以制度保建设。建立技术保障，组织技术队伍或者筹划技术机构、组织，进行重点技术和问题的科研公关。

法院信息化建设之路径与方法的思考

——以厦门法院信息化建设与应用更好契合为视角

厦门市中级人民法院课题组*

近年来，厦门市两级法院为适应形势发展，按照上级法院“智慧法院”建设的统一规划和部署，积极推动人民法院信息化建设转型升级，各平台、系统、大数据应用、智能服务等信息化项目纷纷上线，并不断更新升级，为促进审判体系和审判能力现代化发挥了积极作用。但毋庸讳言，与全国其他法院共同存在信息化建设与应用脱节问题，一些平台、系统并没有很好发挥其应有的设计、规划效益，甚至出现使用闲置现象，资源浪费问题突出。

一、我市法院信息化建设与应用现状透视

（一）建设取得一定成效

1. 以大数据、云计算为核心的智能服务得到推广应用。2017年12月27日，厦门中级人民法院“厦法e平台”正式上线并向全市两级法院推广应用，标志着厦门法院已经迈入了以大数据应用为核心、以智能服务为重点的“智慧法院”建设的快车道。平台汇聚了两级法院历年所有数据，厦门市公安局、司法局、国土局、民政局、信访局等协同部门相关数据，中国裁判文书网、互联网上的所需数据，通过模型构建，能够提供专题分析、线索发现、智能评估、案件智检、同判智推、画像勾勒等17类近百项直观、动态、实时的应用场景。平台以数据智能分析服务领导决策；以判罚分析、案件关联、法条智推、执行线索追踪等服务法官办案全过程提高效率；以全量数据汇聚、智能分析并主动推送办案流程节点，服务当事人及时了解案件进展；以专题分析、案件增量预测服务区域社会法制建设和社会经济建设。

2. 以全业务网上办理的信息化模式得到不断完善。依托全省法院审判管理平台，厦门法院坚持配套对接、自主创新两手抓，按照需求调研、分级试点、成熟推广的工作方针，近年来，具有厦门法院自主知识产权的律师服务平台、阳光诉讼服务平台、思鹭电子送达平台、“点对点”执行查控平台、金融借款合同纠纷要素式智审平台、“智行”刑事审判办案系统等10余项业务系统在司法审判、司法便民中得到应用。为推进法院政务无纸化办公，在办公OA的基础上，厦门法院还相继自主开发应用了请销假管理系统、派车管理系统、报餐管理系统、差旅费自助填报系统、因私进入境管理系统、办公耗材管理系统、信息化装备器材管理系统、电话号码快查、干警值班预告发布等近20项司法政务系统（见图1）。信息化建设通过上级抓面、本级抓点，需求牵引、补齐短板，基本实现了全市法院司法业务、司法政务的全业务网上办理。

* 厦门市中级人民法院课题组：陈平狮、陈锦聪、张卫刚（执笔）。

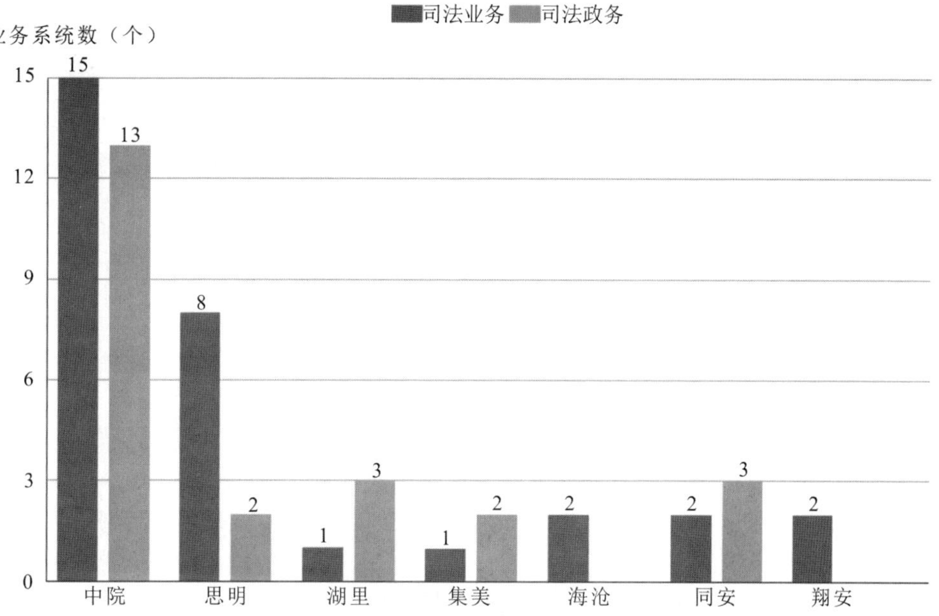

图 1　厦门市各级法院近五年信息化自研项目情况

3. 以全流程依法公开的信息开放渠道得到组合推进。全市法院均建立门户网站，并通过微博、微信等新媒体手段，使当事人和法院之间实现及时互动沟通。通过与福建高级人民法院政务网站、最高人民法院“新浪直播平台”的互联互通，实现审判流程、裁判文书、执行、庭审信息在内网与外网、线上与线下、查询与推送的“全频道”公开。充分运用福建省高级人民法院 12368 短信系统，在门户网站升级司法公开模块，并打通内、外网数据交换通道，当事人可及时接收或查询到案件受理、案件办理、财产查控、评估拍卖、案款分配、执行结案等所有环节近百个节点的信息，全方位实现了“阳光司法”。近年来，中国社会科学院公布的司法透明度测评中，厦门中级人民法院始终排名前列。

（二）应用问题不容忽视

1. 关注度不够，不愿主动适应使用。2017 年下半年，“厦法 e 平台”“律师服务平台”“智行”刑事审判辅助系统的实用性、推广价值、技术可靠性等指标体系经过中级人民法院业务部门和信息技术部门的联合评审，并陆续向两级法院普及推广应用。据 2018 年 1 月至 3 月数据统计，应用情况并不理想，其中“厦法 e 平台”有的法院总登录使用数不超过 10 次，甚至有的法院个别部门从未登录使用过；“智行”刑事审判辅助系统由基层法院试点成熟后向两级法院推广，但大部分基层法院在系统推广部署后从未登录使用过（见图 2）。

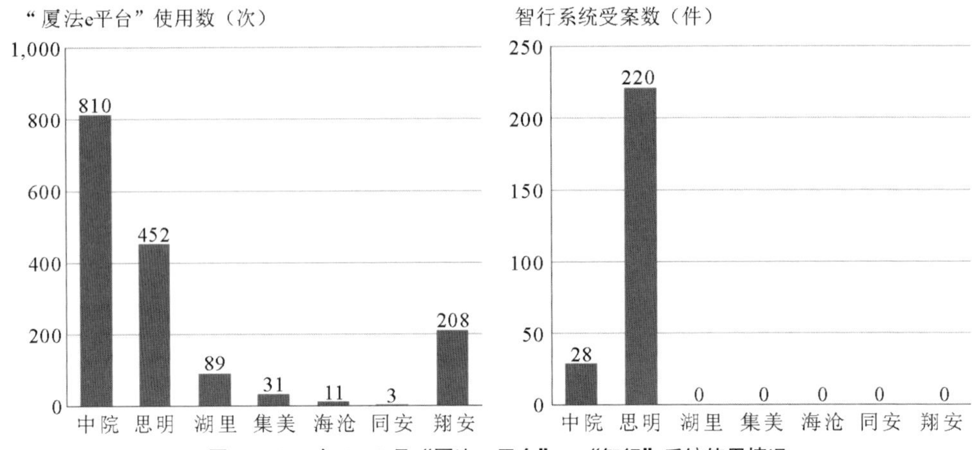

图2 2018年1—3月“厦法e平台”、“智行”系统使用情况

2. 严谨性不够，不能认真操作使用。中级人民法院大数据中心对2018年1—3月数据质检情况统计显示，全市法院的审判业务系统数据缺漏项就有近百项，虽然上述数据为非必填项，缺漏不影响司法审判、司法公开、司法便民等业务正常进行，但数据不完整影响了大数据中心对数据的专项分析，也从侧面反映了少数干警在操作使用业务系统时缺乏严谨性。

3. 认真度不够，不会主动介入学习。实际工作发现，有些应用系统因涉及数据每日交换上传或定期通报，这种带有强制性要求的，应用比较好，信息技术处经常能够接收到改进优化的反馈意见。但相对缺乏这种强制性要求的应用系统在实际过程中应用相对一般，甚至有的以“故障”为借口把责任和工作甩手给信息技术部门的技术员。例如，2014年，中级人民法院响应上级法院关于“每庭必刻”的要求，在每个法庭均部署一套庭审刻录主机，保障书记员在开庭期间能够庭审与光盘刻录同步，整套操作程序仅有四步，涉及开关只有两个按钮，相关操作提示就张贴在庭审刻录主机显眼位置处，但2017年的一年中，书记员提交庭后补刻申请的有近50起，其中大部分申请理由是设备故障，经技术员与书记员现场对接，有近90%为操作不当造成光盘当庭刻录失败，在操作不当的人员中，新近人员占比约82%，已有不少于5次庭审经历的老书记员占比约18%。

4. 多系统并存，不能适应减负增效。2013年完成建设、2016年完成升级的厦门中级人民法院“点对点”执行查控系统，具备对被执行人存款、房产、车辆的网络查询、查封、冻结、扣划等主要功能；可实现网络实时查询被执行人身份、住宿、航空、出入境信息；通过案件管理模块，可实现对终结本次执行案件、刑事财产执行案件、诉讼费执行案件、执行保全案件的规范管理；通过智能管家模块，可实现自动查询、自动复查、批量处理、短信通知。厦门中级人民法院的“点对点”执行查控系统无论是建设上线时间还是实际功能都早于、优于上级法院的同类系统，但随着上级法院“总对总”“点对点”系统的陆续上线，且在不做下兼容对接的基础上，执行局执行员在兼顾实效和数据评比的同时，需要对至少3套同类系统进行登录操作，重复录入数据，无形中在减负增效方面起了反作用。同时，由于同类各系统间没有数据接口，数据无法有效向上汇聚，有的执行员仅通过本级“点对点”执行查控系统进行业务操作，造成“终本”违规率居高不下。

二、信息化建设与应用衔接问题根源分析

（一）受法院信息化现状制约

法院司法业务办理“电脑＋打印机”的标配模式已不再适应形势，特别是随着案件量的与日俱增，以信息化提升办案质效的需求发生了巨大变化，在国家政策的积极引导下，信息技术融合产业发展的效益越发明显。内、外因交织下，近年来，全国各级法院以大规划、大投入、大推进的方式进行信息化建设，在有力促进信息化发展的同时，也因为受发展初级阶段的制约、领导主抓工作重心的侧重，不可避免地形成了重建设轻应用的局面。

（二）受信息化建设工作模式的制约

以需要为导向，是信息化建设、发展的一般规律和根本准则。但实际工作中，为追求工作进度、追求宣传时效，前期需求调研不清楚导致后期技术实现有障碍，信息化应用系统研发上线后干警使用有抵触，修改完善时间长、投入大，甚至出现架构、流程重构，致使建设与使用部门的工作热情逐渐消耗殆尽，建而不用、建仅试用的现象也因此产生。

（三）受信息化思维及工作习惯的制约

人是第一位因素，法院信息化发展向深入推进也脱离不了“人”这一关键因素。但在实际工作中，一些应用部门和使用人员缺乏信息化意识，习惯于传统手工、线下的工作模式，不愿改变、抵触改变的现象在一定范围内存在。具体表现在：一是应用部门全程参与热情不高。对如何依托信息化手段提高办案质效思考不够，提不出完整、系统需求，每年经费预算编制征求意见时，一些业务部门仅提出更新电脑，增配打印机等需求；需求调研时，有的部门不派业务骨干参与，或派书记员、法官助理，或每次派不同人参与，把牵头作用当成了配合任务；系统上线培训时，使用部门参训率不高，在参训人员中又以年轻人居多。二是对工作习惯更改必要性的认识不足。信息化发展必然导致工作模式变革，工作模式变革更需要工作习惯改变去支撑。实际工作中，有些年龄稍长人员对信息化知识及技术怠于学习、怠于应用，甚至出现自己整天伏于案头，系统操作、网上流程审批等交于或授权于书记员、法官助理、一般工作人员处理的现象；有的领导干部、管理人员过多顾虑工作习惯改变后一段时间内会影响工作绩效，不愿主动突破瓶颈，甚至提出线上、线下同步运行，这种没有主次的工作模式很难实现推动系统应用的初衷。

（四）受信息化功能实现的制约

最高人民法院周强院长在全国法院第四次信息化工作会议上强调“着力实现智慧法院‘三全三化’目标”，其中第一点就是要实现“全业务网上办理”。但从全国各地法院现行的信息化应用系统来看，并没有真正实现“全业务网上办理”这一目标，特别是审判业务系统，还处于线下办理后再行网上数据录入的状态，客观上增加了工作量，没有真正起到提效减负的作用，这也造成了干警在心理上对系统的使用产生抵触情绪。

（五）受体系配套不健全的制约

没有有效的机制和规范的管理加以配套保障，信息系统的应用就会出现随意性，没

有生命力。实际工作中，系统上线后长期没有配套的使用工作机制，没有具体的管理部门介入督促和考核应用情况，甚至有的把“建、用、管”打包给信息技术部门来负责，这种职责不清的混乱局面必然导致推动应用的力度出现“疲软”。

（六）受数据采集来源渠道的制约

智能化辅助离不开大数据的支撑，离开了数据这个源头，就无法构建科学、严谨的模型，智能化也就成了空中楼阁。当前，数据采集来源渠道已经成为法院信息化应用的重要桎梏之一。一方面，法院数据来源单一，除了法院自身内部数据来源有所保证外，外部可资采集利用的数据基本处于空白。例如当前热议的“送达难”问题，被告地址难确认是最主要因素之一，但出于公民隐私权保护，相关单位的此类数据无法向法院开放。另一方面，很多省份的高级人民法院对司法业务系统采取一级部署，中、基层法院因无法实现数据的本地入库，对所辖区域的司法业务数据只能看不能用，对司法业务系统也无法进行个性化的添加模块、增加功能，当司法业务系统无法满足个性要求的情况下，很容易使干警对应用滋生抱怨。

三、推进信息化建设路径与方法的思考

最高人民法院周强院长指出：信息化建设是人民法院又一场深刻的自我变革，要通过信息化手段更好地服务人民群众、服务法官办案。据此，信息化建设的目的是服务应用，对象是体现方便群众与方便法官的有机统一。

（一）顶层规划上坚持科学性、前瞻性

1. 规划格局上要构建“点—线—面”模式。全国四级法院根据自身不同的层级定位、人财资源保障能力等因素，以“一盘棋”的总体布局，分层级有侧重地进行顶层规划，并对当前“百花齐放建不为用”“各自为政重复投入”的形势进行有序引导，构建“点—线—面”的良性规划格局，既要防止上级包揽下级规划，扼杀下级创新积极性，出现推广项目“水土不服”问题，又要防止下级全盘套用上级规划，缺乏符合实际的创新性和实际操作性，出现“上下一般粗”问题。最高人民法院应从“面”的层面考量，侧重标准、规范的总体规划，即明确法院信息化建设的任务、标准，明确数据接口、数据交互的规范化标准，明确汇聚数据格式的统一法标，并通过数据中心实现数据的汇聚和交互。各高级人民法院应从“线”的层面考量，根据最高人民法院制定的标准，着眼本地区的区位特色，对所辖地区法院立、审、执等主要司法业务的信息化进行统一规划、建设和部署应用。中、基层人民法院应从“点”的层面考量，着眼“两个方便”的指导思想，开发或购买应用系统、实务工具。

2. 规划体系上要围绕中心展开。目前，各应用系统相互割裂自成体系，造成功能重复、数据不能共享使用；新研系统与旧有系统分由不同厂家开发，相互间开放接口协调麻烦，且不同系统之间相互对接容易出现 BUG。最高人民法院发布的《人民法院信息化建设五年发展规划（2016—2020）》，以“信息树化常青之树”的方式明确了各网系、各系统要围绕“数据集中管理平台”展开，这种体系上的架构关系在当前和未来信息化建设发展方面具有较强的适用性和合理性。目前，各省高级人民法院和有条件的中级人民法院

都已建立了“大数据中心”，具备了以“大数据中心”为中心的信息化体系规划基础，通过“大数据中心”开放标准接口，以生产数据为主体的管理系统能够将数据自动汇聚至“大数据中心”，为数据的二次利用提供可能；以利用数据为主体的服务系统能够充分利用已有数据，为法院干警办公、办案提供便利化的数据服务。这种模式既体现了技术接口的规范性，又防止了各系统不同研发厂家之间人为设置“技术壁垒”，给法院各信息化应用系统互连互通、数据共享复用造成技术障碍。

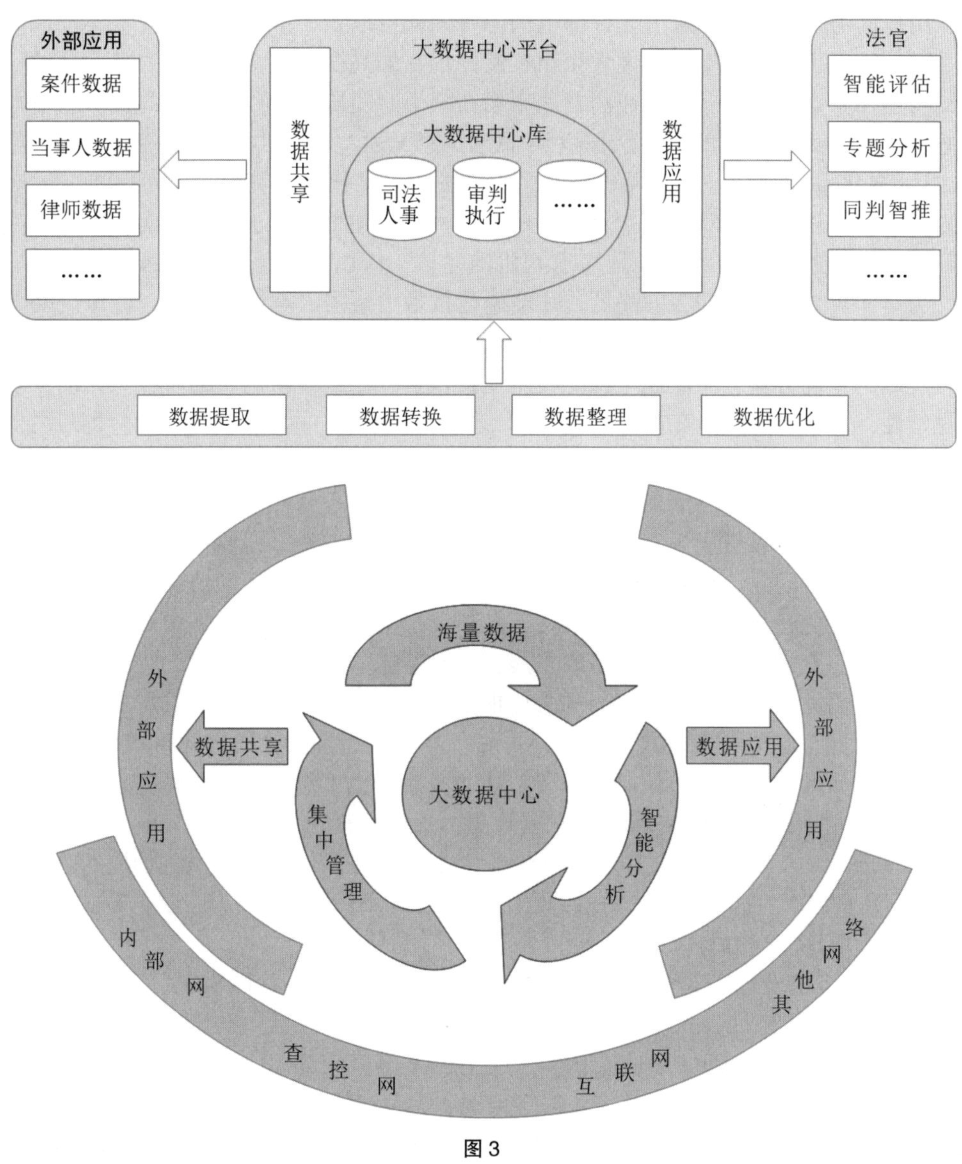

图3

3. 规划设计及技术选用上尽可能体现智能化。当前，“案多人少”的矛盾一直是各级法院尤为突出的现实问题。笔者认为，法院的审判、执行业务部门的工作性质决定了他们是人力密集型与智力密集型的综合体，以信息化作为支撑为其减负，重点要突出两个方面，一是要以信息化为手段规避重复性劳动、减少事务性工作，实现减员增效的目标；二是要以信息化为手段为业务性工作主动提供智力支持，辅助法官对案件的审理、判断和裁决。随着“大数据”和智能技术的日趋成熟，特别是最高人民法院强力推行的电子卷宗随案生成，为法院司法业务信息化智能辅助系统的研发与应用提供了技术基础和数据基础。因此，在信息化建设和具体项目的实施规划设计、技术选用上要尽可能实现智能化，重点解决数据自动提取、填写，实现真正意义上的网上办案。

（二）项目建设始终坚持需求牵引

用户的需求只要在想象力允许的范围内好用就可以了，用什么样的技术实现目标并不重要，智能手机从十年前的傻大黑粗过渡到现在的高度成熟，就是因为有了这种社会性的普遍需求，飞速发展的快速消费品市场在某个时间段总会调整自身的技术脉络去适应它。就此而言，法院信息化建设过程中需求的意义远大于技术本身的意义。

1. 强化需求调研，宏观规划建设。各级法院信息化建设都有一个近、中、远期的规划，为确保规划的针对性，指导工作的实用性，必须根据需求、紧贴实际进行。需求调研时需要把握以下重点：一是需求调研的主体。应以信息化建设规划的主办部门为主，为落实规划的科学性、前瞻性，还应邀请技术力量强、与法院业务有过深度融合的高校、科研机构、厂家等相关人员组成专家咨询委员会，共同参与需求调研，从宏观上把住规划的正确方向，从微观上做好技术支持基奠。二是需求调研的对象。为确保规划的完整性，需求调研的对象应坚持“层级广泛、突出重点”的原则。广泛性，即对内要面向领导、部门主管、一线干警等，对外要面向当事人、诉讼代理人等；横向要面向公安局、检察院、司法局、经信局等协同单位，把法院作为一个核心节点，调研范围覆盖审判执行相关业务，以形成规划所需要的最广泛需求。重点性，即要针对当前最紧迫、最热点需要解决的问题，重点调研问题的症结，并把这些症结统筹到信息化建设全局来考虑，防止信息化建设出现挂一漏万或按下葫芦浮出瓢等问题。三是需求调研的时机。需求不是一成不变的，随着社会的不断发展，一些新需求会不断涌现，一些以前的需求会出现更新。因此，在中、远期规划的总体框架下，每年的8月份前完成需求调研，制定下一年度的建设规划，实现规划的滚动更新，并通过经费预算的方式将规划真正落地。四是需求调研的要点。需求调研至少要包括业务流程、工作方法和具体内容，概括来说为“4W1H”。其中，4W即What（需求是要做什么，实现什么目标）、Who（处理过程中涉及哪些部门、人或岗位，业务过程会有哪些相关者）、When（发生条件的周期是多长）、Why（为什么会产生这个需求，需求的目的是什么），1H即How（为完成业务目标所采用的方法或手段是怎样的）。

2. 强化需求先行，牵引技术适用。涉及信息化建设具体某个项目，需求是研发后续各阶段工作的重要依据，需求质量的高低往往决定着一个项目的成败，比照规划阶段，项目实施前的需求应该更加细化、具体、完整。一是应用部门应先期介入从宏观上提出需求。应用部门作为业务领域专家，对业务现状、存在问题、改变方向都有很好的理解，这种优势作为信息技术部门或研发厂家都无法比肩。同时，应用部门对技术理解存在隔阂，且前期对细节也无法一一考虑到位。因此，应用部门应先期介入，重点围绕业务流程、实现意图、目标要求等方面提出宏观、粗略的需求，主要包括依据、现状、差距、建设基本构想、系统实现流程等。二是组合团队对需求进行深度评估。通常采用JEC模式，即由法官（Judge）作为项目的牵头人、负责人，工程师（Engineer）起到纽带作用，开发公司（Company）提供技术支撑。需求评估团队通过模拟推演方式对每个环节的数据来源、数据流向、数据控制进行分解论证，进一步细化需求，并确定可行性方案。需求深化评估必须充分考虑到每个细节，以减少研发实施阶段需求发生变动带来需求评估、设计、开发、测试需相应作出调整，造成研发成本增加、研发进度迟滞、整体架构 BUG 增多。三是紧贴需求论证技术实现。在确定需求方案后，信息技术部门与开发公司应充分探讨技术实现方式，主要包括技术架构模式、开发工具、数据库类型、功能服务建模、后台硬件配置等，并通过脱离单个业务需求，站在全局信息资源统筹的角度，形成一套完整的技术方案。技术方案形成后，信息技术部门应做好归纳整理，反向推导业务部门需求是否全部实现，并与业务部门进一步磋商或确认。

3. 强化需求调整，突出功能适应。信息系统研发阶段完成，仅是刚出土的萌芽，想要成熟并适应实际需要，必须经过长时间的测试，进而不断完善提升。一是强力推进试用。在最广泛基础上进行应用，暴露出系统在业务流程、技术实现、界面交互、稳定可靠等方面的问题。一定意义上来说，信息系统研发上线后是否好用、实用，是业务部门、信息技术部门和开发公司共同的责任，需要密切配合共同努力，切忌互相推诿或单打独斗。二是客观梳理应用需求。试用阶段的需求因为有了参照系，所以是最直接、最细节、最有用的，信息技术部门应认真梳理，对矛盾的同类项应与应用部门共同探讨，形成一致意见；对本期建设内功能性的需求，应及时交付开发公司整改；对本期建设外功能性的需求，应与开发公司探讨解决方案。三是形成有效回路。需求发生变化是客观存在的，即便是拥有强大的技术团队软件开发公司，其生产的软件版本也会随着需求的变化、技术的变化不断更迭。因此，要建立“提出需求—制订规划—组织建设—应用评估—调整需求”的闭合回路，防止一劳永逸的思想。

（三）落实建管用一体的配套管理体系

三分技术，七分管理，这是信息化工作的基本特点。伴随着新一轮信息化建设的加大投入，深化运用，如果没有配套的制度规范，信息化工作的制度化、规范化和程序化也就不可能结出丰硕成果，建一项扔一项、推陈出新却又昙花一现的问题必然会不断出现。

1. 配套建立应用规则。平台或系统虽然在业务办理时能够起到规范化、系统化、智能化的服务功能，但其本质仅是一个工具，想让这个工具具有生命力，必须要通过配套的应用规则来规范、约束使用者。例如律师服务平台，需要通过配套的应用规则明确使用对象、使用时机、上传附件要求、信息回复时限、纸质材料递送时机和方式等等。需要关注的是，应用规则不是技术规范，不是操作手册，而是配套该工具的业务规范，是让所有使用者都必须遵守的行为准则。法院的业务系统涉及的使用者不仅仅是个体，还可能涉及同部门的不同人员、不同部门的人员，甚至是院外的协同单位、社会公众，通过配套的应用规则来规范大家的行为。它不仅能够保证平台或系统的正常运行，而且能够避免就具体问题多方不断协调劳心劳力。

2. 配套建立管理体系。应用情况管理，就是要通过检查、考核、通报等手段，推进信息系统的普及应用。实际上，一个信息化平台或系统在其规划、建设之初，其目的非常明确，无论这个目的站位点是通过智能化手段帮助法官办案提升质效，还是通过技术管控手段强化业务流程管理，或是其他，就最低限度而言，其产生的数据可为分析、复用、共享提供有形的资源。因此，在不涉及重复工作量的基础上，必须要推进使用。但现实中，如果没有建立管理体系，对使用不作强性要求，有些应用部门就会不用或使用随意，推进该信息化平台或系统的应用也就无从谈起了。

3. 配套改革工作模式。现代化的工厂，暂抛开现代化技术提升工作质效的表象，就其本质而言，人员的编配、分工应迁就机械化、信息化的发展，而不是机械化、信息化的发展来迁就人员传统的工作模式。同理，法院作为一级司法审判机构，促进审判体系和审判能力现代化，仅靠信息化系统的建设与应用是不够的，必须着眼信息化的发展，在机制、结构上改革现有的工作模式，形成工作模式与信息化发展的最佳契合，才能聚力洪流之势突破瓶颈，上升新高度。

4. 配套建立维保服务体系。信息化平台或系统不同于传统制造业，随着互联网时代的到来，从桌面走向网络，从单一操作趋向复杂技术管理，这已不是法官单一角色就能在完成业务的基础上还能有精力、能力去处理各种信息技术问题，牵一发而动全身已是信息化平台或系统出现故障甚至瘫痪的常见形态，而要保证该平台或系统在日常工作中运行稳定，必须要有专门的维保服务团队做好技术服务保障。一是能够及时为使用者提供使用问题的咨询；二是能够在系统出现问题时及时解决；三是能够在使用中及时收集新需求，为功能的提升完善提供第一手资料。

信息化建设与应用看似是矛盾的对立面，但实际是相辅相成的统一体，离开了建设，就谈不上应用，离开了应用，建设也就没有了意义。当然，信息化建设的推进还会受到经费保障、技术力量、理念思维等诸多因素的影响，但作为建设与应用挂钩来考量建设的路径与方法，我们认为在实践中规划、需求、制度的相互关联是最重要、最迫切的。

大数据搅动大格局

——从厦门警务实践看未来治理

刘 剑[*]

科学技术的进步是人类进化的产物、人类智慧的结晶，同时也深刻影响改变着人类社会的发展沿革。近现代以来，科技洪流不断催生产业革命、社会革命，见证了资本主义与社会主义两种形态、两条道路的交锋。特别是在新一轮科技革命方兴未艾的今天，人们越来越清楚地认识到，谁占据着科技制高点，谁就掌握了未来发展的主动权。作为国家治理的重要力量，公安机关始终从战略层面审视推进科技强警，不断助推治理体系、治理能力提升，其中也充分诠释了我国社会主义制度的优越性、生命力。笔者作为一名基层民警，有幸目睹了近年来警务科技发展的显著进步及其对平安建设的深度影响。本文拟以厦门警务实践为样本，管窥科技强警前进轨迹，发掘警务变革的时代内涵，探究未来治理的方式路径。

一、厦门警务科技的发展历程

警务科技现代化是现代警务的重要标志，它与全社会的现代化相伴而生，经历了一个由传统走向现代、由辅助警务走向引领警务的演化历程。近年来，厦门警务科技发展大致经历了四个阶段：

（一）积累期

2005年以前，以指纹技术为代表的刑事科学技术一直占据警务科技主流位置，对破案工作发挥着重要作用。"指纹比对""指纹串并"对公安破案的贡献率在10%左右。视频监控建设纳入公安技防建设日程，自2002年起，市委、市政府连续三年把视频监控建设纳入为民办实事项目，在城市主干道、重点要害部位建设了一批监控探头，取得了阶段性成效。同时，随着计算机技术的推广应用，特别是国家层面"金盾"系统建设的推进，刑侦、治安、出入境等各业务信息化系统全面建成并延伸至基层所队，每个基层中队、科室都配备了电脑，有的所队甚至实现了人手一台电脑。在基层民警中，自发兴起一股学电脑、用电脑的热潮，并自主研发了笔录软件、重点人员分级管理等信息化工具。

（二）扩张期

2006年至2012年，公安信息化加速推进、迅猛扩张，各级对公安信息化建设和情报主导警务战略都寄予厚望、充满热情。一些思路较为超前的分局派专人赴江苏、浙江学习信息化建设应用经验。2007年先行组建情报指挥中心，突出情报研判引领实战，发挥

* 刘剑，厦门市公安局。

了较好效益。2009年起，按照上级部署，在全局大力推进大情报系统建设应用，把公安信息化建设应用迅速推向高潮，取得了一定效果。然而，由于有些单位急于求成，在信息收集录入上贪多求全，在数据清洗利用上缺乏手段，在情报与实战的融合上过于生硬，导致情报研判的实战性、实效性不强，甚至大情报系统最终被大量垃圾数据充塞，失去了应用价值。特别是在数据统筹上，由于省厅强制推行统一建库，厦门本局数据资源一律上缴，尽管在信息查询上扩大了共享，但在应用研发上遭到了"阉割"，对基层信息化建设应用造成了不利影响，制约了情报主导警务战略的实际效益。这一时期，视频监控的建设应用成为显著亮点，在市委、市政府和各区的大力支持下，建立起覆盖全市主次干道、社区的监控网络，实现了视频联网、视频巡查、视频追踪，视频技术对侦查破案、巡逻防控发挥了重要作用。刑事技术趋于完善，等级技术室创建全部达标，DNA、法医实验室建设日益完备，警犬血迹搜寻技术应用日渐成熟。

（三）成熟期

2013年至2017年，以大数据技术兴起为契机，市局重新掌握了数据主权，警务科技在回归实战中迅速走向成熟、爆发威力。这一时期，市局打破部门壁垒，力推资源整合，有效掌握了互联网大数据、公安业务数据、政府部门及社会单位数据等海量数据资源，在此基础上自主研发了大数据情报实战平台，全面支撑警务实战。基于平台，组建了市局、分局两级合成作战专班，确立了"后台+前端""情报+行动"新型警务模式，探索了"围点整治""精准访查"等精确用警新机制，开启了数据警务新时代。不仅如此，还把数据治理向社会治理延伸，研发应用了反诈骗中心、公共安全管理平台等新型治理平台，推动了社会治理的转型升级。同时，主动融入智慧城市和物联网建设，建成高清视频监控、智能卡口等智能感知体系，还借助厦门百姓APP等，做到了实时捕捉城市脉动、精准研判风险隐患、全面支撑现代治理，警务效能呈现倍增效应。2013年后，全市呈现出治安"拐点"，破案打击数逐年上升、刑事警情数持续下降，到2017年，刑事警情创近十年新低，社会治安稳步向好。

（四）收获期

2017年后，以大数据、物联网技术广泛应用为标志，厦门警务科技信息化建设应用骨架基本成型，实战效果不断显现。特别是随着人脸识别等现代视频技术的成熟运用，公安机关的风险预警管控能力得到革命性提升，与违法犯罪分子的较量实现"攻守易势"，公安工作正在迎来一个难得的战略机遇期。借助重大机遇，我们有望真正实现治安工作重点由案发后被动应对向案发前主动预防转变，由传统反应式警务向主动威慑型警务转变，有望实现警务工作现代化和社会治理现代化的加速转型、弯道超车。

二、主要成果：大数据与平安建设的深度融合

传统上，我国警务科技建设应用长期落后于西方，处于追随状态。但近年来，特别是党的十八大以来，是公安科技加速成长、迈向成熟的重要时期，公安科技信息化建设应用工作取得了一系列突破性进展，已经呈现出趋于追平、局部赶超的态势。以厦门为例，近年来，在上级部门的坚强领导下，我们以打造最具安全感城市为目标，大力推进

“四项建设”，坚持“科技引领+社会共治”双擎驱动，全市公安工作质效显著提升，风险管控力、核心战斗力、治安控制力不断增强，确保了全市社会治安大局安全稳定，群众安全感率逐年攀升，2017年上半年达96.74%，创五年来新高。全市刑事警情在2017年下降42.80%的基础上，2018年上半年同比再下降43.00%，为厦门市发展营造了良好环境。主要成果有：

（一）升级了警务手段体系

2017年7月，时任国务委员、公安部长郭声琨同志在视察市局指挥情报大楼和信息化平台后，给予了“技术先进、功能齐全、全国少有”的评价。近年来，市局按照公安部大数据战略部署，系统推进智能化信息采集、大数据情报研判、可视化通信指挥、便捷化移动警务、“互联网+公安政务”等软硬件升级，实现了科技强警的大飞跃，在警务实战特别是2017年厦门金砖会晤安保工作中发挥了重要支撑作用。在感知层，大力推进“雪亮工程”，全面强化视频监控管、建、用、维工作，不断织密智能WIFI、电子围栏、智能门禁等智能化感知网络，实现数据多层叠加、全网融合、自动抓取。特别是大数据情报实战平台整合全国性数据和省、市公安数据15大类65亿余条，互联网数据2164余亿条，全市40余个政府行业部门数据9余多条，逻辑整合外地省市数据11万余种近1000亿条，研发大数据情报实战平台，开发虚实数据智能关联模型25种、实战功能模块94个，将全市658家涉危企业、1083路视频监控、3万多个智能化采集点、10万个志愿者手机终端数据全程接入、全量整合，有针对性地开展轨迹刻画、重点跟踪、热点捕捉，建立起灵敏的“千里眼”“顺风耳”。在研判层，注重实战结合、算法提升，依托情报实战平台和大数据分析技术，构建起“指挥中心综合研判+部门警种专业研判”相结合的研判体系，研发拓展多维多样的智能分析模块，不断丰富技战法百宝箱，把信息数据转化为情报产品的能力不断增强。特别是在加密高清视频“天眼”系统建设的基础上，大规模推广应用人脸识别技术，打造“火眼”系统和人像云平台，实现全天候抓拍、大数据比对、智能化预警一体运作。在执行层，不断深化情行合一，建立健全市局、分局、派出所三级指挥情报运行机制，情报指令可第一时间在基层一线落地，形成战果。一线执勤民警全部配发移动警务通和具备4G图传功能的执法记录仪，实现可视化调度。指挥情报中心设立24小时服务支撑席，法制、反恐、禁毒等专业警种进驻，为一线民警实时提供信息服务、执法咨询、业务指导。

（二）催生了现代警务机制

科技信息化手段深度应用不仅带来警务效能“量”上的提升，而且引发警务模式“质”的转型，推动着公安工作的质量变革、效率变革、动力变革。科技支撑型、资源密集型警务模式基本成型，科技引领、实战导向、融合共享、规范高效的现代警务机制已经基本确立，可概括为“五大警务”。一是精确警务。情报主导和“先情报、后行动”已成为警务新常态，“后台+前端”“情报+行动”的警务运作模式日益成熟。依托强大情报支撑，一线民警在日常工作中针对特定问题、特定人员、特定部位，靶向开展乱点整治、重点盘查、入户访查等工作。日常勤务由经验主导、模糊处置转变为情报主导、精确指导，实效性大为增强。二是规范警务。依托移动警务通，法制部门研发了“办案百度”“执法宝典”等APP，并开通在线咨询，方便一线民警第一时间获取权威指导，有效解决了基层执法支撑不足的问题。市局研发运用队伍管理平台，对民警异常行为进行实时预警；督察部门、指挥中心运用警务通定位功能，实现可对一线民警执法执勤工作的后台管理监督。三是主动警务。基于大数据和智能感知，构建“安防识别区”，实时动态获取违法犯罪嫌疑人员轨迹信息，并不等其作案，而是针锋相对开展点对点、面对面的心理攻势，挤压其“心理安全区”。按照分级分类管控原则，对一般嫌疑人员，由市局、分局分别点对点发送普法警示短信，予以威慑；对盗窃、诈骗等特定高危人员，精准发送案例警示短信，让其感觉处在警方严密监控下，不敢轻举妄动；对惯犯、“病扒”，由民警上门，采取面对面教育敲打等方式，晓以利害、施加压力，让其无从下手、“主动歇业”。四是融合警务。根据警力、资源、任务相匹配原则，把警力向情报研判和实战一线倾斜，强化扁平布警、有效用警，逐步解决机关警力冗余臃肿问题。按照实战化标准，优化资源配置，重塑警务组织形态、警务流程形态、警力配置形态，探索穿透式治理机制，对网络诈骗、互联网金融等复杂难题，发挥体制优势，实行指定管辖，由一个部门统筹资源、统筹打防、主抓到底，提高治理的系统性、协同性。五是人文警务。在精确用警的前提下，尽量节约警力、民力，注重人文关怀，避免“人海战术”、过度用警。特别是2017年厦门金砖会晤安保工作中，市局坚持把人文安保理念贯穿于始终，实行“三个尽量”的工作原则，即尽量划小封控区域、尽量缩短管控时间、尽量用足民生替代措施，实现了安全与便民的双赢，受到了郭声琨同志的高度肯定。

（三）提升了风险治理能力

德国学者乌尔里希· 贝克提出，现代社会是风险社会，政府应以“再造政治”来应对危机。科技信息化的建设应用，尤其是公共安全管理平台的研发应用，极大地提升了我们应对风险、治理危机的能力。2016年3月起，市局与市信息化共同牵头，联合本地知名互联网企业，启动了该平台建设，至9月份基本成型并投入运作，发挥了重要价值，获评2017年“全国智慧城市优秀案例”。在资源整合上，它统一数据规格，完成对15家部门系统的数据接口标准化改造，建成全市统一的公共安全数据库，实现静态数据、实时数据双轨同步。并将全市风险源、专业队伍、物资、重要防护目标等进行数字化处理和图层展示，直观展示危险源、处置手段、增援力量信息。在研判预警上，创建风险要素图层叠加比对、敏感词汇智能搜索、重点人轨迹交叉提示等技战法，从多源、分散、碎片化数据碰撞中寻找关联性，打造最强大脑，增强决策科学性、靶向性。积极探索风险溯源机制，运用大数据关联研判、预测预警，及时发现治安风险。在风险阻断上，平台终端延伸至全市54家联动单位，建立可视化指令流转和闭环式督办反馈机制，平台在向一线发布指令的同时推送事件背景信息和数字化处置预案；一线人员通过执法记录仪、移动警务通等，第一时间回传现场信息，保证每一个安全事项处理都有章可循、自动流转，减少变通空间和随意性，推动风险治理由事后倒查向前端治理、事前预防转变，扩大公共安全有效供给。此外，还研发应用厦门百姓APP，打造面向全民的群防群治新载体，运用积分奖励制等时尚化、市场化方式，调动市民参与热情，打造治安众筹格局，让传统的群众工作在互联网时代焕发出新的生机。

三、面向未来：几点感想

习近平总书记勉励我们要“不忘本来、吸收外来、面向未来，更好构筑中国精神、中国价值、中国力量”。在大数据、智能化时代，现代城市平安建设面临重大机遇，同时也面临重大抉择。如何找准前进方向、应对“成长的烦恼”？笔者结合厦门实践，谈几点体会。

（一）要充分发挥社会主义制度优势

集中力量办大事，是我国体制优势的集中体现，也是我们在东西方博弈中成功逆袭的决胜因素。西方国家的资本主义私有制和日益僵化的官僚体系是其软肋，导致其治理成本居高、效率低下。特朗普在 2018 年 1 月的国情咨文中责问：“难道不丢脸吗？现在需要花 10 年时间，仅仅能够取得建造一条小路的许可证。”这样的困扰在我国基本很少出现，厦门仅用了大概 4 年的时间，就形成了较为完备的大数据情报实战体系；用了 10 余年的时间，就从无到有建立覆盖全市的视频监控体系、智能感知网络，并且完成了几次换代升级。这在西方是不可想象的。目前，中国的视频监控体系已经世界领先，虽然各界对此非议颇多，但我们没有必要过于敏感、因噎废食；作为领跑者，不仅要学会谦虚应对掌声，还要学会超然应对嘘声，这才是领跑者应有的心态。从美国章莹颖被绑架案看，当地落后的视频监控招致的非议不在少数，那只能证明当地对公共安全的重视和投入严重不足。因此，在下一步工作中，我们应做到以下几点：一要牢固树立制度自信，理性应对外界质疑；二要坚持依靠党委政府，持续加大对科技信息化建设应用的投入保障力度；三要科学统筹规划，突出重点、适度超前推进人脸识别等智能感知网络建设，把有效资源投入到最有价值的地方。

（二）要高度重视“数据主权”

大数据时代，数据是命根子；谁丢掉了数据，谁就丢掉了未来。同时大数据时代又是共享时代，共享不够，就会生命力不足。数据共享又涉及统一数据规格、统一系统接口等问题。为推进数据共享，打破系统林立，避免重复建设，一些省厅曾强制推行统一建库，对各地级市进行“削藩”。笔者认为这是矫枉过正，一定程度上造成了公安信息化进程停滞不前。从实际效果看，一方面，基层数据库被端掉后，失去数据碰撞、深度分析能力，只能进行低级查询操作，无法开展深度的技战法创新。另一方面，省厅数据库要应对各地市的查询请求，经常应接不暇、回应缓慢，甚至系统崩溃；有的省厅还把数据库委托给研发公司代管，给后续应用工作带来诸多问题。目前有些基层公安机关借助网络“爬虫”技术“偷取”公安部、省厅业务系统数据，以满足实战需要，这实属无奈之举。当前公安部正在筹建大数据中心，建议这些问题一并纳入解决。具体来说，一要强化数据主权，把数据所有权、使用权牢牢掌握在公安机关自己手里，不能让命根子攥在公司手里。二要尊重各地特别是基层一线的数据需求，让数据掌握在真正需要者手里，产生出实战价值。上级部门不应成为数据的垄断者，而应作为数据收集者和“供应商”，收集各方数据，完成数据清洗，向基层开放。

（三）要着力推进公安供给侧改革

改革是时代主题，也是公安机关优化提升治理能力的必由之路。改什么、怎么改，这是根本性问题。从基层这些年的改革实践中，笔者有两点感触：一是只改基层、不动机关的改革，最终往往都难以实现预期效果，甚至增大了基层负担，削弱了基层基础，基层把这类改革戏称为“机关设计、基层中计”。二是只改机制、不给资源的改革，最终往往都无功而返，没有实际价值。因此笔者认为，投入决定产出，供给结构决定实际效益，这是我们在推进警务改革中应当注意的客观规律。基层公安机关是公共安全产品的直接提供者，必须有资源投入特别是数据情报资源作支撑，才能增加安全产品的有效供给。2013年以来厦门警务改革的成功之处，就是在资源投入上做文章，在警力编制未增加的情况下，大力整合资源、挖掘价值，把情报资源最大限度推向一线、支撑实战，形成了科技支撑型、资源密集型警务新模式，让民警和群众有了实实在在的获得感。建议公安部在推进改革中，突出警务资源优化管理和循环再生，围绕资源权限下放、做强一线支撑来明晰事权、归并职能，进一步增强警务体制机制的适应性、实效性。

（四）要做好传统与现代的“嫁接”

警务改革是批判性继承。互联网时代，群众工作优良传统非但未褪色，反而完全可以借助“互联网+”焕发出新的生机。特别是在数据为王的今天，每个人都是大数据的一部分，潜藏着可能价值。我们要拥抱大数据，就要善于深入群众、发动群众，最大限度地借助群众力量。一方面，要用好群众路线传家宝，不断密切警民联系，增进警民互动，扎实做好服务管理工作，争取群众对公安工作的理解支持，让人民群众始终作为公安工作的坚强后盾。另一方面，要注重与时俱进，转变传统群防群治模式，创新工作载体，扩大参与主体，不仅要积极发动社区大妈，还要大力吸引广大青年、公司白领等各群体参与治安、投身公益，让平安成为全社会共同的心理认同、价值追求，有效增强群防工作的时代感、感召力。

互联网—大数据时代侵犯个人信息犯罪的预防与惩治

王昊元*

一、我国惩治侵犯公民个人信息行为的立法历史沿革

侵犯公民信息犯罪虽然是随着互联网的兴起和普及而迅速发展的一种犯罪，但究其实质，仍然是侵犯《中华人民共和国宪法》于1954年开始就赋予公民的人格权以及由人格尊严权派生出的隐私权。互联网兴起之前，侵犯公民信息的犯罪并非没有产生过，而是因为通信、交通条件的限制而无法大面积地、猖獗地发生。互联网在中国大陆地区兴起之后，又大致分为微机互联网和手机互联网两个发展阶段。两个阶段没有统一的官方划分方法，笔者仅根据社会发展大致趋势作出如下划分：

1. 中华人民共和国成立后—互联网草创时期（1949—1997年）

1998年，我国微机用户（含单位用户）首次超过800万户，其中互联网用户首次超过100万户[①]，标志着互联网开始走入普通大众的生活，许多互联网企业、电脑行业巨头都将此年称为中国的“互联网元年”。故以此年为界限，之前的年代为前互联网时代。互联网只在少数科研人员、电子计算机相关专业从业人员之间被使用，大众的通信方式仍以书信、电报、电话为主。但在1998年之前，我国并非没有发生过侵犯公民个人信息的违法行为。尤其是“反右”斗争扩大化及“文革”等各种“运动”时期，法纪废弛，因极“左”路线导致的“砸烂公检法”“逼供信”、冤假错案层出不穷。那时对“阶级敌人”“反革命分子”的“审查”既不遵守法律程序，也毫无尊重个人隐私、保障个人信息的意识。无论是“阶级敌人”“黑五类”还是普通公民，日记、信件都随时遭到任意第三人的搜查、阅读、开拆，夫妻、兄弟姐妹、父母子女之间以不公开场合的对话、信件、日记内容相互揭发、批斗是司空见惯的，任何个人信息、隐私都毫无保障。

也正因为“文革”等对社会成员间的基本信任的极大破坏，严重危害了社会正常健康发展，改革开放之后，1979年和1982年两次新修订的《中华人民共和国刑法》都吸取了极“左”路线的惨痛教训，对当时可能被侵犯的个人信息进行了相应的法律强制力保障。因当时的个人信息载体主要为信件和个人档案，但个人档案由专门的政府机关保管，政府机关如何尽到责任主要是刑法第九章渎职罪和行政法相关法规调整的范围。只有信件可以被不特定的第三人接触到，故《中华人民共和国刑法》的第252条、253条对通信秘密作出了有力的法制保障：“第二百五十二条 【侵犯通信自由罪】隐匿、毁弃或者非法开

* 王昊元，厦门市集美区法院。

① 肖小军：《1998年6月4日 我国互联网用户突破一百万》，载http://www.chinadaily.com.cn/hqgj/jryw/2012-06-04/content_6090412.html，最后访问日期：2018年5月1日。

拆他人信件，侵犯公民通信自由权利，情节严重的，处一年以下有期徒刑或者拘役。第二百五十三条【私自开拆、隐匿、毁弃邮件、电报罪；盗窃罪】邮政工作人员私自开拆或者隐匿、毁弃邮件、电报的，处二年以下有期徒刑或者拘役。犯前款罪而窃取财物的，依照本法第二百六十四条的规定定罪从重处罚。”这些法律规定虽然重原则性而操作性不强，司法实践中私自开拆他人信件者也往往不会受到相应的刑事法律追究，但毕竟从立法源头上肯定了公民个人信息保障的必要性。各级政府、社会团体也通过多年来的法制宣传，在全社会广泛树立了通信自由、通信秘密的观念。为日后维护、尊重普通公民人格权，打击侵犯公民个人信息的犯罪奠定了良性的法制基础和群众基础。

2. 互联网勃兴时期（1998—2006年）

从2003年开始，中国大陆地区手机网络（后缀协议为.wap)正式投入运营。截至2005年，只有12.98亿人口的中国大陆，手机网络用户已达到3.83亿，2014年更是仅智能手机用户就达到5亿[①]，且绝大多数手机用户可使用手机附带的移动网络功能。但在2006年之前，手机网络的各项功能远不能与传统微机（只能固定使用互联网的台式微机或手提电脑）相比。主要原因在于当时的手机几乎都是黑白屏幕，无法如固定互联网的传统微机那样顺利地浏览大篇幅网页或图片。智能手机所需要的安卓、黑莓等操作系统尚未普及。手机除了接打电话发短信，几乎无法参与互联网的输出和输入。手机与互联网的脱节，导致个人信息不会通过真实世界的手机进入虚拟世界的互联网，当时的互联网，也是名副其实的“虚拟世界”，虽然信息庞杂，监管不到位，但几乎每个用户都在用假名（假身份）进行交流和输入输出，能够查到终端用户身份的，刚开始也只有占人口比例极少数的专业技能高超的黑客。

但因为互联网的普及，即使是传统的固定互联网，也可导致公民的个人信息通过网络蔓延至不特定的社会公众。当时的个人信息泄露的渠道主要有Q Q等聊天工具被盗号，网站、论坛、博客所载明的个人信息被犯罪分子窃取，个人照片、相关个人信息在本人不知情的情况下被不明身份的第三人“爆料”“爆照”至互联网公共论坛等。当时我国出台的法律主要是维护公民个人名誉权、荣誉权不受侵犯的法律法规，以反互联网公共空间内的人身侵权为主。例如《最高人民法院关于审理网络人身侵权纠纷案件适用法律若干问题的规定》,《最高人民法院、最高人民检察院关于办理利用互联网、移动通讯终端、声讯台制作、复制、出版、贩卖、传播淫秽电子信息刑事案件具体应用法律若干问题的解释》之一、二,《信息网络传播权保护条例》等。尚无对公民个人信息本身的专项保护。

3. 全民互联网时期（2007年至今）

2007年之后，手机的智能化成为趋势，手机网络与传统互联网相连通后短短几年之内，从1998年开始无论如何严格治理整顿都方兴未艾的网吧几乎是在一夜之间就纷纷关停并转，惨淡经营。因为大多数互联网用户已经离开了电脑桌，从“人随机走”变成了“机随人走”，手机和平板电脑成为互联网用户最常用的上网手段，连曾经最贴近大众的传统媒体电视都屈居其后，望尘莫及。在互联网勃兴时期，电脑、网络被普遍认为是“年轻人的玩意”，而在2013年开始的“微信时代”，中老年朋友普遍通过手机号码添加微信联系人，手机微信用户几乎聚集了全中国各个年龄段无论城乡、贫富的广大普通群众，互联网真正成为全民参与的“现实空间”而不是“虚拟空间”。又由于支付宝、微信支付

① 南婷:《智能手机用户达到5亿》，载 http://news.163.com/14/0924/16/A6U080VR00014AED.html，2018年5月3日访问。

的便捷、安全，连偏远城镇的菜市场也普遍使用手机、微信支付，互联网以手机为载体，真正成为与普通人生活息息相关的、不可或缺的一部分。互联网的发展，在极大地方便群众生活，增强通信交流便利，迅速改变社会面貌的同时，也给了一些犯罪分子可乘之机。而政府的监管由于各地区发展不平衡、经济或技术条件的限制，和传统行政思维往往跟不上瞬息万变的互联网的发展，往往相对滞后于犯罪本身形态的发展。但面对日益严峻的侵犯公民信息犯罪形势，最高人民法院、最高人民检察院和公安机关仍然作出了积极有效的反应，及时为人民群众维护合法权益，保障人民群众的信息安全。具体出台的法律、政策很多，如2013年就率先发布的《最高人民法院、最高人民检察院、公安部关于依法惩处侵害公民个人信息犯罪活动的通知》，而集近几年打击手机网络为途径侵犯公民信息犯罪的成果于一体，最详细具体、操作性最强的是《最高人民法院、最高人民检察院关于办理侵犯公民个人信息刑事案件适用法律若干问题的解释》。

二、现阶段侵犯公民个人信息行为的特点

1. 犯罪方法通过互联网传播，源头难查，即难以根除

今天的侵犯公民个人信息犯罪主要的流程是“供方批量窃取—经中间人传至或直接传至需方—需方根据需要实施违法或犯罪行为”。但这三步中尤其是第一步的技术难度原先是非常大的，只有熟练掌握高新技术的专业黑客才能做到，现在却变得非常小。因为窃取公民个人信息的犯罪方法在互联网上即使已经被政府以关键词等方式屏蔽，仍然因为其成本极低（释放网页、弹窗甚至不需要传统小广告“牛皮癣”的印刷成本）而抓不胜抓，层出不穷。这样明目张胆地传授犯罪方法的犯罪行为，因为网络特有的隐名性和隐蔽性，仅凭公安机关难以逐个有效打击（因为有些传授犯罪方法的犯罪分子和所使用的服务器在国外）。

2、具备窃取公民个人信息功能的软件易获得、易操作、易扩散

如今的互联网犯罪已经不再是“高智商犯罪”“高科技犯罪”的同义词。无论用百度还是其他搜索引擎，随手一搜，不仅“肉鸡（黑客对受害用户的俗称）逮捕指南”“黑客初步”等“教学”流程就成千上万地跳出来，配套软件也能同时顺利下载。操作者根本不用懂得黑客技术，只要远程付钱或输入密码，然后按要求操作，有初中文化甚至小学文化即可胜任。又由于手机与互联网密不可分，普通用户的银行卡、支付宝密码等直接关联财产的信息就通过手机传播，而不是传统互联网信息那样，通常不涉及现实中的金钱支付。这就给犯罪分子盗取银行卡、微信、支付宝等账号密码提供了极大的可乘之机。而当今的大陆普通居民因为顾及资金安全就不使用手机付款，不用手机注册任何进行经济活动的网站（如淘宝、京东等电商、物流）几乎是不可能的。

3. 犯罪分子通过互联网联系，通常互相之间不认识，不见面，难以顺藤摸瓜，一网打尽

普通的犯罪团伙因共同的不正当利益、“攻守同盟”的需要，必须在同伙之间建立信任。这就首先需要同伙之间相互熟悉、深入了解，至少熟悉同伙的体貌特征、口音等。但互联网上对公民个人信息的“窃取信息—传播（出售）至需方—实施犯罪”的流程完全可以通过QQ、微信、电邮、专门配套软件等互相不见面的方式进行，虽然犯罪过程环环相扣，在某些电信诈骗频发地区甚至已经形成了灰色产业链，但犯罪分子之间出于“自我保护”而几乎没有社交联系，既不互相见面，也不互相通话。就算公安机关抓到了其

中任何一个环节的犯罪分子，也难以像打击传统犯罪一样顺藤摸瓜，一网打尽。尤其是，互联网信息具有被删除后无法恢复、不留痕迹的特性。一旦犯罪分子听闻风吹草动，毁坏数据，犯罪证据也就消失了。这给定罪量刑也造成了很大困难，甚至有可能导致部分犯罪分子逃脱法律制裁。

4. 社会大众法律意识淡薄，对受害人个人而言调查取证困难，维权能力弱，犯罪成本过低

时至今日，公民个人信息的被窃取已经是一个相当普遍的问题。几乎每个手机用户每天都要接到好几个能够对自己指名道姓、对自己的性别、家庭住址、电话号码了如指掌的陌生来电，其中广告推销、骚扰、冒充银行推销无抵押贷款业务（违法高利贷）不一而足。这无疑是个人信息被窃取的结果。但是即便个体公民已经知道自己的个人信息被窃取了，打电话的人也很可能就是利用公民个人信息企图实施违法犯罪团伙成员或者为合法经营活动而非法购买、收受公民个人信息的违法行为人，可是绝大多数人的处理方式仍然是一挂电话了之或者屏蔽了之，别说是打110报案，就是用手机管家、手机助手等软件标记一下“骚扰电话”“违法犯罪”的都不多。一方面是大众维权意识较差，另一方面也是大众无法查到该电话的来源，无法确认到底是谁泄露了自己的个人信息。只要银行卡暂时没有被盗刷，经济利益暂时没有受侵害，普通人也很难抽出时间请假跑公安局派出所报案做笔录。由于侵犯公民个人信息犯罪的普遍性和“小”危害性，导致社会受害人虽然很多却是一盘散沙，无法团结起来对打击犯罪构成合力，也无法协助公安机关侦破类似案件。而打击不力又进一步促使犯罪分子有恃无恐，因犯罪成本过低而更加猖獗地犯罪。如果放任其发展，则会造成不可设想的严重后果，对整个社会公民的财产和人身安全是极大的威胁，甚至可以说是埋下了数亿个“定时炸弹”。

三、切实保护公民个人信息，严惩相关犯罪的新方法探究

窃取、传播、贩卖公民个人信息的违法犯罪行为，造成的危害远远不止信息被违法犯罪分子出售的售价，更不止于某一次购买信息的买方具体实施的某项、某类犯罪，而是一直有能力随时威胁被侵权公民的人身安全和财产安全。例如，任何一个公民的身份信息被盗用，也许犯罪分子只是用他的个人信息来伪造银行卡，但只要个人信息已经泄露，在网络上流传过，就随时可能被躲在网线另一端的犯罪分子再次下载、传播、利用。而2018年我国光是4G手机用户就已经达到10.5亿[①]，除去学龄前儿童和高龄老人之外可谓是“全民皆网”“人手一机”，被盗窃的个人信息总量已经成为海量，侵犯公民个人信息犯罪实际上已经成为危害公共安全的毒瘤。

1. 利用人工智能和大数据技术，根据软件上传的数据记录摸排异常账号、用户

当今普通消费者使用的，在使用年限内的手机基本全都是2011年后生产的智能手机，而智能手机通常都下载有“手机管家”“手机助手”等防骚扰、防泄密软件。如果一个电话被多个用户多次标记为“骚扰电话”“诈骗电话”“广告推销”，则可能会被自动屏蔽。这些同样通过互联网传播的数据如果能够跟公安机关的接警平台相连通，则平台可以实时锁定可疑的电话号码，顺藤摸瓜进行侦查。这也是大数据时代的道高一丈，我们

① 国务院办公厅：《工信部：4G用户总数达10.5亿 占手机用户数的72.2%》，载http://tech.qq.com/a/20180425/015948.htm，2018年5月5日访问。

应该充分利用互联网技术，将一盘散沙的手机用户 / 受害人用信息技术连接起来，变为协助公安机关侦破案件打击犯罪的无边民力。

2. 公安部门可尝试开发移动数据终端、软件，实现每个普通互联网用户与公安部门的信息沟通与联动。

在互联网时代，为了顺应信息社会发展的大趋势，公安部门可以开公众号、微博，自然也可以考虑开发办案的相关软件。如果对于涉嫌违法的行为频发（许多从互联网上买来窃取个人信息之后实施电信诈骗的团伙都是每天几千个电话疲劳轰炸）、每次 / 每人经济损失为微额甚至“无额”的案件，每个人都去公安局报案一次，对公安民警和普通受害人都不经济。即使是按照现行主要互联网互通渠道在公安派出所的微博下、微信号上留言，也因该载体本身的局限性导致信息芜杂无序，没有针对性，难以起到精确锁定目标的效果。但如果公安机关有专门的软件可以供每个受害群众实名制登录后填写报案信息，即时以手机网络为媒介发送，则公安部门的终端系统中即可显示出信息被窃取的实际情况和规律，让公安机关及时掌握第一手资料，随时掌握最新情况，对打击犯罪有百利而无一害。

3. 加强法制宣传，严格刑事责任，威慑潜在犯罪分子

《最高人民法院、最高人民检察院关于办理侵犯公民个人信息刑事案件适用法律若干问题的解释》的立法精神对于侵犯公民个人信息犯罪的态度是非常明确的，就是从重从严打击，以威慑潜在的犯罪分子，从源头上遏制犯罪。即使非法获取他人个人信息未曾获利的，数量达到标准，照样要判刑。因为这不是单一的逐利性犯罪，其危害也绝不仅仅是窃取个人信息后卖出去所得的获利，而是严重危害了社会管理秩序，威胁到了每一个公民的人身安全和财产安全。《最高人民法院、最高人民检察院关于办理侵犯公民个人信息刑事案件适用法律若干问题的解释》也十分具有针对性：“出售或者提供行踪轨迹信息，被他人用于犯罪的”；“造成被害人死亡、重伤、精神失常或者被绑架等严重后果的”都属刑法第二百五十三条第一款规定的‘情节严重’”。在此之前，律师、记者等本应遵守职业道德职业操守的人员利用互联网论坛、微博等媒介故意泄露刑事案件被害人姓名、现住址等个人信息的行为 [如“李双江之子李某某强奸案”中的被害人杨某的个人信息于 2013 年夏被李某某的委托律师在微博上公开；2018 年 1 月 30 日《新京报》、澎湃新闻记者将轮奸案受害人、未成年人汤兰兰（化名）的真实姓名、户口信息公开对全国报道，名义是“寻找汤兰兰”。事发后 2 天，澎湃新闻又在澎湃新闻客户端删除该新闻，令泄露信息的记者名字无法查证。“滴滴出行”公司的“滴滴顺风车”后台违法搜集客户私人信息，定点标注，并在客户完全不知情的情况下将信息提供给司机共享。司机的审查又极度不严格，用假名假证件假年龄、有犯罪前科、吸毒者也可当专车司机，在轻而易举地挑选出目标受害人后即可精准地实施犯罪。2018 年 5 月初突发的“21 岁空姐遇害案”不过是冰山一角] 无论多么违背基本的职业道德和社会一般伦理，都只能被舆论道德谴责，却无法进行司法追究，毕竟受害人无法顶着巨大的精神压力和社会压力站到公众面前起诉侵权方侮辱罪。旁观的许多没有道德底线、没有职业操守的媒体从业人员也因而大胆效尤，以受害者的隐私乃至可能是生命为代价为自己博取“流量”“眼球”。现在相关司法解释已经出台，明确了刑事责任，也是对侵权人和潜在侵权人的重大警告。相信在《中华人民共和国刑法》第 253 条、《最高人民法院、最高人民检察院关于办理侵犯公民个人信息刑事案件适用法律若干问题的解释》等相关立法的规范下，在公安机关的严厉打击下，在社会各界的配合下，在互联网技术的助力下，侵犯公民个人信息的刑事案件将会得到有效遏制，还广大公民一片法治的蓝天。

从"绿皮火车"到"高铁快车"

——人工智能介入审判工作可行性研究

郑新星　柯　力*

一、可能性与必然性分析

"如果说2016年是人工智能发展元年，那么今年则是人工智能在各个领域、各个行业落地之年。未来5到10年，人工智能将像水和电一样无所不在，将进入教育、医疗、金融、交通、智慧城市等几乎所有行业，一个全新的'人工智能'时代正在到来。"全国人大代表、科大讯飞董事长刘庆峰在接受记者采访时表示。① 可以说，人工智能技术介入审判工作既是大势所趋，又是最高人民法院提出建设"智慧法院"，打造人民法院信息化3.0版对全国各级法院提出的要求。

（一）当前人工智能发展的成果和趋势

2016年云计算、大数据、积层神经网络、深度学习带来的人工智能展现在大众面前。随着技术的突破，成本的下降和应用的普及，人工智能开始从实验室走进我们的生活。首先，商业巨头纷纷开启人工智能时代：谷歌公司运用现代科技提供的庞大计算能力，加之以互联网提供的围棋大数据，将传统的蒙特卡洛树搜索与深度学习结合，研发出的AlphaGo机器人击败了人类的顶级高手；特斯拉公司升级了Model S的固件，在路况简单、视线良好的情况下，用户可以放开方向盘，不管油门与刹车，让该系统自行决定；百度公司研发的语音识别技术被麻省理工学院列入2016年十大突破技术。其次，技术进步让人工智能水到渠成：科学家尝试异构计算，用强大的运算单元与传统CPU结合，促成了GPU通用计算的发展，GPU转到计算领域，提供了同等工艺功耗限制下数十倍的计算能力。谷歌的AlphaGO、百度的神经网络都是基于GPU通用计算的。此外，互联网和大数据也功不可没，海量语音数据、图片，甚至人们的驾驶习惯和工作也都在被数字化，被互联网收集。再次，人工智能真正走进普通人的生活：iPhone7的双摄像头合成效果使用了人工智能的机器学习，可以通过训练来实现更准确的参数设置，拍出效果更理想的照片；人们每点一次外卖，用一次打车软件，背后都是人工智能根据大数据为用户选择的司机、规划的线路。人工智能距离我们是如此之近，触手可及。计算能力的爆发与大数据技术的深度应用，让人工智能传统上不可能实现的算法成为可能，引领了这次飞跃。

---

* 郑新星、柯力，厦门市翔安区人民法院。

① 《中国电子报》2017年3月17日第005版。

（二）必然性分析——“智慧法院”建设不可或缺的部分

从全国法院层面来看，人工智能以及智慧法院等概念已经在多个场合被多次提出。2015 年，最高人民法院首次提出“智慧法院”的概念，在刚刚过去的 2016 年，相关部署工作紧锣密鼓地展开：2 月 25 日，周强院长在最高人民法院信息化专题讲座中清晰地提出智慧法院的宏伟蓝图，发布了人民法院信息化 3.0 版建设规划；随后“法信——中国法律应用数字网络平台”上线，天平司法大数据有限公司宣布成立；11 月召开的第三届世界互联网大会上，发布了《乌镇共识》，描绘出智慧法院的美好愿景。周强还在现场谈到，在全面信息化的基础上，最高法将积极推动人工智能在司法领域的应用。“首先我们要开发人工智能，把 AI 技术同审判执行工作紧密结合起来。现在同案类推都是为人工智能的发展奠定基础。下一步就要通过算法，来全力推动人工智能在司法领域的应用。”不难看出，在未来数年中，人工智能在智慧法院建设中力度会原来越大，节奏也会越来越快，覆盖面也会越来越广。从技术和应用层面来看，正如上文中提及的，2016 年的种种大事件以及人工智能技术在日常生活领域的成功应用，充分证明了其已经具备了被推广运用至审判工作的条件。构建跨界的思维，突破传统的惯性思维，实现审判工作全方位、全时空、多维度的发展已经成为不可逆转的大趋势。

（三）可能性分析——全国法院使用人工智能技术的范本

令人欣喜的是，一些地区的法院结合各自的审判实际，经过不懈的探索研发出了具有当地特色的人工智能系统，成了第一个吃螃蟹的人。2016 年 9 月，浙江省高级人民法院举行新闻发布会对外宣布，将在全省 105 家法院全面上线智能语音识别系统。该系统由阿里云人工智能 ET 提供技术支持，能够快速、准确地完成庭审记录，承担起“书记员”的角色。据阿里云方面介绍，ET 具备智能语音交互、图像、视频识别、交通预测、情感分析等技能。在听写方面，他曾凭借这一技能，打败过全球中文速记亚军。2018 年 5 月，上海法院 12368 诉讼服务智能平台开通，该平台依托“上海高级人民法院司法知识库”，在人工服务的 8 小时之外，为民众提供 24 小时全天候的智能服务。它不仅能语音播报立案时间、开庭时间、书记员姓名、承办法官办公电话、法院办公地址等，还能回答提问，回答正确率超过 90%。同样在 2018 年 5 月，重庆市高级人民法院与百度签署智慧法院建设战略合作协议，双方将从融合百度搜索、语义分析和机器学习等三大领域推进智慧法院探索应用。对法官、原被告等各方的语音内容自动实时识别成文字；合议庭评议采用音字转换智能系统，替代传统人工输入，实现实时会议记录。这样既能提高庭审效率，又能减轻一线法官、书记员的办案负荷。犯罪嫌疑人的语音内容能自动实时识别成文字，合议庭评议可进行实时会议记录。

二、人工智能服务审判工作的具体应用

近年来，人工智能技术在全国范围内开始逐步介入审判业务，本文选取语音识别、人脸识别等具有代表性的技术进行具体阐述。

（一）语音识别技术

语音识别技术，也被称为“自动语音识别”（Awtomatic Speech Recognition，以下简称

“ASR”），其目标是将人类语音中的词汇内容转换为计算机可读的输入，如按键、二进制编码或者字符序列。与说话人识别及说话人确认不同，后者尝试识别或确认发出语音的说话人而非其中所包含的词汇内容。

修订后的《最高人民法院关于庭审活动录音录像的若干规定》第8条规定以庭审录音录像替代法庭笔录，这意味着庭审录音录像被赋予与法庭笔录同等的法律效力。该规定第2条第2款规定：“有条件的人民法院可以在法庭安装使用智能语音识别同步转换文字系统。”除此之外，第6条在第2条规定的基础上进一步规定“人民法院通过使用智能语音识别系统同步转换生成的庭审文字记录，经审判人员、书记员、诉讼参与人核对签字后，作为法庭笔录管理和使用”，实际上是赋予了其与法庭笔录同样的法律效力。于是，庭审语音识别系统应运而生。目前，全国各地已有多家公司针法院审判工作设计了专用的庭审语音识别系统。

该系统的主要运行模式如下。庭审前，技术人员在庭审法官、书记员以及各方当事人的庭审电脑上先行安装“庭审智能语音识别软件”。庭审时，电脑连入专有云数据库，使用人只需要点击软件即实现“一键开启”。软件按照审判员、书记员、原被告（或者辩护人、公诉人）预先设置角色，一支麦克风配一个角色，语音文字转换时自动注明发言人角色，有效区分庭审发言对象及发言内容。语音及识别结果实时保存，并依次按照时间顺序实时显示在各方屏幕上，法官及各诉讼参与人可全程观看包括己方在内的所有文字，只要保持正常语速，发音基本准确，系统即可自动转化，还能根据上下文对个别字词进行自动修正，具有很高的准确率。根据发言人的停顿时间超过系统所设定的延时时间，字幕还自动对文字进行标点符号标注、断句、分行处理，最终形成完整的有角色名、有上下文关系的庭审笔录，庭审结束后书记员只需要简单核对、修改即可。在开庭案件中，庭审时法官、原被告、公诉人可直接在各自电脑软件界面、被告人可通过数字法庭大屏幕同步观看文字字幕。

相较于传统的书记员手动录入庭审内容，庭审语音识别系统具有以下几个优势。一是解放法官。上诉案件中，二审法官不必再从冗长的庭审录音录像中寻找案件的重点，从庭审智能语音识别系统提供的庭审文字记录中，可迅速定位发言的重点所在，大大缩短了检索的时间，提高了核心事实认定和法律适用的效率，有利于案件之后的调解工作或者判决书的撰写。二是解放书记员。庭审记录和庭审誊录占据书记员的大量时间，庭审智能语音识别系统将庭审记录直接转为文字记录，让书记员从记录工作中彻底解放，书记员拥有更多时间学习驾驭庭审技巧以及裁判文书撰写，为向法官助理的转换提供了充足的准备空间。三是体现公正性。传统的庭审记录完全依赖书记员的智力劳动，难免因为一些因素使得记录的内容出现偏差，不能完全体现庭审记录的全面和客观。而庭审智能语音识别系统从机器的角度原原本本地将庭审发言转为文字，全面完整地再现了庭审各方发言，很好地诠释了客观中立的公正性。

（二）人脸识别技术

人脸识别，是基于人的脸部特征信息进行身份识别的一种生物识别技术。人脸识别技术[①]是一种近年来才流行起来的生物特征识别技术，通过计算机外设对人脸信息进行采

① BARON R, Mechanisms of human faeial recognition, *International Joumal of Man Machine Studies,1981*,15:137-178.

集、分析、比较，从而准确快速辨认人脸对应的身份。随着互联网技术的兴起，人脸识别技术得到了广泛的推广与应用，尤其是在人机交互、安全监控、视频会议等各个领域应用甚广。其工作原理是通过摄像机对人脸部进行跟踪侦测，放大处理脸部影像，针对脸部信息进行数字化转换，最终通过算法获得特征值，进入系统库进行比对，获取人员身份信息。

人脸识别技术在近年来受到各界的高度重视，已成为图像分析和处理中领域成功的应用之一，既有海康威视、大华股份这样的大型安防监控企业投入研发，也有银晨、汉王等大量智能化企业不断推进各种应用，更有谷歌、腾讯、百度等核心算法开发企业推动技术革新。国家和行业标准委员会也制定了相关的标准和规范，如《GA/T 922.2–2011安防人脸识别应用系统》《GA/T 1093–2013 出入口控制人脸识别系统技术要求》《GA/T 1126–2013 近红外人脸识别设备技术要求》《GA/T 1212–2014 安防人脸识别应用防假体攻击测试方法》和《GA/T 31488–2015 安全方法视频监控人脸识别系统技术要求》等，人脸识别的技术规范体系不断健全。2018 年年初，浙江省高级人民法院与浙江省公安厅建立公安机关协助法院查控被执行人机制，借助公安机关的人脸识别系统，在人流密集场所查找被执行人；与省高速交警总队建立高速公路协助控制被执行人车辆机制。

诚然，全国范围内鲜有法院将人脸识别系统介入到审判实务中。人民法院审判领域对于人脸识别技术来说虽然还是一片尚未开垦的处女地，但也是一块值得深挖的富矿，主要体现在以下两个方面：

一是在安检方面。近年来，社会矛盾纠纷以诉讼的形式涌入法院的趋势不断上升。全国各地法院已多次发生当事人携带各类危险物品，干扰司法秩序等恶性突发事件，有些甚至造成了严重的人身、财产安全事故。因此，当前人民法院安检岗位的重要性越发突显。利用人脸识别技术，将所有案件当事人、信访当事人识别出来，并按照有关案件矛盾纠纷的程度等把重点人员分成几种级别。根据不同警戒级别制定相应的应急预案和实时处置措施，实时提醒安检岗法警，便于法警对人员安检区别对待。对于有用暴力、言语辱骂等非法方式破坏正常审判秩序，或是被法官或书记员标记为"需重点关注"的当事人，人脸识别系统一旦检测其出现在安检岗，则可以立即启动相关预案，化被动安检工作为主动作为，既保障了法院工作人员的人身安全，又有利于将可能的恶性事件消除在萌芽阶段。

二是在诉讼服务方面。为了便民，需要提供许多当事人自助的服务。但如何审核当事人身份一直是个难题。法院可以和公安部门在身份信息等资源上进行共享，进而可以利用人脸识别技术，配合身份证或其他证件识别技术，实现当事人身份验证。该技术的投入使用一来可以大大减轻当事人的讼累，进一步节约诉讼成本；二来可以配合实现裁判文书自助打印、裁判文书生效证明自助打印等诉讼自助服务功能实现刷脸一条龙服务，真正使得智慧法院走上快车道。

人脸识别的一个重要环节是人脸模板库的建立，这需要人民法院在工作的各个环节同步进行；同时，人民法院所使用的信息管理系统，需要与基于高清数字监控的动态视频人脸识别算法对接。在立案环节，对于立案人员，只要刷过身份证件，其照片就会被提取出来，与人脸识别的结果匹配，录入系统模板库，同时展示于立案人员的案件信息系统中。而信访工作人员则可以在信访接待时，将尚未录入系统的信访相关人脸资源通过信息系统录入系统模板库。律师的人脸识别模板库建设，可以在安检的律师专用通道进行，每次律师使用律师证进入法院的时候，安检系统应可以自动抓取人脸信息，与律师证信息相匹配。

三、配套机制的建立和完善

然而，人工智能并不意味着无懈可击，其本质作为一种机器依然有其不可避免的缺陷和漏洞，要想应用好人工智能，就需要建立健全恰当的配套机制，让比机器更加聪明的人脑来主导机器，让人工智能技术更好地服务审判工作。

（一）智能语音识别配套制度

一是充分发挥法官助理的作用。最高人民法院在《人民法院法官助理管理办法（征求意见稿）》中明确规定，“法官助理应当履行审查诉讼材料，提出诉讼争执要点，归纳、摘录证据的职责”。在该管理办法规定的十二个职责中上述条款居首位，可见该项工作是法官助理诸多职责当中的抓手。鉴于庭审语音识别系统在应用中存在的问题，法官助理的作用必须得到凸显。比如，在真实的庭审过程中，各方当事人在语言表述的时候都带有很多口语化、情绪化乃至重复的、言不达意的语句。故而智能语音识别的结果文字，存在篇幅较大、不够精练、较为没有条理性等问题，在随后的工作中也会增加法官的阅读量。因此，由庭审语音系统自动生成的庭审笔录经过法官助理的精加工，成为更加简明、扼要的争论点归纳提纲后再移交主审法官，不仅能为法官在关键事实认定以及法律适用上提供更加优质的资源，而且能够有效锻炼法官助理在庭审各环节的实操能力，让法官助理在案件审理中“刷”出存在感，以在各方面做好晋升法官的准备。

二是建立专用词语库。一方面，要提高专有名词的识别率。由于语义所限，智能语音识别系统引擎对于当事人姓名之类的专有名词、司法环境下的特定用语等词组的识别率较低，影响最终文本的准确率。为此，除了在云端词库尽可能多地检索和储存词汇之外，在案件开庭前可以提前导入案件起诉状等卷宗内容，在司法辅助人员的操作下，让人工智能引擎进行提前学习，自动抓取专有名词与诉讼用语，以便在真实庭审环境下准确使用它们，进一步提高系统识别率。另一方面，要适当增加方言词库。由于各地发展不平衡，许多当事人不能熟练地使用普通话进行交流，若法官不能掌握当地方言，将会给庭审带来一定困扰。因此，各地法院可以根据实际情况，在云端词库中增加方言词库，提前导入日常用语、庭审中的常用语以及可能在提升中出现的词语，增加系统识别方言的能力。

三是强化硬件保障。由于庭审笔录是法官审理案件的重要依据，因此该语音识别系统从录音设备、到后台处理都不具备很高的容错率。首先，录音设备应当选取高保真设备，提取高质量语音信号；其次，要确保法庭良好的隔音环境，录音素材不被外界的杂音所掩盖；再次，要保障好设备的运行，提前做好因断电、电脑死机等有可能引发的系列问题预案；最后，要加强保密信息管理，对于不适合公开开庭审理的案件，在使用庭审语音识别系统后要做好录音素材和有关介质的管理工作。

（二）人脸识别配套制度

由于人脸识别系统所对应的部门一般是法院的窗口部门，这就不仅要求人工智能系统要有快速准确的反应，更要求相关部门建立完备的应对机制，以更加高效的方式化解矛盾纠纷。

对于该系统的配套制度，应该着重研究以下几点：一是要建立人脸识别信息库专门维护团队。该团队由政工、信访部门工作人员构成，主要负责定时对有关信访人员等重点关注人员的信息进行更新。对于通过释法说理成功化解矛盾的当事人，要及时移出重点关注人员名单，以便对其办理其他案件产生不便；对于多次试图以非法方式破坏法院工作秩序甚至有伤害法官行为的人员，应当提高预警级别，切实保障法院工作人员安全。二是立案部门要设立联动机制。一方面，当系统识别到高预警级别人员进入法院之后，该信息要立即共享到法警队，让其充分做好准备，预备警力面对可能发生的突发状况。另一方面，人脸识别系统要和该当事人有关案件形成信息共享联动，信访工作人员能够详细掌握有关案件的情况，使得在接待当事人时能够从容应对，疏解好当事人的情绪，引导他们以合法途径反映诉求。三是要建立回避机制。对于涉及本院工作人员的案件，由审判管理部门确定回避机制的适用。对于系统自动提醒的涉及本院工作人员案件，立案工作人员需立即上报审判管理部门，确定该案件是否适用回避机制。审判管理部门确定适用回避机制的，根据诉讼法的相关规定，提起回避流程。审判管理部门确定不适用回避机制的，案件按常规流程办理。四是要加大警务保障力度。法警队要建立应急处突小组，针对突发性、群体性事件提前做好工作预案，并有计划地进行模拟演习、技能素质训练等，切实提高干警应对突发情况的能力。同时，要加强规章制度的学习，在维护法院正常工作秩序的前提下，保障好当事人的合法权益，进一步规范言行举止，展示法院干警的良好风采。

结语

人工智能技术介入审判工作确实能够实现解放“人手”的目标，但是，“智慧法院”建设的终极目标是形成超越个人智慧，从而成就更高程度的大智慧。“智慧法院”建设是一项具备创造性的高难度工程，不能仅仅依靠简单“买技术”或者工程外包解决，它更不是“人工智能＋审判”的简单叠加。要建设好“智慧法院”，真正让科技融入审判工作形成智慧的乘积效应，关键要发挥人的作用，充分调动每一位法官、法官助手、书记员以及审判辅助人员的聪明才智，用不同学科的思维联合公关，把各自掌握的知识融入建设“智慧法院”的大需要中去。

审判管理信息化的成效评估与问题探讨

郭顺强*

公正和效率是人民法院永恒的工作主题，提升司法公信力是人民法院司法改革的终极目标，人民法院的所有改革应该服从、服务于这个主题、这个目标。新一轮的司法体制改革以司法责任制改革为"牛鼻子"，核心在于落实"让审理者裁判，由裁判者负责"，让法官拥有独立裁判权力，让法官对裁判负责，努力让人民群众更加信赖司法。这一核心改革完全改变了过去"人盯人"、粗放式、事后性、行政化的审判管理模式。与此同时，信息技术日新月异，在最高人民法院的强力推动下，人工智能、云计算、大数据等技术被引入司法改革领域，为审判管理提供了新的思路和路径选择。

一、司法责任制改革对审判管理信息化的需求

（一）解决人案矛盾

司法责任制改革中最举足轻重的一项改革是实行法官员额制，该制度重新界定了法官的职业要求，通过严格的选任把审判权重新赋予不高于法院政法编制数39%的人员。这项改革客观上减少了办案法官的数量，让案多人少的问题变得更加突出。在增加人员的老路已经走不通的情况下，借助信息化的手段处理审判辅助性事务，以减轻法官的事务性工作负担，已然十分必要而且迫切。

（二）监督服务裁判

司法责任制改革取消院、庭长的案件审批权，法官可以独立自主地根据事实和法律作出裁判，其他意见不再"堂而皇之"地进入裁判意见系统，审判权力集中于法官身上，必须采取有力的监督手段避免法官权力恣意、权力任性，造成司法腐败，陷入"一管就死，一放就乱"的改革怪圈。同时，少了院、庭长对案件的"把关"，如何确保法官所作的裁判是公正的，需要为法官裁判提供必要的支持。运用信息化手段让审判流程各个环节可监督，通过大数据分析技术建立类案检索系统为法官裁判提供参考，从而让法官裁判更加公正合理。

（三）深化司法公开

阳光是最好的"防腐剂"。拓宽司法公开渠道，让公众更加了解司法运行状况，并以此来监督法官更加审慎行使权力，是司法责任制改革十分重要的内容。另外，案件审理过程形成的审判信息实际上是法院和诉讼参与人共同形成的，诉讼参与人参与、影响审

---

* 郭顺强，湖里区人民法院。

判管理既是司法公开的要求，也是“最有效监督审判管理的方式”[①]。因此，必须借助信息化手段建立更加便捷、高效的通道，在诉讼参与人与审判信息管理者之间建立起通畅的渠道，促进审判权力的运行在更加公开透明的空间中进行，以公众的参与和监督来提升司法的公信力。

（四）提升管理水平

司法责任制在弱化院、庭长的微观管理的同时，要求强化法院的宏观审判管理。传统的审判管理所沿用的案件信息“情况生成—分析因果—提出策略”的模式具有滞后性，已经很难适应新的审判管理需要。审判管理必须按照数据的收集—存储—分析—输出的轨迹进行流程管理[②]，数据收集的对象从静态数据变成了动态数据，这样才能及时发现并解决审判管理中出现的各种倾向性、苗头性问题，让审判管理更加精准、科学。

二、当前审判管理信息化建设情况

近年来，在最高人民法院的统一部署和强力推动下，各地法院以问题为导向、以需求为导向进行了广泛的实践，在推动司法责任制落实、提升司法公信力方面做出了积极的探索。具体地说，大概有以下几类：

（一）诉讼服务类

传统的审判管理模式下，法院是审判信息的“供给方”，法院与当事人及其诉讼参与人的信息不对称、沟通不及时，法院对公众的需求回应不够，对于公众接受理解司法裁判造成损害。在司法责任制改革背景下，法院管理从传统的科层制管理模式变成了扁平化的管理模式，法官与当事人及其诉讼参与要建立基本的信赖，信息沟通及时、准确变得更加重要，因此必须调整理念，建立起以公众需求为导向，诉讼参与人与审判管理者之间“上下互动，彼此协商”[③]的新型关系，使得审判管理更加人性化。“互联网 +”理念的推广普及，不仅为提升法院的诉讼服务水平提供了技术支持，而且提高了公众参与诉讼活动的效率。近年来，各地法院积极探索建立“互联网 + 诉讼服务”模式，线上诉讼服务平台可以通过互联网、移动通信、手机 APP 向当事人提供立案咨询、诉讼指导、在线缴费、诉前调解等服务，可以向当事人及其他诉讼参与人推送案件开庭时间地点、合议庭组成人员、诉讼权利义务告知书等案件相关信息，可以向当事人及其诉讼参与人推送案件审理进度、案件审结情况以及相关的法律解释等等。在传统的诉讼服务模式下，当事人及其他诉讼参与人几乎都是被动参加诉讼，对于诉讼活动的预知程度不高，容易产生“不可预期”的诉讼焦虑。而在互联网模式下，当事人及其他诉讼参与人通过便捷的途径可以学习到诉讼法律知识、接受诉讼辅导、了解诉讼过程，从而更加积极地参与诉讼。同时，围绕“互联网 + 诉讼服务”所搭建的数据交换平台，实现各类业务数据进行汇总、交换、共享、传输、校验，完成数据的统计建模、辅助决策、集中展示，为网上自动生

① 江必新：《国家权力科学管理视阈下的审判管理》，载《法律适用》2017 年第 5 期。

② 刘越男等：《大数据情境下政府治理研究进展与理论框架构建》，载《图书与情报》2017 年第 1 期。

③ 刘强强、石乾新：《大数据背景下的治理现代化：何以可能可以可为》，载《大数据》2016 年第 2 期。

成司法统计打下基础，为领导决策提供数据服务。[①]

（二）审判辅助类

审判工作的主体是法官。为法官裁判提供更加智能、便捷的服务，以缓解司法责任制带来的审判责任和法官员额制、立案登记制改革带来的案件增长“双重压力”，是审判管理的重要目标之一。近年来，各地审判管理信息化建设在辅助、保障法官行使审判权方面做了积极的努力。具体包括以下几个方面：

1. 送达排期辅助系统

司法实践中，“送达难”始终是制约审判质效的一大难题。传统送达方式难度大、效率低、成本高，越来越难以适应快节奏的办案要求。为此，有些地方法院总结传统送达方式的弊端，在符合诉讼文书送达相关法律规定的前提下，结合当事人、法官及法院管理部门的需求，自主开发诉讼文书送达辅助系统，以提高送达的效率和准确率。送达辅助系统不仅提供了完善的电子送达方式，最重要的是它有效融合了各种数据，将电子地图、数据关联、数据跟踪等技术结合进来，既节约了送达成本，还提高了送达的成功率。此外，随着案件越来越多，如何更加科学有效地排期开庭，也成为法院管理的一项重要内容，有些法院将文书送达和排期开庭结合起来，将排期开庭纳入信息化范围，为避免排期冲突、合理安排法官的开庭与请休假、培训等工作提供了帮助，提高了法庭的使用效率。

2. 庭审语音识别系统

庭审记录是庭审的重要组成部分。在传统法庭配置中，书记员负责庭审记录。庭审记录要求书记员熟悉案件、注意力集中、打字速度要快而且记录要准确，庭审记录影响着庭审的流畅度和庭审的效率。司法责任制改革以来，随着政法编制的书记员逐步转为法官助理，各地通过购买社会服务聘任的书记员担任法庭记录，由于其素质参差不齐，有的书记员记录不熟练、不准确，严重影响了庭审的效率。如何确保既准确又快速地记录庭审的整个过程成了提高庭审效率的关键。在这种背景下，苏州中级人民法院在科技法庭的基础上，引入语音识别技术。“经过庭审应用，庭审笔录的完整度达到100%，个案学习后疑难复杂案件识别正确率达95%以上，庭审暂停现象基本消除，法庭调查、法庭辩论等环节流畅度显著提升，庭审时间平均缩短20%~30%，复杂庭审时间缩短超过50%。”[②]

3. 文书写作辅助系统

文书写作是法官的核心工作，甚至可以说是整个法院工作的核心。文书写作需要投入大量的时间和精力。在司法责任制改革背景下，法官人均办案量越来越高，法官有限的精力必须集中于裁判这个核心事务，否则难以应对那么多的案件。而且，实际上，文书写作的最核心部分是事实认定和释法说理，除了这两个部分以外，其余部分文书的写作实际上尚有减少法官工作量的空间。为此有些地方法院开发了撰写裁判文书的辅助系统，一是推进电子卷宗建设，利用OCR识别技术实现系统自动生成“本院认为”以外的文书内容。据统计，80%的文书里面80%的内容有办案系统一键生成，减少法官案头的工作量达到30%以上。[③]二是搭建法院文书自动生成系统，按照法律规定和最高人民法院的诉讼文书制作标准，为立案、审判、执行法官分类预置了上万份文书模板，方便法

① 卢文丽：《信息化引领改革　促进“四提升”》，载《中国审判》2015年第8期。

② 林子彬：《审判如何“智慧”　苏州这样装“科技大脑”》，载《人民法院报》2016年12月25日。

③ 蔡春华：《人民法院彻底告别人工统计时代》，载《法制日报》2017年3月7日。

官、审判辅助人员在简单修改后形成正式法律文书，大大减少法官工作量。

4. 智能裁判辅助系统

确保所作的判决合法、合情、合理是法官最重要的工作，也是衡量一个法官司法能力最重要的依据。如何既保障法官能够充分独立行使审判权，又避免同案异判，是司法责任制改革的一项配套机制改革。有些地方法院通过整合分析不同层级、不同类别的案例，具体包括最高人民法院指导性案例、法官本人承办过的历史案例、上级法院相似案例、同级法院相似案例、下级法院相似案例等，运用大数据技术模拟法官办案思维，采用体系化检索的方式，为法官提供检索服务，便利法官快速找到目标案例，同时法官也可以根据本人的工作习惯对案例分类进行个性化设置，系统根据法官设置的优先等级调整推送结果，确保检索出的案例符合法官的办案需要。有些法院开发“同案不同判预警系统”，通过数据分析得出的综合偏离度、同判度等数据，为审判人员提供预警服务，确保裁判公正。

（三）司法公开类

司法公开是监督和制约法官独立行使审判权的有效方式，主动公开司法运行过程及结果并接受群众监督，实现以公开促公正的改革目的。在最高人民法院的强力主导下，中国裁判文书公开网、中国执行信息公开网、中国审判流程信息公开网和中国庭审直播公开网（简称“四大司法公开平台”）相继开通，不仅可以让当事人及其他诉讼参与人及时了解案件的审判执行状况，也可以让社会公众更加便捷高效地接近司法、了解司法，从而发挥司法的示范、指引、教育功能。

1. 裁判文书公开

裁判文书是法院审判工作的最终产品，是法官展示其认定事实、适用法律、作出裁判过程的载体，也是当事人及其他诉讼参与人参加诉讼活动、陈述意见的载体，还是法官接受社会公众监督的“靶子”。裁判文书公开一方面便于人民群众查阅与研究，另一方面则是对法官形成责任倒逼机制，迫使法官努力提高文书的质量和司法水平。

2. 审判流程公开

审判流程公开是法院司法公开的关键，是方便人民群众参与诉讼、保障当事人诉讼权利、满足人民群众知情权的重要途径，也是审判管理的重要手段之一。审判流程公开，一方面当事人可以查询案件的进展，另一方面可以最大限度地促进法官勤勉工作、高效办案。

3. 庭审公开

近年来各地法院将其审理的具有重大社会影响的案件通过微博或其他途径，以图文同步或视频方式予以公开，取得了良好的社会效果。最高人民法院不断推进网络庭审直播，让公众坐在互联网终端设备前就可以犹如亲临现场一样观看庭审，迫使法官必须提高庭审的规范化水平和驾驭庭审的能力。同时，以杭州互联网法院为代表的互联网审判新模式则将狭义物理空间的法庭搬到了互联网空间，进一步实现了案件审理与司法公开的同步推进。

（四）审判管理类

审判信息的数据化为审判管理的精细化和分析决策的科学化提供了基础和可能，随着大量审判信息的数据化，这些静态的、分散的数据经过分析成了具有意义的科学依据，能够为管理决策提供帮助。

1. 审判流程管理

审判管理的重点在于审判流程节点的跟踪、记录、反馈和监督。审判流程节点管理，是根据案件审理程序，对案件的立案、移交、排期、审理、签发、归档等环节进行科学、规范、有序的系统化管理。传统的审判方式中，院、庭长无法全程跟踪、实时知晓案件的进展情况，更无法掌握每个法官的工作动态以及每个案件的裁判结果，审判管理完全处于粗放型管理状态，不利于院、庭长审判管理职能的发挥。信息化手段的运用则能大幅度提升管理的精细化程度，使审判质效的分析评估预测更加科学准确。各地法院出台了一系列通过信息化加强审判流程节点控制的措施和方法。例如，四川法院在办案系统设置办案时限明确流程节点，对案件在审判、执行各个环节的运行情况进行动态跟踪、监控和管理。浙江法院依靠信息化技术建立了全省法院审判、执行两个质量效率评估体系，评估系统具备灵活的信息数据跟踪检测、预警、检索、统计等功能，能自动提示并防止案件信息的遗漏、错录等问题，追溯具体案件直至每一个办案节点的流程信息，实现对各个法院、每名法官直至每个案件的科学量化管理，增强评估工作的针对性、客观性和权威性。①

2. 审判数据分析

大数据技术主要用于司法统计、智能查询和预测建议等方面，其作用不仅能为法院，而且能为党委政府的政策决策提供优质高效的信息服务。最高人民法院开发的大数据分析应用系统，对于法院而言，该系统可以帮助法院寻找审判管理过程中的漏洞，及时调整法院的管理方式，整合法院资源以发挥最大的功效；对于党委、政府、人大、政协而言，司法判决的统计分析，很容易得到样本地区刑事犯罪、民商事纠纷、行政争议焦点等相关信息，从而为政策制定提供数据支持。2016年度，最高人民法院利用该系统形成了40份专题研究报告，为有关决策提供数据基础。

三、审判管理信息化对推动落实司法责任制效果评估

审判管理信息化建设，构建了网络化、阳光化、智能化的审判权运行机制，对法院管理、法官、审判辅助人员、诉讼参与人甚至社会公众提供了更加高效、透明、便民的服务。

（一）拓宽了公众参与渠道，审判权运行更加公开透明

人民法院运用互联网技术，通过诉讼服务网、12368诉讼服务热线、远程接访系统、律师服务平台等信息系统，为当事人提供了便捷高效的诉讼服务，在推动“让信息多跑路，群众少跑腿”上取得了良好社会效果。庭审直播和裁判文书上网让法院最重要的案件审理过程和司法产品全面、客观、完整地呈现在公众面前，最大限度地摈弃了司法的神秘色彩，让公众得以充分了解司法运行的状况、诉讼运行的原理；同时也强化了公众对司法的监督，倒逼法院提高司法水平。而审判流程和执行信息公开平台的建设则可以让当事人及时查询到案件的进度和相关信息，不仅保障了当事人的知情权，拉近了当事人与法院的距离，也让当事人对整个诉讼过程进行即时监督，增进当事人对司法的信赖感。

① 中国社会科学院法院研究所国家法治指数研究中心：《中国法院信息化第三方评估报告》，中国社会科学出版社2016年版，第44~45页。

（二）构建审判辅助系统，有效提升审判执行质效

审判辅助系统的研发，特别是送达排期、文书自动生成、庭审语音自动识别等非裁判核心业务系统的开发，有效地提高了送达、文书打印、庭审记录等的工作效率，减轻了法官的事务性工作负担，为解决“案多人少”的矛盾提供了信息化的解决方案。智能辅助法官办案系统的研发，利用大数据分析技术实现关联案件、参考案例、法律法规等信息的主动推送服务，为法官办案提供个性化、精细化、智能化的服务，有助于法官提升裁判的公正性，提升审判的质效。裁判文书智能分析系统通过对文书要素的解构和大数据分析，能够帮助法官发现人工检查不易查出的逻辑错误、诉讼请求遗漏等实体性问题，提醒法官进行甄别、修正。信息化技术在裁判领域的适用，能够有效减少司法裁判和司法决策过程的不确定性和主观性，完善了裁判规则，促进了裁判标准的统一。

（三）发挥信息技术的作用，审判管理更加科学规范

审判流程节点的信息化，是对审判执行流程的再造，实现了对案件信息的同步采集。在信息技术的运用下，审判执行人员所完成的每一项工作，都将产生的诉讼材料第一时间采集纳入了系统，电子卷宗随案同步生成，庭审实时监控、全程同步录音录像等等，为审判管理提供了基础数据。审判流程信息自动同步公开，生效文书一键上网，流程审批、审限管控、绩效考核等，基本上能将法官办案形成的各种文书材料在平台上完成并同步上传到办案平台，从而形成案件网上流转、网上审批、同步监控、全程留痕的新机制。审判数据同步生成，审判流程全程留痕，法院领导和管理部门便可以实时监控电子卷宗和档案数据，在法院内部实现全过程、全节点监督。同时全流程数据实时生成为司法统计、司法决策提供了有效的数据基础，对案件收结存、审判质效、热点案件、特定类型案件等进行动态分析，更好地服务司法决策和审判管理。

在看到这些初步效果的同时，也必须正视目前审判管理信息化存在的一些问题和不足：

（一）建设规划不一，未来数据融合问题多

信息化建设、智慧法院建设是最高人民法院统筹、地方各级法院参与的重大项目，必须在司法权属于中央事权的整体理念指导下全国法院一盘棋发展。但是，由于缺乏顶层统一设计规划，总体上看，除了统一部署的四大公开平台，其他项目基本由各地自行研发，有的法院审判管理信息化建设起步较早、发展较快、创新较多，已经实现了从立案登记、送达排期、案件审理、结案归档的流程化管理，能够进行全方位、全流程的网络监督；而一些法院信息化基础设施相对薄弱，法院的信息化尚处于起步阶段，所需的软硬件设施配置较低。从项目规划来看，最高人民法院侧重于对外公开的项目建设，对于四级法院审判数据上下联通、审判辅助项目、审判管理项目几乎没有制定统一的规划，或者说没有出台相应的建设标准，由各地各自创新，而审判辅助项目、审判管理项目涉及审判数据的采集、融合、分析、运用，对于审判质效、案件评估、法官考核、审判监督等急需顶层给出建设标准，便于今后全国一盘棋地融合推进。因此，必须解决各地法院信息化管理水平参差不齐的问题，加强顶层规划设计，制定信息化建设的技术标准，甚至要配合信息化的推进，不断推动法院内部管理、审判执行的流程再造。

（二）实用性不强，问题需求调研不够

虽然审判管理包含了服务和监管两个部分，但总体上审判管理的目的不是为了限制法官的审判权，而是为了充分发挥法官的能动作用，使审判权在法定的范围内发挥最大的功效。因此帮助法官减少工作负担是信息化建设必须始终坚持的工作原则。目前法院各自与外包科技研发团队合作，有些科技研发团队没有深入进行调研，对审判执行工作中存在的可通过信息化加以解决的问题探不清，对法院的工作需求摸不透，与需求脱节，研发出来的软件、系统、平台不仅没有减轻负担，反而增加了信息录入等新的工作负担，有些法官认为不好用、不管用，也就不爱用、不善用，系统的实用性打了折扣。

（三）数据无法互联互通，信息孤岛问题突出

就法院内部而言，四级法院的信息还未真正实现互联互通，审判、政务、人事、流程、监察等信息系统各自独立，彼此间数据隔离，既增加了系统用户的工作量，也无法充分进行数据关联。就法院与外部关系而言，全国绝大多数法院无法通过内网访问、检索公安户籍信息系统、企业信用信息公示系统、商标查询系统、国家知识产权专利检索系统，[①] 需要工作人员单独配置外网电脑或前往办公场所查询，信息数据内外联络不通，造成了很大的障碍。网络时代，信息技术手段可批量解决的工作任务却只能按照原有方式，由一线审判人员人工完成，信息技术的普惠作用未能充分释放。

（四）时刻保持警惕，重视数据安全问题

在信息技术时代，数据安全问题十分重要。目前法院系统内外网隔绝给系统研发造成了极大不便，不同系统之间需要在内外网之间进行数据导入导出，增加了工作量。但是倘若内外网打通，各类数据平台汇聚的个人信息为不法分子寻找特定的作案对象提供了帮助，数据平台主要外包给数据服务商建设与运营，数据存在泄漏风险。因此，在整体推进信息化建设的过程中，必须时刻警惕信息安全问题。

四、完善审判管理信息化建设的几点建议

尽管全国法院的信息化建设取得了效果，各地的探索实践为下一步改革提供了不少有益的样本，但必须充分认识到，司法权是中央事权，必须在这个制度框架下坚持全国一盘棋思路，信息化建设必须紧扣标准统一、严格建设的要求，努力使诉讼的过程和结果不因地区不同而标准各异，真正起到提升司法公信力的作用。同时，信息化建设必须坚持当事人、法官需求导向和解决制约司法公信力提升问题的导向，最大限度地发挥信息化的工具价值，为提升审判质效、司法公信做最积极的贡献。为此，建议在以下四个方面完善审判管理信息化建设。

（一）加强顶层设计，完善数据融合

信息化的基础是信息、是数据，目前全国各省都有自己独立的审判管理信息系统，尽

① 简言：《让审判插上翅膀：一线法官需要什么样的智慧法院》，载 http://www.vccoo.com/v/8bxr15，2018年5月17日访问。

管各信息系统的功能大致相似，但技术标准存在较大差距，难以实现数据的融合衔接，各省之间以及各省与最高人民法院之间无法实现技术对接和信息融合。这个问题如果不尽早解决，随着叠加的数据越来越多，今后要实现互联互通的难度更大。因此建议最高人民法院进一步加强顶层设计，一方面确定全国统一的数据采集标准，尽快建立电子卷宗制作标准、文书制作标准、庭审录音录像标准、电子送达标准等，以便全国四级法院一体遵循；另一方面进一步推动全国四级法院之间的信息互联互通，实现信息的融合运用。

（二）加强立法研究，强化制度保障

司法责任制改革和审判管理信息化建设给法院工作带来了翻天覆地的变化，原有的审判管理模式难以为继，但现行的法律、司法解释针对的仍然是传统“人对人”的审判管理模式，对于“点对点”“键对键”新型审判管理模式反应比较滞后，部分法律及司法解释甚至限制了法院信息化建设。例如，《最高人民法院关于适用〈中华人民共和国民事诉讼法〉的解释》第 259 条规定简易程序“经当事人双方同意，可以采用视听传输技术等方式开庭”。也就是说要通过互联网方式开庭必须征得当事人双方同意，如果被告对是否同意未作出回应，就无法采取视听传输技术等方式开庭，这给原告的诉讼便利造成了障碍。而司法实践中很多权利义务关系明确的一审普通程序案件和二审案件中，证据形式多为电子证据，很适合在线进行庭审。但民诉法司法解释这条规定将互联网审理局限于简易程序案件，不利于人民法院对更多的案件采取互联网审判的方式。建议最高人民法院将信息化推进审判方式改革作为一项单独的课题，全方位收集各地信息化建设引起的各类制度问题，进行深度分析研究，及时转化为司法解释，或者提交法律修改意见，巩固法院信息化建设成果，增强法院信息化建设的合法性。

（三）加强安全保障，确保信息安全

审判数据大体可分为两类，一类是法院主动向社会公开，以公开促公信的数据；另一类是法律规定不得向社会公开的涉及国家安全、个人隐私、商业秘密的案件数据。对于不得向社会公开的审判数据的安全问题，这块工作各地法院在研发系统时都会强化数据安全保护，目前也有因为数据泄露引发的重大事故。但随着信息化程度的不断提高，各类系统数据交互、汇聚、提取、使用的广度和深度将越来越大，外包服务团队接触审判数据越来越频繁，甚至可能打破内外网隔断，那么数据安全问题将十分重要。因此，建议最高人民法院出台信息化建设的安全标准，强化各级法院安全技术防护手段，加强信息安全管理。

（四）加强数据分析，辅助科学决策

审判管理的信息化除了能够提升法院审判能力和提升司法公信力之外，还可以为政策制定者提供决策依据。目前最高人民法院和各地法院所建立的数据分析系统和数据统计平台，多是停留在司法统计层面，真正运用大数据分析技术对审判数据进行深度挖掘仍然做得不够，几乎看不到通过大数据分析进行立法建议、出台司法解释、制定司法改革政策的事例。因此建议强化对司法大数据的应用，充分发挥司法大数据的作用，使司法大数据能够为立法、司法解释以及政治决策提供科学依据。

结语

司法责任制改革在当前诉讼服务、审判管理、法官能力等整体转型的背景下进行，信息化为此提供了解决方案和改进思路，也的确正在推动我国法院审判体系和审判能力的现代化。但是，“自动化的资讯处理过程可以取代行政人员的裁量与判断是错误的观点”，[①] 在审判过程中，信息化建设始终处于辅助地位，法官才是审判工作的核心。“让审理者裁判，由裁判者负责”，审判人员不可能放心地将审判权让渡给“机器人”。智慧审判的未来，事务性工作归人工智能，事关经验与良知运用的实体裁判归法官，法官始终居于主导地位。[②]

---

① 江明修、曾德宜:《资讯科技与政府转型：社会建构的观点》，载《研考双月刊》2003年第3期。

② 简言:《让审判插上翅膀：一线法官需要什么样的智慧法院》，载 http://www.vccoo.com/v/8bxr15，2018年5月17日访问。

人像识别系统在警务实战中的建设和应用

曾　鹏[*]

随着雪亮工程及平安城市建设的推进，监控资源遍布城市各个角落，数以万计的摄像头夜以继日、分秒不息地扮演着城市安全的守护者。面对海量的监控资源，如何实现非结构化数据向结构化数据的转化，如何实现图像情报化处理，服务于实战应用成为当前公安工作的一个难题。国务委员、公安部党委书记、部长赵克志强调，要“大力实施公安大数据战略，着力建设智慧公安、打造数据警务，不断推进公安机关社会治理能力的跨越式发展”。各级公安机关正主动拥抱人工智能、车联网、物联网等现代前沿技术，通过科技兴警战略提升公安机关的核心战斗力，将人工智能作为创新发展的强引擎，推动公安工作实现更高水平的信息化、智能化、现代化。

在此背景下，研发基于人像识别技术的图像分析系统已然是大势所趋，但是鉴于人像识别系统的建设难度大、需依赖的基础资源多等现实问题，系统的顺利建设更需要科学合理的规划、相对开放且明确的建设标准，地市一级作为信息化建设的重要环节，既直接面对基层实战单位需求，也对接省厅等上级资源部门，本文以厦门市公安局建设的人像识别系统为蓝本，探讨地市一级人像识别系统在警务实战中的建设和应用。

一、现状问题

近年来，随着计算机处理能力的不断提升以及诸如神经网络等软件算法的持续进步，人像识别技术得到迅猛的发展。在信息化建设深入开展的背景下，现有人像系统建设面临以下问题和需求：

（一）准确性还需提升

随着科技水平的不断发展和提升，人脸识别技术已逐步在各行各业落地应用，然而人脸识别技术受制于外界环境和本身技术特点影响，必然存在漏报和误报的情况，而少量的误报也会给民警在研判中产生大量的工作量，从实战角度如何进一步提升准确性减少干扰因素，提高信息的处理能力减轻民警工作量尤为重要。

（二）稳定性还需提升

人脸识别技术在公安应用上还处于初级阶段，特别是在城市级上千路甚至万路的视频资源并发处理，及千万级甚至亿级的底图库规模下同步计算，比对引擎及系统平台的持续稳定性还有待验证，需要有一定的措施保障系统的稳定性。

---

* 曾鹏，厦门市公安局。

（三）应用场景不够丰富

以人脸识别厂商为主的产品功能相对单一，目前主要以1 ∶ 1及1 ∶ N的应用为主，无法有效满足公安各业务警种新技术的探索和应用，亟须将人像识别技术与公安业务场景进行更为紧密的结合，拓展人像识别技术在公安领域的应用场景。

（四）系统趋于封闭，不利于后续发展

传统的项目建设模式通常采用单一引擎算法，在扩展性、服务需求和价格上受制于单一算法厂商，系统生态趋于封闭，在面对上级及同级其他地市的人像系统时，往往会因为特征值不一致及相似度无法进行有效的归一化从而碰到瓶颈，长期来看封闭必然带来落后。

此外，人脸识别技术发展迅速，如何始终保持平台技术的领先性、可扩展性都是系统建设将面临的问题。

二、以业务应用为核心，理清系统建设思路

（一）加强顶层设计，紧盯系统建设目标

建设人像识别系统是为了通过人工智能和大数据技术相结合，实现对传统视频图像信息的挖掘利用、带动图像侦查工作从被动式的事后追查向主动式事前防控的转变，为了实现上述目标，围绕以下三方面开展工作。

一是打破人像系统采用单一引擎的格局，系统采用多引擎融合算法，在国内主流人脸识别算法厂商的基础上实现多专家集成算法分析技术，即多引擎融合技术，形成人脸识别融合算法，从而提升识别准确率。

二是最大限度地服务警务实战，提高立体化治安防控能力，为反恐维稳、案件侦破提供强大的技术支撑，实现以业务民警和社会贡献为中心的随时随地灵活、简单、多样的人像识别技术按需服务应用。

三是实现人像识别技术与公安其他业务数据的融合应用，力争经过若干年的技术攻关和系统建设，全面实现监控图像资源情报化、视频监控网络的智慧化，强化视频结构化应用的普适性，即实现以机器自动处理为主的视频信息处理和分析，并且通过技术手段转化为公安工作可用情报。

（二）科学统筹规划，制定系统建设原则

目前，部、省、市三级都在进行人像系统建设，因此地市一级人像系统应该遵循公共安全行业标准GA/T 1399《公安视频图像分析系统》以及GA/T 1400–2017《公安视频图像信息应用系统》标准建设，为今后的部、省、市数据共享对接作准备。在遵循上述标准的同时，我们在系统总体建设上确定了“双解耦”的原则，在系统应用研发方面确定“基础应用”与“专题应用”分步推进的原则。

首先，在系统总体层面上，我们确定了“双解耦”原则——前端抓拍系统与后台比对服务解耦以及后台服务器硬件与人脸比对算法解耦，遵循“双解耦”原则，平台在前端硬件和引擎选型上能够更加自主可控，可以打造更加开放包容的系统生态，也能为后续建

设的前端评测和引擎评测奠定基础。

其次，在系统应用研发之时，我们将应用层的功能分成“基础应用”及“专题应用”两类。其中，“基础应用”主要是对人像识别技术中 1 ：1 及 1 ：N 的应用呈现，对此主要研发用于人证核验及人员身份、轨迹检索的相关模块；“专题应用”则是更加紧密地结合公安业务，研发思路是针对特定摄像头与特定人脸底库进行人脸比对，最后按照不同场景的业务规则进行数据分析而形成功能模块。

（三）明确总体架构，推进系统研发进程

基于大数据及多引擎的人脸识别系统建设是一项较为复杂的系统工程，整个系统包含了前端点位建设、数据资源入库清洗、引擎比对分析、大数据分析、结构化及非结构化数据存储及后台功能应用等环节，较之于传统视频监控系统，平台建设难度大大增加。在系统建设之时，需要从应用建设和安全运维的角度考虑引擎建设、应用端建设、支撑体系建设及应用建设四个方面。经过论证和实践，可以按照“1+2+3+N”的方式进行，“1+2+3+N”指的是一个多引擎中心、两个业务平台、三大支撑体系及 N 个系统应用。

平台基础框架如图 1 所示：

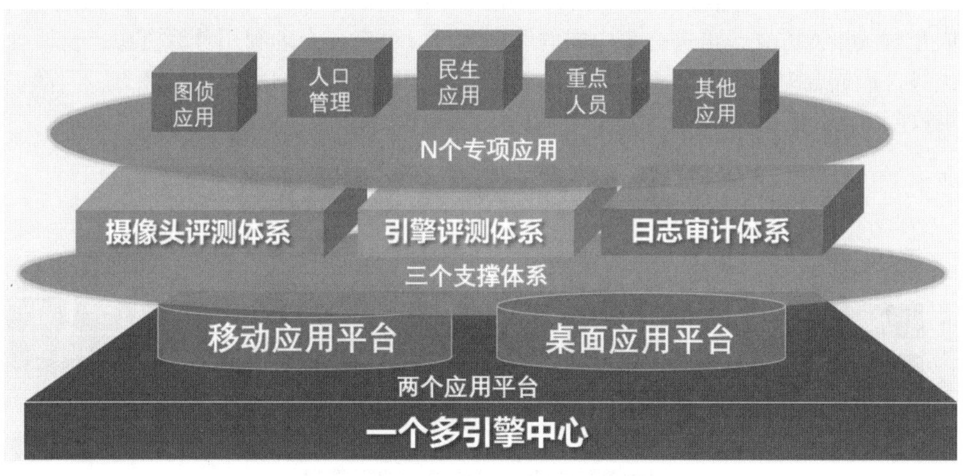

图 1 人像识别系统基础框架图

三、以总体规划为指引，有序推进系统建设和应用

（一）增强核心竞争力，推动多引擎中心建设

比对引擎是系统的核心功能组件，多引擎中心的基本工作流程是，由各分局和市局将前端人脸卡口等人脸抓拍系统以及普通摄像机通过图像抓拍系统预处理后形成图片流信息传输到多引擎中心，由各厂商对图片信息进行比对计算并反馈识别比对结果，多引擎中心基于这些比对结果进行二次分析和评价，并输出到平台应用端。同时多引擎中心将计算结果导入数据中心，为应用模块提供基础保障工作。

经过研讨和实践，多引擎中心有如下优势。

1. 提升比对结果的准确性。使用三家引擎可以提升系统的准确性，在三家引擎分析结果的基础上以统计学为依据开发的二次分析算法可以有效提升准确性。

2. 提升系统的稳定性。人像比对系统每天处理海量的人脸数据，单一引擎容易出现比对失败或没办法及时响应的情况。采用多引擎的方案，相当于核心引擎做了容灾备份，在系统使用过程中，某一家引擎的异常，不会影响整体系统业务流程。

3. 增强系统建设方的话语权。使用多引擎提升业主的话语权，避免被引擎厂商“绑架”。搭建多引擎测评中心，对各家引擎进行长期测评。多引擎机制有助于行业竞争，促进引擎厂家不断提升产品性能、准确性和服务质量，经调研收集全省近年新建的人像识别系统的中标公告，虽然在硬件上需要增加一定的成本，但经调研收集全省近年新建的人像识别系统的中标公告，厦门市公安局人像识别系统采用多引擎的平均单路建设费用低于其他地市同类系统。

4. 扩展系统的兼容性。不同引擎在基础功能上一致，但不同的引擎也存在自己的特色功能，在很多业务场景中，数据对接的双方会约定使用人脸特征值进行对接，而不同的引擎厂商的人脸特征值完全不同，厦门市公安局人像识别系统所选用的人像引擎包含国内最主流的三家人像识别引擎，有很大的兼容度，极大提高了平台的扩展性。

多引擎中心采用开放式、多元化、集中式的建设模式，保证制定标准化的数据接口，采取开放式接入方式，再进行集中式的管理调度，可充分合理利用计算资源，发挥各产品优势，形成合力的资源体系，将有助于提升人像识别系统的实战应用能力，人像识别系统数据流向如图2所示。

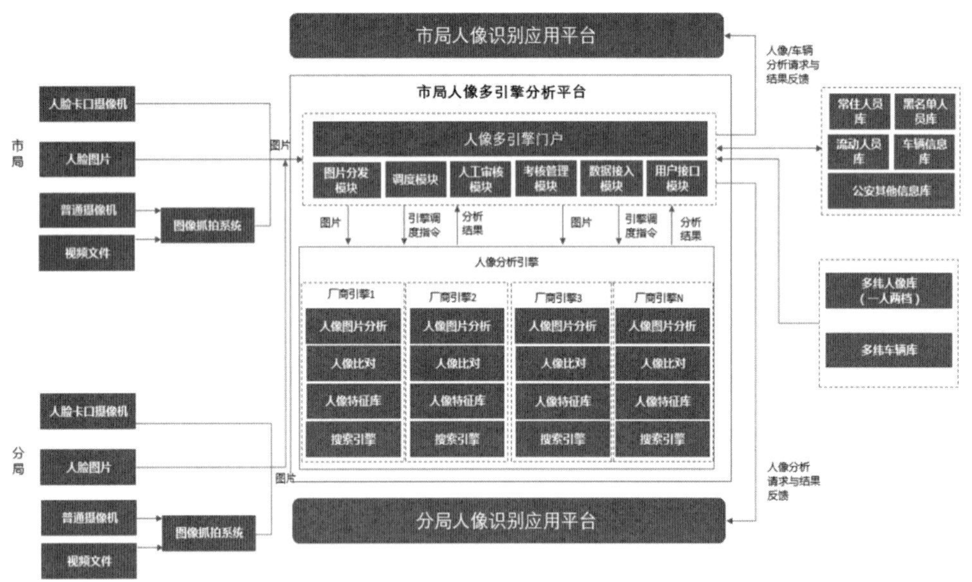

图2　人像识别系统数据流向图

（二）适应当前新要求，确定双平台建设模式

构建桌面WEB版为主平台，移动APP版本为辅助平台的双平台建设模式。在平台功能研发上，对于交互较为复杂且适宜在电脑端进行操作的应用，优先以WEB版的形式呈现，但随着移动警务通的日益普及，为了让公安实战业务系统满足桌面办公和移动办

公的需求，桌面系统 WEB 版与移动 APP 版本的建设应该同步推进。

两个平台的关系是协同互补的关系。一方面，两个不同的平台版本应该保持统一比对数据源，从而保证比对结果的一致性。另一方面，两个版本应该形成数据的良性交互，如动态布控的结果应该可以由系统后台推送至移动 APP 端，让民警第一时间得到动态布控的结果；民警也应该能在移动 APP 端对人像比对的结果进行确认，确认结果应该反馈至系统后台。

（三）掌握系统新动向，做好支撑体系建设

“三大支撑体系”是指“摄像头测评”和“引擎测评”以及系统安全审计模块。其中，“摄像头测评”和“引擎测评”两个测评体系涵盖了人像识别系统的前端与后台两大核心组成部分，以“考核产品性能，掌控系统运行状态”为目标，开展“两大测评体系”建设。一方面，通过摄像头工作状态、抓拍图片数量、抓拍图片质量等指标，客观评价前端摄像头性能及安装情况，保证抓拍图片质量；另一方面，通过“准确性、性能及服务”等要素对三家引擎厂商进行综合考评，保证后台比对服务质量。安全是信息系统的基本要求，系统安全审计模块，通过记录系统用户查询的字符串、图片等作为查询日志数据，为系统日常安全审计或其他安全事件提供支撑。

（四）结合业务新形式，推动系统应用研发

一是以支撑公安侦查实战为目标，开展“实战工具”模块建设。人像识别系统的两个基本功能为人员身份识别和人员动态布控。“实战工具”中的人像比对功能可以实现对静态图片中人像的身份比对及路人历史轨迹照片检索，同时依托大数据技术，对系统底图库中的大部分人员建立人员档案。按照这种思路，系统每天识别并生成大量人员轨迹数据，通过对大量人员轨迹的分析，实现人员历史轨迹、同行分析、区域人流分析等功能。利用人员动态布控功能建立“布控预警”模块，目前主流的人像识别引擎大多支持对 30 万布控人员实时布控预警，前端点位一旦发现布控库中的人员，系统后台将实时报警，并将报警结果同步推送至管控民警警务终端设备。

二是以服务专业警种为目标，开展“专项应用”模块建设。“专项应用”建设思路的本质是研发以公安业务为核心而进行数据挖掘和呈现。例如，国保、反恐部门有主动发现未登记在册关注人员的需求，为了实现该需求，可以依托全量关注人员信息，把重要监控点位获取的人像与之进行比对，结合在册关注人员在厦门的活动情况，从而为国保、反恐部门预警厦门市未掌握的关注人员信息；治安及人口部门有流动人口实名登记的要求，可通过对酒店、网吧、留宿洗浴场所、二手车交易场所等实时人证核验前端数据，以人证核验中的“人证不一致”为数据样本，通过对现场照片中的人脸识别，为治安、人口部门发现人证核验中的可疑人员；刑侦情报部门可基于系统对人员轨迹库进行数据挖掘，在分析人员同行关系的同时，结合刑侦部门的人员标签属性，挖掘可能的盗窃、诈骗、涉毒等人员团伙关系。

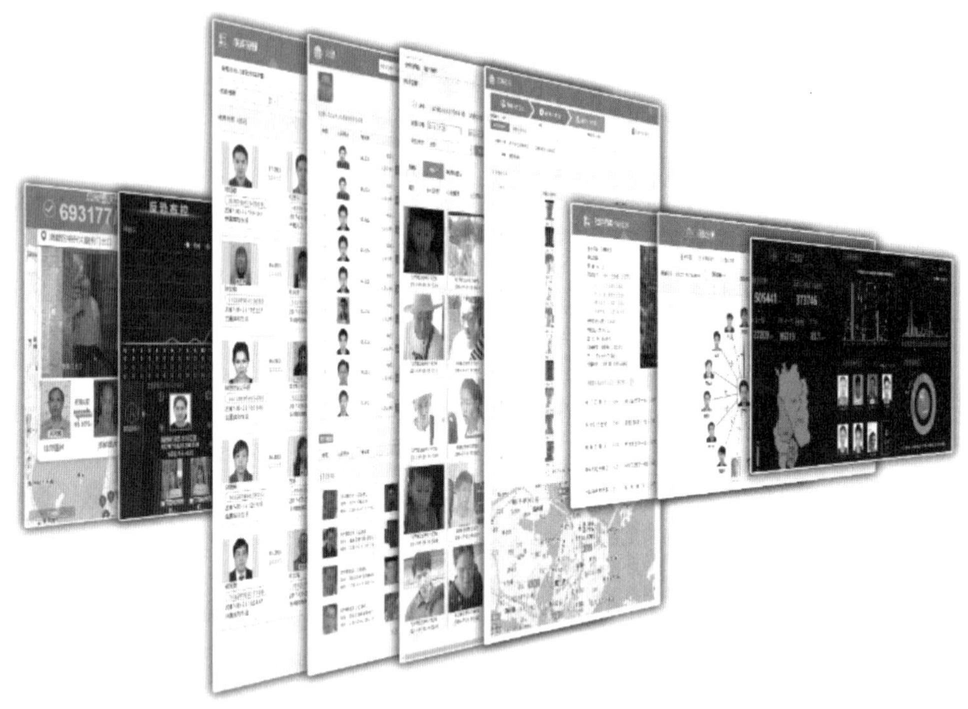

图 3 人像识别系统应用

三是以对接其他业务系统为目标，提供丰富的数据接口服务。一是人像识别系统可以为公安乃至政府其他业务系统提供人像比对及布控等接口服务，如厦门市的人像识别系统为多个系统级用户提供人像比对服务，包含布控服务接口、人脸比对接口、1∶1人证比对服务等，对外输出人像比对能力也成为视频资源共享的一个重要工作。二是通过数据接口向省厅及公安部直属业务部门以请求服务的方式获取人像照片及获得人像比对、跨地区布控等能力，因为地市级的人像库的人像数量较为有限，大多在百万级，通过请求服务的形式可以获取省级乃至全国的资源，极大丰富了人像比对的基础资源。

（五）多管齐下，全力开展应用推广工作

为了快速推进系统的应用，让系统用户快速掌握平台使用方法，总结和推广系统使用过程中的成熟经验和先进技战法，可以多措并举进行系统应用推广。第一，可以搭建以学习交流为目的的系统模块，该模块可以包含“视频教学”“案例分享”“战果录入”及“排行榜”等子功能；第二，定期召开系统应用交流会，以交流会的形式推动系统应用；第三，联合其他业务部门制定各类业务的管理规定和工作指导性意见，如联合指挥中心制定针对实时在逃人员抓捕的追逃机制，以及联合人口管理部门制定流动人口管理的指导性意见。

四、应用成效

厦门市公安局按照上述建设理念，主导研发了符合实战的人像识别系统，该系统上线运行一年来，已成为厦门市公安局信息化建设的重要组成部分，在流动人口管理、案件侦破、服务民生等领域提供了强大支撑。

一是依托强大数据处理能力，为其他系统级用户提供接口服务。该系统为厦门公安情报实战平台、安保平台及重点人员管控平台等 6 个系统级用户提供人像比对服务，截至目前，共提供预警服务信息 70 万条。

二是基于翔实的人像数据，支撑侦查实战。目前，已协助各业务部门处理人员走失、盗窃、抢劫等各类案事件 500 余起，协助抓获各类嫌疑人 500 余名，其中逃犯 160 余名。

三是基于多引擎融合技术，服务民生应用。比如，通过三家引擎的投票算法为网约车司机提供人证核验服务，从源头上排查网约车司机招录把关不严的安全隐患，截至目前已经提供网约车司机身份核验服务 33594，排除不一致人员 815 人；人像识别系统在研发之初已为精神障碍患者等特殊身份人员设立专题人脸库，在寻人助人方面屡有建树，目前已经帮助 20 余名走失人员返家。

结语

人像识别系统的成功研发和推广使用，可以让广大使用民警提高工作效率，有效助力“数字警务”工作的开展。展望未来，系统在服务社会治理、保障公共安全、预防及打击违法犯罪方面发挥着越来越重要的作用，它必将成为公安部门的“维稳利器”和服务经济社会发展的“平安天眼”。

社会治理

全面提升厦门社会治理现代化水平研究

厦门市委政法委课题组*

党的十八大以来，习近平同志从党和国家事业发展全局和战略的高度，就推进国家治理体系和治理能力现代化提出一系列新理念、新思想、新战略，明确提出要打造共建共治共享的社会治理格局，为加快推进社会治理现代化提供了参考。厦门市作为习近平总书记曾经工作过的地方，始终认真贯彻习近平总书记的重要指示和党中央的决策部署，不断深化改革，在加强和创新社会治理，着力提升社会治理体系和治理能力现代化水平方面进行了积极而富有成效的探索。与全国其他地方一样，随着工业化、信息化、城镇化的快速发展，经济结构深刻变革、利益格局深刻调整、思想观念深刻变化、社会结构深刻变动，厦门要进一步深化提升社会治理，同样面临着形势环境变化带来的矛盾风险和挑战，亟须应对新时代新要求积极创新、破解难题、补齐短板。在建设"五大发展"示范市、打造"高素质、高颜值"现代化国际化城市进程中，如何科学谋划、精心组织、大胆实践，实现社会治理现代化、精细化和更加有效，进而打造社会治理现代化的"特区样本"。围绕这一课题，市委政法委课题组开展调查研究，形成了本研究报告。

一、我市推进社会治理现代化的实践与探索

近年来，厦门市认真贯彻落实党中央关于推进国家治理体系和治理能力现代化的决策部署，主动提高政治站位，坚持以人民为中心，以解决市域内影响国家安全、社会安定、人民安宁的突出问题为着力点，以社会化、法治化、智能化、专业化为目标导向，狠抓政治安全、经济安全、公共安全、社会安全等领域风险防控，着力打造自治、法治、德治相结合的社会治理体系，有力提升人民群众的获得感、幸福感和安全感，探索出一条具有厦门特色的社会治理现代化道路。

（一）坚持党的绝对领导，坚定新时代推进社会治理现代化的正确政治方向

厦门市在探索社会治理现代化道路中，充分发挥党在市域社会治理中的核心领导作用，强化领导干部队伍，增强党员干部在社会治理工作中的凝聚力和战斗力。同时以党建为引领，多方参与、互动共治，打造共建共治共享新格局。充分发挥党组织在基层治理中的战斗堡垒作用，在基层街道和社区推进"大党委制"，建立社区党组织与多元主体协商共谋、群团组织与党政部门参与社区治理等机制；在农村基层党建工作中，专项开展整治"村霸"工作，持续推动"党建富民强村"工程建设，探索实施"人才兴村"计划。

* 课题指导：李伟华；课题负责：姚新民、吴少鹰、陈挺华；课题组成员：杨安、周东平、黄静、谢森福、薛夷风、翁程贵、林聪、杨震、孙浩然、白龙翔、郭金托、唐艳艳。

（二）坚持以人民为中心，积极打造自治、法治、德治相结合的社会治理体系

1. 以自治为基础，加强基层建设。一是推行以社区为基本治理单元的基层治理模式，逐步建立“纵向到底、横向到边、协商共治”的社区自治体系。二是推广以村规民约、居民公约为主要内容的村民自治“软法治理”经验，既发挥硬法的基础性、框架性调整功能，也发挥软法的延伸性、辅助性规范作用。三是开展形式多样的基层民主协商，推进基层协商制度化，成立村庄乡贤理事会、社区理事会、社企共建理事会等协商共治组织，建立和完善居民（代表）会议、社区事务协调会、听证会和社区民主监督评议会、村民议事会、道德评议会等协商会议机制和居（村）民监督机制，促进群众在城乡社区生活、基层公共事务和公益事业中依法自我管理、自我服务、自我教育、自我监督。四是建立两岸社区交流机制，搭建台胞与居民互动平台，促使台胞在参与社区活动中融入社区生活，此做法获得民政部“全国社区治理和服务创新实验区”荣誉。

2. 以法治为保障，提升法治化治理水平。党的十八届四中全会后，我市出台了《全面推进法治厦门建设的实施意见》，深入开展法治城市、法治区创建活动，成为全国唯一一个市、区两级均荣获法治创建国家级先进的设区市，并力争“到 2020 年前把厦门建成法治中国典范城市”。一是充分利用特区立法权，制定《多元化纠纷解决机制促进条例》《厦门经济特区促进中国（福建）自由贸易试验区厦门片区建设规定》等地方性法规，为厦门城市发展创造良好的法治环境。二是推进法治政府建设，加快政府职能转变，严格依法行政，获得“中国法治政府评估”第 4 名，在福建省政府对全省各设区市政府绩效评估依法行政指标考核中，连续 10 年蝉联全省第一。三是突出健全完善司法责任制，认真抓好员额制改革，推动一系列配套改革，不断增强司法透明度，提高司法公信力，努力让人民群众感受到司法的公平正义。四是坚持普治并举，将法治宣传与依法治理同步部署、同步推动、同步落实，不断提升社会治理法治化水平。

3. 以德治为引领，构建文明城市。我市积极构建崇德向善的文明城市，荣获全国文明城市“五连冠”。一是加强社会公德建设。组织开展“感动厦门十大人物”“我评议、我推荐身边好人”“厦门市十佳扶残助残好心人”等评选活动，在全省率先成立道德模范工作室，营造崇德向善、见贤思齐、德行天下的浓厚氛围。二是加强职业道德建设。广泛开展“创文明行业、建和谐厦门”行业竞赛活动，各行各业普遍实行服务承诺制、首问负责制，评选表彰 87 个省级示范点、72 个市级示范点，实行诚信经营，发挥带动作用。三是加强家庭美德建设。开展“寻找最美家庭”“优秀家风家训”等活动，在厦门文明网设立“说家训扬家风传家教”专栏，在社区书院推行家风家训“四上墙”，在社区每年举办“和谐邻里节”邻里交流活动等，营造邻里和睦、和谐共处的人际关系。四是加强个人品德建设。围绕志愿服务之城建设，开展“平安铃行动”、“温馨夕阳”谈心专线、助残“阳光行动”等志愿项目，推动学雷锋志愿服务制度化。

（三）坚持问题导向，着力解决人民群众呼声最大的突出问题

1. 抓实抓好“五安”平安系列创建活动。从与人民群众息息相关的吃、住、行、就业等方面的安全问题着手，组织开展“家安、路安、食安、业安、心安”等平安系列工程创建活动。据 2018 年上半年的调查，全市刑事类警情同比下降 43%；群众安全感达到 98.057%，比 2017 年同期上升了 3.5 个百分点；扫黑除恶专项斗争群众满意率 98.27%，

平安基础更加稳固。

2. 着力防范化解涉众型金融风险。建立"线上＋线下"风险监测预警机制。在线上监测预警方面，建设市金融风险防控预警平台，通过互联网数据、政务数据、企业高管人员背景、群众举报等多个维度的叠加分析，提升精准预警能力。在线下摸排处置方面，制定《厦门市涉众型金融风险防范处置专项工作方案》，由市直责任单位及属地对"黑名单"企业进行集体约谈、风险提示和现场巡查，2018年以来，共排查相关行业机构5853家次。

3. 健全矛盾纠纷排查化解机制。推动各级各部门严格落实社会稳定风险评估机制，从源头上预防和减少矛盾纠纷。坚持多元化解的优良传统，制定了全国首个多元化纠纷解决机制的地方性法规《厦门经济特区多元化纠纷解决机制促进条例》。推进调解组织规范化建设，成立涉台涉企调委会、调解中心和台胞个人调解室等涉台调解组织；完善诉调对接、检调对接、警调对接等工作机制。用法治思维和法治方式推进信访工作改革，深入开展领导干部"大接访"活动，建立领导包案制度，妥善化解一大批信访案件。

4. 积极化解"城市病"难题。统筹空间、规模、产业三大结构，从源头上防治环境污染、交通拥堵等问题。厦门市人大近年就环保、交通、园林绿化、垃圾分类等问题均开展了地方立法，并强化执法检查推动工作落实。在防治环境污染方面，紧紧围绕厦门会晤环境质量保障、中央及省环保督察和国家生态文明试验区建设，全面加强生态环境保护，2017年全年空气质量在全国74个重点城市排名第4，优良率达99.18%。在交通管理方面，开展道路交通亡人专项整治，实施"城市交通文明畅通提升行动计划"等创建工程，2018上半年，在机动车保有量同比增长35.9%的情况下，全市交通拥堵指数同比下降1.49%，亡人交通事故起数、死亡人数同比分别下降24.82%、23.78%。

5. 切实加强流动人口服务管理。以实施居住证管理为有利契机，不断深化"放管服"改革，赋予居住证持有人享有教育、就业、卫生、计生、社会保险、住房公积金等11项基本公共服务和出入境、车驾管、职业资格考试等7项便利。全市建立流动人口服务管理站200多个，覆盖所有流动人口较密集村（居）。持续推行外来人员随迁子女积分入学制度，实现网上申报、网上审核，既公平公正，又节约大量资源。

6. 做好涉台人员的服务管理工作。率先在全国颁布实施首个地方版"惠台60条措施"，推动台胞台企在学习、创业、就业、生活等方面与大陆同胞的同等待遇，国台办对此给予了充分肯定。不断探索完善台胞权益保护机制，率先形成具备涉台检察、审判、调解、社区矫正的"一条龙"涉台司法服务机制，充分保障了在厦台商台胞的合法权益。

（四）坚持科技支撑，构建立体化、信息化、智能化的社会治理信息化体系

结合深改工作，按照"平台联通、数据融通"的理念，兼并式搭建厦门市社会治理协同平台，构建统一基础数据库支撑、统一流转处置（12345协同平台）、多个专业领域分中心（综治中心、公共安全中心、信用中心等）协同运作的社会治理信息化体系。主要应用平台有：

1. 社会治理现代化：政法信息共享平台（社会治理协同平台）。将大数据应用从公共安全领域拓展到更广的社会治理领域。一是开发了"三实管理"模块，利用大数据提升"标准地址、实有人口、实有房屋、实有单位"等基础数据采集。二是涉黑涉恶线索分析模块，通过标签管理梳理涉黑涉恶线索，结合地理信息进行区域汇聚，开展精准摸排打击。通过抓取套路贷共性行为特征，从多部门抓取套路贷行为数据，分析、打击套路贷

高危人员。开展基层两委人员背景分析，防止黑恶背景人员侵入基层政权。三是开发高危矛盾纠纷预警模块，通过“大数据分析 + 人工研判”的方式，汇聚出可能影响社会稳定的矛盾纠纷，进行预警和派发处置。确实无法化解的，纳入重点人员管控。

2. 公共安全管理现代化：城市公共安全大数据平台。实时对接 110 警情、数字城管、阳光信访、“厦门百姓”、各区网格化平台等 52 个业务系统，全面汇聚公共安全基础数据库，在此基础上通过大数据分析，实现公共安全重点人、重点事、重点车辆的监测、预警；通过地理信息、视频监控、GPS 定位等直观手段，实现公共安全资源一张图展示、可视化管理和图层叠加分析；实现公共安全部门协同治理，打通了部门信息化联动渠道及配套机制。

3. 视频共享现代化：“雪亮工程”建设。2017 年，厦门市被列为中央“雪亮工程”重点支持城市，并以“厦门会晤”为契机，大力推进全市视频监控建设。目前，全市已累积落实项目资金 9.8 亿元，已建设汇聚视频监控 62283 路。在此基础上，确定了“雪亮校园”“雪亮交通”“雪亮医院”“雪亮厨房”“雪亮社区”等十大试点项目，推动“雪亮工程”应用于治安防控、智能交通、生态保护、防灾减灾、市政设施保护等领域。

4. 信息惠民现代化：一是“i 厦门”平台。“i 厦门”一站式惠民服务平台，整合了公安、市政、规划、卫生等政府部门，35 个业务系统，249 项应用服务，覆盖政务、生活、健康、社保、文化、教育、交通、诚信等领域，汇聚了积分入学、居住证网上办理、社保生育险在线领取、社保卡交易密码设置、图书借阅、出租汽车服务等多项惠民服务，实现“一网”办理。二是“家住厦门”智慧小区平台。具备业委会网上选举、小区事项网上投票、风险隐患网上填报、民生服务网上办理等功能，大大方便群众参与社区自治，打造党建引领、平台支撑、多元共治的社区治理新模式。

5. 经济发展现代化：信用信息平台。从 2014 年起着手规划市公共信用信息平台，目前已形成具有厦门特色的“三网、两库、市区两级、N 个应用”的公共信用信息平台的体系框架。在首届全国信用信息共享平台和信用门户网站建设观摩评比中，厦门以第 5 名的成绩获评“全国信用共享平台和信用门户网站一体化建设标准化平台网站”。

二、我市推进社会治理现代化面临的主要问题和短板

（一）大数据应用有一定优势，但数据应用深度和居民参与广度面临挑战

我市在多个领域均运用了“互联网＋”技术探索创新社会治理，并形成了典型经验，但在运用过程中，数据应用深度和技术领域面临挑战。一方面，目前仍存在部分系统之间相互独立、部门系统互联不够、共享范围不足、系统数据重复的问题。而信息的采集和转化要求系统在数据的挖掘、分析、应用、管理等方面进行全方位优化的智能化建设，这就给数据应用的深度和技术领域带来了新的挑战。因此，需要在全市范围内构建一个科学、全面和有效的相对统一的大数据平台，并在此基础上实现平台的互通互联，提升共享应用机制建设水平，与其他的平台进行整合，提高平台的开放程度，同时建立起技术人才的培养机制和模式，减少技术发展的制约因素。另一方面，互联网的运用虽然给社会治理方式带来了高效快捷，但也存在着居民参与广度的问题，如部分缺乏网络参与能力的居民，就在一定程度上被“排除”在外，使得居民的参与广度面临着新的挑战。

（二）城乡基层治理效果比较显著，但流动居民的参与动力有待进一步激发

居民作为基层自治的重要力量，对城乡基层治理发挥着不可替代的作用。厦门市人口流动量巨大的特点决定了社区常住人口变化较大，居民对于所居住社区的认同感和归属感有所降低，因此也相对缺乏动力参与基层自治。在现有的城市规模下，还需进一步有效促进流动人口融入社区，激发他们有序参与居住地社区治理。

（三）社会治理法治化经验相对丰富，但市域治理立法面临制度瓶颈

厦门在探索社会治理法治化的道路上积累了丰富的实践经验，最早颁布相关地方立法条例，创新化解纠纷矛盾工作方式。但目前在市域治理立法上仍面临着制度瓶颈。例如，在社区事务的权责划分机制上，政府和社区的权责关系有待进一步理顺。一方面，社区缺乏执法权限，却要配合相关部门完成统筹协调等基层治理工作，此时权责不一致会导致社区工作负担过重，成效不高。另一方面，除法律法规明确由社区承担的事项外，其他需长期纳入社区职权的事项，缺乏统一审核纳入机制。此外，虽然自2014年年初至2018年，厦门市一直在探索社区治理的地方立法工作，争取把《厦门经济特区社区治理条例》纳入立法计划，但目前此项工作仍在继续调研中，尚未完成。

（四）社会治理专业化水平较高，但居民需求多元化给治理能力带来新挑战

社会变化加速，城市化、信息化水平不断提高的现状，激发了居民的多元化需求，城市人口由以前单一的当地居民，变成了外地居民、台胞、其他境外人士和当地居民集合的多元模式。居民不光有基本居住安全的需求，还对城市空间秩序、居住环境、交通运行、基层自治参与等方面有了新的需求。日益增长且多元化的居民需求，给政府的治理能力也带来新的挑战。无论是宏观层面的城市治理顶层设计，还是落实到微观层面的信息化平台建设、社区治理创新探索等，都需要根据日益多元化的居民实际需求，及时调整方向和策略，增强基层自治组织的凝聚力，提升居民的归属感、安全感、幸福感。

三、全面提升我市社会治理现代化水平的思路和对策

（一）确立“市域社会治理现代化”的战略定位，探索新时代厦门特色市域社会治理新模式

中央政法委提出“新时代市域社会治理现代化”的重要命题，作出“开展市域社会治理现代化试点，积极探索具有中国特色、时代特征、市域特点的社会治理新模式”的部署，为我市下一步推进社会治理工作指明了方向、提供了指南。近年来，厦门在推进社会治理方面具有超前意识和成功探索，形成了特色，积累了经验，基础较为扎实，具备开展市域社会治理现代化试点的条件，故应将其作为市委市政府工作的重要战略组成部分，积极争取列入国家试点城市，在中央层面的指导支持下，实现我市社会治理水平的全面提升。目前，市委政法委已初步与中央政法委“大数据与基层社会治理研究”课题组承接机构华中师范大学北京研究院、首都师范大学管理学院、国家超级计算济南中心、国廷工业和信息化研究院建立了战略合作关系，下一步建议厦门市支持，依托专业学术机构成立市域社会治理研究中心（厦门基地），协助我市在全国率先打造市域社会治理现

代化典范城市，提供大数据平台顶层设计方案、指导具体模块建设、提出大数据时代的市域社会治理理念、治理体系、治理能力现代化的战略举措，以及破解市域社会治理数据共享和深度应用机制体制难题的思路对策。

（二）适应新时代科技信息发展大趋势，以社会治理与大数据有机融合创新应用为重要抓手，探索厦门现代化市域社会治理新途径

一是完善顶层设计和规范科学指导，践行科学思维、统一系统思维、打通辩证思维、激发创新思维、巩固法治思维、提升民本思维，紧扣大数据在市域社会治理建设的功能作用，重点聚焦近年来以大数据、云计算、物联网、人工智能等新技术防范社会风险，探索构建“数据驱动的社会管理”新型模式。二是进一步深化大数据平台集约化、智慧化建设。在现有的平台基础上，实现数据收集、汇聚、打通、共享、管理、分析和应用的科学化，加强社会治理大数据的系统性分析和应用。同时，在信息系统开发模块、原型、算法上提升技术，以提升用户满意程度。并利用自主立法权的优势，积极完善大数据、数据隐私保护的立法。

（三）以提升社会治理法治化水平为重要依托，营造厦门现代化市域社会治理新氛围

一是继续完善制度建设，加强市域社会治理相关地方立法，加快推动《厦门经济特区社区治理条例》的出台，做到“依法治理”“有法可依”“有章可循”，推动构建多方参与、共同治理的城乡社区治理体系。二是综合提升基层自治组织的法律水平与治理能力，推动自治主体运用法律思维实现自治、共治，引导居民“依法维权，依法解纷，依法自治”。三要推动城乡社区依法治理，切实落实城乡社区减负。完善城乡社区治理法规体系，提升村（社区）法律顾问水平，落实多元纠纷解决机制，推动民主法治社区的创建。

（四）以提高社会治理专业化水平为持续目标，树立厦门现代化市域社会治理新方向

健全大数据人才、网格员的培训和培养机制，实现建立多层次、成熟的社会治理专业人才体系。继续完善律师参与化解纠纷和代理涉法涉诉信访机制，保持律师参与调解的持续性和长效性。推动社会工作者群体的专业化，与志愿者群体形成良好互动。应引进专业机构、专业领域中的社工人才，在社区工作与高校之间形成合作。引导志愿者与社区服务深度融合，注重志愿者岗前培训，增强其服务意识和服务专业技能。

厦门市创新社区治理、构建共建共治共享格局的实践与思考

吴少鹰*

近年来，厦门市深入贯彻习近平新时代中国特色社会主义思想和党的十八大、十九大精神，持续深化社区治理重点领域改革创新，初步打造了新时代共建共治共享社区治理新格局，涌现了思明区曾厝垵文创村、前埔北社区、金尚社区、官任社区，湖里区金尚社区、金安社区，海沧区海虹社区、兴旺社区、院前社，集美区文滨花园等一大批社区治理创新典型。2016年，厦门被民政部评为"全国社区治理和服务创新实验区"，社区治理品牌连续三届荣获"全国社区治理十大创新成果奖"，被誉为"社区治理创新的中国范本"。

一、厦门市探索社区治理创新的做法与成效

（一）坚持党的集中统一领导

坚持党建引领、多方参与、互动共治，打造共建共治共享新格局。充分发挥基层党组织在基层治理中的战斗堡垒作用，健全社区党组织的核心主导机制，推行街道和社区"大党委制"，建立社区党组织与多元主体协商共谋、群团组织与党政部门参与社区治理、在职党员进社区、社区党代表工作室，以及社区党组织与小区业委会、物业公司负责人交叉任职等机制，建立以党组织书记为核心的社区工作者队伍，使党的领导扎根社区，党的先锋作用发挥在社区。推进农村基层党建，专项开展整治"村霸"工作，持续深化驻村蹲点，持续推动"党建富民强村"工程，探索实施"人才兴村"计划，切实发挥党组织在基层治理中的战斗堡垒作用。

（二）理顺社区治理体制机制

建立了市规划、区统筹、镇（街）服务、村（居）实施的社区治理创新路径，形成以社区为基本治理单元、党的领导和政府职能落实纵向到底，社会组织和社区居民参与横向到边，多元主体协商共治的城乡社区治理体系。规范镇（街）机构设置，在镇（街）机构内统一设置"五室一中心"，强化服务管理能力；对规模大、人员多的镇街、村居，依法进行划分调整，重新制定建设标准；改革社区管理体制，厘清政社职能关系，巩固社区清理挂牌成果，制订了全市村（居）准入7份、164项权责清单。

---

* 吴少鹰，厦门市法学会。

（三）坚持自治、法治、德治、共治“四治结合”

自治方面，推行以社区为基本治理单元的基层治理模式，开展形式多样的基层民主协商，推进基层协商制度化，建立健全居民、村民监督机制，促进群众在城乡社区生活、基层公共事务和公益事业中依法自我管理、自我服务、自我教育、自我监督。法治方面，积极推广村居“软法治理”经验，认真落实城乡社区治理相关法规政策和 1 个《指导意见》、9 个《实施意见》，全市所有村（居）均完成了村规民约、居民公约的修订工作，用“微法典”规范村居组织和个人行为逐步制度化、常态化。全市共有国家级民主法治示范村（居）9 个、省级民主法治示范村（居）40 个、市级民主法治示范村（居）219 个、区级民主法治示范村（居）310 个，各级民主法治示范村（居）占全市村（居）总数的 95.5%。德治方面，成立村庄乡贤理事会、社区理事会、社企共建理事会等协商共治组织，建立居民（代表）会议、社区事务协调会、听证会和社区民主监督评议会、村民议事会、道德评议会等协商会议机制。共治方面，全市建立社区工作者职业制度，建立起一支政治素质好、文化程度高、工作能力强、热爱社区工作的优秀社区工作者队伍。推行政府向社会组织购买服务，定向服务社区居民，形成完善的“三社联动”（社区、社工、社会组织）机制。

（四）注重发挥群众主体作用

发动民众“共谋、共建、共管、共评、共享”，推动文明创建和社区治理从“靠政府”变为“靠大家”，全面构建“纵向到底、横向到边、协商共治”的社区自治体系，进一步增强市民的“共同家园”意识。在全国率先全面推行城区垃圾分类和垃圾不落地，同时在岛外扩大试点。探索聘请台胞和外籍人士出任社区主任助理，不但加强了与社区内境外人士的融合沟通，也为厦门社区治理带来了浓郁“国际味”和大胆创新。

（五）构建社区治理智能化平台体系

全面建成社区服务管理网格化平台，城乡社区共划分为 2904 个网格，配备社区网格员 6715 名，打通了市、区、镇（街）、社区四级政务服务、事务流转通道。推广建设的“家住厦门”智慧小区平台具备业委会网上选举、小区事项网上投票、风险隐患网上填报、民生服务网上办理等功能，大大方便了群众参与社区自治。以微信公众号、“雪亮工程”、智能门禁、数据共享等为支撑，完善了小区物业管理最后一百米“服务圈”。

（六）提升平安和谐社区建设水平

依托社区网格化机制，结合社区警务体制改革，在全市各社区（村）推进专兼职群防群治力量建设，健全村居群防群治的组织体系。结合双拥共建活动，开展军警民联防。落实多元化纠纷解决机制，建立健全全市村（居）人民调解委员会，推动建立个人调解工作室，在全省率先实现“一村（社区）一法律顾问”全覆盖等，发挥党员“和事佬”“邻里好厝边”“乡贤理事会”等组织作用，切实把矛盾化解在基层、问题解决在萌芽状态。

（七）大力改善社区基础设施和人居环境

制订了《厦门市城乡社区服务体系建设规划（2016—2020 年）》，全市每年投入巨资用于社区基础设施建设，目前全市村（居）社区综合服务设施场所总面积达到47万多平方米，每个社区平均924平方米，使用率在95%以上。持续推动老旧小区改造更新，改善城乡社区人居环境，强化物业管理，提升了居民的获得感、幸福感。

二、社区治理存在的不足和问题

一是社区治理进展不平衡，城乡二元结构性矛盾依然存在。虽然厦门属于经济发达城市，城乡融合发展水平较高，但仍然存在农村社区在组织建设、队伍建设、机制建设等方面弱于城市社区，尤其是教育、就业、社会保障等基本公共服务方面不均等的状况。

二是社区治理缺乏清晰的法定职责，法治化水平有待提升。尽管厦门市在2006年出台了《厦门市城市社区建设若干规定》，但该规定仅支持城市社区的建设，对于"村改居"社区基本不适用，整体而言，也缺乏较高的立法站位。亟须制定一部适应新时代需要、针对社区治理的专门化法律。目前此项地方立法虽已启动，但进展缓慢。

三是社区治理结构不够完善。部分社区居委会、业委会和物业服务企业之间良性互动机制不健全，小区交通拥挤停车难、物业服务不到位等现象突出。有的居民自治组织管理体系不健全，存在规则制定者和实施者均以社区工作者为主的现象，"政府主导""官方设定"意味浓厚，居民参与度不高。

四是居民参与社区治理仍然存在范围窄、层次浅的现象。目前有些社区治理的参与主体较单一，参与内容较单薄，参与方式较被动，居民参与社区治理的主体作用发挥不够。此外，一些驻社区单位配合不积极，共建共驻共治工作难以开展。

五是社区工作者队伍能力需进一步提升，社区减负需要狠抓落实。部分社区工作者综合素质不高，为居民提供系统化专业化高效化服务的能力不足。此外，虽然经过整治社区挂牌明显减少，但条条块块下达的各种指标、任务、检查、考评仍令社区不堪重负、应接不暇。

三、进一步提升厦门社区治理水平的若干思考

（一）充分提高思想认识，切实加强党的领导

党的十九大报告提出推进国家治理体系和治理能力现代化、构建全民共建共治共享的社会治理格局的思路和要求。社区是社会治理的基本单元，必须切实把社区治理创新摆到重要议事日程，纳入政绩考核指标体系，健全完善社区治理体系，把社区党组织建设成为坚强战斗堡垒，实现党领导下的政府治理和社会调节、居民自治良性互动。

（二）改革城乡社区管理体制，健全社区治理体系

持续推动党建引领社区治理创新，总结推广社区党组织领导，社区居委会主导，社区公共服务机构、社会组织、业主组织、驻区单位和社区居民多元参与、共同治理的治理格局。依法落实居民对社区发展的选择权、村（居）建设的决策权、老旧小区的规划权、村（居）干部的考核权、村（居）财务的监督权等基层民主制度。依法保障社区居委会的法人主体地位，强化指导居民自治、社区服务和民生保障功能。

（三）深入推进社区自治，落实城乡社区基层民主

着力革除社区干部服务机关化弊端，改进社区履职方式。坚持将居民自治作为社区建设的前提，进一步完善居民协商议事会议制度，健全民情恳谈、社区听证、社区论坛、社区评议等对话机制，推进社区民主协商的制度化、规范化、程序化。大力发展社区社会组织，积极探索“社区、社团、社工”三社联动。深入开展“两代表一委员进社区”活动，积极为社区建设建言献策、奉献力量。

（四）加快智慧社区建设步伐，提升社区治理智能化水平

积极构建“大数据”和“云平台”，升级网格化信息系统和平台，实现四级综治中心联网联动。充分运用基础大排查工作成果，推进各级网格化实体建设和业务协同，推进数据共享和反哺回流。切实推进“互联网＋政务”服务，改进智能服务终端，推广智能设备应用，实现信息惠民。通过建设智慧社区，将民生服务落细落实，实现精准治理、高效服务。

（五）推动城乡社区依法治理，切实落实城乡社区减负

完善城乡社区治理法规体系，提升村（社区）法律顾问水平，落实多元纠纷解决机制，推动民主法治社区的创建。社区治理要回归本位，该由基层政府履行的法定职责以及没有明确法律法规依据的事项，不得要求基层群众性自治组织承担，不得作为考核评价社区组织工作成效的依据。

（六）全面加强农村社区建设，落实城乡共建共治共享

构建城乡一体公共服务体系，推动优质资源向岛外和基层社区延伸。健全完善农村社区治理机制，以创建“农村示范社区”为载体，推动政府基本公共服务全覆盖。结合农村集体经济产权制度改革，逐步剥离村级自治组织和集体经济组织职能。加强村居组织内部管理，改革村居组织人事制度、落实物权管理制度、村（居）财镇（街）管管理体制以及村居会计委托代理制度，增强城乡社区统筹使用人财物等资源的自主权。落实城乡社区共建帮扶机制，促进城乡融合发展。

（七）加强城乡社区文化引领能力，推动品牌社区建设

加快社区书院建设，促进全市社区书院拓面提质增效。总结推广我市和海沧区“全国社区治理和服务创新实验区”创建经验。创新完善境外人士参与社区治理服务机制，推广聘请境外人士担任社区主任助理和成立志愿者服务队伍做法，打造一批国际化和台胞融合示范社区。

厦门市基层治理法治化模式与路径研究

厦门市民政局课题组

习近平总书记指出，推进改革发展稳定的大量任务在基层，推动党和国家各项政策落地的责任主体在基层，推进国家治理体系和治理能力现代化的基础性工作也在基层，基层是一切工作的落脚点，社会治理的重心必须落实到城乡、社区。党的十八大、十九大也指出："全面推进依法治国，基础在基层，工作重点在基层。"基层治理法治化既是依法治国理论体系中的重要一环，是全面推进依法治国的固本之举，也是创新社会治理加强基层建设的重要内容。基层治理的法治化水平影响着社会治理能力的提升与共建共治共享社会治理格局的形成。不断提升政府在基层的依法行政能力和水平是依法治国方针的根本要求，也是实现社会治理现代化、有序化、专业化的根本保障。

按照建设美丽厦门的总体要求，推进基层治理法治化就是要把法治作为基层治理的基本方式与重要推手，运用法治思维开展城乡社区建设和社区治理，将基层社会治理的各个环节纳入法治的统一体中，让政府的各执法部门在基层形成有效整合。从而在法治的基础上，实现自治与共治、法治与德治的有机统一，推进国家治理体系与能力的现代化。

一、基层治理法治化"厦门模式"的探索

2013年以来，厦门市以推进国家治理体系和治理能力现代化战略部署为指导，开展了以"共同缔造"为载体，建设五大发展示范市的探索创新。在"四个全面"和"五位一体"发展大格局下，厦门市探索运用了多种法治手段开展社区治理，在创新基层法治化体系、提高基层政府依法行政水平、强化基层公共法律服务、与促进法治与德治良性互动等方面取得了较好的成绩。

（一）以党建引领基层治理，努力构建"党建引领，多元共治"的社区治理法治化体系

基层自治是现代化社会治理法治化的重点内容。我国的基层群众自治制度是在中华人民共和国成立后的民主实践中逐步形成的，主要组织是城镇社区居民委员会和农村居民委员会。《村民委员会组织法》从法律的角度保障农村村民实行自治，由村民依法办理自己的事情，规定村民委员会是村民自我管理、自我教育、自我服务的基层群众性自治组织，其产生和管理方式是民主选举、民主决策、民主管理、民主监督。但由于自治民主意识所限，村民对日常村务民主管理的参与不足，对村干部评议权和重要村务民主监督不足。如何在实践中使农民群众逐步增强民主法治意识、依法维护自己的合法权益，是法律实施的难点。

据此，厦门市翔安区内厝镇莲塘村充分发挥基层党组织在推动发展、服务群众、凝聚人心、促进和谐等方面的作用，打造"莲塘清风会"，将《村民委员会组织法》落到实处。清风会成员由党总支、村委会提名，经老人会、宗亲会、乡贤理事会等各类社区社

会组织代表及村民代表推选，并经村民代表民主选举产生。在党建引领下，清风会作为第三方监督评议机构，代表全体村民的整体利益，参与党务村务的监督，有效地强化对村“两委”干部的监督考核评价，同时建立了“三会联议”制度、“五议三公开”工作制度，充分保障了村民的参与权、评议权、监督权与知情权。

党的十八届四中全会强调，要发挥基层党组织在全面推进依法治国中的战斗堡垒作用。基层党组织是落实党的路线方针政策和各项任务的战斗堡垒，也是提高社会治理法治化水平最基本、最直接、最有效的力量，只有全面推进基层党组织建设，才能牢牢把握依法治国的总体要求、将法律转化为行动。莲塘村的探索实践表明，构建“党建引领，多元共治”的农村社会法治格局是落实基层治理法治化的有效途径。加强党建引领基层治理，才能逐步创造和完善民主程序和民主参与范例，从根本上推动村民自治日趋完善，进而加快整个基层民主法治建设的进程。

（二）继续推行“权力清单”制度，厘清自治与行政之边界，加快基层行政管理体制改革

基层社区治理的现代化以政府治理现代化为前提，合理界定基层政府和社区组织权责边界，是政府现代化的必要条件，是推进政府治理和居民自治两者良性互动的关键，也是不断提升政府在基层的依法行政能力的根本要求。长期以来，面对众多行政压力，社区居委会已经逐渐演变为行政部门向下延伸的办事机构，失去了法律赋予的自治功能。政府与社区之间的边界不清一方面给基层政府依法行政带来了巨大的挑战和负担，另一方面也挤占了居民的自治空间，不利于构建共建共享共治的社会治理格局。

“共治”就是要破除过去政府主导的一元治理模式，明确基层政府及其派出机关与社区自治组织的职责范围，变政府独唱为社会合唱。在这一背景下，厦门市在市、区、镇（街）三个层面全面开展“权力清单”的编制与清理工作，推动基层行政管理体制向法治化、深入化发展。权力清单是对各级政府及其各个部门权力的数量、种类、运行程序、适用条件、行使边界等予以详细统计，形成目录清单，为权力划定清晰界限。换言之，清单所涵盖的范围就是行政权力的合法行使范围，清单以外就是行政权力不能随意进入的范围。

近年来，厦门市采用多方面措施为社区减除行政负担，提升办事效率，出台了村居履行自治职责、依法协助政府、代办公共事项、台账盖章等“七份清单”，确定 180 项职责，减除事项 30% 以上。海沧区根据幅员范围小、信息化程度高等特点，撤销街道服务中心，减少政府层级，推进 92 项公共事项下沉社区。思明区嘉莲街道设置了专门的“社会事务专用章”，16 项事务证明不出社区就能办理。

以海沧区新阳街道为例，街道梳理出社区工作站的 129 项工作事项清单，社区居委会自治清单 23 项，居委会协助服务事项清单 6 项，建议社区工作站向社会服务购买的清单 16 项。除此之外，新阳街道办还以清单形式对区、街道和社区的行政事项进行分类梳理。探索制定《社区组织协助政府工作目录》和《社区组织依法履行职责事项》等任务清单，明确区、街道与社区的责任。根据《海沧区新阳街道职责梳理情况》的统计，街道保留原有负责事项中的 110 项，回归区级 15 项，下放社区 22 项，分离出 7 项购买社会服务的工作。这不但减轻了政府负担，明确了政府职能，还促进了社会组织的发展，让政府、市场、社会各司其职、各归其位。

权力清单与责任清单两单融合，提升了厦门市的法治化水平。《中国法治发展报告》（见表 1）显示，在 2017 年全国法治政府评估中厦门市评估总分为 745.61 分，高于全国

平均水平（687.22 分）58.39 分。在“依法全面履行政府职能”“依法行政制度体系”“行政执法”“社会公众满意度调查”这四个指标上居于全国百市的前十名。

表 1　厦门法治化水平先进指标

	依法全面履行政府职能	依法行政制度体系	行政执法	社会公众满意度调查
得分	92	70	94.1	147.79
高于平均分	9.19	24.09	25.08	19.64
排名	8	10	3	6

（三）构建基层社区纠纷化解体系，完善普惠化、多样化、常态化的基层法律公共服务

随着城市化、人口结构、居住环境的转型，利益主体和利益诉求日益多元化，人民日益增长的美好生活需要和不平衡不充分的发展之间的矛盾日趋明显。传统上以地缘与亲缘为基础的纠纷矛盾解决机制不足以应对社会联系纽带和原子化、陌生化和碎片化的冲击。公众的权力意识迅速崛起也为基层治理带来了巨大挑战。因此，社会矛盾和纠纷一方面向街道层面聚集，另一方面又呈现出超越街道层面的复杂化特征。厦门市以“矛盾化解在基层、问题解决在基层”为宗旨，推动法律资源、法治队伍与法律公共服务向基层下沉。

首先，发展“线下 + 线上”的公共法律服务平台模式，构建了整合性、一站式的法治工作机制。在线下，积极整合一支由执业律师、公证员、司法鉴定员等组成的专业法律服务团队，为群众提供高效、便捷的法律服务。在线上，积极整合司法行政部门的各项资源，构建“综合 + 专业 + 网络便民服务平台”，推动公共法律服务向社会治理末端延伸，确保供给的及时性。“线下 + 线上”的平台模式形成岛内岛外一体、综合专业并举的服务网络，推动公共法律服务对社会治理的全覆盖。

其次，建立了形式多样、各具特色的“无讼”社区，构建了安定和谐的基层法治环境，其中包括以“1 ＋ N 社区法官”为代表的工作机制，以“法律诊所”为代表的社区法官模式，以马塘钢宇合作机制为代表的“社企合一”模式，以道路交通法庭、法援律师驻法庭为代表的社区集约模式，以“商圈法律服务站”“无讼校区”为代表的社区延伸模式等。“无讼社区”开展以来获得明显成效，2009—2013 年，各类信访数量年平均下降率达到 12.45%。

再次，大力实施村居法律顾问全覆盖工程，构建了便民利民的基层法律服务品牌。目前，全市 6 个区 510 个村居都聘请了法律顾问，让人民群众在家门口就能享受到法律服务。仅一年，全市村（社区）法律顾问工作提供法律咨询就超过 4300 人次，开展法制宣传教育讲座活动 345 场次，协助处理重大敏感和群体性案件 66 件，协助起草、审核、修订自治组织章程、村规民约以及其他规章制度 97 件，协助解决 314 个村（社区）换届选举中的法律问题，办理顾问村（社区）民众法律援助案件 158 件，为村（社区）重大经济、民生和社会管理方面的决策提供法律意见 170 件，协助处理信访问题 79 起，调解矛盾纠纷 429 起，处理其他涉法事务 178 件。2016 年，“一村（社区）一法律顾问”工作考评内容、标准出台，全市村（社区）法律顾问累计提供法律咨询 11877 人次，协助处理信访 246 件，协助化解纠纷 773 件。为促进基层治理法治化、维护基层和谐稳定、提升群

众法律意识发挥了积极作用。

最后，法治平台、环境和队伍的建设推动了厦门基层社区纠纷化解体系的高质量运转。纠纷调解规模迅速攀升（见图 1），由 2010 年的 6909 件增长到 2016 年的 14634 件，增长了 112%；同时，纠纷调解效率快速上升，调解员调解纠纷件数从 2010 年的每人 0.38 件变为 2016 年的每人 1.95 件，增长了 4 倍多。人民群众享受到了高效、便捷的法律服务，从日常生活中感受到了法律的公平正义，从而自觉参与到了法治文明的营造之中。

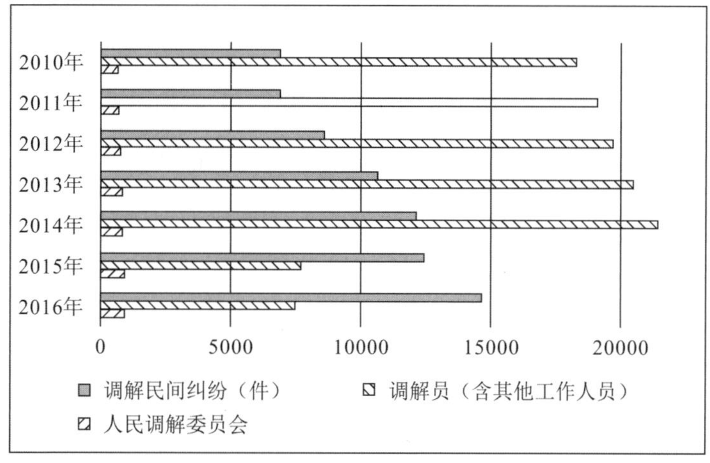

图 1　厦门纠纷调解成效统计①

（四）充分开展社区柔性治理，打造法治与德治有效结合的基层治理法治化格局

与政府主导的硬法治理不同，多元主体参与的软法治理能够灵活运用更多的治理资源以达到治理目标。软法注重实效，不拘泥于形式，注重协商，不借助于强制力，这些特性使得其不依赖国家· 这一工具，从而也更尊重能够在现实生活中发挥实效的传统性做法与惯例。村规民约、居民公约等自治章程是软法的重要组成部分，在基层利益多元化的背景下，构成了社区共同体的自我约束和内生性的法治化基础，在化解社会矛盾与城乡社区治理中有着不可替代的作用。

厦门市不断探索制定社区自治章程、居民公约和乡规民约，充分发挥“社区软法”在城乡社区治理中的积极作用。软法治理自下而上地将法治与居民的现实需求融合在一起，将道德力量与法律制度紧密结合，不仅培养了社区居民的法治技能，也营造了和谐公益的共治氛围。

2014 年，同安区新民镇溪林村总结编印首部村级自治《微法典》，以《微法典》为基础的“社区治理微型闭合自控系统”入选“2014 年度中国社区治理十大创新成果”。这部《微法典》包括村规民约、村级自治组织职权、村级组织运作系统等，既有村里绵延传承红白事简办、尊老爱幼、敬畏自然的约定，同时也将溪林村的探索用白纸黑字固定下来，明晰村委会和微型自治组织的职权，是传统村规民约与现代治理体系的深度融合，为乡村治理找到了内生动力。中华街道镇海社区推行“234+N 自治”模式（建立两项会议、设立 3 个常设组织、成立 4 个自治主体以及 N 个居民自治小组），让群众共同参与美好家园的规划、建设和管理。该社区先后制定《瑞泉山庄车主自管小组停车公约》《小区文明养

① 数据来源：《厦门市统计年鉴》。

犬公约》《小区“菜单式”物业管理办法》等10多个社规民约，有效地推进了居民协商共治、互相监督、互相制约的进程。

二、基层治理法治化存在的问题

经过长时间的探索实践，厦门已经摸索出一套符合自身实际的基层治理法治化经验，取得了有目共睹的成绩。但实地调研与统计数据表明，基层治理的法治化之路仍存在不少问题，需要未来进一步的思考与研究。

（一）基层治理缺乏清晰的法定职责，存在依法行政难的困境

街道直接面对社会，担负着大量整合资源、统筹职能部门、协调执法权的基层综合管理工作。从法律属性上来说，街道只是市区或区县政府的派出机构，不是一级行政主体，而是一个协调机构，居委会也不是政府的延伸部门，而是居民的自治组织。但目前，还没有一部基本法律明确街道的工作职责。社区治理的法律法规分散在宪法、行政法等诸多法律中，涉及法律文件近150个、法律条款500余个，而且大量法律规范要素不全、法律效力等级参差不齐、法律体系结构不完整，涉及街道的法律、法规、规章之间或政策之间经常出现冲突。由于法定职责不清，街道依法行政的内容、范围等方面没有统一明确的界定，具体行政行为存在着“无法可依”的情况。在职能部门的工作需要街道办事处配合时，也缺乏明确的依据可以遵循。尽管厦门市在2006年出台了《厦门市城市社区建设若干规定》，但该规定仅支持城市社区的建设，对于“村改居”社区基本不适用。整体而言，也缺乏较高的立法站位，难以适应厦门社区治理与发展的新形势。急需制定一部适应新时代需要、针对社区治理的专门化法律，以提高社区治理的法治化水平，从而为社区治理和服务提供法治保障。

（二）基层治理缺少执法权的有效保障，存在行政执法难的困境

由于街道的法律性质所限，它对政府职能部门在基层的派出机构没有直接的管辖权，只有统筹协调的权力。在简政放权与事权下放的过程中，街道本身的法律属性定位、执法主体资格与执法力量下沉不相匹配。一些下沉机构存在行政执法权缺失的情况，同时街道与社区并没有权限进行承接，却要负责协调和监督执法，甚至完成执法任务。因此，基层治理在资源统筹、部门协调、联合执法和综合治理方面存在行政执法难、运行机制不畅的问题。随着社会矛盾和纠纷的复杂化、人口流动与城市化速度的加快，以及与之相伴随的相关事权的不断下放，街道与社区层面的治理陷入了高负荷、低品质的循环中。

（三）基层治理缺乏权责匹配的有效机制，存在权限小、责任多的困境

在“两级管理、三级政府、四级延伸”的行政管理模式下，街道一方面是政府的派出机构，承担着基层管理的协调、统筹和监督职能，另一方面又担任着基层的一级管理主体，承担综合性的治理职责；社区居委会一方面是居民的自治组织，承担着居民自我管理、自我教育、自我服务、自我监督的职能，另一方面又担任着对社区事务的管理工作。在治理重心向基层下沉的过程中，这种职权与职责之间的不匹配更加凸显。街道没有审批权和执法权，却承担了多项审批与执法任务，居委会对居民自治事项没有管理权限，

却承担了多项行政管理工作。在居民自治能力与意愿不足的情况下，街镇与社区层面承担着法治风险。

（四）基层治理法治化的社区自治基础不牢，存在共治、法治、德治难以有机统一的困境

改革开放以来，厦门的社会结构发生了较大变化。从人口结构上来看，全市人口规模快速扩大。从 2000 年的 205 万人增长到了 2017 年的 401 万人（见图 2）。同时，厦门市已经成为人口流入城市。厦门市 2003 年年底流动人口约为 70.2 万人，2014 年年底达到 220 万，2010—2016 年平均净流入人口规模达 175.4 万人。目前外来人口占总人口比重达 43.7%。2017 年全市 57.2% 的常住人口户口登记地为其他地市，人户分离现象普遍存在。从流入人口在厦居住时间来看，居住半年至 1 年的占 14.9%，其中翔安区比重最高，为 24.0%；2~4 年的占 33.1%，其中同安区比重最高，为 44.5%；5 年及以上的占 39.1%，其中思明区比重最高，为 53.2%，其次为湖里区 51.2%，均超过一半。

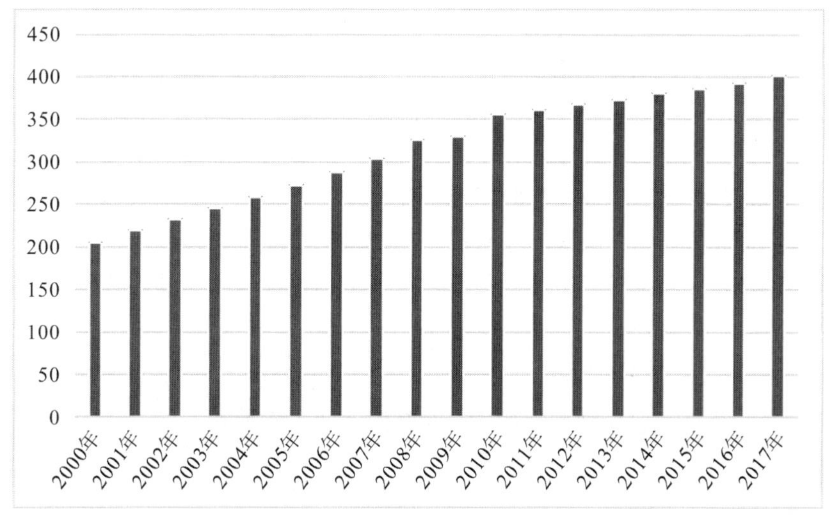

图 2　厦门市常住人口规模（2000—2017 年）

从城市结构上看，厦门为高度城镇化城市，2010 年，厦门市常住人口城镇化水平高达 88.33%，自 2011 年至 2016 年，每年提高 0.1 个百分点，平均城镇化率为 84.42%。在启动岛内外一体化建设战略后，建成区面积由 2010 年年末的 230 平方公里扩大至 2016 年年末的 334.64 平方公里，年均扩大 6.45%，城镇区域不断扩张。2010—2016 年，城镇属性村居由 312 个增加到 355 个，年均增加 7 个。

人口与居住结构的转变使得居民对于所居社区缺乏认同感和归属感，缺乏参与社区公共服务的意愿和能力，难以形成有着稳定纽带、持久关联和内在秩序的社会网络，基层治理缺乏内生性的自组织基础。徒法无以自行，要推进基层治理法治化，仅仅通过政府执法的资源、要素和力量下沉是不够的，还需要基层社区的内生性的自治共治结构为支撑。截止到 2017 年年底，厦门市每万名常住人口仅拥有社区社会组织 5.3 个，但在应对人口流动与城市规模迅速加快的形势上，仍显得力有不足。因此，要积极培育、孵化公益型社会组织等自治、共治力量的形成，推动从政府管理向多元治理转型。

三、对策与建议

基层治理水平的高低直接影响着社会治理的整体成效，法治是治国理政的基本方式，也是社会治理的基本途径。推进基层治理法治化，是创新社会治理加强基层建设的重要内容，是推进国家治理体系和治理能力现代化的应有之义，是建设法治中国的根本需要。基于上述问题，我们拟从党建引领、自治共治与行政执法三个方面提出以下对策建议。

（一）构建符合基层社会治理特点的基层党组织领导机制

伴随着住房体制改革与社会转型的步伐，基层的组织生态发生改变，基层党组织与社会的关系也随之改变。传统上以党和国家包揽所有的垂直管控已不复存在，党组织并不以一级政府的行政资源为依托，也很难通过行政方式进行利益配置和资源整合；同时，无行政依托的党组织也越来越多。这就需要把党的基层组织资源、政治资源、思想宣传资源转化为基层治理法治化的资源，促进社会共同利益的整合、协调、吸纳，更好地凝聚多元社会主体，引领社区走向多元共治之路。

（二）构建与基层自治相互衔接、相互促进的法律服务

基层法治的有效运行需要社会具有良好的自治、共治基础。社会缺乏自治意识与自治能力不但会加大法律运行的成本，也无法营造法治所需要的德治土壤。单向的、强制的行政执法无法把基层治理责任分散到各个社会主体身上，社会仍然很难进行自我服务和自我管理，继而要求更大规模的政府包办与行政执法。因此，应该将法治从外生于社区的行政管理手段转变为内生于社区的组织制度基础，以法治引导和规范社区的自治与共治。充分运用法治思维，把法治要素、法律服务与社区的自治、共治活动相结合，提供针对社区自治方面的法律服务，推动社区居民的自我管理、共同参与。

（三）构建权责匹配、条块联动的综合性基层执法工作体制

在治理重心向基层下沉的过程中，一些职能部门将工作事项直接下沉街道，或者向街道与居委会派发临时性工作任务，并未给予执法权与资源配套上的保障。街道对下沉力量的人事和工作考核权没有得到有效落实，职能部门力量下沉后，很多工作方式还是停留在原来的模式之中，没有树立以基层为重点的理念。事权下沉到街道后，执法权却并未有相应的下沉，街道行使管理权缺乏法律保障，违背了依法行政的原则。由于上级职能部门在各类社区评比中有“一票否决”权，出于上级考核压力，这种越法行政的现象时有发生，不利于基层治理向法治化、规范化发展。因此，应加强条块之间的联动机制，区职能部门应建立事权下放的评估机制，科学合理地选择工作事项，并对下沉的职责与职权做好法律评估与配套。同时，设计好考核标准，取消“一票否决”制，让社区工作的重心回归到提升居民的获得感与满意度上。

新时代社区治理地方立法需要把握的几个问题*

——以厦门市社区治理立法为例

姜宏**

党的十九大以来，中国特色社会主义进入新时代。开启新时代，对我国城市社会治理提出了新的要求。正如习近平总书记在十九大报告中所强调的，就是要“加强社会治理制度建设，完善党委领导、政府负责、社会协同、公众参与、法治保障的社会治理体制，提高社会治理社会化、法治化、智能化、专业化水平。加强预防和化解社会矛盾机制建设，正确处理人民内部矛盾。……加快社会治安防控体系建设，依法打击和惩治黄赌毒黑拐骗等违法犯罪活动，保护人民人身权、财产权、人格权。加强社会心理服务体系建设，培育自尊自信、理性平和、积极向上的社会心态。加强社区治理体系建设，推动社会治理重心向基层下移，发挥社会组织作用，实现政府治理和社会调节、居民自治良性互动”。一言以蔽之，就是要“打造共建共治共享的社会治理格局”。而要实现这一目标，做好社区治理是基础，坚持法治思维是关键。本文拟以厦门市社区治理立法的经验教训为例，就新时代社区治理立法需要把握的几个问题谈一些不甚成熟的看法。

一、关于社区治理地方立法的空间

社区治理是社会治理的重要组成部分。关于社区治理立法有没有地方立法的空间，以及空间究竟有多大，一直是一个较有争议的话题。一种观点认为，社区治理立法涉及基层群众自治制度，属于《中华人民共和国立法法》第 8 条所规定的法律保留事项，因而不宜进行相应的地方立法实践，而应从国家层面进一步完善《中华人民共和国城市居民委员会组织法》《中华人民共和国村民委员会组织法》等法律，或者新制定《中华人民共和国社区治理法》来加以解决。另一种观点则认为，社区治理虽然包括基层群众自治制度的内容，但其外延又不仅限于基层群众自治制度本身。换言之，有关基层群众自治制度的内容充其量只是社区治理的一部分，更多的内容还不属于法律保留所规制的范畴，因而在社区治理立法方面，享有立法权的地方还是有一定的探索创新空间的。笔者基本上同意第二种观点，即社会治理地方立法并无禁区，关键在于把握好足够的度。值得一提的是，2017 年 4 月中共中央、国务院印发的《关于加强和完善城乡社区治理的意见》（中发〔2017〕13 号，以下简称《意见》）中“有立法权的地方要结合当地实际，出台城乡社区治理地方性法规和地方政府规章”的要求恰好也契合了上述第二种观点。

实际上，早在 2014 年年初，厦门市就启动了社区治理地方立法的探索，市人大常委会制定的《厦门市 2014 年度制定法规计划》就将《厦门经济特区社区条例》作为法规备选项目，由市民政局牵头起草。2015 年，市政府将《厦门经济特区社区条例》作为法

---

* 本文获第 30 届全国副省级城市法治论坛优秀论文奖。

* 姜宏，厦门市法制局。

规正式项目纳入当年市政府立法计划。之后，随着立法研究的日趋深入，以及国家对社区治理的新要求、新定位，2016年的市政府立法计划在对原有立法项目标题进行修正的基础上，将《厦门经济特区社区治理条例》作为法规备选项目继续加以推进。2017年，厦门市人民代表大会常务委员会、厦门市政府首次共同将《厦门经济特区社区治理条例》作为法规正式项目，市人大常委会要求市政府于当年10月底前报送议案。期间，中共中央、国务院印发《意见》，提出在社区治理中要坚持以基层党组织建设为关键，充分发挥基层党组织的领导核心作用。为使社区治理地方立法更能反映新时代的新要求，2017年10月下旬，市政府办公厅致函市人大常委会办公厅，提出由于法规草案尚不成熟，故商请暂缓报送。2017年11月下旬，市人大常委会办公厅向市政府办公厅发送《关于进一步完善社区治理立法工作的函》（厦常办函〔2017〕30号），对厦门市社区治理立法推进工作提出了具体的指导性意见。之后，为了进一步推进社区治理立法工作，2018年市人大常委会立法计划和市政府立法计划又将《厦门经济特区社区治理条例》转为法规调研项目，由市民政局牵头，按照《意见》精神和新时代社会治理的新要求，继续开展相关调研工作。

客观而言，尽管商请暂缓报送法规草案的行为一定程度上体现出厦门市政府在立法工作层面的严谨性和严肃性，但若是从立法计划的完成角度审视，厦门社区治理地方立法的实践并不成功，毕竟三四年的努力既未达到预期的目的，也未收获实际的成果。不过，辩证来看，这样的一次近乎失败的立法实践却又是非常有意义的。其意义在于通过这些年在社区治理立法方面的不断探索、反复研究，对社区治理立法有了更为深刻的认识，为下一步结合贯彻落实新时代下社会治理理念，不断完善地方社区治理立法奠定了理论和实践基础。

二、关于社区治理地方立法的思路把握

可以说，在社区治理地方立法方面，理清立法思路，做到有的放矢、对症下药至关重要。而要做到这一点，立足新时代，有必要在立法思路方面把握好以下三个重大问题：

首先，关于社区治理立法的功能性定位。在笔者看来，与旨在体现刚性约束的硬法所不同的是，社会治理立法的总体思路主要是基于软法的制度设计理念，这也就决定了其法的功能性定位。关于软法和硬法的研究，一直以来在理论界是一个较有争议的话题，这在罗豪才、宋功德所著的《软法亦法——公共治理呼唤软法之治》一书中已有详细阐述，本文就不再赘述。不过，这里需要加以明确的是，所谓软法，就是不能运用国家强制力保证实施的法规范[①]，其基本功能在于弥补单一硬法之治的结构性缺陷，提高法的正当性和实效，降低法治与社会发展成本，回应公共治理，最终推动法治目标的全面实现。而这一功能性定位恰恰契合了社区治理立法的目的和宗旨。毋庸置疑，社区是社会治理的基本单元。社区治理事关党和国家大政方针的贯彻落实，事关居民群众的切身利益，事关基层的和谐稳定。但与此同时，由于社区治理大多与社区居民的自治、共治相关联，涉及“党委领导、政府主导、多元参与、居民自治、良性互动”的体制机制，因而很难用传统意义上的硬法，用国家强制力来规制和解决，这也就为

① 按照罗豪才、宋功德两位先生的观点，以法规范能否运用国家强制力保证实施作为分水岭，可以将整个法规范体系一分为二：一是能够运用国家强制力保证实施的法律规范，它们共同构成硬法；二是不能运用国家强制力保证实施的法规范，它们共同构成软法。

软法提供了“施展拳脚”的空间。厦门市有关社区治理立法大体也是按照软法的思路和架构来进行相应制度设计的。以厦门市民政局报送市政府法制机构审查的《厦门经济特区社区治理条例（草案送审稿）》（以下简称《条例（送审稿）》）为例，其总则、社区居民自治、社区治理参与主体、社区公共事务服务、社区服务供给、社区工作保障、监督与责任、附则的总体制度设计框架，虽仍拘泥于传统意义上的居民自治体系，滞后于国家提出的社区治理理念，但其注重反映公共自治组织的共同体意志，为法主体的行为选择提供导向的软法特征还是较为明显的①，而且这样一种软法制度设计理念也可以成为今后社区治理立法所要遵循的主要思路之一。当然，在社区治理立法中是否需要加入一些硬法的内容，从而增强其刚性约束力，也是值得深入探讨的一个问题。严格意义上，软法并不排斥硬法的存在，它们之间应该是一种相辅相成、互为补充的关系，是一种混合法治理的模式。具体来说，如果能在社区治理立法中适当作一些对各方参与主体有刚性约束的规定，如街道办事处（乡镇人民政府）、社区居委会、社区工作者的考评制度、问责机制等，从而强化其执行力，也不失为一种综合软法、硬法的较为理想的立法模式。

其次，关于将党的领导融入社区治理立法的设计构想。众所周知，以往在立法层面特别是地方立法层面是鲜有将党的领导或者有关党的表述直接在法律、法规、规章中加以体现的，其理论依据主要有二：一是从制定主体而言，无论是法律、法规还是规章，其制定主体要么是享有立法权的人民代表大会及其常务委员会等权力机关，要么是国务院及其各部委（含直属机构），以及享有立法权的地方人民政府等行政机关，而依据我国现行政治体制，无论是权力机关还是行政机关都是在党的领导下开展各项工作，因而从逻辑上而言，作为被领导者的立法制定主体并无权就党的权利义务作出规定。二是从立法例看，除了《宪法》②在“序言”部分有相关党的表述以外，包括《宪法》以及法律、法规、规章都极少出现有关党的表述。不过，应当注意的是，以往这样的一种立法习惯在党的十九大前后特别是中国特色社会主义进入新时代后发生了显著改变，即立法再不囿于有关党的表述，而是旗帜鲜明地直接在立法中予以体现。最为典型的就是经第 5 次修正的现行《宪法》第 2 条第 2 款规定“中国共产党领导是中国特色社会主义最本质的特征”，直接将中国共产党的领导写入了宪法文本正文部分。除此以外的立法例，还包括《中华人民共和国监察法》，新修订的《行政法规制定程序条例》《规章制定程序条例》，等

① 软法特征在《厦门经济特区社区治理条例（草案送审稿）》中还是表现得较为突出和明显的。如在社区居民自治方面，第8条规定，“社区居民在社区居民委员会的组织下，围绕居民自治事项，有序参与制定并遵守居民公约和自治章程，通过参加社区事务协调会、听证会和监督评议会等，参与社区公共事务管理”；在社区治理参与主体方面，第16条第3款规定，“鼓励在街道办事处成立社区社会组织联合会，发挥对社区组织的管理服务协调作用”等。

② 这里所称宪法，特指第5次修正以前的1982年宪法。

等①。明确了这一点，就不难解决以往困扰社区治理立法的如何将党的领导融入法律、法规、规章文本的问题，这也使得将《意见》中的主要精神融入社区治理立法有了立法依据和理论基础。具体来说，就是要将实现党领导下的政府治理和社会调节、居民自治良性互动，全面提升城乡社区治理的法治化、科学化、精细化水平和组织化程度，促进城乡社区治理体系和治理能力现代化的内容直接在社区治理立法的文本中体现。同时，需要说明的是，尽管将党的领导直接融入社区治理立法已无法律障碍，但在具体制度设计当中还是应该注意把握以下两点：一是不能在文本表述中将党组织作为规制对象，作出义务性规定。比如，在立法中直接要求基层党组织在社区治理活动中做什么或者不做什么。道理很简单，党在社区治理中始终处于领导地位，不能以立法的形式来削弱、降低党的领导地位。二是将党的领导直接融入社区治理立法并不意味着立法从此可以泛文件化，归根结底，还是要遵循立法规律，遵守相应的立法技术和规范，尽可能地将有关党的领导的表述转化为法言法语。

最后，关于社区治理立法的边界和制度设计框架。正如厦门市人大常委会办公厅在给市政府办公厅的《关于进一步完善社区治理立法工作的函》中所指出的那样，“社区治理立法不仅是要进一步理顺居民自治体系，更重要的还在于将立法思路从单纯的社区自治调整到提高社区治理体系和治理能力现代化的平台上，既谋划加强党的领导和政府的主导作用，也推动多方参与、共同治理的城乡社区治理体系”。因此，明确社区治理地方立法的边界，找准定位，在新时代下统筹谋划制度设计框架至关重要。在这方面，中共中央、国务院印发的《意见》具有全局性和纲领性指导意义。换言之，社区治理地方立法必须紧紧围绕《意见》作统一布局，并以此作为检验社区治理地方立法是否成功的唯一标准。具体来说，一是把握方向。在社区治理立法的总则部分将加强党对社区治理工作的领导，确保社区治理始终保持正确政治方向作为基本原则加以固化。同时，通过多种方式尽可能地运用法言法语，将党的领导的思想融会贯通于各章内容。应该说，《条例（送审稿）》在这方面还是做了不少探索和尝试，如在第3条规定：“社区治理应当坚持党的领导，以社区党组织为核心，社区居民委员会为基础，构建党的领导和政府职能延伸纵向到底，社会组织和居民参与覆盖横向到边的互动共治的社区治理格局”；在第10条规定：“社区党组织是落实社区治理工作的领导核心，根据党章规定，在街道（镇）党工委（党委）领导下，开展社区治理工作”；第22条第1款规定：“凡涉及社区公共事务和居民切身利益的事项，应当组织开展社区协商，由社区党组织、居民委员会牵头，组织利益相

① 关于在新制定的法律、行政法规中出现党的表述已并不鲜见，如《中华人民共和国监察法》第2条就明确规定：“坚持中国共产党对国家监察工作的领导，以马克思列宁主义、毛泽东思想、邓小平理论、‘三个代表’重要思想、科学发展观、习近平新时代中国特色社会主义思想为指导，构建集中统一、权威高效的中国特色国家监察体制。”又如，新修订的《行政法规制定程序条例》第3条规定：“制定行政法规，应当贯彻落实党的路线方针政策和决策部署，符合宪法和法律的规定，遵循立法法确定的立法原则。”第4条规定：“制定政治方面法律的配套行政法规，应当按照有关规定及时报告党中央。制定经济、文化、社会、生态文明等方面重大体制和重大政策调整的重要行政法规，应当将行政法规草案或者行政法规草案涉及的重大问题按照有关规定及时报告党中央。”同样，新修订的《规章制定程序条例》第3条规定：“制定规章，应当贯彻落实党的路线方针政策和决策部署，遵循立法法确定的立法原则，符合宪法、法律、行政法规和其他上位法的规定。”第4条规定：“制定政治方面法律的配套规章，应当按照有关规定及时报告党中央或者同级党委（党组）。制定重大经济社会方面的规章，应当按照有关规定及时报告同级党委（党组）。”

关方进行协商，涉及两个社区的重要事项，由街道办事处牵头组织开展协商”等。虽然上述这些规定特别是在技术规范上还存在着问题，但其指导思想还是正确的。二是明确宗旨。将服务居民、造福居民作为社区治理立法的出发点和落脚点，以实现人人参与、人人尽力、人人共享的社区治理目标。人人参与、人人尽力、人人共享是社区治理立法所需要达到的一种现实状态，但如何在具体文本中加以体现和落实，则还要作进一步的细化研究。三是细化举措。首先，有效发挥基层政府主导作用，通过立法的形式要求制定相应的权责清单，以厘清街道办事处（乡镇人民政府）和基层群众性自治组织权责边界；其次，注重发挥基层群众性自治组织的基础作用，通过加强基层群众性自治组织规范化建设，合理确定其管辖范围和规模，促进基层群众自治与网格化服务管理有效衔接；最后，统筹发挥社会力量的协同作用，推进社区、社会组织、社会工作“三社联动”规范化、法定化。《条例（送审稿）》在这些方面有所涉及，比如在“第三章 社区治理参与主体”第 13 条规定了“社区工作事项准入清单”制度；第 19 条规定了“建立健全社区网格化工作机制”等，但还需进一步深化和细化，使相关举措更为有效，更能体现地方特色。四是强化保障。强化组织保障是社区治理立法重点要解决的问题之一，也是社区治理成败之关键。《意见》从完善领导体制和工作机制、加大资金投入力度、加强社区工作者队伍建设、完善政策标准体系和激励宣传机制等方面提出了要求，作为社区治理地方立法有必要将这些要求分门别类地转化为法言法语，尽可能地做到具体化、刚性化，由此赋予其鲜明的地方特色和生命力。《条例（送审稿）》专章规定了“社区工作保障”，在加大资金投入力度、加强社区工作者队伍建设等方面与《意见》要求相吻合，但在全面性上尚有所欠缺，还有进一步提升的空间。

社会治理创新背景下的信访法治化改革研究

——以厦门市信访工作实践为例

郭金托*

习近平总书记强调，要“适应时代要求，创新群众工作方法，善于运用法治思维和法治方式解决涉及群众切身利益的矛盾和问题”，“对涉法涉诉信访，要纳入法治轨道解决，让当事人切实感到依法律按程序就能公正有效解决问题”。中共中央办公厅、国务院办公厅先后印发了《关于创新群众工作方法解决信访突出问题的意见》（中办发〔2013〕27号）、《关于进一步加强信访法治化建设的意见》（中办发〔2017〕51号）。习近平总书记关于信访工作的重要指示批示精神和中央制定出台的规范性文件，为信访工作开展指明了正确方向，提供了有力遵循。改革开放40年来特别是党的十八大以来，中央坚定不移地深化信访工作制度改革，着力创新社会治理，建设法治信访，信访工作沿着法治轨道健康发展。本课题以厦门市为例，通过实地走访、查阅档案、剖析案例、组织讨论，还原呈现五年来厦门市社会治理创新背景下推进信访法治化的改革实践，剖析存在问题，并提出对策建议。

一、厦门市“创新+法治化”信访改革实践

厦门市委、市政府高度重视信访工作，创新推行“六个依法”组合拳，坚持运用法治思维和法治方式开展信访工作，积极引导群众依法理性反映问题，保障群众合理合法诉求依照法律规定和程序就能得到合理合法的结果。我市多元化解、诉访分离等改革举措走在全国、全省前列，疑难信访事项专案评审在全省推广实施，并多次被国家信访局《人民信访》、微信公众号刊登推介，“创新＋法治化”信访改革实践取得明显成效。

（一）推行诉访分离，依法分流处置

一是建立诉访分离制度。我市率先出台了《关于做好相关工作支持政法机关处理涉法涉诉信访问题的实施意见》，从制度上进一步明确了涉法涉诉信访事项的范围、处置的责任、秩序的规范、工作的协调等四方面内容，厘清诉讼与信访的界限，把已经或者依法应当通过诉讼、仲裁等法定途径解决的信访事项从普通信访中分离出来，纳入法治轨道依法解决。二是实施政法机关同步接访。公、检、法等政法机关的领导，每月15日和每周一与党委、政府领导同步在本单位接待涉法涉诉信访群众，分流引导群众依法反映涉法涉诉信访诉求。同步接访公告，在《厦门日报》上一并发布，扩大宣传覆盖面。三是转变信访工作方式。根据信访诉求的不同性质，市信访局归纳了对于平等主体之间的民商事纠纷等6种应当通过法定途径解决的信访事项，分类采取不同的处置方式。特别是转变处理涉法涉诉信访问题的工作方式，把以往侧重信访案件协调化解的前端工作，转

* 郭金托，厦门市信访局。

变为侧重做好协调教育稳控的后端工作。市、区两级信访部门对涉法涉诉来访群众，解释信访及相关法律规定，了解掌握信访人思想动态、生活困难等情况，因案施策做好教育疏导、困难帮扶、人员稳控等工作。通过工作制度的建立、处置流程的细化、相关部门的联动，形成了较为完善的诉访分离工作机制。群众到市反映涉法涉诉问题占信访总量的比重，从 2013 年的 35% 下降至目前的 13%，呈现出“弃访转法”的良好趋势。

（二）注重协同联动，依法分类处理

一是统一标准，共享信息。推动 30 家市直有关部门与省直对口部门衔接，制定依法分类处理信访诉求清单，进一步完善配套措施，明确各类信访诉求依法办理程序和各环节的责任主体，厘清行政机关之间和行政机关内部不同业务处室之间的“管辖”边界。各职能部门按照“系统抓、抓系统”的原则，下发本系统清单，检查督促区直部门细化和执行配套措施，做到标准统一、途径一致。二是准确甄别，分类处理。职能部门在接到群众诉求事项时，对属于清单范围的事项依法进行分类处理，不再纳入信访渠道进行受理办理。对申诉求决类事项，引导信访人通过仲裁、行政复议、行政裁决等法定途径解决投诉请求。对处理揭发控告类事项，引导通过行政监察、劳动监察等法定途径解决投诉请求。对信息公开类事项，引导向负有依法履行政府信息公开义务的行政机关提出。群众通过信访投诉分类处理清单，就能精准找到投诉请求的处理单位。信访部门和各个职能部门依照法定途径，各司其职，及时受理，依法办理。三是加强衔接，联动处置。建立了信访部门与市直单位协调有力、移交有序、办理有效的协调工作机制，确保导入法定途径的投诉请求有人接、有人管、有人办理，避免信访群众在部门间“跑来跑去”、信访事项在单位间“转来转去”。对一些疑难复杂的投诉请求，由市信访局负责协调，充分运用部门联合接访工作机制，推动有关职能部门共同做好甄别引导、诉求解决以及矛盾化解工作。依法分类处理工作实施以来，我市信访办理更加规范有效。2018 年以来，信访事项及时受理率 100%，按期办结率 99.6%，群众满意率 90%。

（三）突出问题导向，依法多元化解

我市坚持在法律框架下，先行先试探索创新，积极推行专案评审等新机制，为依法妥善化解重大疑难信访问题提供有益尝试。一是率先推行专案评审。将干部下访、领导包案、督查督办、复核终结等四项工作有机结合起来，抽调得力干部和专业律师成立了第三方审议组。五年来，审议组按照不局限于原调查结论、不局限于原处理意见、不局限于原领导表态的“三不局限”原则，重点审议了 100 多件疑难信访事项，准确查清了案情，剥离了合理诉求，甄别了是非曲直，找到了法律依据，明确了处理方案，办结率超过 95%。二是分批组织公开听证。制定了《完善信访事项公开听证评议机制的实施意见》，有效运用社会力量，对涉及面广、政策性强和影响社会和谐稳定的矛盾纠纷，进行公开、公正的评判，在维护信访群众合法权益的基础上，有效敦促其息诉息访。目前我市已建立了由 43 名人大代表、政协委员、执业律师等人员组成的评议员队伍。党的十八大以来，我市对 80 件信访突出问题进行了公开听证评议，60% 以上的信访人当场签订息诉息访承诺书或达成了和解协议。三是探索开展访调对接。2018 年，市信访局联合市司法局探索引入“人民调解室”新平台，开展“访调对接”，引导信访人平等自愿协商解决一些难以进入司法程序、不适合通过行政手段调处的物权纠纷、邻里纠纷等民事纠纷，取得

了较好效果。四是依法打击违法行为。大力规范群众信访行为，引导信访人依法理性表达诉求。对经劝导教育仍缠访闹访的，由市行政中心安保中队依法予以制止；对信访过程中出现的违法行为，公安机关依法严肃处理。党的十八大以来共依法处置信访违法行为 106 人次，有效推动了厦门市信访秩序持续好转。

（四）强化律师参与，依法维护权益

近年来，我市把引入律师参与信访工作，作为打造法治信访的重要抓手。通过全方位、多层次地为来访来电群众提供法律咨询、法律援助等服务，依法及时就地解决了大量矛盾纠纷。一是实行律师值班接访。市信访局联合市司法局制定出台了《律师参与信访接待工作规则》，明确了律师参与接谈信访事项的工作职责、基本要求和工作纪律等内容。在市、区两级信访部门设立了法律咨询室，坚持每天安排律师到接访中心值班。5 年来，市信访局法律咨询室共安排律师 2657 人次参与接访，接待了信访群众 4150 批次。律师从专业的角度释法析理，普及法律知识，引导信访人遵循法定途径解决诉求。二是推行律师轮值接听。借助市长专线平台，每月安排律师轮值接听群众来电。累计筛选与群众利益密切相关的法律政策热点进行专题解答 86 场。律师通过对市民咨询的法律问题进行分析，提出专业的意见和建议，及时为市民答疑解惑。三是协同开展法律援助。在律师参与接访的过程中，由律师为主对重大信访事项进行法律论证，提出法律意见。对于一时不愿意通过法律途径解决问题的，由律师现场普法，做好说服引导工作，并帮助理清诉讼请求、诉讼流程等，为其提供优质法律服务。通过律师牵线搭桥，上百名信访人获得了法律援助，维护了自身合法权益，促进了社会和谐稳定。

（五）着力建章立制，依法健全机制

我市先后制定了一系列信访工作配套制度，形成一套较为完整的信访工作制度体系。围绕加强信访依法办理，除上述提及的诉访分离、逐级走访、公开听证等工作机制外，还重点完善了四项工作制度。一是依法实行逐级走访。从 2014 年 5 月起开始实行来访人依法逐级走访实施细则，明确界定信访受理、不予受理的范围。建立了越级信访定期通报、来访事项办理情况定期通报等制度，由市信访局每月向区信访局下发越级信访名单。对于不按要求登记录入、应受理而未受理、不执行来访事项处理意见等，导致群众越级走访的，通过“点对点”通报等方式，责令限期整改。二是规范办理初信初访。制定了《加强初信初访办理实施细则》，进一步明确了初信初访的办理原则、处理方式、办理流程、监督考核以及工作责任，明晰了 5 个时间节点和 9 个规定动作，确保每一件初信初访的办理环节、办理时限有据可查。实行每月一督查、每季一通报，对未按规定时限受理办理的，及时提醒督办或督促整改。该细则试行以来，我市初信初访事项一次性办结率大幅增加，最大限度地减少了问题积累和矛盾上行。三是科学考评信访工作。确立了“注重实效、简便易行、突出重点、综合考量”的思路，全面考评信访工作的源头控制、过程控制、结果控制、保障措施等内容，尤其是将依法规范办理信访事项纳入考评范畴，倒逼各区、各有关部门运用法治方式解决信访问题。四是严格落实移送问责。对不按照“路线图”办信接访、不依法依规办事引发重大信访问题等行为，由信访部门书面移交纪检监察机关予以问责。5 年来，先后移送了 10 起信访事项处置不力问题；依法依规问责了 14 名干部，其中 1 名领导干部还被组织调整；5 个单位被通报批评，强化了“失责必问、问责必严”的鲜明导向。此外，各区创新工作思路，探索制定了不少新制度、新举措。例如，2016 年 3 月同安区建立信访与民事行政检察工作联动机制，区信访联席办先后向检察院移送 15 个问责线索，通过法律监督压实行政机关信访工作责任。

（六）增强法治思维，依法严格履职

市信访局注重吸纳法律专业人员从事信访岗位，着力强化信访干部政策法规培训，为提升信访法治化水平提供了专业人才保障。一方面，不断壮大信访部门法律人才队伍。目前，市信访局具有法律、法学专业背景的信访干部 8 人，占全局干部的 23%；市委组织部每年从全市有关单位选派 10 名法律素养较高、工作经验丰富的业务骨干到市信访局挂职，其中多名具有司法工作经历和法律专业背景，进一步提高了信访部门整体政策法律水平。另一方面，着力提升信访干部法律素养。采取专题讲座、专案剖析等方式，扎实开展各级各类信访政策法规培训，增强信访干部法治思维和提高运用法治方式解决信访问题的能力。每年举办全市信访业务培训班，为各区各有关部门信访干部进行信访事项规范办理等专题培训；每季度组织全局、每月组织业务处室，开展信访政策法规学习会、涉法涉诉信访事项处置心得分享会等，不断提高一线信访干部依法办理信访事项的水平；深入公安机关、劳动部门等单位，学习了解涉法涉诉信访事项有关法律规定，掌握基本法律知识，为有效引导信访人通过法定途径解决诉求打下了坚实基础。

二、信访法治化改革创新存在问题

厦门市在推进信访法治化改革创新工作中，取得了一定的突破，呈现出不少亮点。但在具体实践中，也存在一些突出问题。这些既有全国各地信访工作的共性问题，也有我市在探索推进信访法治化过程中出现的个性问题。主要有四个方面：

（一）信访法律政策体系不够完善

尽管信访立法呼声很大，于 2016 年列入了国务院立法工作计划预备项目，但至今仍未出台。现行的《信访条例》是一部行政法规，在法律体系中地位和等级较低；而且随着社会的发展，信访工作中遇到的新情况、新问题层出不穷，现行信访工作法规与社会发展的新形势不相适应的情况逐步显现。尽管中央、省里制定出台了一系列信访工作规范性文件，但在依法分类处理信访诉求等新举措上大多为宏观上、原则性的规定。我市早期出台的配套性文件有些也与新时代、新规定不相匹配，不便于执行和规范工作，影响信访法治化水平的提升。

（二）信访依法办理不够精细化

随着我市信访基础业务规范化建设的逐步推进，信访办理规范化水平稳步提升，但仍然存在一些不规范行为。个别区、个别部门转送交办信访事项不及时、不准确。有的受理、办理文书格式不规范，存在错漏现象，如答复意见书未告知复查复核权利、以过程性办理情况代替答复意见。对一些依法应当通过诉讼、仲裁、行政复议等法定途径解决的投诉请求，一些行政部门未能准确甄别而直接纳入信访受理程序。信访人对此类答复意见不服后，职能部门仍然简单地照搬“路线图”要求信访人申请复查、复核，把应

该通过法定途径解决的涉法涉诉事项，又引回到行政三级办理程序，既增加了行政成本，又容易引起多头上访。在市政府接到的信访复核申请中，此类现象占了近50%。

（三）信访干部法律素养亟待提高

信访工作是一项政策性极强的群众工作，涉及多方面的法律政策，特别是依法分类处理信访诉求举措实施后，客观上要求信访干部具备较高的法律素养。调研发现，目前我市各级信访部门工作人员，80%以上非法律专业毕业，对相关领域行政法规掌握水平参差不齐，对诉讼、行政复议、行政裁决等法律规定不够熟悉，法治意识、法律素养均有待进一步提高。各职能部门、镇（街）的信访干部大多是兼职人员，虽然每年反复组织培训，但由于信访干部经常轮岗、培训方式较为单一等原因，信访干部对信访政策法规的掌握仍不尽到位。

（四）信访群众法治意识提升缓慢

“信访不信法”的思想观念虽然得到一定扭转，但仍根深蒂固。具体呈现出三个特点。一是表达渠道高层化。不少信访群众不通过正常信访途径向有关职能部门反映，而是更倾向于向并不了解实际情况的更高层次机关表达诉求。以2017年为例，全市各区信访部门接待处理集体访共164批2474人次，而市一级层面达210批4327人次，呈“倒挂”态势。二是上访节点敏感化。个别信访老户选择在上级重要会议、重大活动期间越级上访，重复反映利益诉求。三是表达方式过激化。一些信访人一旦诉求未能得到满足，便采取非理性手段维权。有的举状纸、着冤衣、打横幅、喊口号，甚至以服毒、自残等方式相威胁。有的认为“人多力量大”，上访人越多，政府越重视，越有利于问题解决，动辄聚众上访，甚至围堵党政机关。此外，不少信访群众还就同一诉求重复多头信访，在一定程度上浪费了行政资源。

三、推进信访法治化改革创新对策建议

坚持以人民为中心的发展思想，以创新社会治理为动力，探索解决信访法治化过程中存在的突出问题，不断提升信访工作法治化、规范化水平，开创新时代信访工作新局面。建议采取以下五方面举措。

（一）推进信访政策法规“立改废”工作

组织精干力量，按照“废、立、改”原则，围绕信访事项登记、受理、办理、答复、督查、上报、归档等工作程序，矛盾排查、积案化解、诉访分离等工作重点以及信访工作绩效考核、情况通报、责任追究等工作抓手，重新回顾梳理现有信访制度，加以整合、修改、完善，建立起一套更为完整的信访工作制度体系。此外，由于立法程序复杂等原因，全国层面的“信访法”难以短时间内出台。我市可大胆先行先试，探索论证信访地方立法可行性，巩固专案评审、督办问责等先进做法，突破信访事项依法终结等难点，既进一步规范提升信访工作，又为今后“信访法”的出台提供参考借鉴。

（二）加快依法分类处理信访诉求步伐

总结提炼前一阶段推进依法分类处理工作的成功经验，适时出台我市依法分类处理信访诉求工作规程，进一步明确工作机制、规范工作程序，增加可操作性，确保工作进一步落实落地。完善复查复核工作机制，复查复核机关发现应当适用信访程序以外其他法定途径而未适用，以信访处理代替行政处理，以信访处理意见代替行政处理决定或者行政履职行为的，应当视情况撤销或者变更原信访处理（复查）意见，并通报信访处理（复查）机关。市、区信访部门要加大工作力度，开展专项督办，对应当受理而未受理、错误适用法定途径、未在规定期限内处理等情形，督促责任单位限期整改。涉及多个诉求、多个途径、多个部门的疑难复杂信访诉求要优先纳入领导约访、专案评审、公开听证范围内，积极推动有关部门合力化解。

（三）建立律师参与信访工作大格局

各区信访部门可参照市里模式，聘请一名专业律师担任法律顾问。健全完善律师参与信访值班、轮值接听、专案评审、复查复核等全领域工作机制。探索采取专题轮值接访的形式，对参与接访的律师进行科学排班，如每月 15 日、每周一领导接待日，安排两名熟悉劳动社保、征地拆迁等法律和政策的律师值班。周二至周五分别安排行政法、民法、刑法等专题领域的律师在法律咨询室定点接待群众来访。完善信访部门与法律援助中心的对接机制。开辟信访群众申请法律援助的绿色通道，由法律援助中心指定专人与法律咨询室律师对接，及时审核法律援助申请条件，尽快安排援助律师，提供法律政策咨询或案件代理等服务。

（四）依法推进信访秩序“双向规范”

一方面，依法规范信访行为。依法打击涉访违法是推进信访法治化建设的关键。要确立“先规范违法行为，再解决合理诉求”的法治理念，让缠访、闹访等信访违法犯罪人员不仅得不到额外的好处，还要依法承担应有的法律责任。建议由政法委牵头，公安、检察院、法院、司法、信访等部门参与，共同研究制定打击信访过程中违法行为的工作机制，不断加强公检法司的打击合力，确保信访秩序稳定。另一方面，依法规范信访业务。探索建立“信监联动”工作模式，加强与纪委监委等监督机关的沟通协调，进一步强化依法化解矛盾纠纷的监督工作，严肃问责推诿、扯皮、徇私枉法、失职渎职等违纪违法行为，以抓铁有痕的力度倒逼职能部门依法受理、办理信访业务，依法妥善解决群众合理诉求。

（五）加强信访干部法律专项培训

一是编写法律培训教材。建议提请国家信访局适时牵头对《全国信访法规规章制度汇编（2007 年版）》进行重新修订。市信访局适时汇编整理我市相关常用政策法规和诉访分离、分类处理经典案例。二是组织法律“强化班”。针对信访干部缺乏各个门类法律专业知识等问题，不定期组织法律“强化班”，围绕行政法、民法、刑法等领域，以及信访量比较集中的劳动社保、征地拆迁、违法建设等事项，邀请专业律师向信访干部尤其是一线接访工作人员讲授法律和政策规定，不断增强信访干部法律素养，做到开展信访工作于法有据，解决问题依法依规。将《信访条例》等相关法律法规纳入干部培训课程，提高各级领导干部和其他干部法治信访意识，从源头上避免因不依法办事而导致的信访问题发生。

（六）建立“线上+线下”信访普法宣传机制

市、区信访部门、镇（街）要安排专项经费，大力开展线上线下信访法治宣传工作。“线上”要扩大媒体宣传。在主流报刊、广播、移动电视，以及网络、微信、客户端等新媒体，开展信访法律法规宣传活动，曝光信访正反典型案例，以案释法，正面引导社会舆论。“线下”要突出精准普法。转变“大水漫灌”街头宣传的方式，由镇政府（街道办）牵头，选择本辖区信访问题较为突出、法治意识较为薄弱、违法行为较为集中的村（居），集中开展传单派发、横幅悬挂、法律咨询等宣传活动，特别是利用群众喜闻乐见的文艺形式，将一些信访法律法规和案例编排成小品、相声节目，身边人演身边事，身边事育身边人，让群众了解信访人权利义务和依法上访的相关规定，形成办事依法、遇事找法、解决问题用法、化解矛盾靠法的良好氛围。

安全感城市治理法治化建设及其提升路径探讨

吴　静*

从传统习惯上看，从安全感城市建设的视角上看，我们更习惯于强调管控或者管理，即倾向于强调集权、服从、高效、强制和规范等传统官僚制模式，随着现代城市和法治社会的不断发展，衍生了从强调城市管理向城市治理的内生动力，逐渐将思维和理念向地方分权改革、公众参与民主治理、多中心治理、城市治理法治化等现代城市治理转变。

一、城市治理的概述

（一）城市治理的概念分析

治理是对单中心管理理论的超越，其特征可以概括为治理主体多元化、权力关系网络化、治理方式多样化、治理领域公共化，其要素是多中心化、法治化、公私共治、公平、公正、公开、效率等等。

城市治理理论是研究安全城市治理法治化的前提和基础，关于城市治理的概念，学术界有不同的观点表述，一是基于治理的关系理论，认为城市治理是城市主体之间的运行机制，是城市发展中的制度安排，它涉及政府内部结构纵横向关系、政府体系间的关系、政府公权力与公民私权利的关系等体系结构；二是基于治理的主体理论，认为城市治理在摒弃传统城市管理一元价值观及其“单中心”运行模式的基础上，坚持城市治理的多元价值取向，强调在政府主导下，多元主体共同参与治理城市公共事务，以实现城市经济、社会、环境的良性、可持续发展。

（二）城市治理的价值分析

城市治理的理念从传统型管理理念向现代型治理理念的价值转型，是政府行政权力与公民权利互动的治理体系，是以人权保障为实践取向、以人文主义为价值倾向的治理态势，是“参与式行政”的表现和需求，是树立大城管理念和共同治理理念，创建政府负责、公众参与、政民合作、民主行政的城市管理法治化路径。

二、城市治理法治化概述

（一）城市治理法治化的概念

城市治理法治化是指在依法治国建设社会主义法治国家、法治社会的总体框架下，各地落实依法治国方略执行国家法律并在宪法、法律规定的权限内创制和实施地方性法规

* 吴静，厦门海沧投资集团有限公司。

和规章的法治建设活动和达到的法治状态。各个地方以良法来治理地方和管理社会，各种权力得到限制和制约，各种权利得到确认和保护的一种和谐、理想的状态。

（二）城市治理法治化的基本要素

城市治理的法治化不仅在于依法行政，它的内核是一种合理的制度安排，关系到城市的整体制度构建、社会环境和社会心理等综合要素。

第一，统一健全的国家法制。城市治理法治化是建设法治国家、法治社会的有机组成部分，其以国家法治建设为大背景，在国家现有法律制度的总体框架内推进，地方上制度和机制的创新，都必须在国家法律许可范围内进行，不能突破现有法律框架搞改革，不能在没有相应法律规定下搞制度创新。

第二，较高的法治政府建设水平。政府是公权力的执行者，是城市经济社会的管理者，其依法执政的水平是衡量城市治理法治化的最重要的尺度。法治政府水平的提升主要依赖以下几个方面：一是政府职能定位的合理化；二是政府决策的科学化、民主化；三是执法权力均衡及监督机制完善；四是政府行政透明及公民对政府工作知情、参与的有效保障等。

第三，完善的社会法治环境。法治国家的发展离不开法治社会的发展，安全感城市法治化也必须以城市社会治理和调节功能的相对完善为基础。一是确保社会组织发挥作用。社会组织作为连接公权力和私权利的纽带，其作用发挥得如何，从一定程度上反映出公民参与行政管理的程度，对安全感城市治理的水平有直接的影响。二是完善的法律服务。安全感城市治理法治化离不开相对成熟的法律服务体系、健全的法律服务市场以及一套完善的法律援助机制。

第四，良好的法治心理结构。良好的法治心理是安全感城市治理法治化的社会思想基础，仅依靠政府依法行政来推进安全感城市治理的法治化是不足的，市民法律素质的提升，形成法治思维和依法办事的习惯是推进法制建设的基础。市民法律素质的高低与安全感城市治理法治化水平之间存在着相互依存的关系，提高城市法治化治理水平以提高市民法律素质为基础，同时也有助于市民法治观念的树立和法治行为的养成。

（三）城市治理法治化对建设安全感城市的意义

城市治理法治化是构建安全感城市的出发点，更强调城市治理中的人本理念，更注重形成以权力制衡、权力与权利互动为核心的治理体系。城市治理法治化框架体系直接关系着城市治理能否满足安全感城市发展的需求，是城市管理转型的重要支撑和直接表现。构建和完善城市治理法治化框架体系，需要法治意义上的权力变革和权利建设。

首先，安全感城市治理的根本目标是城市的良法善治，它以城市的物质文明、精神文明、政治文明、社会文明和生态文明为基础。目前，安全感城市的建设，在经济转轨、社会转型、机制转变的重大机遇下，面临着城市进程加快和城市管理理念转型的双重挑战，加快安全感城市的建设和管理，必须确立城市治理法治化的新思维和新方法。安全感城市不仅是治安上的稳定和环境的安全，还应该包含物质、精神、政治、社会和生态等诸方面的均衡健康有序发展。物质和精神文明是城市治理的传统内涵，政治、社会和生态反映和体现了城市治理内涵的扩展和增长。政治文明是城市公民改善公共生活的积极成果，政民合作、良法善治的有机结合，已经成为构建安全感城市的基本机制，推动着城市治理民主化进程；社会文明是城市公民共同改造社会生活的积极成果，其最直接的表现是社会的和谐及有效的社会保障；生态文明是指人类寻求美好生活与自然可持续发展互融共促的关系，维护环境公平、代际人权和生态安全。近年来，党的十九大报告重点论述五大文明，五大文明已成为社会普遍关注的焦点。只有五大文明均衡有序和谐发展，才能真正建成并有效治理安全感城市。

其次，公权力和私权利的良性互动，是安全感城市治理的基础要求。安全感城市的建设和治理的关键要素在于政府与公民社会在公共管理中的有效协作，实现管理对象向治理主体的转变，形成权力与权利的制约、合作与良性互动的治理体系，它是对自由放任主义及干预主义的扬弃；法治化对安全感城市治理的重要贡献在于，通过权利观念促进安全感城市管理对象向治理主体的转变，促进安全感城市治理主体的多元化和治理结构的良性化。

再次，安全感城市治理法治化要树立以依法治理和保障公民权利为实践取向、以人本主义为价值取向。安全感城市法治化治理的治理态势转变，主要表现为确立法治思维、良法善治的理念，以法律为基准，把依法治理城市与保障公民人权结合起来，确保安全感城市依善法而善治。

最后，安全感城市治理法治化必须具有应变性，确保在非常态下，城市治理不偏离法治轨道。安全感城市不代表城市永远处于稳定常态，总会出现各种突发事件。例如莫兰蒂台风厦门市灾后重建等，都说明有效的应急管理机制对安全感城市来说是不可或缺的。城市在非常态下，公权力更为集中，公民权利需要更多的制约，但是安全感城市的治理都不能突破法治和人权保障的底线，城市应急机制的建立是安全感城市治理法治化的应有之义。

三、安全感城市治理法治化基本路径

安全感城市治理的法治化是一项长期而艰巨的系统工程，要全面建成法治城市，提升城市安全感，必须从健全制度建设、提升依法行政、增强公民法治观念、完善监督机制等诸方面加强。

（一）健全法规体系

要实现安全感城市治理法治化，首先必须以健全的制度体系为基础，有法可依才能推进良法善治。从党十八届四中全会提出全面推进依法治国，建设中国特色社会主义法治体系，建设社会主义法治国家的总目标以来，我国的法律法规体系逐步健全完善。安全感城市的治理首先要建设完善的地方法规体系，其次要符合国家法律规范，再次要立足全面开放的大局，放宽视野，着眼于与国际惯例接轨，形成一整套既符合社会主义本质法治体系要求，又充分体现和尊重城市的精神内核和发展实际，具有较高开放性，能有效保障城市经济发展层次和综合竞争力的地方性法规体系。

（二）严格依法行政

徒法不足以自行，要推进安全感城市的法治化治理，首先行政机关要牢固树立法律至上的理念，让城市的治理严格在法定的框架内进行，杜绝以权代法的现象；其次要树立正确的权力观，要始终牢记权力来源于人民群众，用法律约束权力，把权力关进制度的笼子，促进政府职能从管理向治理的转变；再次，要保障公众的知情权，有效推行政务公开，确保民众参与和监督行政的信息渠道畅通，为依法行政、参与式行政的发展创造更为有利的条件；最后完善行政监督机制，完善人民大表大会监督职能，充分发挥监察体制的建立完善，形成多渠道多中心的监督合力。

（三）确保司法公正

建设安全感城市，必须具备公正有效的纠纷解决机制，具有高度公信力的司法公正是安全感城市治理法治化的应有之义。司法公正首先必须保障人民法院、人民检察院独立行使审判权、监督权，让法律成为司法机关的唯一。确保公民公平地享受诉讼权利和履行诉讼义务，让人民在每一个个案中感受司法的公正；设立合理有效的纠错机制，真正发挥上诉、申诉等制度的作用，为当事人寻求法律救济提供有效途径。

（四）强化法治意识

安全感城市建设的法治化离不开市民法律意识的增强和法律素质的提高。我国目前正处在社会主义法治国家和社会建设的起步阶段，更加需要大力提升市民的法律意识，引导市民构建法律思维和理性精神，推动法治秩序的建立，让市民自觉参与；市民具备良好的法律意识和较好的法律素质，是推进法治进程的关键环节，是实现安全感城市治理法治化的必要条件。因此，通过法律教育基地建设，法律进社区、进机关、进学校、进企业等方式，不断增强市民的法律素质，为城市治理法治化奠定良好基础。

（五）完善法律服务

由于司法体系逐步完善、公民法律意识逐渐提高，越来越多的纠纷，公民会选择诉诸法律，那么完备的法律服务体系就至关重要。完善的法律援助、人民调解、仲裁、公正、司法鉴定、律师服务等，都是法律服务队伍整体水平提升的必备要素，只有把整个法律服务体系健全完善起来，才能真正实现“把法律交给人民”的目标。

从维稳与维权的辩证统一探索社会稳定风险预警防控的工作思路

潘一君 *

一、当前社会稳定形势分析

当前，我国正处于综合国力快速增长期和社会转型加速期，由于利益格局的深刻变革，社会矛盾纠纷相互交织，呈现出多样化、急剧化的特点。这种特点体现在心态上，主要是仇官、仇富、仇强势群体的“三仇”心态的凸显。在社会资源分配差距较大、社会公正诚信体系受质疑等因素的影响下，当发生涉及这三类人员的事件时，许多人甚至没有经过充分了解就给予恶意抨击，原本应是理性的舆论监督走向了扭曲偏激。这种特点体现在行为上，主要是群体性、过激性、非正常渠道表达诉求的行为增多。譬如近年来在各地频频发生的“医闹”事件、集体讨薪、围堵公共场所、政府机关等，都显示了纠纷形势的严峻性。

思明区作为厦门市的政治、经济、文化中心，金融、商贸、交通、旅游业发达，人口稠密，纠纷繁多，维稳工作压力大、任务重。近年来，思明区矛盾纠纷排查调处工作的趋势，一是纠纷数量呈逐年上升趋势，重大、疑难、群体性纠纷频频发生；二是纠纷类型也由过去的邻里、婚姻家庭等民间纠纷，延伸到重点工程建设、征地拆迁、农民工欠薪、人身伤亡赔偿等冲突性较强的复杂纠纷。

二、维稳与维权的辩证统一

对于各级地方政府来说，稳定是发展经济的基石，维稳工作是保障社会经济各项事业发展的前提。而作为与国家相对应的个人，其现代公民意识不断增强，维权意识提升，当权利受到侵害时往往不再沉默，而是选择以各种方式表达诉求，这似乎与维稳形成了对立。然而，分析它们的本质，事实上是辩证统一的。

在民主法治国家，国家权力的所有者是人民，行使者是政府，后者的权力来源于前者。从根本上说，二者的利益是统一的，即政府代表人民行使国家权力，构建社会秩序，发展公共事业，维护社会核心价值体系，使人民的基本生活得到充分保障，并能享受经济发展的得益。然而，由于现实中的种种主客观因素，二者往往有一定程度分离。为了避免政府权力的滥用而使权力所有者的地位和作用受到损害，因而需要对政府权力进行制约。

需要明晰的是，并不是所有的诉求表达都是合法的维权行为。中国政法大学教师滕

* 潘一君，厦门市思明区司法局。

彪认为，公民维权运动“不是在体制外去拼命对抗，而是在法律框架内寻求突破；不是诉诸暴力和非理性，而是诉诸理性和非暴力；不是整体的、自发的、群众运动式的，而是分散的、自觉的、循序渐进的；不是自说自话，而是在个案中观照制度的变迁”。由此可见，维权活动应当是在法律框架内进行的，其动机、目标和方式都应当在法律许可的范围内。如果逾越了这个底线，并不是真正意义上的维权。笔者在从事人民调解工作时遇到过一些现象。譬如岁末年关时农民工集体讨薪纠纷相当突出，但介入后会发现，里面相当一部分实际上是工程款纠纷。一些建筑公司或包工头知道政府在保护农民工权益上力度越来越大，为了催讨债务或者争夺业务，往往组织工人以拖欠工资为由制造群体性事件，以期给政府施加压力。还有的群体性事件的参与人并不是当事人，而是受雇佣的临时或职业“闹事人”，同样也是为了达到事态扩大化的效果。对于这样的行为，笔者认为是对法律规则的挑战和对法律尊严的损害，不应当界定为维权行为。

三、关于社会稳定风险预警防控的工作思路

（一）建立法律的权威性

亚里士多德对法律的权威性有过精辟的论述：在一个城邦中，法律应在任何方面受到尊重而保持无上的权威，执政者和公民团体只应在法律所不及的个别事例上有所抉择，两者都不该侵犯法律。法律作为由国家制定并保证实施的、调整社会主体之间权利义务关系的社会规范，是指导社会生活的最高标准。在党的十九大报告中，“坚持全面依法治国”，被明确作为十四条新时代坚持和发展中国特色社会主义的基本方略之一。这是提升法律权威性和政府公信力的重要依据。

要构筑法律权威性，不仅应当向公民普及具体的法律知识，更应当将法律信仰植入民众心中。这种信仰是坚定的、由内而外散发的，是面对诱惑能够正确取舍的思想基石。现代公民的参与意识和监督意识大大增强，社会舆论对法律的监督空前强大。立法机构是否依法立法，行政机关是否依法行政，司法机关是否依法审判，都置于众目睽睽之下，司法实践对于树立法律权威性的作用巨大。譬如近期引发社会广泛关注的长春长生疫苗事件、各类因“套路贷”引发的社会案件等，如何正确处置、引导，将对全社会作出警示。由此可见，合法、严谨、合乎人民利益的司法实践能够起到以一当十的示范作用，它使得法律精神更加真实可信。

（二）掌握舆论引导的主动权

法治社会中，公民应当享有基本的知情权，包括从官方与非官方渠道知悉、获取相关信息的自由和权利。我国自2008年起开始施行《政府公开条例》，对公民获取行政机关记录保存信息予以规定。充分保障公民的知情权能够给民众带来安全感，不至于因信息闭塞造成恐慌而做出非理性的言行，让可能影响社会稳定的事件在发生之初，即在有效控制范围内，不至于因发酵而失控。

当然，言论自由力度的扩大，信息传播渠道的扩充，使政府面临着越来越多的对执政理念、执法行为的质疑。这些质疑有的是有理有据的，有的却是捕风捉影、混淆视听的。面对这种情况，执政者应当以积极正确的方式面对，并通过迅速有效的手段作出回

应。譬如曾经发生的网传厦门城管暴力执法事件，事发后不仅本地政府进行认真调查并通过媒体予以了澄清，中央电视台还特别通过《焦点访谈》等栏目进行报道，在谣言造成实质危害前就予以遏制，就是一次极好的危机处理示范。

（三）构建风险预警防控的科学流程

1. 整合资源，搭建平台

利用多元化纠纷解决中心、综治信访维稳中心等平台，整合综治、公安、司法、信访、行政执法等多部门资源，建立风险预警防控的感知系统，做好对辖区各项社会稳定风险信息的收集、汇总。

2. 完善制度，规范流程

（1）建立长效机制。通过建立和完善社会稳定风险预警防控工作机制，立足于治“早”、治“小”的工作理念，及时收集信息，合理分流归口，合力化解纠纷，从而逐步建立起统一协调、良性互动、功能互补、程序衔接、彼此支持的有效机制，把风险预警防控纳入科学化、规范化、制度化的轨道。

（2）规范工作流程。一是掌握信息，查明情况。建立一套及时发现、分析、监控社会矛盾纠纷的预警机制，形成一个信息畅通、交换便捷、反应灵敏、处置迅速的感知系统，是社会稳定风险预警防控机制有效运转的重要基础。二是剖析矛盾、明确责任。对上报的具体纠纷信息进行集中汇总梳理，逐一分析个案的具体情况，确定纠纷解决方式和相关的责任主体并进行分流。三是责任主体，直面事主。对每一起具体的矛盾纠纷，根据“谁主管谁负责”的原则，属于哪个职能部门主管的，转发给相关的责任主体处理。四是跟踪服务，全程督办。一方面通过提高纠纷解决责任主体对维护社会和谐稳定重大意义的认识，增强责任意识，使其自觉落实“谁主管谁负责”的原则；另一方面对于超出协调范围的纠纷，逐级上报，交由上级机关或有关主管部门负责处理。

（四）把握公正与秩序的平衡

法律精神的内涵有很多，公平、正义、权利、义务、秩序等。在开展社会稳定风险预警防控时，所要把握的，正是公正与秩序的关系。井然有序的社会秩序是发展社会经济各项事业的重要保障，但如果以牺牲公正为代价来保证秩序只是暂时的止痛剂，长期积压下去反而会酿成隐患。因此，在开展维稳工作时，不仅要以维护、恢复秩序为目标，同时要在过程和结果中体现法律的公正；不仅要案结，更要事了，这样才能真正做到长治久安。

（五）加强权责对应的法治教育

当前公民的参与监督意识大大增强，但责任意识仍然薄弱，突出的表现是对自己的权利懂得奋力争取，但对应承担的义务则尽力逃避。譬如，轰动全国的药家鑫案，由一起普通的交通肇事演变为故意杀人，正是受这种心态的驱使。而职业“闹事人”等怪相的出现，也是部分人心中“法不责众”心理的投射。因此，加强公民依法履责的意识应当与加强依法维权意识相统一，这样才能保证公平、正义的法治理念得以落实。

结语

社会转型期中矛盾纠纷的发生、激化有着深层次的原因，应对处置也需要采取不同的手段。开展风险预警防控的目的不是简单地息事宁人，如何引导民众合法维权、切实保障民众的合法权益，从而实现维稳目的，才是建设平安和谐社会的根本法宝。这需要广大维稳战线上的工作者共同努力，才能最终实现。

探索城市社区治理创新的有效路径

思明区委政法委课题组

思明区坚持以基层党组织建设为关键、政府治理为主导、居民需求为导向、改革创新为动力，通过多元化推进社区治理创新的生动实践，涌现了曾厝垵、官任社区、前埔北社区等一批社区治理的先进典型和样本，总结探索出了一套社区居民协同共治共管、共建共享发展成果的社区治理创新路径。

一、从“松散”到“紧密”，党建保障总引领

前埔北社区立足实际，广泛征求各方意见，积极探索创新物业小区“社区党委指导监督、物业公司专业管理、业委会阳光自治、业主代表及监督小组评议监督”相结合的“四位一体”物业小区民主治理模式，有效化解了物业管理小区治理难的问题。强化党委核心作用，坚持社区党委的领导核心地位，加强社区党委对业委会换届筹备组成员、业主代表与业主委员会候选人产生、业务培训及日常事务的指导与监督。前埔北社区党委致力于当好制度设计的排头兵、制度执行的组织员、制度宣传的引导员、制度运作的协调员，牵头制定物业小区“四位一体”民主共管议事规则，2800余户业主参与实名投票选举，前埔北社区3名党支部书记、11名党员当选业委会委员或主任，占成员总数近60%，实现了基层党组织和业委会的交叉任职，强化了党组织在小区治理中的核心引领作用。

二、从“政府”到“组织”，开创共治新格局

思明区积极引进公益服务类型的社会组织，作为提升政府公共服务的辅助抓手、社区自治组织的互动伙伴。一是搭建共同缔造工作坊平台。曾厝垵社区创新“共同缔造工作坊”模式，探索专家、居民、商家、游客共谋共建共管、多元深度参与的社区治理长效机制。邀请中山大学、厦门大学等专家规划团队作为技术支持，聘请一批驻在“文创村”的“社区规划师”，发动文创青年、居民共同参与“文创村”景观节点、标识系统设计改造等，设计并推动了“最文艺天桥——渔桥”的建设，解决了居民群众反映多年的过街难问题。二是引进专业化社会组织。曾厝垵社区设立思明城市义工协会曾厝垵分站，打造业主、商户、游客参与志愿服务的定点平台，积极培育社区星级义工，营造志愿服务氛围。对接高校以及“绿十字”、厦门动物保护协会等专业社会公益组织，建立环保、旅游等志愿服务组织阵地，推广绿色生活、环保旅游概念，提升“文创村”旅游环境和服务品质。三是创新组织培育机制。前埔北社区针对社会组织多，但自娱自乐为主、自主创新不足、依赖性强等问题，探索了以项目自治为特色的社会组织孵化培育机制，现已形成了“以需求为导向→民主协商→发展社区书院项目→申请项目经费→项目实施→成果评估”的项目运行机制，推动42只社区社会组织，通过“总结组织现状、谋划未来发展、

生成落地项目”，不断激发社会组织自我提升、创新发展的活力，以更积极参与的心态融入社区书院的发展建设中。同时也孵化了以增进小区年轻群体互动为目的的社区社会组织“辣妈帮帮团”，“辣妈”们自发组成“妈妈老师”，在蓓蕾讲堂开设手工DIY与周末亲子互动沙龙等课程。

三、从“主导”到“引导”，职能转变焕活力

在社区事务管理上，政府的角色从“主导”向“引导”转变，把事务的决定权交给居民。一是明确政府和社区的职责边界。改变政府包揽的传统社会管理模式，厘清街道、社区、自治组织的权责清单，突出街道综治中心抓好总体规划和制度引领的任务，根据曾厝垵文创村快速发展带来的交通、安全等问题，抓好片区规划，设置大型停车场、增设消防栓等，并以购买服务的方式，成立文创旅游管理处，负责曾厝垵文创村治安巡查、业态整治、市场监管、接待讲解等综合治理工作。二是推行“以奖代补”机制。发挥“以奖代补”机制的激励作用，鼓励居民和社会组织积极参与环境改造项目或组织社区文体活动，根据改造成效奖励相应资金补助。先后获得拥湖宫戏台的改造提升，曾厝垵“草根”“文青节”等区级“以奖代补”奖励100余万元。三是带动共创平安和谐。曾厝垵边防派出所在文创村内专门设立了“文创村警务室”，滨海街道出资建设了路面监控网络；在此基础上，街、所发动业主、经营者群防群治，组建了39人的义务巡逻队，建立了各商家共同参与的店店联防机制。动员商家筹集资金80余万元安装了500多个监控摄像头，接入文创村警务室的视频监控终端系统，由专职视频巡查员24小时监管。警民共同努力将原来技防设施落后的“城中村”转变成了全覆盖、无死角的技防旅游景区，刑事警情数呈现30%的逐年下降趋势。四是搭建平台集民意。社区依托网格化管理，开展民情领航员计划，设立民情领航员信箱，从若干楼宇中选出民情领航员，负责收集居民意见建议。由网格员每周定期打开并进行整理，根据问题情况分类进行处理。“民情”意即及时收集民情并协调处理，努力让居民心情像天空一样晴朗愉快。定期召开党员大会、居民代表大会、议事监督委员会、辖区单位同驻共建座谈会、专题意见征求会，听取党员、居民代表、退休老同志等不同群体对社区建设重大事项的意见和建议。三年来，通过搭建不同平台，前埔北社区共征集不同年龄层次、不同小区、不同利益群体意见建议1000多条。

四、从“反应”到“参与”，打造命运共同体

改变政府原有大包大揽的做法，让群众成为“主角”，实现从“反应式治理”向“参与式治理”转变。一是组建一批自治组织。滨海街道、曾厝垵社区在文创村内组建本地居民参加的业主协会，成立“家园服务站”，下设治安巡逻队、义务消防队等，成为政府综合治理工作的得力助手。目前已有450多名业主加入该协会，先后举办“荷兰设计师进社区”“曾厝垵文青节”等活动，助力“文创村”品牌升级。组建决策型自治组织曾厝垵公共议事理事会，由综治中心干部、社区工作人员、业主协会、文创会成员共同谋划涉及“文创村”日常管理与长远发展的大小事务，有效解决了垃圾不落地等一批管理中的“顽疾”。二是制定落实一批村规民约。曾厝垵社区积极引导“文创村”自治组织“规范化、精细化”发展，建立公共议事理事会、业主协会、文创会组织章程、自治公约，形成《文

创村自治公约》《卫生公约》《诚信经营公约》等一批村规民约和财务管理、事务公开制度，为自治组织的长效运作提供了保障。三是建立多元联合调解机制。曾厝垵社区充分发挥文创会、公议会等社会组织作用，在司法所、派出所指导下开展民间纠纷调处工作，建立了多元联合调解机制，搭建起派出所、司法所与文创会等组织共同参与的联动调解平台，确保了大纠纷不出街道，小纠纷不出社区。

五、从“个体”到“融合”，营造文化好环境

坚持“以我为主，兼收并蓄”，积极开展多样文化活动，深化各国文化交流。一是以“学”促参与。官任社区在打造“外籍夫人沙龙”和“外籍青年俱乐部”活动平台的基础上，为辖区境外人士及本地居民开办国际学堂，开设书画、太极、剪纸、柔道、闽南语等课程，至今已举办350期，吸引许多境外人士及本地居民参与，搭建中外居民友谊之桥。二是以“文”促交流。官任社区举办“悦读 · 中国风”系列主题文化活动，包含结对赠书、读书沙龙等特色项目，提升居民对传统文化的认知感。打造全市首个与市区图书馆联网通借通还的“中英文社区图书馆”，招募外籍志愿者参与管理。在咖啡街设置“中英文漂流书咖”，提供休闲“悦读”。三是以“娱”促包容。官任社区举办国际慈善主题文化节，根据中外节日习俗设计主题，以慈善义卖促进文化交流，组织跳蚤市场义卖33场，筹集近7.4万元，帮扶辖区困难群众。举办美食嘉年华、圣诞酷跑等系列活动，不断丰富国际元素。

六、从“管理”到“服务”，注重创新促和谐

以需求为导向，优化提升国际化服务品质。一是服务定制化。官任社区升级“新居民计划”，向新入住的境外人士赠送“初见官任”伴手礼，包括服务手册、辖区地图等，及时提供家政信息、就业咨询等服务。设立涉外服务窗口，邀请市出入境管理部门定期派驻服务。二是服务专业化。官任社区联合博爱社工开展“one-world”境外人士社工服务项目，开通双语微信公众号和“外籍热线”，向境外人士提供签证、就医等服务咨询，围绕“慈善参与、邻里互助、环境营造、文化交流”四大主题，实现双向对接。三是服务多样化。官任社区组建“洋妈妈”巾帼志愿服务队、国际志愿服务队等多支志愿服务队伍，与民办学校莲岳小学结对帮扶，开展国际慈善儿童英语教育项目，在“莫兰蒂”台风灾后重建及金砖会晤保障工作中，“老外”志愿者们也作出了积极的贡献。

七、从“个性”到“多样”，构建平台多功能

着重提升硬件、便民利民，致力打造宜居家园。一是营造双语氛围。筼筜街道、官任社区打造“厦门官任国际社区”标识系统，更新设置社区辖内双语交通指示、路名牌，推进咖啡馆、酒吧等广告牌、招牌双语化，制作辖区标识双语引导图。二是打造活动场所。官任社区开通辖内免费WIFI，开辟人车分离道路，增设慢行道，筹建儿童乐园，打造就近服务中外居民的文体活动场所。设立多功能社区党群服务站，提供党员教育培训、文体娱乐等“一站式”服务。三是搭建绿色载体。官任社区将武夷嘉园作为垃圾分类试点小区，通过制作双语垃圾分类宣传单、入户双语讲解、设置双语垃圾桶等系列工作推动境外人士参与垃圾分类，邀请外籍友人分享垃圾分类心得，打造全市首个社区国际环保教育基地。

八、从“单向”到“双向”，队伍建设创先进

思明区在提高社区工作者待遇的同时，强化对其考核管理，特别是将基本工资与厦门市最低工资标准挂钩，强化年终考核指挥棒作用，建立社区工作者薪酬正常增长机制和适度调节机制，加强对社区工作者的正面激励，形成重基层一线导向。继续鼓励社区工作者参加社会工作者职业水平考试，做好持证社区的继续教育，全区目前有持证社会工作者887人。2016年在全市首创优秀社区评定体系，对综合排名前15名的社区进行奖励。创新优秀社区考核评价体系，增设反向扣分指标，增设党纪处分、效能绩效、治安刑事处罚及业务扣分指标，每年对全区社区进行综合性考核评价，对每年排名后10名社区进行“黄牌警告”并通报批评，对3年内2次被“黄牌警告”的社区进行“红牌警告”，对其社区正职进行降职处理，进一步激发社区干部创新创先创优的动力。

新时代背景下关于涉法涉诉信访问题的成因及应对的思考

兰一波 *

近年来，随着改革发展的不断深入，经济结构的不断优化，利益关系的不断调整，大量的社会问题及矛盾也更加突出，各种纠纷矛盾进入诉讼阶段。随着诉讼案件的不断增加，涉法涉诉案件数量也在大幅增加。涉法涉诉信访不仅严重影响国际及政法机关的形象，也增加了社会不稳定因素，不利于社会的和谐发展。在新时代背景下，积极对涉法涉诉信访这个问题进行探索，找出规律，找出解决涉法涉诉信访的现实和根本问题，从而更好地为党和国家工作大局服务，更好地为经济社会发展创造更加和谐稳定的社会环境。

一、涉法涉诉信访概念及其不利影响

信访，是指公民、法人或者其他组织采用书信、电子邮件、传真、电话、走访等形式，向各级人民政府、县级以上人民政府工作部门反映情况，提出建议、意见或者投诉请求，依法由有关行政机关处理的活动。

涉法涉诉信访是信访的一种，指当事人对法院的判决或裁定不满意，认为受到了不法侵害或不公平的待遇，不依据法定的诉讼程序进行申诉，而用信访的方式向党委、人大、政协、政府机构等施加压力，以求通过法定诉讼程序外的方式达到其诉讼目的的行为。

有调查显示，信访问题已成为我国重大社会问题，而在全部信访案件中，涉法涉诉信访案件占比高达 70%。涉法涉诉信访的大量存在，消耗了大量的行政和司法资源，给社会治安带来不安定因素，同时也给当事人及其家庭的生活、工作和精神方面带来很多不利影响。

党的十八届四中全会指出："依法治国，是坚持和发展中国特色社会主义的本质要求和重要保障，是实现国家治理体系和治理能力现代化的必然要求，事关我们党执政兴国，事关人民幸福安康，事关党和国家长治久安。"大量涉法涉诉信访问题的存在与依法治国实现国家治理现代化的目标相悖。

二、涉法涉诉信访问题的成因

（一）司法原因

一是工作人员素质参差不齐。有的司法工作人员政治素质和业务素质低，法律信仰缺失，未按要求依法办案。在案件办理过程中，存在诉讼程序不够公开、不够透明，甚至

* 兰一波，思明区中华街道办。

暗箱操作的情况，使案件久拖不决，办人情案、关系案、金钱案。

二是工作方法不够人性化。有些法院在工作中过于死板，不够人性化，群众的思想工作做得不够到位。在审判工作中忽视对当事人的解释和沟通工作，重判轻调，注重法律效果，轻视社会效果，容易导致“案结事未了”。有时在面对婚姻、邻里关系、人身损害赔偿等纠纷时一判了之，导致案件“官了民不了”，甚至激化矛盾，当事人继而走上信访之路。

三是司法部门的独立性不足。由于地方行政机关控制着司法机关的人、财、物资源，一旦遇到行政干预司法情况，司法机关独立行使法律权力存在很多顾忌。这容易导致地方保护主义和部门保护主义，影响司法公正。而司法公正的缺失会导致一般民众丧失依法维护自身权利的最后手段，因而寻求信访等法制外手段维护自身权益。

（二）社会原因

一是社会转型期矛盾多发，而多元化解决机制不够完善。目前，我国正处于社会转型的重要变革时期，出现了大量新的复杂、短期内无法调和的社会矛盾，较为典型的如土地拆迁、低收入阶层生活保障等问题。这些尖锐社会矛盾的存在，只有通过法律、行政和社会等多元化途径，才能得到及时有效的解决。我国目前是政府主导的社会管理模式，社区和民间社会组织的自治和公共服务功能相对较弱，社会力量还无法做到整合民意、表达民意、化解纠纷、维护基层稳定等功能，使化解各类深层次社会矛盾的重担全部落在国家，特别是行政部门身上。

二是民众的维权意识增强，但法律知识、法律意识和诉讼能力不足。因为法律知识匮乏，上访人对客观事实与法律事实的差异性不能正确认识。当司法机关依法按照法律事实作出裁判或决定后，当事人如没得到预期结果，往往就上访不止；由于我国民众自古以来就有“青天情结”，感觉受到不公侵袭时，仍倾向于到各级党政机关信访“找青天”，认为凡事要找政府才可靠，即使案件已经起诉到法院，一方或双方诉讼当事人也会通过信访，要求人大或者党政机关监督法院公正司法。同时，由于诉讼程序复杂而且漫长，上访当事人的诉讼能力越低，就越可能因对诉讼失去信心而上访。

三是信息时代的大环境影响。上访当事人除了按传统方式求助于司法机关和政府部门外，越来越多地寻求媒体，特别是新媒体的关注，以求更好地表达和追求自身利益诉求，案例当事人往往能通过媒体的关注获得对自己有利的舆论和相应支持。在这种情况下，一旦司法机关依法裁判或决定不符合当事人的预期，当事人比较容易选择上访道路，并继续寻求媒体关注。

四是政府信访工作的维稳导向和民众维权的博弈思维。由于涉法涉诉案件涉及的矛盾种类繁多，很多无法短期内得到根本解决，有些政府在处理此类问题时，以社会稳定为导向，采取破财消灾、息事宁人的态度。信访工作内容实际上演变成处理信访人的信访行为，而不是真正解决诉求的信访内容。政府有时甚至对那些明显属于无理缠访、闹访的当事人，在解决的方式上存在宽容与放纵。在与政府打交道的过程中，有些民众发现只要愿意花时间与政府周旋和博弈，可以使自己的利益最大化，有的上访人不断寻求政府帮助，成为职业上访人。

（三）信访处理机制原因

我国的涉法涉诉信访工作实行“分级负责，归口管理”原则，人大、政协、纪检、检察等机构对司法和执法机关都具有监督的权力，各信访机构之间缺乏协调性，而且信访机构只作为传达信息的渠道，并不具有实质性处理群众来信来访问题的能力。当前，我国涉法涉诉信访处理机制不完善，缺乏规范严格的办事程序，存在上访主体无限、上访时间无限、上访次数无限、上访审级无限、上访理由无限的状况。

三、解决涉法涉诉信访问题的对策建议

（一）创新解决机制，发挥多元作用

诉讼作为解决纠纷的方式虽然有其权威性，但也具有成本高、效率低等缺点，而民间调解及村社自治一直是解决纠纷的主要手段。因此，应充分调动我国多层次的社会矛盾纠纷解决机制，重视发挥人民调解、民间仲裁等具体机制的作用，最大限度地把矛盾化解和处理在基层，并在此基础上利用司法审判手段，依法支持和指导他们在解决社会矛盾纠纷中作用的发挥，实现民事调解组织与诉讼程序的有机统一。

（二）维护司法权威，追求司法公正

要明确划分国家权力，防止权力的腐败与滥用，实现权力的分立与制衡，防止行政权力对司法权力的不正当干预。淡化司法机关运作的行政化色彩，为机构层面的司法独立创造必要条件。同时，应淡化司法裁判过程的行政化色彩，为人员层面司法独立原则的落实创造必要的条件，并建立案件裁判质量保障机制，从源头上防止和减少涉法涉诉信访问题的发生。

（三）依法健全涉法涉诉信访问题工作机制

根据中央《关于依法处理涉法涉诉信访问题的意见》等文件的要求，依法健全涉法涉诉信访问题工作机制，尤其要坚持用法治方式来解决涉法涉诉信访问题，可探索实行诉讼与信访分离制度，建立涉法涉诉信访事项导入司法程序机制，严格落实依法按程序办理制度，建立涉法涉诉信访依法终结制度，健全国家司法救助制度，提高执法司法公信力，畅通信访渠道，完善信访领导体制机制。

倡议和参与多元化纠纷解决机制法治实践借势推进人民调解工作改革与发展

林险峰 *

2002年最高人民法院把人民调解协议视为民事合同、司法部颁布《人民调解工作若干规定》以来，在贯彻执行中央和省一系列有关人民调解的要求与部署中，厦门市司法局主动将人民调解工作放在加强社会治理、推进司法改革、完善解纷机制的大格局、大背景、大项目之下来融合发展，倡议厦门市的立法机关和综治部门，运用特区立法及综合治理的职能优势，共同探索人民调解及其外围制度生态的联动革新，提出要借鉴西方发达国家ADR发展的经验，通过立法总揽和体系统筹，全面推进诉讼内外解纷机制一体化建设，打通包括人民调解在内的各类纠纷解决方式间的关节和通道，优化配置各类纠纷解决资源，实现解纷程序的合理衔接和相互协调，为纠纷当事人提供便捷和适宜的纠纷解决途径，以多元化纠纷解决体系机制来化解日趋繁杂多发的社会矛盾纠纷，降低和节约社会治理的综合成本，得到立法机关和综治部门的高度重视与积极响应。经过共同努力，2005年10月，厦门市人大常委会审议通过了《关于完善多元化纠纷解决机制的决定》，成为国内首个倡导和规范多元化纠纷解决机制的法规性文件；2015年4月，又在全国率先颁布实施了《厦门经济特区多元化纠纷解决机制促进条例》（以下简称《条例》）。开创性立法，填补了国内多元化纠纷解决机制立法的空白，为国家制定全国统一适用的ADR基本法、建立科学系统的纠纷解决体系机制提供了决策依据和重要参考。在《条例》的引领与规范下，全市人民调解工作借势实现了大跨越，矛盾纠纷化解机制沿着社会化、专业化、多元化、协同化、信息化方向发展，社会治理整体成效显著提升。2017年，金砖国家"厦门会晤"期间，习近平总书记向中外宾客盛赞厦门是一个高素质、高颜值的城市。据不完全统计，2015—2017年，厦门市的人民调解案件量同比增加20%；主要行政领域纠纷调处机制逐步完善，调处总量全市第一；商事仲裁国内一流，受案标的额全国前十；刑事警情同比下降30%以上，为近10年新低；赴省访、到市集体访、进京访同比下降约30%、10%和7%；法院诉讼案件增幅明显减缓。

一、通过系统梳理和立法构建，人民调解的社会属性与排阵位次更加明晰

建立和完善以诉讼方式为核心、以非诉讼方式为外围，主辅因应、优势互补、相互协调、内外衔接的多元化纠纷解决体系及其运行机制，为社会提供多种多样的解纷途径，引导和鼓励当事人优先选择非诉讼方式解决纠纷，尽量将矛盾纠纷便捷、高效、节约地化解在萌芽初始、基层一线和诉前讼外，以法治方式降低社会治理的总体成本，是《条例》的立法意蕴和价值追求。

* 林险峰，厦门市司法局。

这部为着完善调解、仲裁、行政裁决、行政复议、诉讼等有机衔接、相互协调的多元化纠纷解决机制而在特区立法权限内制定的地方法规，坚守人民调解的本质属性和宪法定位，将人民调解与行业调解、商事调解等其他社会调解作了区分：鼓励行业主管部门、社会团体和组织设立行业、专业调解组织，调解涉及行业性、专业性以及特定类型的民商事纠纷；商会、商事仲裁机构或者专业机构可以依法设立商事调解组织，提供有偿的商事纠纷解决服务。把行业调解、商事调解等这些可以实行有偿方式组织的社会调解与只能采用无偿方式组织的人民调解分别规定，并不一味地将这些调解组织归并到人民调解的概念和范畴中来，就为这些社会调解实行市场化运作留下了发展的空间。

在这部法规所列多元化纠纷解决方式中，人民调解以其独有的群众性、自治性、民间性本质特征和维护社会稳定"第一道防线"功能，在《条例》所具七章76条中，所涉条款最多、规范分量最重，充分体现了人民调解在社会治理体系中的民间属性、在多元化纠纷解决体系中的基础地位、在纠纷化解排阵中的前沿位次，为规范和发展人民调解及其外围制度生态，深度推进人民调解与其他纠纷解决组织、纠纷解决方式的协作联动提供了法规依据和约束责任。

二、通过组织实施和执法检查，人民调解的业务要素与评价体系更加健全

通过人大立法活动，将记载于不同文本中、效力层次不一、语言逻辑不甚精准的有关人民调解的工作要求按法律逻辑、法言法语规范表述于法规文件，既增强了用语的规范，又提高了规定的约束力和执行力。自《条例》颁布实施以来，市、区人大常委会对法规所涉实施主体贯彻落实情况分别组织开展了多次执法检查。通过执法检查，切实促进了各实施单位相关责任的落实，有力推动了工作的开展。作为多元化纠纷解决体系中起着基础作用的人民调解，也因此获益最多、发展最快、进步最大。一是调解网络"宽领域、全覆盖"。全市形成以镇（街）调委会为主导，村（社区）调委会为基础，行业性、专门性调委会为补充的多层次、宽领域、全覆盖的调解组织网络。针对行业性纠纷专业性强、法律关系复杂等特点，全市建立294多个行业性专门性调解组织，覆盖医疗卫生、交通事故、劳动争议、知识产权等30多个行业领域，延伸到重点商贸区、外口聚居区、工业园区、旅游景区等重点区域，覆盖重点单位、重点行业、重点领域，"行业内纠纷行业内化解、专业性纠纷专业化解决"，年均化解各类纠纷4000余件。为最大限度满足新时代居民群众的需求，下沉社会治理的基本单元，打通人民调解服务人民的最后一公里，厦门市参照社区调委会建设保障标准和运行指导模式，探索在社区之下的居民小区建立人民调解委员会，选聘小区党员、业委会成员、物业公司人员、热心业主担任人民调解员，为小区居民提供零距离的调解服务，得到各方好评。二是调解队伍"专业化、社会化"。在每个村（社区）调委会设立1名首席调解员，在每个镇（街）调委会配备2~3名专职调解员；在专业性较强的行业调委会，组建由资深律师、法官、相关专业人士组成的专家库或专业咨询队伍。比如市医调委建立了由599名医学专家、74名法学专家、25名社会监督员组成的"专家库"，纠纷调解实行"点调制"。培育、评选一批金牌人民调解员、年度十佳人民调解能手，支持获得全国、全省和全市优秀调解能手称号的调解员和社会贤达人士，建立以个人名字命名的人民调解室。积极发展物业或园区管理方、商场经营者、商户代表、外口聚居区住户等作为人民调解员，吸收退休政法干警、行业专家、

学者等志愿者参与人民调解工作。人民调解员队伍的专业化、社会化程度不断提高。三是评价体系“多方位、综合性”。《条例》颁布以来，市政府联合法院、检察院、海事法院制定了实施意见，制定了《厦门市行政调解程序规定》，将调解成效纳入政府绩效考评，建立和落实了纠纷解决工作责任制度和过错责任追究制度。司法行政部门和有关主管部门建立健全了调解组织名册管理制度、个人调解工作室规范化建设指导意见和人民调解员等级评定管理办法，加强对调解组织和调解员的监督考核。厦门市综治办将包括人民调解在内的纠纷解决工作成效纳入年终综治考评奖惩内容。

三、通过机制建设和工作联动，人民调解的功能作用与综合效能更加彰显

全面推进“警民联调”工作，37 个镇（街）均建立警民联合调委会、设立警民联调室。全面启动法律援助案件“援调对接”和民事行政检察案件“检调联动”工作。推动建立简易民事纠纷案件“诉调对接”机制和轻微刑事案件“检调对接”机制。建立消费维权行政调解与人民调解联合工作机制，深化劳动争议司法所、人民调解组织与劳动监察大队、劳动保障所“双联双调”机制建设。人民调解在大调解工作格局中的纽带功能和在维护社会稳定中的“第一道防线”作用日益彰显。近 3 年，全市人民调解案件量同比增幅 20% 以上，年均化解矛盾纠纷 1.5 万件，其中 60% 为家事邻里类纠纷，99% 以上成功化解，是法院审结同类案件的 4~5 倍。一是关键时刻显身手。在化解矛盾纠纷、维护社会稳定的工作中，“这起纠纷由调委会负责”“马上通知调解员到场”，成为基层党政领导遇到重大纠纷、疑难问题和群体性事件常说的话。在轰动全国的公交车纵火案善后处置中，党委政府从司法所抽调经验丰富的调解能手，承担死亡赔偿金商谈工作。在历经 27 天耐心听取意见、真心进行沟通、贴心做好服务，最终促成死者家属签订 44 份赔偿协议，涉及金额 5540 万元。二是重要关头勇担当。调解员们在纠纷化解中敢啃“硬骨头”、主动“挑重担”，妥善解决了一批积累多年、积怨较深的疑难矛盾纠纷。江西省驻闽劳务管理处调委会仅用 7 天就成功调解了一起 7 年没有解决的涉诉涉访案件。2015 年，成立涉台涉企调委会，选聘 27 名台胞担任调解员，共计调处涉台纠纷 225 件，其中一起为 1.38 亿元标的额的股权纷争。2017 年，全市人民调解案件涉及金额 2.6 亿元，成功调处非正常死亡赔偿案件 174 件。三是敏感时期冲在前。近年来，全市组织开展“千人万件大调解，人民调解创四无”专项大排查大调解活动。重大活动和重要节日敏感期，人民调解员们防范在前，主动到困难人群多、矛盾问题多、工作难度大的区域和行业排查预防，把矛盾纠纷尽可能消除在源头、化解在当地。

四、通过约束保障和考核监督，人民调解的工作条件与运行环境更加改善

厦门市把纠纷解决服务定位于政府应当为社会提供的公共产品，为公益性纠纷解决方式提供保障是政府应尽的职责。在立法中用较大篇幅分别专章规定了纠纷解决的保障措施与考核监督，建立了以政府支持为主的经费保障机制，规定了政府购买调解服务，探索公共服务多元化供给模式。对人民调解等公益性纠纷解决活动所需经费，全部纳入财政预算予以保障。一是镇街调解平台得以强化。《条例》在条款中明确规定，镇人民政府（街道）人民调解组织应当聘请两名以上专职调解员，应当设立一站式纠纷解决服务平台。人员聘请和平台建设经费由政府保障，有力强化了镇街人民调解工作，全市司法

所所均工作人员达 9 人，所均业务用房 350 平方米。二是调解员补贴得以落实。从 2012 年起，市、区两级财政安排调解员补贴经费的标准，以常住人口计，从不低于 0.5 元 / 人 / 年提高到不低于 0.8 元 / 人 / 年。其中，村（居）调委会委员岗位补贴从 400 元 / 人 / 年提高到 960 元 / 人 / 年。分类发放补贴经费：岗位补贴按调委会委员年度工作实绩，考核后分档发放，避免“一刀切”；调解案件补贴采取“以案定补”，按口头、书面调解分类发放。调解补贴制度的实行，有效激发了广大基层调解员的工作积极性和主动性。三是综合信息共享平台得以建立。2017 年，市政府建立全市公共安全管理平台，首批 73 个市直部门、各区政府、各重要单位接入并值守。平台重点汇聚市长专线、110 警情专线、12348 法律服务专线和社区网格、人民调解、阳光信访、数字城管、法院专报等信息数据并进行智能化分析，从中筛选经多渠道、多频次反映未能化解的矛盾纠纷，经综合会商研判后，向属地或主管单位推送情况预警，责成其启动相应的联动联调机制进行综合化处理，处理结果要反馈平台并作为年终综治考评奖惩的一个依据。

社会治理及调解实践中“枫桥经验”的运用

黄书颖[*]

20世纪60年代初，浙江枫桥的干部群众创造了“依靠和发动群众，坚持矛盾不上交，就地解决，实现捕人少、治安好”的做法，毛泽东同志亲笔批示全国要学习推广。“枫桥经验”由此诞生。改革开放以后，枫桥镇首创综合治理办公室，充分依靠群众维护社会治安。党的十六大以后，枫桥镇形成了“党政动手、依靠群众、源头预防、依法治理、减少矛盾、促进和谐”的新格局，努力做到“小事不出村、大事不出镇、矛盾不上交”。时至今日，尽管“枫桥经验”历经了中国社会的沧桑巨变，但其“依靠群众就地化解矛盾”的精髓却始终不渝，在社会治理的多领域形成了新时期的“枫桥经验”。诞生于枫桥，却又不限于枫桥，新时期的“枫桥经验”已经走出枫桥，扩展至各地，成为化解基层社会矛盾纠纷的经典样板。

汪世荣从社会治理和多元法学角度将“枫桥经验”定义为：“以预防和调解解决社会矛盾纠纷为切入点、以社会治安综合治理为主要治理技术、以平安创建打造稳定的社会环境为目标，强化党委、政府对村民自治的领导和监督，通过加强党的领导和村级组织建设，以规范基层社会治理，实现社会和谐稳定的一种经验。”① 这一概念总结了中国社会主义法治在基层实践中，采用实质法治理念与社会主义理念，形成的法律多元主义新法治观。

一、“枫桥经验”成为探索中国特色公民社会的先驱

公民社会（Civil Society）是围绕共同利益、目标和价值而形成的非强制的行动团体。从真正意义上讲，目前中国尚未全面形成公民社会，但中国已经走上探索公民社会之路。在探索过程中，我们必须理性地认识到，当前我国学术界对于公民社会的研究，主要是参考西方国家的模式，强调公民社会相对于政府的独立性、自主性和制衡作用。②

但根据中国国情，我国的公民社会很难像西方那样自发形成，费孝通先生在《乡土中国》一书中把中国广大农村基层社会的特点概括为“乡土性”，基层社会也就成了“乡土社会”。在传统乡土社会中，人口的“低流动性”和社会关系的“熟人性”决定了人们主要依靠长老、士绅等乡土精英内生性权威，通过乡规民约来平息纷争、治理社会，从而整合和维系了乡土社会的秩序。然而，我国社会的现代化进程冲击了乡土社会的秩序，动摇了长老、士绅的统治地位。尤其是改革开放40年法治建设进程的推进，使得乡土精英的基层社会治理功能渐趋式微。换言之，法治建设过程就是国家在乡村社会治理合法化重建的过程和国家权力作为一种强大的外生力量（公共权威）逐渐取代乡土精英社会治

* 黄书颖，厦门市思明区司法局。

① 汪世荣：《“枫桥经验”——基层社会治理实践》，法律出版社2008年版，第7页。

② 陈承新：《公民社会与治理——以“枫桥经验”为例》，浙江大学2006年硕士学位论文。

理功能的过程。虽然这种法律运作作为制度具有法治的合理性，但现代法治在农村地区运行过程中出现了“秋菊的困惑”“被告山杠爷的悲剧”以及诸多的法律规避现象，这说明国家通过法律对基层社会的治理不是完美的和唯一的。那么，基层社会治理何以可能？乡土社会秩序何以维系？“枫桥经验”启示我们，探寻基层社会治理的理路需要回归到社会的现实中。

因此，必须借助政府引导和集体力量，最终形成中国特色的公民社会。从此意义上讲，“枫桥经验”已经率先作了探索，其通过党政主导，有效培育了民间自治力量，达到了政府管理与社会自治的良性互动。所以有学者认为，“枫桥经验”既反映了群众的自治意识，也体现了市民社会精神，社区治安与“枫桥经验”的结合点折射了国家与市民社会互动关系的必然性。[①] 目前枫桥镇有大量社会组织自治参与社会管理，在矛盾调解、治安防范、文体活动、教育普及、医疗卫生、养老、救助、污染防治、维权、流动人口管理、水利管理、国土资源管理等方面发挥了积极作用。[②] 其中最典型的民间自治力量是调解队伍，枫桥镇有超过总人口 10%的群众以综治信息员、调解员、义务巡防队、义务消防队、平安志愿者等不同身份参与到社会管理中。诸暨市共有各类人民调解组织 807 家，调解员 3237 名；枫桥镇有各类人民调解组织 59 个，调解员 391 名，实现了“哪里有矛盾，哪里就有调解组织；哪里有纠纷，哪里就有调解员”。这些人员和组织都是中国特色公民社会的典型组成部分。

二、“枫桥经验”与法律多元主义的意涵

“枫桥经验”在东方中国诞生的同时，法律多元理论在西方萌发。法律多元主义（Legal Pluralism）是社会法学派的一个分支，通过实地考察欧洲殖民、后殖民社会情形，发现在殖民地强行推行欧洲法的做法，却并不受被殖民地区欢迎，被殖民原有的秩序与欧洲法律体系并存与对峙，共同构成法律多元现象。法律多元主义学派的学术观点是，法律不应该集中围绕国家法律，批评国家法律的独占性、垄断性和排他性，主张应该对以法院为中心的司法解纷机制进行去中心化研究，探索在国家法律之外形成和存在的秩序，总结、揭示并尊重非正式的、社会性的法律实践，将处理不同地域、国家等多个领域的、融合风俗习惯在内的多种规范看作法律。“在西方强势文化的冲击下，弱势文化被迫采取了放弃自己的传统，面向西方，欢迎西方强势文化进入的态度。对法治的选择也是同样的道理。而弱势文化从此也患上了‘自卑症’，从而失去了对自己文化的欣赏能力和对西方文化的批判能力。”[③]

对“枫桥经验”的已有研究，包括从软法、村规民约建设、地方性知识、中国特色的法治、替代性纠纷解决机制等视角的研究，是一种对“枫桥经验”多元法治视角的研究，学界对“枫桥经验”的关注，是对本土法律治理道路的经验总结与反思。这些研究以不同概念呈现，从不同视角研究“枫桥经验”，相互之间貌似没有内在联系，呈现出分散化、无关联化，多属于局部的内部研究，没有系统的理论统合，更没有将“枫桥经验”放在世界“法律多元”这一现象中进行系统研究、细致分析，不能站在国际视域建构法律文化理

① 翁里：《“枫桥经验”与社区化治安管理》，载《公安学刊》2004年第3期。

② 周泽鑫：《农村社会组织发展与基层社会管理创新———以浙江省枫桥镇为例》，《中共浙江省委党校学报》2012年第1期。

③ 於兴中：《法治与文明秩序》，中国政法大学出版社2006年版，第14页。

论自信和道路自信。这些研究未能看到“枫桥经验”用行动书写的中国特色法治与法律多元主义理论的不期而遇与不谋而合，没有看到二者的异曲同工之效。西方学者的法律多元主义理论贡献与“枫桥经验”的法治实践，共同诠释着一种法律多元之路，“枫桥经验”用行动坚持着中国人自己智慧开创的道路，坚守信念定力砥砺前行。

三、“枫桥经验”中的社会治理的特征

“枫桥经验”化解矛盾纠纷的社会治理特征表现在：第一，整体联动性。矛盾纠纷的谱系化存在决定了其实践逻辑是“全息”的。“枫桥经验”中“坚持矛盾不上交，就地解决”的具体做法昭示了矛盾纠纷解决的乡土性和地方性。“为了群众，依靠群众”更体现了纠纷的解决应观照到群众之间既有的“共同体关系”，这就需要纠纷解决的第三方要全面地、整体地了解纠纷的社会事实和纠纷外的社会事实。“枫桥经验”的整体联动性不仅契合了社会治理平衡各方利益的要求，也是实现社会和谐稳定的前提。第二，和谐性。“和谐”代表着人与人之间的关系状态，也反映了整个社会的运行状况。从某种程度上而言，纠纷一旦产生便会使群体或个体之间原有的社会关系受损抑或解体。但如果强行通过现代法治尤其是现代审判的方式解决纠纷，其结果往往是解决了暂时性和阶段性的问题，呈现出“程序化”和“非人格化”的法律“应然”景观。而这样一种“断面式”的处理方式未能令纠纷双方得到满意的结果。“枫桥经验”就体现了这种注重弥合原有的社会关系的特征。“依靠群众、发动群众”最终围绕的主题是“为了群众”和群众的利益高于一切。“枫桥经验”不仅最大限度地化解了基层社会矛盾纠纷，还起到了积极预防纠纷的作用，更体现了社会治理的和谐性。第三，多元社会规范并举。梁治平认为：“即使在当代最发达的国家，国家法也不是唯一的法律，在所谓的正式法律之外还存在着大量的非正式法律。”① 这就意味着社会规范是多元的而非“一元”或“二元”的。“枫桥经验”之所以具有旺盛的生命力并在维护社会稳定和谐中发挥积极作用，是因为它的产生、发展、变化都植根于基层社会。中国的基层社会是受礼俗、法律、道德影响的，带有浓厚的传统与现代气息的新乡土社会，第三方在纠纷解决中往往使用的是情、理、法兼顾，传统与现代交融的社会规范来化解矛盾纠纷，这样的纠纷解决方式迎合了群众的心理，统筹协调、妥善地平衡了各方面的利益关系，也适应了中国传统追求以和谐为整体目标的道德化社会秩序。这也正是社会治理所追求的目标。第四，主体多元性。“枫桥经验”中“依靠和发动群众”充分体现了社会治理中治理主体的平等参与、多方协同来管理和治理社会的理念。改革开放之前，人民利益以整体化形式呈现。社会中强调集体利益亦代表个人利益，社会的整合度较高，社会成员同质性较强，政府独自承担着管理的角色，所以才会出现“大政府、小社会”的论断。改革开放40年后，我国社会进入了社会转型的激速期，社会的多元化成为时代的特征，人民的整体利益分化成不同的群体利益和个人利益。在多元化的社会背景下，社会治理的模式已经由政府的单一主体角色向政府、非政府组织以及其他的社会自治力量共同承担转变。当然，在社会治理的过程中，政府主导功能并没有发生根本改变，而非政府组织以及其他的社会自治力量也发挥了不可小觑的作用。简言之，当前社会治理主体已实现从政府是社会管理单一主体到多元主体共同承担社会治理角色的转变。“依靠和发动群众”不仅仅是指依靠和发动社会成员个体，还

① 梁治平：《清代习惯法：社会与国家》，中国政法大学出版社1996年版，第32页。

包括诸多的社会组织和自治力量。如枫桥镇中的义务调解员、义务巡防队以及志愿者等在解决纠纷和社会治理中都发挥了积极作用。

四、“枫桥经验”与纠纷解决：能调则调与当化则化

“依靠群众就地化解矛盾”是“枫桥经验”的精髓，亦是对中国传统基层社会治理理念的传承和发扬。近年来，浙江枫桥在基层社会治理方面坚持和发展“枫桥经验”的精神实质，有效培育了具有乡土精英性质的基层社会自治力量。目前枫桥镇有大量社会自治组织参与基层社会治理，并在矛盾调解、治安防范、文体活动、教育普及、医疗卫生、养老、救助、污染防治、维权等方面发挥了实效。如枫桥镇成立了 59 个调解委员会，吸纳调解员 391 名，形成了镇、村、企全覆盖的调解组织网络和人民调解、行政调解、司法调解相结合的“大调解”工作格局。“枫桥经验”的实践证明，在未完全脱离“乡土气息”并呈现出“后乡土性”的基层社会中，这些具有乡土精英性质的基层社会自治力量参与地方自治无疑是合适之选。

关于纠纷的解决方式，棚濑孝雄认为，“社会上发生的所有纠纷并不都是通过审判来解决的”[①]。而在现代法治视野下，纠纷要依赖于法律，通过诉讼的方式解决。法律统治的非人格化则要求法律的形式化、注重程序、证据和逻辑，追求一种普适性价值，即“现代社会中人们之间的关系处理、纠纷解决就被置于这台工具或技术合理的‘形式化法律’的机器之下。在审判车间的流水线上，受证据、程序和逻辑的操控指示，一个个案件被源源不断地生产出来”[②]。从某种程度上说，以国家强制力为保障的诉讼程序实现了形式上的公正性。但如果所有纠纷仅通过法律诉讼方式解决，可能会出现更多“不满意的结果”和“秋菊的困惑”。从社会学的角度来看，法律（这里的法律指的是国家颁布的法律，即国家法）是一种社会规范，一种行动的规则，其基本功能是为了实现社会秩序，法律总是与一定的秩序相联系。某一功能并不必然仅仅对应于某一种特定的社会设置。跨文化的研究表明，在多数情况下总是存在着可供选择的“功能替代物”。也就是说为了达成秩序，并不必然依赖于法律，在法律之外还有其他的“功能替代物”，比如说习俗。[③]而乡土社会的社会环境和实践是孕育习俗、习惯等民间社会规范的肥沃土壤。从“枫桥经验”化解矛盾纠纷的实践情况来看，基层社会的大量纠纷皆是根据道德、习俗、习惯、人情，通过调解的方式解决的。正如费孝通先生所揭示的，“乡规、民约这些‘乡土法律’在中国具有不可剥夺的作用”。

五、新时期“枫桥经验”在社会管理创新中的转型路径

新时期，如何让 50 岁的“枫桥经验”老枝再发新芽？如何让传统的“枫桥经验”转型成为现代社会管理的经验？

（一）社会管理理念现代化：彰显服务理念

从管控型向服务型转型的现代化社会管理理念，应该彰显服务理念。但当前社会管

① ［日］棚濑孝雄：《纠纷解决与审判制度》，中国政法大学出版社1994年版，第2页。
② 郭星华、李飞：《全息：传统纠纷解决机制的现代启示》，载《江苏社会科学》2014年第4期。
③ 郭星华、韩恒：《对一起丧葬事件的法社会学分析》，载《学海》2003年第1期。

理理念仍然带有一定的管控色彩，“现实中的社会管理呈现维稳型、管制型、单向型和补救型特征，这种社会管理体制与社会化、多元化、信息化、动态化的社会发展趋势越来越不相适应，也与多中心治理、服务型政府、以人为本等社会发展理念不合拍，形成社会经济发展‘木桶’中的‘短板’”。① 这种传统社会管理理念必须及时转型。而“枫桥经验”虽然也在逐步转型中，但仍带有一定的管控色彩。我们必须理性地看到社会管理理念的变化，“社会管理综合治理”更强调公共服务，寓管理于服务中。在这种背景下，“枫桥经验”也应该进一步摈弃管控理念，一方面将社会管理与民生改善、民主发展等有机结合，创新社会管理服务经验；另一方面充分挖掘已有的公共服务、民生元素并加大宣传，使外界广为知晓“枫桥经验正在转型”。

（二）社会管理主体现代化：从一元化向多元化转型

现代化的管理主体，应该是协同治理的多元主体。正如学者所指出的，“社会管理”不能等同于“管理社会”，它不仅包括了政府对社会的管理，还包括了社会的自我管理，即建立在社会自我组织基础上的自主管理，以及社会组织协同政府的社会管理。② 但当前仍然存在着政府过多包揽社会事务管理的现象，这妨碍了社会自组织能力的提升，“党委领导、政府负责、社会协同、公众参与”的多主体格局还未真正形成。今后“枫桥经验”应通过社会组织、志愿者来实现多主体治理。当然，这一过程的实现不仅需要微观层面的自身努力，更需要宏观层面的政策支持。通过改革我国社会组织登记备案制度，促使“枫桥经验”转型为有社会组织支撑的现代社会管理经验。

（三）社会管理机制现代化：从化解型到预防型转型

现代化的社会管理机制，应该注重源头治理。但当前的社会管理机制仍然重化解轻预防。就“枫桥经验”而言是一种典型的事后化解机制，事后化解机制是“救火”式的，矛盾出现在哪里调解到哪里，永远调解不完。大量人力、物力、财力耗费在事后化解环节，特别是机关干部的精力都被牵制住。今后“枫桥经验”要做实预防型社会管理机制，把工作重心从事后救急转向源头治理，使社会管理关口前移，不断增强工作的前瞻性、主动性、有效性。特别是要改变“全员参与矛盾（信访）化解”的机制，让机关干部把主要精力用于做好基础性工作，这样才能从源头上预防和化解矛盾。

（四）社会管理手段现代化：从单一式向综合式转型

现代化的社会管理手段，应该是综合手段。但当前的社会管理手段仍然比较单一，以行政手段为主。今后要努力改变社会管理手段单一的现象，在运用行政手段的同时，更多地运用法律规范、经济调节、道德约束、舆论引导等手段，充分发挥党的政治优势，规范社会行为，调节利益关系，减少社会问题，化解社会矛盾。③ 就“枫桥经验”来看，

① 张开云、张兴杰：《社会管理体制的困境及其未来框架建构》，载《江海学刊》2012年第1期。

② 郁建兴：《社会建设的新概念和新体系》，载《中共浙江省委党校学报》2012年第6期。

③ 马凯：《努力加强和创新社会管理》，载《国家行政学院学报》2010年第6期。

社会管理手段已逐渐由单一行政手段向综合运用法律、经济、民主、村规民约等手段转型，但今后还需要进一步综合运用这些手段。如法律手段方面，要进一步加强依法调解、依法处理信访问题，避免因信访考核压力而采取“摆平”的权宜之计。

党建引领扎根小区　专群融合共建共治

——湖里区“社区自治”专题调研报告

湖里区委政法委课题组

习总书记指出，治国安邦重在基层，党的工作最坚实的力量支撑在基层，最突出的矛盾和问题也在基层。改革开放40周年以来，湖里区坚持以基层党组织建设为关键、政府治理为主导、居民需求为导向、改革创新为动力，狠抓基层党组织建设，推动社会治理重心向基层下移，着力打造共建共治共享的社区治理新格局，探索出了特区版“枫桥经验”等有益经验，社区治理现代化水平不断提升。

一、背景

2010年，时任国家副主席的习近平同志来到湖里区金安社区的高林居住区视察，他既为小区居民的幸福生活感到欣慰，同时也勉励湖里区广大党员干部要多关心群众，多了解群众诉求，推出更多利民措施，让群众生活得更美好，真正体现社会主义制度的优越性。8年来，湖里区广大干部牢记习总书记的殷切嘱托，坚持以人民为中心的发展思想，适应现实需要，推动社会治理重心下移，夯实平安建设根基。

湖里区是厦门经济特区的发祥地，经过近40年的发展发生了翻天覆地的变化，昔日的海岛渔村已经崛起为厦门新中心城区，正处于产业转型、城市转型、社会转型的关键时期。湖里区实有人口数量多、流动性大，城市社区规模大、管理难度大，各种矛盾纠纷多，影响社会稳定的因素大量聚集，社会治理存在三个方面的难题：一是问题解决不够及时。湖里区是厦门经济强区和人口第一大区，实有人口达123万人。全区下辖5个街道，54个社区居委会，平均每个街道人口近25万，每个社区人口约2.3万人。一个社区居委会，两委干部多则十几人，少则几个人，对邻里之间的矛盾和家事纠纷很难做到及时掌握和第一时间化解。二是群众诉求渠道不够畅通。每个社区由若干个居住小区组成，各个小区居民群众的利益诉求各异，社区居委会服务管理难度大。各种矛盾纠纷发生后，不习惯直接向社区基层组织寻求帮助，往往要么报警找公安派出所处理，要么起诉通过法院裁判，小事拖大，大事拖炸，不利于社会关系修复。三是社区居民自治作用不够明显。俗话说：“大隐隐于市”“高手在民间”，居民群众当中有很多化解各种矛盾纠纷的能人没有发掘出来，作用没有得到发挥，社区居民自我管理、自我教育、自我服务功能不突出。

二、探索实践新时代社区治理创新路径

针对上述难题，湖里区通过推动社会治理下沉小区，完善基层治理体系，提升基层治理能力，在创新社会治理工作中逐渐探索出一套湖里特色的社区居民协同自治共管、共建共享发展成果的社区治理体系。形成新时代特区版的“枫桥经验”，成为特区38年发

展历程中的一道亮丽风景。如果用一句话概括新时代特区版“枫桥经验”，那么其核心内容就是24个字：“支部建在小区，统领各方力量，就地解决问题，促进跨越发展。”

实现社区自治的精准治理，关键在于小区。所谓城市居民小区是指在城市社区内，按照统一规划建设，具有相对独立居住环境，由居民共享公共基础设施的住宅群体或住宅区域。湖里区共有348个小区，平均每个小区约3400人。经过长期基层治理实践发现，与社区相比小区人口相对较少，居住环境相对独立，居民层次差异较小，利益诉求比较一致，更适宜作为最小社会治理单元，更容易实现精准管理、精细服务。湖里区探索实践新时代社区治理创新路径就是从小区治理入手，推动四个方面的工作。

（一）突出党建引领，支部建在小区上

1. 强化党的领导。目前小区管理存在不少乱象很大程度是因为小区业委会、物业服务企业和小区居民三者之间关系理不顺，利益理不清，互相不买账，缺少领头人造成的。为此，湖里区全面加强党对小区治理工作的全面领导，将党支部建在小区，通过法定程序推动党支部书记和业委会主任“一肩挑”，并由党支部书记担任小区调委会主任。

2. 激发多元参与。建立区级社会组织服务园，每个社区都培育不少于5家社会组织。打造“政府与社会、社区与高校、机构与社区、培育与购买、专职与兼职、社工与志工”相结合的社工模式。吸纳社区各类单位以及“两代表一委员”、居民中的经济能人、贤达人士等，组建社区共建理事会。

3. 党员小区报到。发动在职党员4386人，到所居住的小区报到，积极发挥先锋模范作用。通过党支部与业委会、调委会的深度融合，构建了以党支部为核心，小区业委会、物业服务企业、小区社会组织和小区居民共同参与的小区内部治理体系，全面及时掌握、解决小区居民群众各项诉求，将调解工作做到群众家门口，铲除了矛盾纠纷滋生的土壤。

（二）规范小区治理，做到法治、德治、自治结合

小区治理有法依法，法律覆盖不到位的制定行政规范性文件。规范性文件不宜直接管理的、属于道德范畴的行为，通过居民自治公约进行约束和倡导。目前，湖里区形成了小区治理“1+4+N”的规范体系，“1”即一个总体指导性意见(《湖里区推进城市居民小区治理工作的指导意见》)；“4”即关于小区党支部建设、业委会建设、物业管理、社区管理体制改革等四个方面的框架性文件；“N”即包括小区调解调委会建设、小区调解员管理在内的方方面面配套规范性方案。同时，各个小区都制定了自治章程、小区公约，成立了自治理事会，从源头上化解了小区停车难、广场舞扰民等一些常见的矛盾纠纷。从制度上降低了社区发生纠纷的概率，小区治理的系统性、协同性大大增强。

（三）紧紧依靠群众，实现共建共治共享

湖里区充分挖掘小区资源，利用身边人调解身边事，打造出三类调解品牌：

1. 打造党员调解品牌。由能力素质突出的党员担任调解员，让党组织和党员成为调解工作的中坚力量。达嘉馨园小区党支部书记、退休党员张朝麟兼任小区调委会主任后，带头化解矛盾纠纷达61起。

2. 打造专业调解品牌。就地动员小区内居住的律师、在职或退休法官、检察官、警察、公职人员等专业人员，发挥专业特长，高效化解矛盾纠纷。居住在高林居住区的退

休法官吴秀丹，组织专业人士成立法律维权志愿队，义务为居民调解矛盾纠纷、答疑解惑，深受群众欢迎。

3. 打造能人调解品牌。吸纳小区内人大代表、政协委员、乡贤等有威望、有经验、有影响的“小区名人”加入调解员队伍，成立个人调解工作室，在群众家门口介入矛盾纠纷。年逾七十的市人大代表叶福伟成立个人调解室，调处各类矛盾纠纷200多起，被评为厦门市一级调解员，荣获“2017年度感动厦门十大人物”称号。

（四）创新“互联网+”手段，提升基层治理水平

充分利用互联网速度快、效率高、成本低的优势，打造“互联网+”基层治理创新模式。

1. 实现“互联网+群防群治”。率先应用“厦门百姓”APP软件，动员小区居民群众注册成为平安志愿者，参与小区治安防控，全区已发展平安志愿者共计16.6万人，成为平安建设的中坚力量。

2. 实现“互联网+纠纷调解”。专门成立了“网络调解室”，通过视频连线的方式召集双方当事人，打破时空限制，方便及时解决矛盾纠纷。如禾山街道辖区建设工地54岁的重庆人吴女士不慎摔伤，导致腰椎骨折及肺部挫伤积液，初步治疗后返回老家休养，与用工单位就赔偿问题发生纠纷。考虑到当事人重伤在身，不便远行，又急需医疗费用，小区调委会巧妙利用视频连线的方式组织双方在线调解，仅用半天时间就达成了11.5万元的赔偿协议，帮助当事人解决了燃眉之急。

3. 实现“互联网+法律服务”。建立了全区法律服务专家队伍信息资源库，将小区调委会及调解员的工作经历、荣誉称号、调解特长、联系电话及照片等信息置入微信公众号，并把调解员的二维码名片张贴在小区调委会醒目处，群众扫码即可自主选择联系调委会和调解员，实现了“线上预约、线下调解，线上互通、线下点评”。建立小区业主微信群，及时了解掌握小区业主之间、业主与物业之间、业主与业委会之间的纠纷信息，一旦出现矛盾立即沟通，把纠纷化解在萌芽状态。

三、工作成效

1. 矛盾纠纷有效化解。湖里区信访工作连续四年全市排名第一。特别是2018年以来，全区共排查调处矛盾纠纷1472起，调解成功率达100%，全区接待群众各类信访案件数和人数同比分别大幅下降42.4%、44.6%，矛盾纠纷高发态势得到有效遏制。

2. 社会治安明显好转。通过专群融合、综合治理，湖里区刑事发案同比大幅度下降，2017年同比大幅下降41.5%，2018年1—6月同比大幅下降47.9%。

3. 群众得到更多实惠。由于建立了一套良好的诉求表达与解决机制，小区的事情得以商量着办，使得群众在小区基础设施建设、环境美化提升等项目上迅速达成共识，快速落地落实，全区348个小区安全、秩序、卫生、环境面貌焕然一新。

4. 有力促进经济发展。通过基层治理下沉小区，大幅度减少了矛盾纠纷，大幅度减轻了维稳工作压力，各级各部门可以集中精力抓经济社会发展，2017年湖里区生产总值达954亿元，同比增长8.7%；财政总收入达192.2亿元，同比增长12.1%，在全市各区排名前列。

四、深化方向

围绕打造“共建共治共享”社会治理格局这一基本思路，湖里区在创新社会治理方面将会有以下新举措：

1. 打造全链条的矛盾纠纷化解体系。不断丰富新时代特区版“枫桥经验”的内涵，完善社区治理新体系。在层级上贯通区、街、社区、小区，加强区级多元化社区治理建设，发挥四级社区治理新体系的规模效应；在行业上依托专业力量，做强做大辖区 53 家行业调委会，解决专业性强的疑难复杂纠纷；在流程上做到人民调解、行政调解、司法调解的无缝对接，真正做到“案结、事了、人和”，努力实现小事不出小区、难事不出社区、大事不出街道。

2. 打造全覆盖的法律服务体系。在成立小区调委会的基础上，设置小区民警、小区律师、小区公证联络点，促进人民调解、法律宣传、公证等法律服务职能在小区落地生根，打通政法综治工作联系服务群众的“最后一百米”。

3. 打造全方位的群防群治体系。全面总结厦门会晤群防群治工作经验，充分发挥“互联网 + 群防群治”先行区的优势，依托“厦门百姓”APP 平台，不断发展平安志愿者，做强做大专职巡防队伍、民间志愿者队伍、专职网格员、楼长梯长、户长五支队伍，进一步激发群众参与热情。

“枫桥经验”与中国传统法治文化

颜艺萍*

一、新时期枫桥经验的内涵及特征

枫桥经验的核心是以人为本，落脚点是让群众得实惠。概括提炼新时期枫桥经验的内涵：一是“一切为了群众”。群众是灵魂，是主线，无论是化解矛盾、维护稳定，还是建设平安、促进发展，其目的都是为了群众。二是化解矛盾。化解矛盾是精髓，更是本质。枫桥经验是化解矛盾的经验，初始时期是化解阶级矛盾，发展时期是调和人民内部矛盾，现阶段则主要是化解政治、经济、文化、社会、生态“五位一体”建设过程中产生的矛盾。

枫桥经验的每一次发展历程，都是一个从实践到认识，再从认识到实践的反复实践、不断探索的过程，每一次发展创新，都紧扣不同时期的发展主题，并体现出鲜明的时代特征。一是民本化。枫桥经验是以人为本的经验，是人民群众集体智慧的结晶。一切为了群众，一切依靠群众是枫桥经验的出发点和落脚点，其基本精神和基本做法蕴含了古代民本思想的精髓。枫桥经验自诞生起，始终坚持“教育人、改造人、提高人”，新时期枫桥经验更是以稳定安民、发展富民为目标。二是社会化。枫桥经验诞生于浙江农村，源于公安，始于化解矛盾，在实践中得到不断坚持和发展，从而跨越到综合治理、维护稳定，拓展到城市、企业、学校等各个层面，发展成为正确处理社会各领域矛盾的经验。三是法治化。枫桥经验与法治建设有着密切的内在联系。枫桥经验的历史沿革、组织建设、工作机制等客观展示了我国基层法治建设的过程。法治建设则为枫桥经验的发展提供保障、指明方向，用法治来规范人们的行为，维护理性的社会秩序。

二、中国传统法文化的几个特点

中国传统法文化是在中国古代典型的农业文明基础上形成的。先秦时期是中国传统法文化的形成时期，在这个时期儒法等诸子百家构成了中国传统法文化的渊源；秦朝时，法家思想得以践行；汉以“罢黜百家，独尊儒术”，确立了儒家思想在中国传统法文化的主流与统一地位；唐宋、明清时期，儒家吸收融合各家，最终巩固了自己的正统主流地位。正是在封建自给自足的自然经济和宗法专制背景下，形成了礼法并重，以礼为主的理念，将礼乐的教化与道德的约束置于重要地位，而把法视为治国的辅助手段的中国传统法文化。

（一）天人合一，自然和谐

以天人合一作为哲学基础的中国传统法文化，其价值目标是要寻求一种秩序的和

* 颜艺萍，厦门市翔安区司法局。

谐。孔子说："有国有家者，不患寡而患不均，不患贫而患不安。盖均无贫，和无寡，安无倾。"[①] 和谐包括两个方面的内涵：一是人与自然间的和谐，人们的行为应该与自然秩序协调一致。所谓"人法地，地法天，天法道，道法自然"[②]。"法象莫大乎天地。"[③]"……故曰先王立礼'则天之明，因地之性也'。刑罚威狱，以类天之震曜杀戮也；温慈惠和，以效天之生殖长育也。书云：'天秩有礼'、'天讨有罪'。故圣人因天秩而制五礼，因天讨而作五刑。"[④] 这是因为"天之道，春暖以生，夏暑以养，秋凉以杀，冬寒以藏……"。[⑤] 二是人与人之间的和谐。在社会交往关系中，应该讲究的是和解精神与协调一致。"大道之行也，天下为公，选贤与能，讲信修睦……货，恶其弃于地也，不必藏于己；力，恶其不出于身也，不必为己。是故谋闭而不兴，盗窃乱贼而不作。故外户而不闭。是谓大同。"[⑥] 因而，"无讼"是理想的社会目标，如孔子所说："听讼，吾犹人也。必也使无讼乎。"[⑦] 这种"无讼"的解决途径比较切合传统中国社会的实际，也易于为传统中国人的心理所接受。

（二）民本主义，民贵君轻

民本主义思想，是中国古代较为开明的政治家、思想家在探索治国基础时所建立的一套理论和基本信念。其最早可溯源于西周的重民思想，《尚书·五子之歌》云："民惟邦本，本固邦宁。"孔子则用舟水关系比喻君民关系，即所谓"君者，舟也；庶人者，水也。水则载舟，水则覆舟"[⑧]。孟子的态度更进一步，认为"民为贵，社稷次之，君为轻"[⑨]。汉代贾谊也反复提醒统治者："闻之于政也，民无不为本也，国以为本，君以为本"，"夫民者，万世之本也"[⑩]。唐太宗李世民经常引用孔子的舟水关系理论提醒自己和臣下要重视民心民意："载舟覆舟，所宜深慎；奔车朽索，其可忽乎？"[⑪] 正是在民本思想的指导下，历代才有诸如轻徭薄赋、约法省禁等具体的法律政策出现。

（三）伦理本位，"礼治"秩序

"礼治秩序"的概念出自著名社会学家费孝通先生。他认为，中国是所谓的"礼俗社会"，在这样一个社会里，规矩不是法律，而是"习"出来的礼俗，"习"字意味着，它必定是后天通过社会传递产生的结果。这种状况的形成看似偶然和不确定，实则是一种社会生活变成惯例后的顺其自然的产物。在传统中国，法的内涵并非如我们今天所理解的一样，它更多地被作为刑，为保障礼的实现而采用的一种刑罚措施。历来社会秩序所赖以维持者，不在武力统治而在教化，不在国家法律的事后惩罚而在社会道德的事前预防。

---

① 《论语·季氏》。
② 《老子·二十五章》。
③ 《易经·系辞》。
④ 《汉书·刑法志》。
⑤ 《春秋繁露·四时之副》。
⑥ 《礼记·礼运》。
⑦ 《论语·颜渊》。
⑧ 《荀子·哀公》。
⑨ 《孟子·尽天下》。
⑩ 《新书·大政上》。
⑪ 《贞观政要·君道》。

这里的“礼”，实为儒家伦理精神。在当时的社会中，上至政治、经济、文学、艺术，下至平民日常的衣食住行、安身立命之道，无不渗透着伦理规范。而“礼”的目的，在于建立按照“亲亲”“尊尊”的原则组成的等级秩序，使每个人在社会中都按照自己的“名分”享有一定的权利和义务，各安本分。“故先王案为之制礼义以分之，使有贵贱之等，长幼之差，知愚之分，皆使人载其事而各得其宜。”①

（四）顺应人性，亲亲相隐

“亲亲相隐”是中国传统法文化中的一项重要原则。它是指亲人之间若有人犯了罪，可以互相保护甚至包庇，而不构成犯罪。这体现了对人性的顺应。人为了满足自己的本能欲望，都具有一种趋利避害的本能，选择什么手段来趋利避害，这既是一个现实的问题，也是一个对人性估计的问题。在中国，尤其是儒家学者看来，人性是善的，只要主体能够对自我本性进行反省和扩充，存心养性就可实现自我。所以，中国传统法律，尤其是刑法对人性的关怀，也体现在对个人功利本能的尊重上。再者，“法律不强人所难”这一古老的格言，要求我们关注：当法律和人伦关系发生冲突时，法律应当在多大程度上包容基于人性而生的人伦关系。它提醒我们：如果法律强制人们为不可为之事，那必然导致法律规定的虚置。

（五）德治为主，法治为辅

在中国古代，传统法文化之德治为主、法治为辅的个性特征反映在政治、经济、文化等各个领域，现仅以吏治为例试加说明。封建统治者认识到，官吏是朝廷统治庶民的中介，作用重大，故须严格治吏、严肃吏治。因而，法家韩非主张:“明主治吏不治民。”②对于吏治，儒法两家都提出了自己的思想主张。不同的是，儒家注重官吏队伍的道德建设，即加强对官吏的道德教育和官吏个人的道德修养。“政者，正也。子帅以正，孰敢不正？”③而法家则侧重以法治吏，如在官吏的选任上注重“因能授官”，在官吏的考核上重视循名责实,“故群臣陈其言，君以其言授其事，事以责其功”④，一旦有违君主之令，必严惩不贷,“守法守职之吏有不行王法者，罪死不赦，刑及三族”⑤。在吏治制度中，中国传统法文化之“德治为主、法治为辅”的个性特征体现得较为突出，且影响整个中国传统社会，直至今日，我们仍可从中得到有益的启发。

（六）重义轻利、权义不等

在中国传统法文化中，最大的缺陷莫过于重义务、轻权利的法的义务本位观了。在中国古代的典章律例中，虽然详细规定了庶民对于国家应负的种种义务：守法、尽忠、服徭役、兵役等等，却没有丝毫关于庶民权利的明确规定，中国传统社会的法律并不以保护个人权利为基本原则，重义务、轻权利成为中国传统法文化的精神实质。在国家利益、君主权力面前，个人是从无权利可言的，只有永无休止的义务付出，就连中国古代

① 《荀子·荣辱篇》。
② 《韩非子·外储说右下》。
③ 《论语·颜渊》。
④ 《韩非子·主道》。
⑤ 《商君书·赏刑》。

诸子百家中，以崇法扬名于后世的法家，也一向不谈个人权利，仅以国家权力为源。法家以国家权力为公，个人权利为私，法为国家权力服务，从不包括任何个人权利的成分。这种义务本位的文化价值观是单一封闭的小农自然经济结构和严格专制主义统治相结合的产物，这种观念伴随着中国漫长的封建社会而在人们的头脑中形成了不可逆转的思维定式。它藏于观念，融入生活甚至见于法律。

三、枫桥经验对中国传统法文化的传承与借鉴

任何一个具有悠久历史的民族法文化，不可能完全改变自身的发展轨道与特色，也不可能脱离自己固有的文明大道，它只有在自己的文化土壤与文化气候中培育，才能充分体现自身存在的理由与价值。对具有五千年文明史的中华民族而言，它的法文化更是如此，且理应如此。中华民族传统美德中有许多关于人民性的内容，这些内容值得传承和发展。首先，在中国传统社会治理中，十分注重良好的人际关系的建立，注重和谐村落的建立，强调仁爱、群体、包容。其次，中国传统社会中注重个人对社会的责任，将每一个人都视为社会不可缺少的组成部分，这本身包含了朴素的公民意识和平等思想。例如，“天下兴亡，匹夫有责”的爱国情操，强调由群众自己参与，自己创造，自己解决矛盾纠纷，而非依靠国家和社会，将矛盾上交。再次，中国传统社会中存在大量的修身、正己、为人处世、处理人际关系的丰富的、可靠的规则。这些规则是人们数千年生活经验的组成部分，以地方良善风俗习惯的形式，规范着人们的行动，承载着人们生活的理想。

（一）基层群众自治

自秦朝统一中国以后，中央政权尽管非常强调对地方的控制，但这主要是集中在对地方的人权、事权、财权、军权的限制与控制上。而对于地方自身的社会管理与纠纷化解，中央政权还是希望地方政权尽自己的能力去解决。如民间纠纷被州县官视为民间细故，历代政权都鼓励民间纠纷在民间自行解决。如清康熙皇帝就明确要求民间社会：“敦孝悌以重人伦，笃宗族以昭雍睦，和乡党以息争讼。”所以在“郡县制”格局下，县是最低层次的行政单位，县以下的基层社会主要是由民间乡绅、宗族、行会等乡里、宗族组织来进行管理和运行的。尽管在中国古代，一般而言县衙是最低级别的政权组织；但协助配合县衙进行工作的地方基层组织始终是存在的，这其中乡约、里正就是代表。里甲长、乡约除了协助钱粮征税事务，也承担了一定的社会管理职能。

在这一点上，“枫桥经验”是与其一脉相承的。如1977年枫桥区泉四大队，围绕提升群众安全感而制定了《治安公约》，这个治安公约就是群众自己制定的。因为紧扣了乡村社会的现实问题，这个公约执行得很好，也成为后来村民自治的一项重要内容。“枫桥经验”在客观形势不断变化的情况下，依然能够得到发扬，其关键因素在于它确实化解了大量的基层社会矛盾和纠纷，为国家减轻了现实压力。“枫桥经验”强调各地在发展过程中所产生的矛盾纠纷，以及社会治理上存在的困难尽量由地方自己努力解决。

（二）重视道德教化

在春秋战国时期，儒法两家之争主要围绕道德教化和法制二者的作用而展开的。儒家重道德教化而轻法律强制，主张“礼治”“德治”“人治”，相反地，法家则重法律强制

而轻道德教化，因而主张“法治”，主张“君臣上下贵贱皆从法，此谓大治”[1]，并进而主张严刑峻法。在当代中国社会生活中，法律和道德，作为调节和控制人的行为的两种手段，应该是相辅相成的，不能仅重一个方面而轻另一个方面。因此，当代中国法律文化不能无原则地接受儒家关于道德教化和法律强制关系的观点，但就儒家重视道德教化这一点而论，它是中国传统法律文化中的一个有价值遗产。

儒家“礼治观”塑造了人们“各安其分”的观念。“礼治观”是儒家治世的核心理念，在孔子看来立国的根基在于礼。它要求人们相互谦让、恭敬并礼貌地待人接物，要求人们在社会中各有次序，各有所遵。儒家认为礼的第一大作用就是“定分”，就是节制人的欲望，使人行事有分寸。今日中国，虽然法律是定分止争的主要依据，但是我们不能忽视蕴含着丰富礼治内涵的社会主义道德观、伦理观在维护社会秩序方面的独特作用。“枫桥经验”正是继承和发扬了礼的精华，它倡导人们在认真学习社会主义法治的同时广泛参与社会主义精神文明建设，使人们在这种国家公权力推动的生活方式中明确自己作为一名公民所应承担的社会责任以及处世态度。它归根结底就是依据社会主义法律和道德，给每位社会成员提供一套可以明确自身处世的“量”与“度”的生活范式。“枫桥经验”要求国家权力层面的党政工作人员有序地进行社会管理，要求广大社会成员无论是企业主还是劳动人员、外来人口还是本地人口都在社会主义法律和道德的指引下循序渐进，这样每位公民都能规范自己的思想和行动。

（三）注重人性关怀

一部良法应是具有人性关怀的法。“法者，缘人情而制，非设罪以陷人也。”法是以规制人的行为为内容的，任何一种法律规范，只有建立在对人性的科学假设的基础上，其存在与适用才具有本质上的合理性。法律所要制裁的行为本身是非正义非人性的，所以在这一层面上说，法律维护的就是正义，维护的就是人性。但并非制定出来的法律就一定是符合正义、符合人性的，有的法律甚至可能是有害的，甚至是非人性的。孟德斯鸠说：“为了保存法纪，反而破坏人性，是为恶法。”陈兴良教授也曾指出：“法治的最大特征应当是使人成其为人”，“法治应当有人性的基础”。现代法治应建立在公共伦理的基础上，“依法治国”不是“以法治国”，必须避免将法律简单地看成治国的工具，法律应该体现对人性的关怀。

儒家“和谐观”塑造了人们“以和为贵”的信条。在儒家这种价值观的指引下，当地人在处理人际关系时普遍奉行“和为贵”“让为贤”的信条，认为“和能生财”“和能生福”，因而遇到纠纷习惯于妥协和忍让，避免冲突和矛盾，力求大事化小、小事化了，宁愿自己吃点亏，也要图个和谐与安宁。枫桥地区的民众在解决矛盾纠纷的时候，基本上选择平和的方式。枫桥当地主要选择调解的办法来平息日益增多的民间纠纷，维护社会的安定和谐。

（四）坚持以人为本

当代法治建设除了以民主政治为基础，需要重点关注公民的民主权利外，也同样需要发挥公民的道德自觉性，倡导人们形成自觉遵守法制的能动意识，而这正可以从传统法文化的主导价值功能中吸取有益的营养。当然，我们无意掩盖中国传统法文化的严重缺陷，

① 《管子·任法》。

提倡借鉴中国传统法文化绝不意味着不加批判地全部吸收。如果说中国人曾在漫长的历史进程中失落了个体权利和自由的价值观念的话，那么在倡导借鉴中国传统法文化以有利于我国现代化法制建设的今天，无论如何不能忽视对社会个体权利和自由的保障。这是中国传统法文化从另一个方面给我们的启示。

“枫桥经验”之所以长盛不衰，其重要原因就是它继承和发扬了传统文化中的人本主义精神，这实际上也是儒家传统文化的核心理念之一。“以人为本”就是指以人作为考虑一切的根本。用中国传统理念来说，就是肯定在天地人之间，以人为中心；在人与神之间，以人为中心。宋明理学强调人的主体性，肯定精神生活的价值，强调道德理性对于个人境界的提升和社会发展的极端重要性。其中“和”的基本精神就是建立人与人之间相互尊重、相互信任的关系，它意味着通过化解人与人之间的冲突和紧张，消除彼此相争，通过共同的理想和相互沟通，可最终达到同心同德，协力合作。正是因为枫桥当地的干部群众重视人本身的价值、尊重人的存在而造就了富有人文关怀精神的“枫桥经验”。

结论

中国传统法文化作为五千年文明智慧的结晶，不会随着时间推移完全丧失其合理性，它渗透地深邃的人伦智慧，具有世界性、人类性意义。正如 1988 年 1 月，75 位诺贝尔奖获得者在巴黎发表的“宣言”中声称：“如果人类要在 21 世纪生存下去，必须回头 2500 年，去吸取孔子的智慧。”足以见得中国传统法文化对中国乃至世界的影响。正因为“枫桥经验”既善于继承和弘扬传统文化，又敢于坚持一切从实际出发，因此其具有强大的生命力。传承发展“枫桥经验”也是对中国传统法治文化的传承与借鉴，是当代人义不容辞的责任和使命。

法律服务

理念更新与制度设计：新时代律师调解再出发

黄鸣鹤*

一、理念更新

“律师调解”并不是个新制度或新词。2008年，由最高人民法院牵头，国务院法制办、司法部等十几个部委、机构参与的联合课题组，经过一年多的调研，在一份总体报告和十几个子报告的基础上，出台了最高人民法院《关于建立健全诉讼与非诉讼相衔接的矛盾纠纷解决机制的若干意见》的司法政策性文件。次年，课题组又到英国、德国对ADR制度进行考察，形成了许多共识，其中一个共识就是：调解的产品供给应该是多元的、全方位的，既需要有设置在纠纷解决前端，实现快速反应、早期第三方介入积极干预的人民调解制度，也需要高质量的行业调解、专业调解。英国也是在1999年启动了由沃尔夫大法官主持的“接近正义”的司法改革之后，ADR才得以大行其道。课题组考察期间，英国司法部安排参观了一家律师事务所，这家律所的执业律师全部转型成为调解员，律所也以提供中立第三方的专业调解作为法律服务的内容，专业快速解决纠纷。作为调解员的律师所提供的专业服务，在得到了当事人的肯定的同时，也有着不亚于传统律师代理诉讼的收入。

虽然近十年来最高人民法院及后来的中央政法委、中央综治办，立法部门都在积极推进多元化纠纷解决机制的建设，但具体工作实践中有些“雷声大、雨点小”。原因何在？个人认为，多元化纠纷解决机制的理念，就是纠纷解决的途径要多元，路径模式要多元，就是要鼓励纠纷当事人尽可能选择非诉讼的方式解决纠纷，不要将诉讼视为纠纷解决的主要途径，不要作为第一选择，至少应该先尝试一下在诉至法院之前双方多沟通，通过谈判、第三方斡旋、调解的方式解决纠纷，诉讼宜作为纠纷解决的最后渠道。可以说，在多元化纠纷解决机制的早期，许多人对纠纷非诉讼解决可能还有一些不同的看法。但经过这些年的理念推广，特别是近几年一些发达地区的诉讼爆炸和司法制度超负荷运行，数据和现实使人们认识到，仅凭人民法院一家的单打独斗，并不是纠纷解决的出路，通过制度设计激活、整合并合理配置纠纷解决资源，构建一个合理、有效并高效运行的非诉讼与诉讼相衔接的纠纷解决体系，以回应人民群众对纠纷解决的法律服务需求。

之所以提出“律师调解制度”的建构，仍然需要一个理念更新的过程。首先，需要理念更新的是律师，也就是产品的供给侧。有不少人认为，调解似乎是“田间炕头”，是一项婆婆妈妈的“老娘舅”的工作，让一些基层社区工作者或兼职的人民调解员去做就行了，动用律师调解，有“杀鸡用牛刀”的过度消费之嫌。与此同时，有些律师对调解的认知不足，觉得调解好似一种“下里巴人”的工作，更愿意从事“诉讼或合同审查、公司并购”等高端的、正儿八经的法律服务。这种观念的存在，说明对调解工作的性质，存在

* 黄鸣鹤，厦门市中级人民法院。

理解的误区。其实在世界上大部分国家，担任调解员职业，都必须经过一定的资格认定程序，取得一定的资质认证。与法官、仲裁员的裁决权不同，调解职业虽然也是中立第三方，它更多要求调解员有丰富的与人打交道的经验，能洞悉人心，善于发现当事人隐藏在谈判桌下的潜在利益和内在动机。也就是说，调解员职业，除了要求有对法律规则的熟知，心理学、谈判学的知识都要懂一些，要善于利用，才能积极促成纠纷的实质解决、一次性解决。同时，调解职业还有一些伦理方面的要求，有规矩始成方圆，所以即使是从事审判工作多年的资深法官，要兼任调解员，也要先完成规定课时的岗前职业培训。所以，在德国，许多法官以拥有调解员资格为荣。

现实中，调解一直被认为是“和稀泥”，是处理邻里纠纷或家事矛盾的婆婆妈妈，是一种低技术含量的活，所以只能用一些社区工作者、退休大妈、村里能人乡贤来解决纠纷。可以说，这是一种没有与时俱进的偏见。社会一直在向前发展，一些基层人民调解员反映，村里乡亲之间发生纠纷或家庭中闹矛盾，反而不愿意村里治保主任之类的熟人当调解员，更乐意让懂法律的人来主持调解，他们会问：我们之间纠纷这档事，各有各的说法，我想了解，国家法律怎么说，党的政策怎么定？如果闹到法院判决，会是怎样一个说法。可以说，人民群众的法治意识在持续增强，他们对法律的需求或者说是渴望，那种心境，是他们的父辈所没有过的。所以，调解的产品供给，应当多元化，应当与时俱进，应当及时回应人民群众对司法需求的要求。

其次，从需求侧端，老百姓的观念也在更新与转变中。社会上对人民调解一直存在着误解，认为人民调解组织既然建立在基层，当然是处理基层民事纠纷，也就是一些相邻权、家事纠纷之类婆婆妈妈的事，所以，这些东西主要讲个情理、讲风俗习惯，法理倒在其次。传统模式下的调解员，往往以“情理”为先导，这是符合熟人社会的习惯与价值认知的。而新时代的人民调解员，新时代的枫桥经验，强调的是情理在其间，法理在头顶，入情入理，唤回理性的，不仅是亲情，更是法律的理性。这也为新时代的人民调解工作，提出了更高的要求。

应当看到，通过培训快速提升人民调解员的法律素养，让他们将“法理”置于情理之前，或者只是一种理想图景，毕竟法律是一门需要系统训练并通过实践操作不断丰富经验的专门性学科。所以，通过专业技能培训提升基层人民调解员的法律素养与政府公共财政购买律师专业法律服务，两条腿走路，当然会走得更快，在一些地区的司法行政部门，已经在试点通过购买服务的方式，让律师介入和参与当地的人民调解。笔者认为这是一条很好的路子，以前中国“乡土社会”被视为“法律不入之地”，是熟人规则统治的区域，但你会发现情况在发生变化，村庄的人们逐渐需要通过法治的规则来解决问题，包括利益分配、基层民主表达、村民议事规则的规范化、法治化，更包括纠纷解决。所以，“村村有律师”，政府通过公共财政供给村庄或社区的福利，可以也应该包括纠纷解决的专业服务。

二、制度设计

中国文化有一种“耻于言利”的文化认知，认为“君子喻于义，小人喻于利”，凡事都讲“春秋大义”，讲“舍生取义”，为了“义”，连命都可以不要了，做事谈钱自然被视为“小人行径”。正是这种道德制高点的绑架，使得许多制度无法实际运行，流于形式。其实儒家“义利之辩”，并不是机械地“扬义弃利”，任何一项制度的设计，必须考虑人性，考虑人通常情况下的选择决策和行为模式，如果只讲情怀，回避利益分配，只讲行政手段忽视市场规律，那么制度设计的理念再先进，都会要么行不通，要么走不远。基于这样的认识，就律师调解的相关制度设计提出以下几点看法：

（一）律师调解的收费渠道设计

笔者认为可以有四个来源：

一是“政府买单”。纠纷解决，特别是一些争议标的额虽小，但纠纷不能解决，对当事人或社会，会衍发一些次生灾害，在这领域引入律师调解，理应由政府付费。其实这钱花得不亏，想想每年的综治维稳和信访工作的经费开支，如果在纠纷的早期，通过调解的方式，以柔性的方式切实有效地解决纠纷，其理如医学上的“治未病、治欲病”，花钱少而见效快。当然，理念的更新需要过程，正如许多人对疾病的认知，还停留在可以在后期治疗阶段花大钱，也不舍得在疾病预防或早期治疗阶段花小钱，因为还没受到病痛折磨，人总是短视的或存在侥幸心理的。

当然，政府购买纠纷解决社会服务，并不是无原则地乱花钱。公共财政源于纳税人，总量有限，花钱必须讲求效率，评判投入和产出比。以英国为例，其运作流程是：政府委托专业机构对历年的纠纷数量、类型、分布做专业调查与评估，测定预算，编制到政府的年度司法预算；通过招投标的方式，向社会购买公共服务，政府不设机构，不增加公职岗位，“宁可养事，不可养人”；中标组织或机构与政府签订公共服务合同，明确服务提供的内容、标准及价格；第三方评估机制，由政府委托第三方机构对服务机构的工作绩效进行评估，评估流程中的客户体验及反馈是重要参考指标，政府根据评估报告确定是否与服务机构续签合同或重新招投标。

二是“社会公益”。《厦门经济特区多元化纠纷解决机制促进条例》第62条第3款规定“鼓励社会各界为公益性纠纷解决服务提供捐赠、资助”。2014年在起草法规草案征求意见的时候，有人提出异议，认为“纠纷解决”并不是慈善救助，为何鼓励公益性捐赠与资助，我们打了个比喻：如果说给穷人施药是一种慈善，那么，让需要帮助的人获得快速的纠纷解决服务，是否也是一种有利于社会整体利益的公益性服务？身上无纠纷，心中无烦恼，也是人民群众幸福生活的有机组成部分。如果说，为符合法律援助的纠纷当事人提供免费的律师代理服务，符合当事人利益，那么，为符合法律援助条件的当事人提供纠纷解决服务，快速解决纠纷，更是符合当事人利益。厦门的律师调解，有一部分案件源于厦门法律援助中心的委托，调解成功将从法律援助专项经费中付费，就是这种理念很好的践行。

三是“制度众筹”。“众筹”是个互联网时代的新生词，这里所指的众筹，并不是指向社会公众募捐，而更多的是“纠纷解决经费统筹集聚”的制度，通过制度设计，将纠纷解决所需的费用，分散到众多的民商事行为中，如英国的“申诉专员（ombudsman）制度”。英国有一家叫“住房纠纷申诉专员服务处”的机构，在伦敦地区，所有发生在房东和房客之间的纠纷，在到法院诉讼之前，必须进行诉前调解，即使你一下子跑到法院递状子，法官也会发一个指示要求你先行调解。这个机构受理纠纷申诉的方式十分便捷，可以是电话，也可以是电邮，反正第一时间有人管你的事。申诉专员的工作开展方式，可以是电话调解，也可以上门实地调查，了解情况，就地调解，反正是怎么有利于纠纷解决怎么工作，没有固定的流程或严格的程序要求。在调查的基础上，如果双方不同意调解，申诉专员可以根据自己对纠纷是非的判断，作出一个类似仲裁的裁决。如若双方当事人未在规定期间内向法院提起诉讼，那么这个裁决就会发生法律效力，自动被赋予强制执行力。在纠纷解决的过程中，申诉专员既履行调查员的职责，又主持调解，调解不成进行仲裁，是否可能存在角色职能的冲突？不同的工作，是不是应该由不同的人来做？对此疑问，英国人说：一人身兼数职，没问题的，这样更节约成本，也有利于纠纷解决，毕竟是小纠纷。

这其实是一种理念的差异，我们的制度设计中充满对人性的不信任，层层的制度设计，监督之上还有监督。英国人的思维逻辑是，既然你相信一个人，为什么不相信他能秉持公正之心把事情做好呢？如果纠纷解决的成本普遍高于可能获得的利益，那么，许多维权行为会因为成本过高而被放弃，会引发更多的社会不诚信与不公正。从数据上看来，制度的运行是有效的，因为据说 98% 的住房纠纷在这一阶段得以解决，也不存在执行难的问题。

值得一提的是，整套机制的运行，自成体系。伦敦住房纠纷申诉专员服务处是个小型机构，其管理架构并不复杂，委员会的权力如公司法人治理结构中的董事会，成员依法律规定由政府、行业协会、房东代表、房客代表按比例推举成立，委员会成员属荣誉职，无薪酬待遇，工作量不大，一年被召集开几次会，听取机构管理层的工作汇报，决策重大事项。机构管理层、申诉专员、助理是雇员制，申诉专员可以由律师、建筑师或其他具有专业知识的人员担任，依机构章程和工作流程开展工作。

最妙之处在经费的筹集和开支。这个机构为政府、为社会解决了大量的纠纷，却不用政府公共财政花一分钱，因为羊毛出在羊身上。英国法律规定，房东在出租房屋时，应主动向税务机关申报税收，在申报税收时，立法规定每一份房屋租赁合同，在其合同有效期内，必须按月缴纳一笔名为“纠纷解决”的费用，这钱数额很小，大约是每个月 3 英镑，考虑到大伦敦区有数十万份房屋租赁合同，涓流汇聚成海，小钱众筹成基金，足够用于该行业或该领域的纠纷解决。所以，住房纠纷申诉专员服务处的调解服务表面上免费，其实已经被分摊到每一个房客身上，体现了“取之于民，用之于民”的理念，也遵循了“使用者付费”原则。

2000 年之后，英国在大约 120 个行业中建立了申诉专员制度，这也如同在每一条河流的支流中建立水利调节设施，有效解决纠纷意味着法院诉讼负荷的减少。机构同时也提供了大量的就业机会，也是纳税者。在这些机制和机构中，律师作为法律专业人士发挥了重要的作用。

四是“市场付费”。律师不同于法官或检察官，他必须自己养活自己，还得纳税，所以，走市场付费的道路，才是王道。前面所提到的那家全体律师转行成为调解员的律所，我们了解到，律师调解员一般每小时收费 250 英镑，星级调解员标价更高，不亚于诉讼委托代理的收费。另外，我们也了解到，美国加利福尼亚州的调解员，一般的收费是每天 7500 美元，工作 6 小时；金牌调解员每天收费 15000 美元，还得预约排期。如果所委托的调解员不在同一城市，当事人还得付调解员往返的差旅费用，在途时间计费减半收取。调解员的收入并不低于诉讼代理，而且调解员职业更受社会尊重，对从事调解的律师而言，优质的调解也是为其律所招徕客户资源的绝佳路径。与代理诉讼不同，当事人对帮助他们摆脱争端困局，促成纠纷解决的调解员，总是心怀感激并有良好印象的。所以，许多律师事务所愿意投入优质的律师资源从事调解，一方面这生意不差，另一方面也考虑到律所品牌的提升。

一种观点认为，通过市场定价的方式让中国人付费，行不通，一则国人习惯于政府的免费公共服务，在计划经济年代成长起来的人容易形成单位人的思维，少有付费习惯。中国互联网市场的营销模式也说明了这点，这也是许多共享经济不得不在市场拓展前期，砸钱以免费手段吸引客户流量的原因。但情况在发生变化，90后、00后正在成长中，这些伴随互联网成长的新生代付费意愿与付费能力都强于父辈，互联网知识付费模式的成功证明了这点。巨国优势使中国有着一个基数庞大的客户群体。所以，对于商事调解，付费习惯与产品服务供给市场均待培育，这是个渐进的过程。

（二）诉讼费用的经济杠杆设计

有人认为中国大陆律师调解向当事人收费的路径走不通，原因之一是中国大陆的诉讼、审理期限之规定决定了案件不可能如英美国家普遍存在的诉讼拖延；低标准的诉讼费交纳制度，决定了诉讼的司法成本主要由公共财政负担而不是当事人付费。纠纷解决途径的性价比，决定了我国的司法是廉价且高效的，但“廉价司法”是一种不可持续的样态。当前，虚假诉讼和诉权滥用的现象比较严重，虚假诉讼尚可打击，诉权滥用的行为则被包裹在程序合法的外衣下。诉权滥用所引发的问题包括当事人的合法权益不能得到及时的司法救济，有限司法资源被占用、滥用等。在大部分地方，在审限督促及各种考评机制下，人民法院解决案多人少的方法就是组织干警加班加点，这是一种不可持续的状态，过度的加班容易产生职业倦怠感，也导致缺乏必要的业务学习的时间。近几年人民法院人才流失严重，有人将之归咎于司法改革，笔者认为主要是负荷过重的工作状态所致，这几年福建公务员招考，法院的许多岗位因报考人数不足被取消，2018年招考简章干脆取消最低报考人数限制，这是一个令人悲哀且细思极恐的现象，司法招录人才质量的下滑，其对公正司法制度之建设，影响是长远的。

当前施行的《人民法院诉讼费用交纳办法》备受诟病，存在诸多不合理之处。一方面，《人民法院诉讼费用交纳办法》当年修订，大幅降低费用，宗旨是为实现“让老百姓打得起官司”这一朴素愿景，但事与愿违，以劳动争议案件为例，受理费10元，判决书打印成本都超过这价，等于零成本诉讼。这项基于保障劳动者诉权的规定，受害者反而是劳动者，诉讼成本极低可能导致用人单位对诉讼的滥用，不主动履行义务，穷尽诉讼程序以拖延义务履行，违约、侵权、不诚信的成本极低。另一方面，不当抬高劳动者诉讼预期，非理性提高诉讼请求，增添纠纷解决难度。事实是，制度稍加调整即可解决问题，如规定劳动争议案件劳动者作为原告起诉时，无须预交诉讼费，案件判决时，由败诉方或过错方承担诉讼费用。

诉讼费用制度改革，要调整的，不仅是诉讼费用的交纳标准，应由法律赋权法官，对诉讼费的合理分配，有更大的自由裁量权，通过对诉讼费用负担的调整，引导当事人选择非诉讼方式解决纠纷。

在英国和受英国法系深度影响的一些地区，我们发现，当事人选择调解，不仅在于诉讼费太贵、审理周期太长，更在于他们冒不起风险。英国法官有对诉讼费进行分配的权利，比如双方纠纷，先行调解，被告提出一个赔偿方案，原告就是不接受，坚持起诉到法院，将诉讼进行到底。判决结果和被告同意调解赔偿的数额接近，法官会同时判决原告负担本案的诉讼费，还要负担被告的律师费。理由很简单，法庭经调查及评估，确定此次诉讼实属多余，原告坚持诉讼，导致公共司法资源的被浪费，亦给被告不合理增加负担，判决承担相关费用以示惩戒，以引导社会正确的诉讼价值观。正是诉讼费负担的惩罚性机制，使得当事人在启动诉讼时会审慎评估，不敢随性滥诉。

纵观世界各国民事诉讼法，诉讼费用制度作为民事诉讼的重要组成部分，一般由专章数十个条款加以调整规范，我国民事诉讼法中关于诉讼费用，虽亦设专章，却只有一条三款，授权行政机关另行以行政法规具体规范，对诉讼费用收取，行政与司法之思维模式迥异。笔者认为，诉讼费用制度之修订，其要义，应援引各国惯例，在民事诉讼法中予以原则性规定，具体之裁决，宜交由法官在具体案件中依公平正义之基本原则酌处。司法官既依法律之授权，行使生杀予夺之重权，于民事裁判，若主体权利义务可委托其分配正义，诉讼费用作为比例不足 1% 之附属性裁决，反在制度设计时不存留法官自由裁量之空间，实属不智。

三、需要注意的几个问题

律师调解制度之推进，有些工作，需要顶层设计，比如诉前强制调解制度、诉讼费用改革等，有一些则是基层在推进试点中应注意的。

1. 要有法律职业共同体精神。职业共同体的口号喊了很久，但无论是法官律师间良性互动的制度建设还是内心认同，都很困难。同一所法学院毕业的，发生一些热点事件，马上自动区分不同立场，相互指摘，“说好的职业共同体，说翻说翻，一点风浪都经不起，更不要说风雨同舟”，或陷入鄙视链的泥淖，法律职业共同体的精神，并不是拉帮结派，搞团团伙伙，而是本着对法治公平正义的初心，砥砺前行，立足本职，携手共创法治中国的未来。所以要有格局，有胸怀，有认同，才会有发自真诚本心的协同行动。

最高人民法院和司法部联合发布《关于开展律师调解试点工作的意见》，使得“律师调解制度”再度起航，全国试点地区掀起了一些热点。值得观察的是，此次试点工作虽属由高层推进的“顶层设计”，但在许多试点地区，律师事务所、律师积极回应，热忱少有。缘由在于传统律师服务行业已成红海，竞争激烈，一些有战略眼光的律师事务所正着手布局法律服务新市场的开拓，或希望律师调解成为律师法律服务行业的新蓝海，配合度高，真诚发自内心，且愿意在市场培育的早期，忍受成本的付出而不是急于取得回报，律师的参与热情应该是人民法院应倍加珍惜的资源。

对于人民法院而言，应当克服的一个观念误区是，律师并不同于法官、检察官，并不是国家司法雇员，律师调解制度终究须遵循市场规律运行，方可持续持久。从目前试点地区看，由财政付费的律师调解，付费标准总体偏低，与律师传统业务收入不能相比，甚或不能覆盖成本。故律师调解要上规模，成业态，让律师成为纠纷解决专业团队的一员，市场应是最终走向。故人民法院在委托律师调解或引导当事人申请调解时，应侧重于商事案件，要舍得把优质案源委托给律师调解，培养律师对调解的兴趣；同时这也有利于律师调解市场的客户口碑培育。

2. 要有问题导向和技术解决方案。技术改变一切，技术就是生产力，技术革新往往能给一个行业带来颠覆性变革。纠纷解决资源有限，技术的运用，往往可以解决堵点、痛点，堵点一通，豁然开朗。比如早先人民法院的委托调解，顾虑最多的是案件如果委托出去，时间流程如何管控？卷宗材料安全怎么办？调解员在哪里办公？以前确实是问题，案件委托出去，3 个月下来没有任何回音，当事人投诉法院。卷宗拿回来，发现书证丢了一份，责任归谁？其实这个问题也不难解决，受中央综治办的委托，浙江现在正在开发在线矛盾纠纷多元化解平台，实现了纠纷解决的全流程在线。一是案件管理，纠纷在哪个阶段，期限如何，清清楚楚，不仅参与纠纷解决的各方主体清楚，当事人也清楚；二是实现资料证据的电子数据化，全流程在线传送，无纸化办公，省却资料交接流转的成本；三是在线申请、在线送达、在线沟通、在线调解、在线司法确认，总而言之，一切可通过互联网完成的行为，只须在线上完成，当事人少跑腿的同时也省去许多成本；四是在线指导和在线协作，平台不仅有案件管理的功能，也有为调解员服务的功能，如法律知识库，可以快速检索到相关法律法规、类案推送，也可以通过平台视频会议功能，进行疑难案件的法律会诊或后台专家指导。这些不是对未来世界图景的狂野想象，而是我们当下正在做的事。

关于实施法律援助一次性告知的几点思考

胡平广　陈丽青*

法律援助一次性告知贯穿于法律援助的全过程，是以人为本的工作理念，是高效便民的规范化举措，对于加快法律援助申请、推动法律援助事务公开、强化法律援助服务质量监督都具有重要意义。法律援助的一次性告知，有其独具的内容、特点和方式，需要着眼服务质效执两用中，因人而异、因案而异、有的放矢地做好高质高效的精准告知服务，不存在千篇一律、一成不变、面面俱到的模板。

一、法律援助一次性告知的特点

(一)告知内容的丰富性

法律援助一次性告知内容包括援助的性质、条件、形式、案件范围、申请方法、办理流程和时限、受援人权利和义务、案件可能存在的风险、申请需要的证明和委托授权，以及案件办理需提供的各类证据等，涉及的案件类型包含劳动争议、工伤赔偿、劳务纠纷、交通事故、人身损害、婚姻家庭、国家赔偿、刑事诉讼、行政诉讼、非诉、申诉、司法鉴定、强制医疗等。详尽的法律援助一次性告知内容林林总总不可胜举，涵盖了法律援助的方方面面。

(二)告知服务的全程性

法律援助一次性告知服务不仅存在于援助申请阶段，也存在于法律咨询阶段，同时还贯穿于整个援助案件办理阶段。法律咨询阶段，需要剖析法律责任、解释法律规定、分析现有证据、释明案件风险、指导收集证据；援助申请阶段，需要阐明法律援助政策、指导申请材料的准备、引导办理援助手续、告知办理流程和时限、告知权利和义务、告知监督投诉方式；案件办理阶段，包括劳动仲裁、一审、二审，或刑侦、刑诉、刑审，或代书、申诉、复议等，还可能掺杂着司法鉴定、强制医疗，以及重审和再审等新阶段新申请的告知服务。告知服务时限也长短不一，有的群体性劳动争议案件经过仲裁或调解，可能一两周就结案，有的诉讼案件历经一审、上诉、发回重审、上诉、二审等过程，时间长达 3 年仍在援助途中的也并不鲜见。

(三)告知对象的复杂性

法律援助告知服务的对象是形形色色、各式各样的，但多数为经济条件困难和文化程度偏低的弱势群体。从身份类别上分，有经济困难的普通群众，有请求奖励与保护的见义

* 胡平广、陈丽青，厦门市湖里区法律援助中心。

勇为人员，有请求支付劳动报酬或工伤赔偿的农民工，有残疾人、未成年人、军人和军属等；从文化程度和法律素养上分，既有本科以上法学专业的讨薪人员，也有未上过学、法律知识贫乏请求赡养费的老人等。从性格上来分，有的当事人温和宽容，虚己以听，从善如流；有的当事人急躁暴躁，固执己见，易怒多疑。面对不同的告知对象，需要提供的证据和证明材料有差异，选择的告知方式有侧重，必须因人而异地做好一次性告知工作。

（四）告知发展的快速性

随着国家法治化建设的急剧发展，每年不仅有许多法律法规的修订，如《中华人民共和国民法总则》《中华人民共和国物权法》《中华人民共和国反不正当竞争法》《中华人民共和国刑事诉讼法》等；还有诸多新的法律法规出台，如《中华人民共和国海洋环境保护法》《中华人民共和国监察法》等，都会引发法律援助一次性告知内容的变动。并且各级政府和部门不断出台新的法律援助政策，如《军人军属法律援助工作实施办法》《关于开展刑事案件律师辩护全覆盖试点工作的办法》《关于开展法律援助参与申诉代理试点工作的意见（试行）》等，在降低援助门槛、扩大援助范围的同时，同样增加了众多的援助告知事务。

二、法律援助一次性告知的实施方法

（一）全面梳理告知内容

法律援助告知内容丰富庞杂，需要按照“一案一告知”的方式，分门别类地梳理告知内容，只有这样才能有的放矢地做好一次性告知，避免眉毛胡子一把抓的低效告知和画蛇添足的无效告知。一是要梳理各种案件类型的告知内容，如各类案件需提供的基本证据和证明等，并列举相应的一次性告知内容。二是梳理挖掘各类案件需要共同告知的内容，如援助的特定性质、援助条件、案件范围、申请形式等，可强化宣传和公示等形式的告知，以便提升窗口告知服务效率，加快援助申请办理进程。三是梳理援助申请中易出现波折的突出问题，如工伤赔偿需先作“工伤认定书”、索要抚养费需要子女出生证明，以及不能如实陈述有关事实、不能提供被告身份及暂住信息、不能如实填写家庭经济状况等，需要着重列举在告知内容之中。通过梳理和归纳，既利于工作人员熟悉告知内容防止告知疏漏，又利于满足申请人多样化告知需求，提高受理和告知工作效率。

（二）综合运用告知方式

法律援助告知从方式上分，有宣传告知、公示告知、书面告知、口头告知。每种告知方式都有其适用范围，告知的内容各有侧重，告知的效果各有千秋。宣传告知，适用于报纸、广播、网络等平台和法律援助宣传册发放，可将法律援助的性质、条件、范围和形式等常识性的内容广而告知，提高法律援助知晓率。公示告知，通过悬挂张贴等方式，将法律援助申请流程、办结时限、权利义务、监督投诉等重要内容向公众公开，增进法律援助事务的透明度。书面告知，可针对特定案由等设计援助事项的“一次性告知书”，或在“经济状况证明表”、《给予/不予法律援助决定书》等文件上将需要受援人知晓的内容，如申请提交材料和证明、不予援助的决定和理由、监督投诉方式、“12348”咨询热线，以及当事人要求书面告知的内容等印制其上，确保需当事人知悉的内容清晰明确和易于查看；口头告知，可将所有必要的法律援助政策和办理事项通过口头方式灵活地进行告知，具有内容广泛、互动实时、灵活高效的优点，是法律援助最常用的告知方式。单一的告知方式都存在一定的局限性，只有综合运用多种告知方式才能取长补短，实现高效便民优质的告知服务。

（三）精准实施告知服务

告知对象文化程度的不同、申请案由的迥异、诉讼阶段的差别，一次性告知的内容和方式是大相径庭的。只有“因人而异”“因案而异”，才能做到准确告知和高效告知，从而促成受援人一次性准备或补齐好申请材料。初步受理时应详细审查案件情况，按照“一案一告知”的要求，将申请需要准备的材料、案件办理需要的证据和证明、权利和义务、“12348”咨询热线、监督投诉方式等内容作书面列举告知，必要时可将法律援助性质、条件、范围、办理流程和办结时限、案件可能的风险、收集证据的方式等作口头补充告知。同时还应仔细了解申请人情况，按照“一人一告知”的方式，根据申请人的文化水平和理解能力采取相应的告知形式，使每名当事人都能了解援助事务，快捷办理援助申请。特别是文化程度低、理解能力弱的人员及人数众多的群体，除了保持耐心细致的服务态度，还应书面列举告知内容以便对照和查证，必要时还可根据申请人所留的联系方式等做好跟踪提示告知。对于盲、聋、哑及行动不便的特殊申请对象，还可采用上门服务的形式做好告知和办理申请。

（四）化解告知冲突困扰

法律援助一次性告知不仅是通过优质服务增进当事人的理解和信任的过程，还是化解当事人走极端、诿责任、占便宜思想倾向的过程。对于不予援助对象，说明援助的特定性，告知不予援助的理由、异议的受理部门，并应妥善指出纠纷解决方式，引导当事人通过人民调解，或代书自诉，或委托社会律师处理争议，避免当事人维权无路而走极端的情形。对于证据不足等受援人，重点告知其如实陈述案件事实与提供案件证据的义务，以及可能存在的胜诉风险，防止当事人诿过于人，杜绝不合理的投诉和纠纷。对于初审中需补充经济状况证明等材料的申请对象，应告知当事人如实填写经济状况的义务，提前声明采取欺骗手段获取法律援助面临的后果，请申请对象先自行判断能否获得援助，以便尽早打消不符合援助条件和受理案件范围的当事人的侥幸心理，从而更好地节约财政资源和司法资源。

（五）创新网络告知模式

依托网站、微信公众号、手机 APP 等平台，充分运用“互联网 +”模式，打造法律援助告知服务平台，不断创新一次性告知服务模式，为人民群众提供更加优质、高效、快捷的法律援助。探索互联网、人工智能等现代科技在一次性告知中的应用，开发类似“法律援助智能导航服务平台”的服务渠道，为群众提供在线查阅法律援助法规、询问法律援助申请、查询法律援助案件办理进程的服务，以及网上免费下载申请表、经济困难证明等申请材料，让群众足不出户即可享受便捷法律援助服务。

三、实施法律援助一次性告知的注意事项

（一）突出告知效率

由于法律援助内容的丰富性和援助的全程性，强求让当事人一次性了解法律援助的

方方面面是不现实的，只能就当前咨询或申请必须知悉的内容做好告知。一次性告知不是要求全部援助事项都告知咨询、申请和援助对象，那等于将一本本厚厚的书一次性灌输给当事人，不仅没有针对性，也不具备时效性。探求适应所有案件类型和各类服务对象的包罗万象的一次性告知模板，其内容必然是极其庞大繁杂的，实质上是一种效率低下的懒政行为，实践中不宜且无法推广应用。

（二）注意告知补正

法律援助工作人员因疏忽出现告知事项遗漏时，可查阅《法律援助申请表》或《法律援助访客登记簿》留下的联系方式，主动联系当事人进行补正告知，可通过网络提供法律援助申请表、经济困难证明等材料，可通知当事人办理签收《法律援助决定书》《送达回证》等手续时补充遗漏的不影响审查和审批的材料，确保援助当事人不必反复前来窗口。

（三）强化告知素质

法律援助工作人员的思想素质和业务素质，是履行告知服务的前提和基础，直接影响到一次性告知服务水平和服务质量。一是强化思想教育，提高工作人员对一次性告知服务的认识，增强工作人员的责任意识和服务意识，把“以人为本，真诚服务”的理念作为服务准则，用心把法律援助这一“暖心工程”落到实处。二是强化工作人员业务素质，确保工作人员能够全面准确解答咨询，能够指导群众一次性把案件材料和证明准备好，让当事人办理事项一次性得到解决。特别是随着法治化建设和法律援助事业的发展，不断有新的法律法规和援助规定出台，如新增的军人军属援助、申诉援助、刑事全覆盖等，都意味着工作人员业务精、素质高才能更好地适应一次性告知的新发展和新要求。

重大项目社会稳定风险评估机制浅探

黄雪茹*

我国正处于“普遍受益”向“利益调整”的加速转型期，社会结构发生了重大变化，利益格局面临重大调整。在经济发展的转型过程中，社会利益主体日益多元化，社会矛盾的触点增多、燃点降低，各级党委和政府维护社会稳定的难度增大。如何进行社会治理创新，科学地统筹好发展与稳定之间的关系，是摆在各级地方党委和政府面前的重要工作。党的十八届三中全会通过的《中共中央关于全面深化改革若干重大问题的决定》指出，要创新有效预防和化解社会矛盾体制，并健全重大决策社会稳定风险评估机制。积极健全重大决策社会稳定风险评估机制是创新社会治理体制的重要突破口，而这正是各级政府积极回应治理危机和增加风险治理能力的重要体现，是创造动态社会稳定和有效国家治理的一项基础性工程。所谓重大项目，是指事关广大人民群众切身利益的重大决策，涉及较多群众的利益，并被国家或者省市拟定为重大工程的重大项目，以及牵涉相当数量群众切身利益的重大改革等。重大事项社会稳定风险评估是防范社会风险的制度性措施，它是指对重大政策、决策或项目在制定、出台及实施后可能发生危害社会稳定的诸因素进行分析，评估发生危害社会稳定行为的频率，对不同的风险进行管理，做好危机预防及计划准备工作，采取切实可行的措施防范、降低、消除危害社会稳定的风险。这项制度的建立就是要通过社会治理模式和制度安排的创新来摆脱维稳困境，达到社会的良性稳定，实现维稳模式从“控制”到“协商”、从“被动”到“主动”、从“救火”到“防火”的有效转变。

一、我国推进重大事项社会稳定风险评估机制的社会背景

（一）社会利益结构日益变化

改革开放以来，随着市场经济体制的确立和发展，不同的社会阶级和社会群体开始成为利益主体，并以各自的利益诉求作为博弈的中心。市场经济不仅是资源的配置机制和价格的发现机制，同时也对社会结构的分化发挥着根本作用。随着体制变革的不断推进，新的社会力量不断重新组合，并开始定型，对公共政策与改革的推进产生了重要的影响。从社会的垂直流动角度而言，处于优势地位的上层通过职业和社会地位的代际传承，其封闭性明显增强，而处于下层的民众向上流动的机会大量减少，渠道明显收窄，我国的社会结构趋向于更加紧张、封闭和僵硬，社会结构的弹性弱化，下层民众怨气持续累积。地方政府作为公共权力的代表者，必须在公共政策制定和重大决策出台过程中为各利益主体创造公开、平等表达利益的渠道和平台，以疏导“社会结构紧张”状态下的怨气。重大事项社会稳定风险评估机制就是在党委和政府的引导下，不同群体参与公共

* 黄雪茹，厦门市湖里区公证处。

决策，平等表达利益并相互协商，最终达成多种利益平衡的过程。

（二）公众诉求日益多样化

随着我国社会形势日趋复杂，民众的诉求心态更加复杂多变，诉求导向也更加多元化。部分群体除表达物质利益诉求外，一些权利的诉求、安全的诉求也被激活，呈现出物质利益诉求、权利诉求与安全诉求相互交织的态势。利益诉求主要表现为利益受损群体追求基本的民生保障、征地补偿款、动拆迁补偿款、拖欠工资以及各种赔偿款等。权利诉求是指公众在一系列政治、经济、社会和文化等方面的权利，如选举权、知情权、决策参与权、公平享受义务教育的权利等。安全诉求则是公众要求避免对环境、食品、卫生等领域安全焦虑的需求。利益诉求可以通过利益补偿得以化解，权利诉求则需要在政府决策体系中构建公民参与的渠道，而安全诉求则要求政府与公民之间通过持续互动以重塑政府的公信力。重大事项社会稳定风险评估就是在决策和政策出台前，充分运用问卷调查、民意测验、听证会、访谈等多种公民参与的形式，对公众利益预期进行评估，提高公众对政府的认可度和信任度，从而在源头上防范社会风险。

（三）新时期贯彻党的群众路线的必然要求

全心全意为人民服务是党的根本宗旨，群众路线是党的生命线和根本工作路线。深入开展党的群众路线教育实践活动，对于教育引导党员干部牢固树立宗旨意识和马克思主义群众观，切实改进工作作风，赢得人民群众信任和拥护，夯实党的执政基础，巩固党的执政地位，具有十分重大而深远的意义。但是受传统文化的影响，地方干部的“官本位”“权力本位”意识仍然突出，在决策中“一言堂”现象以及人民群众深恶痛绝的“四风”问题依然严重。这些问题的存在，一方面是干部的思想观念和意识问题，更重要的是政府决策中民主的体制和机制建设滞后造成的。重大事项社会稳定风险评估机制就是通过科学和民主的方式，为党委、政府和群众的对话协商提供制度化的渠道，有利于在群众工作中突出“以人为本”，积极回应和满足群众的利益需求，实现对人民负责，让人民满意，体现“权为民所用，情为民所系，利为民所谋”的执政理念。

二、重大决策社会稳定评估机制的内容

（一）确保社会稳定评估主体构成的合理性

评估主体在社会稳定评估活动中处于举足轻重的地位，起着主导性的作用，决定着评估标准的制定、评估范围的大小以及评估方法的选择，最终决定着评估工作的成效。遵循评估学的一般原理，只有确保社会稳定评估主体构成的合理性，才能保证评估结果的客观、公平、公正。而要确保评估主体构成的合理性就必须坚持以下几项原则。一是独立性原则。确保社会稳定评估主体的独立性是社会稳定评估工作顺利实施的前提，也是保证评估结果客观、公平、公正的前提。如果评估主体缺乏独立性，评估主体同时也是重大决策制定或实施的主体，或与重大决策或实施的主体之间存在特殊的利益关系，那么社会稳定评估就会受到决策者或决策实施者的影响，甚至偏重于证明自己的决策是正确的。这样，社会稳定评估结果就会失去公平或难以被广大人民群众接受，从而容易

引发社会不稳定因素。因此，只有确保决策评估主体的独立地位，确保评估主体与被评估决策者之间不存在特殊的利益关系，才能保证评估工作的顺利开展，保证评估结果的公平、公正。二是多样化原则。目前，我国公共政策评估的主体大多以政府机关为主，这种评估主体的单一化，往往使得评估结果带有片面性。改变此状，必须构建由党政机关、立法机关、司法机关、专业评估组织、社会组织、大众传媒和公众，特别是“受到政策影响的相关利益群体代表”等多方构成的多元评估主体。这样，党政机关可保证评估的方向性；立法机关、司法机关可以保证评估的公正性；专业评估组织可以保证评估方法的科学性和评估结论的客观真实性；大众传媒和公众可以广泛听取群众各方面的意见，保障群众的参与权、知情权、表达权和监督权，从而使评估结果更具有广泛代表性。三是利益相关性原则，即社会稳定评估主体应能够表达出决策所涉及的各利益群体的愿望，尤其是社会组织和公众的愿望。如果社会组织和公众不能亲身感受到改革政策给他们的经济社会生活带来的好处，评估结论所涵盖的观点就不够全面。

（二）确保社会稳定评估内容的完整性

第一是要进行合法性评估，包括改革政策是否与现行法律、法规、政策相抵触，是否具有充分的法律、法规、政策依据，是否符合法律、法规、政策的精神，决策权限和决策程序是否合法合规等。正如习近平总书记所指出的，凡属重大改革都要于法有据。第二是要进行合理性评估，包括改革政策制定实施是否符合经济社会发展规律，是否把改革的力度、发展的速度和社会可承受程度有机地统一起来，改革是否坚持以人为本，是否代表最大多数人民群众的利益，是否超过当地财力和绝大多数群众的承受能力，是否得到大多数群众的理解和支持，是否兼顾了人民群众的现实利益和长远利益。第三是要进行可行性评估，包括改革政策是否经过严谨科学的可行性研究论证，是否符合本地区本部门实际情况；方案是否具体、翔实，配套措施是否完善；改革政策出台的时机是否成熟；政策出台后是否有利于贯彻执行，是否能够达到预期目标；对政策实施的范围是否进行了明确界定，是否能避免“一刀切”和“一个人有病，大家都吃药”的现象。第四是要进行安全性评估，包括是否存在引发群体性上访或群体性事件的苗头性、倾向性问题，是否会给周边的社会治安带来重大的冲击，是否会引发较大的影响社会治安和社会稳定的事件，是否会出现其他影响社会稳定的重大问题，等等。这是重大决策社会稳定评估的核心内容。第五是可控性评估。主要看对于可能出现的影响社会稳定的事件或者问题，是否需要作出暂缓实施或者改变计划的决定，是否有能力应对和处置，是否能将风险控制在预测范围，是否能够避免“有组织的不负责任”的情形。

（三）确保社会稳定评估程序的科学性

第一，应制订评估方案。对确定开展评估的改革政策，要成立专门的社会稳定风险评估小组，组织相关部门和专家、学者或委托有资质的第三方机构进行。方案要准确把握评估重点，明确评估牵头和协助部门责任，并建立专项档案，适时组织实施。第二，要广泛收集社情民意。对确定为风险评估的重大改革，要通过走访群众、问卷调查、民意测验、召开座谈会、专家论证、收集文件资料等方式，进行广泛宣传、讨论，征求各方面、各层次特别是维稳机构、信访部门和政法机关等单位的意见，准确了解把握群众的心理动态和意见、要求，为预测、评估提供全面客观的第一手资料。第三，要形成评估报告。综合收集掌握的情况，对评估事项实施的前提、时机及后续社会影响、配套措施等进行科学的预测分析和研究论证，对其可能引发的社会稳定风险作出风险很大、有风险、风险较小或无风险的确定性预警评价。对于风险很大、有风险的，还应当对有可能涉及的范围和激烈程度作出评估预测，并制订出相应的防范、化解和应急预案。第四，要作出评估决定。改革政策制定部门或单位要将社会稳定风险评估报告和政策草案、决策建议、改革方案等一并报送决策机构。决策机构对评估事项作出实施、完善后实施、部分实施、暂缓实施、不实施的决定，并对预防和化解矛盾风险提出具体要求。第五，要分类调控风险。对已经评估付诸实施的重大改革事项，坚持全程跟踪并做好后续维稳工作，及时发现和化解遇到的矛盾和问题，确保政策、决策的正确执行和改革举措的顺利推进。对虽存在一些矛盾和问题但经评估决定实施的事项，要认真落实解决矛盾和问题、维护社会稳定的具体措施。对经评估决定暂缓实施的事项，及时研究对策，待化解矛盾、时机成熟后再行实施。对不能使绝大多数群众受益的事项、不能得到绝大多数群众理解支持的事项要坚决终止实施。对符合有关政策法律规定、急需实施但又容易引发矛盾冲突的事项，在制订应急预案的基础上，要有针对性地做好群众工作。

三、当前社会稳定风险评估机制运行中的关键性问题

中国社会转型主要表现在体制转轨和结构转型的共时态并行。这个过程伴随着社会关系的不稳定、社会发展的不平衡、社会分化的加剧、社会越轨的普遍性和社会矛盾的突出化等多重因素交织。由于涉及不同利益主体的复杂互动行为，重大事项社会稳定风险评估实质上涉及不同利益主体的复杂社会选择过程。这其中既存在风险治理领域的共性问题，又由于我国当前经济社会发展特点而有其特殊性。其评估过程亟待解决如下关键问题：

（一）评估主体地位不明确

在重大决策的社会稳定风险评估中，任何一个评估主体都有其特定身份，从自身角度出发追求利益最大化，评估的客观性都有其各自的局限性。因而，由谁来评估将在极大程度上影响评估结果的客观性和公正性。在当前的重大决策社会稳定风险评估实践中，大多数是由政府自评，或者委托第三方进行评估。但是政府作为重大政策的出台和执行部门，同时还是政策评估的牵头部门，分析判定政策出台是否会引发社会冲突和危害社会稳定，其“裁判员和运动员”的双重身份容易造成公共性衰减，损害评估的客观性和科学性。另外，政府作为政策评估的委托方，一旦合同关系生效，第三方也容易利益捆绑，政府部门的评估意志将直接影响到第三方评估的独立性和客观性。

（二）评估程序缺乏规范性

统一的风险评估法律程序的欠缺造成在实践中大多数重大政策的评估和制定无统一法律规范可依。评估过程中，能直接影响到决策层面的评估比较少。从评估方法看，以“小会小议、关门形式”进行评估的多，通过敞开大门、深入基层、走访群众、征求意见进行评估的较少。其他社会主体参与评估主要通过听证会、论证会的方式进行，很少会采用调查走访、会商分析等难度大的风险评估方式，难以对社会公众的真实想法进行全

面客观的了解与分析。评估方法的有限性，在一定程度上制约了风险评估的能力，评估的科学性和客观性难以保证。

（三）社会稳定风险评估的责任追究难

为确保社会稳定风险评估不成为“运动式公共议程”，必须准确界定责任归属，确立问责制度。我们认为责任的界定不应当单一化，而应涵盖评估实施责任、评估审核责任、评估督办责任等主体，其中评估实施主体承担主要责任，审核、督办方承担必要连带责任。必须指出的是，社会稳定风险评估的问责，不仅要关注个人之责，更要追问深层面的“制度之责、结构之责、价值之责”。

（四）公众参与难以保证

虽然重大政策风险评估的主体呈现出多元化的发展趋势，但是相关文件仅对行政机关在风险评估中的职责权限进行了规定，对其他社会主体参与评估的规定较为概略，所以在实践操作中，仍表现出行政机关过于强势，公众对风险评估的参与程度较低，专家论证沦为形式主义，其他社会主体参与评估的有效性无法保障等问题。而社会公众作为政策实施的直接利益相关者，毫无疑问是重大政策风险评估工作中利益协调的重心，关系到评估工作的实效性。这主要表现为与政策对象的沟通不全面，分析不到位，对可能导致的各种风险后果缺乏具体深入的分析研究，难以对重大政策的风险进行准确定级，相关的风险化解与应急处置措施也就无法有效开展，为社会风险埋下了隐患。

四、科学把握社会稳定风险评估主要着力点

社会稳定风险评估制度旨在以风险评估的手段促进政府重大事项决策与实施真正体现以人为本、以民为先的根本要求，归根结底是检验政府重大事项决策是否坚持了习近平总书记强调的“不断实现好、维护好、发展好最广大人民根本利益……让发展成果更多更公平惠及全体人民，在经济社会不断发展的基础上，朝着共同富裕方向稳步前进”。在此目标指引下，当前要建立巩固一套完整的规范体系，着力提升评估工作的系统性、程序性和科学性，确保工作实效。

（一）把握系统性，促进整体效应

社会稳定风险评估融合了评估主体、评估范围、评估流程、评估工具、评估问责等重要环节，是一项动态系统工程。在宏观层面要以群众利益为标尺导向，将维护公众利益与促进社会公平正义相结合，摆正改革力度、发展速度同稳定刚度三者之间的关系；在中观层面要关注重大事项的合法性、合理性、可行性、可控性的检测方向，并且把评估过程与政府的效能建设相结合；在微观层面则要高度重视组织机构内部信息互通和资源协调。

（二）注重程序性，防范程序危机

社会稳定风险评估是重大事项出台、推行、实施的前置性制度安排，强调防患于未然，属“关口前移”的程序性设计。但现实中普遍存在着重大事项决策实施或重大工程项

目开建在前，风险评估程序事后补做的“倒置”行为，这无疑隐含着巨大的风险。因此，必须将社会稳定风险评估程序纳入政府重大项目决策的程序框架内，使之真正成为政府重大事项决策前不可或缺的“必备程序”和权威制度。

（三）强化主动性，着力化解风险

社会稳定风险评估的最终结果在于保障经济社会的和谐发展。社会稳定风险评估不仅是防范性措施，也是一个积极的保障与推动机制。评估的过程，既是听取民意，摸排风险的过程，更应是相关利益主体共同协商，进行风险沟通的重要过程。社会稳定风险评估不应只是单纯提出评估结果，还应该通过规范程序使利益相关主体对重大事项有更为客观、科学的认识，从更深层次化解矛盾、降低风险、促进发展。

（四）坚持科学性，创新工作方法

社会稳定风险评估作为中国特色的制度安排，虽可借鉴国际社会风险预警和企业风险控制的经验做法，但绝不可简单照搬，必须立足我国的国情和本土经验，并不断创新。实践表明，政府会议室工作模式无法获取当代中国现实真实信息从而作出准确预判，单一“闭门”工具范式亦无法回避其失真弊端。社会稳定风险评估要把现代社会风险监测工具、科学评审技术同我党长期形成的一整套群众工作方法紧密结合，在政府与公众的互动实践中创新适合中国情况的社会稳定风险评估路径。

有效处置农民工群体性讨薪事件的思考

胡平广*

农民工群体性讨薪事件，是指10人以上的以农民工为主体的群体，因劳动争议或劳务纠纷向用工单位或用工人员追索劳动报酬困难，而出现的群体性上访及集会请愿的情形。近年来，农民工群体性讨薪事件在全国各地屡有发生，给社会稳定和社会管理带来了巨大挑战。湖里区地处厦门经济特区，存在着许多容易引发农民工群体性讨薪事件的条件和因素，必须要高度重视农民工务工方面的调研和监管，切实有效地做好农民工群体讨薪事件的宣传引导、预防监测、危机管理和督导问责。特别是2018年“金砖会议”在厦门市召开，如果农民工群体性讨薪事件在湖里区范围内发生，很容易引发聚光灯效应并产生不良政治影响，会严重影响区委和区政府形象。

一、湖里区引发农民工群体性讨薪事件的主要诱因

（一）外来人员多

湖里区居住着近百万外来务工人员，相当于本地户籍人口的3倍多，是厦门市外来流动人口最集中的区域之一。这些农民工的工作范围遍布我区的各个行业，因普遍从事着相对劳动条件差、强度大、收入不高的工作，加上少部分用工单位人文氛围淡薄、管理方式简单，使得外来务工人员认同感很低。一旦遇到欠薪或无故辞退等不公正对待却又不能及时解决，农民工群体往往选择通过扩大事端和闹大影响期望引起政府重视实现有效解决问题。截至2017年6月7日，2017年办理法律援助讨薪的农民工群体已有57起，几乎每2个工作日就有1起，有的群体性案件人数多达180人。

（二）小微企业多

小微企业经济总量小、抵抗风险意识和能力较弱，产品研发能力、经营能力和竞争能力不强，生产经营易受外部经济形势及上下游企业影响，容易出现资金链断裂、经营亏损、生产停工、倒闭破产及转产等情况，遇上部分生产或经营者诚信缺失，很容易出现无故辞退，或变相逼迫离职，或恶意拖欠务工人员工资等纠纷。特别是近年来湖里区区域功能定位的调整和城市建设的需要，越来越多的小微型企业选择向岛外迁移，如果只是简单地终止或拒绝续订劳动合同，不能妥善安排和处置生活基础仍在岛内员工的善后事宜，容易导致农民工群体讨薪事件频发高发。

---

* 胡平广，湖里区法律援助中心。

（三）驻厦机构多

许多公司通过派出驻厦机构的形式在厦门承建工程和承揽业务，往往会因为人手少使得经营和管理相对缺乏系统性和规范性，从而对分包或转包人员资质和诚信的审查不严谨和监管不得力，加上派出部门财务等难以独立，对于工程款项和薪酬款项发放需要厦门地区以外的总部予以审查、审批、拨付，容易因手续办理及流转时间长出现拖欠和延误，易引发与农民工群体的纠纷。

（四）运营成本高

网上晒出的厦门 2016 秋季平均薪酬 7158 元，位于全国第七；冬季平均薪酬 7280 元，位于全国第九，可见厦门是一个平均薪酬在全国位于前列的城市。加之高房价、高房租等，企业的运营成本比全国大多数地区要高出不少的。企业的高成本运营，容易出现负担过重和经济效益不好的状况，伴随而来的往往是裁员和降薪，甚至关停并迁，从而容易出现务工人员的群体性事件。

（五）在建工程多

湖里区建设工地多，通常工程建设都存在多层分包，且分包资质难以保证。只要任何一级分包中存在拖欠工程款项甚至分包工头携款失联跑路的情况，就会出现工程出包方无法确认务工人员，而务工人员索要劳务报酬无门的情况。

二、处理农民工群体性讨薪事件面临的主要问题

（一）社会影响面大

农民工群体事件往往以聚众上访、集会请愿等形式存在，在信息网络和自媒体的炒作和传播下，很容易影响社会稳定和党政机关公信力。政府在处理农民工群体性讨薪事件时，必须遵循法律和政策规定，既不能片面强调息事宁人而枉顾政策和法律规定哄诱迁就，又不可威压阻吓和推诿塞责，要始终以聚光灯下面对社会公众的心态，给社会传递依法处理和透明公正的形象，防止出现“不闹不解决”的错误导向。

（二）处置时效性强

农民工群体事件通常都具有一定的突发性，且初始诉求表现都比较平和，但如果不能及时采取有效措施应对，随着不安和悲愤情绪的酝酿，矛盾冲突的不可控风险往往会急速加剧。所以处置农民工群体性讨薪事件，必须要快速介入、及时处置，有效将问题解决引导到法律和政策的理性办理程序上来。但依法依政策办理又必然需要一个过程，处置效果上难以立竿见影，需要平时就制定好有效安抚情绪、缓和冲突和解决问题的应急预案。

（三）联动单位众多

农民工群体性讨薪事件，往往会经历报警、投诉、调解、信访、仲裁、起诉、法律

援助等方式，涉及公安、劳动监察、司法调解、信访、劳动争议仲裁、法院、法律援助等众多部门，很容易出现拖延和推诿情况，从而使农民工群体的情绪趋向过激和极端，使得本可以平和处理的事情演变成冲突激烈的群体性事件。

（四）部门监管困难

湖里区中小微企业多、建筑工程多，而且分布广泛，加上建筑领域转包和分包层级多、资质难审查，行政主管部门往往难以面面俱到地履行好监管职能。而且有些监管职能设定时就存在模糊的内容或多部门职权的交叉重叠，客观上也容易引起职能部门相互推诿导致监管履行困难。

（五）法律意识淡薄

农民工群体法律知识有限，在很多群体性诉求活动中都缺乏录音录像等证据收集意识，对于签订规范性的劳动合同和劳务协议等保障权益方式意向不强，导致会因为证据链缺失难以通过正常的法律途径维护自身权益。另外，农民工群体对法制的要求还呈现出趋利性，会因为诉讼难、执行难、审理时间长、诉讼成本高等因素不愿选择用法律方式维权，而是动辄采取集体上访和集会请愿等方式向政府施压以图达到尽快解决问题的目的。

三、解决农民工群体性讨薪事件的对策和措施

（一）加强宣传引导

加强对劳动和劳务相关法律知识的宣传，通过现场咨询解答、电子媒体报道、发放普法资料等形式，增进农民工对事关切身利益的法律法规的了解。一是通过宣传引导企业和用工单位牢固树立社会责任感和依法经营意识，自觉遵守劳动合同和劳务协议，在工程项目分包和转包中严格有关资质审查和兼管责任，从源头上降低和消除农民工群体性讨薪事件发生的可能。二是通过宣传让农民工群体明了政府各职能部门管辖权限和救济申请方式，帮助农民工群体理解政府依法行政的含义，采取正当方式找对应职能部门反映和解决问题。三是通过宣传和普及法律知识，帮助农民工群体树立依法办事、依法维权的法治观念，增强依法表达和解决自身诉求的能力，立足自身收集证据维护自身正当权益，避免因过激和不当的行为陷入法律惩治的对象，防止小纠纷演变成于己不利于事无补的大冲突。

（二）注重现场处置

强化农民工群体性讨薪事件现场处置有利于控制事态发展、有利于及时指导农民工群体通过录音录像等方式收集维护自身利益的证明材料，有助于现场调解解决争端，是高效解决农民工群体性事件的重要时机。一是化解冲突，积极调解。在群体性事件现场排解纠纷的职能部门，不能仅敷衍塞责似的一出现在现场，就急于把事情推到法律援助或劳动仲裁等部门去等待解决，应当积极主动地控制事态发展、努力化解矛盾冲突，用心促成现场调解或指导收集讨薪事件的初步证据材料，并视情况向需要协作单位发出协助要求，如向公安机关请求防止形势失控、向基层调解委员会请求协助调解、向法律援

助中心申请援助律师参与疏导调解等。二是查清事实，依法处置。接到报警的基层派出所或接到投诉的劳动监察部门或建设行政主管部门应当及时到达现场，对报警和投诉事项进行初步调查取证并做好记录，登记双方身份信息并要求双方代表签名确认，必要时依规定将复印件交讨薪当事人作为基本的证据材料以供起诉。现场处置的劳动监察部门或建设行政主管部门或公安人员应该按照各自的职能查清冲突事实，并依照相关法规对违规企业和违规人员作出行政处理。如遇到企业违法大面积解除员工及无故拖欠工资报酬限期责令改正，如遇到小微企业老板跑路固定资产面临被原材料供应方或场地出租方等人员挪移抵债时应及时制止，并指导农民工群体人员依法申请扣留、查封固定资产或冻结账面财务。三是复杂难决，做好告知。如在现场遇到劳资双方各执一词等无法快速解决冲突时，应指导农民工群体收集必要的证据材料，并按一次性告知原则告知农民工群体相关的解决方法。可告知农民工群体申请基层司法调解委员会调解，或申请劳动争议仲裁部门进行仲裁，或就拒不支付劳动报酬罪向人民法院提起上诉，或告知前往法律援助部门进行法律咨询或申请法律援助等解决方式。通过指出问题解决方法和途径，有利于缓解农民工求索无门的焦躁不安情绪，防止冲突激化和事态恶化。

（三）强化行政监管

加强行政监管，是预防和有效解决农民工群体性纠纷的主要措施。一是强化劳务发包监管。由建设行政主管部门推行劳务实名制用工管理，提高用工市场准入门槛，完善由工程用工单位缴纳保证金制度，明确工程单位对分包或转包应负的监管和连带责任，对恶意拖欠劳工工资和发包给不具承包资质的用工单位或个人，除责成工程单位连带偿还农民工薪酬外，还要依法实施行政强制处罚，在有法律规定和授权的条件下可以直接以缴纳的保证金代偿，必要时加处一定比例的罚金或补偿金。二是强化企业用工监管。加强劳动监察部门对用工情况的监督和检查，畅通投诉和举报渠道。在劳动关系的建立和工资支付方面，对不与农民工签订劳动合同和缴纳“四险一金”的用人单位，劳动行政部门可依法作出责令支付劳动者工资报酬、经济补偿和赔偿金的行政处理决定书，当事人既不履行又不申请复议或者起诉的，劳动行政部门可以依法申请人民法院强制执行。在劳动保护方面，对肆意延长劳动时间、不依法提供劳动保护措施的行为，要依法责令限期改正。三是完善企业诚信体系建设。各职能部门通过媒体平台曝光企业劳动保障诚信缺失行为，由劳动监察或建设行政主管部门或人力资源和社会保障部门等将用工单位或企业信用信息向社会公示，并将企业法人等列入失信人系统，并作出相应行政处理。四是加大农民工“讨薪”案件的执行力度。定期组织开展农民工维权案件专项执行，加大对拖欠农民工薪酬案件胜诉部分的强制执行力度，对确有执行能力而拒不履行的用工单位依法就拒不支付劳动报酬罪向人民法院提起上诉，从而充分发挥执行工作的威慑功能，促进用工单位及时履行法律义务。五是加强农民工群体的帮扶救济。当农民工因被拖欠工资或处于失业陷入生活困顿时，由民政部门给予适当经济救济。当农民工合法权益受到不法侵害时，由法律援助机构给予法律援助。

（四）前置司法介入

司法程序解决纠纷是成本最高、耗时最长的方式，对于农民工群体性讨薪事件虽难以起到立竿见影的效果，却往往是解决农民工群体性纠纷最为有效的手段。由于农民工群体法律意识薄弱，欠缺收集保留诉讼证据的行为和认识，往往只知包工头等人姓名、籍贯或住址，连起诉的被告主体信息都不能收集，导致无法立案或立案后因欠缺证据材料胜诉可能性低，所以必须强化仲裁和司法系统的提前介入，采用现场指导采集证据、现场提供法律咨询、现场进行司法调解、现场办理援助申请手续等方式，引导农民工群体快速有效解决纠纷。在查找和提供身份信息、调取有关证据、查封、扣留和冻结用工单位非法转移账上资金和固定资产，以及仲裁或诉讼的裁（判）决执行方面，公安和法院等部门应该加大对农民工群体的帮扶力度，从而加速农民工群体性案件仲裁或诉讼程序及执行程序的进度。

（五）督导履职担当

农民工群体性讨薪事件的发生虽然具有一定的突然性，但往往会经历公安出警、劳动监察部门受理投诉调查、信访部门接访、建设行政部门处理、司法部门受理诉讼申请、法律援助部门受理援助申请等环节，只要其中有一两个部门用心受理和调解、认真调查和查处、依法解答和引导，聚众上访和请愿的情形就可能实时地化解于无形。因此，必须要着力督导相关职能部门履职担当，确保各职能部门在涉及维护农民工群体合法权益的问题上恪尽职守、履责担当。要明确各部门职责清单和告知义务的内容，畅通农民工群体诉求的投诉方式和反映渠道，探索各职能部门解决农民工群体性讨薪事件的协调和运作的联动机制，完善相应的社会救助制度，严肃问责各职能部门在解决农民工群体性讨薪事件中推诿和不作为的失职表现，切实有效杜绝和消减农民工群体性讨薪事件的发生。

司法鉴定公信力建设对策研究

徐伟钦 *

司法鉴定制度是解决诉讼涉及的专门性问题、帮助司法机关查明案件事实的司法保障制度。健全统一司法鉴定管理体制，要适应以审判为中心的诉讼制度改革，完善工作机制，严格执业责任，强化监督管理，加强司法鉴定与办案工作的衔接，不断提高司法鉴定质量和公信力，保障诉讼活动顺利进行，促进司法公正。经过十几年的司法鉴定管理和使用的实践和探索，特别是近几年来的司法改革与实践有力推动，全国各地的司法鉴定机构和鉴定人，在“保障诉讼活动顺利进行，促进司法公正”中，越来越发挥着重要作用，司法鉴定管理体制的发展也经历了从司法机关分散管理到司法行政机关统一管理的过程。统一司法鉴定管理体制的实践探索和建立健全，也有力促进了司法鉴定质量和公信力的建立和完善。但是，司法鉴定公信力建设是一个长期过程，需要不断从实践到理论再到实践的完善过程，本文就这一问题进行粗浅探讨。

一、司法鉴定管理相关法律法规

鉴定意见作为法定的证据种类之一，往往会对犯罪嫌疑人是否有罪、罪行轻重或者民事案件当事人是否承担赔偿责任、赔偿责任大小等产生重要影响。党中央、国务院高度重视司法鉴定工作，党的十八届四中全会对司法鉴定管理体制改革作出统一部署。2017 年 7 月 19 日，习近平总书记主持召开中央全面深化改革领导小组第三十七次会议，审议通过《关于健全统一司法鉴定管理体制的实施意见》，对加强司法鉴定管理监督作出重要部署要求，提出健全统一司法鉴定管理体制的措施。为贯彻落实中办、国办要求，司法部于 11 月 22 日出台了《司法部关于严格准入　严格监管　提高司法鉴定质量和公信力的意见》，着力解决司法鉴定管理工作中存在的准入不严、监管不严和行业“大进大出”等突出问题，整顿司法鉴定执业不规范行为，在全行业形成从严治鉴、严格监管的态势，以全面提升司法鉴定质量和公信力。

二、厦门市司法鉴定公信力建设实践和存在的问题

厦门市司法局自 2012 年 7 月份开始运用《厦门市司法鉴定机构和司法鉴定人诚信管理办法》进行司法执业管理，通过 5 年的实践探索，修改管理办法为《厦门市司法鉴定执业综合情况评价办法》，2018 年 1 月起实施，建立以执业情况综合评价体系为抓手的管理体系，从执业能力、鉴定质量、服务绩效、信用管理四维指标，推动行业健康发展。建立年度考核评价结果运用机制，进行年度鉴定机构和鉴定人年度考核、诚信情况统计通报以及结果运用工作，建立常态化监督管理机制。定期召开会议：全市司法鉴定机构负责

* 徐伟钦，厦门市司法局。

人和理事会议，学习传达相关文件精神，通报违法违规案件情况通报，落实司法鉴定规范整改工作等，贯彻落实管理使用机制；完善管理使用衔接机制座谈会，与市中级人民法院及各区法院联合研究新法新规，明确责任义务，并就司法鉴定委托、受理、鉴定和出庭作证中存在的问题进行面对面的沟通协商，为鉴定活动提供服务保障诉讼。

厦门现有司法鉴定机构 18 家，司法鉴定人 254 人，2015 年办理鉴定案件 12581 件，重新鉴定 126 件，占 1.0%，鉴定人出庭 5 次，投诉 12 件；2016 年办理鉴定案件 13266 件，重新鉴定 103 件，占 0.8%，鉴定人出庭 11 次，投诉 11 件；2017 年办理鉴定案件 13963 件，重新鉴定 117 件，占 0.8%，鉴定人出庭 18 次，投诉 9 件。重新鉴定案件呈下降趋势，而鉴定人出庭次数有所增加，但占比非常低。从数据上分析，重新鉴定案件和投诉案件比例下降是司法鉴定加强监管成效的一个体现，而鉴定人出庭次数占比低，说明法庭对通过质证解决鉴定意见的重视不够。经调研分析，厦门司法鉴定公信力建设存在问题如下：

1. 司法鉴定管理与使用脱节，极大地限制了司法鉴定公信力建设。虽然在实践中探索建立完善管理使用衔接机制座谈会制度，解决为鉴定活动服务保障诉讼问题，但是诉讼法对相关主体的涉鉴行为规定得过于原则和不具有可操作性，诉讼法与司法鉴定法规侧重于规范司法鉴定机构与鉴定人相关权利义务，“忽略对法官启动鉴定程序、对鉴定意见的质证与采信等事项的规范，未赋予当事人相关鉴定权利的救济权”，以及司法鉴定管理与诉讼制度的衔接不够，缺乏司法行政管理机关与审判机关信息共享机制，双方之间互动不足，职能分工存在交叉重叠等，造成管理与使用之间相互脱节，也造成鉴定程序中出现的问题不能得到及时解决，从而限制了司法鉴定公信建设。

2. 委托和受理问题，是影响司法鉴定公信建设的重要因素。司法鉴定的委托与受理决定着司法鉴定的程序公正与司法鉴定意见的可靠性，地位极为重要。而在司法实务中，委托和受理问题突出，其主要表现在以下两个方面：一是法官对鉴定程序不熟悉影响到司法鉴定制度的发挥，厦门存在主要问题是对鉴定机构鉴定能力的不熟悉，对外委托部门出具的鉴定委托书载明的委托事项、鉴定范围不明确，移交的鉴定材料不齐全，影响鉴定效率，浪费了诉讼时间；与鉴定机构的沟通、协调不顺畅，对鉴定过程中出现的问题不能及时协调，影响鉴定程序的顺利展开。二是鉴定机构一定程度存在挑选案件的情形。比如医疗损害司法鉴定，受理风险大、耗时长和收费低，往往会以无法对案件鉴定或鉴定材料不足为由而退件等。

3. 多重鉴定、重复鉴定现象，司法鉴定人出庭率较低，司法鉴定意见认识使用偏差等问题，也很大程度阻碍了司法鉴定公信建设。对鉴定意见质疑本应在庭审中通过对鉴定意见的质证和鉴定人出庭作证来化解。然而，鉴定人出庭率极低，即使鉴定人出庭，由于法官缺乏相关专业知识，难以对鉴定意见进行实质审查，因此对鉴定意见的异议往往借助庭外的途径解决，引发反复投诉、多重鉴定等浪费司法资源现象，特别是医疗损害司法鉴定和建筑工程司法鉴定。另外，由于“法官对鉴定意见质证的不充分和法官审查判定鉴定意见能力的缺失，导致鉴定人的鉴定权在某种程度上替代了法官的审判权。法官对鉴定意见的高度依赖，判决文书中的认定与鉴定意见往往高度一致，出现鉴定意见决定判决结果的非正常局面”。同时鉴定相对利害人对鉴定意见的认识也存在偏差，把打赢官司押宝在司法鉴定意见上，导致越来越多的投诉。浪费诉讼资源，损害了司法鉴定的公信力，影响了诉讼效率和司法公正。

三、司法鉴定公信力建设对策

1. 严格准入、严格管理，提升鉴定行业自身素质

福建省司法厅2018年上半年召开专题会议，强调：一要认真学习贯彻中央《关于健全统一司法鉴定管理体制的实施意见》、司法部《关于严格准入严格监管提高司法鉴定质量和公信力的意见》及省厅《关于贯彻执行司法部〈关于严格准入 严格监管 提高司法鉴定质量和公信力的意见〉的实施意见》；二要提高司法鉴定机构准入门槛，要切实加强司法鉴定事中事后监管；三要做好司法鉴定业务培训和继续教育；四要严格问责与处罚。这四个方面体现了司法鉴定发展思路越来越明晰，就是严格准入、严格管理，加强司法鉴定和管理和使用衔接，提高司法鉴定质量和公信力，更好地保障司法诉讼。所以，在严格准入、严格管理，提升鉴定行业自身素质方面是首要。建议加强力度，做好这方面的工作。

司法部于2017年年底印发《关于严格准入　严格监管　提高司法鉴定质量和公信力的意见》，从严格准入、严格管理、严格监督三个方面，对登记范围、准入条件、日常监管等提出十二条要求，要求各地司法行政机关，切实加强司法鉴定管理和监督，进一步促进司法鉴定行业健康有序发展，有效提高司法鉴定质量和公信力。要坚持正确方向、保障司法公正、坚持公益属性、遵循客观规律四个基本原则，按照统一准入条件、统一执业规范、统一鉴定标准、统一评价体系"四个统一"的要求，从健全司法鉴定资格统一管理制度和加强司法鉴定管理和监督等四个方面，加强事前、事中和事后监管，实现监管全方位全流程。着力解决司法鉴定管理工作中的突出问题，推动行业的鉴定能力和规范化水平整体迈上一个新台阶。

2. 明晰职能定位，加强沟通协调，提高司法鉴定使用效率和质量

结合司法鉴定工作实际，重点在保障诉讼领域推进司法鉴定管理与使用相衔接工作，通过厘清司法行政机关和法院、司法鉴定机构的各自责任，强化三方约束，规范鉴定启动、委托和受理程序。与公检法部门互联互通、信息共享，及时将司法鉴定机构的能力验证情况、通过有关认证认可情况及受到行政处罚、处理情况及时函告公检法部门，公检法部门可以根据案件具体情况，选择在专业、能力等方面与委托鉴定事项和要求相适应的司法鉴定机构委托鉴定，对司法鉴定机构出具的鉴定文书进行审慎审查、研究、判定，依法确认司法鉴定意见的证据效力，从而提高案件办理效率和质量。同时，公检法部门对司法鉴定意见中存在明显瑕疵等情况，也可以及时向司法行政部门反馈，司法行政部门依法责令相关鉴定机构整改完善，强化质量体系建设，提升司法鉴定质量。从而形成多部门齐抓共管、合力监督和联合惩戒的监管格局。

完善司法鉴定启动，不管当事人申请启动还是法院启动决定权都均属法院使用统一的司法鉴定委托书格式，完善司法鉴定委托主体，应当"重点规范"：司法鉴定的委托应当由办案机关实施；办案机关委托鉴定时，应当保障鉴定材料的客观性与真实性，对于存在争议的鉴定材料，办案机关应当作出判断；鉴定人依法鉴定后，向办案机关提供鉴定意见。完善鉴定的实施与监督制度，完善鉴定委托程序，明确实施鉴定主体、鉴定对象、鉴定项目、鉴定目的、鉴定标准、送检材料、付费方式和双方当事人的联系方式等内容。司法鉴定机构不得直接接受当事人提交而未经法院确认的材料。因此要从完善鉴定人出庭制度和保障当事人质证权两方面来完善鉴定意见的质证与采信制度。这使得法

官能更好地审查鉴定意见，而当事人对鉴定意见的异议通过庭审程序来化解，不仅可以减少重复鉴定和因鉴定引发的纠纷，还可以充分保障双方当事人的诉讼权利，以实现司法程序公正与实体公正的统一。

3. 加大改革力度，整合管理资源，真正实现鉴定人负责制。

厘清司法鉴定制度与诉讼制度之间的关系，明确司法审判权与司法行政管理权的权限范围，合理衔接司法鉴定行政管理与诉讼程序，对促进司法公正、提高审判质量和效率意义重大。改变现有多头管理，册中册的问题。司法鉴定名册交由司法行政机关的单一管理主体，避免政出多门，相互扯皮。规范法院对外委托司法鉴定工作。法院对外委托法医类、物证类、声像资料类司法鉴定的，要统一使用省司法厅发布的司法鉴定机构名册。所有司法鉴定机构均进入该平台接受法院鉴定委托。建立“政府主导 + 互联网”的委托机制，创建统一的智能化司法鉴定委托平台，通过网络化、信息化方式，提升鉴定委托环节透明度，有效遏制暗箱操作，杜绝寻租空间。

真正实现鉴定人负责制，改变现实中鉴定人的非主体地位。鉴定人作为机构签订劳动合同的工作者，而不是打工者，实现责任与权力的对等，以鉴定人团队设立机构，鉴定人作为合作人，激发鉴定人负责制的主体活力。回归鉴定的公益属性，消除直接导致鉴定人为生存而鉴定的因素，消除可能影响司法鉴定的公正性的其他因素，比如机构社会化、鉴定市场化。

基于第三方调解视野下的医疗纠纷分类化解机制初探

蒋雅婷*

近年来，医疗纠纷从未脱离社会治理关注的焦点，不仅引起普通民众及各级政府的重视，更是频频作为各学科学者研究的课题与领域。鉴于医疗过程中损伤的必然性、诊疗流程的复杂性、就诊活动的隐蔽性等因素，加之医疗服务对象具有生物属性与社会属性融合的二元特征，一旦有不可预测的医疗后果发生，患方极易“全力以赴”地进行报复行为，从这个角度而言医疗纠纷的处置与化解是极其复杂与困难的。

医疗纠纷发生后，医患双方通常有四种处理纠纷的途径，分别是医患双方自行协商处理、申请医疗机构所在地卫生计划委员会行政调解、申请医疗机构所在地医疗纠纷调解委员会第三方调解、向医疗机构所在地法院提起民事诉讼。医患纠纷第三方调解制度具有高效便捷、公正客观的显著优势，而这一优势通过与其他三种解决纠纷的方式相比较而言则更加明显。正是由于医患纠纷第三方调解的这些优势作用，从 2008 年起，医疗纠纷第三方调解委员会（以下简称“医调委”）作为医疗纠纷的一种非诉讼解决方式逐步在全国范围内得到建立。2016 年 1 月，司法部、最高人民法院等五部门印发了《关于推进行业性、专业性人民调解工作的指导意见》，再一次肯定并推动了医患纠纷第三方调解事业的发展。与此同时，学者们对医疗纠纷第三方调解制度的研究也逐渐深入，不仅包含第三方调解制度的可行性分析、运行现状、优势因素，也发掘了诸如调解人员专业化程度不高、居民中的知晓率低和认可度有限等问题，并提出相应的完善对策。许多第三方调解机构调解案件数都已达到一定数量，如厦门市医患纠纷调解委员会自 2010 年 8 月 31 日挂牌成立，至 2018 年 7 月已受理组织调解案件 669 起。这样的样本量可以为医疗纠纷分类化解提供必要的实践经验积累基础，同时尝试对不同类型医疗纠纷总结提出不同化解举措对提高第三方调解水平也具有重要的实践意义。诚如医疗学科分类日趋精细，当第三方调解机构工作人员接触医疗纠纷时，也应首先对纠纷进行初步的判断与分类，进行差异化调解，犹如“对症下药”般对不同纠纷类型采取不同调解方案，才能更为有效及快速地化解与处置纠纷。

一、医疗纠纷的分类及特征

医疗纠纷的分类可以有很多种，根据分类依据不同，可见多种类型。例如，根据产生原因的不同，可以分为医源性医疗纠纷与非医源性医疗纠纷。医源性医疗纠纷指的是由于医疗服务提供者方面的原因导致的医疗纠纷，而非医源性医疗纠纷则是求医者方面的原因导致的医疗纠纷。基于纠纷化解目的，也可根据医方有无过失之标准，将医疗纠

* 蒋雅婷，厦门市法律援助中心。

纷分成医疗过失纠纷和非医疗过失纠纷两大类。前者是指由于医务人员在诊疗过程中的过失而导致的医疗纠纷，即医方的过失行为与患者的损害后果之间存在直接或间接的因果关系，包括医疗事故和医疗差错。非医疗过失纠纷则是指医方在诊疗过程中虽然没有过失，但是由于医疗上的原因或医疗以外的其他原因而导致患者产生不良后果，主要包括医疗意外、并发症、病情的自然转归等几种情况。在第三方调解机构工作人员接触医疗纠纷当事人之时，可依据这一标准暂且将案件大致判定为患方有理型与患方无理型，即医疗过失纠纷对应患方有理型，非医疗过失纠纷对应患方无理型。

这里所谓患方有理型和患方无理型的分类并非对医疗纠纷结果的终极判断，而是为了使医患纠纷调解机制得以快速启动。医疗纠纷作为多因一果的矛盾集中体现，通常当事双方各执一词，无法认同对方。医疗纠纷也不同于一般的纠纷，它不仅涉及法律问题，还涉及医学问题，第三方调解机构工作人员通常无法同时具备丰富的医学临床经验和熟练的法律技能，所以不能仅凭自身力量对医疗纠纷作出结论性的裁决，而只能从中立者的角度对纠纷作一个初步的评判。无论如何，患方是有理由及有权利怀疑医疗服务存在失误或者瑕疵，只要其通过合法途径解决问题。例如向第三方调解组织寻求帮助，就无理由加以阻止，否则患者心中的愤懑无法得到某种途径宣泄，随着时间推移则可能导致矛盾的大爆发。年资较深的第三方调解机构工作人员通常可以根据经验初步甄别出患方确有委屈还是无理取闹。至于纠纷处理的最后结论，则只能交给医学专家、法学专家去评判。因而，从第一时间对医疗纠纷作出患方有理或无理的分类，只是处理纠纷的起点而非终点。

（一）患方有理型

在诊疗过程中，一旦患方认为由于医方的过错行为致使自身的权益受到侵害，其潜意识中便认定自身是“有理”的，在这种情形下产生的医患纠纷，则为所谓的患方有理型。当然，所谓的患方有理只是患方单方认为，最终事实是否如此仍需要医学专家和法学专家的判断。进一步地，患方有理型又可进一步分为两类：明显有理型和非明显有理型。前者是指医方有明显的过错，给患方造成了明显的伤害，过错与伤害之间有必然直接的因果关系，更为明显的特征是医方承认了自身存有过错或者患方在向第三方调解组织申请调解时已经携带鉴定报告认定医方存在过错。而“非明显有理型”则是医疗纠纷具有复杂性，需要调解专家作出评判，结果可能是医方确实有错，也可能医方无责。无论哪种情况，由于医患信息不对称的问题，需要保证他们拥有通畅的纠纷化解渠道，其中包括申请第三方调解，否则当矛盾积累到一定程度，此类纠纷的患方当事人仍有可能通过“医闹”等极端方式解决问题。需要再次强调的是，无论是明显有理还是非明显有理都不是最终结论，只是从第一时间接触案件当事人时作的基本判断。

（二）患方无理型

如果在就诊活动后，患方要求医方赔偿的数额过分高于法律规定的范畴或者其目的并非维护自己的合法权益，特别在听取第三方调解机构具有律师资格的工作人员解释后，仍不愿更改自身不合理的诉求，则可认定为患方无理型。此类型包括胁迫型和固执型两种，胁迫型是指患方不放过医方的任何瑕疵并提出不切实际或不合常理之要求，多数是为了经济利益而无理取闹、漫天要价，甚至不惜采用“医闹”等违法手段。固执型不同于要挟型，患方一般不是为了贪图利益而要挟医疗机构，而是人格或思维方式有明显缺陷，要求医方承担不应承担的义务。

二、医疗纠纷的分类化解

在第三方调解机构工作人员接触涉及医疗纠纷的医患双方当事人的第一时间，核实相关情况后可对该案件进行初步分类判断，而后确定进一步的解决方案。在首次接触患方当事人时应尽量坚持“有理推定”原则，这并非先入为主的主观臆断，而是为了保证患方的倾诉需求得到满足与尊重。如若一开始就简单推定患方无事生非，一方面容易引发患方当事人的敌对情绪，另一方面无异于无形中封锁了患方表达自身诉求的渠道，不利于矛盾在初级阶段的化解，最终无法有效化解医疗纠纷，甚至导致患方当事人失去对第三方调解机构的信任。不可否认的是，第三方调解机构工作人员在此时对医疗纠纷进行分类带有一定程度的主观性，但需要认识的是纠纷的化解本身就是一次主观活动，是客观事实对主观认识的检验实践过程，脱离了人，这一检验实践过程无法自然完成，况且许多医疗纠纷仅仅是由医患双方情绪与沟通态度等问题引发的。因此，彻底摒除人的主观性而谈医疗纠纷的分类化解是不可取的，对医疗纠纷案件作出初步分类判断的目的是为了针对不同类型纠纷提出有效的解决方案，因而，对医疗纠纷分类之后则进入纠纷实质解决阶段。

（一）患方有理型纠纷化解举措

在初步判断为患方有理型的医疗纠纷之后，第三方调解机构工作人员在处理协调纠纷的全过程应始终保持第三方中立立场，并且在适当和必要的时机引导参与调解的医学专家和法学专家时刻以中立态度思考问题，在依法的前提下兼顾情与理，同时注意疏导医患双方的不良对抗情绪，打开医患之间的心结。对于有鉴定报告支持医方的过错行为与患方损害后果之间存在因果关系的纠纷，第三方调解机构工作人员要提醒参与调解的专家进行公正评判，有效维护患方当事人的合法权益，不能因为顾忌个人主观因素而偏袒医疗机构。在此情况下，第三方调解机构工作人员劝导医方依法赔偿不仅是对患者负责，也是为了定分止争，更是对医院负责，只有这样才能尽快消除矛盾，使整体诊疗秩序得以快速恢复。对于没有鉴定报告但是调解专家认为医方存有不足的纠纷，第三方调解机构工作人员应当配合调解专家做好医患双方之间的调和工作，引导双方换位思考，同时注意引导医方人员做好患方当事人的精神抚慰工作。由于长期以来的医患信息不对称及医疗资源紧张问题，医患沟通不畅情形十分常见，患方当事人容易因为医方的服务态度及言语问题等产生不满甚至敌对情绪，在这种情况下，有效的抚慰及必要的道歉通常可以迅速化解双方的隔阂，远比冰冷的经济赔偿更能从心底层面促使医患双方握手言和。当然，对于医患双方无法认同调解组意见导致调解不成的确实需要通过诉讼渠道解决纠纷的案件，第三方调解机构工作人员也要做好必要的解释及引导工作，在有条件的情形下给予适当的法律咨询支持，确保患方当事人通过合法途径解决问题，杜绝“医闹”等非法暴力行为的发生。

（二）患方无理型纠纷化解举措

对于患方无理型纠纷，也可进一步区分对待。对于那些胁迫型当事人，特别是鉴定报告认定医方无责或虽无鉴定报告但调解组专家认为医方行为不存在过错而患方当事人仍漫天要价、无理纠缠的情况，第三方调解机构工作人员和调解组专家应首先与他们讲道理、讲政策，晓之以理、动之以情。如果仍不能解决问题，要及时推进案件进入诉讼程序。如果发现可能采取非法暴力手段公然破坏医疗和办公秩序的苗头，要坚决予以制止，对已经发生的违法行为，要及时通报公安机关给予相应的处罚。对于固执型的患方当事人，如果可能要安排心理医生或社会工作者与之沟通，不能激化他们的情绪，应尽量帮助当事人认清真实情况，调整自己的心理情绪，尽早解决纠纷，回归正常的社区生活。

三、不同类型医疗纠纷化解效果评价

不同类型的医疗纠纷当事人申请第三方调解可能出于不同成因，但是作为致力于化解社会矛盾的专业性调解组织，及时评价每一起纠纷的化解效果有利于在下一步工作中扬长避短。对于患方确实有理的医疗纠纷，患方当事人的权利往往在一定程度受损，其申请第三方调解的目的就是为了可以快速公正地解决当前面临的困难，使自身的合法权利得到有效救济，所以这类型纠纷最终是否能取得良好的化解效果主要在于患方的权利救济过程和结果是否公平与公正；对于患方无理型医疗纠纷，在接触当事人的时候要避免激化其敌对情绪，但也不能毫无原则地一味妥协退让。针对患方当事人提出的无理要求，要力争从多角度、全方位摆道理、讲事实，最终目的在于让其撤回或变更不合理诉求。此类型纠纷化解效果评价的基本原则是尽最大可能杜绝“医闹”等暴力干扰正常医疗秩序的行为发生，尽力消除医患之间的对抗状态，在此基础上让患方当事人放弃不合法的诉求。同时，在调解此类型医疗纠纷时要注意与其他部门的通力合作，必要时商请公安部门、心理咨询师及时介入，力争将矛盾化解在萌芽或酝酿阶段。不论哪种类型的医疗纠纷，当医患双方矛盾化解后，第三方调解机构工作人员可引导医方当事人对纠纷进行进一步的分析总结，吸取经验教训，及时查漏补缺，最终形成书面资料归档备案。

医疗纠纷的分类化解不仅仅可以适用于第三方调解渠道，同样也可以为卫生行政部门行政调解、医疗机构一线纠纷处置，甚至法院庭前调解提供借鉴。当然，本文提及的医疗纠纷的分类化解只是一个工作思路，在具体的实践中情况要复杂得多。这就需要在实际工作中灵活处理，做到原则性与灵活性的有机结合，并集合各种医疗纠纷化解经验进行总结提炼，最终营造一个温馨、和谐的医疗大环境。

关于劳动争议仲裁时效的具体适用分析

甘权仕　邱毅荣*

我国劳动争议仲裁时效的设置经历了两个发展阶段，第一个阶段是1994年制定的《中华人民共和国劳动法》（以下简称《合同法》）。《劳动法》第82条规定，劳动争议仲裁时效期间为劳动争议发生之日起60日。第二个阶段是2007年12月制定的《中华人民共和国劳动争议调解仲裁法》（以下简称《劳动争议调解仲裁法》），该法对劳动争议仲裁时效的规定参照《中华人民共和国民法通则》关于诉讼时效的有关规定，将劳动争议仲裁时效规定为一般劳动仲裁时效和特殊劳动仲裁时效两种，一般劳动仲裁时效从劳动者知道或者应当知道其权利受到侵害之日起1年，特殊劳动仲裁时效仅限于请求支付劳动报酬，从劳动关系解除之日起1年。笔者在具体仲裁实务中发现，劳动争议仲裁时效的适用，存在着简单从劳动关系解除或终止之日起计算的倾向。

一、一则案例引发的思考

申请人吕某于2012年6月左右经招工进入被申请人某泰酒店处工作，签订书面劳动合同，合同期限至2013年12月24日。2012年9月18日申请人在工作中受伤；2012年10月15日，经厦门市人力资源和社会保障局确认为工伤；2013年1月18日，经厦门市劳动能力鉴定委员会鉴定为伤残10级。2013年1月医疗费、一次性伤残补助金等费用已由工伤保险基金支付，但一次性伤残就业补助金和一次性工伤医疗补助金尚未支付。2013年4月，申请人工伤后与被申请人就工作岗位调整事宜未达成一致，申请人不辞而别离职。2013年4月30日，被申请人向厦门市劳动就业管理中心办理了“员工终止（解除）劳动关系证明”备案，并办理了退工手续。2013年6月，申请人吕某与新公司建立劳动关系。但被申请人一直未出具与申请人解除或者终止劳动关系的证明。

2018年申请人所在新公司的一名同事因工受伤，离职后获得了公司支付的一次性伤残就业补助金，并向工伤保险基金申领了一次性工伤医疗补助金。吕某得知这一情况后随即向工伤保险基金申领一次性工伤医疗补助金，被告知需提供与原用人单位劳动关系解除证明和原用人单位已支付一次性伤残就业补助金的相关证明材料。吕某无奈向厦门市劳动人事争议仲裁委员会提起劳动仲裁，请求确认与被申请人的劳动关系已解除，并要求被申请人支付一次性伤残就业补助金。本案的争议焦点在于吕某时隔近5年后要求被申请人支付一次性伤残就业补助金是否已经超过仲裁时效。

仲裁委经审理认定，申请人与被申请人在书面劳动合同期满后未续签，劳动关系自合同到期之日即2013年12月24日终止。申请人于2018年1月24日申请仲裁要求被申请人支付一次性伤残就业补助金超过1年仲裁时效。申请人收到劳动仲裁裁决后，依据被申请人在仲裁程序中出具的“厦门市用人单位与员工终止（解除）劳动关系证明备案

* 甘权仕、邱毅荣，厦门市法律援助中心。

表”向工伤保险基金申领了一次性工伤医疗补助金。后申请人放弃就劳动仲裁裁决向基层人民法院提起诉讼的权利。虽然申请人对最终结果表示满意，但就此案例引发了笔者对劳动人事争议仲裁委员会作出的超过 1 年仲裁时效认定的进一步思考。

二、劳动仲裁时效的有关规定

诉讼时效是指民事权利受到侵害的权利人在法定的时效期间内不行使权利，当时效期间届满时，人民法院对权利人的权利不再进行保护的制度。该制度设置的目的在于敦促权利人及时行使权力，降低司法成本，维护经济社会的稳定。而劳动争议仲裁时效的制定则有利于督促劳动者与用人单位积极行使权利。劳动仲裁时效结束后，权利人即丧失请求劳动人事争议仲裁委员会保护其权利的请求权，故劳动仲裁时效制度起到了督促权利人及时行使请求权的作用。同时其有利于正确处理劳动争议案件，仲裁时效制度督促权利人及时行使权利，从而使劳动人事争议仲裁委员会及时介入，避免争议发生后，因年代久远、证据不全导致裁判难度加大的问题。

2007 年制定的《劳动争议调解仲裁法》修改了 1994 年《劳动法》关于仲裁时效从劳动争议发生之日起 60 日的规定，参照《民法通则》特殊时效 1 年的有关规定，规定“劳动争议申请仲裁的时效期间为一年。仲裁时效期间从当事人知道或者应当知道其权利被侵害之日起计算……劳动关系存续期间因拖欠劳动报酬发生争议的，劳动者申请仲裁不受本条第一款规定的仲裁时效期间的限制；但是，劳动关系终止的，应当自劳动关系终止之日起一年内提出”。

2017 年人力资源和社会保障部制定的《劳动人事争议仲裁办案规则》第 19 条规定：“仲裁期间包括法定期间和仲裁委员会指定期间。仲裁期间的计算，本规则未规定的，仲裁委员会可以参照民事诉讼关于期间计算的有关规定执行。”进一步明确在劳动争议仲裁活动中，关于时效的适用，应当依据《劳动争议调解仲裁法》的规定，《劳动争议调解仲裁法》规定不明的，参照民事诉讼法的有关规定。

三、对吕某一案时效适用的分析

根据《中华人民共和国劳动合同法》（以下简称《劳动合同法》）第 45 条，《工伤保险条例》第 35 条第 2 款的规定[①]，福建省实施《工伤保险条例》办法第 26 条[②]的规定，劳动关系解除或终止的，由工伤保险基金支付一次性工伤医疗补助金，用人单位支付一次性伤残就业补助金。从对条文的理解看，劳动关系解除或终止只是工伤保险和用人单位支付一次性工伤待遇的前提，一旦劳动关系解除或终止的条件成就，工伤保险基金和用人

① 福建省实施《工伤保险条例》办法第二十六条 职工因工致残，有下列情形之一的，由工伤保险基金支付一次性工伤医疗补助金，用人单位支付一次性伤残就业补助金：

（一）被鉴定为五级、六级伤残的，工伤职工本人书面提出自愿与用人单位解除或者终止劳动（聘用）关系的；

（二）被鉴定为七级至十级伤残的，劳动（聘用）合同期满，用人单位不再续签劳动（聘用）合同而终止劳动（聘用）关系的，或者工伤职工本人书面提出自愿解除劳动（聘用）合同的；

（三）用人单位依据《中华人民共和国劳动合同法》第三十六条、第三十九条规定解除劳动（聘用）关系的。

② 《劳动合同法》第17条和第93条。

单位对受工伤的劳动者即产生一项支付义务，受工伤的劳动者获得了相应的请求权。该条款只是对工伤保险基金及用人单位与劳动者之间权利义务的划分，及该权利义务成就条件的规定，并不是对工伤保险基金及用人单位支付相应工伤待遇期限的规定，因此不能依此认定工伤保险基金和用人单位支付义务的时限应自劳动关系解除或终止之日起开始计算。

吕某的仲裁请求系支付一次性工伤医疗补助金和一次性伤残就业补助金，不属于因拖欠劳动报酬发生的争议，不能直接适用自劳动关系终止之日起1年的时效规定，应当适用当事人知道或者应当知道其权利被侵害之日起1年的时效规定。就本案而言如何认定吕某“应当知道”其合法权益受到侵害成为本案的关键点。《劳动争议调解仲裁法》和《劳动人事争议仲裁办案规则》对“应当知道”并未明确规定，因此可以参照民事诉讼法的有关规定。参照《最高人民法院关于审理民事案件适用诉讼时效制度若干问题的规定》第6条的规定：“未约定履行期限的合同，依照合同法第六十一条、第六十二条的规定，可以确定履行期限的，诉讼时效期间从履行期限届满之日起计算；不能确定履行期限的，诉讼时效期间从债权人要求债务人履行义务的宽限期届满之日起计算，但债务人在债权人第一次向其主张权利之时明确表示不履行义务的，诉讼时效期间从债务人明确表示不履行义务之日起计算。”“应当知道”包含三种情况：一是双方当事人就权利义务的履行期限有约定的，约定期限届满，一方当事人未履行的，视为另一方应当知道其合法权益受到侵害；二是双方当事人对于履行期限未约定或者约定不明的，但法律对履行期限有明确规定的，法定期限届满，一方当事人未履行相应义务的，视为另一方应当知道其合法权益受到侵害；三是双方当事人既未约定履行期限，法律对履行期限也未规定的，从一方当事人主张权利另一方明确表示拒绝履行开始视为应当知道其合法权益受到侵害。

就本案而言，既不存在就工伤保险基金支付一次性工伤医疗补助金和用人单位支付一次性伤残就业补助金履行期限的法律规定，又无证据证明劳动者与用人单位就支付一次性伤残就业补助金履行期限达成一致，亦无证据证明用人单位明确表示拒绝履行支付一次性伤残就业补助金的义务的情况，因此吕某应当知道其合法权益受到侵害的时间点应为其第一次提起劳动仲裁之日。本案仲裁裁决在未分析吕某应当知道其合法权益受到侵害时间点的情况下，直接以劳动关系解除之日作为仲裁时效的起算时间点，存在对《劳动争议调解仲裁法》第27条仲裁时效条款错误适用问题。

四、对劳动争议仲裁时效具体适用的分析

时效制度是一把双刃剑，用好时效制度有利于降低司法成本，及时化解矛盾，维护社会经济生活的稳定；而一旦错误适用时效制度，将导致权利人实体权利得不到司法权的保护，必将把矛盾推向社会，给社会带来不稳定的因素。因此在劳动争议仲裁过程中，应当严格适用仲裁时效制度，根据不同情况确定劳动仲裁时效的起算日。

（一）当事人对权利义务履行期限有约定的，以当事人约定履行期限届满之日作为起算日

虽然时效期间是法律规定的，当事人不得以约定的方式予以改变，但是时效期间的起算点则可以通过当事人的约定予以确定。因此，当事人对履行期限有约定的，应当以

当事人约定的履行期限届满之日作为劳动仲裁时效的起算日。例如劳动者与用人单位协商解除劳动关系，并就经济补偿金、一次性伤残就业补助金、劳动报酬的支付期限等相关权利义务的履行金额和方式有约定的，或者在劳动关系解除或终止时，用人单位出具的劳动关系解除或终止证明中对于相关权利义务有约定并送达劳动者的，义务履行人在履行期限届满之日未履行相关义务的，劳动仲裁时效应当从劳动者和用人单位之间约定的履行期限届满之日起计算。

（二）当事人对权利义务履行期限没有约定的，以法律规定的履行期限作为起算日

1. 例如因拖欠劳动报酬产生的争议，劳动仲裁时效应当自劳动关系终止之日起计算。根据《劳动争议调解仲裁法》第 27 条第 3 款“劳动关系存续期间因拖欠劳动报酬发生争议的，劳动者申请仲裁不受本条第一款规定的仲裁时效期间的限制；但是，劳动关系终止的，应当自劳动关系终止之日起一年内提出”的规定，对于劳动关系存续期间因拖欠劳动报酬产生的争议，诉讼时效适用特殊仲裁时效，适用自劳动关系解除或终止之日起 1 年的规定。

同时对于劳动报酬的理解也不能狭隘地仅限于工资。虽然我国现有法律规定并未对劳动报酬作出明确的定义，但根据《劳动法》《劳动合同法》《最高人民法院关于审理拒不支付劳动报酬刑事案件适用法律若干问题的解释》[①] 以及 1994 年劳动部颁布的《工资支付暂行规定》等法律法规的规定，劳动报酬应当是指劳动者因提供体力或脑力劳动所得的对价，主要表现为用人单位以货币形式直接支付给劳动者的各种工资、奖金、津贴、补贴等，包括劳动者依法享受年休假、探亲假、婚假、丧假期间的工资。同时，由于《劳动合同法》[②] 中将社会保险、经济补偿、福利待遇与劳动报酬并列，因此在法律适用时不应将他们等同于劳动报酬。

2. 因经济补偿金产生的争议，劳动仲裁时效应当自办结工作交接之日起计算。根据《劳动合同法》第 50 条“用人单位依照本法有关规定应当向劳动者支付经济补偿的，在办结工作交接时支付”之规定，在劳动者办理完工作交接后，用人单位未支付经济补偿金的，劳动仲裁时效应自劳动者与用人单位办结工作交接之日计算。

（三）当事人对有关权利义务的履行期限既没有约定，也没有法律法规规定的，应当参照《最高人民法院关于审理民事案件适用诉讼时效制度若干问题的规定》第 6 条的规定，从权利人第一次向义务人主张权利，义务履行人明确表示拒绝之日起计算劳动仲裁时效

例如，因劳动关系解除或终止后所涉及的一次性伤残就业补助金等争议，当事人就履行期限既没有约定，也没有法律规定，应当参照上述规定，视同劳动者与用人单位之间形成了自然债权债务关系，劳动仲裁时效应当从劳动者第一次向用人单位主张权利，而用人单位明确表示拒绝之日起计算。

① 《最高人民法院关于审理拒不支付劳动报酬刑事案件适用法律若干问题的解释》第一条 劳动者依照《中华人民共和国劳动法》和《中华人民共和国劳动合同法》等法律的规定应得的劳动报酬，包括工资、奖金、津贴、补贴、延长工作时间的工资报酬及特殊情况下支付的工资等，应当认定为刑法第二百七十六条之一第一款规定的“劳动者的劳动报酬”。

② 《劳动合同法》第17条和第93条。

人民调解服务“双千亿”工作的几点思考

陈室锦*

一、“整村改造”和人民调解服务“整村改造”的意义

（一）“整村改造”的意义

2018年6月26日起，推进“双千亿”工作将成为当前和今后一个时期经济发展的抓手，这标志着厦门市在贯彻新发展理念建设现代化经济体系实现高质量发展上翻开了崭新的一页。“整村改造”作为“双千亿”工作中投资资金最大、涉及群众最多的项目，具有重要的意义。目前，湖里区“城中村”普遍存在用地建设管理滞后、居住环境较差、产业层次低端、安全隐患突出等问题，严重影响城市形象和转型发展，大部分村民改造意愿强烈。“整村改造”涉及综合性、高端产业园区建设、生态环保和城市景观、文化教育等项目，加快“整村改造”有利于营造一流城区环境，大大提升城区整体品质，进而推动城市转型；有利于优质大项目好项目落地，进一步夯实湖里区发展后劲，进而推动经济转型；有利于加快发展民生事业，进一步拓宽居民就业增收渠道，保障人民安居乐业，进而推动社会转型。

（二）人民调解服务“整村改造”的意义

1. 现实需求。简而言之，“整村改造”将是一个“人”“财”“物”三者的聚集区，然项目改造前期征地拆迁、家庭分家析产等势必不断，中期返迁安置、房地产开发和基础设施建设等引发的损害赔偿等纠纷也可以预见，后期因监督机制等不健全引发的矛盾激化等，表明了“整村改造”迫切需要人民调解来承担这样一种“润滑剂”的职责，确保社会和谐有效运行。

2. 先天优势。首先，调解具有快速和低成本的优势已经得到普遍的认可；其次，利益各方可以在综合考量后决定是否接受调解方案，通过不断谈判达到利益的相对平衡使得调解结果较为可控、易让人接受。与此同时，如征地拆迁中的分家析家纠纷，往往涉及亲情，然而实践中因征迁房屋历史沿革、家庭内部成员变迁等因素，往往有立案难、依法难的现象，调解的合法合理合情介入，符合德治与法治相结合的要求，有利于促进法律效果和社会效果的统一。

3. 经验积累。人民调解见证了经济特区建设一系列重大的历史事件，并在为其提供服务的过程中积累了丰富的经验。业务上，在“6·7”事件等重大疑难案件调处、浦口安置房返迁等信访件化解、服务保障征地拆迁等重大项目的带动下，硬件条件方面有了

* 陈室锦，湖里区司法局金山司法所。

长足的进步；人员上，高素质、经验丰富、有群众基础的新一批调解员不断充实进来，形成一支理论有根基、工作有热情、开拓有冲劲、调解有思路的调解员队伍。人民调解在服务“整村改造”项目上做好了充足的准备。

二、存在的主要纠纷类型及分析

（一）产权不明晰下的利益争夺

1. 土地承包经营权纠纷。目前湖里区所辖城中村内尚有大量的土地及其余未征收的土地属农村集体所有，近些年来土地参与人从土地上获得的收入显著增多，村民也日益珍惜自己的土地，导致农村中土地纠纷也随之增加，“整村改造”征地拆迁必然涉及这些地块的拆迁整改，此类纠纷涉及金额较大、人员较多，若不能妥善处理，将严重影响“整村改造”进程。当前湖里区土地承包经营权纠纷主要表现在以下几方面：一是违法收回已经流转的经营权纠纷、借调整之机单方提高承包经营费纠纷、合同到期后地上物恢复原状及续租引发的纠纷、入股引发的分红纠纷、土地承包经营权出租、转让、入股等流转纠纷。二是涉及合同是否合法、有效的问题以及无效合同的处理问题等经营权流转合同效力纠纷。三是侵占土地使用权纠纷，土地承包往往在土地的使用过程中，因为土地都是大面积的，界限不是很明显，互相侵占，各不相让。

2. 分家析产与继承、赠与等竞合纠纷。“整村改造”拆迁过程中，由于城中村房屋无房屋登记证书，有些拆迁户家庭因内部成员关系复杂、共同所有人变迁等情况，有关部为了推进项目进展，难以花费大量精力查明并在拆迁安置补偿认定书中列明所有权利人，导致家庭内部纠纷在房屋拆迁前搁置、形成隐患，导致纠纷，然而这类纠纷涉及拆迁补偿款项动辄数百万元，社会影响不容忽视。主要有以下几种情况：一是夫妻双方在离婚时未及时处理共有房屋，至该房屋面临拆迁时，为了得到拆迁补偿，一方要求对婚姻存续期间内共有房屋进行分割。二是被拆房屋所有权人已去世时，继承人之间为获得拆迁补偿而主张继承权，要求分割遗产，引发近亲属之间的纠纷。三是房屋确权纠纷，与被拆房主共同居住过的已分家子女、参与房屋建造的近亲属等，在获悉房屋将被拆时，主张征迁房屋系共同出资建造，请求确认其为共有人或对部分房屋享有产权。四是房屋早前已经买卖或赠与他人，时过境迁，由于房屋产权无过户，原所有人又反悔主张解除合同或者分配部分权利。

（二）监督机制不健全导致矛盾激化

1. 返迁安置纠纷。由于制度设计和安置过程的不够规范引发，一定程度上也阻碍了返迁工作组的返迁安置工作。这类纠纷主要有以下几种情况：一是房屋所有权已经发生析产、买卖、继承等变化，但是由于政策原因，当事人无法办理过户手续，部分居民群众无法正常通过办理产权证抵押周转或者买卖房屋，要么私自订立协议埋下纠纷隐患，要么以此为由不断上访纠缠；二是安置房由于历史原因存在一定的瑕疵，一部分被拆迁人集结企图通过抓住有关部门部分“把柄”，多占或者低价购买房屋配套设施或者换取大套房屋。

2. 信息不对称引发的纠纷。由于“整村改造”城建工作涉及工程量大、金额高，改造中土地转性周期长，相关改造法规不完善等因素影响，由于居民、居委会、开发商信息的不对称，缺乏合理的信息发布平台，影响了公众的知情权，加之前期相关改造工作出现的不平等现像，部分村民对待拆迁分配问题上的态度较偏激，脑海中浮现出干部贪污和腐败行为，进而引发矛盾。

三、湖里区人民调解服务“整村改造”的几点思路

1. 以问题为导向，更新思想意识。思想是行动的先导，只有在先进思想的引导下，人民调解工作才能够适应新形势下的新要求。长期以来，人民调解采取的都是“升堂坐账”式的接待方式，更多的是根据当事人的申请来化解纠纷，却对这些纠纷的社会背景一知半解。这种调解方式可能足以应付传统的调解需求，但在面对“整村改造”所带来的越发高标准、高时效、高难度的需求上就会显得准备不足。这就要求各调委会和调解员解放思想、转变作风，改变被动接受，转而主动适应，从源头上理解当事人和整个“整村改造”的目的、背景、意义，分析纠纷类型产生的原因、实务难点等，对人民调解文书可能产生的法律后果，要“知其然”并且“知其所以然”，从而在精神层面上树立起人民调解专业、高效的良好形象。

2. 以资源为导向，拓宽调解思路。根据群众的需求，科学创设服务平台，建立健全与联系群众的体制机制，接通与群众的“感情线”“联系线”“服务线”，打造一批具有特区特色、深受百姓认可的“整村改造”法律服务项目，同时培养、储备一批优秀法律服务人才。要坚持项目化运作和品牌化推进相结合，打破街道、司法所、社区界限，集结精锐力量，建立开放性团队，法律服务窗口全天接受群众乃至开发商的意见和建议，日常问题当面作出解答，疑难个案及时上报，并将结果告知反馈当事人，同时成立相应的历史遗留矛盾化解小组，定期召开工作对接会议，及时研究、化解相关问题。例如，面对新形势新任务新要求，湖里区司法局联合区征收办在湖里区联合区征收办在湖里东部旧村整村改造7个片区征地拆迁指挥部设立了法律咨询服务工作站。组建了一支由司法助理员、社区两委、律师、公证员、人民调解员、退休法官检察官组成的法律服务队，项目开始1个多月，便及时有效解答各类政策咨询和投诉150起，满意率达95%。

3. 以需求为导向，强化调解技能。从满足群众需求出发，直面纠纷困难本身，在解决矛盾中成长，在解决矛盾中积累智慧和能力。一是岗位练兵。“隔行如隔山”越来越成为现实，在日常的接待过程中不时会出现自己知识结构中的“空门”。例如，在处理“整村改造”引发的分家析产纠纷时，确定补偿利益归属即其权利主体，是非常重要的一步工作，也是重点、难点工作，调解员只有提前掌握了解相关知识，才能使调解较为顺利地开展下去。因此，需要通过组织专家讲座、开展论文研讨、强化实务操作技能培训等方法，有效提升调解员素质，一方面善于在理论上进行总结和前瞻，另一方面又能够将理论付诸实践。因此，应切实提高调解员的综合能力素质。二是弘扬社会主义核心价值观。调解员要将社会主义核心价值观融入调解工作，用社会主义核心价值观去为预防和解决矛盾把关，用正义的方法调解矛盾，在调解实践中让每一个群众感受到公平、正义、诚信。三是加强法治宣传教育。强化法治宣传工作，尤其是土地承包法、征地拆迁补偿等法规政策的普及宣传，要让每一位村民了解相关法律的基本内容，规范农村土地经营权流转的原则和程序，以及土地承包经营权的流转形式和要件。提高农民的法律意识和法制观念，教育村民自觉守法、护法，有效防止各种矛盾的产生，使土地纠纷案件消灭在萌芽状态。

两岸司法

海峡两岸劳动合同解除制度比较

黄丽娥*

闽台两地地缘相近，血缘相亲，文缘相承，法缘相循，商缘相连，厦门更因其独特的地缘优势吸引着众多的台湾商人来厦投资和兴办企业，而随着台湾地区开放陆资入台投资政策的实施及入台项目和领域的不断扩大，两岸经贸往来及相互投资更加紧密，两岸跨区域劳动力流动也日益增强。为此，比较两岸劳动合同规定的异同，加强两岸劳动法制的交流与学习，对于妥善处理企业与员工的相互关系，营造良好的用工环境，促进厦门市和谐城市的建设及经济发展具有重大意义。在此，本文仅就海峡两岸劳动合同解除制度进行比较，以抛砖引玉。

一、两岸劳动合同解除制度规定概述

台湾地区没有独立的“劳动合同法”，其关于劳动合同解除权行使的依据是“劳动基准法”第11条至第21条的规定，及“劳动基准法施行细则”第8条、第9条的规定。台湾地区没有“劳动合同解除”的规定用语，它对劳动合同的消灭，采取广义的合同终止概念，不论是劳动契约到期终止还是提前消灭，均表述为“终止劳动契约”。台湾地区“劳动基准法”用了10条的规定对雇主（大陆称用人单位）和劳工（大陆称劳动者）的劳动合同（台湾地区称劳动契约）解除权的行使及后果作了较为详细的规定。而“劳动基准法施行细则”第8条及第9条则对合同解除后工资的结付及资遣费（大陆称经济补偿金）的给付时间进行了补充规定。

大陆非常重视对劳动者的保护及劳动法律法规的制定。现今调整劳动法律关系的法律主要有《中华人民共和国劳动法》、《中华人民共和国劳动合同法》（以下简称《劳动合同法》）、《劳动合同法实施条例》及大量的部门规章。其中《劳动合同法》用了专章共计15个法律条文规定劳动合同的解除和终止，其中对劳动者及用人单位的劳动合同解除权的行使及法律后果均作了专门规定。《劳动合同法》采用狭义的合同终止概念，将劳动合同的消灭严格区分为劳动合同的终止和劳动合同的解除。大陆劳动合同的解除，仅指“劳动合同订立之后，履行完毕前，当具备合同解除条件时，由当事人一方或双方意思表示而导致合同效力提前终止的法律行为”。① 本文正是在这个意义上来探讨两岸劳动合同的解除制度。

二、劳动者的劳动合同解除权

两岸相关规定均认同劳资双方可以协商解除劳动合同，同时分别规定了劳动者和用

* 黄丽娥，厦门市集美区法律援助中心。

① 林嘉：《劳动合同法热点问题讲座》，中国法制出版社2007年版，第177页。

人单位的劳动合同解除权。关于劳动者的合同解除权，两岸的规定在解除权行使的理由和条件上有所区别。

（一）关于预告解除

合同一经成立，对双方均具有法律约束力，当事人一方不可随意解除合同。但由于劳动合同具有一定的人身专属性，区别于普通民事合同，因此，基于对劳动者的倾斜保护政策，两岸均规定劳动者的预告解除权，即辞职权。但为了平衡用人单位利益，两岸又均规定，劳动者行使辞职权时须履行预告义务。只是在预告通知解除的时间上有所不同。

台湾地区“劳动基准法”根据劳动者的工作年限的长短规定了不同的预告期，根据该法第 15 条、第 16 条的规定，定期契约满 3 年的，于届满 3 年后，劳工解除契约的预告期为 30 日。而对于不定期契约，劳动者解除合同的预告期分别为：工作满 3 个月以上不满 1 年的，为 10 日；工作满 1 年以上不满 3 年的，为 20 日；工作满 3 年以上的，为 30 日。大陆《劳动合同法》则规定试用期的劳动者提前 3 日通知用人单位可以解除劳动合同，而其他劳动者无论工作年限长短均须提前 30 日通知用人单位解除劳动合同。可见，大陆的考虑更为周全，30 日的预告期给了用人单位较充裕的准备时间。

（二）关于推定解雇

推定解雇制度源自 20 世纪 30 年代美国的劳动法，是指雇主通过造成不可容忍的工作条件或者通过报复雇员参加劳工集体行动而强迫雇员辞职。以推定解雇为由解除合同劳动者无须履行提前通知义务，且用人单位还必须支付经济补偿金（台湾地区为资遣费）。因此，推定解雇必须在用人单位构成根本违约，致使原有劳动合同无法履行时才得以适用。

两岸均以列举式的语言规定了推定解雇的构成条件。台湾“劳动基准法”规定，雇主存在“一、于订立劳动契约时为虚伪之意思表示、使劳工误信而有受损害之虞者；二、雇主、雇主家属、雇主代理人对于劳工实施暴行或有重大侮辱之行为者；三、契约所订之工作，对于劳工健康有危害之虞，经通知雇主改善而无效果者；四、雇主、雇主代理人或其劳工患有恶性传染病，有传染之虞者；五、违反劳动契约给付工作报酬，或对于按件计酬之劳工不供给充分之工作者；六、违反劳动契约或劳工法令，致有损害劳工权益之虞者”情形之一，劳动者即可终止契约。同时，台湾地区相关规定强调权利行使的期限，即出现第 1 款、第 6 款情形时，劳动者应在知悉情形之日起 30 日内提出终止；出现第 2 款、第 4 款情形，若雇主已将雇主代理人解雇，或已将患有传染病的人送医，则不构成推定解雇。

大陆的推定解雇理由主要规定在《劳动合同法》第 38 条。本条规定，用人单位有“（一）未按照劳动合同约定提供劳动保护或者劳动条件的；（二）未及时足额支付劳动报酬的；（三）未依法为劳动者缴纳社会保险费的；（四）用人单位的规章制度违反法律、法规的规定，损害劳动者权益的；（五）以欺诈、胁迫的手段或者乘人之危，使对方在违背真实意思的情况下订立或者变更劳动合同的；（六）法律、行政法规规定劳动者可以解除劳动合同的其它情形。以及以暴力、威胁或者非法限制人身自由的手段强迫劳动者劳动的，或者违章指挥，强令冒险作业危及劳动者人身安全的”情形之一时，劳动者可以解除合同。法律未规定劳动者行使劳动合同解除权的时效。

两岸规定有很多相同之处，其目的均在于保护劳动者的劳动权益、人身权利和生命安全。台湾地区相关规定有较人性化的一面，如其规定，雇主、雇主代理人，甚至其他劳工患有恶性传染病在未送医或未被解雇时，劳工即可终止契约，这有利于消除劳动者的心理负担，保障劳动者的生命健康。台湾地区相关规定中规定的解除权行使的期限，对于稳定劳动关系也很有意义，值得大陆借鉴。

三、用人单位的劳动合同解除权

用人单位单方解除劳动合同，又叫“解雇”。由于解雇制度直接影响了劳动者的就业权，使劳动者本人及其家庭生活受到影响，因此，两岸基于保护弱者的倾斜政策，对用人单位的劳动合同解除权，即解雇制度进行了较严格的限制。

（一）关于即时解雇

台湾地区称即时解雇为可不经预告的解雇。台湾地区规定，劳工有“于订立契约时为虚伪意思表示；对雇主、雇主家属、雇主代理人或其它劳工实施暴行或有重大侮辱的行为；有期徒刑以上刑之宣告确定；违反劳动契约或工作规则，情节重大；故意损耗机器，工具或其它雇主所有物品，或故意泄漏雇主技术上、营业上秘密，致雇主受损害；无正当理由继续旷工三日或一个月内旷工六日”。雇主得不经预告终止劳动契约。

即时解雇在大陆又称“过失性辞退”，《劳动合同法》第39条规定：劳动者“在试用期间被证明不符合录用条件的；严重违反用人单位的规章制度的；严重失职，营私舞弊，给用人单位造成重大损害的；劳动者同时与其他单位建立劳动关系，对完成本单位工作任务造成严重影响，或者经用人单位提出，拒不改正的；以欺诈、胁迫的手段或乘人之危，使对方在违背真实意思的情况下订立或变更劳动合同的；被依法追究刑事责任的”。用人单位可以解除劳动合同，且无须支付经济补偿金。

可见，两岸均将即时解雇的理由归结为劳动者的主观过错，但必须该过错致使雇主或用人单位有所损害时，用人单位才拥有解雇权。比较而言，大陆法律对解雇条件的设置更为苛刻，其中使用的“严重违反”“重大损失”等用语，表明了大陆法律将即时解雇作为最后手段并严格限制的法律意图，也体现了大陆法律对劳动者给予特别保护的法律宗旨。

值得一提的是，台湾地区为了限制雇主解雇权的行使，规定了30天的除斥期限，即除劳工因犯罪被判实刑的情形，雇主因其他原因解雇劳工，必须在知道情形后30日内进行。这对防止用人单位随意解雇、重复处罚，维护劳动关系的稳定具有重大意义，所以在此项规定上，很值得大陆立法学习。

（二）关于通知解雇及经济性裁员

通知解雇及经济性裁员在台湾地区统称为须经预告的解雇，台湾地区以排除式语言规定了通知解雇的几项情形，即除非有如下情形，否则雇主不得通知解雇：“一、歇业或转让时；二、亏损或业务紧缩时；三、不可抗力暂停工作在一个月以上时；四、业务性质变更，有减少劳工之必要，又无适当工作可供安置时；五、劳工对于所担任工作确不能胜任时。”可见，台湾地区对须经预告的解雇原因除第5款外，均归结为雇主的原因造成的，第5款所列情形虽然是由于劳动者的原因形成的，但劳动者并无过错，因此，立法规定由此解雇，雇主必须预先通知，且须支付资遣费（经济补偿金）。

大陆将须经预告的劳动合同解除区分为通知解雇和经济性裁员。通知解雇的理由主要为源于劳动者而又不可归责于劳动者的原因，如劳动者患病或非因工负伤，不能从事原工作也不能从事单位另行安排的工作；或劳动者不能胜任工作，经过培训或调整工作岗位后仍不能胜任工作等。大陆将经济性裁员作为单独条款独立出来规定在《劳动合同法》第41条，并对经济性裁员的人数及程序作出了有别于普通通知解雇的规定。该条规定，用人单位裁减人员在20人以上或虽不足20人但占企业总数的10%以上时，用人单位须提前30日向工会或全体职工说明情况，听取工会或者职工的意见，裁减人员方案经向劳动行政部门报告后，才可以裁减人员。并规定用人单位在6个月内重新招用人员时，应当通知被裁减人员，且在同等条件下应优先招用被裁减人员。大陆的这一立法设计，体现了大陆对劳动者的保护和维护稳定的立法意图。

从两岸规定来看，两岸均将须经预告的解雇理由归结为是用人单位的原因或非因劳动者主观过错的原因，正因为该项解雇发生不可归责于劳动者的客观原因，因此，两岸均规定该项解雇须预告劳动者，让其有所准备，并须支付劳动者经济补偿金。但两岸在规定上有所不同，台湾地区用排除式的语言，强调了对用人单位解雇权的限制，而大陆用的是许可式的法律语言，从语言强度来说，大陆法律弱于台湾地区的规定。但大陆将经济性裁员单独规定，并依裁员人数设定相应的程序，比之台湾地区的规定更为严谨和科学，也更能体现大陆维稳的立法意图。因为大面积的裁员不仅影响劳动者的生活，而且对整个社会都可能造成严重影响，正如台湾地区学者黄越钦所言“现行劳动基准法中对于裁员解雇，不论人数多寡均适用同样的条件与程序，然当事业主大量裁员时，易引发严重的社会问题，宜有特别的规范与程序以降低冲击”[①]。不过台湾地区的规定也有其可取的一面，根据台湾地区的规定，劳工在接到终止契约的预告后，为了另谋新职须在工作时间请假的，其每周只要不超过两天，雇主应该准许，且工资照发。足见台湾地区的规定的细致周到和人性化，值得大陆学习。

四、对特殊劳动者的解雇保护

两岸的规定宗旨都是为了保障劳动者权益，稳定劳动关系。在劳资关系中，劳动者处于弱势一方，而一些特殊群体由于身体或年龄的原因更处于劳动关系中的弱势地位，因而，两岸虽然规定了用人单位的法定解除权，但对其解除权的行使仍进行了一定的限制和禁止。

台湾地区的解雇保护主要体现在三个方面：一是对女职工的特殊保护，即女工在产假或因流产休息期间，雇主的解除权限制。二是对职业灾害医疗期的解雇限制，即劳工因职业灾害的医疗期内享受解雇保护。三是防止报复性的解雇保护，即劳工在发现事业单位违法而申诉时，雇主不得因此解雇劳工。

大陆规定的用人单位解除权的限制主要体现在《劳动合同法》第42条。该条规定，劳动者有“（一）从事接触职业病危害作业的劳动者未进行离岗前职业健康检查，或者疑是职业病病人在诊断或医学观察期间的；（二）在本单位患职业病或者因工负伤并经确认丧失或者部分丧失劳动能力的；（三）患病或者非因工负伤，在规定的医疗期内的；

① 转引自黎建飞：《海峡两岸解雇制度经较研究》，载《海峡法学》2007年第4期。

（四）女职工在孕期、产期、哺乳期的；（五）在本单位连续工作满十五年，且距法定退休年龄不足五年的；（六）法律、行政法规定的其它情形”之一的，用人单位不得以通知解雇和经济性裁员理由解除劳动合同。

比较两岸规定可知，大陆对用人单位解除权的限制比之台湾地区更为明确，且保护的范围更广也更全面，如对医疗期劳动者的解雇保护，不仅包括因职业灾害就医的劳动者，扩大至非因工负伤或因病的劳动者，甚至扩大到离岗前未经职业健康检查或者医学观察期的劳动者，大陆法律的这一规定“不仅能够有效地保护遭受职业病伤害的劳动者，还能够遏止用人单位以替换用工的方式不断地制造出潜在的职业病患者，又不断地将他们推向社会的恶劣行为”。[①] 而对于女职工的特殊保护，大陆不仅包含了产假中的女职工，而且扩大至孕期和哺乳期的女职工。另外，大陆更考虑到年龄对劳动者的影响，“在本单位连续工作满十五年，且距法定退休年龄不足五年的”，用人单位也不得解除合同，足见大陆法律对劳动者保护的用心。但台湾地区规定的防止报复性的解雇保护，对于稳定劳动关系、维护劳动者权益也具有重大意义，值得借鉴。

结语

两岸劳动合同法律法规的宗旨都是为了保护劳动者的合法权益，强调对弱者的保护，维护劳动关系的和谐稳定。因此，两岸在劳动合同解除制度的设计及解除理由上有相通之处，如对用人单位的解雇都作出了较为严格的条件和限制，而对劳动者的解除权则进行了较为宽松的规定。但在具体理由和程序上略有区别，台湾地区“法律”中关于劳动合同解除的除斥期限及防止报复性的解雇规定对于稳定劳动关系具有重要意义，值得大陆学习与借鉴。而大陆法律对经济性裁员的特别规定及对特殊群体的解雇保护范围和力度对于维护社会稳定，维护弱者权益也有着极为重要的作用，更值得台湾地区学习。随着两岸经贸合作和相互投资的日益增强及两岸跨区域劳动力流动的日益增加，两岸均有必要相互学习彼此的劳动法规，以取长补短，共同实现两岸的良性互动。

---

① 黎建飞：《海峡两岸解雇制度经较研究》，载《海峡法学》2007年第4期。

两岸律师法律服务初探

吴冰梅[*]

经济全球化与区域经济一体化是当今世界经济发展的大趋势，海峡两岸的经济联系在大趋势下也越发密切，但两岸不同的政治体制及历史原因等始终制约着两岸经济走向“共赢”。两岸属于不同的法域，分行不同的法律制度，如何在两岸的服务贸易中提供法律服务、更好地维护本法域当事人的合法权益，一直是两岸律师关注的焦点。在服务贸易交往越发密切的同时，纠纷产生的概率也在增加，无论是从律师业务水平的提升，还是从律师事业的发展角度出发，两岸律师法律服务合作势在必行。

一、两岸法律实践存在的差异

（一）两岸法律服务市场开放之比较

随着两岸经贸、文化领域的进一步开放，法律实务领域的交流合作已经成为两岸进一步沟通协作的必然趋势。但是，在现实中，两岸律师服务业的开放与合作却遭遇了瓶颈。

由于两岸法律制度不同，律师无法直接到对岸执业，且关于律师资格的认定、执照的发放及律师事务所的开办条件等规定也不尽相同，两岸律师法律服务市场的开放也存在不对等的情况。大陆自 2008 年起，就允许台湾居民在大陆参加统一司法考试，在考试合格，依法申请到“法律职业资格证”、律师实习证并根据《取得国家法律职业资格的台湾居民在大陆从事律师职业管理办法》规定在大陆律所实习满一年，且实习考核合格者，将获得大陆的律师执业证。大陆自 2010 年起也开放厦门、福州、北京、上海等城市允许台湾地区律师事务所设立代表处。但是台湾地区方面并未对大陆居民在台获取律师执业资格及大陆律师事务所在台湾地区开办分所或代表处，设置任何通道。

两岸在法律服务市场的开放与合作上，存在不协调与不对称性。大陆对台湾地区法律服务市场的开放程度要大于台湾地区对大陆律师行业的开放程度。台湾地区对大陆相关律师的准入一直持保守态度，对大陆的服务贸易市场的开放也是步履蹒跚，这种“跛脚”的不对称性将不能满足社会发展需要。

两岸法律界的交流早前主要涉及法学理论领域，在两岸交流合作不断深化的背景下，需要更多地开展法律实务领域的交流与合作。应该看到，两岸在法律法规上存在一定的差异，彼此还不够熟悉，这在一定程度上会影响两岸交流合作的健康稳定发展。

（二）两岸法律实践之比较

从民族源流上看，大陆与台湾地区同宗同祖；从法源上看，两地法律均属大陆法系，

* 吴冰梅，福建兴世通律师事务所。

但是，在法律实践中两岸的差异还是难免存在。例如“脱产”这个词在大陆是偏向褒义的，通常是指脱离本职工作全职学习；而在台湾地区“脱产”则是一个彻头彻尾的贬义词，是指将财产隐匿起来，用民法术语讲就是“侵害债权”。一个词在两地就会有完全不同的理解。然而诉讼文化的差异被认为是诸多差异中较为显著的一种。同属中华民族，台湾地区和大陆在诉讼事务上都有重视人脉关系的传统。但是，一部分台商对大陆的刻板印象并未改变，很多出了问题的台商往往愿意用人际关系去解决问题而非法律。这样一来，口耳相传，就变成了人际关系占主宰地位。

二、两岸律师法律服务合作路径

随着两岸经贸、文化等方面交流合作的日趋频繁和深化，两岸对于法律服务方面的需求也日益迫切，这种需求为两岸律师业之间的交流合作提供了新的发展机遇。两岸律师的交流合作步伐明显加快，交流合作的领域和方式不断拓展。“一带一路”倡议，给了两岸律师行业很好的发展机遇，也促进了两岸的交流合作。

（一）多接触、多沟通

在1997年7月1日以前，两岸律师的交流是单向的，即台湾地区律师到大陆参加交流，大陆律师无法前往台湾地区交流；1997年7月1日，台湾地区取消了对大陆律师的入台限制。此后，虽然有大陆律师代表团到台湾地区律师公会进行访问以及法律研讨活动，进行了双向的法律交流，但是，双向交流发展不平衡，台湾地区律师到大陆远多于大陆律师到台湾地区。因此，大陆律师应加强对台湾地区交流的频率，台湾地区律师也可提高到大陆访问与交流的批次与人数。

两岸律师可以通过举办海峡律师论坛的方式，可以就律师服务方面的知识进行交流，还可以就业务开展进行磋商和合作。另外，海峡律师论坛的举办，对于律师来说也是一件好事，可以更深入了解两岸律师服务，直接便利地服务两岸经贸往来。

（二）签订合作协议

两岸已有一些律师事务所通过签订合作协议的方式开展业务合作，并且开始了个案的合作，为两岸律师业务合作起到了一定的示范和推动作用。2013年6月21日，海峡两岸关系协会和海峡交流基金会在上海签署了《海峡两岸服务贸易协议》（以下简称《协议》）。《协议》作为后ECFA时代两岸特定团体签署的后续协议，标志着两岸服务贸易自由化进入一个新的阶段，对同样是属于服务业的律师行业而言，提供法律服务的契机增加，对两岸相互开放法律服务市场的期待也达到了一个新的高度。

（三）大陆已经开放台湾地区律师事务所到大陆设立办事处，由于办事处规模及开拓业务的局限性，台湾地区律所的许多业务可通过办事处与大陆律师开展各种形式的业务合作，并可借鉴外国律所在中国大陆设立的办事处与大陆律师合作的经验

大陆律师到台湾地区设立代表处，以及台湾地区律师考取大陆法律职业资格后，能和大陆律师一样，可全面性从事大陆法律服务工作。涉及两岸律师法律服务，可由台湾地区律师和大陆律师一起结案。比如，大陆律师来台湾地区接案，可由双方合作，甚至

可以来台湾地区的法院开庭；反之亦然，这样就能更好地达到两岸律师之间合作的目的。

（四）要加强两岸法律服务界的沟通与协作，需要从各个方面进一步交流

两岸法律服务界的沟通与协作不仅包括法律文化交流、合作培养法律人才、加强青年间的交流，还包括法律实务方面的交流与合作，建立适合两岸交往的多元化纠纷解决机制，推进司法互助等其他方面。

（五）提升律师执业水平，促进两岸律师法律服务发展。“工欲善其事，必先利其器。”两岸律师法律服务的发展，提高律师的执业水平是其根本动力

两岸经贸活动的飞速发展为两岸律师的交流与合作，奠定了雄厚的经济基础。两岸直通又为两岸律师的交流与合作提供了便捷有效的交通条件。在“一带一路”倡议背景下，笔者相信，只要两岸律师同人共同努力，积极创造两岸律师交流的平台，两岸律师交流与合作会更上新台阶。

破解台籍被告人缓刑适用及执行难题

——基层法院刑诉制度改革的探索与实践

王 欣*

为更好地服务于海峡两岸的沟通交流、进一步促进两岸司法互助及更好地维护台胞在厦的诉讼权利，2012 年 6 月经福建省高级人民法院批准，厦门市海沧区人民法院挂牌成立了全国第一个专门的涉台法庭，三审合一集中管辖厦门地区一审涉台案件。审理过程中发现，由于大部分台籍被告人在大陆没有住所地或经常居所地，监管单位无法确定，或虽可确定矫治机构但矫治机构不同意接收被告人，使得本来可以宣告缓刑的台籍被告人只能判处实刑，造成缓刑适用及执行难，可能诱发"同罪不同罚"等法律适用矛盾。下面，以海沧法院 2013—2017 年集中管辖的全市涉台审判实例及数据，通过对已有案件的梳理，分析了台籍被告人缓刑适用及执行难问题的成因及所做的一些尝试，并提出长远解决问题的思路及建议。

一、台籍被告人缓刑适用及执行难问题的提出及分析

根据《中华人民共和国刑事诉讼法》及《最高人民法院关于适用〈中华人民共和国刑事诉讼法〉的解释》的相关规定，宣告适用缓刑的案件一般要经过以下步骤：在判决宣告前向其户籍地或经常居住地司法机关签发审前调查委托函委托行政机关对被告人的平时表现、前科劣迹情况、社会关系等进行综合调查并出具是否适宜社区矫正的调查报告；如适宜社区矫正则视为具有监管条件，可对其宣告缓刑，判决生效后再移送执行。简言之，司法机关出具的是否同意接收其在本辖区进行社区矫正的调查报告对于符合缓刑宣告条件的被告人最终能否宣告适用缓刑具有关键作用。

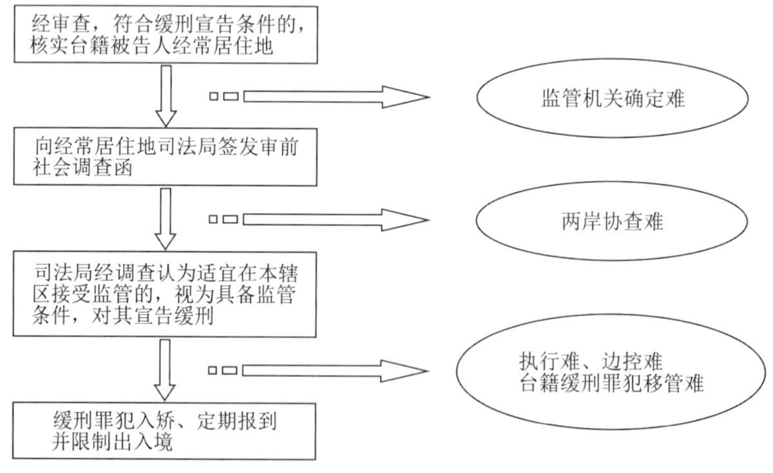

图 1 缓刑适用及执行的一般流程

* 王欣，厦门市海沧区人民法院。

（一）涉台案件的主要特点

2013—2017年，海沧法院共受理涉台刑事案件142件190人[①]，案件呈现以下特点：

1. 台籍被告人性别分布集中为男性、文化程度较高

从性别分布上看，台籍男性被告人171人，女性被告人9人。

其中，初中以下文化程度1人、初中文化程度28人、中专文化程度10人、高中文化程度90人、大专文化程度31人、大学文化程度30人。

2. 台籍被告人来厦暂住地较为分散、部分居无定所

居无定所9人、暂住厦门辖区外地区5人、翔安区11人、同安区18人、集美区22人、海沧区21人、湖里区42人、思明区62人。

3. 案件繁简程度不一

简易程序案件以轻微刑事案件为主，复杂案件多以诈骗类案件为主，审理难度较大。

从案件适用程序上，适用简易程序案件占比76.92%、普通程序案件占比23.08%，适用普通程序案件案由集中在共同犯罪的诈骗、信用卡诈骗、寻衅滋事等案件。

（二）对台籍被告人适用缓刑的基本情况

2013年1月至2014年7月（集中管辖初期），共审结涉台刑事案件35件38人，其中判处三年以上有期徒刑3人、判处三年以下有期徒刑10人、判处拘役15人、适用缓刑10人（案由均为危险驾驶罪）适用缓刑率为26%，低于总体案件缓刑率2个百分点。

（三）对台籍被告人缓刑适用及执行存在困难的原因分析

台籍被告人在对台政策相对倾斜、保护台籍被告人合法权益的大环境下，适用缓刑率与其他被告人相比略低，主要原因在于：

1. 台籍被告人在厦无固定住所、缓刑监管机关确定难

2014年，海沧法院针对符合缓刑宣告条件的台籍被告人发出了15份审前调查委托函，司法局不同意监管的5件6人。在司法所不同意进行监管的情况下，很可能导致法院的判决执行移送无门，若法院宣告缓刑，可能出现缓刑考验期间失管状态。为避免出现漏管、脱管现象，法院也只能回避缓刑的适用，使得本可宣告缓刑的涉台被告人只能判处实刑，造成缓刑适用问题上的处遇差别，无法贯彻落实法律面前人人平等的原则。

2. 审限内完成两岸协查难

刑事案件审理期限短，而两岸司法互助机制手续复杂、程序烦琐，调查取证难、耗时长、环节多。调查取证程序上诸多烦琐的中间环节引发的低效使得现有机制下难以在刑事案件审理期限内及时、准确查明台湾籍被告人在台湾地区是否具有人身危险性等信息，使得司法行政机关难以出具准确的调查报告。法官在缺乏评估指标的情况下对台籍被告人适用缓刑将更加审慎。

3. 台籍缓刑罪犯监管执行难、边控易脱节

由于没有单位出具同意监管意见，既影响了对台籍被告人的缓刑判决，也直接导致有权监管机关对已判处缓刑的台籍被告人实施社区矫正时的相互推诿，有权监管机关对已判处缓刑的台籍被告人实施社区矫正的职责不明，造成台籍被告人缓刑监管执行难。同时，

① 本文所指的人仅指台湾地区被告人，不包含同案的其他被告人。

台籍地区罪犯的边控需由基层院层报中级人民法院、高级人民法院对应的刑事审判庭审批同意后，再将限制出境文书送达省级边防总队，程序烦琐、在途时间长，平均耗时一个多月，存在台籍罪犯已入矫但未被限制出入境，易造成脱管、边控脱节等情况。

4. 台籍缓刑罪犯移管难

（1）海峡两岸未能相互认可刑事判决和裁定，就有可能否定对方依据本法域法律所享有的管辖权以及对逃犯定罪量刑的考量。

（2）海峡两岸刑罚体系不同，量刑冲突，对同一事实可能产生罪与非罪的区别，对同一个罪可能产生不同的刑罚轻重程度。

（3）罪犯移管的规定过于宽泛、模糊，刑事案件移交、较为广泛的刑事判决承认与执行等重要的刑事司法协助制度在该协议中未明确规定。

二、破解台籍被告人缓刑适用及执行难举措的引入与实践

台籍被告人缓刑适用及执行难问题不仅是台籍被告人及其家属关心的话题，也是广大台胞关切的问题。海沧法院在前期审判工作的基础上，围绕台籍被告人缓刑适用问题，深入调查研究，撰写《厦门法院建议放宽涉台轻微刑事犯罪判处缓刑标准》信息获得最高人民法院的重视。该问题作为厦门市人大第十届四次会议代表提案、厦门市政协第十二届四次会议委员提案得到了各级领导的重视。海沧法院自2014年7月开始在与检察机关、公安机关、司法行政部门、台办、律协、台商协会等相关部门、社会组织进行多方沟通、探讨的基础上，寻求从刑诉制度改革、缓刑适用及入矫程序等方面进行探索与实践，创新思路，建立台籍被告人缓刑考察员工作机制、推动设立涉台矫正中心等。2014年7月至2017年12月，海沧法院审结涉台刑事案中适用缓刑40人，缓刑率上升为37.67%，案由也不再局限为危险驾驶罪，包含了开设赌场、诈骗、交通肇事罪等。

（一）以庭审为中心，倾听台胞声音

赖某系某危险驾驶罪的台籍被告人，其血液中乙醇含量为112mg/100ml。其归案后，认罪、悔罪态度很好，对自己的行为进行了深刻的反思。海沧法院在综合考虑赖某的犯罪情节和认罪态度后考虑对其适用缓刑，先行发函至其在厦暂住地司法局对其继续审前社会调查，在得知其因在厦暂住时间短、无核实监管保证人故无法进行监管时，经多方努力及对赖某的进一步了解、走访，后发函至赖某广东省珠海市香洲区的经常暂住地司法局对其继续审前社会调查，监管条件得以落实，最终对其适用缓刑。

（二）建立台籍被告人缓刑考察员工作机制

以加强对台籍被告人的成长背景、犯罪原因及不羁押改造的危害性进行评估预测、为缓刑适用提供客观依据为出发点，经与市台办、区司法局、市台商协会沟通协商，决定建立涉台刑事案件缓刑考察员工作机制，作为监管机关对台籍罪犯进行社区矫正的有效补充，一对一帮教，以利于台籍罪犯改造；同时制定并公布了《厦门市海沧区人民法院、厦门市海沧区司法局涉台刑事缓刑考察员制度工作规范（试行）》作为台籍被告人缓刑考察员工作机制的规范性文件。

1. 由海沧法院及区司法局共同负责挑选缓刑考察员，原则上应覆盖厦门市每个行政

区。缓刑考察员必须符合以下条件：在有固定的工作或住所，年满30周岁的台籍人士；熟悉两岸政策法规和风俗民情；具备良好的素质，有较强的责任感，身体健康；有较高的声望，无刑事处罚记录。

2. 明确缓刑考察员制度适用范围，主要适用于公诉机关建议适用缓刑的刑事案件，被告人近亲属或辩护人请求适用缓刑的刑事案件，相关组织建议适用缓刑的刑事案件，法院认为符合缓刑适用条件的刑事案件。

3. 规范缓刑考察员工作职责，主要包含：（1）受法院委托，协助法院对被告人进行调查并提交调查报告书，作为案件是否符合缓刑宣告条件的参考；（2）及时反映并帮助解决缓刑人员在生活、工作中的实际困难和问题；（3）协助社区矫正机构对缓刑人员进行必要的监管；（4）协助法院完成对缓刑人员的司法回访；（5）受法院委托，协助法院对缓刑人员进行调查，并提交是否符合撤销缓刑或缓刑减刑的调查报告及建议书。

4. 科学管理缓刑考察员的选任、培训、奖惩、考核工作，由区人民法院和区司法局共同负责。结合工作实际定期对缓刑考察员进行业务培训，提高其法律素养及工作能力。缓刑考察员应保持廉洁自律，认真履行职责，如有违反，由区人民法院和区司法局召开会议讨论后，决定取消其资格。

庄某虚开增值税发票一案，被告人先后被思明和湖里司法局以经常居住地不在本辖区、无合适监管人为由拒绝监管。合议庭认为该被告人具有自首、退赃等情节，可能宣告缓刑，遂决定启用涉台刑事案件缓刑考察员制度，经摇号确定该案3名缓刑考察员。缓刑考察员高度重视本次委托，充分听取承办法官案情介绍，拟定调查方案进行深入调查后出具一份客观公正的评估意见，供合议庭参考。经合议庭合议，结合相关量刑情节、评估意见等，合议庭依法对被告人庄某宣告缓刑，该案的妥善处理得到广大台胞的一致好评，社会效果好。

（三）设立涉台矫正中心

海沧法院与区司法局加强配合，以海沧法院涉台刑事案件集中管辖为基础，以海沧区司法局为依托，设立厦门市涉台矫正中心，对没有住所地或固定的居所地，监管单位无法确定，或虽可确定矫治机构但矫治机构不同意接收被告人的，该院将审前调查委托函发至厦门市涉台矫正中心统一调查。对危险驾驶、扒窃等缓刑考验期较短的案件，纳入专门的曙光安置基地等单位进行社区矫正（曙光安置基地系区司法局与辖区内某雨伞厂联合创设的缓刑帮教教育基地，一定程度上解决了无固定住所或无固定工作台籍被告人的监管问题）。

（四）充分发挥台商协会的纽带作用

进一步发挥大陆台商协会等民间组织自治职能，赋予其居中调查权限，协助两岸司法机关调查取证台籍被告人在台湾地区的情况，并形成中立的是否适用缓刑评估报告，作为涉台刑事审判参考。

三、更深层次破解台籍被告人缓刑适用、执行难的建议

（一）完善立法，切实保护台籍被告人合法权益

1. 适当放宽台籍被告人缓刑适用条件。对于被判处拘役、三年以下有期徒刑的台籍被

告人，其犯罪情节较轻、有悔罪表现、没有再犯罪的危险且宣告缓刑对所居住社区没有重大不良影响的，如具有在大陆有正式单位、固定住所（住房）、正当职业、家庭婚姻关系等情形，即便其暂住时间较短、无其他亲戚陪同等，人民法院亦可依法对其宣告缓刑。

2. 尝试引进台湾地区的担保金制度，综合考虑台籍被告人的犯罪情节、悔罪态度、经济能力状况等情况，要求台籍被告人通过交保证金的方式提供缓刑考验期的担保，对表现良好的台籍被告人在缓刑考验期满后退还保证金，对违反缓刑考验相关规定的，没收保证金并根据相关的法律规定作出处理。

3. 完善区际司法互助方面的相关法律。在对海峡两岸罪犯移管进行法制化、规范化的过程中，首先需要区分移入式、移出式罪犯移管的概念并分章进行规定，保障两种移管制度的准确设置。通过以上尝试，在实践经验和立法技术都具备的情况下，综合其他刑事司法互助的形式，制定更加全面、系统的“形式司法协助法”等规范，进一步促进大陆刑事司法协助规范的系统化。[①]

（二）以庭审为中心，深入推进刑事诉讼制度改革

推进案件繁简分流，完善刑事案件速裁程序和认罪认罚从宽制度，对案件事实清楚、证据充分、被告人自愿认罪认罚的刑事案件适用认罪认罚从宽制度简化审理，并将记录其认罪认罚等悔罪态度的具结书、庭审笔录等一并提交给组织审前调查或接收监管的司法机关作为参考。

（三）大力扶持基层公益性组织建设

大力扶持基层公益性组织建设，利用社会团体等创造监管帮教平台。对于暂住时间较短的台籍被告人或外来人员居住较为集中的地区，鼓励民间公益团体、企事业单位承担起社会责任，为暂住时间较短或无固定工作的轻微刑事犯罪人员提供缓刑考验期内的固定工作或暂住地。

（四）广泛应用缓刑考察员工作机制及矫正中心

结合已进行实践的缓刑考察员工作机制及矫正中心等有针对性的工作机制，虽一定程度上突破了刑诉制度中较为严格规定的户籍地或经常居住地司法机关监管等硬性要求，但取得了良好的社会效果，亦无重新犯罪、缓刑考验期内犯新罪及其他危害社会安全的情况发生，符合宪法保障人权及刑法宽严相济原则的立法本意，一定程度上能够规避“同罪不同罚”矛盾的发生。因此，可将缓刑考察员工作机制及矫正中心等行之有效的举措广泛应用于台籍被告人或外地户籍聚居地区。

（五）司法互助，推进罪犯移管工作的有效开展

1. 层报机制电子化，简化司法互助程序。会同台湾地区司法部门共同开发研发专门的两岸司法互助管理系统，实现司法互助程序的电子化，减少材料流转的在途时间，解决刑事案件审限短与两岸协查周期长的突出矛盾。

---

① 陈诏：《海峡两岸建立被判刑人移管制度研究——兼论检察机关应承担之职能》，载《海峡法学》2014年第1期。

2. 互相认可海峡两岸的刑事判决及裁定。从两岸和平统一、“一国两制”的远景规划和现阶段两岸各司其法的现状出发，避开一些涉及政治性的犯罪，按先易后难的顺序选择性地适用于普通刑事犯罪，如两岸在打击犯罪上已有深度合作的诈骗案件、共同打击的危险驾驶、盗窃、故意伤害案件。

3. 专门机构无缝式对接，明确正式的罪犯移管主管机关。人民法院对于宣告缓刑的台籍罪犯，在征求台籍罪犯意见、核实其在大陆无其他违法犯罪行为后作出书面决定层报最高人民法院，由最高人民法院经司法互助渠道与台湾地区有权接收部门进行对接。公安机关、人民检察院、国家安全机关和司法行政机关对于自侦案件或正在进行社区矫正的台籍罪犯认为确需进行罪犯移管的，可向同级人民法院发函建议，同级人民法院经审查认为可移管的案件再层报最高人民法院。

4. 确立定期通报机制，互通有无。可借鉴广东与香港建立司法协助关系的经验，在福建厦门市与台湾地区金门县可分别设立海峡两岸刑案协查办事处，全权处理两岸刑案司法协助事宜。各地如有两岸互涉刑事案件需要协助，均可与之联系。[①] 指定专人接收两岸居民犯罪信息，建立犯罪信息网络，确立犯罪信息定期通报制度，全面收集与跨区域犯罪有关的案件、人员情报。

① 李志远：《涉台刑事案件的特殊性及其处理》，载《人民检察》1993年第9期。

涉台民商事纠纷争端解决机制探索

——以思明区涉台人民调解委员会为样本

陈福星 *

2016年5月，厦门市思明区司法局、思明区台办共同发布《关于成立厦门市思明区涉台人民调解委员会的通知》，针对思明区台企数量较多、台胞相对聚集，两岸交流广泛、人员往来频繁的特点，为充分发挥人民调解在社会矛盾纠纷调解机制中的基础性作用，搭建台胞、台企矛盾纠纷化解平台，即厦门市思明区涉台人民调解委员会（以下简称“思明区涉台调委会”）。笔者有幸成为思明区涉台调委会的一员，在两年多的时间里，参与了众多涉台民商事纠纷的咨询和调解工作，并取得了良好的社会效果。本文拟从厦门市涉台民商事纠纷的现状分析、思明区涉台调委会的模式探索、涉台民商事纠纷调解案例剖析三个方面，为涉台民商事纠纷争端解决机制的建设提供“思明涉台调解”方案。

一、厦门市涉台民商事纠纷的现状分析

2010年，最高人民法院公布《关于审理涉台民商事案件法律适用问题的规定》，为正确审理涉台民商事案件和准确适用法律作出了明确规定。2012年，厦门市中级人民法院实施了《关于涉台民商事案件集中管辖的实施办法》，规定厦门市辖区内具有涉台因素的一审民商事案件由该市海沧区法院集中管辖。2013年1月起，厦门市正式建立涉台案件集中管辖机制，由海沧区人民法院涉台法庭管辖全市基层法院一审的涉台刑事、民事、行政案件，厦门中级人民法院涉台案件审判庭集中审理二审案件以及由中级人民法院管辖的一审涉台案件。

根据已掌握的数据，厦门市中级人民法院2017年审结涉台案件数量为1047件，而作为全国首个涉台专业法庭的厦门市海沧区人民法院涉台法庭（2012年成立），截至2017年12月31日，累计受理涉台民商事案件4976件、刑事案件136件、行政案件7件、执行案件1218件，并办理协助台湾地区调查、送达司法文书案件331件，委托台湾地区调查、送达司法文书312件。由此可见，涉台民商事纠纷是客观存在的且涉诉量较大，建立涉台民商事纠纷争端解决机制显得十分必要。

为进一步了解涉台民商事纠纷的现状，笔者于2018年5月运用Alpha的大数据分析功能，通过Alpha案例库检索工具，以2015年、2016年和2017年三个年度为限，检索厦门市范围内已公开文书上网的涉及台湾地区民事纠纷案件，分别找到186份、236份、121份，合计543份文书，并依此制作了《厦门市涉台民事纠纷案件大数据报告（2015年至2017年期间）》。经过分析，涉台民商事纠纷案件呈现出三个特点：

* 陈福星，上海段和段（厦门）律师事务所。

（一）合同纠纷类案件是涉台民商事纠纷的最主要类型

合同纠纷类案件共检索找出432份，占到全部涉台民商事纠纷案件的79.56%，细分到案由，包括了借款合同纠纷、租赁合同纠纷、房屋买卖合同纠纷、服务合同纠纷等。

（二）各方当事人对涉台民商事纠纷案件的最终处理结果认可度较高

543份文书中，一审案件439件，二审91件，再审2件，其他11件。由此可见，多数的涉台民事纠纷案件在一审阶段经判决或裁定即告完结并发生法律效力。

（三）涉台民商事纠纷案件的调解撤诉率高

通过分析涉台民商事纠纷所涉文书类型，其中判决的文书305件，裁定类文书238件。经查询裁定类文书，类型包括准许撤回起诉、按撤诉处理、管辖异议类、认可台湾地区有关法院民事判决等。在民事调解文书未公开上网的情形下，综合考量涉台民商事纠纷案件的撤诉比例，足以推断涉台民商事纠纷案件的调撤比例很高。由此，笔者认为，在涉台民商事纠纷争端解决机制的建设上，诉调对接机制是大有可为的，可探索诉前调解或人民调解的程序前置，部分案件有机会在诉讼前解决，在减少当事人诉讼成本的同时，也能减轻法院的案件压力。

二、思明区涉台调委会的模式探索

如第一点所述，涉台民商事纠纷争端解决，完全有机会在成讼之前通过调解等方式解决，而思明区涉台调委会的成立，正好契合了该理念，并且在实践中走出了自己的模式和特色。思明区涉台调委会以“两岸一家亲，调解促和谐”为工作理念，突出“法治+自治”的元素，将法律、调解的专业力量与在厦台胞相融合，充分发挥专业人士熟悉法律、了解程序以及台胞在涉台企业、人员方面熟悉、友情优势，高效、灵活地开展人民调解，为辖区台胞、企业、员工提供纠纷调解、法律咨询等服务。

1. 在了解纠纷方面，思明区涉台调委会设址于台胞经常聚会、关注热度很高的思明台胞驿站曾厝垵联谊点——马克客栈，由客栈老板、台胞调解员陈清隆为主力开展日常接待咨询工作。值得说明的是思明台胞驿站由思明区台办发起设立，是全国首创“O2O”模式，搭建网络与实体联谊平台，通过线上线下增进两岸同胞融合，因此，大量台胞台企依此平台聚集和互动，涉及台胞台企的各类纠纷往往能够迅速汇集到思明区涉台调委会，从而为及时、高效调处涉台民商事纠纷提供了重要前提。

2. 在成员构成方面，思明区涉台调委会挂牌成立时共有10个成员，由思明区台办挑选出常住思明区具有较强的法律意识和公平正义感，并熟悉台情民意、热心台胞服务的6名台胞作为涉台调委会成员，聘请其担任思明区台胞调解员，参与涉台案件的调解工作，其中的4位台胞更是兼具海沧区人民法院人民陪审员身份；由思明区司法局从专业角度推荐2名律师、1名基层司法干部加入调委会，并聘请熟悉涉台法规、涉台业务、具有化解纠纷经验的思明区台胞金胞台属联谊会会长担任涉台调委会主任。基于成员构成的合理性，在具体调解涉台民商事纠纷中，思明区涉台调委会充分体现了“亲情+专业+高效”的特点，并达到“调解促和谐”甚至是“未调先解”的目标，取得了良好的社会效果，也得到了台胞的广泛支持。

3.在工作模式方面，思明区涉台调委会采用集体商议、多元调解的模式，集体商议主要是通过线上微信群通报涉台民商事纠纷并上传纠纷所涉材料，由律师作初步法律定性，进而根据纠纷性质和情况，确定调解方案和调解员分工，而后在调解过程中根据不同情形作及时反馈或方案调整，从而最大程度地保证每一个涉台民商事纠纷的高效处理。多元调解则是采用灵活调解形式，除了固定的调解地点，还包括了线上调解、现场调解等。此外，在部分纠纷的调处过程中，调解委员基于自身的专业能力，直接告知当事人纠纷所涉的争议点并提供解决纠纷的合理方案，当事人知悉后可自行处理和顺利化解纠纷，从而达到“未调先解”的理想目标。

4.在制度建设方面，思明区涉台调委会建设有分组轮值制度、案件登记制度、工作例会制度等，鉴于涉台调解的专业性和重要性，笔者拟订了《思明区涉台人民调解委员会人民调解受理范围及调解指引》，明确调解的受理范围并规范调解的要求，结合思明区涉台调委会的特点，在第8条人民调解的形式中明确“（三）结合涉台调委会‘未调先解’、‘亲情调解’的特点，人民调解提供多元化、专业化的调解形式。调解多元化包括电话沟通、微信解答、邮件往来、远程视频、现场调解、分别调解等各种形式的交流方式；调解专业化体现为法律定性作前提、台胞情理促协调、人民调解员集体商议”。此外，笔者另行制作了《人民调解程序和文书制作要点》，供调委会成员了解调解程序和文书制作的各项要求。

三、涉台民商事纠纷调解案例剖析

笔者基于自身兼具思明台胞驿站法律顾问以及思明区涉台调委会委员的双重身份，在执业期间接触了大量的涉台民商事纠纷。由于两岸社会环境及司法制度的差异，在厦工作生活的台胞对大陆法律制度、司法体制的了解知之甚少，从而导致了纠纷矛盾的出现。因此，在纠纷产生后，通过合适的方式介入并加以调解处理，往往能够顺利化解纠纷，也兼具维护纠纷各方的合法权益。现结合思明区涉台调委会的三个案例，为涉台民商事纠纷争端解决机制的建设提供一些参考。

（一）“互联网+调解”模式

现在网络资讯发达，各种社交软件流行，来到厦门创业、生活的台胞们也大多使用QQ、微博、微信等流行的社交软件。来到厦门沙坡尾经营菠萝包生意的台胞李先生因为女儿从幼儿园退学的事与某幼儿园发生了纠纷，1万多元的学费一直退不回来，他通过微信向台胞调解员求助。李先生通过微信向思明区涉台调委会叙述纠纷详细情况，同时提供了微信聊天记录作为证据。调委会成员线下通过与某幼儿园领导电话联系，从善引导，进行调解，双方当事人虽然没有见面，但通过两天的调解工作，李先生顺利拿到了幼儿园的退款，直夸思明区涉台调委会工作便捷高效。

（二）“同乡情+专业”模式

台胞赵先生在厦门设立开设了一家环保公司，与福建省南安某混凝土有限公司签订了两份合同，约定由厦门环保公司承揽南安混凝土公司的砂石分离机、压滤机供应安装等工程。2016年12月机器安装完成，南安混凝土公司以机器安装、调试不到位为由，拒绝支付合同约定的第二期款项，双方为此发生纠纷，冲突越来越激烈，赵先生找到思明区涉台调委会申请调解。调委会收到赵先生的调解申请后，第一时间就案情进行了集中讨论，并由笔者与南安混凝土公司的负责人吴先生直接电话沟通，明晰本次纠纷所涉法律关系，确定了争议焦点。在与双方当事人多次沟通后，思明区涉台调委会指派笔者、调解员台胞陈清隆、台胞仲纬恩前往南安查看工程状况，并召集双方进行面对面调解，最终促成纠纷双方达成了书面解决方案。此后，厦门环保公司负责完成机器加固、调试等项目，南安混凝土公司依照书面协议付清第二期款项，本次因合同履行而引发的纠纷，得以顺利解决。

（三）“未调先解”模式

2018 年 1 月，台胞廖先生通过中介租了一套房。在之后的使用中，廖先生发现厨房油烟机无法适用，且房间墙面壁癌有脱离状况，他试着与中介沟通，但中介未能及时处理，反而让他直接与房东联系。直到 2018 年 5 月，廖先生所承租房屋的问题仍未解决。廖先生向思明区台办戴主任反映了前述问题，笔者知悉纠纷后反馈至调委会微信群讨论，并第一时间通过微信与廖先生沟通并让廖先生提供租赁合同内容。经查看合同内容，笔者向廖先生指出了两点：其一，在该纠纷中，中介等同于二房东。租房合同由廖先生与中介签订，中介让其去找房东系误导；其二，租赁合同中明确约定，当承租户发现问题反馈后，出租方应在 7 日内完成维修工作，因此建议廖先生根据这两点再找中介协商。两天后，好消息传来，中介答应退还押金并满足廖先生无责解约的诉求，一场纠纷未调而解。

综合以上论述，笔者认为，涉台民商事纠纷争端解决机制的完善，除了现有涉讼司法服务以外，还应更多地探究多元化解决之途径，而律师的参与和助力是十分必要的，从普法宣传、及时介入纠纷、提供法律意见、拟定合规文书等全流程全环节，律师依托专业能力和执业经验将有助于涉台民商事纠纷争端的顺利且高效的解决。目前，思明区涉台调委会与海沧区人民法院初步达成了意向，将在诉前涉台调解等领域进行更多有益的探索。此外，今后将通过设立区域调解室、台胞个人调解室等方式将调处涉台民商事纠纷工作辐射到台湾青年创业基地等台胞聚集的区域，争取建设涉台民商事纠纷纵深、全覆盖的争端解决机制。

两岸律师事务所联营之初探

杨朝玮　赵　青*

引言

2017年7月31日，司法部发布了《司法部关于放宽扩大台湾地区律师事务所在大陆设立代表处地域范围等三项开放措施的通知》（以下简称《通知》），明确“开放台湾律师事务所按规定以联营方式与大陆律师事务所开展合作。允许已在大陆设立代表机构，且该代表机构成立满3年的台湾律师事务所在其代表机构所在的上海市、江苏省、浙江省、福建省、广东省与大陆律师事务所联营”。自此，两岸律师事务所联营成为两岸律师界的一大关注焦点。

因此，本文旨在以福建省为地域基础，对两岸律师界交流与合作的历史沿革、两岸律师事务所联营的概念性质及意义等进行初步探析，并在此基础上对两岸律师事务所联营的实践提出些许建议及展望。

一、两岸律师业交流与合作的历史沿革

自20世纪80年代两岸隔绝状态被打破以来，两岸经贸交往、人员往来和各项交流蓬勃发展，为两岸律师业的交流合作创造了良好的市场条件。近年来，随着大陆法律服务领域对外开发的稳步推进，两岸律师业交流合作的方式和领域不断扩展，已从临时、单一的交流合作进入实质性交流协作阶段。

2008年12月21日，司法部出台《取得国家法律职业资格的台湾居民在大陆从事律师职业管理办法》，允许取得国家法律职业资格的台湾地区居民在大陆申请律师执业，获准后“可以担任法律顾问、代理、咨询、代书等方式从事大陆非诉讼法律事务，也可以担任诉讼代理人的方式从事涉台婚姻、继承的诉讼法律事务”。

2010年9月，根据中共中央台办、国务院台办出台的八项惠台政策，福建省司法厅颁布了《台湾地区律师事务所在福州厦门设立代表机构试点工作实施办法》，开放台湾地区律师事务所在福州市与厦门市设立代表处，并于同年10月26日向首批设立代表处的7家台湾地区律师事务所颁发代表处执业许可证及代表执业证。截至2017年12月，福建省已批准10家台湾地区律师事务所在福州、厦门设立代表处。

2017年7月31日，司法部发布了《通知》，明确“一、扩大台湾律师事务所在大陆设立代表处的地域范围；二、开放台湾律师事务所按规定以联营方式与大陆律师事务所开展合作；三、允许大陆律师事务所聘用台湾执业律师担任法律顾问”。两岸律师业的合作方式、地域范围及服务领域均进一步拓展。

* 杨朝玮、赵青，福建联合信实律师事务所。

同年9月21日，司法部发布《司法部关于修改〈取得国家法律职业资格的台湾居民在大陆从事律师职业管理办法〉的决定》，放宽获得大陆律师执业资格的台湾地区居民在大陆从事涉及台湾居民、法人的民事诉讼代理业务范围，放宽获得大陆律师执业证书的台湾地区居民在大陆执业可代理涉台民事案件的范围，在原有的涉台婚姻、继承诉讼业务基础上，新增涉台合同纠纷，知识产权纠纷，与公司、证券、保险、票据等有关的民事诉讼以及与上述案件相关的适用特殊程序案件。

2018年7月11日，福建省司法厅发布了《福建省内大陆律师事务所与台湾地区律师事务所联营试点工作实施办法》(以下简称《实施办法》)，为两岸律师事务所在福建省内实施联营提供了具体的指导细则，也意味着两岸律师事务所联营制度在福建省内进入了实质发展的阶段。

二、两岸律师事务所联营的概念、性质及意义

(一)概念、性质

如上所述，《通知》及《实施办法》的颁布为两岸律师业的合作提供了“联营”模式，但在实践该模式之前，有必要了解“联营”之概念、性质。

联营，即企业之间横向经济联合的一种法律形式。根据《中华人民共和国民法通则》(以下简称《民法通则》)第51条、第52条及第53条之规定，大陆地区存在三种联营形式：

1. 法人型联营

《民法通则》第51条规定：“企业之间或者企业、事业单位之间联营，组成新的经济实体，独立承担民事责任，具备法人条件的，经主管机关核准登记，取得法人资格。”因而法人型联营系联营各方共同组成一个新的具备法人条件的经济实体，该经济实体独立地以法人名义承担责任，联营各方负有限责任，也就是联营各方共同设立一家有限责任公司。这种联营形式是最紧密、最稳定的形式。

2. 合伙型联营

《民法通则》第52条规定：“企业之间或者企业、事业单位之间联营，共同经营，不具备法人条件的，由联营各方按出资比例或者协议的约定，以各自所有的或者经营管理的财产承担民事责任。依照法律规定或者协议的约定负连带责任的，承担连带责任。”因而合伙型联营系联营各方共同出资、共同经营，各方形成一个联营共同体，但该共同体不具备法人条件，联营各方需在法律规定或者联营协议约定应负连带责任时，对共同体的债务负连带无限责任。这种联营形式系半紧密型的联营。

3. 合同型联营

《民法通则》第53条规定：“企业之间或企业事业单位之间联营，按照合同的约定各自独立经营的，它的权利和义务由合同约定，各自承担民事责任。”因而合同型联营系联营各方按照相互之间的合同约定相互协作、独立经营，不构成一个经济实体，因此又称“协作型联营”。

这种联营形式系松散型的联营，联营各方不组成一个新的经济实体，相互间的协作只是为了取长补短。

此次《通知》及《实施办法》所言之“联营”，并未明确系法人型联营、合伙型联营抑或合同型联营，但依据《实施办法》第2条之规定：“本办法所指联营，是指大陆律师事务所与台湾地区律师事务所按照协议约定的权利和义务，在福建省内实行联营，以分工协作方式，向客户分别提供涉及大陆和台湾法律适用的法律服务，或者合作办理跨境和国际法律事务。联营期间，双方的法律地位、名称和财务各自保持独立，各自独立承担民事责任。”并参照司法部《香港特别行政区和澳门特别行政区律师事务所与内地律师事务所联营管理办法》第3条之规定：“香港、澳门律师事务所与内地律师事务所联营，不得采取合伙型联营和法人型联营。香港、澳门律师事务所与内地律师事务所在联营期间，双方的法律地位、名称和财务应当保持独立，各自独立承担民事责任。”可知此次所言之“联营”的实质系联营各方相互协作、独立经营的松散型联营，即合同型联营，而非法人型联营和合伙型联营。

（二）存在意义

两岸律师事务所联营存在意义，即构建两岸律师事务所联营制度的必要性。随着两岸经贸交往、人员往来和各项交流的蓬勃发展，对于涉及两岸事务的法律服务需求在不断增长，两岸律师业的合作和交流也在不断加强，但采取何种合作交流的模式得以为两岸交流提供更有效、优质的法律服务，是两岸律师业应当探讨的重要问题。

如上所述，从允许台籍律师在大陆执业，到台湾地区律师事务所在大陆设立分支机构，再到现今构建的两岸律师事务所联营制度，近年来两岸律师业交流合作的模式不断地扩展。

允许台籍律师在大陆执业无疑是两岸律师业交流历史进程中的一座里程碑，既弥补了大陆律师对台湾地区法律规定了解的不足，也填补了台籍委托人与大陆律师之间存在的信任度、忠诚度的落差。但是，此种合作模式的不足也显而易见：现有的政策虽未对台籍律师在大陆从事非诉讼法律事务作出限制，但对其可代理的诉讼法律事务的范围作出了明确限制，一般来说诉讼法律事务是基础的法律事务，若无一定的诉讼实践经验，在大陆执业的台籍律师难以了解并适应大陆的司法环境，缺乏对司法环境的了解及对法律实践的认知将使其从事非诉讼法律事务变得寸步难行。因此，台籍律师在大陆执业的业务范围实际上比政策规定更加窄小。

而此后构建的台湾地区律师事务所在大陆设立分支机构的模式，看似将合作主体集团化，使台籍律师不再单枪匹马地“登陆”，但实际上此种模式存在业务范围、设立地域、聘用人员等方面的诸多限制，不仅只能在福州、厦门设立分支机构，并且设立的分支机构只能从事非大陆法律事务的法律咨询，也不能聘请大陆执业律师。因此，由此设立的分支机构更像是推介法律事务的中介平台。

与台湾地区律师事务所在大陆设立分支机构的模式不同，在两岸律师事务所联营的合作模式下，两岸的律师事务所可以共同以联营名义，接受当事人的委托或者其他律师事务所的委托，在各自获准从事业务范围内，以分工协作方式，办理大陆以及台湾法律事务，或者合作办理跨境和国际法律事务。虽然台湾地区的律师事务所仍旧无法独自办理大陆法律事务，但可与联营的大陆律师事务所协作办理，较之在大陆设立分支机构的模式，台湾地区的律师事务所不再只是推介法律事务的中介机构，而是提供法律服务的服务者。

联营是一种更加紧密、稳定及系统的合作模式，两岸的律师事务所可以通过联营建立共同的品牌形象、共享办公及人力等资源，各取所长为委托人提供一站式的两岸法律服务，提高法律服务的效率。可以说，联营的合作模式加强了两岸律师业的交流合作，也适应了两岸跨境法律服务的市场需求，采取这种模式可为两岸交流提供更有效、优质的法律服务。

三、《实施办法》的意义及影响

（一）《实施办法》的基本内容

2018 年 7 月 11 日，福建省司法厅发布了《实施办法》，该《实施办法》为规范在福建省开展两岸律师事务所联营的试点工作对申请联营的条件、程序及对联营的监管等问题作出了详细规定。

首先，《实施办法》第 2 条规定了联营的形态，如上所述，为合同型联营；其后的第 3 条至第 5 条则规定了律师事务所申请联营的条件，“大陆律师事务所申请参与联营试点，应当具备以下条件：（一）成立满 3 年；（二）采用合伙形式；（三）有专职执业律师 20 人以上；（四）具有较强的法律服务能力，内部管理规范；（五）最近 3 年内未受过行政处罚或者行业处分；（六）总所设在福建省，或者总所设在其他省、自治区、直辖市但已在福建省设立分所”。而台湾地区律师事务所申请参与联营试点，应当“已在福建省设立代表机构满 3 年”且“已设立的代表机构最近 3 年内未受过大陆监管部门的行政处罚”。符合条件的两岸律师事务所联营应当根据第 6 条之规定“以书面形式订立联营协议”，并“参照司法部《香港特别行政区和澳门特别行政区律师事务所与内地律师事务所联营管理办法》规定的程序”向福建省司法厅申请联营，经其核准方可开展联营。需注意的是，根据第 9 条之规定，“参与联营业务的台湾地区律师事务所及其驻福建代表机构、代表和雇员不得办理大陆法律事务”。

（二）《实施办法》产生的影响

福建省基于历史、地理等因素与台湾地区长期存在积极而密切的经济往来、交流互动，一直以来也是两岸律师业合作交流的前沿地带，此次《实施办法》的出台不仅为两岸律师事务所在福建省内实施联营提供了具体的指导细则，也是构建两岸律师事务所联营制度的重要一环，对加强两岸律师业的合作交流也有积极作用。

四、关于两岸律师事务所联营的建议及展望

2017 年 7 月 31 日，司法部发布了《通知》，“开放台湾律师事务所按规定以联营方式与大陆律师事务所开展合作”，但该《通知》仅是原则性的规定，尚未构建起完整的两岸律师事务所联营制度。2018 年 7月 11 日，福建省司法厅发布了《实施办法》，为两岸律师事务所在福建省内实施联营提供了具体的指导细则，这也意味着两岸律师事务所联营制度自此才在福建省内进入了实质发展的阶段。作为一项刚出台不久且还有待实践检验的政策，两岸律师事务所联营的制度成效还有待进一步观察。但就现有政策而言，两岸律师事务所联营的模式虽然是一种更加紧密、稳定及系统的合作模式，但其形式相对保

守，限制也较多。在今后的实践过程中，可以借鉴早已开放的香港特别行政区和澳门特别行政区律师事务所与内地律师事务所联营的经验，适度开放联营形式，允许两岸律师事务所建立合伙型联营，同时扩展联营业务范围，使两岸的律师事务所建立更加紧密的合作关系，为委托人提供更方便、高效、全方位之法律服务。

结 语

两岸律师事务所联营制度的设立与实施，是两岸律师业在法律交流与合作的历史进程上一座新的里程碑。随着福建自贸区的发展、“一带一路”倡议的实施，两岸跨境法律服务需求将不断增长，如何提供专业、高效、优质与全方位的法律服务，是两岸律师业必须共同努力的目标。笔者相信，随着两岸律师事务所联营制度的实施与完善，两岸的各项交流将得到更有效、优质的法律保障。

法律援助制度之完善——以台湾地区为借鉴

杨 鹭*

一、从国家责任谈法律援助

以向贫困者提供免费法律服务为核心内容的法律援助制度从产生至今已有500多年的历史，目前世界上大多数国家都确立了法律援助制度。但是，法律援助最初并不是作为国家责任而存在的，此制度最早源于15世纪的英国，一开始只是一种慈善行为。

资产阶级革命后，随着资本主义国家的建立，受人权思想的影响，公民的诉讼权被认定为基本人权之一。所谓的诉讼权，乃指公民在认为自己的合法权益受到侵犯时，享有的提起诉讼、要求国家司法机关予以保护和救济的权利。之所以要赋予公民诉讼权，主要基于以下两个重要理由。

首先，“无救济则无权利”的古老法谚提醒我们，如果公民的权利受到损害而不能获得救济，则所谓的基本人权将成为幻影。而在“公力救济”取代“私力救济”的现代国家中，享有公民诉讼权才能确保权利受损时得到救济，从而保障公民的其他基本权利。

其次，基于“不告不理”原则，在民事领域，国家不能主动启动司法审判，因此公民的诉讼权便是连接公民权益与审判权的中介。若公民的诉讼权无法得到保障，公民也就丧失了寻求司法保护和纠纷解决的手段。

一些重要的国际人权法律文件均确认了公民诉讼权作为基本人权。例如，《世界人权宣言》第10条宣示：“人人于其权利与义务受裁判之时，及受刑事追诉时，有权且完全平等地享受独立无私的法庭公正且公开的庭审。”《欧洲人权公约》亦在第6条中规定：“在任何关于民事权利和义务受裁判时，或任何对其提起的刑事诉讼中，任何人有权要求独立的、公正的、依法建立的法庭在合理的时间内，进行公正且公开的审理工作。”公民的诉讼权涵盖范围不仅限于刑事诉讼，还应包含涉及权利、义务之裁判。

在公民诉讼权作为基本人权的前提下，法律援助亦从慈善事业转换为基本人权之实践。当公民因贫困或其他原因无法聘请律师或使用其他法律资源以维护其权利时，国家负有提供法律援助的责任。

二、台湾法律援助制度简介

我国大陆所称的法律援助制度，在台湾地区被称为法律扶助制度。

台湾地区于2004年1月7日，制定公布了“法律扶助法”，并于2004年6月20日开始施行。“法律扶助法”第1条明文规定，本法的立法目的为：保障人民权益，对于无资力，或因其他原因，无法受到法律适当保护者，提供必要之法律扶助。

* 杨鹭，福建联信实律师事务所。

为了更好地贯彻“法律扶助法”，台湾地区于2004年7月1日，依据“法律扶助法”的规定，正式成立法律扶助基金会（下文简称“法扶会”）。

法律扶助基金会之主管机关为“司法院”，设立有董事会及监事会，董事、监事成员均由“司法院院长”聘任，属于无薪职位，任期3年。基金会还在各地区成立分会，目前全台共有21个分会，为各地民众提供服务。各地分会均设有分会长一名，亦为无薪职位，并设有专任性质之执行秘书。

基金会中，除专职人员外，另有专职律师，确保法律扶助顺利推展、提高扶助品质。兼职人员则包括基金会内各种专门委员会之委员、复议委员、审查委员、扶助律师、实习律师以及志工。复议委员负责处理不服分会审查委员会决定的复议案件，而审查委员则负责法律扶助事件之准驳、撤销及终止，律师酬金及必要费用之预支、给付、酌减或取消，受扶助人与扶助律师间争议之调解等事项。

三、两岸法律援助制度对比

（一）法律援助对象之差异

首先，从立法目的看，依据台湾地区“法律扶助法”第1条的规定，法律扶助对象包括无资力或因其他原因无法受到法律适当保护者。而大陆地区的《法律援助条例》第1条则规定，法律援助乃为了保障经济困难的公民获得必要的法律服务。实际上，依据《法律援助条例》第11条，属于刑事案件强制辩护范围内的被告，不管经济是否困难，均可申请法律援助。因此，《法律援助条例》第1条关于立法目的的规定显然不够完整，尚待修改。

其次，就具体规定而言，台湾地区“法律扶助法”第5条规定，属于刑事诉讼法第31条规定的强制辩护案件，于侦查、审判中未经选任辩护人的，得申请法律扶助，无须审查资力。而台湾地区的强制辩护范围包括：（1）涉犯最轻本刑为三年以上有期徒刑之案件；（2）“高等法院”管辖之一审案件；（3）具原住民身份之被告；（4）被告因精神障碍或其他心智缺陷无法为完全之陈述者。而祖国大陆，虽然2013年刑事诉讼法修改后，刑事强制辩护范围已扩展到“一、可能判处无期徒刑、死刑之案件；二、被告为盲、聋、哑人或尚未完全丧失辨认或者控制自己行为能力的精神病人；三、被告为未成年人”。但《法律援助条例》尚未作出相应修改。因此，依据《法律援助条例》，在刑事案件中，无须审查经济状况的情况仍限于以下范围：（1）可能判处死刑之案件；（2）被告为盲、聋、哑人；（3）被告为未成年人。

对比看来，台湾地区的强制辩护范围更大，相应地其法律援助对象范围也更大。以最轻本刑三年以上有期徒刑案件为例，放火烧毁非现住建筑物及交通工具的，处三年以上十年以下有期徒刑，属于强制辩护的范围，被告申请法律援助时无须审查资力。此种行为在大陆构成《中华人民共和国刑法》第114条放火罪，尚未造成严重后果的，刑罚范围在三年以上十年以下，不会判处死刑，因此不属于强制辩护的范围，被告获得法律援助仍以经济困难为前提。

除此之外，就重大公益、社会瞩目、重大繁杂或其他相类案件，经基金会决议，无须审查经济状况，亦可为其提供法律援助。与大陆相比，台湾地区的法律援助范围确实更大。

最后，大陆仅对公民提供法律援助，而台湾地区的法律扶助对象则不限于公民，合法居住于台湾地区之人民、人口贩卖案件之被害人或疑似被害因不可归责于己之事由而丧失居留权者亦可适用“法律扶助法”之规定。甚至，依据就业服务法相关规定引进之外国人、经济弱势且尚未归化或归化后尚未设有户籍之国人配偶，可直接推定为无资力，无须审查经济状况。

总而言之，台湾地区法律援助对象之范围远远大于大陆，能够为更大范围的人民提供法律援助。

（二）法律援助事项之差异

依据大陆《法律援助条例》第 2 条、第 10 条的规定，法律援助事项包括法律咨询、代理、刑事辩护。就法律代理而言，并非一切诉讼案件均可申请法律援助。在经济困难的前提下，只有下列事项可以申请法律援助：（1）依法请求国家赔偿的；（2）请求给予社会保险待遇或者最低生活保障待遇的；（3）请求发给抚恤金、救济金的；（4）请求给付赡养费、抚养费、扶养费的；（5）请求支付劳动报酬的；（6）主张见义勇为行为产生民事权益的；（7）刑事案件。

而依据台湾地区的“法律扶助条例”第 4 条，法律扶助事项不仅包括法律咨询，还包括诉讼、非诉、仲裁及其他事件之代理、辩护或辅佐，调解、和解之代理。就诉讼而言，不限诉讼类型，民事、行政均可，民事案件也不限于请求赡养费、抚养费或劳动报酬等案件。简而言之，依据台湾地区的法律，只要被认定为无资力者，不限何种法律之需求，均可申请法律扶助。

对比之下，大陆所提供的法律援助事项相对有限。举例而言，就普通的民事侵权案件，当事人即使经济困难也无法获得法律援助提起诉讼，实际上即产生了人民进入法院之诉讼障碍。虽然《诉讼费用交纳办法》规定了减免诉讼费用的情况，但对于经济困难的人民来说，相比于诉讼费用的减免，其更需要的乃是聘请律师为其提供专业的法律帮助，在享有律师代理的情况下，才能真正实现诉讼救助。

（三）法律援助律师薪酬之差异

依据大陆《法律援助条例》的规定，法律援助案件结案后，法律援助机构应当向法律援助律师支付法律援助办案补贴。法律援助办案补贴的标准由省、自治区、直辖市人民政府司法行政部门会同同级财政部门，根据当地经济发展水平，参考法律援助机构办理各类法律援助案件的平均成本等因素核定，并可以根据需要调整。

一般而言，法律援助案件的补贴均低于市场价格。以厦门市为例，《厦门市法律援助专项经费管理办法》中明确，刑事案件的补贴范围在人民币 1000~2500 元，民事案件则是人民币 1000~2000 元。且依《法律援助条例》的规定，具体案件的补贴虽然可以调整，但是否调整仍由法律援助机构决定，承办案件的法律援助律师无法提出申请。

反观台湾地区的做法，其在“法律扶助法”的第 27 条中明确了法律援助律师酬金的计算标准，依据不同的援助事项，实行不同的计算基数。“法律扶助酬金计付办法”中规定，每一个基数折算为新台币 1000 元。以诉讼代理、辩护为例，最高可达到 50 个基数，计算下来，酬金最高可达到 5 万新台币，折合人民币约 1 万元。不仅如此，依据同法第 29 条的规定，在案件过于繁杂或事前因律师协助达成和解的情况下，法律援助律师可以向基金会申请酌增酬金。律师承办援助案件的所得不至于过低，可以避免打击律师支持法律援助的热情。

四、建议与展望

（一）扩大法律援助对象的范围

依据现行法，就刑事强制辩护的部分，由于《法律援助条例》尚未作出修改，因此刑事案件中无须审查经济状况的情况仍限于以下范围：（1）可能判处死刑之案件；（2）被告为盲、聋、哑人；（3）被告为未成年人。

不过，从2017年起，国家开始开展刑事案件律师辩护全覆盖之试点工作。依据最高人民法院、司法部发布的《关于开展刑事案件律师辩护全覆盖试点工作的办法》，适用普通程序审理的一审案件、二审案件、按照审判监督程序审理的案件，被告人没有委托辩护人的，人民法院应当通知法律援助机构指派律师为其提供辩护。适用简易程序、速裁程序审理的案件，被告人没有辩护人的，人民法院应当通知法律援助机构派驻的值班律师为其提供法律帮助。

如此一来，刑事诉讼领域，可享受法律援助的对象便大大增加了。若试点工作顺利，刑事案件律师辩护全覆盖成为法律制度，《法律援助条例》亦应一同修改，确保被告的权利得到切实保障。

（二）扩大法律援助事项的范围

与台湾地区相比，大陆的法律援助事项范围较少。然而，如同前文所述，公民的诉讼权涵盖范围不仅限于刑事诉讼，还应包含涉及权利、义务之裁判。民事诉讼是解决公民权利义务纠纷的重要途径，若因经济困难无法聘请律师，对贫困者来说，等同于失去了向法院寻求救济的可能。毕竟就我国现状而言，许多贫苦劳动者均不具法律专业知识，要求其使用法律为自己辩护，赢得诉讼，更是难上加难。因此，广泛地对民事诉讼领域提供法律援助仍有必要。

同时，为防止出现缠讼、浪费司法资源的情况出现，亦可参考台湾地区的做法，规定在法律扶助申请人胜诉所可能获得之利益，小于诉讼费用及律师报酬时，对其申请不予准许。

除扩大提供法律援助的诉讼范围之外，亦可增加调解、和解等代理作为法律扶助事项，可以促进纠纷解决，有利于社会秩序的稳定。

（三）提高援助律师之酬金

虽然法律援助乃国家之责任，但具体为当事人提供法律援助服务的乃是接受法律援助组织指派案件的执业律师。法律虽规定律师具有履行法律援助之义务，但对于律师而言，提供法律服务、办理案件亦是养家糊口的谋生工具。办理案件，无论是法律援助案件还是业务案件，都需要耗费大量的工作时间。当办理法律援助案件获得的酬金过低，甚至远不足以支付律师办案的成本费用时，必然打击律师参与的积极性，即便接受委托，也很难像业务案件一样尽心尽职。从现状看来，许多律所、律师一年根本办理不到几个法律援助案件。从 2010 年的数据看，过半数的律师事务所从未从事法律援助，已经进行法律援助的律所承办法律援助案件一年不到 5 件的比率高达 82.0%，受雇律师一年只办一件法援案件者占 40.9%。想要提高律师参与法律援助的比率，必须首先提高办理援助案件的酬金。而提高酬金，又将涉及法律援助的财政来源，因此政府应该加大法律援助的财政支持，而不能将法律援助这一国家责任转移到援助律师的身上。

（四）设立律师评鉴制度，确保律师尽心尽责

为了提高法律援助质量，除了适当提高法律援助律师的酬金之外，还可参考台湾地区做法，设立律师评鉴制度。通过对受援助人进行问卷调查，了解援助律师的服务质量，并可根据问卷调查的结果，每年评选出一定名额的优秀援助律师，给予表彰或奖励，以激发律师参与法律援助工作的积极性。

除此之外，当受援助人与法律援助律师之间发生争议时，法律援助机构应当担当调解角色，必要时设立专门的评鉴小组。情节重大者，应严格按照《中华人民共和国律师法》的规定予以处罚。

图书在版编目(CIP)数据

厦门法学文库. 2018 年卷 / 厦门市法学会编. —厦门 ：厦门大学出版社，2019.4
ISBN 978-7-5615-7201-6

Ⅰ. ①厦… Ⅱ. ①厦… Ⅲ. ①法学—文集 Ⅳ. ①D90-53

中国版本图书馆 CIP 数据核字(2018)第 268544 号

出 版 人 郑文礼
责任编辑 甘世恒

出版发行 厦门大学出版社
社　　址 厦门市软件园二期望海路 39 号
邮政编码 361008
总 编 办 0592-2182177　0592-2181406(传真)
营销中心 0592-2184458　0592-2181365
网　　址 http://www.xmupress.com
邮　　箱 xmup@xmupress.com
印　　刷 厦门集大印刷厂

开本 787 mm×1 092 mm　1/16
印张 25.25
插页 2
字数 616 千字
版次 2019 年 4 月第 1 版
印次 2019 年 4 月第 1 次印刷
定价 95.00 元

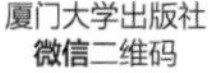
厦门大学出版社
微信二维码

厦门大学出版社
微博二维码